银行法原理

（第三版）

罗斯·克兰斯顿 Ross Cranston
埃米利奥斯·阿维奇拉斯 Emilios Avgouleas
克里斯汀·范·兹维坦 Kristin van Zwieten
克里斯托弗·黑尔 Christopher Hare
西奥多·范·桑特 Theodor van Sante

著

吕琦

译

法律出版社
LAW PRESS·CHINA
北京

Principles of Banking Law, Third Edition
by Ross Cranston, Emilios Avgouleas, Kristin van Zwieten, Christopher Hare, Theodor Van Sante

著作权合同登记号
图字：01-2021-7159

前　言

金融作为一个产业在过去十年已面目全非。2007—2008 年的危机产生了深远的影响,不仅对银行业的结构和监管,而且对银行和金融机构如何做业务,支付系统如何运行以及金融交易如何达成影响深远。近来,信息技术的革命进一步推进了这个行业的转变,这一次是对流程和商业模式的影响。这一切对法律意味着什么?

"金钱不会自我管理……"这是沃尔特·白芝浩(Walter Bagehot)在其 1873 年年初首次出版的名著《金融街》(*Lombard Street*)中的论断。该书写于 Overend Gurney & Co 银行陨落之后。Overend Gurney & Co 银行开始是家贴现机构,对汇票贴现并以票据质押从银行获得存款。但它开始投资——英国和海外的铁路都为其所好——并且其规模是位居英格兰银行之后的第二位。很多投资都是投机性的,当风暴来临,它无力化解。1866 年 5 月 10 日,它停止了支付。恐慌发生了,由于很多人要取出存款,于是出现了银行挤兑。继 Overend Gurney & Co 银行之后,大概有 200 家银行和公司倒下。白芝浩的论断不是说英格兰银行(Bank of England)应该救它,而是觉得它已经烂到根了。但是,他认为,当一家健康的金融机构面临流动性问题时,英格兰银行应该成为提供贷款额度的最后放贷人。

虽然白芝浩的《金融街》是因为最后放贷人的论断为人熟识,但他的观点还包括了那些近来已成为银行监管规定的真知灼见,特别是要求股份制商业银行有充足准备金,以及要求董事勤勉监督管理层,因为他们"很容易滑入危险且不安全的交易……"

有一些事件与 Overend Gurney & Co 事件以及国际金融危机产生了共振。它首先在英国大范围地开始,当英格兰北部的一个相对小的房屋互助协会——北岩银行(Northern Rock)——力不从心时,它转成了一家银行,并通过批发市场和按揭贷款资产证券化而在家庭按揭业务方面融资支持他们扩张的野心。危机开始后,对家庭按揭证券化的需求消失了,2007 年 9 月北岩不得不从英格兰银行通过白芝浩所说的最后放贷人机制获得流动性支持。这个消息一公布,发生了很多小额存款人对银行的挤兑,这是 Overend Gurney & Co 时代之后的首次。2008 年年初这家银行不得不转为公有。

然后,2008 年 9 月美国大型投资银行——雷曼兄弟(Lehman Brothers),依据《破产法》第十一章申请破产保护。其高管曾令其过分暴露于次级按揭市场。雷曼的命运加剧了金融危机。更多的英国银行处于困境。苏格兰皇家银行自不量力地实施了极其野心勃勃的扩张计划——它一度是世界上最大的银行,2008 年 10 月政府不得不对其注入巨额资本令其存活，政府因此成为最大股东。劳合社银行（Lloyd's Bank）和苏格兰银行（Bank of Scotland）也遭遇了相似的命运。

Ⅵ 国际金融危机的结果是多方面的经济艰难，某些方面仍在持续。公众还对公司行为和政治失望与动荡出离愤怒。这一态势因后续的丑闻而加剧，导致银行被巨额罚款和处罚。

本书直接关注的是国际金融危机及其后续事件改变了银行业务和银行法的面貌。尽管尚未回到投资银行和繁华金融大街的传统模式，银行还是比危机前受到更多约束。银行监管迅速增加且延及新的领域，例如资本的监管需求，衍生品交易的行为以及在银行面临厄运时引入银行处置机制。同样，个体银行从业人员的行为、报酬和职业道德回到监管清单。尽管客户对银行的大量诉讼尚未产生如同监管领域剧变一样的法律转变，但它还是对银行不当行为的私法适用原则提出了质疑。

银行法的内涵扩张以及我个人的职业休整，意味着本书的新版要在合理时间内完成，需要帮助。我很幸运为这一工作完成了组队。

本书的第一编是新的。第一至五章由国际著名的银行法理论和监管法的领先学者埃米利奥斯·阿维奇拉斯（Emilios Avgouleas）撰写。克里斯汀·范·兹维坦（Kristin van Zwieten）是破产法专家，负责第六章银行处置方案，并修改了第十四章，第十五章第一节、第二节和第十六章。克里斯托弗·黑尔（Christopher Hare）对银行法的精湛贡献广为人知，重写了第十三章和第十七章。第十五章的第三节和第十八章由西奥多·范·桑特（Theodor van Sante）修订，其有能力凭借在此领域的广泛法律执业经验撰写。我仍对本书的第二编和第十二章负责。我们对出版商的勤勉和耐心满怀感激，特别是我们的编辑约翰·卡罗尔（Johns Carroll）和萨拉·斯蒂芬森（Sarah Stephenson）。

如前面几版的序言所说，本书无意对主题提供详尽的论述，而只是如标题所示，概述了其轮廓。第一版框架已然经久地包含了调整银行和银行交易的法律的主要特征。本版空间有限，删除了旧版中的一些主题，包括中央银行和支付方面的内容。尽管存在这些局限，我们仍希望，如同第一版所述，本书阐述的主旨清晰且与时俱进，同时能传递一些重要且有趣的东西。

罗斯·克兰斯顿（Ross Cranston）

简 目

细　目

第三编 支付与支付系统

第四编 银行与融资

案　例

（以下为本书引用的案例，其后的页码为英文原著页码，即本书边码）

立 法

（以下为本书引用的不同国家及国际组织的立法，其后的页码为英文原著页码，即本书边码）

REGULATIONS

SECONDARY LEGISLATION

UKRAINE

USA

国际条约和公约

（以下为本书引用的国际条约和公约，其后的页码为
英文原著页码，即本书边码）

第一编　银行与银行监管

第一章　金融体系中的银行 3

银行是经济生活的核心特征之一,而且在17世纪末之前就已如此。17世纪末,现代形式的银行开始在英国出现。[1] 通过破译古代资料可以发现埃及文明和巴比伦文明中存在银行业[2]。因此,贷款和支付网络这样的现代银行业务可以追溯到圣殿骑士团和意大利文艺复兴时期,其中梅迪奇(Medicis)家族占有显著地位。[3] 在19世纪到20世纪的大部分时间,在现代金融体系转变为充满诉和反诉、可交易资产以及风险的密集复杂网络之前,银行是唯一重要的金融机构。银行从过去到今天开放的全球市场之间所经历的数个世纪的变革,令努力确保银行安全的斗争更为困难且更富挑战。

无论是以有限责任或无限责任为经营原则,无论纯粹在一国之内经营还是在全球范围经营,无论是作为主流贷款机构还是作为复杂组织的某一组成部分,无论处于自由竞争的银行业环境还是处于作为最后放贷人(lender of last resort,LOLR)的中央银行的“羽翼”保护之下,银行从来都不是简单的事物。银行经营通常以部分准备金制度为基础,交易金额无数倍于股东权益,但只保留少量准备金以应对债务,即存款人委托银行保管的资金,而将其余部分在经济中贷出,形成银行资产。

部分准备金制度之所以最重要,不仅是因为正如我们后面章节将要看到的,它是银行脆弱性的致命之处,而且还因为它是经济中货币流通和信贷倍增的主渠道,提高了总体流动性(和杠杆)水平。银行与货币供给密切相关,因此是货币政策的关键传导机构。虽然这是一个比听起来更复杂的过程,但由于看起来好像是商业银行贷款特别是短期贷款创造存款,而不是相反,近年来情况甚至变得更加复杂。[4]

由于部分准备金制度及其对货币流通倍增的影响,经常在支持流动性运营的角色上
引起对部分准备金银行和中央银行的敌意(参见第四章)。然而,在当今时代,货币供给 4
可以通过多种其他工具实现倍增,包括通过证券质押创造短期现金债权,而且考虑到电

---

〔1〕 1695年在爱丁堡成立的以开展商业银行业务为目的的苏格兰银行就是很好的例子。有关情况可以查阅苏格兰银行史。苏格兰银行与英格兰银行同时成立,虽然主要目的迥异。参见 R. Saville, *Bank of Scotland. A History* 1695-1995 (Edinburgh, Edinburgh University Press, 1996), 2-10。(为了便于读者查阅,本文中的脚注序号与原著保持一致。——译者注)

〔2〕 See G. Davies, *A History of Money from Ancient Times to the Present Day* (Cardiff, University of Wales Press, 1994).

〔3〕 See R. A. Goldthwaite, *Banks, Palaces and Entrepreneurs in Renaissance Florence* (Aldershot, Routledge, 1995).

〔4〕 M. McLeay, A. Radia, and R. Thomas, 'Money Creation in the Modern Economy', Bank of England, Quarterly Bulletin 2014, Q. 1, 1-14.

子货币的来临，[5]这种敌意也许并不公平。

话虽如此，银行业实施部分准备金的前提假设是高度信任个体银行的安全和整个金融体系的稳定。但由于某个银行的问题，或由于金融体系其他部分的发展变化，甚至金融体系之外更大范围的一国经济或国际经济的发展变化，这种信心可以轻易消失殆尽。

在过去三十年，银行业的变化步伐史无前例。这一时期大致与全球贸易自由化和高效快捷通讯的发展相吻合，通常称为全球化时代。在这一时代，银行业经历了两个不同阶段，1990—2008年阶段和2008年之后阶段。在第一阶段，规模最大的银行逐步向多功能综合性银行模式发展，业务地域覆盖全球。所以银行越来越国际化。这种变化主要是市场驱动的，并受到以下4大特别重要变化的助推：[6]

（1）各国逐步废除对跨境资本流动的限制；

（2）计算机和通信技术的巨大进步；

（3）放松管制，预示着大银行业务从借贷业务向交易业务和其他证券市场业务转变；

（4）良好的宏观经济环境，通货膨胀和利率水平同步下降，带来信贷供给的剧增。

2008年开始了全球经济危机，其最重要的影响之一是，为了挽救危机中资本严重不足的银行，特别是那些具有系统重要性的银行（所谓的大而不倒银行），免于破产，各国政府不得不制订代价高昂的纾困方案。这些银行的经营失败可能会加剧恐慌、传染和动荡等危险连锁反应。因此，为了应对全球经济危机的破坏效应，防止再次发生类似规模的危机，全球范围、地区范围和各国范围都实施了一系列新政策和监管改革。由此，自2008年以来，出现了受到严格监管的新银行业，在一定程度上，也是逐渐本土化的银行业。

本书第一部分旨在回顾这些发展变化，并对银行监管现状进行全面的针对原则的分析。为实现这一目的，我们需要首先分析当代银行业的经济功能和组织架构。这就是本章的主题。本章同时分析在后2008时代（psot-2008 era），特别是主导当今金融市场的强大的金融创新趋势和横扫性监管改革大潮下，"银行"这一术语的当代含义。为此，本章余下部分分为六节。第一节分析银行在经济中的职能，简要描述金融体系在资本配置
5 和风险管理中的作用，以及银行在其中的主要功能。第二节简要分析全球化时代多功能银行的兴起和衰落。第三节分析大而不倒银行问题的不同方面及其可能成因，同时十分简要回顾应对大而不倒银行问题已采取的监管策略和政策。第四节简要分析20世纪90年代以来金融创新对银行经营方式的深刻影响。第五节分析银行监管的国际性，以

〔5〕 相关分析参见ECB，'Virtual Currency Schemes—A Further Analysis'，February 2015，查阅网址 www.ecb.europa.eu/pub/pdf/other/virtualcurrencyschemesen.pdf。有关电子货币作为新资产种类的分析参见L. Shin，'Digital Currencies Show Potentials to be New Asset Class as Demand for Bitcoin Rival Ethereum Rises'，*Forbes Digital Money*，20，May 2016。

〔6〕 E. Avgouleas，'The Global Financial Crisis，Behavioural Finance and Financial Regulation：In Search of a New Orthodoxy'（2009）9 *Journal of Corporate Law Studies* 23，25-6.

及巴塞尔银行监管委员会（Basel Committee on Bank Supervision,BCBS）和金融稳定理事会（Financial Stability Board,FSB）等主要跨国监管网络开展的标准制度和监管协调工作。第六节分析“银行”这一术语在美国的法律定义，以及“信贷机构”这一术语在欧盟立法中的法律定义，并在此前几节分析的基础上突出说明这些定义的局限。就此而言，第六节提出了在后2008时代（psot-2008 era）对“银行”这一术语的新理解。

第一节 银行在金融体系和经济中的作用

一、金融体系的基本功能

概括说来，金融体系转变了经济资产的规模、期限和风险特性。金融体系包括一系列市场中介和金融中介。中介可以提供不同类型的金融产品和金融服务，为不同种类客户服务，并在一定地域运营。发达的金融市场为存款人和投资人提供各种短期和长期的存款产品和投资工具，这些工具高效组合了风险和收益，使有意参与金融市场的个人或机构存款人在考虑其风险认知和承担意愿后得以参与。〔6a〕

金融体系的基本功能之一是盘活存款并转换金融资产久期，将短期债转换为长期贷款和投资。盘活——池化——是一个为投资目的而从不同存款人汇集资金的高成本的过程。盘活存款需要克服从不同个体汇集积蓄产生的交易成本，以及由投资活动产生的信息不对称的交易成本，从而使存款人乐意出让对自己存款的控制。〔7〕为了节约大量双边协议产生的成本，集中存款通常通过金融中介进行。〔8〕银行、共同基金和证券市场都提供交易、汇集资金和分散风险的工具。存款人可以通过购买债券和股票，或者将存款存入银行，令其多余现金可以用于投资。传统上，银行和资本市场一直是吸收存款的主要中介。自20世纪70年代以来，以（各种形式的）投资基金形式出现的集合投资工具发挥了类似功能。〔9〕

评估公司、经理人和市场的成本能高得令人却步。个人存款人没有能力收集、处理 6
和加工可能的投资信息。一般说来，存款人都不愿意投资对那些可靠信息不足的业务。因此，高昂的信息收集成本可能阻止资本流向那些有最高价值的用途。金融中介降低了获取和加工信息的成本，由此改进了资源配置。因此，在缺乏发达金融体系的情况下，只有单个存款人或联系密切的个人团体提供资金才有可能投资。这意味着，最能促进增长

〔6a〕 E. Avgouleas, 'International Financial Regulation, Access to Finance, Systemic Stability, and Development' (2008) LAWASIA Journal 92-113.

〔7〕 更多分析及参考文献参见 E. Avgouleas, *Governance of Global Financial Markets: The Law, the Economics, the Politics* (Cambridge, Cambridge University Press, 2012) Chs 1 and 2。

〔8〕 概览参见 R. Levine, 'Financial Development and Economic Growth—Views and Agenda', World Bank Policy Research WP 1678, October 1996, 18-19。

〔9〕 E. R. Sirri and P. Tufano, 'The Economics of Pooling' in D. B. Crane and K. A. Froot (eds.), *The Global Financial System: A Functional Perspective* (Boston, Mass., Harvard University Press, 1995), 81-128, at 83.

的投资和收益最高的投资都无法进行，大部分资本将投放于低收益的投资活动。

本质上，金融体系在存款的短期视角和借款人的长期视角之间进行调和。这种调解的做法是，通过转换借短贷长的久期，或者在二级市场上买卖到期前长期金融工具实现期限转换。存款人通常不喜欢风险，但高收益项目往往比低收益项目风险高。[10] 从事创新是有风险的。可以持有创新项目的不同组合降低风险，促进存款人投资于推动增长的创新活动。因此，改进存款盘活可以改进资源配置，并推动技术创新。[11] 但是，为发挥这一功能，金融体系需要装备必要的基础设施，特别是有关支付清算和结算的设施。支付清算和结算是金融体系的另一重要功能。

二、银行的主要功能

银行是金融体系最重要的组成部分。银行体系的合理安全经营，不仅对于促进经济发展具有战略意义，而且对于确保社会和经济稳定具有战略意义。析言之，作为金融体系的组成部分，银行发挥着以下经济功能：[12]

（1）盘活存款；

（2）转换期限；以及

（3）管理流动性风险。

下面简要介绍银行如何发挥这些功能。

（一）盘活存款

银行盘活（可以用于长期投资的）存款的关键是存款人信心。对于任何经济，维护用户对银行的信心可以产生强劲的良性循环。首先，如果存款人对正规银行部门的安全与合理经营抱有信心，他们就会避免把自己的存款存到非正规的银行业务部门。非正规的银行业务部门效率极低，而且有时欺诈经营（比如，高利贷）。其次，合理安全运营且富有竞争性的银行体系，可以确保有意向的公司以合理的市场化利率获得银行融资，令
7 其能以此为基础实施投资计划，避免过度举债。因此，银行需要建立可靠且财务稳健的声誉，以使存款人乐意将存款委托于它。[13]

然而，存款人，特别是银行存款人，面临严重的信息不对称，银行对其稳健自吹自擂时很难显得可信。银行监管（将在第二章全面分析）的基本目标就是维护个体金融机构的安全稳健与作为整体的金融体系安全稳健，以维护用户信心。

---

〔10〕 R. Levine, 'Finance and Growth: Theory and Evidence', in P. Aghion and S. Durlauf (eds.), *Handbook of Economic Growth* (London, Elsevier, 2005), Vol. 1. Ch. 12, 877-8.

〔11〕 Sirri and Tufano (n. 9), 84-5.（此外 n. 9 指脚注 9，为了便于读者查阅，类似情况未作翻译处理。——译者注）

〔12〕 概览参见 Allen and E. Carletti, 'The Roles of Banks in Financial Systems', 21 March 2008, 查阅网址 http://fic.wharton.upenn.edu/fic/papers/08/0819.pdf。

〔13〕 Levine (n. 10), 879.

（二）期限转换

除其他业务外，调和存款的短期性和借款人的长期性，是银行核心业务组成部分。[14] 银行的调和是通过期限转换完成的，主要通过借入短期、贷出长期。期限转换——将存款等短期债转换为长期资产（贷款）——是银行体系的重要功能。金融体系提供风险多样化能力可以通过改变资源配置和储蓄率影响长期经济增长。但为了降低自身风险，存款人往往不愿意将其资金投资于长期。而另外，当借款人需要资金进行投资而不是即时消费时，他们的视角是长期的，特别在使用贷款购置资本性资产的情况下。

（三）管理流动性风险及其对增长的影响

流动性是经济主体将金融工具按约定价格转化为购买力的成本和速度。银行账户是流动性特别高的资产，因为银行账户几乎和持有一国货币（交换媒介）形式的现金一样。流动性风险源于将资产转化为现金过程相伴的不确定性。[15] 正如前面介绍的，信息不对称和交易成本可能抑制流动性并加剧流动性风险。这些矛盾产生了设立金融市场和银行等金融机构的动因，金融市场和金融机构增加了流动性。

流动性和经济增长之间的关系需要作一些解释。高收益项目往往需要资本的长期投入，但存款人并不喜欢长期出让对自己存款的控制。[16] 如果金融体系不能增加长期投资的流动性，那么投入高收益项目的投资可能减少。在流动的金融市场中，存款人可以持有流动资产，比如股票、债券或活期存款，如果想收回存款，他们可以快捷方便地出售这些流动资产。

通过提供活期存款，并作流动性和非流动性投资的适当组合，银行为存款人提供了防范流动性风险的保障。[17] 由此，银行确保了信贷资金供应，特别是为个体借款人和小企业提供信贷资金。由于自身规模和财务状况，这些个体借款人和小企业无法获得资本市场投资。通过消除流动性风险，银行可以增加对高收益、低流动资产的投资，由此可以加快经济增长。[18]

（四）其他益处

自由的银行业市场——银行在竞争环境中经营，政府对银行贷款决策没有管制——可以促进个体的经济流动和社会流动。无论是通过主流银行、社区银行，或通过小微金融方案，为个人和小企业提供别无他途获取的信贷和银行服务，可以促进个人和团体智慧 8

---

〔14〕 Levine (n. 10), 875-6.

〔15〕 Levine (n. 10), 876.

〔16〕 Levine (n. 10), 877-8.

〔17〕 Levine (n. 10), 878-9.

〔18〕 Levine (n. 10), 878-9. 另参见 V. R. Bencivenga and B. D. Smit, 'Financial Intermediation and Endogenous Growth' (1991) 58 *The Review of Economic Studies*, 195-209。

的盘活。简而言之，能够获得信贷促进了实施那些改善个人或群体经济状况和社会状况的创业计划。而且，允许穷人开立储蓄账户会促使其规划未来，并在一定程度上缓解他们未来可能经历的任何短期收入锐减（比如，失业），使他们更主动，更有创业精神。[19]除金融体系能够为（具有强烈社会效应的）长期发展和基础设施项目提供融资带来的益处之外，银行也为社会带来了以上益处。

第二节 全球化时代的银行

一、多功能银行的兴起

1990 年到 2008 年这一时期，银行业发展变化的标志是多功能综合银行的逐步兴起。此前存在的一系列关于禁止主流商业银行业务与证券业务混业经营的限制被逐渐废除。

在美国，相关强制性限制可以追溯到《1864 年联邦银行法》（The National Bank Act 1864），该法禁止在联邦登记注册的银行经营非政府证券业务，但并不限制州银行。联邦银行可以通过成立州附属机构规避这种限制。因此，《1913 年联邦储备法》（Federal Reserve Act）也废除了对联邦银行的限制。到 20 世纪 20 年代末，银行和银行附属机构都大规模经营承销、分销和协助发行证券业务。[20] 1929 年股市崩盘和随之而来的大萧条时代，导致通过《格拉斯—斯蒂格尔法》（Glass-steagall Act）再次恢复要求银行业和证券业分业经营的法律限制。[21] 作为 1929 年股灾的余波，9000 家规模大小不等的美国银行破产，导致一个月的美国银行挤兑，之后 1933 年 3 月美国银行业全面重组。[22]很多美国政策制定者，包括罗斯福政府，都认为本次崩塌部分归于银行及其附属机构从事了风险更高的证券发行与承销。

因此，银行再不能受证券市场风险——主要是波动风险——的影响，被视为金融体系稳定和美国经济重返增长的必要条件。通过立法强制机构的分设可以避免过度冒险以及导致过度风险积聚的利益冲突。[23] 第二次世界大战后，作为美国占领日本的后果，这种机构分设后来被《日本证券交易法》（Securities and Exchange Law）采纳。但是，两
9 者之间仍有诸多区别，比如，对于银行通过交叉持股或协议与证券公司联合，《日本证券

---

〔19〕 相关分析和大量相关文献参见 E. Avgouleas, 'International Financial Regulation, Access to Finance, Systemic Stability, and Development'（2008）*LAWASIA Journal* 62-76。

〔20〕 V. Carosso, *Investment Banking in America*（Cambridge, Mass., Harvard University Press, 1970）, 98, 368.

〔21〕 Banking Act of 1933, § § 16, 20, 21, 32, 被 12 USC, § § 24, 78, 377, 378（1994）吸纳。See also Bank Holding Company Act 1956, 12 USC § 1843（a）(2).

〔22〕 有关罗斯福政府措施，包括在银行业历史上首次引入联邦存款保险的《1933 年紧急银行法》（Emergency Banking Act 1933）的具体分析，参见 W. L. Silber, 'Why Did FDR's Bank Holiday Succeed?', *Federal Reserve Bank of New York, Economic Policy Review*, July 2009。

〔23〕 *Investment Company Institute* v. *Camp*, 401 US 617, 630-3（1971）.

交易法》Article 65* 仍赋予银行更大空间。[24]

《格拉斯-斯蒂格尔法》最终面临巨大压力。很多人批驳该法案的历史基础，论证 20 世纪 20 年代的风险和经营混乱并不像法案支持者声称的那样大。[25] 美国银行能够在不同程度上规避该法案的禁令。[26] 倡导废除格拉斯-斯蒂格尔禁令的人认为，事实证明，银行的贷款业务至少与证券业务有同等风险。他们提出，为经济效率、加强竞争和便利消费者需要废除对银行的这种限制。

最终结果是 1999 年通过了《格雷姆-里奇-比利雷法》(Gramm-Leach-Bliey Act)，废除了《格拉斯-斯蒂格尔法》的部分内容。银行仍然被禁止收购证券、从事证券的承销和交易，证券公司也不得接受存款。但是，仍然是联邦储备体系成员的银行可以在同一控股集团下设立附属证券公司。[27] 在日本，顺应金融市场全面自由化，《1992 年金融体系改革法》(Financial System Reform Act 1992) 允许银行扩大证券业务（例如，与美国一样，通过证券分支机构）。

在欧盟，《信贷机构指令 2000/12/EC 号》(Credit Institutions Directive 2000/12/EC) 及此前的《第二号银行业务指令 89/646/EEC 号》(the Second Banking Directive 89/646/EEC) 的要点都是实现银行业务自由化。[28] 银行可以依据互认，通过分支机构或跨境经营，在欧盟境内从事在其母国国内许可的业务。需要相互承认的业务包括参与证券业务。显然，该政策对那些不允许本国银行经营此类业务的国家产生了压力，迫使它们许可。否则，在与允许证券和银行混业经营的其他成员国银行的竞争时，不允许混业的银行将处于不利竞争地位。

欧盟的另一项重大措施是《资本充足率指令 93/6/EEC 号》(Capital Adequacy

---

* 为了便于读者查阅，对于原著中引用的 Annex, Article, paragraph, Part, Recital, Schedule, section, Title，未作翻译处理。其中，脚注中部分使用缩写，如 Article—Art., paragraph—para., Part—Pt., Schedule—Sch., section—s.。

〔24〕 M. Hall, *Banking Regulation and Supervision. A Comparative Study of the UK, United States of America and Japan* (Aldershot, Edward Elgar, 1993), 227-35.

〔25〕 e. g. G. Benston, *The Separation of Commercial and Investment Banking* (New York, OUP, 1990).

〔26〕 See K. Fisher, 'Reweaving the Safety Net' (1992) 27 *Wake Forest LR* 123.

〔27〕 13 Stat. 1341-2, 1346 (1999). See J. Macey, 'The Business of Banking: Before and After Gramm-Leach-Bliley' (2000) 25 *J Corp L* 691.

〔28〕 《信贷机构指令 2000/12/EC 号》[2000] OJ L126/1 吸纳了《第二号银行业务指令 89/646/EEC 号》[1989] OJ L386/1。它现在已为欧盟《资本要求条例》(Credit Requirements Regulation, CRR) 和《资本要求指令》(Capital Requirements Directive, CRD Ⅳ)，即《欧洲议会和欧盟理事会 2013 年 6 月 26 日关于信贷机构和投资银行的审慎要求的（欧盟）575/2013 号条例》{Republic (EU) No. 575/2013 of the European Parliament and of the Council of 26 June 2013 on Prudential Requirements for Credit Institutions and Investment Firms [2013] OJ L176/18}，通常称为《资本要求条例》；以及《欧盟关于准入信贷机构业务和审慎监管信贷机构和投资银行的 2013/36/EU 号指令》{Directive 2013/36/European Union on Access to the Activity of Credit Institutions and the Prudential Supervision of Credit Institutions and Investment Firms [2013] L 176/338}。继《第二号银行业务指令》之后许多要求接踵而来。《欧盟关于准入信贷机构业务和审慎监管信贷机构和投资银行的 2013/36/EU 号指令》[2013] L 176/338。

Directive 93/6/EEC，CAD），对金融机构规定了最低资本要求。[29] 原则上，该指令的目的是应对金融机构因其证券及其他业务面临的市场风险。实际上，《资本充足率指令
10 93/6/EEC号》在关注风险问题的同时，同样关注竞争问题。《资本充足率指令93/6/EEC号》的规定引发很多批评，该法保护综合银行避免非银行证券公司的竞争，却忽略了这些证券公司可以凭复杂风险管理技术却仅需少量资本这一事实。[30]

二、多功能银行的衰落

自2008年起，新的银行业开始出现，这些银行受到严格管制而且日益本地化。这主要是为解决国际金融危机和西方几近崩溃金融体系的根源而实施的一大波监管改革的结果。其结果是全球层面、地区层面和各国层面均实施了一系列化解国际金融危机破坏效应和防止再次发生类似规模危机的政策。可以毫不夸张地说，自2008年，特别是自2010年第一个改革立法——美国国会通过的《多德-弗兰克法》[31]——以来，银行监管经历了有组织性的银行体系以来历史上最深刻的变革。

经过一系列无论深度还是复杂度都史无前例的改革之后，今天的银行经营处于十分严格的监管框架之内。其中包括关于银行资本充足率和流动性规定更严格，通过组织结构约束和更严格监督对银行业务实施限制。当代银行监管还建立了特殊处置机制，[32] 旨在防范大银行倒闭，或者当倒闭不可避免时，协助其有序处置，以防止系统性破坏或者可能导致昂贵的公共拯救。我们将在第四章再次分析这一问题。

第三节 大而不倒的银行

一、银行组织、架构与竞争*

通常，银行的大小与规模会不断扩大，尽管规模扩大的经济实益仍有争议。大银行

---

[29] Directive on the capital adequacy of investments firms and credit institutions, 93/6/EEC [1993] OJ L141/1. See M. Hall, 'The Measurement and Assessment of Market Risk: A Comparison of the European Commission and Basel Committee Approaches', *BNL Quarterly Rev.* , No. 194, Sept. 1995, 183; G. Walker, 'The Law of Financial Conglomerates' (1996) 30 *Int'l. L* 57.《资本充足率指令93/6/EEC号》后来被欧盟立法取代，欧盟银行和投资银行的资本要求要遵守欧盟57/2013号条例的规定。

[30] e. g. , E. Dimson and P. Marsh, *The Debate on International Capital Requirements* (London, City Research Project, Subject Report 8, 1994).

[31] Dodd-Frank Wall Street Reform and Consumer Protection Act, Pub. L. 111-203, H. R. 4173（通常简称Dodd-Frank）。

[32] 两个最重要的处置制度见《多德-弗兰克法》的有序清算制度（Title Ⅱ）和《欧盟银行复苏与处置指令》（European Union Bank Recovery and Resolution Directive）。See Directive 2014/ 59/ European Union establishing a framework for the recovery and resolution of credit institutions and investment firms [2014] OJ L173/190.

* 此处标题从原著格式，未作变动。——编者注

既可能因太“大”而不倒,也可能因太密切交织而不倒。[33] 原先设想的集团化能产生的收入优势和风险分散优势,[34] 在 2008 年危机中并未显现。相反,人们发现最大的银行严重资本不足,风险暴露最大,急需公共救援[比如,花旗银行(Citigroup)、苏格兰皇家银行(Royal Bank of Scotland)]。因此,人们普遍认为,银行业市场中追求寡头性高度 11
集中结构的原因在于机构享有融资优势。为解决大而不倒难题,除了结构改革[35] 和处置机制外,增进竞争通常被认为是有效之道。然而,增进竞争产生的金融稳定效益还远未彰显。

(一) 银行为什么变得大而不倒

产业经济学文献认为,从事经济活动企业的组织形式应当遵循机构比较优势信条。如果在规模上有重大经济性可利用,它会体现在企业的规模上。[36] 如果在范围上有重大经济性可利用,无论对成本还是对收入,它会体现在成功企业所从事的各类不同业务上。原则上,如果可以横跨地理区域、客户细分或业务条线建立起生产性联系,那么,这种联系也将体现在金融中介的业务宽度和地域广度上。[37] 在市场化环境中,最优组织结构一方面由金融中介的产品功能驱动,另一方面取决于最终用户的偏好。理论上,金融中介市场因税收、显性或隐性补贴以及监管约束等形式存在的扭曲,将改变结构优化,产生效率损失。

尽管如此,经验已经表明,较之完成中介业务所需最优规模,金融机构往往偏大或偏小,偏广或偏窄,既影响竞争,也影响较大金融机构的融资成本。从公共利益角度看,只有当由此产生的社会收益——包括提升安全与稳健,减少道德风险——超过由此所致效率损失时,这些扭曲才是合理的。这种平衡并不容易达成,但它事关最优银行结构和架构争论的核心。[38]

总体上,大的系统重要性银行——所谓的大而不倒银行,享有小机构所不具备的明

---

[33] 在《特纳评论》(Terner Review)中关于贝尔斯登(Bear Stearns)和雷曼兄弟经营失败原因的讨论中首次表明与金融体系内其他部分的关联度,至少和银行的规模同样重要。Financial Services Authority,'The Turner Review—A Regulatory Response to the Global Banking Crisis',March 2009,esp. 95,97.

[34] J. R. Barth,R. D. Brumbaugh,and J. A. Wilcox,'The Repeal of Glass-Steagall and the Advent of Broad Banking'(2000) 14 *Journal of Economic Perspectives* 191;J. R. Barth,G. Caprio,Jr.,and R. Levine,'Bank Regulation and Supervision:What Works Best?',NBER Working Paper No. W9323,November 2002.

[35] R. Herring,'Incentives to Improve the Corporate Governance of Risk in Financial Institutions' in J. R. Barth,C. Lin,and C. Wilhborg,*Research Handbook on International Banking and Governance*(Edward Elgar,2012).

[36] A. SaundersandI. Walter,'Financial Architecture,Systemic Risk,and Universal Banking'(2012) 26 *Fin. Markets & Portfolio Mgt* 40-1.

[37] Ibid.

[38] Ibid.

显资金成本优势。向大而不倒银行提供隐性政府纾困“补贴”问题，已有无数的量化研究[39]。这一融资优势令大而不倒银行得以用杠杆扩大其资产负债表，而且有证据表明，大而不倒银行比其他银行更倾向于持有高风险资产。[40]

更大或更广对银行业务是不是更好，没有一个简单的答案。对大而不倒的（资金）补贴显然是一种竞争扭曲。借助更低的融资成本，大银行可以大幅度降低利润率，向新
12 客户提供更优惠的贷款条件，从而排挤小的竞争者。[41] 尽管这种做法已构成滥用优势竞争地位，但同时银行可以将这转化为客户收益，主要以低利率的形式传导其融资优势。[42] 此外，这种补贴使大而不倒银行对资本市场投资者更富吸引力，因此令其更容易筹集新资本。

同时，银行大而不倒所附着的负效应也不能忽视，而且远远超过已认识到的好处。首先，这些银行无法摆脱无孔不入的道德风险和一直存在的将轻率银行管理层责任以高昂救助方式转嫁于纳税人的威胁。其次，存在股东行为机会主义问题，为增加银行利润迫使银行管理层实行高风险贷款政策。这并不限于风险资产的累积。最后，由于其复杂性，事实证明，大而不倒银行非常难以管理和监督。这也充分说明了，为什么大而不倒银行、多功能银行一直处于当今金融丑闻的中心，无论这些丑闻是由于向客户和投资者提供了有关次级贷的错误建议，还是由于操纵伦敦银行同业拆借利率（LIBOR）[43]和外汇市场（Forex markets）[44]，即便当时银行管理层是称职的。

---

[39] 作此研究的先驱是安迪·霍尔丹（Andy Haldane），他大胆地宣称国家对大银行的直接和间接补助达到世界国内生产总值（GDP）的25%。此后还有后续研究，近期最权威的研究发现大而不倒银行享受的融资折扣高达1.21%。See J. Santos, ‘Evidence from the Bond Market on Banks’ “Too-Big-To-Fail” Subsidy’, 20 *Federal Reserve Bank of New York, Economic Policy Review*, Special Issue: Large and Complex Banks, March 2014. See also K. Ueda and B. Weder Di Mauro, ‘Quantifying the Value of the Subsidy for Systemically Important Financial Institutions’, IMF Working Paper 12/128 (2011).

[40] G. Afonso, J. Santos, and J. Traina, ‘Do “Too Big To Fail” Banks Take on More Risk?’ 20 *Federal Reserve Bank of New York, Economic Policy Review*, Special Issue: Large and Complex Banks, March 2014.

[41] R. Gropp, H. Hakenes, and I. Schnabel, ‘Competition, Risk-shifting, and Public Bail-Out Policies’ (2011) 24 *Review of Financial Studies* 2084-120.

[42] 矛盾的是，也许这种补助可能提高银行的运营成本。See A. Kovner, J. Vickery, and L. Zhou, ‘Do Big Banks Have Lower Operating Costs?’ 20 *Federal Reserve Bank of New York Economic Policy Review*, March 2014.

[43] 操纵LIBOR利率导致英国和美国司法部的严重欺诈办公室和金融行为监管局提起了一系列公诉。See SFO Press Release, ‘LIBOR investigation: further charge’, 28 October 2014. See also FCA Press Release, ‘FCA fines five banks £ 1.1 billion for FX failings and announces industry-wide remediation programme’, 13 November 2014. 查阅LIBOR的时间表，对操纵LIBOR利率的主要参与人的犯罪指控报道，暂停公诉的进展，以及分析，参见 www.ft.com/indepth/libor-scandal 中《金融时报》（FT）就LIBOR丑闻的特别报道。

[44] 汇率操纵丑闻受到检察官严厉的追踪，在美国被指控的银行已进入认罪阶段：“五家主要的银行——花旗、摩根大通（JPMorgan Chase & Co.）、巴克莱银行（Barclays PLC）、苏格兰皇家银行和瑞士银行（UBS AG）——已同意对重罪指控认罪。花旗、摩根大通、巴克莱银行和苏格兰皇家银行同意共谋操纵外汇现货市场美元兑欧元的汇率认罪，各银行同意支付25亿美元刑事罚金……被指控的共谋固定美元兑欧元汇率，影响了国际贸易的核心币种并破坏了外汇交易市场的整体性和竞争性，该市场每天有价值数以千亿计的美元交易发生”，检察长助理贝尔（Baer）说道。“该起犯罪的严重性要求这四家银行母公司级（Parent-Level）的认罪。”See US Department of Justice, Public Release, ‘Five Major Banks Agree to Parent-Level Guilty Pleas’, 20 May 2015.

（二）银行竞争有益吗？

在大多数主要经济体中，银行市场都呈现高度集中，银行服务完全由少量的大银行或特大银行提供。这种现象并非最近才出现。从 20 世纪 90 年代开始，银行的规模一直在扩大；2008 年之后，为了避免银行经营失败而进行的强制并购，只是进一步加剧了这种现象。然而，银行市场呈现高度寡头垄断的结构，是由于银行业是一个由大型机构服务更高效的行业，还是因为监管限制和许可要求太高阻止了新人进入，尤其是在利润率可能特别低下的零售银行市场，这个问题尚不明确。

可以说，至少就金融稳定获益来说，银行业部门竞争的好处并没有其他行业明显。
至于为什么激烈竞争没有导致更高水准的金融稳定，有几个原因。首先，例如金融危机 13
之前次贷机构，过度竞争可能引发恶性竞争，降低信贷标准，削弱系统稳定。其次，正如布特（Boot）教授的观点，银行间竞争并非一成不变，而是分阶段的。[45] 在早期阶段，银行更关注其客户关系。此时竞争往往改善服务质量和价格。同时，竞争也意味着鼓励借款人转向其他贷款提供者，或转向交易导向的资本市场。这一后期阶段缩短了银行—客户关系的生命期，任何为长期收益而对客户补贴都将逐步取消。[46]

国际货币基金组织（International Monetary Fund，IMF）的一篇研究报告支持了这种观点，即“过度竞争”可能削弱而不是巩固金融稳定：[47]

> 有限竞争和严格监管——限制银行业务并要求银行增加权益（股本）和更安全的投资——可以形成更安全的银行体系。

拉特诺夫斯基（Ratnovski）主张，这归咎于公司治理问题。股东面临反向激励，他们以牺牲安全和债权人为代价追逐利润很正常，由此公司监督孱弱。[48] 而银行业务的复杂性也是另一重阻碍股东加强监督的障碍。[49] 如果股东并不清楚银行业务的哪个部分最有潜力，也会成为其增强竞争力的障碍。

产业集中并非都算负面发展。加拿大和澳大利亚都居于受国际金融危机影响最小的国家之列，由于此前在应对以往危机中有过几轮银行业部门集中，它们的银行业主要

---

[45] A. Boot, ‘Banking at the Crossroads: How to Deal with Marketability and Complexity?’ (2011) 1 *Rev. of Devpt Finance* 176–83.

[46] Ibid. Also, A. Boot and A. V. Thakor, ‘Can Relationship Banking Survive Competition?’ (2000) 55 (2) *Journal of Finance* 679–713.

[47] L. Ratnovski, ‘Competition Policy for Modern Banks’ (2013), International Monetary Fund, WP/13/126, available at www.imf.org/external/pubs/ft/wp/2013/wp13126.pdf.

[48] Ibid.

[49] See E. Avgouleas and J. Cullen, Market Discipline and European Union Corporate Governance Reform in the Banking Sector: Merits, Fallacies, and Cognitive Boundaries, (2014) 41 *Journal of Law and Society* 28–50.

由少数几家大银行控制，而这种集中显然提高了银行的适应能力。〔50〕 而且，这两个国家的寡头垄断结构好像并没有削弱市场竞争，特别是有关消费者产品定价的竞争。国际货币基金组织2013年的一份报告显示，加拿大和澳大利亚呈现中度竞争水平。〔51〕

另一个例子是英国银行业，由于在国际金融危机之后主要商业银行合并［比如，劳埃德银行与苏格兰哈利法克斯银行（Halifax Bank of Scotland）的合并］，英国银行业（与其他一些国家一样）呈现较之以往更高的集中度。〔52〕 通常，一旦提供零售银行账户的市场集中度过高，以致影响消费者选择时，监管机关将予以关注。〔53〕 截至目前，看来尚
14 未达到这种程度。英国竞争与市场监管局（Competition and Markets Authority）开展的英国银行业竞争状况“全面彻底”调查〔54〕显示，活跃的贷款机构数量较少，对竞争并没有实质性影响。此外，尽管监管环境更加严格，没有证据显示贷款人之间有任何统一行动，新机构仍然可以加入。〔55〕

（三）处置与结构改革

实施特殊处置机制和结构改革，而不是强化竞争，一直是各国政府和监管机关尝试解决大而不倒问题的方式。原则上，对所有金融机构的特殊处置机制——就像《欧盟银行处置指令》（European Union Bank Resolution Directive）规定的那样，或者就像《多德-弗兰克法》对系统重要性金融机构的特殊处置机制——要通过原则上可行的有序清算机制解决大而不倒银行的道德风险并尽量内化银行经营失败的成本，从而解决大而不倒银行的道德风险问题。因此，首先，特殊处置机制确保了银行有序倒闭，且不破坏对金融体系的信心或影响倒闭银行提供的基本支付和其他服务。具体做法是，通过豁免适用一般公司与破产法的保护和程序，消除倒闭处置的法律障碍。其次，通过使用自救（Bail-in）条款，特殊处置机制试图强制银行出资人（股东和债权人）内化经营失败的风险，至少是系统重要性银行经营失败的风险。〔56〕 其预期是，自救机制将使银行股东以及——

〔50〕 N. Arjani and G. Paulin, ‘Lessons from the Financial Crisis: Bank Performance and Regulatory Reform’, Bank of Canada Discussion Paper 2013-14, December 2013.

〔51〕 L. Ratnovski, ‘Competition Policy for Modern Banks’ (2013), International Monetary Fund, WP/13/126.

〔52〕 Independent Commission on Banking, ‘Final Report—Recommendations’, London, September 2011, 16-18 and Chs 6-8, also known as the ‘Vickers Report’.

〔53〕 Ibid., 154-6.

〔54〕 Competition and Markets Authority (CMA), ‘Competition and Markets Authority Cases: Personal Current Accounts and SME Banking’, 1 August 2014, www.gov.uk/cma-cases/review-of-banking-for-smalland-medium-sized-businesses-smes-in-the-uk.

〔55〕 See Competition and Markets Authority (CMA), ‘Retail Banking Market Investigation—Provisional Findings Report’, 22 October 2015, available at www.gov.uk/cma-cases/review-of-banking-for-small-andmedium-sized-businesses-smes-in-the-uk#full-provisional-findings-report.

〔56〕 该法的目的之一，如其序言所述，是“结束政府救助，保护纳税人”。由此，根据《多德-弗兰克法》s. 204(a)(1)的规定，债权人和股东将承担金融企业所有损失规定进了有序清算机制。

更重要的是——债权人,成为更好的公司监督者,由此尽可能减少过度冒险。[57]

总体上,结构改革有两种形式。其一,立法也旨在保护(隔离)集团公司中的商业银行部分免受本集团投资银行部分产生的风险影响,通过限制围栏银行的业务范围而限制其内在关联。[58] 其二,立法对从事自营交易和影子银行业务(投资银行业务中风险最高的部分)的持牌商业银行集团施加彻底限制。这里最好的例子是沃克尔规则(Volcker Rule)(《多德-弗兰克法》section 619),涉及对美国银行控股公司业务活动施加的限制。其中包括禁止"自营交易"(proprietary trading)、禁止"投资"和发起"池化基金"(covered fund)。池化基金这一术语包括各种影子银行工具及其他。该规则规定,如果银行实体收购或者持有对冲基金或私募股权基金的任何股权、合伙权益或者其他所有者权益,即构成投资或发起池化基金。我们将在第三章分析英国、美国和欧盟的结构改革。

第四节 银行业的金融创新 15

在过去30年,金融创新彻底改变了银行管理风险和分散风险的方式,以及银行提供服务、配置资本的过程。金融创新是一个看起来无规律可循、相当难预测的市场现象,一旦迸发可以扫荡之前所有一切。过去30年最显著的创新包括全球场外衍生品市场的发展、广泛使用证券化对冲和资本再循环、全球影子银行体系,以及金融科技产业的出现。

一、银行与复杂金融工具市场

总体上看,衍生品是自身价值取决于另一基础工具的金融工具。例如,股票期权的价值取决于底层股票的价值,商品期货合约的价值取决于底层大宗商品的价值。

衍生品用于分担风险、对冲、投机,以及转换长期债权的性质和现金流。衍生品交易的作用不仅仅在于可作为现金市场交易的替代品,而且使投资者可以管理其所面临的风险,而这是其他方式不易做到的。现代银行经营衍生品并参与证券化市场的原因很多。其中包括需要对冲由贷款组合产生的外汇和利率风险,以及希望开发新的收入来源,无论是以自营头寸交易收益形式,或者协助交易收取佣金形式。从20世纪90年代初到中期衍生品交易首次大流行以来,绝大多数衍生品交易主要都是在没有监管的跨国场外市

---

[57] See T. F. Huertas, 'The Case for Bail-ins' in A. Dombrt and P. Kenadjian (eds.), *The Bank Recovery and Resolution Directive* (Berlin, De Gruyter, e-book, 2013). For some scepticism as to the possible adverse effects of triggering the bail-in process see E. Avgouleas and C. Goodhart, 'A Critical Evaluation of Bail-ins as Bank Recapitalisation Mechanisms' (2014), CEPR, DP 10015/14.

[58] 最佳示例是英国以维克斯报告(Vickers Report)推荐为基础的新围栏机制,由《2013年金融服务(银行业改革)法》实施。

场进行的。这些交易主要采用 ISDA 文本，它包括一份主协议和每次具体交易的附件，虽然可以对所有相关交易实行集体净额轧差和抵销，但如果发生违约事件，各方有权选择行使平仓权。

逐渐地，竞争推动银行设计和开发更加复杂的衍生品交易，这些交易最初可能是有利可图的，因为头寸可以高度杠杆化，承销此类工具的费用可以定得很高。而且，银行操纵资本充足率规则的能力（特别是《巴塞尔协议Ⅰ》和《巴塞尔协议Ⅱ》的资本充足率规则，我们将在第二章进行分析），意味着银行有非常强烈的动机应用其证券化技术循环其信用风险。借此，除了（后面将分析的）从发起到分销模式的佣金中产生利润外，银行还可以通过增加贷款和使用更少资本以增加利润，这将提高银行股东权益的回报。同时，高杠杆的衍生品交易发展到巨额数量，交易对手违约风险加剧，有导致大型金融机构经营失败并最终破坏金融体系稳定的危险。〔59〕

16 复杂的不透明场外衍生品是引发国际金融危机的核心问题。〔60〕其原因是，全球场外衍生品市场基本上是无监管的。因此，衍生品交易都是：〔61〕

（1）过度放杠杆，对任何流动性紧缩带来的融资冲击都十分脆弱；

（2）一旦发生市场冲击将无法定价，复杂工具更是如此；以及

（3）金融体系不同部分相互关联性的紧密连接器，由此成为传导系统性风险极为有效的渠道。

因此，自 2010 年以来，各国强力推行新一轮监管，旨在主要通过合约标准化、集中交易与清算以及强制保证金要求，创造资金充足、透明、强韧的衍生品市场。这次激进变革是以两项关键立法改革为前提的，即《多德-弗兰克法》Title Ⅶ和《欧洲市场基础设施监管条例》（European Union Regulation on Market Infrastructure，EMIR）。〔62〕

二、证券化与结构性融资

作为一种分担风险和再融资技术，证券化起源于 20 世纪 70 年代，当时围绕住房抵押，通过利用现有资产（贷款）作为一种低成本地增加银行资金的方法。此后，证券化被用于各种可以由发起人（贷款机构）重新包装并出售的资产。证券化改变了非流动资产的现金流，可以通过传统形式的债的发行方式提供长期资金。

原则上，证券化是一种分散风险和降低融资成本的巧妙机制，特别是对于中小规模的借款人，这实际上提供了更多筹集资本的机会。证券化还可以用于转移风险，或者通

〔59〕 H. Hu，'Swaps，the Modern Process of Financial Innovation and the Vulnerability of Regulatory Paradigm'（1989）138 *U Pa. LR* 333，385.

〔60〕 See Avgouleas（n. 3），Chs 2 and 3.

〔61〕 Ibid.

〔62〕 Regulation（European Union）No 648/2012 on OTC derivatives，central counterparties and trade repositories；the so-called European Market Infrastructure Regulation（EMIR）［2012］OJ L201/1.

过将银行资产移出资产负债表来缓解监管对资本要求的压力。[63] 银行所从事的证券化业务逐渐扩大到发起贷款证券化之外。银行成为特殊目的机构（SPVs）投资人的流动性提供者或支持者。特殊目的机构的功能一直是持有基础的抵押贷款或其他转移给它们的资产，集中为证券化资产池。纳入资产池的资产或者登记在资产负债表，或者放在一个独立的实体。特殊目的机构通常以资产池中的资产为支撑，发行以自己为债务人的债券（比如债券和本票等工具）。特殊目的机构将出售发行的债券或票据的收益用以支付发起人或“重新包装人”，以受让资产。

逐渐地，证券化业务发展到发行更复杂的证券，比如债务抵押权证或贷款抵押权证，其中资产池是各种不同类型债券、贷款或其他资产的组合，权证发行由各种担保或对冲支持。这使这些证券的定价和评估风险变得实际上不可能，尽管这些证券一度被其他银行和机构投资者依据信用评级不加选择地买卖，最终证明这些信用评级都是有严重缺陷的。[64]

纽约联邦储备银行一项关于影子银行机构的研究发现，证券化过程既可以降低成 17
本，增加信贷供应，也可以减少作为整体的金融体系的波动。[65] 然而，证券化过程中也存在严重风险。首先，对基础资产定价十分困难，而且即便所发行的工具具有 AAA 级信用，也并不意味着这些工具是没有风险的。它只意味着这些工具持有者由于基础资产违约而遭受损失的机会比较小。可能影响偿付时间或（基础）借款人财务状况恶化的其他风险可能仍然很高。其次，在国际金融危机之前的时期，由于信用评级过程中的利益冲突，以及定价采用不完全风险模型，已发行工具的信用评级的缺陷是无处不在的。从发起到分销模式是反向激励的典型。就重新包装基础资产（贷款）质量和履行产生并提供信息而言，这种模式下动力甚微。而且，对尽职调查和监督更缺乏动力，特别是发起人不保留证券化的风险［所谓的“利害关系人跟投”（skin in the game）］时。换言之，不承担证券化资产份额产生的任何风险，意味着发起银行对其出售的资产质量没有动力进行适当的尽职调查。相反，他们让大量质量可疑贷款的证券化投资项目涌向市场。

统称为《资本要求指令Ⅳ》的欧盟资本监管制度，要求发起人保留其支持发行的证券化产品的一定风险，[66] 并为此风险参与计提资本。[67] 其目的是重新分配证券化过程中的激励机制，矫正从发起到分销模式的缺陷。

---

〔63〕 本节来自 V. Kothari, Securitisation: *The Financial Instrument of the Future*（3rd edn., Wiley Finance, 2006）, Chs 1-2 and 4; F. Fabozzi, H. Davis, and M. Choudhry, *Introduction to Structured Finance*（Wiley, 2006）。

〔64〕 IMF, Global Financial Stability Report, ‘Containing Systemic Risks and Restoring Financial Soundness’, April 2008, Ch. 2; Avgouleas（n. 7）.

〔65〕 See Z. Pozsar, T. Adrian, A. Ashcraft, and H. Boesky, ‘Shadow Banking’, Federal Reserve Board of New York, Staff Reports, Staff report No. 458, July 2010, 1.

〔66〕 据欧盟 2013 年《资本要求条例》Art. 405（发行人的保留利益），发行人对每次出售或转让给投资者的资产必须保留不低于名义价值 5%或计量为 5%的实质经济利益。

〔67〕 See Art. 82（securitization risk）of the European Union Capital Requirements Directive 2013/36/EU.

三、影子银行的挑战

过去20年出现的大量金融创新中，最重要的是所谓影子银行部门的发展和扩张。[68] 影子银行部门可以宽泛地描述为“部分或全部在常规银行体系之外涉及信用中介的实体和业务”。[69] 可以说，影子银行最恰当的定义是由联邦储备委员会（Federal Reserve Board）前主席本·伯南克（Ben Bernanke）提出的，他将影子银行描述为包括：[70]

> 各种不同类型的机构和市场，均开展传统银行业务，但其业务处于正统受监管的
> 18 存款机构体系之外，或仅与该体系有松散联系。影子银行体系重要组成部分的例子包括证券化机构、资产支持商业票据（ABCP）的管道、货币市场共同基金、回购市场（repos）。

影子银行体系的主要目的是促进金融中介活动。[71] 就像在中国的状况，存款人和借款人也可以使用影子银行绕过利率和贷款上限。[72] 此外，金融机构利用影子银行体系进行税收和监管套利，但这往往意味着对税收、资本计提和监管监督的逃避。影子银行业务及机构可示例如下：

（1）以回购协议和融券协议为基础的担保融资（反之也由回购融资交易商公司和证券借出人实施）；[73]

（2）围绕特殊目的机构、结构式投资工具和资产支持商业票据管道的证券化业务；

---

〔68〕 看来这一术语首先是由保罗·麦卡利（Paul McCulley）使用，他2007年是一个主要基金管理公司的资深经济学家。保罗·麦卡利将影子银行定义为：“不受监管的影子银行用无保险的商业票据融资，这些票据可能受到也可能不受真正银行的流动性支持”（Paul McCulley, ‘Teton Reflections’ *PIMCO Global Central Bank Focus* , August/September 2007, 2）。

〔69〕 以金融稳定理事会观点为基础的简版定义，参见‘Strengthening Oversight and Regulation of Shadow Banking: An Overview of Policy Recommendations’, Basel, 29 August 2013, iv. [Hereinafter FSB, *Strengthening Oversight, An Overview*] 。See also Pozsar et al. （n. 65）, 1.

〔70〕 B. Bernanke, ‘Some Reflections on the Crisis and the Policy Response’, Speech to the Russell Sage Foundation and The Century Foundation Conference on ‘Rethinking Finance’, New York, 13 April 2012, available at www. federalreserve. gov/newsevents/speech/bernanke20120413a. htm.

〔71〕 See IMF, Global Financial Stability Report, ‘Risk Taking, Liquidity, and Shadow Banking: Curbing Excess While Promoting Growth’, October 2014, Ch. 2, 65, available at www. imf. org/external/pubs/ft/gfsr/2014/02/pdf/text. pdf. See also S. Schwarcz, ‘Regulating Shadow Banking’（2012）*Review of Banking and Financial Law* 619 et seq.

〔72〕 S. Wei, *Shadow Banking in China: Risk, Regulation and Policy* （Elgar Publishing, 2016）, Chs 4 and 10.

〔73〕 See FSB, ‘Global Shadow Banking Monitoring Report 2015’, 12 November 2015, 21, available at www. financialstabilityboard. org/wp-content/uploads/global-shadow-banking-monitoring-report-2015. pdf.

(3) 从事信贷扩张的对冲基金和其他替代性投资工具；[74]以及

(4) 货币市场互助基金，其与银行争夺短期存款，并通过购买短期公司债和其他"货币类"短期债，将短期存款转换为真正见索即付的债务。

因此，影子银行的主要业务是转换期限：它们向投资者发行短期负债，反过来将资金投入长期资产。2015 年全球影子银行体系规模估计约 80 万亿美元。[75] 广义上讲，目前影子银行体系的规模超过正规银行体系的一半。[76] 这个数字意味着严重偏离传统上主要由受监管的银行组成的信贷中介渠道，对于本书的主题来说，这是一个特别值得关注的变化。

至少自从白芝浩的《金融街》出版以来，受监管的银行部门在一定情况下可以获得的中央银行流动性支持，影子银行并不能享有。[77] 因此，享受流动性支持（监管部门）的银行经营受到严密的审慎规则体系的监管，而影子银行则不受其约束。2008 年 9 月对（主要是与银行争夺投资类存款的）货币市场基金的挤兑，[78]以及在雷曼兄弟经营 19
失败前后回购市场的挤兑，[79]说明在没有中央银行支持的情况下，经营转换期限业务和短期贷款业务可能导致的有害后果。一旦发送流动性冲击，将丧失滚动短期债权和为长期债权再融资的能力，导致大面积违约。[80]

此外，很多影子银行主体可以创造货币性债权，通过一系列交易链条，这些债权又产生无穷无尽的资产替代和期限转换过程。但这些无法控制的信贷供给放大了杠杆，而且随着信贷供给扩大导致市场信心高涨时资产价格上涨，可能强化亲周期性并加剧资产泡沫。同时，它也加大了在市场突然失去信心时资产价格和信贷水平急剧下跌（信贷紧缩）的风险。[81]

---

[74] 金融稳定理事会将影子银行实体分为：(1) 债权投资基金；(2) 交易所交易型基金；(3) 债权对冲基金；(4) 私募股权基金；(5) 证券经纪公司；(6) 证券化实体；(7) 信用保险提供者/金融担保人；(8) 金融公司；以及(9) 信托公司。See FSB, ibid., 8, exhibit 1.

[75] Ibid., 9.

[76] Ibid.

[77] W. Bagehot, *Lombard Street: A Description of the Money Market* (Henry S. King & Co., 1873), Ch. 7. The seminal work on the inherent instability of a system of maturity transformation without a formal safety net is D. W. Diamond and P. H. Dybvig, 'Bank Runs, Deposit Insurance, and Liquidity' (1983) 91 *Journal of Political Economy* 401.

[78] 2008 年 9 月 Reserve Primary Fund，最大的货币基金之一，因遭受雷曼债券的损失，不能维持其每股一元的价格，构成著名的"破发"，这引发了投资者对货币基金行业的挤兑式赎回，切断了很多公司隔夜拆借的资金来源。相关事实和相关观点参见 P. Wallison, 'The Fed, Not the Reserve Primary Fund, "Broke the Buck"', 28 March 2014, available at www.sec.gov/comments/s7-03-13/s70313-331.pdf。

[79] See G. B. Gorton and A. Metrick, 'Securitised Banking and the Run on Repo', NBER Working Paper No. 15223, August 2009.

[80] See Wallison (n. 78).

[81] See E. Avgouleas, 'Regulating Financial Innovation' in E. Ferran et al. (eds.), *Oxford Handbook of Financial Regulation* (Oxford, OUP, 2015), Ch. 22.

第五节　银行监管的全球性

一、巴塞尔银行监管委员会及其影响范围

为全球金融部门设定标准，处于核心的是今天复杂的跨国监管网络（TRNs），其起源可以追溯到国际清算银行（Bank for International Settlements, BIS）1974 年在巴塞尔主办的小范围中央银行行长联席会上建立的监管网络。最初，这个组织叫作银行管理与监督工作委员会，后来改为现在的名称：巴塞尔银行监管委员会。[82] 该委员会是在一系列中等强度的跨国银行倒闭之后诞生的，其旨在就银行监管问题举办成员国监管合作论坛。当时其首要目标是，现在（仍然）是，“通过在世界范围内提升监管技术和银行监管质量以加强金融稳定”。[83] 该委员会一直努力争取通过制定银行监督和管理的最低标准实现其目标。[84]

在委员会代表各成员国的是各成员国中央银行，如果中央银行不负责银行业审慎监管，那么正式负责银行业审慎监管的是政府部门。巴塞尔银行监管委员会制定监管标准和指导原则，并推荐合理的经验做法，以期各国政府在本国实施。[85] 这些标准属于软法类别，并不具有法律效力。委员会鼓励成员国全面、及时、严格实施委员会制定的标准，以加强全球银行体系的适应能力，提高公众对各类审慎比率的信心，并鼓励为跨国经营的银行建立监管层面的竞争环境。[86]

20 成立以来，占据巴塞尔银行监管委员会日程的两项首要任务是跨境银行监管和资本充足，主要是关注总部设在委员会成员国七国集团（G7）/十国集团（G10）的跨国银行。同一时期银行的跨国扩张意味着，一国监管部门必须研究对跨国银行的监管责任分配问题，即母国或东道国的哪个部门负责监管跨国的银行分支或附属机构。委员会的主要目的之一是堵塞跨国监管的漏洞，其做法是，确保（1）没有境外银行机构逃避监管；（2）在成员国监管区之间实现充分且一致的监管。讨论成果是 1975 年《巴塞尔协议》（Basel Concordat of 1975），这也是第一份在东道国和母国监管机关之间分配跨国银行监管权力的协议。[87] 该协议此后经过多次修订和补充。一系列西方银行倒闭，特别是 1982 年 Banco Ambrosiano 银行坍塌和 1991 年国际信贷商业银行（BCCI）倒下，暴露出

---

〔82〕 See BCBS, ‘A Brief History of the Basel Committee’, October 2015, available at www. bis. org/bcbs/history. pdf.

〔83〕 Ibid.

〔84〕 Ibid.

〔85〕 Ibid.

〔86〕 See BCBS, ‘Charter’, January 2013, available at www. bis. org/bcbs/charter. htm.

〔87〕 具体讨论参见 C. Goodhart, *The Basel Committee on Banking Supervision—A History of the Early Years 1974–1997* (Cambridge, Cambridge University Press, 2011), Chs 4 and 8。

协议框架并不充分。[88] 因此，1983 年对协议进行了进一步修订，并以“银行境外分支机构监管原则”为题重新发布。[89]

1990 年 4 月，巴塞尔银行监管委员会又发布了对 1983 年协议的补充，旨在改进审慎信息在银行监管机关之间的跨国流动。[90] 1992 年 7 月，委员会对协议的某些原则进行了彻底修改。[91] 1992 年修订的协议规定了关于跨国银行集团监管的最低标准。1996 年 10 月，委员会发布了题为《跨国银行业监管》的报告，[92] 在随后几年制定《巴塞尔银行监管委员会有效银行业监管核心原则》（Core Principles for Effective Banking Supervision）[93] 过程中，该报告起到了至关重要的作用。《巴塞尔银行监管委员会有效银行业监管核心原则》的动因来自 G7 国家财政部部长 1996 年发布的一份报告，这份报告呼吁对所有重要金融市场进行有效监管，包括发展中经济体的金融市场。在 1997 年 9 月首次发布时，《巴塞尔银行监管委员会有效银行业监管核心原则》规定了 25 条巴塞尔银行监管委员会认为想让监管有效应当实施的基本原则。此后几经修改，2012 年 9 月发布了最新版本。新版本包括 29 条原则，包括监管权力、早期干预和及时采取监管行动的必要、银行的监管预期，以及监管标准合规。

事实证明，2008 年之前时期，巴塞尔银行监管委员会的资本标准在很多方面是无效的。由于大的跨国银行可以在完全符合巴塞尔准则的同时依靠非常稀薄的资本金运营， 21
这些标准给监管套利留下了巨大空间，被普遍认为是导致或加剧国际金融危机的原因之一。[94] 因此，尽管巴塞尔银行监管委员会仍然主导全球银行监管的规则制定，但其已经经历了重大变革。在最初成立时仅有 10 个成员国，2009 年委员会增加了成员国数量，2014 年再次增加。今天，委员会包括 28 个法域。现在委员会还向监督机构——中央银行行长和监管机关主管组织——报告工作，中央银行行长和监管机关主管组织由成员国的中央银行行长和（非央行的）监管机关主管组成。[95] 2012 年，巴塞尔银行监管委员会开始监督其准则的实施，以此强化其作为软法主体地位的威慑力。

---

[88] See D. E. Alford, ‘Basle Committee Minimum Standards: International Regulatory Response to the Failure of BCCI’ (1992) 26 *George Washington Journal of International Law & Economics* 241; S. Emmenegger, ‘The Basle Committee on Banking Supervision—A Secretive Club of Giants?’ in R. Grote and T. Marauhn (eds.), *The Regulation of International Financial Markets Perspectives for Reform* (Cambridge, Cambridge University Press, 2006), 224-36.

[89] See www.bis.org/publ/bcbsc312.pdf.

[90] BCBS, ‘Exchanges of Information between Supervisors of Participants in the Financial Markets’, available at www.bis.org/publ/bcbsc312.pdf.

[91] BCBS, ‘Report on Minimum Standards for the Supervision of International Banking Groups and Their Cross-Border Establishment’, July 1992.

[92] Available at www.bis.org/publ/bcbs27.htm.

[93] 《巴塞尔银行监管委员会有效银行业监管核心原则》于 1997 年 9 月发布，于 2006 年 10 月修订，于 2012 年 9 月再次修订，修订版及其关文档‘Core Principles Methodology’，参见 www.bis.org/publ/bcbs230.htm。

[94] A. G. Haldane and V. Madouros, ‘The Dog and the Frisbee’, Speech at the Federal Reserve Bank of Kansas City’s 366th economic policy symposium, ‘The Changing Policy Landscape’, Jackson Hole, Wyoming, 31 August 2012; Avgouleas (n. 7), Ch. 3.

[95] See BCBS, ‘Charter’, January 2013, available at www.bis.org/bcbs/charter.pdf.

二、金融稳定理事会和新的全球金融架构

（一）概览

2008年之后全球金融架构的基础是：（1）二十国集团（G20）的出现，[96]（2）金融稳定理事会，[97]（3）像巴塞尔银行监管委员会一样复兴并重新强化的各种跨国监管组织，以及（4）改革后的国际货币基金组织。其中每一个机构都有各自不同的成员、任务和法律地位。

在雷曼兄弟倒闭及其对全球金融体系产生巨大震动之后，一个非正式但非常有影响的政府间组织——二十个最发达经济体组织（G20）——成为协调各国避免全球经济灾难政策的主要机构。在G20内部成立政府领导人组织后，它成为主要的协调机构。在2009年4月伦敦会议上，G20领导人达成广泛一致，为更好反映其经济能力，同意增加新兴经济体的代表。目前，G20包括G7国家（加拿大、法国、德国、意大利、日本、英国和美国）和一些最大新兴经济体，包括中国。G20的19个成员国加上欧盟代表了大约世界人口的2/3，世界贸易的80%，以及世界GDP的90%。

绝大多数变革银行监管（将在后面第二章至第四章进行分析）的改革措施都是首先在G20内部以一般原则形式通过的。必要的改革主要包括：（1）扩大和加强监管架构，促进监管合作和危机管理，（2）修改和改进国际准则，彻底提高国际金融监管质量。然而，由于G20资源有限、议题广泛多变，人们对其在金融稳定领域长期担当领导角色的能力（和意愿）表示怀疑，至少在领导人层面是如此。

（二）金融稳定理事会

G20华盛顿会议以及更具有决定意义的（领导人层面）伦敦会议，促成了金融稳定理事会的建立。仅从名称上看，金融稳定理事会相当于对金融稳定论坛进行了重组。金
22 融稳定论坛是在20世纪90年代亚洲金融危机余波中建立的，但因工作无效而广受诟病。金融稳定理事会被视作协调全球金融准则制定过程和监督制定准则的跨国监管组织的重要机构。所有重要的国际金融机构都是金融稳定理事会的成员，包括国际货币基金组织、世界银行、欧洲中央银行以及所有重要的标准制定机构，比如巴塞尔银行监管委员会、国际证监会组织（International Organization of Securities Commissions，IOSCO）和国际保险监管协会（IAIS）。

析言之，金融稳定理事会承继了金融稳定论坛最初的职能，即制定评估影响金融体

---

〔96〕 See C. Schmucker and K. Gnath, 'From the G8 to the G20: Reforming the Global Economic Governance System' (2010), Garnet Working Paper No. 73/09, available at www.garneteu.org/fileadmin/documents/work-ing_papers/7310.pdf.

〔97〕 D. W. Arner and M. W. Taylor, 'The Global Credit Crisis and the Financial Stability Board: Hardening the Soft Law of International Financial Regulation?' (2009) 32 *University of New South Wales Law Journal* 488.

系各类脆弱性的标准、确定治理此类脆弱性所必需的措施并监督实施，以及在负责金融稳定的机构之间促进协调和信息分享。此外，金融稳定理事会还承担一系列重要任务：[98]

（1）监测市场发展及其对监管政策的影响，并提供建议；

（2）监测达到监管标准的最佳做法，并提供建议；

（3）对各种国际政策制定机构的政策制定工作进行联合战略评估，确保其工作及时、协调、针对首要问题且弥补漏洞；

（4）为设立监管联席会议制定指导原则并提供支持；

（5）支持跨国危机管理的应急计划，特别是针对具有系统重要性公司的应急计划；以及

（6）与国际货币基金组织合作开展预警系统演习。

由于其成员国包括24个国家，与其前身相比，金融稳定理事会是一个更具有代表性的机构。此外，与金融稳定论坛逐渐衰退的监管业绩和虚弱的职能相比，金融稳定理事会在很多方面都有明显进步。在很多领域，包括其有关影子银行的工作、起草全球金融机构处置准则，[99]以及通过成员国相互评估监督实施情况，金融稳定理事会的工作都给人以深刻印象，在大多数情况下促进了其准则的全球实施。

然而，就“向谁负责”和地位而言，围绕金融稳定理事会的不确定性依然很大，提出了和巴塞尔银行监管委员会的运作同样的问题。金融稳定理事会“没有制度化权力，既不能强迫任何国家（无论是否是金融稳定论坛或金融稳定理事会的成员）执行其制定的准则，也不能施加任何处罚”。[100]而且，关于其准则制定和协调职能还存在很多尚未解决的问题。例如，关于国际金融准则的设计和应用，金融稳定理事会是否是最后的裁决机构，或者金融稳定理事会的职责是否包括使其他国际政策制定机构对其负责，都并不明确。

最后，对这些在国际金融危机过程中产生的跨国监管协调中的最重大问题，让金融稳定理事会负担以下职责并非解决之道：[101]

（1）监督有强大跨境业务的系统重要性金融机构（SIFIs）； 23

（2）为处置此类机构分配责任，此类机构在国际金融危机中过分严重依赖母国的财政；以及

---

〔98〕 金融稳定理事会的全部任务清单，参见www.financialstabilityboard.org。

〔99〕 最初的标准发布于2011年，后修订并重新发布适用于非银行金融机构。See FSB，‘Key Attributes of Effective Resolution Regimes for Financial Institutions’，October 2014，available at www.financialstabilityboard.org/2014/10/r_141015/.

〔100〕 M. Giovanoli，‘The Reform of the International Financial Architecture after the Global Crisis’（2009）42 *New York University Journal of International Law & Politics* 81，108-9.

〔101〕 Avgouleas（n. 7），Ch. 5；D. Arner and M. Taylor，‘The Financial Stability Board and the Future of International Financial Regulation’ in R. Buckley，E. Avgouleas，and D. Arner，*Reconceptualising Global finance and Its Regulation*（New York，Cambridge University Press，2015），Ch. 4，63-4.

（3）国际危机管理协调，以控制因一国监管机关措施孱弱或追求狭隘国家利益所致的外溢效应。

第六节　什么是“银行”？2008年之后的概念

正如在第四节中所解释的，影子银行部门的主要职能是信用中介和转换期限。因此，证券化信贷的现代形式，特别是影子银行活动，可以说对无论传统的还是现代的银行机构的概念提出了严重挑战。

采用传统的定义，欧盟《信贷要求指令》[Article 3 (1)(1)] 和《信贷要求条例》[Article 4 (1)(1)] 使用以下定义描述“信贷机构”：

“信贷机构”指其业务是从公众吸收存款或其他应付资金并为自身利益发放贷款的企业。

正如前面说明的，考虑到无数影子银行活动实际上发挥与银行同样的功能，虽然并不是在严格法律意义上接收存款，这一定义是无益的。

另外，美国立法中使用的定义比欧盟法律提供的定义详细得多。自从实施《1956年银行控股公司法》(1956 Bank Holding Companies Act, BHCA) 以来，银行控股公司必须在联邦储备委员会登记注册。《多德-弗兰克法》对《1956年银行控股公司法》的很多定义进行了修改，[102] 并为被视为具有系统重要性的银行控股公司建立了特殊处置机制（《多德-弗兰克法》Title Ⅱ）。《美国法典》(US Code) Title 12, Chapter 17, § 1841 (a) 既规定了银行控股公司的定义[103]，也规定了“银行”这一术语的定义，该条规定：

（1）一般情况。除 paragraph (2) 规定外，“银行”这一术语指下列情况：

（A）《联邦存款保险法》(Federal Deposit Insurance Act) section 3 (h) [12 U. S. C. 1813 (h)] 规定的投保银行。

（B）依据美国法律组建符合下列条件的机构；

（i）接受活期存款或存款人可以使用支票或类似向第三方或他人支付的工具提取的存款；以及

（ii）从事发放商业贷款业务。

[102] 关于美国相关定义的演进和《1956年银行控股公司法》的角色，参见 S. T. Omarova and M. E. Tahyar, 'That Which We Call a Bank: Revisiting the History of Bank Holding Company Regulations in the United States' (2011-12) 31 *Review of Financial Law* 113, esp 158 等。

[103] 据《美国法典》Title 12, Ch. 17, § 1841 (a)，“银行控股公司”是指根据本章控制任一银行或任一银行控股公司的公司。

(2) 例外:"银行"这一术语不包括下列任何机构: 24

(A) 仅仅由于其在美国设立了投保或未投保分支机构才符合 paragraph (1) 定义银行的外国银行。

(B) 投保机构[符合 subsection (j) of this section 规定的]。

(C) 除作为在美国境外业务的附带外,不在美国境内经营的组织。

(D) 仅以信托人或受托人身份活动的机构。

同样,《美国法典》Title 12, Chapter 16, § 1813 (c) 规定了"存款机构"这一术语的定义。[104]

对这个定义及其相关例外进行分析,对于确认哪些金融机构不属于其中之列是重要的,比如,信用合作社、储蓄协会和信用卡公司。同样,这在概念上也具有重要意义。划分正规银行和影子银行的边界需要"银行"这一术语的定义。

这一定义中有三个因素值得注意。第一,银行是一个接受定期或活期存款并发放商业贷款的机构。第二,银行必须将存款在联邦存款保险公司投保。第三,银行是可以获得联邦储备委员会流动性援助的机构。这第三个特性包括一定程度的循环性。无论哪种情况,只有选择联邦储备委员会流动性协助的注册州银行和银行控股公司才可以获得联邦储备委员会流动性援助,其他的都不能。

尽管影子银行并不接受可以随时支付的存款——至少在此类存款的法律定义上,但就其经济功能看,货币市场基金中保障投资者本金且可以随时支付的投资几乎与可以随时支付的存款没有区别。因此,如果我们试图在 2008 年之后从概念上定义"银行"这一术语,这种区别可能也是没有意义的。

持牌银行的另一个特点是,在绝大多数监管区域,和其他持牌金融机构一样,银行都适用特殊处置机制,这种机制与普通破产法律不同。根据《多德-弗兰克法》Title 2 规定,该法的有序清算权适用于——依据银行规模或相互联系程度确定的——具有系统重要性的银行。但是,事实上,不仅仅是银行,很多金融机构可能都适用特殊处置机制。比如,《欧盟银行复苏与处置指令》(BRRD) 适用范围扩大到具有系统重要性的投资公 25
司。然而,不适用专门制定的——作为一般破产法律例外使用的——处置机制的机构肯定不是银行。另一个可以增加的特点是,是否可以加入正规支付体系。然而,像信用卡公司等其他金融机构也可以加入正规支付体系,这使此类会员资格并不是银行的一个鲜明特点。

---

[104] (c) 存款机构相关定义:(1) 存款机构,术语"存款机构"指任一银行或存款联合会。(2) 投保存款机构。术语"存款投保机构"指任一银行或存款联合会的存款受到本章规定公司的保险。(3) 特定目的的机构。术语"存款投保机构"包括任一外国银行或由外国银行所有或控制的商业贷款公司,用于根据 section 1818 of this title 的未投保的分行或代理行。(4) 联邦存款机构。术语"联邦存款机构"指任一全国性银行或联邦存款联合会及其联邦分行。(5) 州存款机构。术语"州存款机构"指任一州立银行或州存款联合会及任一非联邦分行的受保险的分行。

因此，应当参照形式而不是功能定义银行，银行应当被看作符合下列情况的组织：

（1）经正式批准可以提供信贷中介服务，包括接受活期存款；

（2）经营以部分准备金模式为基础，可以享受特许的最后放贷人的流动性援助；

（3）参与某种形式的存款保险；

（4）必须适用：

（i）公司结构和业务限制（沃克尔规则、围栏隔离或其他类似限制）；

（ii）审慎控制，包括但不限于有关资本、杠杆和流动性的要求；

（iii）严格规定的公司治理准则；以及

（iv）与普通破产法律程序不同的特殊处置机制。

对于采用形式主义方法定义2008年之后“银行”这一术语，而不是采用功能主义的方法，尽管有一些反对意见，但这种定义在正规银行部门和影子银行之间划分了明确的界限。因此，本书第一部分的主题就是这种类型的金融机构，以及其业务活动、对其监管的方式以及发生危机时的处置机制。

最后，目前这种定义尚未受到近来技术发展的影响。当然，与银行接受存款和放贷业务相连的是银行提供基本支付服务的能力。主要是利用其分支网络和开展放贷业务所必需的基础设施，甚至在信用卡出现之后，银行仍然垄断了支付行业。然而，随着近来金融科技（所谓FinTech）[105]革命的到来，这种垄断正面临威胁。毫无疑问，金融科技结合了数据分析、人工智能和云计算，相当于金融和支付领域一次重大的范式转换
26 （paradigm shift）。但是，尚不明确的是，如果可能，金融科技将在何种程度上令银行机构落伍。无论如何，金融科技革命将对银行业务模式产生明显影响。例如，如果不加限制，通过P2P平台[106]的借贷脱媒就对银行放贷业务构成挑战。因此，今后几年我们必将看到这种变化，本书的下一版本将不得不用比本版本更多篇幅分析金融科技公司提出的挑战。

---

〔105〕 金融科技以数据处理、用户认证和支付的分享技术的新突破为前提。通过以区块链记录方式提供交易认证，金融科技平台令零售客户接入了投资（众筹）和债权平台（P2P）。通过促进去中介化，金融科技已颠覆旧的投资商业模式（包括交易经纪和投资顾问）以及诱人的收入和利润线。进一步分析，参见D. He et al., IMF Staff Discussion Note, ‘Fintech and Financial Services: Initial Considerations’, June 2017; and D. W. Arner, J. Barberis, and R. P. Buckley, ‘The Evolution of FinTech: A New Post-Crisis Paradigm?’（2016）47 *Georgetown Journal of International Law*, 1271-319.

〔106〕 个人对个人（P2P）借贷指这样一种操作：在所谓的市场，贷方（一般是由网站用算法匹配借方和贷方）可由存款人将其资金贷给需要钱的小企业或个人。网站通过佣金赚钱。对存款人来说其明显风险是没有存款保险，且如果网站不仅仅作为中介，而是还提供贷款服务时，缺乏审慎控制会令P2P运营者产生很大风险。另外，有经验研究表明P2P在英国提供给存款人和借方的利率优于银行贷款人[See UK Alternative Finance Report（Nesta & University of Cambridge, November 2014）, 28-46]。

第二章　审慎监管 I：资本与流动性控制 27

第一节　为什么监管

一、引言*

传统上，银行监管的重点一直是保护个体机构的稳定，防范存款人挤兑[1]，以及保护存款人和存款保障方案，以防一旦银行经营失败发生损失。另一个基本目标是保护纳税人，防止公共救援，并防范公共财政救援银行时可能出现的道德风险，这个目标今天依旧。然而，近年来，特别是国际金融危机之后，银行监管重点已大幅度扩张，包括：(1) 消除大而不倒机构。至少先尽可能实现重振，如未能实现，则促进有序处置；(2) 大幅度提高资本缓冲，制定流动性要求；以及 (3) 提高金融体系承受系统范围冲击的适应能力。

银行一旦经营失败很难风险自控并仅仅成为个体事件。首先，它会产生外部性，威胁金融体系稳定。由于银行与其债权人（包括存款人）之间严重的信息不对称可能引发信心丧失和恐慌，银行倒闭产生的第一个外部性是传染。[2] 其次，由于内在关联性，一家机构的倒闭可能产生连锁违约，造成金融体系严重破坏。[3] 最后，系统性破坏对整个金融体系中金融服务的用户产生严重消极影响，即便它们与倒闭机构没有联系。因此，当前银行监管的主要目标最好理解为：

(1) 通过加强银行的财务状况并限制冒险，维护金融体系（特别是银行）的稳定；

(2) 使经营困难的金融机构可以有序重振，如果未能实现，则促进有序处置； 28

---

* 本章的各个部分基于如下作者的当前论文：E. Avgouleas, 'Fundamentals of Bank Supervision and the Lender of Last Resort in the Post-2008 Era：A Critical Appraisal and Forward Looking Recommendations' Centre for Banking and Finance Law, National University of Singapore, 2016, Edinburgh School of Law Research Paper No. 2016/24, November 2016.

[1] 争议基于 D. W. Diamond and P. H. Dybvig 'Bank Runs, Deposit Insurance, and Liquidity' (1983) 91 *Journal of Political Economy* 401-19 这一经典论文。

[2] See C. Goodhart, 'Financial Regulation, Credit Risk, and Financial Stability', 192 *National Institute Economic Review*, April 2005, 118, 122.

[3] 较早分析仍然有效，参见 G. Benston and G. Kaufman, 'The Appropriate Role of Bank Regulation', (1996) 106 *The Economic Journal* 688; D. Llewellyn, *The Economic Rationale for Financial Regulation*, FSA, Occasional Paper Series No. 1 April 1999; and C. Goodhart, P. Hartmann, D. T. Llewellyn, L. Rojas-Suarez, and S. Weisbrod, *Financial Regulation：Why, How, and Where Now?* (London, Routledge, 1998)。

（3）保护存款人和银行服务的消费者；

（4）维护市场信心；

（5）防范系统性冲击；

（6）维持提供基础设施服务，包括支付服务。

此外还有一些潜在目标：通过维护系统性稳定以及确保信用可靠的借款人可以获得融资，增进经济繁荣。

银行监管无法（也不应该追求）创造零倒闭的环境，但可以创造这样一种环境，即机构倒闭可以控制，不会危及金融体系稳定并引发市场混乱。[4] 在本章以下部分我们将看到，单个机构经营失败的风险和系统崩溃的风险，主要是借助资本和流动性要求、结构化监管、业务/规模限制以及促进有序倒闭的解决体制，通过审慎监管化解的。

二、监管与市场约束

至此，产生了一个突出的问题。既然一旦银行倒闭，无论是否有救助，银行股东们都要扫地出门，为什么需要外部监管？这么说，难道银行不应该能自我监督，而且/或者——在法律框架下——能自我监管，自觉“自愿”认同法律规定的目标？

对这一问题，最令人信服的答案是，内在信息不对称如此严重，公共利益对银行业部门的关注点（比如，机构安全和金融稳定）和私人目标/激励（营利性、补偿）的分歧如此尖锐，这对一个由于实行部分准备金原则而当然要依靠信任和信心的行业来说，实行积极的政府控制确属正当。以下部分将说明为什么依赖内部治理控制和市场约束并不足以限制银行追逐风险以及股东不断追求更高利益（租金）。[5]

（从直觉而非精确定义看[6]，）市场约束及其过程应理解为包括由股东和市场对银行管理层的公司约束、由次级短期债权人和其他债权人施加的约束，[7] 以及由银行客户，甚至高流动性的银行雇员团体施加的约束。[8]

29 上述大部分都被认为有合理动机监督银行行为，以防止陷入银行倒闭和乱糟糟的清算，给自己造成巨大损失。人们认为，促进市场约束最重要的机制是向市场披露精确信

---

[4] Group of Thirty, 'Financial Reform: A Framework for Financial Stability', 15 January 2009, 20, available at http://group30.org/publications/detail/146.

[5] A. R. Admati, P. M. DeMarzo, M. F. Hellwig, and P. Pfleiderer, 'The Leverage Ratchet Effect', Stanford Business School, Working Paper No. 3029, last version December 2015, available at www.gsb.stanford.edu/ gsb-cmis/gsb-cmis-download-auth/345321.

[6] D. T. Llewellyn, 'Inside the "Black Box" of Market Discipline' (2005) 25 *Economic Affairs* 41.

[7] C. W. Calomiris and C. M. Kahn, 'The Role of Demandable Debt in Structuring Optimal Banking Arrangements' (1991) 81 *Am. Economic Rev.* 497; and for a more realistic approach see C. W. Calomiris, 'Building an Incentive-Compatible Safety Net' (1999) 23 *J. of Banking and Finance* 1499.

[8] Llewellyn (n. 6), 189-93.

息和市场恰当处理该等信息的能力。[9] 此外，银行选择的债务与权益组合被视作市场约束有效性的一个强有力的决定因素。[10] 然而，只有当市场主体有足够激励履行其监督职责，而且信息监测毫无障碍时，市场约束才有用。[11]

在单个机构层面，很多反向激励严重弱化市场约束的力量。对市场约束的第一个限制，当然来自股东有限责任和银行高杠杆经营的倾向，表现为资产负债表上的债务数倍于股东权益。[12] 例如，在形势好的时候，当社会的过度债务积聚（所谓的债务过剩）还没引起关注的时候，银行为什么不主动建立超额资本缓冲，这样形势恶化时它们可以消化损失，而不必被迫收缩资产或筹集新资本呢？最可信的答案是，短期负债是一种比股本更廉价的融资形式，银行往往倾向于超出社会规划者预期而更多负债以获得廉价负债的收益，这意味着，金融机构并没有完全内化其经营成本，由此制造了严重的会因传染而放大的外部性。

具体而言，银行业务囊括了几类利益相关人的利益，而其他公司并非如此，银行管理层必须考虑监管者和存款人的偏好，而不仅仅是股东的偏好。这并非无足轻重的矛盾，因为在现代经济中银行还发挥着至关重要的（公用事业）功能，银行经营出现混乱可能产生大范围影响。银行是支付和清算体系的核心，控制着零售客户和企业客户的存款和投资。因此，银行活动如果影响第三方，金融机构的损失可以很快外溢到经济的其他领域。由于银行使用高杠杆，这在非金融公司并不常见，银行在流动性冲击和丧失信心面前特别脆弱。过高的杠杆既带来机构个体破产的重大风险，也带来金融稳定的重大风险。因此，银行仍然需要有（通常是政府支持的）存款保险方案和中央银行操作的最后放贷人协助，以防存款人挤兑演变为某个银行破产事件及其随后的传染和系统性恐慌。

期待股东主动降低银行杠杆是不现实的，因为银行整体杠杆的任何上升都等于银行资产的相应增加，以及由此提高银行盈利能力。[13] 股东间竞相追逐收益和廉价负债，在 30
低利率的环境中，使银行以高杠杆的资产负债表实现收益最大化，可以轻易将股东从风险中性转变为冒险者。股东有强烈的动机使银行高杠杆经营。[14] 银行放贷越多，利润越大。

---

〔9〕 See E. Avgouleas, 'The Global Financial Crisis, Behavioural Finance and Financial Regulation: In Search of a New Orthodoxy' (2009) 9 *Journal of Corporate Law Studies* 121-57.

〔10〕 A. B. Ashcraft, 'Does the Market Discipline Banks? New Evidence from the Regulatory Capital Mix', FRB of New York Staff Report No. 244 (March 2006) available at http://papers. ssrn. com/sol3/papers. cfm? abstract_id1/4901805.

〔11〕 M. F. Hellwig, 'Market Discipline, Information Processing and Corporate Governance', Max Planck Institute for Research on Collective Goods, Preprint No. 2005/19 (October 2005).

〔12〕 E. Avgouleas and J. Cullen, 'Excessive Leverage and Bankers' Pay: Governance and Financial Stability Costs of a Symbiotic Relationship' (2015) 21 *Columbia Journal of European Law* 1-52.

〔13〕 进一步讨论，参见 E. Avgouleas, 'Bank Leverage Ratios and Financial Stability: A Micro-and Macroprudential Perspective', Levy Economics Institute of Bard College Working Paper No. 849, 28 October 2015。

〔14〕 P. O'Mülbert, 'Corporate Governance of Banks' (2009) 10 *European Business Organization Law Rev.* 411.

可以说，这些问题与大多数机构投资者的投资眼界有限有关。[15] 强势股东通常喜欢冒险的经理，而不喜欢更保守的高管。[16] 很多大股东鼓励注重短期，所以不能指望他们对管理层施加更多外在约束。[17] 我们将在第三章详细分析与银行有关的公司治理问题和公司治理改革。

银行业市场约束有效性的第二个重要局限性，是大而不能倒的机构（TBTF），我们在上一章曾对大而不倒机构进行全面分析。由于其性质，金融网络形成（通常是看不见的）债权链条，增加了机构之间相互风险暴露，产生了很强关联的相互经济依赖（内在关联性）。尽管内在关联性是金融网络的基本要素，它也同时增加了金融网络的脆弱性，特别是因为银行经营失败具有高传染性，在市场恐慌的助推下，可以发展成为全面的金融连锁反应，危及金融体系稳定。[18] 这意味着，内在关联性增加了政府救助的可能性。也就是说，它给管理层做大资产负债表的强大激励，因为机构越大，内在关联性越高，其倒闭就越可能拖累其他关联机构，救助变得越必要[19]，以防横扫金融系统的连串违约和信心崩溃（传染）。

即便我们假定将来公共救助没那么频繁，就实施有力的新银行处置机制以实现有序倒闭并将道德风险最小化而言，仍有有力理由支持事前银行监管。首先，经营复杂性[20]和有限理性[21]仍可能影响股东和债权人对银行管理的监控。其次，即便银行部门的私
31 人激励与公共利益目标完美一致，迫使银行股东和债权人采取一切必要措施防止银行倒闭，仍将维护金融稳定的任务委托给私主体，可能产生严重的协调问题。而一个称职的监管机关可以享有巨大的优势，可以从不同私人来源集中信息并协调银行体系各重要组成部分的行动，尽力防止银行倒闭，或一旦发生银行倒闭事件，尽力阻止恐慌。

---

〔15〕 J. C. Coffee Jnr., 'Liquidity versus Control: The Institutional Investor as Corporate Monitor' (1991) 91 Columbia Law Rev. 1277; R. J. Gilson and R. Kraakman, 'Reinventing the Outside Director: An Agenda for Institutional Investors' (1991) 43 *Stanford Law Rev.* 863; B. S. Black, 'Shareholder Passivity Re-examined' (1990) 89 *Michigan Law Rev.* 520.

〔16〕 Remarks of L. A. Bebchuk, 'Governance, Executive Compensation, and Excessive Risk in the Financial Services Industry: A Research Symposium', Columbia Business School (27–28 March 2010), 11, available at www4.gsb.columbia.edu/rt.

〔17〕 K. Froot, A. Perold, and J. C. Stein, 'Shareholder Trading Practices and Corporate Investment Horizons' NBER Working Paper No. 3638 (March 1991).

〔18〕 A. Lo, 'Regulatory Reform in the Wake of the Financial Crisis of 2007–2008' (2009) 1 *J. of Financial Economic Policy* 5, 23; A. G. Haldane, 'Rethinking the Financial Network', speech delivered at the Financial Student Association, Amsterdam (April 2009) at 12–13.

〔19〕 2009 年日内瓦报告称这种风险为"内在关联性外溢"。See M. K. Brunnermeier, C. A. E. Goodhart, A. Crockett, A. Persaud, and Hyun Shin, 'The Fundamental Principles of Financial Regulation', *Geneva Reports on the World Economy* 11 (January 2009), 20–1.

〔20〕 复杂性理论是一种内部约束框架用于理解复杂体系。它认为虽然有些系统太复杂难以精准地预见未来，但是，系统展示了可识别的基础模式可以帮助人们应对这些系统的复杂工作。概览参见 H. A. Simon, '*The Architecture of Complexity*' (1962) 106 *Proceedings of the Am. Philosophical Society* 467。

〔21〕 E. Avgouleas and J. Cullen, 'Market Discipline and EU Corporate Governance Reform in the Banking Sector: Merits, Fallacies, and Cognitive Boundaries' (2014) 41 *Journal of Law and Society* 28–50.

例如，市场约束和市场化危机协调所能产生的客观制约都与披露给市场的信息类型有关。而保密安排、竞争考量以及银行挤兑的可能，都是对银行业务意义重大的数据，永远不会掰开揉碎公开披露。因此，依赖市场公开信息监督个体机构，其有效性较低，当然也没有可获取保密数据的监管者的监督重要。

但是，不能认为监管是灵丹妙药，是解决所有市场失败或市场约束失败的方案。而且，事实可能证明，当代审慎监管所构建的复杂层级是其有效性的重大障碍。与可以自我修正或通过政府干预修正的市场缺陷行为不同，金融监管是一个弹性小得多，也更不容易变通的体系。正如罗伯塔·罗马诺（Roberta Romano）强调，存在"监管铁律"。[22] 监管通常是由危机推动的，"是在发生情况的信息稀少时采用的"。因此，其结果往往是次优的，然而"考虑到现状的顽固性，改变或者废除是艰难的"。[23]

第二节　审慎监管

一、引言

审慎监管的现代简洁定义是将其描述为密集而复杂的规则网络，用以（1）维持金融机构安全和持续经营，如果未能做到，则（2）协助其处置和/或重组，以及（3）增强金融体系承受系统性事件和银行倒闭冲击的弹性，如果可能，防止发生系统性风险。这一定义的重塑是基于这一事实，即由于危机，后2008时代的审慎监管经历了地震般变化，至少在美国、欧盟和英国如此。新审慎体系飞快地在全球范围（G20、金融稳定理事会）或地区范围（欧盟）得以塑造（参见第一章的分析）。总体上，除牌照审批和持续合规要求之外，监管机关的利器已经扩张到包括：扩大存款保险制度、事前重振与处置计划、改进公司治理和薪酬标准以及彻底重构的组织结构。尤其是，由于对复杂组织是有序处 32
置的障碍已有正确认识，重振和处置计划可以用来简化银行公司结构。[24] 此外，资本要求已彻底修改，新流动性要求已得以引进。

2008年之后的审慎政策补充了全面深入的重振和处置框架，旨在消除，至少大幅减少——金融机构变成大而不能倒的可能。处置和审慎政策交叉重叠的地方是早期干预领域，即所谓的及时纠正措施（破产前政策）。在新的早期干预政策（将在第五章详细

---

〔22〕 R. Romano, 'Regulating in the Dark' in C. Coglianese (ed.), *Regulatory Breakdown: The Crisis of Confidence in U. S. Regulation* (University of Pennsylvania Press, 2012), Ch. 5.

〔23〕 罗马诺（Romano）教授补充道："由不断重复的金融危机所产生的单向监管麻烦不仅导致了高成本的政策错误，还伴之以未意想的后果，且产生的监管状态是其经年累积的监管冲击不断导致进入监管工具的低效"（see R. Romano, 'Further Assessment of the Iron Law of Financial Regulation: A Postscript to Regulating in the Dark', Yale Law School, John M. Olin Center for Studies in Law, Economics, and Public Policy Research Paper No. 515, 3 November 2014）。

〔24〕 See E. Avgouleas, C. Goodhart, and D. Schoenmacker, 'Living Wills as a Catalyst for Global Financial Reform' (2013) 9 *Journal of Financial Stability* 210-18.

分析）下，监管机关防止银行经营失败的权力变得正式而具体。

此外，为杜绝银行使用政府资金，在一定程度上消除救助的道德风险效应，审慎监管还补充了加强银行资本的新理念，通过及时资本重组维持面临倒闭银行的持续经营或有序处置。由此引进了一类新型的或有资本工具（CoCos）。这些工具可以在银行进入处置之前转化为股本以增强银行资本，从而避免将银行推入破坏性处置。而且，根据美国《多德-弗兰克法》Title 2[25] 和《欧盟银行复苏与处置指令》[26]实行的新免除债务程序，可以通过免除部分银行债务令行将倒闭的银行恢复正常。

特别重要的是，审慎监管引入了一种新方法，所谓的宏观审慎监管。在这一框架下，监管机关有责任分析金融体系的总体复原能力，以及金融体系与更广泛的经济之间相互作用的方式，包括形成资产泡沫的可能，因为资产泡沫通常对金融稳定产生有害影响。在这种背景下，一系列新措施，比如杠杆率、逆周期资本要求、贷款控制（比如贷款价值比率和贷款收入比率），既有微观审慎目标（机构稳定），也有宏观审慎目标（体系稳定）。审慎监管新机制还补充了提高金融体系弹性的举措，比如对场外衍生品交易清算和报告进行彻底改革[27]、监管信用评级及信用评级机构[28]、调整银行家在证券化过程的激励、改革银行家的薪酬[29]，这些将在第三章进行详细分析。

最后，近年来暴露了银行内部广泛存在的不择手段牟利——其中一些到了严重违反
33 行为规范的程度，甚至有的涉及诈骗，监管银行行为和保护银行客户的政策框架已经重新设定。在很多方面，修正银行人员薪酬和伦理的措施在根本上是想让银行更公平，同时这也让银行更安全。行为监管和职业伦理是银行监管的独特之处，我们将在第四章进行分析。

当代的改革也深刻影响了监管架构。在大多数西方法域，监督/监管架构看起来像“双峰+模式”。例如，在英国，银行监管由英格兰银行的一个附属机构——审慎监管局（Prudential Regulation Authority，PRA）负责，系统性风险的监控由英格兰银行的一个部门——金融政策委员会负责，而市场行为的监管由金融行为监管局（Financial Conduct Authority，FCA）负责。在大多数情况下，除英国外，处置机关一般设在中央银行之外。这种架构的最好示例是美国，宏观审慎监管机关是金融体系监管委员会，微观审慎监管

---

〔25〕 Dodd-Frank Wall Street Reform and Consumer Protection Act，Pub，L. No. 111/203（2010）.

〔26〕 Directive 2014/59/EU establishing a framework for the recovery and resolution of credit institutions and investment firms and amending Council Directive 82/891/EEC，and Directives 2001/24/EC，2002/47/EC，2004/25/EC，2005/56/EC，2007/36/EC，2011/35/EU，2012/30/EU，and 2013/36/EU，and Regulations（EU）No. 1093/2010 and（EU）No. 648/2012，OJ L2014 173/190[hereinafter BRRD].

〔27〕 e. g. Regulation（EU）No. 648/2012 of the European Parliament and of the Council of 4 July 2012 on OTC derivatives，central counterparties，and trade repositories OJ L201/1，27 July 2012.

〔28〕 e. g. Regulation（EU）No. 462/2013 of the European Parliament and of the Council of 21 May 2013 amending Regulation（EC）No. 1060/2009 on credit rating agencies OJ L146/1，31 May 2013.

〔29〕 Dodd-Frank Act § 954，amending § 10D of the Public Company Accounting Reform and Investor Protection Act of 2002，Pub. L. No. 107-204（30 July 2002）116 Stat. 745（Sarbanes-Oxley Act）；EU Capital Requirements Directive，Art. 94.

机关是联邦储备委员会，而处置由联邦存款保险公司（Federal Deposit Insurance Corporation，FDIC）负责。同样，在欧洲银行业联盟，由欧洲中央银行（ECB）和各国中央主管机关（National Competent Authorities，NCA）组成的单一监管机制（Single Supervisory Mechanism，SSM）承担微观审慎监管机关职能。另外，单一处置机制（Single Resolution Mechanism，SRM）充当处置机关，而各国中央银行实质承担了宏观监管者的角色。

由于很多微观审慎监管职能，比如牌照审批、重振和处置计划、可持续性监督和早期干预，都与银行监管的实施密不可分，我们将在第四章和第五章讨论英国、欧元区和美国的监管架构和银行监管时进行分析。

二、宏观审慎方法

最新的巴塞尔资本标准[《巴塞尔协议Ⅲ》（Basel Ⅲ），将在第七节分析］旨在确保银行能够承受国际金融危机时所经历的那种压力，包括经济周期、泡沫和其他宏观经济变化带给银行的风险。此前的巴塞尔协议完全依赖微观审慎监管措施。但微观审慎监管将风险看作外部的，由金融机构的行为结果造成，忽略了银行在经济体系中“共同行为的系统性影响”。[30] 国际金融危机不仅凸显了金融机构弹性对于体系稳定的重要性——因为单个机构的倒闭往往可能因丧失信心引发连锁效应，而且强调了防范体系内生风险的重要性。例如，即便单个机构筹集新资金或出售资产的审慎决策都可能产生负面的（流动性和抛售）外部性，有破坏金融体系稳定的潜在影响。[31]

当短期债务成为比股权更便宜的融资形式时，银行会想作比最优结构更多的负债。[32] 这是因为，银行一边在获取资产（贷款/贷款合同）的过程中，获得了廉价负债的好处，同时如前所释，银行并未将累积损失全部内化于资产负债表的资产栏中。 34
这是银行业的一个重要方面，因为信贷/资产价格周期可能是宏观经济波动和潜在金融不稳定的关键推动因素。[33] 各种基于廉价甩卖和信贷紧缩的模型显示，金融机构有过强的动力：(1) 一旦危机来临，收缩资产，而不是事后补充资本；以及 (2) 事前依靠极薄的资本缓冲经营，由此增大了最终发生危机的可能和系统范围内资产负债表的收缩。[34]

概言之，周期性宏观审慎政策的作用在于，提前消除金融失衡的累积。尽管一直并

---

〔30〕 ‘The Warwick Commission on International Financial Reform: In Praise of Unlevel Playing Fields’, December 2009, 12.

〔31〕 CEPR, ‘Fundamental Principles of Financial Regulation’, Geneva Reports on the World Economy, 11 June 2009.

〔32〕 S. G. Hanson, A. K. Kashyap, and J. C. Stein, ‘A Macroprudential Approach to Financial Regulation’ (2011) 25 *Journal of Economic Perspectives* 3-28.

〔33〕 British Bankers' Association, ‘A Possible Macro-prudential Approach’, July 2010.

〔34〕 Hanson, Kashyap, and Stein (n. 32), 7-8.

不缺少中央银行和国际货币基金组织等国际机构开展的宏观审慎分析，包括英格兰银行长期进行的半年一次的《金融稳定报告》，但这些分析缺乏与政策行动的联系或向其转化。全世界的中央银行和监管机关除了使用利率工具，无法用其手中的宏观或微观工具在系统层面控制信贷供给。

采用宏观审慎方法的设计初衷是，为监管机关提供更好的保护经济免受金融不稳定影响的措施，以维持银行为实体经济提供的基本服务，以防发生更严重的经济波动。如果资产泡沫和其他形式的宏观经济波动能发现得足够早，那么就可能有效采取矫正措施。

总体上，宏观审慎政策是微观审慎政策的补充，并与其他影响金融稳定的公共政策相互作用，比如货币政策或财政政策，但并非这些政策的替代品。〔35〕关于宏观审慎政策的职能，一致的观点（但并不是唯一的观点）认为，其重点应放在增强金融体系抵抗泡沫破裂所致后果的复原能力上，而且如果可能，应化解泡沫，而不是管理（“抑制”）总需求。

然而，由于宏观审慎政策并不替代货币政策和财政政策，且其由此不能防范通货膨胀和宏观经济失衡。〔36〕它只是旨在通过控制信贷增长加强金融体系稳定，因为信贷增长通常导致资产价格上涨，而在非理性繁荣驱动下，资产价格上涨与日益增长的风险追求相结合，基本上是金融不稳定之源。

微观审慎工具旨在通过三个主要渠道实现前述目标：降低贷款人损失、增加银行资本以抵御损失，以及防止个体风险迅速演变为系统范围的冲击。而宏观审慎工具，取决于其用来应对的形势，以及金融稳定安全需求与信贷流向更广经济需求之间的平衡度，宏观审慎工具与微观审慎工具可以相互补充，也可以互为妨碍。

关于宏观审慎政策的定义，金融稳定理事会、国际货币基金组织和国际清算银行的联合报告这样表述：〔37〕

35　一种主要使用审慎工具限制系统性或系统范围金融风险的政策，由此限制那些对实体经济有严重影响的关键金融服务在提供中发生中断。主要方法是抑制金融失衡的积聚，建立对随后衰退及其对经济影响的速度和强度的防御机制，识别并化解共同

〔35〕FSB, IMF, BIS, 'Macroprudential Policy Tools and Frameworks Progress Report to G20, October 2011', 2. See also S. Claessens, 'An Overview of Macroprudential Policy Tools', IMF Working Paper, WP WP/14/214, December 2014.

〔36〕J. CaruanaandB. H. Cohen, 'Five Questions and Six Answers about Macroprudential Policy', Banquede France, Financial Stability Review No. 18, 15 April 2014.

〔37〕Ibid. 但是杰米 · 卡鲁阿纳（Jaime Caruana），国际清算银行的总经理提出了这一包罗性更强的定义：“宏观政策是使用主要审慎工作以限制系统范围的金融风险，并阻止对核心金融服务和经济的破坏……它根据其目标（限制系统范围金融风险）而定义，分析的范围（金融体系整体及其与实体经济的内在关系），一套权力和工具及其治理（审慎工作和其他具体分配的宏观审慎机关）”（see 'Monetary Policy in a World with Macroprudential Policy', Speech at the SAARCFINANCE Governors' Symposium 2011, Kerala, 11 June 2011, available at www. bis. org/ speeches/sp110610. htm）。

风险暴露、风险集中、风险关联与风险依存,它们是危及整个体系运行的风险传染与风险外溢之源。

因此,宏观审慎政策的决定性要素包括:

其普遍认可的目标:制约系统性或系统范围金融风险。

监管监督的重点:整体金融体系及其与实体经济的相互作用;以及用以维护宏观审慎目标及其治理的权力和工具组合,即专门赋予宏观审慎机关运用的政策工具,可以与各微观审慎工具,例如资本要求和流动性要求等一并或附加使用。

金融稳定理事会、国际货币基金组织和国际清算银行认为,非审慎工具仅在其以持续基础系统性风险为目标,且为用以"实施宏观审慎政策"机构框架的组成部分时,才被视作宏观审慎政策工具包的组成部分。[38]

宏观审慎政策追求的目标可窄可宽。窄的目标旨在提高金融体系弹性,宽的目标旨在"抑制金融周期自身的上升"。本国宏观审慎政策选择追求上述两种目标中的哪一种,极其重要。第一个目标只追求在经济周期繁荣阶段建立防范(资本缓释),以便在萧条阶段风险显现时使用。它并不被用作繁荣阶段的制约机制。要实现宽的目标,就需要资本缓释作为有效机制以降低银行部门供给信贷的速度,以此控制资产价格泡沫。窄的目标得承认,无论决策者多么努力,金融周期和失衡都将出现。[39]《巴塞尔协议Ⅲ》显然通过建立逆周期的资本缓释已选择追求窄的目标。[40]

古德哈特(Goodhart)等人识别了五种可实施的宏观审慎政策,用以限制住房市场对银行体系造成严重损害并可能最终外溢至更广经济范围。[41] 这五种政策包括: 36
(1)限制按揭成数(LTV),(2)提高对银行的资本要求,(3)提高银行的流动性覆盖率(LCR),(4)对银行实行动态贷款损失拨备,以及(5)对影子银行使用回购协议规定保证金要求。[42] 确认的宏观审慎工具为宏观审慎政策提供了具体的监管干预框架。同时,宏观审慎工具既可以相互补充也可以相互制约,这取决于使用它们所应对的情形,以及金融稳定安全的考量与信贷流向实体经济的需要之间的平衡程度。[43] 在其中任何一种情况,界定宏观审慎政策的实际定位、工具和边界,都不是一项简单易行的工作。马丁·黑尔维希(Martin Hellwig)教授等有影响力的经济学家认为,宏观审慎框架仍然非

---

〔38〕 FSB,IMF,BIS,'Macroprudential Policy Tools and Frameworks'(n. 35),2.

〔39〕 Caruana,'Monetary Policy'(n. 37).

〔40〕 FSB,IMF,BIS,'Macroprudential Policy Tools and Frameworks'(n. 35),3."宏观审慎政策旨在解决两个维度的系统性风险:第一,系统性风险随着时间演化——"时间维度";第二,在时间上的给定时点,在金融系统的风险分配——"部门交叉"维度(ibid.,2)。而且,"部门交叉维度的关键问题在于减少系统性风险集中,这一问题可以源自跨金融机构的类似风险暴露(从资产、义务、对共同服务的依赖)或者由于它们之间资产负债表的关联性(例如,交易对手风险)"(ibid.,3)。

〔41〕 C. A. E. Goodhart, A. K. Kashyap, D. P. Tsomocos, and A. P. Vardoulakis,'An Integrated Framework for Analyzing Multiple Financial Regulations'(2013) 9 *International Journal of Central Banking* 109-43.

〔42〕 Goodhart et al.(n 41).

〔43〕 Avgouleas(n. 13).

常模糊，需要重大修整。[44]

第三节　资本监管

一、银行资本有什么用？

银行资本率是监管弹药库中的关键工具，因为银行资本可以发挥如下几项功能：作为吸收银行损失的缓冲，作为风险制约，以及作为市场监督和约束的机制。[45] 围绕资本监管最重要的问题之一是，多少资本才够？对很多评注者来说，银行资本不能仅仅针对以抽象资产风险权重率为基础的银行的可能损失，这是巴塞尔准则的基本原理；银行资本还应当是控制银行外部性的工具，因此应当针对体系中——无论是出于自身或由于内在关联性——产生最高风险的部分，并因此对银行倒闭的社会成本负责。[46] 这一观点为金融稳定理事会和G20的一些主要监管机关所认同，它们同意对全球系统重要性金融机构，特别是全球系统重要性银行（G-SIBs），实施资本附加要求。[47]

二、多少资本

为什么普通股被视作银行资本的优质形式，有很多很好的理由。首先，普通股本是永久的，不能收回，它是银行在其持续经营期间偿付能力的基础。其次，在银行破产时普通股顺位最后，因此可以消化银行损失。最后，增加权益资本可以改善银行治理。它能控制股东以更多负债获得更多资金以出借给高风险项目从而实现风险和收益最大化的倾向，这也保护管理层免受股东收益最大化压力。[48]

37 银行需要多少权益资本并不是一个容易回答的问题。表面看来，资本是银行业务的成本，因此需要在经营效率和银行安全之间折中。然而，这种观点（以及银行股本比债务昂贵的观点）已经被阿德玛蒂（Admati）等人的经典论著强烈批驳。[49] 其他研究和

---

〔44〕 M. Hellwig, 'Financial Stability, Monetary Policy, Banking Supervision, and Central Banking', Reprints of the Max Planck Institute for Research on Collective Goods, Bonn 9/2014, July 2014, available at www. coll. mpg. de/pdf_dat/2014_09online. pdf.

〔45〕 D. J. Elliot, 'A Primer on Bank Capital', The Brookings Institution, 28 January 2010.

〔46〕 A. G. Haldane, 'Rethinking the Financial Network', speech at the Financial Student Association, Amsterdam, 28 April 2009; 'The Dog and the Frisbee', speech at the Federal Reserve Bank of Kansas City's 366th economic policy symposium, 'The Changing Policy Landscape', Jackson Hole, Wyoming, 31 August 2012.

〔47〕 最新清单，参见 FSB Press Release72/2014, 'FSB announces update of Group of Global Systemically Important Banks（G-SIBs）', November 2014。

〔48〕 E. Avgouleas and J. Cullen, 'Excessive Leverage and Bankers' Pay: Governance and Financial Stability Costs of a Symbiotic Relationship'（2015）21 *Columbia Journal of European Law* 2.

〔49〕 A. R. Admati, P. M. DeMarzo, M. Hellwig, and P. Pfleiderer, 'Fallacies, Irrelevant Facts, and Myths in the Discussion of Capital Regulation: Why Bank Equity is Not Expensive', Stanford Business School, Working Paper No. 2065, 22 October 2013.

历史经验则支持增加资本缓冲的观点，他们发现由于银行经营所涉社会成本，银行必须持有超出迄今的更高资本水平，高出巴塞尔协议规定的标准[50]。例如，卡皮（Capie）和伍德（Wood）发现，19世纪的英国银行曾经历多次危机，他们通过提高资本水平以应对危机。他们证明，银行根据其承担的风险调整了其资本率。[51]

这一传统在很多方面被打破了，因为巴塞尔协议引入风险加权资本率，它是可操控的，20世纪银行杠杆水平明显上升，也许可归于贷款的扩张[52]。为了扭转银行资产负债表过度放杠杆的趋势，黑尔维希和阿德玛蒂提出一级资本率为未加权资产的25%。另外，迈尔斯（Miles）等人认为对未加权资本率可达20%。[53] 他们主张提高（权益）资本基于双重原因：（1）降低政府救助的可能性，并以此降低纳税人的风险，以及（2）降低经营层过度冒险（玩风险游戏）的动机。实际上，他们明确区分了个体机构的成本（私人成本）和整个经济的成本（或社会成本）。他们评估了让银行准备更多权益资本以消化损失的长期成本和收益。收益与银行业危机的概率减少相关，危机会产生实质性经济成本。而任何此类收益都被潜在的银行中介性的成本上升所抵销（贷款率上升或存款率下降）。他们发现，银行可能希望采用的权益资本数量比最近几年银行实际采用的大得多，也比《巴塞尔协议Ⅲ》框架认可的目标高得多。[53a]自然，多少资本足以容纳银行损失并避免银行经营失败的成本外化这一问题，具有基础性重要意义。就此问题，金融稳定理事会的准则对全球系统性重要银行[54]（后面进一步分析）引入"总损失吸纳能力"的概念是方向正确的举措。

三、棘手的银行杠杆问题

通常，银行杠杆分为三类：（1）"资产负债表杠杆"，（2）经济杠杆，以及（3）内嵌杠杆，分别基于资产负债表概念、依赖市场的未来现金流和市场风险。[55] 资产负债表杠杆是最被认可的形式，因为其最显而易见。它衡量一个公司资产价值超出其权益资本的比率。银行通常放杠杆借入资金以获取更多资产，以期提高其股本收益。经济杠杆指银行 38

---

[50] See D. Miles, J. Yang, and G. Marcheggiano, Bank of England, 'Optimal Bank Capital', External MPC Unit, Discussion Paper No. 31; revised and expanded version, April 2011, published in its final form as D. Miles, G. Marcheggiano, and J. Yang, 'Optimal Bank Capital' (2013) 123 *The Economic Journal* 1-37.

[51] F. Capie and G. Wood, 'Do We Need Regulation of Bank Capital? Some Evidence from the UK', Institute of Economic Affairs, Current Controversies, No. 40, 27 March 2013, available at www.iea.org.uk/sites/default/files/publications/files/Do%20we%20need%20regulation%20of%20bank%20capital.pdf.

[52] Miles et al. (n 50).

[53] Ibid.

[53a] Emilios Avgouleas and Duoqi Xu, 'Overhauling China's Financial Stability' (2017) 4 Asian Journal of Law and Society 1.

[54] Financial Stability Board, 'Adequacy of Loss-absorbing Capacity of Global Systemically Important Banks in Resolution', 10 November 2014.

[55] K. D'Hulster, 'The Leverage Ratio: A New Binding Limit on Banks', World Bank Group, Fin. Sector and Private Sector Vice-Presidency, Paper 1, 2009.

所持头寸的价值变动金额超过为头寸付款金额的风险暴露。〔56〕 最后，内嵌杠杆是指持有的头寸自身是杠杆化的。〔57〕 没有一个单一办法可以同时抓住这三种不同杠杆。因此，欧盟《资本要求条例》规定了杠杆的权威定义。这一定义确定地包括资产负债表杠杆和经济杠杆，但仅在机构内嵌杠杆可测量范围内默示包括内嵌杠杆。〔58〕

银行授信使非金融类公司得以放大杠杆，而银行自身的杠杆率也非常高，增加了债务合同的风险可能。〔59〕 杠杆加剧了银行体系内传染的危险，并建立了风险从金融体系传导到实体经济的强大通道。此外，由于借款增加对资产价格的复合效应，杠杆导致了亲周期性。因此，过度杠杆容易促使信贷和资产价格循环，影响宏观经济繁荣和衰退〔60〕，即所谓资产泡沫〔61〕和破灭〔62〕。

在普遍财务困境时期，杠杆的负面影响感受得更真切。〔63〕 投资者们明白，只要资产
39 价格稍微下跌，高杠杆机构的资本准备将被消耗。〔64〕 因此，在经济衰退时期，与低杠杆机构相比，高杠杆银行的信心损失发生得更早、更快。这使金融体系易受市场恐慌事件的影响，而资产价格缩水和低价抛售可能很快导致大规模破产。〔65〕

即便破产不是眼前的威胁，但高杠杆银行在困境中出售资产以稳定资本的潜在需求

---

〔56〕 典型示例是贷款担保，它是或有承诺，在将来可能实质承担风险但在当前的资产负债表并不体现［D' Hulster（n 55）］。

〔57〕 简单的例子是由银行持有的在股权基金中的少数股权投资，基金本身是由贷款支持的。虽然内嵌杠杆被批评影响金融机构和金融系统的稳定，它仍极为难以衡量（ibid.，2）。

〔58〕 "（93）'杠杆'是指相关金融机构的资产规模，表外负债和代偿或提供担保品的或有负债，包括接收资金的义务，作出承谨、衍生或回购协议，但不包括只能在机构清算时强制执行的义务，较之机构自有资金；（94）"过度杠杆的风险"，指因杠杆或或有杠杆需要对其商业计划意外的校正措施导致机构的脆弱性，包括受困出售资产导致损失或对其剩余资产的估值调整"［Regulation（EU）No. 575/2013 of the European Parliament and of the Council of 26 June 2013 on Prudential Requirements for Credit Institutions and Investment Firms and Amending Regulation（EU）No. 648/2012，OJEU L 176 of 27 June 2013，1-348，Art. 4（hereinafter CRR）］。该定义要求明确分类表内与表外风险暴露，以计量杠杆率。

〔59〕 A. Turner，'Something Old and Something New：Novel and Familiar Drivers of the Latest Crisis'，speech given at the European Association of Banking and Financial History，21 May 2010.

〔60〕 J. Geanakoplos，'Solving the Present Crisis and Managing the Leverage Cycle'（2010）*FRBNY Economic Policy Review* 101-31.

〔61〕 "泡沫"是现代资本经济中一个无所不在的现象，无论是发展中国家还是发达国家。泡沫分类法被描述如下："这一过程本质上是以竞争性集群行为为特征，它产生广泛且整体的资产价格错位且最终被急骤地矫正"［see J. Kay，'Should We Have "Narrow Banking"？' in A. Turner et al.，*The Future of Finance：The LSE Report*（2010），available at https：//harr123et. files. wordpress. com/2010/07/futureoffinance5. pdf. 230］。了解更多泡沫在历史上如何折磨资本市场的描述和解释，参见 C. P. Kindleberger and R. Z. Aliber，*Manias，Panics and Crashes：A History of Financial Crises*（5th edn.，Palgrave MacMillan，2005）。

〔62〕 T. S. Adrian and H. Song Shin，'Liquidity and Leverage'（2010）19 *Journal of Financial Intermediation* 418.

〔63〕 A. Shleifer and R. W. Vishny，'Fire Sales in Finance and MacroEconomics'（2011）25 *J. Econ. Persp.* 29.

〔64〕 如果一家银行有 1 亿元资产并损失了 100 万元，而其股权资本是其资产负债表的 3%，于是银行试图降杠杆必须清算超出价值 3300 万元的资产以维持 3%的资本率。

〔65〕 N. Gennaioli，A. Shleifer，and R. W. Vishny，' Neglected Risks，Financial Innovation，and Financial Fragility'，FEEM Working Paper No. 114. 2010（October 2010），35-6.

会无意间对其他金融机构产生问题，因为出售资产会导致资产价格下挫，而这在整个银行业部门都被迫去杠杆时，因系统性中断实际上是无可避免的。[66]

去杠杆阶段给金融体系和实体经济造成的危害往往是巨大的，[67]当负债水平上升到无法维持的水平时，它可能导致GDP下降，消耗高杠杆最初积累的增长收益。[68]

除对金融稳定的消极影响外，过度杠杆最重要的不利是"债务过剩"，债务过剩降低了银行贷款的效率。由于经济增长时期累积的过度借债和虚弱的资本结构，债务过剩阻止企业（银行）用借贷资金投资项目，即便投资项目确保能产出收益。因此，资本负债比高的公司将放弃有价值的投资机会，即便这些机会为公司产生净收益。当银行资本下降时（比如由于资产重新估价），银行实际上将非常难以逃脱债务过剩，而为了出售资产、降低杠杆，有价值的投资项目会被牺牲。[69]

与此相应，在这些压力之下，需要补充银行资本金，否则银行就不能或者不愿向值得的借款人提供信贷。这意味着可用于投资项目的资金总量的减少，导致资金配置的低效。因此，高杠杆银行最终做出低效的投资决策，[70]所致投资不足既由于债务过剩，[71]也因为资源错配。

相反，迪安杰洛（DeAngelo）和斯塔尔茨（Stulz）强调银行的流动性功能，主张降低权益资本水平。[72] 为使银行在产生流动性债权（活期存款）中发挥有意义的作用，高杠杆是银行的最佳选择。迪安杰洛和斯塔尔茨模型对存款形式的安全/流动性负债有市场溢价，但没有给税收或其他传统动力加杠杆。因为只有安全负债产生流动性溢价，持有风险资产的银行运用风险管理将其能力最大化以在资本结构中包括该等安全负债。以此，迪安杰洛和斯塔尔茨模型解释了，为什么银行比大多数产业企业的杠杆率高，而受 40
监管的银行杠杆限制为什么削弱了它们与无监管的影子银行的竞争力。[73] 但这个模型并未解释，当银行最终积累了大量坏账情况而开始恶化时，会怎么样。

四、萎缩的风险权重？

正如Schoenmacker所释，监管要求的资本概念，通常被描述为资本充足要求，引进

---

〔66〕 T. S. Adrian and H. Song Shin, 'Liquidity and Leverage' (2010) 19 *Journal of Financial Intermediation* 418-37.

〔67〕 BCBS 189, 69.

〔68〕 更多讨论参见Avgouleas（n. 13）。

〔69〕 Ibid. 本段部分内容取自关于杠杆机构成本的研究成果（这一术语我创见于一份早先的论文），该成果由我与卡伦（Cullen）博士联合实施。

〔70〕 See Hanson, Kashyap, and Stein (n. 32); J. C. Stein, 'Monetary Policy as Financial-Stability Regulation' (March 2011) NBER Working Paper No. 16883.

〔71〕 S. Myers, 'The Determinants of Corporate Borrowing' (1977) 5 *Journal of Financial Economics* 147-75.

〔72〕 H. DeAngelo and R. M. Stulz, 'Liquid-Claim Production, Risk Management, and Bank Capital Structure: Why High Leverage is Optimal for Banks', 17 October 2014, Fisher College of Business Working Paper No. 2013-03-08.

〔73〕 DeAngelo and Stulz (n. 72).

于20世纪70年代，[74]当时英国开始实行风险加权资本率。[75] 风险加权资产的目的是，将银行监管从以往时代的流动性准备和静态资本要求，转为新时代基于银行不同类别资产风险的资本指标。风险加权资产还融入了当时出现的现代金融理论的成果。风险权数的范围可以从对“最安全”资产的0%到风险最高资产的100%。风险权数最大的不足，是其可被操纵，导致银行资本不足。可以说，只要银行资本要求是以风险权数为基础，操纵的问题就将一直存在，彻底的解决办法就是引进严格杠杠率作为前哨。但杠杠率（我们将在后面进一步全面分析）有其自身的问题，最有可能的是引起逆向选择，此时，贷款受制的银行会获取风险最高的资产（贷款）令收益最大化。[76]

第四节　巴塞尔资本框架的不同阶段

一、《巴塞尔协议Ⅰ》

20世纪80年代资本充足问题进入国际政策领域。[77] 当时国际贷款的增长率引起关注。尤其是日本银行，它们资本率低，一直谋求更大的市场份额。为了创造公平的市场环境，1988年巴塞尔银行监管委员会发布了《巴塞尔资本协议》（Basel Capital Accord）。它是一个调整银行资本充足率的计量和执行的统一原则框架。协议以一个简单得令人吃惊的观点为前提且获得国际共识。首个协议的主要关注点是（对手）信用风险，较少关注其他重要风险，如汇率风险、利率风险和市场风险。在这方面，该框架对资本构成中一定风险权重资产要求了最低比率。

本质上，在《巴塞尔协议Ⅰ》及其后的《巴塞尔协议Ⅱ》和《巴塞尔协议Ⅲ》中，监管资本意味着金融资源大于或等于机构风险加权资产的一定比例。《巴塞尔协议Ⅰ》框架在认定资本资产比率的分母资产上采取了一种风险加权方法。作为计算自有资金的一部
41 分，某些资产或风险需要从资本项目中减掉，即所谓扣除。而且，《巴塞尔协议Ⅰ》首次区分了对长期持有资产（所谓银行账面资产，主要包括银行贷款）的资本计提和对交易资产（所谓银行账面资产，主要包括可交易证券）的资本要求。

协议规定的监管资本构成包括：一级（核心）资本和二级（附属）资本。其中，一级资本主要包括股东权益、公开储备、留存的税后利润，二级资本主要包括次级债。《巴塞尔协议Ⅰ》设立了一种相对简单的风险加权方法，只用五种风险权数赋予各种类型资产

---

[74] D. Schoenmaker, ‘Regulatory Capital: Why is It Different?’, Duisenberg School of Finance; VU University Amsterdam, 20 February 2015.

[75] C. A. E. Goodhart, *The Basel Committee on Banking Supervision—A History of the Early Years* 1974-1997 (Cambridge, Cambridge University Press, 2011), Chs 4, 6, and 7.

[76] 就此问题更多讨论及其如何被实证研究反驳，参见 Avgouleas（n. 13）。

[77] BCBS, ‘International Convergence of Capital Measurement and Capital Standards’, July 1988, available at www.bis.org/publ/bcbs04a.pdf.

和各种类型交易对手：资产价值的0%、10%、20%、50%和100%，确定交易对手风险权数的依据是交易对手的来源（经合组织国家、非经合组织国家）及其组织/法律/经济属性（主权国家、信贷机构或公司），不对其信用进行单独评估。例如，所有公司资产的风险权数都是100%。此外，经进一步咨询，巴塞尔银行监管委员会采用了资本占资产8%的目标标准，其中核心资本占比不能低于4%。

大多数发达国家，包括美国和欧盟成员国，将《巴塞尔协议Ⅰ》准则扩展适用至非国际性的国内银行。在很多方面，就为跨国银行创造公平的竞争环境而言，1988年的首个巴塞尔资本标准是一个巨大的进步。首个资本标准也有很多不足。首先，证券化的到来，使银行能够将需要计提更高资本的资产转出资产负债表。以此，银行可以与协议准则博弈，违背了准则的风险预防目的。其次，缺乏风险敏感性。因此，《巴塞尔协议Ⅱ》开始采用资本计量风险模型和信用评级。可以说，这是行业压力的结果，或者是因为监管机关也接受了这样的信念：认为金融工程和风险建模的新科学几乎完美无缺。

二、《巴塞尔协议Ⅱ》

《巴塞尔协议Ⅱ》对资本监管采用了一种三管齐下（所谓三个支柱）的方法，[78]这种方法后来被《巴塞尔协议Ⅲ》保留。[79] 支柱1要求，每一金融机构的资本必须超出风险加权资产的8%，无论这些资产是记载在银行业务账簿还是交易账簿。根据《巴塞尔协议Ⅱ》，风险加权的目的是，确保任何具体资产所需的监管资本都与该资产的实际风险状况相符。因此，信用风险可以通过三种方法衡量，在这三种方法的基础上，可以对非交易账簿上的资产进行风险加权。包括标准法、初级内部评级法，以及高级内部评级法（IRB）。每个机构必须择其一种。获得监管同意采用内部评级法的银行在决定对每一给定风险的资本要求时，可以依据其自身内部对各风险成分的评估。风险成分包括违约概率（PD）指标、违约损失率（LGD）指标、违约风险暴露（EAD）指标和有效期限（M）指标。内部评级法以未预期损失（UL）和预期损失（EL）为基础。[80] 总体上，绝大多数大银行最终走向了高级内部评级法。[81]

被《巴塞尔协议Ⅲ》修订后得以保留的内部评级法的目标是，允许银行使用各自的 42
内部模型，令其能以符合自身业务模式的方式修正其风险，并令每家银行更为精确地计量其面临风险。但采用内部评级法导致对近似资产组合适用的资本计提出现严重的不一致，因此，该方法受到越来越多的监管审查。这显然被视作风险加权资产资本比率的

---

〔78〕 BCBS，'Basel II：International Convergence of Capital Measurement and Capital Standards：A Revised Framework—Comprehensive Version'，June 2006.

〔79〕 Ibid.

〔80〕 Ibid.，52 et seq.

〔81〕 Allen and Overy，'Capital Requirements Directive IV Framework—Introduction to Regulatory Capital and Liquidity'，Client Briefing Paper，1 January 2014，5.

重要缺陷之一。[82] 监管机关采用的尽可能缩小风险计量不一致的工具之一是，对每种风险加权资产的资本计提“设定基准”，修复内部评级法的可信度。[83]

虽然设定基准可能是在资本要求框架内保留内部评级法的唯一现实路径，但可以说，设定基准也引发了道德风险忧虑。当监管机关用不完全信息或未能考虑极端冲击或遥远风险关联而计算资产风险时（所谓的“极端尾部事件”），它们的基准，可能事后受到嘲笑，就像行业内部模型计算一样。

至于市场风险，顾名思义，即由银行交易账簿产生的风险，《巴塞尔协议Ⅱ》要求，尽可能将资产与市场关联。对于头寸风险、对手风险和汇率风险都设定资本要求。而且，在支柱 1 中，《巴塞尔协议Ⅱ》规定了对一种完全不同形式风险——所谓操作风险——的资本要求。《巴塞尔协议Ⅱ》将操作风险定义为，由不完善或失败的内部程序、人员和系统或外部事件造成损失的风险，包括法律风险。《巴塞尔协议Ⅱ》对操作风险规定了严格的资本要求，并提出了可以用以测量操作风险的三种方法：

——基本指标法；

——标准法；或

——高级计量法（AM 法）。

基本指标法和标准法采用相关业务产生的净收入比例作为操作风险的指标。高级测量法采用更复杂的方式来确立操作风险要求，而且也要求以重要资源、有力的系统和控制来执行和维持。

《巴塞尔协议Ⅱ》的支柱 2 实际包括两个要素，后来均为《巴塞尔协议Ⅲ》所保留，但进行了重大修改。第一个要素是要求机构评估其自身的资本需要——个体资本充足率
43 评估过程（ICAAP）。第二个要素是监管机关积极开展此类资本要求审查的权力，所谓的监管审查。支柱 2 是酌定要素，监管机关可以据此提高资本要求。

支柱 3 是关于机构的信息披露规定。其目的是向投资者提供充分的透明度，以确保机构在市场中为增资而支付的价格反映了其承担的风险水平。[83a]

支柱 3 旨在完善银行账户和投资账户，而且旨在补充会计准则要求的信息披露，以

---

〔82〕 欧洲银行业管理局和其他一些国际机构在对比内部评级法与内部市场风险模型的资本金要求上做了大量工作，引导了对风险权重资产一致性的更好理解。欧洲立法者都承认对相同资产池的风险权重资产应限制不同的计算方法。《资本要求指令Ⅳ》对欧洲银行业管理局有很多授权，包括建立技术标准、指引和报告，旨在减少在计算资本需求时的不确定性和不一致。《资本要求指令Ⅳ》Art. 78 要求在允许信贷机构用内部评级法时欧洲银行监管最少每年评估一次由内部模型法所致的风险加权资产计算的一致性和可比性。作一定咨询之后，欧洲银行业管理局就内部评级开证了进一步的规则提高了标准化程度。See EBA, Discussion Paper, ‘Future of the IRB Approach’, EBA/DP/2015/01, 4 March 2015 and EBA, ‘Final Draft Regulatory Technical Standards on the Specification of the Assessment Methodology for Competent Authorities Regarding Compliance of an Institution with the Requirements to use the IRB Approach in Accordance with Articles 144 (2), 173 (3) and 180 (3)(b) of Regulation (EU) No 575/ 2013 EBA/RTS/2016/03’, 21 July 2016.

〔83〕 See for discussion P. Bisio and S. Da-Rocha-Lopes, ‘Assessing Models and the Reliability of RWA’ in *Assessing EU Banks: Tools, Methods, Practices* forthcoming.

〔83a〕 Allen and Overy, ‘Capital Requirements Directive IV Framework—Introduction to Regulatory Capital and Liquidity’, Client Briefing Paper, 1 January 2014, 5.

增强市场纪律。信息披露不必包括在公开财务报告中。一般来说,每年都要进行信息披露。支柱 3 要求分别针对不同名目的风险类别披露。表 2-1 简要说明了每个支柱的目的。支柱 3 旨在作为威慑,尽管所要求的披露不可避免经常与日常财务报表的披露重叠,但它们在某种意义上被视作不可或缺的市场透明工具。[84] 同时,就基于信息披露的市场纪律对于大而复杂的金融机构是否有效,仍有严重质疑,[85]尽管自救体制建立时必然已在很大程度考虑到了这些疑问。

第五节 《巴塞尔协议 Ⅲ》和欧盟资本监管框架

一、引言

早期的巴塞尔资本监管准则的主要思路是推进微观审慎监管。这些准则不能限制杠杠,几乎没有关注具体机构和具体系统的流动性水平。而国际金融危机的核心原因正是过度杠杆和流动性紧缩。[86] 实质上,《巴塞尔协议Ⅱ》对股本缓冲在危机事件中的重要性及其成本重视不足。其结果是,国际金融危机之后,很多西方银行被发现资本严重不足,且实际已经破产。

早期的巴塞尔资本监管准则还有一系列其他不足,归纳起来包括:(1) 准则的顺周期特性;(2) 准则助长了过度资产转换带来的灾难性监管套利;(3) 准则忽视了流动性;以及 (4) 准则采用的风险模型分析方法鼓励银行通过承担巨额短期债务提高杠杆。[87]

《巴塞尔协议Ⅲ》准则试图既解决具体机构的风险,也解决更大范围的系统风险。这些准则包括以下组成部分:

更高资本质量,特别是普通股,以及更高资本水平以确保银行可以更好吸收损失;

更广的风险覆盖,包括资本市场业务引发的风险;

最低杠杆率以限制过度冒险,并作为以风险为基础的资本计量的后盾,以期经适当 44
审查和校准过渡到支柱 1 的待遇。

资本缓释,应在好日子时建立以备困难时期用以缓冲。

全球流动性最低标准,提高银行应对突发短期压力的复原能力,改进长期融资;以及

---

[84] See for a good analysis of this argument W. Wilms, European Banking Federation, 'The Dark Side of the Basel Committee's Pillar', speech at the National Bank of Belgium, 25 November 2014, available at www.ebf-fbe.eu/wp-content/uploads/2014/11/W1521MEW.pdf.

[85] FSA, 'The Turner Review: A Regulatory Response to the Global Banking Crisis', March 2009, 45-7; M. Hellwig, 'Systemic Risk in the Financial Sector: An Analysis of the Subprime-Mortgage Financial Crisis', MPI for Research on Collective Goods 2008/43, 2008, 228-32.

[86] See E. Avgouleas, *Governance of Global Financial Markets: The Law, the Economics, the Politics* (Cambridge, Cambridge University Press, 2012), Ch. 3.

[87] Ibid.

更强监管、信息披露和风险管理的标准。

此外,《巴塞尔协议Ⅲ》通过采用逆周期超额资本解决顺周期问题,通过对大银行(全球系统重要性)实施更高的资本计提解决系统风险和内在关联性。《巴塞尔协议Ⅲ》框架的其他创新包括,实施资本留存超额资本和重新规定正式的最低流动性比率:流动性覆盖率和净稳定融资率。[88] 这是又一项创新,因为监管重点在 20 世纪 80 年代已经转移到资本率。最后,《巴塞尔协议Ⅲ》保留了"三个支柱"模式(见表 2-1)。

表 2-1　监管的范围——资本结构

支柱 1	支柱 2	支柱 3
最低资本要求	监管审查程序	市场约束
依据赋予不同银行资产和账面资产的风险权数计算的最低资本率	注重内部控制体系的酌定要素	强制披露——就股票价格涨跌、债券利率溢价或 CDS 风险溢价而言,市场作出反应,银行将感受到其影响
在《巴塞尔协议Ⅲ》中作为后盾的未加权杠杆率	—	—

通过 2014 年 1 月 1 日起全面实施的《资本要求条例》,[89]《巴塞尔协议Ⅲ》已经移植到欧洲。《资本要求条例》和《资本要求指令Ⅳ》[90] 构成了欧洲银行(和投资公司)的主要法律框架。《资本要求条例》将《巴塞尔协议 Ⅲ》的主要原则移植到欧洲,并作了一些修改。[91]《资本要求条例》适用于所有银行,且同样适用于一些投资公司,而不像
45 《巴塞尔协定》一样,仅仅是大型跨国银行。然而,《资本要求条例》的一部分只适用于系统重要性银行。欧洲银行业管理局(European Banking Authority,EBA)正以《资本要求条例》和《资本要求指令Ⅳ》中规定的烦琐要求为基础为银行制定《欧洲单一规则手册》(European Single Rule Book)。

《资本要求条例》在欧盟成员国直接适用,不需要成员国内化为国内立法实施。比如,英国审慎监管局并不是把《资本要求条例》文本内容移植到英国,而只是删除英国以

[88] 对此分析,参见本章第三节内容。

[89] Regulation (EU) No. 575/2013 of the European Parliament and of the Council of 26 June 2013 on Pru-Dential Requirements for Credit Institutions and Investment firms and amending Regulation (EU) No. 648/ 2012, OJEU L 176 of 27 June 2013, 1-348 as this text has been subject to a complete corrigendum published in OJEU L 321 of 30 November 2013.

[90] Directive 2013/36/EU of the European Parliament and the Council of 26 June 2013 on access to the activity of credit institutions and the prudential supervision of credit institutions and investment firms, amending Directive 2002/87/EC and repealing Directives 2006/48/EC and 2006/49/EC, Pb. EU L 176 of 27 June 2013, 338-436.

[91] See Basel Committee on Banking Supervision, 'Basel Ⅲ Regulatory Consistency Assessment (Level 2), Preliminary Report: European Union', October 2012, www. bis. org. 在该报告中,巴塞尔委员会表达了对在欧洲范围内采取《巴塞尔协议 Ⅲ》资本要求存在不一致性的几个问题表示严重关注。

往与《资本要求条例》冲突的内容。当英国审慎监管局有权酌定也有权偏离《资本要求条例》时,它就通过现有手册中的具体规定直接这么做了。[92]

二、《巴塞尔协议Ⅲ》和《资本要求指令Ⅳ》的资本充足率及其他

(一)支柱1——信用风险——银行账簿

1.核心要求

支柱1的核心要求仍然是各信贷机构的资本必须超过风险加权资产的8%,但是,实践中,银行,特别是全球系统重要性银行,都必须持有更高的超额资本,至少对此类银行来说,讨论巴塞尔协议的最低要求已没有意义了。

正如前面所指出的,与《巴塞尔协议Ⅰ》和《巴塞尔协议Ⅱ》相比,《巴塞尔协议Ⅲ》提高了对银行的资本要求,而且对监管资本构成作了一系列调整。[93] 在提高资本要求的同时,《巴塞尔协议Ⅲ》对普通股作了更严格的界定,统一了对资本和审慎超额资本的扣减,提高了对交易业务、交易对手信用风险以及资本市场相关业务的资本要求,对资本市场相关业务规定了更高的资本计提。

首先一级核心资本(CET1),由实施监管调整之前的旧巴塞尔协议要求的风险加权资产的2%,提高到实施更严格监管之后的4.5%。在此基础上,还要求计提风险加权资产的2.5%作为留存缓冲资本,由此将作为银行资本部分的最低普通股本要求提高到截至2019年所有改革全部到位时达到风险加权资产的7%。

总体上,一级资本要求包括普通股和其他符合条件的金融工具,即所谓的附属一级资本,这些金融工具是按严格标准挑选的,挑选标准使它们具有与股本相同的损失吸收能力。一级资本要求已从4%提高到6%(在分解到留存缓冲资本之前)。巴塞尔银行监管委员会说明,一级资本必须是普通股本、留存收益和次级工具,这些工具是可自主决定的非累积性股息或息票,且没有期限或赎回压力的次级工具。有赎回压力的混合资本工具被排除在外。而且,原则上包含次级债的三级资本也排除在外,尽管这还是富有争论, 46
因为根据《欧盟银行复苏与处置指令》和《多德-弗兰克法》Title Ⅱ,以及金融稳定理事会有关"总损失吸收能力"(TLAC)要求[94]建议中的债务成分,可转股债可以说看起来像三级工具的替代。

2.资本留存缓冲

《巴塞尔协议Ⅲ》要求银行持有超过监管要求的超出一级核心资本最低标准的

---

〔92〕 Allen and Overy (n.81).

〔93〕 BCBS, 'Basel Ⅲ: A Regulatory Framework for More Resilient Banks and Banking Systems', December 2010 (rev June 2011), 2, para. 9 (hereinafter 'BASEL Ⅲ').

〔94〕 Financial Stability Board, 'Adequacy of Loss-absorbing Capacity of Global Systemically Important Banks in Resolution', 10 November 2014.

2.5%以内的资本留存缓冲。[95] 根据巴塞尔银行监管委员会，“资本留存缓冲旨在确保银行在经济形势困难时期之外强化资本缓冲，一旦发生损失则可以减记。”[96] 超额资本实际上对自主分配收益施加了限制，包括支付股息、股份回购和支付员工奖金。或者，银行可以选择从私人部门筹集新资本，替代内生的资本公积。如前所述，欧洲通过《资本要求指令Ⅳ》的相关规定实施了超额资本。[97]

超额缓冲资本对于解决即使面临资本头寸恶化仍采取支付酌定奖金和更高股息的集体行动问题，是不可或缺的。[98] 在国际金融危机之前（也包括之中），银行慷慨地自主支付并不罕见，典型的例子是北岩银行，在倒闭前几周还向股东返还资金。[99] 在经济下行时期保留大部分利润，可以确保在随后的困难时期仍有资本支持银行业务的持续经营，降低顺周期的资本准备。另外，普通股的一级资本接近最高水平（7%或更高）的银行将不必遵循最低资本留存率要求。

《巴塞尔协议Ⅲ》作出了明确的政策选择，应当由股东、优先债权人和其他正常收息者协助恢复银行资本率，而不是存款人。[100] 这种做法并没有完全反映在像欧盟的《欧盟银行复苏与处置指令》等现代处置机制中。可以想象，在自救过程中，当银行恢复后，《欧盟银行复苏与处置指令》机制可能将损失强加于存款人，而不仅是被保险的存款人（将在第五章进行分析）。

47 3. 审慎过滤器与扣减项

除《巴塞尔协议Ⅲ》的留存缓冲资本与扣减之外，还有审慎过滤器也与未来收入定价和未来利润或损失的实现直接相关。而且，除留存超额资本外，欧盟《资本要求条例》限制加速还款[101]、赎回或银行投资者可撤销的一级核心资本、AT1和二级资本等其他股本或债务的做法。

监管资本的扣减是附加于审慎过滤的，其旨在校正资产负债表项目，令自有资金更加坚固。欧盟《资本要求条例》section 3列举了各种扣减项目。除其他外，其中包括当期财政年度损失、递延税收支付、自有一级核心资本和持有的其他金融机构一级核心资本，以及无形资产的扣减。[102] 扣减也可以用作动态预防措施，旨在应对预期的未来损失。[103]

---

[95] See also Art. 129 CRD IV.

[96] BASEL III (n. 93), 54.

[97] 结合《资本要求指令 Ⅳ》的 Art. 192 阅读《资本要求条例》Art. 92 的要求。

[98] 巴塞尔银行监管委员会强调说额外资本“会强化合理监管目标和银行治理并解决集体诉讼问题，它已阻止一些银行减少派息”（See BCBS Press Release 35/2010, ‘Group of governors and heads of supervision announces higher global minimum capital standards’, 12 September 2010, 2）。

[99] House of Commons Treasury Committee, ‘The Run on the Rock’, Fifth Report of Session 2007－08’, Volume I, 24 January 2008, 21, 25-6.

[100] Basel III (n. 93), 55.

[101] 这方面的加速，意味着还款、赎回和其他撤回本金优先于到期的相关资本工具和债务义务。

[102] Arts. 36-39 and 41-43 EU CRR.

[103] Art. 40 EU CRR.

除了需要留存银行资本外，特别是在经济状况好的时期，《巴塞尔协议Ⅲ》的超额资本还满足了另一需要，保护银行资本免受稀释，这种稀释在银行资本被用于对银行子公司或其他附属机构提供资本支持或损失担保时，可能发生。《巴塞尔协议Ⅲ》和《资本要求条例》限制在集团内部为附属银行承担的义务提供支持。《资本要求条例》列举了大量银行的附属实体。条例限制银行附属机构提供人的保证或物的保证。[104]

4. 逆周期缓冲资本和全球系统重要性银行计提（拨备）

新的资本框架还规定了风险加权资产0%到2.5%的逆周期缓冲资本，根据《巴塞尔协议Ⅲ》，逆周期超额资本包括普通股或其他具有完全损失吸收能力的资本。[105] 根据《资本要求指令Ⅳ》Article 130（5），逆周期超额资本只能是普通股一级资本。逆周期超额资本实际上是资本留存缓冲资本的延伸，但具有更强的宏观审慎特性，用以解决系统性风险问题。缓冲资本依据国民经济状况和特定资产市场状况触发或实施。

然而，在没有任何货币政策干预的情况下，缓冲资本是否足以成为应对泡沫的有力监管武器，目前尚不明确。[106] 缓冲资本主要针过度信贷总量增长，这意味着各法域可能不经常使用缓冲资本。此外，由于缓冲资本是因国而异的，只有出现过度信贷增长导致系统性风险积聚时才触发实施。相反，当监管机关判断释放资本可以缓解萧条时期的信贷供给不足时，就可能释放缓冲资本。

原则上，对国际活跃银行的缓冲资本要求，是该银行在有信用风险暴露的所有法域 48
所实行的缓冲资本的加权平均。因此，跨国银行会发现它们要比小银行更频繁地面对缓冲资本要求，因为信用周期并不总在法域间高度关联。[107] 逆周期缓冲资本机制包括以下成分：[108]

各国监管机关监控信贷增长和其他可能预示系统范围风险积聚的指标，评估信贷增长是否过度并正导致系统范围风险积聚。依据评估，监管机关在形势需要时实施逆周期超额资本要求。当系统范围风险结晶固化或消散之后再解除这些要求；

国际活跃银行分析其私人部门信用风险暴露的地区分布，并计算各自银行具体的逆周期缓冲资本；

各银行须面临的逆周期缓冲资本要求将扩大留存缓冲资本的规模。

除部门范围的逆周期超额资本外，各国监管机关可能要求各银行持有风险加权资产总量0%到2.5%的逆周期超额资本，应对（个体机构）特质风险。具体银行的超额资本反映了其信用风险敞口组合的地区构成。银行必须以普通股一级资本或其他全部损失

---

[104] Ibid.，Art. 7.

[105] 尽管风险资产的最大2.5%的顺周期缓冲率是国际互惠标准，但这对想施加更高缓冲或用附加宏观工具的国内监管者并非天花板。

[106] C. Borio，'Monetary Policy and Financial Stability：What Role in Prevention and Recovery?'，BIS Working Paper No. 440，January 2014.

[107] 为此，欧盟监管机关被授权计算以个体为基础和混合基础的逆周期超额资本，参见《资本要求指令Ⅳ》Art. 140 和《资本要求条例》Art. 93。

[108] Basel Ⅲ（n. 93），57.

吸收资本满足此类超额资本，或接受有关利润分配的限制。[109] 自然，对于在许多国家有大量业务的跨国银行，这将产生一系列复杂的计算问题。《巴塞尔协议Ⅲ》提出，跨国银行应当分析其私人部门信用风险敞口（包括非银行金融部门风险暴露）的地区分布，并“按其有风险敞口的各监管区适用的超额资本的加权平均计算其逆周期超额资本要求”。[110]

原则上，当经济周期下行时，经济活动减慢或甚至收缩，这些附加资本可以“释放出来”，使银行保持放贷，至少不像没有超额资本那样减少放贷。但实践中，超额资本在经济下行时能否发挥那样的作用，现在尚不明确。而这看起来是不可能的，即当经济周期下行而且银行感受到冲击时——在最简单的情况下，由于不良贷款的增加——允许银行资本率下降。因此，可能是一旦引发，逆周期资本可能变成永久资本计提。[111]

最后，对于认定为全球系统重要性的金融机构（其中包括所有全球系统重要性的银行），金融稳定理事会和巴塞尔银行监管委员会规定了系统风险缓冲资本（包括一级核心资本）。确定的标准以及划入系统重要性之列，包括规模、跨境业务，以及相互关联
49 性。[112] 欧盟在《资本要求指令Ⅳ》Article 131 规定了认定全球重要性机构和其他系统重要性机构的标准。[113]

2015 年 8 月联邦储备委员会制定了一项最终规则，计划从 2016 年 1 月起分期实施，到 2019 年 1 月全面实施[参见联邦储备委员会《风险基础资本指导准则：如何执行对全球系统重要性银行控股公司的资本要求》（Risk-Based Capital Guidelines：Implementation of Capital Requirements for Global Systemically Important Bank Holding Companies），网址：http://federalreserve. gov/aboutthefed/foles/bcreg20141209a1. pdf］。这项规则规定，全球系统重要性银行须额外计提各自风险加权资产总额的 1.0%到 4.5%。[114] 从 2016 年 1 月起，分步对全球系统重要性银行提高损失吸收能力要求（到 2019 年 1 月全面实施）。[115] 假设逆周期超额资本为 1%，全球系统重要性银行额外计提 3%，那么大银行的全部一级核心资本将到达风险加权资产的 11%，这比以往对银行资本的要求大幅度

---

〔109〕 Basel Ⅲ (n. 93)，58.

〔110〕 Ibid. 这种情况下的信用敞口包括所有私人部门需要信用风险资本计提或为特定风险作风险权重等值交易账簿资本计提的信用敞口（ibid.）。

〔111〕 See L. Carver，'Macro-prudential Supervision：The Case against'，Risk magazine，29 Jan 2013，available at www. risk. net/risk-magazine/feature/2239270/macroprudential-supervision-the-case-against.

〔112〕 BCBS，'Global Systemically Important Banks：Updated Assessment Methodology and the Higher Loss Absorbency Requirement'，July 2013.

〔113〕 《资本要求指令Ⅳ》的标准是：“认定全球系统重要性银行的方法须基于如下类别：(1) 集团的规模；(2) 该集团与金融系统的内在联系；(3) 由该集团提供服务或金融基础设施的可替代性；(4) 集团的复杂性；(5) 集团的跨境业务情况，包括与成员国之间的跨境活动，也包括成员国和第三国之间的跨境活动。每一类应有同等权重且包括可量化指标”[Art. 131 (2) CRD Ⅳ]。

〔114〕 See FRSys，'Regulatory Capital Rules：Implementation of Risk-Based Capital Surcharges for Global Systemically Important Bank Holding Companies'，80/157 Federal Register No. 157，14 August 2015，available at www. gpo. gov/fdsys/pkg/FR-2015-08-14/pdf/2015-18702. pdf.

〔115〕 Ibid.

提高（见图 2-1）。

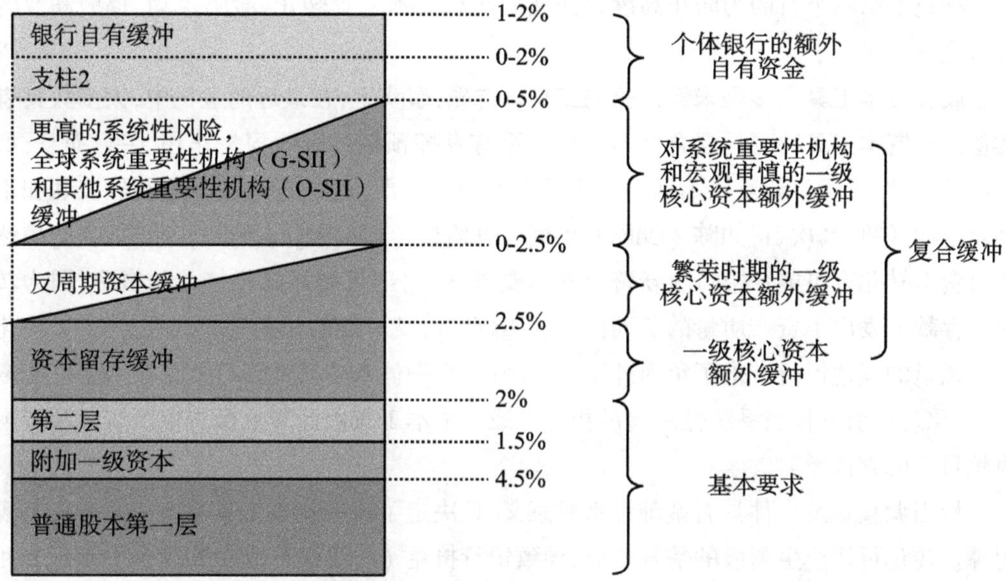

图 2-1　《巴塞尔协议Ⅲ》框架全球系统重要性银行附加计提〔116〕

（二）附加损失吸收能力和自救 50

1.或有资本工具

在某些触发情况下，或有资本工具（CoCos）使监管性资本工具持有者面临，(1)强制核销本金，或（2）强制将本金转换为银行的股本工具，增加银行的损失吸收能力。早在引入《巴塞尔协议Ⅲ》之前，附加损失吸收能力的概念已经充分讨论，主要在斯奈姆湖（Squam Lake）研究团队〔117〕的早期报告和一些著名的学术研究成果中。〔118〕或有工具背后的关键理念非常简单：

（1）通过号召投资者投资监管性资本工具增加银行持续经营的安全垫（损失吸收能力）。实际上，这相当于在银行持续经营时持有可以吸收银行损失的股本类资本准备金，防止将银行推入痛苦的处置。

---

〔116〕 Adapted from Schoenmaker（n. 74）.

〔117〕 Squam Lake Working Group on Financial Regulation, 'An Expedited Resolution Mechanism for Distressed Financial Firms: Regulatory Hybrid Securities', Council on Foreign Relations, Center for Geoeconomic Studies, Working Paper 2009.

〔118〕 J. Coffee, Jr., 'Bail-Ins versus Bail-Outs: Using Contingent Capital to Mitigate Systemic Risk'（2010）, available at http://papers.ssrn.com/sol3/papers.cfm?abstract_id=1675015. M. J. Flannery, 'Stabilizing Large Financial Institutions with Contingent Capital Certificates'（2009）, available at https://ssrn.com/abstract=1485689.

（2）减少道德风险，因为股东们都会担心或有资本转化后稀释他们的股份。[119] 还有人补充了第三个目的为防止高度稀释性的或有资本工具转化，激励主动、提前和及时发行股份。[120]

或有资本工具大多是未经检验的工具。首先，事实上，在最近的危机中，大多数具有类似或有资本工具特点的混合资本工具并没有发挥预期的吸收损失作用。[121] 而且，如果触发事件设计不当，意想不到的转化后果可能十分严重，特别是在市场剧烈波动和不确定时期。[122] 其次，正如陈（Chan）和范·温伯根（Van Wijinbergen）所提出的，虽然或有资本转化有可能令银行重新符合资本要求，但它还将增加银行挤兑的概率，因为转化向存款人发出了资产质量的负面信号。[123] 此外，就可能的相关资产的收益而言，转化给系统里的其他银行带来了负面外部性。因此，金融体系中其他银行挤兑概率也可能增大，转化之后引发提高系统性风险的担心。或有资本工具由此导致微观审慎目标和宏观审慎目标的直接矛盾。

恰当调整触发事件具有基础性重要意义，且决定了或有资本工具的效用并避免市场
51 恐慌。转化可能产生消极的信号效应，导致银行挤兑（即便银行成功实现资本重组）和传染，[124] 而且可能遭受价格操纵。[125] 巴塞尔银行监管委员会将或有资本工具触发事件规定如下：

> 触发事件为下列事件中的最早者：(1) 决定由公共部门注入资本或提供类似支持，经相关监管机关认定，若非如此，银行将无法存活；或（2）决定核销。经相关监管机关认定，若非如此银行无法存活。[126]

《巴塞尔协议Ⅲ》允许发行或有资本工具作为附加一级资本（以及二级资本），由此

---

[119] See for discussion, C. Pazarbasioglu, J. Zhou, V. Le Leslé, and M. Moore, 'Contingent Capital: Economic Rationale and Design Features', IMF Staff Discussion Note, 25 January 2011, International Monetary Fund, SDN/11/01; P. Glasserman and B. Nouri, 'Contingent Capital with a Capital-Ratio Trigger', August 2010, https://ssrn.com/abstract=1669686; M. J. Flannery, 'Contingent Capital Instruments for Large Financial Institutions: A Review of the Literature', Annual Review of Financial Economics 2014.

[120] C. W. Calomiris and R. J. Herring, 'Why and How to Design a Contingent Convertible Debt Requirement', Wharton School, Financial Institutions Center, Working Paper 11-41, April 2011.

[121] Pazarbasioglu et al. (n. 119), 7. 国际货币基金研究假定这一失败部分归因于银行不愿意向市场发送负面信息，部分由于监管容忍，过分高估了来自政府的资本率或/和资本注入，这阻止了违反监管指标。

[122] Pazarbasioglu et al. (n. 119), 8-10.

[123] S. Chan and S. Van Wijnbergen, 'Cocos, Contagion and Systemic Risk', Tinbergen Institute Discussion Paper 14-110/VI/DSF 79, 30 September 2014.

[124] C. A. E. Goodhart, 'Are CoCos from Cloud Cuckoo-Land?', 10 June 2010, www.voxeu.org.

[125] S. Sundaresan and Z. Wang, 'On the Design of Contingent Capital with a Market Trigger' (2015) 70 *Journal of Finance* 881-920.

[126] BCBS, Consultative Document, 'Proposal to Ensure the Loss Absorbency of Regulatory Capital at the Point of Non-viability', August 2010, 5.

可以提高1.5%的风险加权资本率。[127]

根据欧盟的《资本要求条例》,或有资本要求必须符合对AT1资本工具的质量要求(Article 52),即有关AT1工具的条文规定“触发事件发生后,该工具的本金数量永久或暂时核销,或者将工具转化为普通股一级资本工具”。[《资本要求条例》Article 52 (1)(n)]

《资本要求条例》Article 54 paragraph 1规定了“触发事件”的定义,该定义以客观状况为基础。当一级核心资本率(《资本要求条例》Article 92 paragraph 1)低于(1)5.125%,或者(2)银行自主设定并规定在发行资本工具的(合同)条款条件中的一个更高的比率时,可以触发或有资本工具的转化。另外,《欧盟银行复苏与处置指令》Article 59,赋予了相关监管机关减少或转换或有资本工具的权力:(1)不考虑处置措施,或(2)与处置措施一并使用。

《资本要求条例》Article 54规定,作为AT1资本工具发行的或有资本工具既可以转换为一级核心资本工具(持有债转换为持有股,也可以核销)。这意味着触发事件后,面临核销的AT1资本工具的持有者将失去其债权。

因此,核销是永久的。《资本要求条例》Article 54核销机制必须纳入附加一级资本工具的条款,一旦触发,将导致以债务工具证券体现的本金和利息永久且不可撤销地消灭。实际上,核销机制对银行注资的作用方式与附加一级资本工具转化为一级核心资本工具相同。[128]

2. 可自救的债务

尽管本身并不是(《巴塞尔协议Ⅲ》规定的)监管资本,但在《多德-弗兰克法》和《欧盟银行复苏与处置指令》框架中,设计为可自救的银行负债都是旨在吸收损失或者对银行注资。根据《欧盟银行复苏与处置指令》Article 48 (1)(e)规定,一旦所有银行一级核心资本、AT1和二级资本工具全部被核销,或在适当情况下转化为股本,为了以自身资本弥补银行损失并/或者恢复银行资本达标,相关监管部门可以“按照正常破产程序的债权顺位,将适格债务的余额扣减相应本金数额或应付账款金额”。因此,尽管后面将讨论的总损失吸收能力仅适用于全球系统重要性银行,《欧盟银行复苏与处置指令》关于自有资金和合格债务的最低要求(MREL)是对所有银行的法定义务。[129] 只有当银行其他超额资本耗尽,银行被迫进入处置程序时,转化或核销才会开始。 52

两种自救模式的一个重要区别在于,《多德-弗兰克法》Title 2——有序清算权——

[127] BCBS, ‘Minimum requirements to ensure loss absorbency at the point of non-viability’, Press Release 11 January 2011, Ref no. 03/2011, www.bis.org.

[128] B. P. M. Joosen, ‘Regulatory Capital Requirements and Bail-in Mechanisms’ in M. Haentjens and B. Wessels (eds.), *Research Handbook on Crisis Management in the Banking Sector* (Elgar, 2015), at 350 et seq.

[129] On the composition of MRELs and their function in resolution see EBA, ‘Interim Report on Implementation and Design of the MREL Framework’, 19 July 2016, esp. 6-9.

规定，自救只适用于停业的银行，[130] 而在欧盟，对于仍处于营业中的银行也可以选择使用自救（“经营中银行”处置）。[131] 根据《欧盟银行复苏与处置指令》，这项最低缓冲垫是以该机构监管资本和适格负债的数额占总负债和自有资金的百分比来表示。[132] 每一机构的自有资金和合格债务的最低要求，由处置机关在咨询银行监管机关并至少考虑以下标准后决定：[133]

（1）需要确保金融机构能应用处置工具，包括适当的自救工具以符合处置目标的方式得以处置；

（2）需要确保在适当情况下，该金融机构有充足合格债务，以确保一旦采用自救工具，可以吸收债务，令该金融机构的股本一级资本率可以恢复到继续符合监管标准，继续开展监管据 2013/36/EU 号指令或 2014/65/EU 号指令（存款保障计划）批准的业务，维持对该机构或主体充分的市场信心；

（3）需要确保，如果处置方案预计某些类别适格债务依据 Art. 44（3）从自救中可能会被排除，或依据部分转让机制可能转让，该金融机构留有充分适格债务确保吸收亏损，而且股本一级资本率能够恢复到持续符合审批条件，能够就 2013/36/EU 号指令或 2014/65/EU 号指令（存款保障计划）批准的业务持续展业；

53 （4）金融机构的规模、商业模式、资金模式和风险情况；

（5）存款保障计划（DGS）按照 Article 109 能有助于为处置融资的程度；

（6）机构倒闭将在何种程度对金融稳定产生有害后果，包括由于其与其他机构的相互关联性所致后果或由于向其他机构传染而与金融体系其余部分的内在关联所致后果。

各机构必须符合《欧盟银行复苏与处置指令》Article 45 就个体机构确定的最低要求。[134] 经咨询主管机关，处置机关可能决定适用附加的最低要求。设在欧盟的母公司应当符合 Article 45 对整个集团设定的最低要求。处置机关应当在 Article 45 标准的基础上，依个体机构设定适用于该集团分支机构的最低要求。根据《欧盟银行复苏与处置指令》Article 36，即便在发生系统危机的极端情况下，在银行股东和债权人贡献至少银行负债 8%之前（含自有资金），银行不得获取公共资金救助。[135]

---

[130] Title II of the Dodd Frank Act (Orderly Liquidation authority).

[131] Art. 43 (2)(a) and (b) BRRD. 实践中就投资者信心来说两者没有重大区别。See E. Avgouleas and C. Goodhart, ‘Critical Reflections on Bank Bail-ins’ (2015) 1, *Journal of Financial Regulation* 2. 就影响而言，两者也没有重大区别，因为二级资本之下已解决了控股公司和运营子公司的问题，而银行的功能未受影响。但保护常规银行功能也被认定是支撑《欧盟银行复苏与处置指令》上开放银行处置的合理性所在。

[132] 重要的是，衍生债务应包括在以全面认定交易对手的轧差权利为基础的总负债之中。(Art. 45 BRRD)

[133] Ibid.

[134] Art. 45 (7) BRRD.

[135] “对损失吸收和注资的贡献等于不少于总负债的 8%，总负债包括受处置金融机构自有资金，该自有资金由股东和其他权利票据持有人，相关资本工具和以核销、转化及其他方式持有债务的持有人提供，按采取处置措施的时点据第 36 条提供的估值计算。”Art. 37 (10)(a) BRRD and Recs 57, 73, 75 BRRD.

（三）杠杆率

无法控制的顺周期杠杆对全球金融体系的极端脆弱性及国际金融危机严重程度负有部分责任。《巴塞尔协议Ⅲ》引入银行杠杆最低水平作为防护后盾。[136] 银行杠杆最低水平主要是作为一项报告措施，而不是对新贷款即时的资本制约。它是风险加权资本比例（RWCR）的补充，表示某银行的非风险加权资产与其一级资本的比率。即《巴塞尔协议Ⅲ》的杠杆率只是一个简单的数字，反映资产负债表内和表外的风险敞口与净衍生品头寸，不涉及任何风险调整计算。非风险基础的杠杆率既可作为安全阀，也可作为控制监管套利的措施，监管套利通过表外资产转化提高杠杆。它还可以抵销银行资本头寸披露不充分的效应。[137]

任何未加权杠杆率低于3%的银行将被视为资本不足。两种指标的区别在于，杠杆率剔除了风险加权模型的效应，比率计算使用的是《巴塞尔协议Ⅲ》规定的资本严格定义。[138] 比率控制了银行提高其资本基础杠杆率的能力，提供了防范可能出现的风险加权资产模型错误的措施。[139] 银行完全达标《巴塞尔协议Ⅲ》杠杆率的期限是到 54
2018年。在欧盟，《巴塞尔协议Ⅲ》杠杆率是通过《资本要求指令Ⅳ》[140]（一项欧盟委员会通过的法案[141]）和欧洲银行管理局实施的。2015年1月，欧盟规定披露机构的杠杆率，计划在欧洲银行管理局广泛审核之后，到2018年实行强制性杠杆率。[142] 比率计算以修订后的巴塞尔方法为基础，该方法考虑了回购交易和证券融资交易的净额结算安排。[143]

毫不奇怪的是，当关于最优比率的理论争论尚无定论时，这种多元性也反映在G20一些主要法域最近采取的旨在让其银行接受强制杠杆的措施上。《多德-弗兰克法》规定，联邦储备委员会要制定要求，强化对"隐藏公司"风险基础杠杆资本，所谓"隐藏公司"指全部合并资产至少500亿美元的银行控股公司和金融稳定监督委员会已经指定联

---

[136] "使用补充杠杆率将有助于在系统中建立超额杠杆。它还将作为针对试图'博弈'要求的附加保护并有助于解决风险模型"（BCBS，'The Basel Committee' s Response to the Financial Crisis：Report to the G20'，5）。

[137] Basel III（n. 93），61.

[138] Basel III（n. 93），12.

[139] 如巴塞尔银行监管委员会所强调的，全球金融危机已证明信贷损失和核销来自留存的利润，这是银行有形普通股本的一部分[See Basel III（n. 93），2]。

[140] Pt. 7 CRR.

[141] Commission Delegated Regulation（EU）2015/62 of 10 October 2014 amending Regulation（EU）of the European Parliament and of the Council with regard to the leverage ratio，OJ 2015 L 11/37.

[142] CRR Rec. 18. EBA，'Report on the Leverage Ratio Requirements under Article 511 of the CRR'，EBA-Op-2016-13，3 August 2016. 欧洲银行管理局报告发现3%比率不会对欧盟的银行融资产生显著影响，尽管，"它较之基于风险的第一层的8.5%的资本要求"（包括6%的最低水平+2.5%逐步采用的资本留存缓冲）将构成对受分析的33%信贷机构的更高资本要求……［但是］当处于2%或2.5%水平时，杠杆率的监管支持角色将不足够，如同（对那些受调查机构）那些比基于风险的第一层8.5%资本需求的更高资本要求（ibid.，16-17）。

[143] Art. 429 CRR as amended by the Commission Delegated Regulation，ibid.；BCBS，'Basel III Leverage Ratio Framework and Disclosure Requirements'，January 2014.

邦储备委员会监管的非银行金融公司。[144] 根据《及时纠正措施》（PCA）规定，银行和其他金融组织应向市场和监管机关定期报告其杠杆率。[145]

鉴于主要因为未注意到表外风险暴露，以往的美国杠杆率未能预警即将来临的灾难，《多德-弗兰克法》采用了一种更复杂的方法测量银行杠杆。[146] 法案将所有银行业组织的杠杆设在4%，[147] 尽管一些大银行如果采用高级内部法计算风险加权资产可以适用稍低的杠杆率，也要求其最低总风险暴露杠杆率3%。[148] 然而，对规模最大而且相互关联度最高的银行控股公司（BHCs）［合并总资产在7000亿美元以上，或管理总资
55 产10万亿美元（隐性银行控股公司）以上］规定了进一步补充要求。这些银行需要在最低3%补充杠杆率（对于采用先进内部法的银行）要求的基础上，再保持至少2%的一级资本杠杆超额资本，达到总计5%。

银行控股公司已投保的分支机构必须保持至少6%的杠杆率，以此根据《及时纠正措施》框架认定为"资本充足"。[149] 比率未能超过5%的隐性银行控股公司的自主奖金支付和资本分配将受到限制。这一制度适用于美国八个规模最大且相互关联最密切的银行，尽管这要到2018年1月才会全面实施。此外，在危机时期还有附加的杠杆限制要求。[150]

如前所示，在欧盟，监管机关采用《巴塞尔协议Ⅲ》作为模板。然而，《资本要求指令Ⅳ》虽然要求各机构计算并报告其杠杆率，但其并未提出最低的杠杆率。欧盟委员会要求欧洲银行业管理局监督《巴塞尔协议Ⅲ》实施，并报告3%的最低杠杆率对欧洲金融机构是否适当。最终，适用整个欧盟范围的3%比率将自2018年1月起实施，尽管将来可能进一步提高。[151]

英国的英格兰银行采用了一种新杠杆率，到2018年该比率对审慎监管局（PRA）监管的所有银行具有约束力。[152] 这一举措采纳了［由约翰·维克斯（Sir John Vickers）领

---

〔144〕 See Dodd-Frank Wall Street Reform and Consumer Protection Act, Pub, L. No. 111/203（21July2010）Pub. L. No. 124 Stat. 1376 § 165.

〔145〕 Regulatory Capital Rules: Regulatory Capital, Enhanced Supplementary Leverage Ratio Standards for Certain Bank Holding Companies and Their Subsidiary Insured Depository Institutions, 79 Fed. Reg. 24, 528（Final Rule, 1 May 2014）（12 C. F. R pts. 6, 208, 217, 324） at 62, 030.

〔146〕 See Avgouleas（n 13）.

〔147〕 Regulatory Capital Rules（n. 145） at 62, 030.

〔148〕 Ibid. , at 62, 143.

〔149〕 Ibid.

〔150〕 《多德-弗兰克法》对那些有500亿美元以上资产的机构限定了15∶1的杠杆率，它们会对"美国的金融稳定产生严重威胁"，该等限制会减轻威胁［《多德-弗兰克法》，§ 165（j）（1）］。该限制适用于非常有限的情况，并意在救济而非预防，一旦风险被识别就会触发用以容忍风险而不是阻止风险形成（See ibid.）。

〔151〕 概览参见 Supervisory Review, European Banking Authority, 15 November 2014, available at www.eba.europa.eu/supervisory-convergence/supervisory-disclosure/supervisory-review and the EBA Report on the Leverage Ratio（n. 143）。

〔152〕 See Bank of England, *The Financial Policy Committee's Review of the Leverage Ratio*（October 2014）（hereinafter, Bank of England, Review of the Leverage Ratio）. 本段源自我和杰伊·卡伦（Jay Cullen）共同承担的发表和未发表的作品。

导的］独立银行业委员会的研究成果,〔153〕他们建议英国规模大的且设立了围栏的银行应当符合近4%的补充杠杆率。

由此,审慎监管局被赋予了相应权力,为英国所有金融机构制定最低3%杠杆率,为系统重要性银行制定补充杠杆率,〔154〕以及仍是按《巴塞尔协议Ⅲ》逆周期超额资本（CCB）计算逆周期杠杆率超额资本（CCLB）。

英格兰银行认为,仿效《巴塞尔协议Ⅲ》风险加权体系,“实现了杠杆框架和风险加权框架之间的互补”。〔155〕根据这些意见,英国规模大的系统重要性银行必须符合4.5%的杠杆率。这一要求还可适用逆周期超额资本（CCB）依审慎监管局酌定提高资本水平。〔156〕或许值得注意的是,尽管存在上述对于杠杆要求的提高,但英国银行业一直普遍 56
感到轻松,因为更严格的监管实际并未实施〔157〕(见表2-2)。

表2-2　《巴塞尔协议Ⅲ》、《资本要求指令Ⅳ》和《欧盟银行复苏与处置指令》下的银行资本要求

名称	最低要求	何时何地	之前要求
资本	一级核心资本4.5%,加一级其他资本6%,加二级附属资本8%,风险权重,目标是7%一级核心资本	全球、欧盟和欧洲经济区	按较宽松资本定义,4%一级资本,8%总资本,风险权重
资本附加且宏观审慎缓冲	全球重要性银行(上限为一级核心资本+4.5%(美国)),资本储备缓冲(一级核心资本+2.5%),逆周期资本缓冲(上限为一级核心资本+2.5%),和系统性风险缓冲(大于风险权重+1%)	全球、欧盟和欧洲经济区	只在一些成员国
杠杆率	3%,无风险加权。包括美国、加拿大、英国在内的多数法域倾向于4%以上的无风险加权资产	自2018年对全球,欧盟和欧洲经济区重要性银行的期望	不包括欧盟和英国
内部纾困的可能性	至少8%的总负债和自有资金(最小自有资金和适格负债要求),贷款损失准备机制要求的更高水平	自2016年起适于欧盟和欧洲经济区的系统重要性银行,不存在	—

〔153〕 See J. Vickers, ‘The Indep. Comm’ n on Banking: Final Recommendations’ (2011), available at http://webarchive. nationalarchives. gov. uk/+/bankingcommission. independent. gov. uk.

〔154〕 Bank of England, Review of the Leverage Ratio, at 6.

〔155〕 Ibid.

〔156〕 Ibid., at 17.

〔157〕 Indicatively, see S. Fleming, ‘Banks Breathe Sigh of Relief over UK Leverage Ratio’, FT, 31 October 2014, available at www. ft. com/cms/s/0/154fd498-610a-11e4-894b-00144feabdc0. html#axzz3I7Eugy5I.

三、流动性要求及其计量

（一）引言

《巴塞尔协议Ⅲ》要求，在过渡期后，实行《巴塞尔协议Ⅲ》最低流动性标准，从而增进银行复原能力以防潜在的短期和中期融资困难。这些标准包括流动性覆盖率和净稳定融资率（NSFR）。这是对以前协议的彻底革命，以前的协议依据潜在的假设，认为破
57 产银行随时能够从市场或中央银行获得流动性，仅关注资本覆盖率，忽视稳定融资来源的重要性。这种假设忽视了一般性的流动性紧缩的可能，以及在维持银行清偿能力中融资成本的重要性。在欧盟，已经通过结合《资本要求指令Ⅳ》[158]、欧盟委员会批准的法律[159]和欧洲银行管理局的监管工具而实施了流动性要求。

为促使各国监管机关对流动性标准的一致执行，巴塞尔银行监管委员会将标准使用的参数和预设的各参数数值相统一。然而对有些参数，各国监管机关仍然具有自主权。而且，这些比率还必须辅之以按巴塞尔银行监管委员会《合理原则》对银行流动性管理框架其他方面进行的监管评估，[160]并不阻止监管者采用更严格的标准或参数以反映银行的流动性风险状况。[161]

（二）流动性覆盖率

这一标准的目标是，确保银行持有充足水平的、无负担的高品质流动资产，以便在监管机关界定的严重流动性情境中可转化为现金，以满足其30天的流动性需要。[162] 在此，我们仅讨论巴塞尔标准。《资本要求条例》在Recital 100等条款中说明了更细致的欧盟方法，在Article 411等条款说明了具体计量。

根据巴塞尔准则，流动资产存量最低应当能够使银行在困难时期维持30天。在发生流动性紧缩情况下，这给予管理层和监管机关充分的时间采取恰当整改措施。《巴塞尔协议Ⅲ》将这一标准设定为如下所示：

---

[158] See Rec. 98-102 and Pt. 6 CRR.

[159] Commission Delegated Regulation (EU) 2015/61 of 10 October 2014 to supplement Regulation (EU) No. 575/2013 of the European Parliament and the Council with regard to liquidity coverage, OJ 2015 L 11/58, 1, 17 January 2015.

[160] BCBS, 'Principles for Sound Liquidity Risk Management and Supervision', September 2008. 该巴塞尔银行监管委员会指引——准备了管理和监管流动性风险的十七项原则——考虑了危机中的教训，且以对银行业管理流动性风险合理实践的基本评判为基础。对监管者的指引也实质性增加了。它强调监管者评估银行流动性风险管理框架的充分性的重要作用，并建议监管者在其认为不充分时应采取的措施。这些原则还强调了监管者和关键利害关系人之间有效合作的重要性，例如那些中央银行，尤其是在困难时期。

[161] BCBS, 'Basel III: International Framework for Liquidity Risk Measurement, Standards and Monitoring', December 2010, 2-3 (hereinafter BCBS, International Framework for Liquidity Risk Measurement).

[162] Ibid., 3.

$$\frac{\text{存量高质量流动资产}}{\text{30个自然日的总净流出现金}} \geq 100\%$$

流动性覆盖率有两个要素:(1)有压力条件下高品流动资产的库存价值;以及(2)根据后面分析的场景参数计算的净现金流出总额。这个标准非常严格,它要求流动性覆盖率的数值在任何情况下——在30天以上——都不得低于100%。[163] 即在规定期限内,高品质流动资产的库存量不得降至净现金流出总额数量以下。为了持续满足这一要求, 58
银行必须持有无负担的、高品质流动资产库存,保护其防范所有严重的流动性困难。考虑到现金流出流入时间的不确定性,银行监管机关还应监督在30天期限内任何可能的错配,"确保在整个期限内有足够的流动资产满足任何现金流缺口"。[164] 巴塞尔银行监管委员会建议考虑的流动性紧张情境,综合了特殊风险冲击和市场范围的风险冲击,其中包括了国际金融危机经历的很多冲击（融合进了一种压力情境）。因此,流动性紧张的情境是相当严格的。[165] 其中包括:

（1）存款人挤兑导致部分零售存款流失:①存款稳定（流失率5%以上）,②存款稳定性不足（流失率10%以上）;

（2）批发贷款市场的部分枯竭,导致无担保批发资金的部分损失;[166]

（3）回购市场的恐慌或挤兑,可能导致以某些基于抵押物和交易对手[167]的短期担保融资的部分损失;

（4）由银行公共信用评级下调三个档次导致的额外合同性现金流出,包括增加抵押物要求;

（5）市场波动增加,影响抵押物质量和衍生品头寸的潜在未来风险暴露,因此要求更大的抵押品折扣率或增加抵押物,或导致其他流动性需要;

（6）客户意外提用银行提供的已承诺但未发放的信贷和流动性额度;以及

（7）银行为减少声誉风险而回购负债或履行非合同义务的潜在需要。

流动性覆盖率的分子是"高品质的流动资产存量",它指在上述压力情境下用以满足30天净现金流出总额的无负担的、高品质流动资产存量。为了符合"高品质流动资产"的要求,资产应当在压力期内在市场上具有流动性,如果可能,应当符合中央银行要求,这实际上意味着它们必须是能以少许损失或无损失转换成现金的资产。《巴塞尔协

---

[163] 巴塞尔银行监管委员会解释称流动性覆盖率是基于传统流动性"覆盖率"的方法,该方法是银行内部用于评估或然流动性事件的风险暴露（ibid）。

[164] BCBS, International Framework for Liquidity Risk Measurement, 3.

[165] 尽管严格,巴塞尔银行监管委员会仍将压力测试场景作为最低监管要求,并希望银行按其业务活动的本质自行实施压力测试以评估它们在最低要求之外所应持有的流动性水平。内部压力测试应包括比流动性覆盖率要求的更长的时间范围。银行应与其监管机构分享内部流动性压力测试结果（ibid.,4）。

[166] 这包括不同类别资金的流失率如下:由小企业客户提供的无担保批发融资:5%、10%及更高,有运营关系的无担保批发融资:25%,由非金融企业、主权国家、中央银行、公共实体提供的无担保批发融资:75%,由其他法律实体客户提供的无担保批发融资:100%（ibid.,14-17.）。

[167] "担保融资"指责任与一般义务以借款机构的特定指定资产的法律权利为担保,以备破产、清算、流动性或处置的情形（ibid.,17）。

59 议Ⅲ》将它们描述为即便在压力期也不会因为甩卖而大幅折价即可容易变现的资产、信用和市场风险低的资产，易于定价确定且与风险资产关联不强的资产，以及最后，在交易所或大规模活跃市场交易的资产。[168]

此外，《巴塞尔协议Ⅲ》描述了两类资产，可以归入"高流动资产"存量之列。第一类资产可以无限制归入高流动资产池。其中包括按市场价格持有而且轻易不会打折的资产，比如：(1) 现金；(2) 中央银行准备金，如果可以在压力时期提取；(3) 市场化证券，该证券代表着对主权、中央银行、非中央政府的公共部门实体（PSEs）、国际清算银行、国际货币基金组织、欧洲理事会或其他多边发展银行的债权或担保债权。[169] 第二类资产经打折后仅折合"高流动性资产"全部存量的 40%。第二类工具是公司担保债券和满足特定条件代表对主权国家、中央银行、非中央政府的公共部门实体或多边发展银行的债权或担保债权的市场化证券。[170]

可以说，就流动且易变现的资产而言，只有主权债务工具符合大部分上述标准。同时，这种认知代表了一种明显的资产负债表风险，即它可能导致银行资产负债表偷偷摸摸地装满风险资产，比如主权债券。也可能导致增加对某些主权发行人的票据需求，降低其收益，制造被看作"安全"资产的主权债券工具泡沫。

（三）净稳定融资率

1. 目标

净稳定融资率旨在促进银行中长期融资的资产和业务增长。这一指标依据具体机构一年期以上资产与业务的流动性特征设定最低可接受的稳定融资额。制定这一标准旨在作为最低执行机制，通过推动金融机构流动性风险状况的结构性改变，远离短期融资错配，朝向更稳定、更长期融资的资产和经营活动，实施流动性覆盖率，支持其他监管措施。

具体来说，制定净稳定融资率标准，是为了确保其长期资产至少是以与其流动性风险状况相关的最小稳定负债额为资金来源。其目的在于限制过度依赖市场流动性充足期的短期批发融资，鼓励更好地评估所有表内表外项目的流动性风险。因此，它促进了银行融资需求的长期安排，强化了监管措施，促进机构对其流动性风险状况进行结构改革，强迫它们远离国际金融危机之前及之中所经历的短期融资错配。此外，净稳定融资
60 率方法降低了机构用刚好超过流动性覆盖率要求的 30 天期限的短期资金为其存量流动资产融资以套利的动机。上述标准的界定如下所示：

---

[168] Ibid.，5.

[169] 该等市场化证券必须满足如下条件：(1) 按《巴塞尔协议Ⅱ》标准法被分配的风险权重必须是 0%；(2) 必须在大型、广泛、活跃且集中度低的回购市场或现金市场交易；(3) 必须能证明即便在市场紧张条件下市场（回赎或买卖）仍有可靠的流动性来源；且 (4) 不是某一金融机构或其附属机构的债务（ibid.，8）。

[170] Ibid.，9.

$$\frac{\text{可用稳定资金}}{\text{所需稳定资金}} \geqslant 100\%$$

根据这一标准，以某机构资产流动性特点及其一年期以上业务为基础确定的最低可接受稳定融资率应当是100%。在计算应以稳定融资支持的资产时，其方法包括持有的所有非流动资产和证券——无论何种记账方法（比如，交易的、待售的或持有到期的）——需要的稳定融资数量。还需要额外的稳定融资来源以支持至少小部分表外（OBS）承诺和或有事项引起的潜在流动性需要。

稳定融资是指，在压力扩大的情况下，那些预计可以成为一年以上的可靠资金来源的权益和负债资金的类型及数量。[171] 可用稳定资金是指银行的以下全部数量：(1) 资本，(2) 期限一年以上的优先股，(3) 一年期以上的负债，(4) 期限不到一年但在意外压力事件中预计可在机构中展期的未到期存款或定期存款，以及 (5) 期限不足一年但在意外压力事件中预计可在机构展期那部分批发融资。

此外，净稳定资金比例标准的目的是，在银行遭遇且投资者和客户知悉的本行特殊压力扩大的情况下，确保某一经营生存实体一年以上的可持续融资：[172]

(1) 由于信用风险、市场或经营风险和/或其他风险暴露上升，该机构的盈利能力或其财务状况大幅度恶化；

(2) 任何全国认可的信用评级组织降低其债务、交易对手信用或存款评级；和/或

(3) 对该机构的声誉或信用状况/质量提出疑问的重大事件。

2. 流动性监控工具

除上述标准外，巴塞尔银行监管委员会还以指标的形式提出了很多用以监控流动性的工具，这些指标反映了与银行现金流、资产负债表结构、可用无负担抵押物以及某些市场指数等有关的具体信息。这些指标的主要目的是为监管机关提供评估银行流动性风险所需要的重要信息。此外，监管机关可以采用其他更多的工具和指标以反映其法域具体的流动性风险因素。除流动性覆盖率和净稳定融资率外，巴塞尔银行监管委员会作为 61
监控工具提出的主要流动性指标包括：[173]

(1) 合约期限错配：这一指标说明所有表内表外项目的合约现金和证券流入和流出，对应根据它们各自期限确定的时间段。因此，这一指标反映确定时间段内流动性合约流入和流出的差额。这些期限差额表明，如果在每一时间段所有流出发生在最早的可能时间，银行潜在需要提高多少流动性。这一指标提供了银行在现有合约下对久期转换依赖程度的洞见。

(2) 融资集中度：[174] 这一指标旨在区别那些十分重要以致其撤离将引发流动性问

〔171〕 BCBS, International Framework for Liquidity Risk Measurement, 25-6.

〔172〕 Ibid., 27.

〔173〕 Ibid., 31. 流动性比例也有一个过渡期。流动性覆盖率自2015年1月1日引入，净稳定融资率自2018年1月1日开始最低标准。

〔174〕 Ibid., 33.

题的批发融资来源。实际上，这一指标鼓励按委员会在《合理原则》中推荐的实现资金来源多元化。[175]

四、《巴塞尔协议 Ⅲ》和《资本要求条例》规定的监管资本基本特性

可以准确地说，关于资本的关键点是，资本的相关数量取决于一旦发生破产，你在偿付顺序中所处优先顺位。[176] “偿付顺位在你之前的资本结构中的任何部分对你没有直接价值。”换句话说，银行债权人只有在分担损失之后或至少同时，才能从对他们的资本偿付中受益。

资本的质量是通过执行一定支撑银行与向银行提供资本的投资人之间法律关系的核心原则衡量的。这些核心原则可以归纳如下：[177]

完全劣后性——银行资本必须代表（在银行清算时）最完全劣后的求偿权；

永久性——银行资本必须可以永久使用；

不妨碍即期支付——投资者不能拖延对银行资本的承诺出资；

损失吸收能力——银行资本必须具有吸收损失的能力；

分配劣后——甚至优先分配股息和利息都要劣后于满足监管资本法定水平的要求（资本留存）；

非稀释性——银行监管资本的质量不得由于集团内部相互支持而稀释；

不得加速还款——银行债权人不能在（长期）到期前以银行资本工具加速还款。

62 这些原则扩展适用于一级资本和二级资本项目。可以准确地说，一级核心资本、一级附加资本和二级资本之间的区别在于适用这些原则的强度差异。由于部分核心原则在适用中可以允许变通或改变，或者根本不适用，因此二级资本是低质量资本。[178] 我们现在详细讨论这些原则中最重要的。

（一）永久性

一级核心资本持有人或其他可以对一级核心资本行使求偿权的任何人应当令资金可用，无任何权利取消其对银行的承诺，无论银行财务状况是否良好。股东或债权人必须无限期向银行提供一级核心资本，一级核心资本不受股东或债权人自主决定的任何赎回权或取消权的约束。

AT1 资本的永久性意味着可以无限期使用，即必要的资本工具必须是“永久的，没有到期日，没有升级或其他赎回激励”。[179] 当 AT1 资本工具是无限期发行时，就保障了

---

[175] BCBS, Principles for Sound Liquidity Risk Management.

[176] Joosen (n. 128) at 338.

[177] See also ibid., 335-65.

[178] Joosen (n. 128), 337-40.

[179] Requirement 4 of the criteria for inclusion in Additional Tier 1 capital, Basel III, para. 55.

AT1 资本工具的永久可用性,作为银行的永久义务。这并不是说,资本工具不可以在某时点收回或偿付。然而,发行此类资本工具的银行不得在合约设立鼓励赎回或还款的动机条款和条件。只有当 5 年期届满且满足一系列严格条件时,AT1 资本工具才可能“偿付”。[180]

(二) 劣后性

不同于适用一般法所致的所有者权益劣后于银行所有债权人,[181]二级资本工具还需要满足附加条件。《巴塞尔协议Ⅲ》提出,二级资本工具必须“劣后于银行的存款人和一般债权人”。[182] 欧盟《资本要求条例》对二级资本工具规定了一系列不同于 AT1 资本工具的标准。《资本要求条例》Article 63 规定两种形式的资金符合二级资本工具,即“资本工具”,通过资本市场发行的债券;和“次级贷款”,这一种双边或多边贷款。就像对于 AT1 资本工具类似,《资本要求条例》并不限制向二级资本工具支付利息或类似分配。[183]

(三) 吸收损失

吸收损失能力是在金融危机中公共部门向处于困境的银行提供救援的背景下提出的。巴塞尔银行监管委员会对相关问题的描述包括:

> 在最近的金融危机中,公共部门向一系列身处困境的银行提供救助,以普通股和其
> 他形式一级资本注入资金。这不仅具有支持存款人的效果,而且具有支持以监管资本工 63
> 具方式投资的投资人的效果。因此,二级资本工具(主要是次级债)以及一些案例中的
> 非常规一级资本工具,未能吸收某些大型国际活跃银行造成的损失,如果政府没有提供
> 救援,这些银行可能已经倒闭。[184]

吸收损失能力仅在于确认,当损失发生时,监管资本工具的任何条款和条件都不能阻碍这些资本工具的持有人按比例承担发生的损失。因此,合同条款不得包括资本工具持有人主张要求的条件,即在银行为了吸收损失而获取其他融资或资金之前,允许资本工具持有人推迟承担其损失份额。如果资本工具的合同条款未完全执行这一要求,那么这种资本工具就根本不符合监管资本条件。

关于对一级核心资本和 AT1 资本工具的损失吸收要求,《巴塞尔协议Ⅲ》指出:

---

[180] See Art. 52, para. 1 (j) CRR and Basel Ⅲ-Capital, para. 55. 监管当局的授权程序规定于《资本监管条例》Art. 77。

[181] 尽管该种次级受到了新债转股和或有资本转化体制的重新确认(see Arts. 47-8, 59-60 BRRD)。

[182] Requirement 2 of the criteria for inclusion in Tier 2 capital, Basel Ⅲ (n. 93), 58.

[183] 朱森(Joosen)赞同道,作为结果,该种中间支付不是从属性的,考虑银行基于二级资本工具或贷款在分派利息和类似付款上没有太多限制,只要银行在该等支付上不得违约[Joosen (n. 128), 352-6]。

[184] BCBS, Consultative Document (n. 126).

发生任何损失时，发行的资本是首先且份额最大承担者。在最高质量资本范围内，各工具在持续经营期间相互之间无差别按比例吸收损失。[185]

关于AT1工具，《巴塞尔协议Ⅲ》指出：

按照会计目的划分为负债的工具，必须以下述方式具有本金损失吸收能力：(1) 在某一预先确定的客观触发点转换为普通股，或 (2) 一种核销机制，在某一预定触发点将损失分配至工具。核销具有以下效果：(1) 减少该工具在清算时的求偿权；(2) 在执行赎回时减少偿付金额；(3) 部分或全部减少该工具的应付利息或股息。[186]

施加于银行的有关一级核心资本工具的损失吸收的要求，实际上构成对通常附加于一级核心资本工具的权利和义务的确认。这些势必扩展到所有股本和股东对留存收益的主张。

五、可以与《巴塞尔协议Ⅲ》框架一并适用或单独适用的宏观审慎措施

巴塞尔银行监管委员会认为，一些减少机构层面风险暴露的《巴塞尔协议Ⅲ》的资本要求，也有助于解决系统风险和相互关联性。[187] 除其他外，宏观审慎措施尤其包括，动态准备金、贷款价值限制和贷款收入限制，下面我们简要分析。

64 ### （一）动态准备金和动态风险管理

这项措施要求银行在经济状况好的时期建立现金缓冲资本，防范潜在的未来损失，因此可以与《巴塞尔协议Ⅲ》的逆周期缓冲资本相提并论。这项措施假定，银行资金成本取决于银行必须用现金提供融资的资产相对风险。在抵押情况下，融资成本上升的同时银行将提高利率，这将减少一些借款人获得信贷的可能。当然，完善监管以应对由住房市场和银行体系关系产生的不稳定十分复杂。有些——往往相互冲突的——因素必须平衡，特别是有关金融稳定问题和维持信贷流向实体经济的需要之间的折中方案。[188] 另外，即将实施的"国际金融报告准则9"（International Financial Reporting Standard 9）也将影响银行必须事先预留应对信贷风险暴露的资本数量，因为其与审慎政策密切相

---

〔185〕 Basel Ⅲ (n. 93), 53, criterion 8, p. 14.

〔186〕 Ibid., 55, criterion 11, p. 17.

〔187〕 这些是：(1) 银行在场外衍生品中使用中央对手方的资本激励；(2) 对交易和衍生品业务更高的资本要求，复杂的证券化和表外风险暴露也是如此（如结构化投资工具）；(3) 对金融部门内部的风险暴露的更高资本要求；(4) 引入流动性要求，惩罚过于依赖短期、银行间资金来支持的长期资产［Basel. Ⅲ (n. 96), 7］。

〔188〕 A. K Kashyap, D. Tsomocos, and A. Vardoulakis, 'Making Macroprudential Regulation Operational', 18 July 2014, Vox. eu. org.

关。实际上,“国际金融报告准则 9”制定了一个前瞻性的减值模型,要求银行应对预计的信贷损失。银行将需要能够作出有关预计信贷损失的稳健估计,并决定信贷风险何时发生重大变化——例如,通过评估外部数据和预测未来状况。欧洲银行业管理局分析,在实施国际金融报告准则 9 过程中,当计算由资产减值产生的预计信贷损失(可能由于违约、违约损失、违约风险暴露)时,银行应当分析下列关键因素:“违约概率:(1)考虑宏观经济状况,以及何时采用内部法作为起点;(2)采用“国际金融报告准则 9”的“时点”估计,而不是“全周期”估计;(3)将 1 年期的 PD 转换为终生 PD;或(4)消除保守主义边际(PD 估计时的保守主义);违约损失:(1)考虑宏观经济状况;(2)采用有效利率折扣未来预计的现金流,以及何时采用内部法作为起点;(3)消除保守主义边际(制定中性的时点预测,而不是衰退的预测,排除监管);或(4)消除“国际金融报告准则 9”估计的实现抵押物的间接成本;违约风险:(1)考虑预期支付和债务人的提款行为,以及何时采用内部法作为起点;(2)调整信用转换系数模型以获得生命周期指数;或(3)消除衰退效应。”

(二)贷款价值率/贷款收入率限制

贷款价值率限制旨在防范收入和利率的意外冲击,以及低估异常冲击(所谓尾部风险)的可能性和强度。降低贷款价值率迫使抵押借款人吸收大部分由于实际资产价值暴跌造成的损失,因此,与没有贷款价值率限制相比,银行违约率要低得多。因此,设定贷款价值率最大限值旨在提高银行系统的适应能力,降低通过资产价格下跌对经济稳定的潜在冲击的间接风险。

其他关于抵押的宏观审慎限制,包括贷款收入率最大限值,由金融机构依据有关借款人收入的证据实施。特别是关于购买后用于出租的房产,借款人的信用不得依靠出租房产而产生的租金的业绩。顺理成章地,对发放高贷款价值抵押贷款的限制可以在出现 65
投机性住房泡沫时起到控制作用,因为当被抵押房产留有较低的股本超额资本时,银行被迫预留更多的资本。[189]

第六节　总损失吸收能力标准

一、定义和范围*

2014 年 11 月,金融稳定理事会提出,如果全球系统重要性银行破产,为推进其有序

---

[189] See EBA Report, ‘On the Range of Practices Regarding Macroprudential Policy Measures Communicated to the EBA’, July 2015.

* 此处标题从原著格式,未作变动。——编者注

处置而应当达到的总损失吸收能力的国际标准。[190] 总损失吸收能力提议的关键要素包括，外部总损失吸收能力要求、内部总损失吸收能力要求以及披露。[191]

经过量化冲击研究（QIS）和市场调研，2015年11月，在G20峰会上，金融稳定理事会发布了最终的总损失吸收能力标准。全球系统重要性银行需要在满足《巴塞尔协议Ⅲ》规定的最低监管标准的同时，满足总损失吸收能力标准。特别是，自2019年1月起，它们需要满足的最低总损失吸收能力标准为至少占该受处置的集团公司风险加权资产的16%，自2022年1月起则为至少18%。自2019年1月1日起，最低总损失吸收能力还必须达到《巴塞尔协议Ⅲ》规定的杠杆率分母的6%（总损失吸收能力杠杆率风险暴露最低值），自2022年1月1日起必须达到最低6.75%。[192]

总部设在新兴市场经济体的全球系统重要性银行至少要在2025年1月1日之前到达风险加权资产最低16%、杠杆率风险暴露6%的最低总损失吸收能力要求，到2028年1月1日达到风险加权资产最低18%、杠杆率风险暴露6.75%的最低总损失吸收能力要求。如果在今后5年，这些经济体的债务市场达到新兴市场经济GDP的55%，这一合规期限也可能加快。金融稳定理事会将监督总损失吸收能力标准的实施，并将在2019年年底对技术实施进行检查。[193]

总损失吸收能力的核心在于使全球系统重要性银行的处置可信，因此新标准要求全球系统重要性银行在必要时必须有足够的灵活性以运用损失吸收能力。[194] 正如金融稳定理事会进一步提出的，考虑到这么做存在明显的法律困难，必须有可信的机制，借此可以依法确定地将损失和资本重组传递到处置实体。总损失吸收能力超额资本理当承担这种职能。[195] 因此，条款中应当包括“总损失吸收能力合格工具”的相关规定。此外，
66 总损失吸收能力合格工具将标注期限限制，以确保“如果公司的财务状况恶化，随后任何处置可以使用的损失吸收能力不会因提取资金而减弱。”[196]

作为总损失吸收能力标准前提的一般原则是：[197]

（1）处置中必须有充足的损失吸收和资本重组能力实施有序处置，最大限度减少对金融稳定的冲击，确保重要功能持续不断，并避免使纳税人（公共资金）面临损失，保持

---

[190] FSB, 'Adequacy of Loss-absorbing Capacity of Global Systemically Important Banks in Resolution', 10 November 2014. The consultation closed in February 2015. The FSB revised the principles and term sheet in light of the public consultation and findings from a quantitative impact study and market survey, and submitted a final ver-sion to the G20 by the 2015 Summit. The compliance period for the TLAC requirement starts from 1 January 2019.

[191] Ibid., 4-8, 13-16.

[192] See FSB Press Release, 'FSB issues final Total Loss-Absorbing Capacity standard for global systemically important banks', 9 November 2015.

[193] Ibid.

[194] See FSB, 'Principles on Loss-absorbing and Recapitalisation Capacity of G-SIBs in Resolution—Total Loss-absorbing Capacity (TLAC) Term Sheet', 9 November 2015, 7, available at www.financialstabilityboard.org/wp-content/uploads/TLAC-Principles-and-Term-Sheet-for-publication-final.pdf.

[195] Ibid.

[196] FSB (n. 194.)

[197] Ibid., 5-8.

高度信心。

(2) 监管机关应当对符合(3)、(4)和(5)原则的每个全球系统重要性银行(G-SIB)逐个确定各银行特定的最低总损失吸收能力标准。[198]

(3) 各全球系统重要性银行必须达到本银行具体适用的最低总损失吸收能力标准,该标准至少等于金融稳定理事会认可的一般最低标准。对于协助建立全球公平竞争市场,并确保维持市场信心,每家全球系统重要性银行都具备最低限度的损失吸收能力,可以在处置中吸收损失和注入资本,一般最低吸收标准是必要的。

(4) 在制定各银行特定的最低总损失吸收能力标准时,监管机关应当适当审慎考虑处置前产生的损失,以及为告知处置行动所必要的,在审慎评估中实现的损失。

(5) 在处置交易之后,为确保重要职能的连续性,处置后的实体或实体集团必须符合审批条件,包括任何统一的资本要求,并必须拥有充足资本以维持市场信心。

(6) 东道国监管机关必须确信,在进入处置的时点,在其法域的各分支机构拥有足够的损失吸收和注资能力。[199]

(7) 以最低总损失吸收能力合格工具应对损失必须依法可行,不得产生系统性风险或中断重要职能的提供。这实际上意味着,总损失吸收能力合格工具必须从属于经营责任。[200]

(8) 符合最低总损失吸收能力的合格工具应当是稳定的长期负债,而不是即时还款或短期通知后就要还款的负债。

(9) 监管超额资本必须在未进入处置时即可使用。

(10) 违反或可能违反最低总损失吸收能力应视作与违反或可能违反最低资本的要求同样严重,就迅速解决,以确保处置中有足够损失吸收能力。

(11) 投资者、债权人、交易对手、客户和存款人应当清楚在处置中各自承担损失的次序。

(12) 监管机关应当对全球系统重要性银行和其他国际活跃银行持有全球系统重要性银行发行的符合满足最低总损失吸收标准的适格工具实施适当的审慎限制。[201] 67

(一) 总损失吸收能力标准

外部总损失吸收能力要求

这是一个最低标准,因为监管机关可以制定更高的总损失吸收能力标准,这也是对

---

[198] 正如金融稳定理事会值得称道地强调:"在对个体企业进行个体要求标准时,当局应考虑那些单个的全球系统重要性银行的恢复和处置计划,它们的系统性作用、商业模式、风险概况和组织架构"(ibid.,5)。

[199] 据金融稳定理事会的观点,该原则是用来避免子公司化并对东道国的外国子公司围栏。金融稳定理事会已接受子公司化会产生负面后果,包括全球金融体系的碎片化,以及跨境企业处置的无序(ibid.,6)。

[200] Ibid.,6-7.

[201] 在此情况下,最重要的保障是强烈不鼓励国际活跃银行成为全球系统重要性银行开证的控股总损失吸收能力(ibid.,8)。

每家全球系统重要性银行要求的损失吸收能力统一标准,金融稳定理事会建议指标如下:[202]

自 2019 年 1 月 1 日起,最低总损失吸收能力必须达到处置集团风险加权资产的 16%,自 2022 年 1 月 1 日起必须达到 18%。除满足风险加权资产的总损失吸收能力最低标准外,还必须满足适用的监管资本 (《巴塞尔协议Ⅲ》) 超额资本。

自 2019 年 1 月 1 日起,最低总损失吸收能力必须达到《巴塞尔协议Ⅲ》杠杆率分母 (TLAC LRE Minimum) 6%。自 2022 年 1 月 1 日起,总损失吸收能力占杠杆率分母最低必须达到 6.75%。

外部总损失吸收能力标准明确表明,如果符合某些条件,金融稳定理事会的指标可以包括《巴塞尔协议Ⅲ》的一级资本和二级资本,[203]但不包括《巴塞尔协议Ⅲ》的超额资本,以及当然不包括全球系统重要性银行附加计提。

《巴塞尔协议Ⅲ》使用的监管资本工具可以用于外部总损失吸收标准,但总债务工具需要最低达到外部总损失吸收能力的 33%。金融稳定理事会的观点是,总损失吸收能力债务提供了债务储备,可以转化为新的普通权益资本对破产的全球系统重要性银行进行注资。

1. 内部总损失吸收能力标准

这是为了便利全球系统重要性银行的跨国处置,指需要在某处置实体每个重要的境外分支机构“预先设置的”损失吸收能力,其目的是确保在处置程序中东道国的信心和合作。[204]

2. 公共披露

这是为了可信度的最大化且加强市场约束。该建议要求的公共披露包括总损失吸收能力负债的数量、期限和预先定位。[205]

(二) 外部总损失吸收能力合格工具

总损失吸收能力“适格”负债是条款清单中列明的各类负债。正如前面指出的,符合资本缓冲要求的工具,包括资本留存超额资本、逆周期超额资本和全球系统重要性附
68 加计提,不被看作符合外部总损失吸收能力标准。金融稳定理事会要求总损失吸收能力“适格负债”具有以下特性:[206]

---

[202] Ibid.,10.

[203] Ibid.,11.

[204] Ibid.,17-20. 金融稳定理事会在 2016 年 12 月至 2017 年中作了广泛的征询并于 2017 年 6 月开证了修改的内部总损失吸收能力原则[参见 FSB,‘Guiding Principles on the Internal Total Loss-Absorbing Capacity of G-SIBs (“Internal TLAC”):Overview of Responses to the Public Consultation’,25 July 2017]。

[205] FSB (n.194),21.

[206] FSB (n.194),para.9,14-15.

(1) 可缴付;

(2) 无担保;

(3) 不适用抵销或净额结算权,不会削弱其在处置中的损失吸收能力;

(4) 剩余合约期限至少1年或永久(无到期限制);

(5) 到期前持有人不能收回(不包括可行使的看跌期权);

(6) 并非直接或间接从处置实体或处置实体关联方融资,除非母国和东道国相关当局认为符合其处置策略,使向处置实体出资方发行的适格的总损失吸收能力工具或负债计入处置实体的外部总损失吸收能力。

监管机关事先作出的对全球系统重要性银行注资的可信承诺,也可以计入最低外部总损失吸收能力。[207]

为消除可能的法律挑战,适格工具需要符合发行实体设立地法域的法律,或如须适用另一法律,适格工具需要包括以法律上可强制执行的合同条款确认适用发行实体设立地法域的处置工具,除非对跨国处置有同等约束力的法律规定。[208]

合格工具不得包括以下负债("排除类负债"):[209]

受保险存款;无须监管批准的见票即付债务;由发行方或其关联人直接提供资金的债务;由衍生品或带有衍生品关联特征的债务工具产生的负债(结构性票据);

合同外产生的债务(应纳税款);

在适用的破产制度中比普通优先无担保债务优先的债务;

任何依据签发实体所适用的法律无法由适用的处置部门核销或转换成股本的其他债务。

(三) 总损失吸收能力触发和启动处置

预计监管机关将像公司违反监管资本要求一样对待总损失吸收能力未达标的全球系统重要性银行。[210] 这个标准说明,制定最低总损失吸收能力标准不得影响巴塞尔最低资本标准。如果一个公司耗尽了监管资本缓冲,违反或可能违反其最低总损失吸收能力标准,监管部门应当要求该公司采取及时措施整治违反或可能的违反。同时,如果企业必然经营失败或者可能失败且盘活的前景渺茫,监管机关还应确保及早介入且尽早处 69
置。[211]

可以说,总损失吸收能力触发和启动处置直接的关系是模糊的。从字面上理解,金融稳定理事会的标准将意味着,违反总损失吸收能力最低标准以及不能将机构的资本缓冲恢复到这一水平,将足以迫使全球系统重要性银行进入处置,尽管当时尚未违反《巴塞

[207] Ibid., para. 7, 13.

[208] Ibid., 17.

[209] Ibid., para. 10, 15.

[210] Ibid., 6.

[211] Ibid., 7.

尔协议Ⅲ》的最低标准。实际上，除非全球系统重要性银行监管机关将来忽略巴塞尔的标准，而倾向更高的总损失吸收能力标准，否则这将是非常富有争议的。但这种方法首先将有悖银行监管机关的天生保守主义（监管宽容），其次将导致太多（且可能过早的）全球系统重要性银行的处置。为了避免任何一种情况，可以合理预计对总损失吸收能力充足性进行分级，只有严重且持续地违反下限才会触发处置程序。[212]

（四）批评

可以说，总损失吸收能力包括了偏离巴塞尔原则的资本创新，因为它既针对银行的生存能力和恢复（正如《巴塞尔协议Ⅲ》），也针对跨国处置大型银行的可行性。总损失吸收能力标准反映了一系列超越目前自救政策的优点，实际上，对于全球系统重要性银行，目前自救政策看起来将被总损失吸收能力标准取代，尽管这仍有争议。例如，尽管总损失吸收能力标准保留了普通股本和债务的相对优先性，它要求总损失吸收能力的合格债务次于作为短期融资或经营债务的债务。这将有助于预防重大功能的中断或引发实现法律挑战的重大风险，而在《欧盟银行复苏与处置指令》将一般债务的债转股下可能难以避免。[213]

另外，还有一些其他的质疑。实际上，根据金融稳定理事会的标准，适格工具构成吸收损失的普通股本和经营负债之间的中间类别，同时对融资和经营产生冲击有限。[214]这种分类反映了“资本补充”法，旨在提供保障，即在破产之前监管资本吸收损失之后，仍有充足的可以吸收损失的股本和负债缓冲进行资本注资，即在处置过程中有充足的总损失吸收能力使银行恢复健康。

对于控股公司结构，较之独立的银行分支机构，且不说触发总损失吸收能力的声誉风险，通过总损失吸收能力的资本补充过程也将证明破坏性更小。而且，尽管在集团之上持有总损失吸收能力对运营附属公司没有破坏性，而使注资过程没有问题，但它仍可能增加集团总经营成本，从而增加借款成本。

而且，尽管金融稳定理事会并未将《巴塞尔协议Ⅲ》额外资本缓冲计作持有总损失吸收能力的组成部分，《巴塞尔协议Ⅲ》的资本缓冲仍将发挥吸收损失的作用。即总损失吸收能力方法假定在银行进入处置之前监管性资本将耗尽。此外，在大多数当前早期干预机制中，监管机关有权在资本完全耗尽之前进行干预，或在公司无法获得市场化融
70 资且失去流动性时进行干预，比如，根据《欧盟银行复苏与处置指令》Title Ⅲ。但这意味着，必须允许明显的全球系统重要性银行在进入处置前使用《巴塞尔协议Ⅲ》资本缓冲，资本缓冲与总损失吸收能力标准之间的相互关系至少可以说相当模糊。

金融稳定理事会曾盛赞总损失吸收能力是大而不能倒时代的终结者，但这种估计可

---

〔212〕 See Cleary Gottlieb, Alert Memo, ‘Financial Stability Board Proposes TLAC Requirements for G-SIBs’, 7 January 2015, 8.

〔213〕 Avgouleas and Goodhart (n. 131).

〔214〕 Cleary Gottlieb (n. 212), 8.

能过于乐观,因为总损失吸收能力触发跨国处置的情况发生了。尽管如此,金融稳定理事会的标准是在单一机构触发总损失吸收能力机制的情况下而采取措施以防止传染。此时最重要的防范是,阻止表现活跃的银行持有全球系统重要性银行发行的总损失吸收能力工具,这实际上是控制传染的可行方法。然而,这提出了一个明显的问题,谁来购买总损失吸收能力工具呢?人们不得不假定有共同基金、保险公司,或者养老基金。除行为监管机关可能将禁止养老基金购买总损失吸收工具外,其他的问题涉及风险是如何在全球市场传播的。在2008年对银行限制之后,2016年债券市场的动荡中主要参与者都是共同基金和性质类似的机构投资者,而不是银行。[215] 债券交易说明全球市场的风险相互关联性可以将机构变成大而不倒,即便这些机构远离有准备金的银行业务板块。最后,总损失吸收能力的负债构成将如何解决全球系统重要性银行的治理问题,还不清楚。增加股本超额资本且不积累过多负债,可能是增强银行治理标准和金融稳定的最佳方法。

---

[215] S. Grene, 'Bond Market Blues Sneak up on Asset Managers', FT, 22 November 2015.

71

第三章　审慎监管Ⅱ：结构改革、存款保险和公司治理

第一节　银行结构监管：通往更安全的银行系统的艰难之路？

一、引言

总体上，银行结构改革的理论基础有四点：

（1）为了治理大而不倒现象，首先通过限制大型多功能银行（其必须裁减交易账户资产并控制杠杆）的规模，其次通过限制相互关联性；

（2）为了消除存款/商业银行业务部门（所谓的公用事业银行）和面向投机市场风险波动大的投资银行（交易）部门（所谓"赌场银行"）之间的风险传导，保护存款人免受"赌场银行"业务带来的损失风险；

（3）为控制投资银行业务规模，消除投资银行享受的以存款为投机业务融资的融资补助或借助所谓"大而不倒"补贴，如第一章所讨论；

（4）为能够有序处置规模较小且功能不那么多元的银行（改革之后）。[1]

2008年以来实行的大部分结构改革措施，主要是为了扭转20世纪90年代末废除《格拉斯-斯蒂格尔法》和欧洲关于推动全能银行立法（我们在第一章中对此已进行讨论）的影响。其他地方已经广泛讨论了根据实现规模经济和范围经济、增加竞争以及遏制大而不倒补贴的标准进行结构改革的好处。[2] 本节将集中分析金融稳定问题和当前在美国、英国及欧盟立法结构改革的机制，以及支撑改革的实际法律框架。

就在实施欧盟银行业指令之前，全能银行是欧洲大陆普遍的银行组织形式，当时并
72 未引起多少关注。然而，只是在欧盟法律和美国《格拉姆-里奇-布莱利法》[3]废除商业银行和投资银行之间剩余的所有障碍以后，集团化才成为银行业组织的主导形式。所以，监管和公众舆论态度转向反对多功能银行，不宜仅仅归咎于公共救助频发和对多功能银行稳定的担忧（我们在第一章曾经讨论这一问题）。道德义愤也起了一定作用，因

〔1〕 See FSB, 'Structural Banking Reforms—Cross-border Consistencies and Global Financial Stability Implications', Report to G20 Leaders for the November 2014 Summit, 27 October 2014, 2-3.

〔2〕 批评意见，参见 E. Avgouleas, 'Large Systemic Banks and Fractional Reserve Banking, Intractable Dilemmas in Search of Effective Solutions' in R. Buckley, E. Avgouleas, and D. Arner (eds.), *Reconceptualizing Global Finance and Its Regulation* (New York, Cambridge University Press, 2016), 659-92。

〔3〕 Financial Services Modernization Act of 1999 Pub. L. 106-2, 113 Stat. 1338, enacted 12 November 1999.

为大多数美国银行和欧洲银行累积的大部分损失,都是由贷款给房地产市场的主流银行累积的（比如,美国的次级贷、贷款给房地产市场的爱尔兰银行和西班牙银行),当大西洋两岸发生一系列房地产泡沫破灭,[4]而不是在交易账户中下注,这些银行继不良按揭之后的大量收回导致了严重的住房问题,在美国及其他地方引发了道德义愤。

随后出现的两个情况加剧了道德义愤。第一,少数大型多功能银行似乎因随意参与投机市场,特别是购买结构化信贷产品后致损（有毒资产),累积了巨额损失。[5] 第二,一系列道德败坏事件揭露了大银行普遍滥用公众信任,虽然本身事发偶然,但经济损害巨大。从操纵伦敦银行同业拆借利率和外汇交易市场,[6]到不当销售甚至到涉嫌洗钱,令它们似乎既无法监管,又无法管理。针对这些问题,结构性银行改革实施分业,一边是吸收存款、零售贷款和支付等银行业务,另一边是高风险的投资银行和资本市场业务。

必要的改革大多数采取的形式,要么是功能分离,即不同类别的金融业务分业经营,要么地理分离,即要求外国银行的重大国内业务子公司化。就功能分离而言,改革路径要么是直接禁止某些业务,比如所谓的沃克尔规则;要么对某些活动的"围栏"要求,即在一个共同的控股公司结构中由单独的资本实体进行,就像英国模式。[7]

二、美国的结构性改革

美国已实施或正在实施三项主要的结构性银行改革是:沃克尔规则、互换剥离规则和外国银行业务组织规则。在此应当注意的是,特朗普政府针对沃克尔规则制定的计划,是试图放宽对自营交易的限制,而不是废除全部规定。[8]

(一) 沃克尔规则:针对银行规模和投机性银行业务 73

《多德-弗兰克法》section 619 对《1956 年银行控股公司法》增加了新的 section 13。其主要目的是控制大银行的扩张,并限制持牌（商业）银行参与风险最高的银行业务（正如对自营交易和衍生品交易的通常认知),以及此类银行在影子银行部门中承担风险敞口的能力。这首先是通过限制自营交易和利益冲突实现的,即所谓的"沃克尔规

[4] J. FitzGerald, 'Blowing Bubbles—and Bursting Them: The Case of Ireland and Spain', Euroframe conference paper, June 2009; S. Dellepiane, N. Hardiman, and J. Las Heras, 'Building on Easy Money: The Political Economy of Housing Bubbles in Ireland and Spain', UCD, Geary Institute, WP2013/18, October 2013.

[5] See, indicatively, T. Braithwaite and A. Ross, 'Deutsche Bank strikes $1.9bn deal on US bad mortgages', *FT. com*, 20 December 2013; HM Treasury, 'RBS and the Case for a Bad Bank: The Government's Review', November 2013, 25-8.

[6] See, indicatively, 'RBS fined £28m for price fixing with Barclays', *Banking Times*, 20 January 2011.

[7] 围栏是一种用以分离企业的风险资产和安全资产的法律和监管技术。本质上它是用于保护企业的健康的部分,以免于破产和破产程序的威胁。对此很好的讲述参见 S. L. Schwarcz, 'Ring-Fencing' (2013) 87 *Southern California Law Review* 69-110。

[8] 参见 P. Schroeder and L. Lambert, 'U. S. Treasury unveils financial reforms, critics attack', Reuters Business News, 13 June 2017。

则”，因为此项改革最初是联邦储备委员会前主席保罗·沃克尔（Paul Volcker）的建议，被奥巴马总统采纳。本质上，沃克尔建议恢复《格拉斯-斯蒂格尔法》的基本原则，但并不是恢复该法本身。沃克尔建议背后的理论基础是，必须控制商业银行的冒险业务，以防止其利用政府担保从事高度投机的投资业务。在就豁免 section 619 禁令［也称关于自营交易的利益冲突的莫克利-莱文（Merkley-Levin）条款］的范围咨询讨论近三年之后，美国政府发布了最终规则——实施该法的必要条款。[9]

禁止商业银行（“银行实体”[10]）从事自营交易，即以银行自己的账户交易和投机，并限制其投资对冲基金或股权基金。该禁令并不适用于那些主要从事金融业务且被认定为具有“系统重要性”的非银行金融公司。[11] 关于经并购进一步合并美国金融部门的限制也与沃克尔规则有关。[12] 这标志着自20世纪90年代末以来的自由化政策明显逆转，当时的自由化政策导致了大型银行的形成和美国金融服务业的大量合并。

进一步具体来说，根据 section 622（b），“如果交易完成时，金融公司总的合并负债将超过所有金融公司交易之前年末合并负债总额的10%，那么金融公司不得合并另一公司，或并购另一公司的全部或主要资产，或以其他方式控制另一公司”。section 622（c）规定，并购对象为违约或面临违约的银行、联邦存款保险公司依据《联邦存款保险法》
74 section 13（c）［12 USC 1 823（c）］提供的援助，或仅导致金融公司债务微量增加的并购，不受此限制。

1. 关于自营交易的限制

沃克尔规则关于禁止银行实体从事自营交易的禁令[13]将“自营交易”界定为，“银行实体作为交易账户的本人，从事任何购买或出售，或者以其他方式并购或处置任一‘所涉工具’业务”的行为。禁令延及交易任何证券、衍生品或期货，或前述任一种的期权，或由联邦银行监管理事会、证券交易所（SEC）和大宗商品期货交易委员会（CFTC）设

---

［9］ 美联储、货币监理署、联邦存款保险公司、大宗商品期货交易所和证券交易所发布2013年12月10日的《1956年银行控股公司法》s. 13的最终实施规则［FRB，'Prohibitions and Restrictions on Proprietary Trading and Certain Interests in, and Relationships With, Hedge Funds and Private Equity Funds'，79 Fed. Reg. 5536（31 Jan. 2014）］。

［10］ 术语“银行业企业”包括投保存款机构，任何控制投保存款机构的公司或是在《1956年银行控股公司法》下被视作银行控股公司的公司，以及上述实体的子公司或附属公司。由此，禁令延伸至受联邦存款保险公司保险的商业银行、储蓄机构（thrifts）和产业贷款公司和控制那些存款机构，有美国分行、代理人、商业贷款公司或投保存款机构为子公司的非美国银行（及其母公司）［见《1956年银行控股公司法》s. 13（沃克尔规则）］。

［11］ See new s. 13（a）(2) of the Banking Holding Company Act.

［12］ 奥巴马总统描述该规则的法理基础在于限制金融机构的规模：“作为我们防范未来危机的措施的一部分，我还想建议我们应当阻止进一步巩固我们的金融系统……美国人民不再由仅有几家大企业构成的金融系统服务。这对消费者不好；对经济不好。通过这一政策，这就是我们要去避免的成果”（remarks by President Barack Obama，'Additional Reforms to the Financial System'，21 January 2010，见 http://blogs.wsj.com/deals/2010/01/21/full-text-of-obamas-remarks-on-financial-reform/）。

［13］ “银行业实体”定义为任何存款投保机构，任何控制存款投保机构或被视作《1978年国际银行业法》（International Banking Act of 1978）s. 8规定目的银行控股公司，以及该实体的任一附属公司或子公司，以及功能是单一作为信托或信义能力且有限接受存款的一定机构，其按《1956年银行控股公司法》的 new s. 13（h）(1) 明确豁免为“银行业实体”。

计的证券或金融工具，都称为“所涉工具”（covered instruments）〔14〕。禁令不适用于贵金属或贱金属、能源产品或农产品等大宗商品，也不适用于外汇或贷款。“交易账户”被界定为，任何用以获得或建立所涉工具的头寸，主要为了近期出售或从短期价格波动中转售获利的账户，或监管机关认定的其他此类账户。〔15〕为了投资而不是交易持有的所涉工具，不在禁令涵盖范围内。

自营交易的概念如此模糊，一直有赖于监管机关的解释。〔16〕而且，法案包括一系列禁令的豁免情形，虽然大部分看起来都很合理，但可能导致禁令被规避。实施自营交易禁令引发了很多严重顾虑，包括美国联邦政府和州实体能否获得融资、金融公司管理及对冲其风险的能力，各公司为了不扭曲资本构成而提供承销服务的能力，以及各公司向客户提供高获利性的交易服务和中介服务的能力。这些顾虑使法案的一些豁免不可避免，尽管它们倾向于淡化必要的禁令的范围和效果。

2. 限制发起或投资私募股权基金和对冲基金

沃克尔规则涵盖的业务包括投资和发起“池化基金”（covered fund）。如果银行获得或持有对冲基金或私募股权基金的任何权益、伙伴或其他所有者权益，那么该银行实体就是“投资”了池化基金。〔17〕银行实体“发起”了池化基金通过：(1) 充当基金的一般合伙人、管理成员或受托人；(2) 挑选或控制（或其雇员、官员、董事或代理占）大多数的基金董事、受托人或管理层；或者(3) 为公司、市场、促销或其他目的，与基金共享名称 75
或同一名称的变体。〔18〕

（二）互换剥离

《多德-弗兰克法》的一项关键改革（Title Ⅶ，section 716）是，禁止向在商品期货交易委员会注册为互换交易商或大型互换参与商的实体或在证券交易委员会注册为证券互换交易商或大型证券互换参与商的实体提供“联邦援助”（包括美联储贴现窗口借款和联邦存款保险公司的存款保险）〔19〕。〔20〕此规定的效力是限制接受美国政府援助的

---

〔14〕 New s. 13 (h)(4) of the BHC Act.

〔15〕 New s. 13 (h)(6) of the BHC Act.

〔16〕 D. Skeel, ‘The New Financial Deal: Understanding the Dodd – Frank Act and Its (Unintended) Consequences’, Research Paper No 10-21, Institute for Law and Economics, University of Pennsylvania, October 2010, 11, available at http://ssrn.com/abstract=1690979.

〔17〕 根据《2015年银行控股公司法》s. 13 (h)(2)，“冲击基金”或“私募股权基金”是：(1) 投资公司的发行人，但《1940年投资公司法》s. 3 (c)(1) 或 s. 3 (c)(7) 规定豁免的除外，且 (2) 任何监管者认定的相似基金。《1940年投资公司法》s. 3 (c)(1) 适用于100人以内的投资人的基金。s. 3 (c)(7) 适用于由“合格买受人”单独所有的基金。

〔18〕 New s. 13 (h)(5) of the Bank Holding Company Act of 1956.

〔19〕 根据 s. 716 (b)，“联邦支持”指“使用”各种联储信用额度下的提款方式或使用贴现窗口，或美国联邦保险公司的保险或保函。

〔20〕 “互换实体”界定为包括任一互换做市商、以证券互换做市商，主要互换参与人，或主要证券互换参与人。它不包括那些属主要互换参与人但不是互换做市商的投保存款机构以及处于监管、接收或由联邦存款保险公司运营的处于过桥银行状态的存示机构和受保险的金融机构。

公司（比如,美国投保的存款机构或外国银行在美国的分支或机构）可以从事的互换业务类型。美国投保的存款机构和外国银行在美国的分支或机构可以从事某些互换业务,包括为了对冲风险或类似的降低风险业务使用互换,也可以充当利率互换、外汇互换和某些其他互换的交易商。就此规定而言,外国银行在美国的附属机构视同其他在美国的附属机构。[20a]

实际上,由于不允许投保银行拒绝联邦存款保险,这意味着,除非有其他豁免,银行必须将所有衍生品业务“剥离”给其非银行附属机构,这些附属机构不享受联邦援助,因此,只要它们是银行控股公司或储蓄和贷款控股公司的组成部分,符合《联邦储备法》section 23A 和 section 23B 的规定,它们就不在禁止涵盖范围。[21] 最后的妥协是,又增加了一项豁免,允许联邦存款保险公司承保的存款机构保留某些与衍生品交易相关的业务,减轻了剥离的影响。[22] section 716（f）规定,合适的联邦银行机构可以允许过渡期,美国联邦当局最终决定,section 716 的生效实施日期截止期限是 2013 年 7 月。

（三）提高对外国银行组织的审慎标准

外国银行组织在美国有 500 亿美元以上的非分行资产必须通过一个美国中介控股公司持有其美国子公司,美国中介控股公司必须遵循类似适用于美国银行控股公司的资本、资本规划、流动性和压力测试等要求。综合美国资产（包括美国分支机构）在 500 亿美元以上的外国银行组织将来必须遵循美国的流动性和风险管理要求。[23] 这些要求
76 背后的基本原理是,强化对在美国设有机构的大型外国银行组织的管理和监督,以便:[24]

- 防范对美国金融稳定的风险;以及
- 为在美国经营的国内银行和外国银行提供更公平的竞争环境。

此规则并不要求所有在美国的业务通过在美国注册子公司进行,外国银行仍可以在美国设立分行或代理。改革也没有具体限制外国银行分行或附属机构可以向其母行或其他非美国附属机构提供的贷款数额。美国当局还认为,其改革便利了外国银行组织的跨境处置。特别是,就单点进入模式而言,在美国设立中介控股公司,提供了单一顶层美国控股公司与外国母行对接,便利了处置;而在多点进入模式中,中介控股公司可以作为多头处置外国银行组织美国业务的中心。美国当局还认为,外国银行组织规则将通过权衡适

〔20a〕 FSB,‘Structural Banking Reforms—Cross-border consistencies and global financial stability implica-tions’ Report to G20 Leaders for the November 2014 Summit,27 October 2014.

〔21〕 S. 716（c）of the Act.

〔22〕 S. 716（d）of the Dodd-Frank Act.

〔23〕 最终的规则是这些法定条款适用于投保存款机构、控制投保存款机构的公司和在美国有分行、代表处和子公司的外国银行,及上述实体的附属机构,例如证券经纪人和商品基金经理人（commodity pool operator）（Federal Reserve System,12 CFR Pt. 252 [Regulation YY;Docket No. 1438] RIN 7100-AD-86;Enhanced Prudential Standards for Bank Holding Companies and Foreign Banking Organizations）。

〔24〕 Federal Reserve System,12 CFR Pt. 252（n. 23）.

用于美国公司海外分支机构的要求和适用于外国银行在美国分支机构的要求,促进全球竞争平等。

三、英国的结构改革:《2013 年英国银行业(改革)法》中的围栏隔离

(一) 引言

长期以来,英国的商业街和商业贷款一直由几个巨型银行控制,而且在可预见的将来仍将如此,除非在今后几年金融科技公司设法达到令人信服的高度拿出代替方案。2008 年,英国银行的零售贷款和商业贷款业务遇到巨大压力。最直接的威胁来自不审慎的商业房地产贷款,但也有来自交易账户的风险。最终,英国政府拯救的银行的合计账面资产规模超过英国 GDP 两倍(2008 年年末大约 2.7 万亿美元)。2010 年 6 月 16 日,在保守党和自由党组建联合政府之后,英国首相成立了一个由约翰·维克斯(John Vickers)担任主席的独立银行业委员会。该委员会的职责是研究英国银行部门的结构改革和相关的非结构改革,包括是否对零售银行业务和投资银行业务实行隔离、对自营交易和投资业务施加限制,以及促进竞争和降低市场集中的措施。同时,当时认为首要的问题是,重点研究如何令银行更易于处置,从而使银行集团的公益部分和基本银行服务的提供免受机构的或系统的动荡以及大而不倒银行的影响。委员会报告的建议于 2011 年 8 月发布。维克斯委员会从一开始就重点研究在英国收缩银行业务和银行竞争水平的不同方案,英国法律上并没有要求投资银行和商业银行分业的传统,尽管实践中直到 20 世纪 90 年代初实施新的欧盟法律之前一直是分业经营。 77

维克斯委员会建议的核心是,应要求银行通过设立资本独立的商业银行子公司,设定一定高风险业务与消费者业务围栏,商业银行子公司拥有独立于整个集团业务的流动资金池或信贷额度,以便在投资银行部门经营失败的情况下维持商业银行部门的持续经营。[25] 独立银行业委员会关于围栏零售业务的理由如下:[26]

(1) 在无须提供政府破产救助的情况下,围栏将在困难时期更容易区分围栏银行和未围栏银行;

(2) 围栏可以保护关键的居民银行服务免受金融系统其他问题的影响;

(3) 围栏将减少政府担保,由此减少一开始就发生过度风险的可能。只允许围栏银行经营吸收存款和向个人及中小企业提供透支等授权业务。实施围栏的银行将向客户提供支付服务等必不可少的业务。[27] 它们不能从事交易或其他投资银行业务,不能向金融公司提供服务,不能向欧洲经济区之外的客户提供任何服务。在不违反这些限制的

---

〔25〕 See The Vickers Commission (UK Independent Commissionon Banking), 'Interim Report, Consultation and Reform Options', 11 April 2011, available at http://s3-eu-west-1.amazonaws.com/htcdn/Interim-Report-110411.pdf.

〔26〕 Ibid., 233.

〔27〕 Ibid.

前提下，可以允许它们接受大公司存款，以及向大型非金融公司提供简单贷款等中介服务。[28]

实施围栏的银行应当是独立的法人实体，而且如果它们是大公司集团的组成部分，那么集团应当确保，无论集团其他部分命运如何，银行部分可以分离并继续经营。在大型公司集团内部，实施围栏的银行与其他实体的关系应当按第三方处理，保持适当距离。[29] 报告认为，共同经营和资源共享比共同所有权更有害。[30]

2012 年 6 月，英国政府发布了一份关于将如何实施维克斯报告建议的白皮书。白皮书与维克斯报告最初建议的区别仅在于，小银行可以不实施围栏，[31]实行低于维克斯委员会要求的资本要求[32]，以及允许银行向其零售顾客出售衍生品。[33] 到 2019 年银行必须达到政策要求。[34]

2012 年 12 月，新成立的国会银行准则委员会发布了其首份报告，重点是关于结构分业的建议。国会银行准则委员会提出，除非采取进一步措施为隔离围栏"通电"，否则围栏政策有被侵蚀削弱的风险。[35] 为做到这一点，应当遏制银行试探围栏的限度。[36]

78 （二）《2013 年金融服务（银行业改革）法》中的围栏政策

2013 年 2 月 4 日，经财政部进一步咨询后完善的维克斯报告建议被纳入《2013 年金融服务（银行业改革）提案》并提交议会，并于 2013 年 12 月 18 日作为《2013 年金融服务（银行业改革）法》编入法规，在《2000 年金融服务与市场法》中增加了第 9B 部分。该法将居民和中小企业所需的银行业务（"核心业务"）与高风险的批发和投资业务分业。凡有"核心业务"的，都引发实施围栏条款。该法不仅适用于银行，而且适用于任何被认定为提供核心业务的机构，但住房互助协会例外。

按照《2013 年金融服务〈银行业改革〉法》，银行业务分为围栏保护业务和围栏外业务。围栏保护业务——"核心（许可）业务"——主要是吸收存款和财政部指定为许可业务的其他业务，围栏之外的业务——"排除（禁止）业务"[37]——主要是自营交易。由此，只有实施围栏的银行和住房互助协会可以提供"核心业务"，其中包括从个人和中

〔28〕 Ibid.，29.

〔29〕 Ibid.，236.

〔30〕 M. Andenas and I. Chiu，'Financial Stability and Legal Integration in Financial Regulation'（2013）38（3）European Law Review 335，353.

〔31〕 HM Treasury，*Banking Reform：Delivering Stability and Supporting a Stable Economy*（White Paper，Cm 8356，June 2012），31.

〔32〕 Ibid.，35.

〔33〕 Ibid.，22.

〔34〕 Ibid.，11.

〔35〕 Parliamentary Committee on Banking Standards，'First Report'（HL Paper 98，HC 848，19 December 2012），47.

〔36〕 Ibid.，73.

〔37〕 New ss. 142A，142B，and 142D of FSMA 2000.

小企业吸收存款,以及向个人和中小组织提供透支。[38]

该法规定的主要禁止是,实施围栏的银行不得从事增加其受全球金融市场风险影响的业务,或对其提供核心客户服务并非必不可少的业务。进言之,实施围栏的银行不能受非围栏金融机构的风险影响,不能从事可能产生交易账户资产的业务,导致需要持有监管资本以防范市场风险的业务,或在衍生品市场或二级资本市场交易的业务。

对于实施围栏的银行还有一些组织规定和具体资本规则,以限制母行对围栏银行制定决策的影响。因此,实施围栏的银行应当是集团的一个独立法人实体,其资产负债表应当只包括从其服务和业务中产生的资产和负债。[39] 集团和围栏银行之间的关系保持适当距离。[40] 因此,大公司集团必须作出相关安排,保障围栏银行持续拥有维持其业务所必需的运营、人员、信息和服务,无论集团其他部分财务状况如何。最后,围栏银行应当是其使用的所有支付系统的直接成员,或使用其他围栏银行作为代理。从 2019 年 1 月 1 日起,核心存款超过 250 亿美元(大体上是个人和小企业的存款)的银行需要对其核心业务实施围栏。[41]

由于多种原因,英国的"围栏"改革遭到大量批评。第一,"核心业务"的界定范围太窄,将很多重要的银行业务置于围栏之外。因此,围栏可能并不一定能令整个银行部门安全,因为银行业务风险最高的部分是大部分处于围栏之外的批发贷款。第二,由于英 79
国的改革并不是维克斯模式基础上的完全围栏,因此并不能说,如果集团其他部分经营失败,围栏分支将完全不受声誉外溢或挤兑的影响。第三,由于英国银行不能使用存款为批发贷款融资,因此围栏可能在批发贷款成本上引起一些问题。第四,尚不明确大型外国银行是否将仍然对英国市场感兴趣,因为集团的零售部分将不过是一个组合投资,一个充满声誉风险的组合投资。第五,这种改革是实施一个非常复杂且代价高昂的分业模式,实施过程涉及的成本受到大量批评。[42]

四、欧盟的方案

(一) 引言

在欧盟,银行部门传统上一直由大的综合银行控制,关于确定统一界限,切断商业银

[38] New s. 142C of FSMA 2000.

[39] New s. 142H of FSMA 2000.

[40] Ibid.

[41] 就存款门槛而言,如果没有超过它,可以获得围栏原则的豁免,见《2000 年金融服务与市场法(围栏主体和核心业务)2014 年令》Pt. 3。为准备实施围栏机制,审慎监管局会考虑三方面的围栏政策:银行业集团的法律结构、治理和服务与授信的可持续性(see News Release— Bank of England announces proposals to strengthen the financial system through structural reform, December 2014)。

[42] EU Commission, 'Proposal for a Regulation of the European Parliament and of the Council on structural measures improving the resilience of EU credit institutions', COM/2014/043 final—2014/0020 (COD), 29. 01. 2014 (hereinafter EU Proposal Regulation on Structural Measures).

行和金融市场业务之间纽带的讨论为时不长。这些讨论始于所谓利卡宁（Liikanen）报告，随后的委员会建议监管方案淡化了利卡宁报告的建议。[43] 实际上，在欧洲，特别是欧洲大陆，银行数量过多，而且银行是欧盟经济的主要融资渠道，[44]这意味着此类融资，特别是对中小企业的融资，必须不受影响。因此，结构性改革计划只针对规模最大的银行和金融集团，它们也是最大的金融稳定风险的来源。欧盟提出的监管旨在通过保护最大、最复杂的欧盟银行吸收存款业务免受潜在高风险的交易业务的影响，加强金融稳定。欧洲银行结构改革前沿的最新进展是采用部长理事会提出的监管草案。[45] 根据欧盟理事会，监管草案旨在减少过度冒险，阻止交易业务造成资产负债表快速增长。

欧盟委员会的建议方案是沃克尔式的禁止自营交易[46]和围栏政策的混合体，由监管判断和/或根据某些指标的偏离度，将某些交易业务（包括做市）从吸收存款实体中潜在分割出来。为适应现行的各国政策，委员会建议和理事会文件的混合成果提供了解决交易业务产生过度风险的两种方案，一是由国内立法对核心零售业务实施围栏要求，二是由胜任的主管机关采取措施。分割将要求吸收存款的实体（“核心信贷机构”）[47]
80 和其他实体在法律上、经济上、管理上和经营上完全独立。[48] 禁止交易实体接收符合存款保险条件的零售存款。[49]

（二）监管建议的范围

监管方案将仅适用于依据《资本要求指令Ⅳ》被确认为全球系统重要性的银行。[50] 这一过程与国际金融稳定理事会的全球系统重要性银行的标准并没有明确的联系，尽管实际上成员国在政治上很难不履行金融稳定理事会的有关决议，尽管欧洲银行业管理局一直采用更宽泛的标准划定自己的欧盟最大银行名单。[51] 此监管方案还将适用于连续三年符合以下情况的欧洲银行/集团。[52]

- 总资产至少 300 亿欧元；以及
- 交易业务（资产和负债）达到至少 700 亿欧元或其总资产的 10%。

---

〔43〕 ‘Report of the high-level group’ chaired by the governor of the Bank of Finland, Erkki Liikanen (‘the Liikanen Report’), October 2012.

〔44〕 See ESRB, ‘Is Europe Overbanked?’, Report of the Advisory Scientific Committee, No. 4/June 2014, available at www.esrb.europa.eu/pub/pdf/asc/Reports_ASC_4_1406.pdf.

〔45〕 ‘Restructuring risky banks: Council agrees its negotiating stance’, 19 June 2015, Press release 474/15 Economy and Finance.

〔46〕 Arts. 2 (a) and 6 (1), EU Proposal Regulation on Structural Measures.

〔47〕 界定为“可以根据 2014/49/EU 号指令根据存款保障计划吸收适格零售存款的信贷机构”[ibid., Art. 5 (16)]。

〔48〕 Respectively, Art. 2 (a) and (b) of EU Proposal Regulation on Structural Measures.

〔49〕 Ibid., Art. 20.

〔50〕 Ibid., Art. 3 (2)(a).

〔51〕 See ‘EBA publishes key information on the systemic importance of the 37 largest banks in the EU’, 28 July 2015.

〔52〕 Art. 3 (2)(b) of EU Proposal Regulation on Structural Measures.

依据其过去三年交易业务总量是否超过1000亿欧元,这些银行将被分为两类。对于超过1000亿欧元的银行将适用更严格的报告要求、更全面的风险评估和不同的监管措施。[53] 该监管方案不适用于(根据关于存款保障计划的第2014/49/EU号指令)适格存款总量低于其总资产3%的机构,或适格零售存款总量低于350亿欧元的机构。[54]

如果包括一家欧盟银行的欧盟集团(或子集团)达到相关标准,那么该监管方案将整体适用于所有的附属机构和分支,无论其处于何处。[55] 然而,如果非欧盟附属机构的经营失败大体上不会对欧洲的金融稳定产生负面影响,或委员会认为其所属法律体系相当于该监管方案,那么该非欧盟附属机构可以不适用该监管方案。[56] 即该建议方案考虑到认同其他法域政策有与欧洲等同的体制,以适当减少重复监管。

(三)分业经营

监管草案的基本原则是,吸收的存款是受关于存款保障计划的2014/49/EU号指令保护的(大体上零售存款和中小企业存款)的银行,界定为"核心银行",只能从事本国监管机关认为不需要由集团内相隔离的独立实体进行的交易业务。交易业务包括:根据(欧盟)575/2013号条例point 86 of Article 4(1),导致交易账户持有金融工具头寸的业
务。[57] 因此,交易业务指除接收零售和中小企业存款、贷款、金融租赁、支付服务、货币 81
经纪、证券和其他资产托管、资信调查服务和发行电子货币之外的所有业务。

有两类交易业务特别允许核心银行从事,即便核心银行必须与其他交易业务分离:审慎管理自身风险的业务和向顾客提供风险管理服务的业务。[58] 审慎管理风险包括使用利率衍生工具、外汇衍生工具和适合中央对手方清算以对冲银行整体资产负债表的信贷衍生品。[59] 委员会有权扩展该业务清单。

银行得展示其使用这些工具降低或显著减少了特定的可识别风险。而且,只有当购买这些工具的顾客属于下列类别时,这些业务才受到保护:非金融客户、UCITS投资基金、封闭式无杠杠基金、保险公司和养老基金。此外,销售的唯一目的必须是对冲利率、外汇、信贷、商品或排放限额的风险。另一个条件是,必须限制此项业务的总量,使由此产生的核心银行头寸风险的资本要求不超过其总风险资本要求的一定比例,具体比例由委员会制定。[60]

---

[53] Ibid., Art. 4 (1)(d) and (e).

[54] Ibid., Art. 4 (1)(d) and (e).

[55] Ibid., Art. 3 (1).

[56] Ibid., Art. 4——负面范围和Art. 27所规定标准的等同标准将被评估。See for analysis, Freshfields, 'Structural Reform of EU Banks: The European Commission's Liikanen Proposals', February 2014.

[57] Art. 5 (28) of EU Proposal Regulation on Structural Measures.

[58] Ibid., Art. 5a (3)(a).

[59] 允许向客户提供的风险管理服务包括出售利率衍生品、汇率衍生品、信用衍生品、排放配额衍生品,适合中央对手方清算的大宗商品衍生品,以及排放配额。该委员会有权扩充该清单[see ibid., Art. 6 (2)]。

[60] Ibid., Art. 6a and b.

分业模型的基本原则是,分业的交易业务只能由集团内部法律上、经济上和经营上独立于核心银行的单独法人实体(交易实体)进行。〔61〕 这一要求意味着,欧盟集团必须在欧盟母集团下分为两个子集团,只有其中一个包括核心银行。这个要求和后面将讨论的其他一系列要求密切反映了英国的围栏制度。因此,核心银行一般不得持有交易实体的资本或有表决权工具。

核心银行和交易实体必须在独立或次级合并(如果这种做法符合有关处置计划)基础上各自发行各自债务。对于受影响的实体,这种发行债务的隔离可能变成重大负担(特别是,如果它们还需要满足欧盟关于持有充足可自救的债务的规定)。

欧盟母集团必须确保,如果交易实体破产,核心银行可以继续开展其业务。核心银行与交易实体之间的合约必须像对第三方合约有利一样有利于核心银行。核心银行的董事会和交易实体的董事会必须相互独立。两家董事会的大多数成员不能重合。每家董事会的成员都不得同时在两个实体担任行政管理职务,担任母集团风险管理官员除外。核心银行的名称和交易实体的名称,必须易于公众区别哪家是核心银行,哪家是交易实体。〔62〕

资本和流动性要求一般在次级合并的基础上适用于两个独立的子集团。此外,对大的风险敞口还有特殊规定。具体来说,核心银行不得给交易实体子集团(作为单一客户
82 或关联客户集体)造成超出其资本25%的敞口。至于集团外风险敞口,核心银行不得给任何金融实体造成超过其资本25%的敞口,或给所有金融实体造成超过其资本200%的大规模敞口。

各国监管机关必须检查包含核心银行的银行集团的交易业务。要特别关注(1)做市,(2)投资于高风险的证券化或担任其发起人,以及(3)从事(为具体审慎管理自身风险或向客户提供风险管理服务之外的)衍生品交易。〔63〕 这些评估工作以监管方案设计的指标为基础,这些指标将依据欧洲央行监管局制定的技术标准详细制定并由委员会采纳。然后委员会将就每一指标分别说明何种限度被视为单项重大交易业务,以及何种情况(比如,超过相关限度的指标数量)将触发监管机关作出分业决策。〔64〕 监管机关必须至少每年进行一次评估。

如果评估发现符合相关限度和条件,监管机关认为对银行或欧盟金融体系的金融稳定构成威胁,那么监管机关必须要求将明确规定的交易业务隔离。即便尚未达到相关限度和条件,监管机关也可以这么要求。〔65〕 在作出最终决定之前,监管机关必须给予银行作出说明的机会。关于交易业务是否分业的决定,监管机关必须说明原因,并向公众公开。对这些决定,监管机关应每5年复核一次。被要求对交易业务分业经营的银行应在

〔61〕 Ibid. ,Arts. 5a and 20.

〔62〕 Ibid. ,Arts. 5a and 13.

〔63〕 Recs. 16,22,23,and Arts. 3b and 5 (15) of EU Proposal Regulation on Structural Measures.

〔64〕 Ibid. , Art. 6,6a,6b,and 8 et seq.

〔65〕 Ibid. , Art. 6b,8 and 10.

监管机关作出分业决定的6个月内向监管机关提交其分业方案，由监管机关审批。监管机关可以要求作出调整。最后，如果银行不能调整，监管机关可以实施自己的分业方案。〔66〕

如果委员会认为某国法律已达到监管方案(一旦实施) 的目标，对于受该国法律监管的银行，不适用分业检查及其随后要求，这表明委员会不愿打乱已施行分业立法的成员国的法律规定。关于一国立法是否等同于监管方案的决定，由委员会依据明确的系统标准和针对具体机构的标准作出。〔67〕 成员国现有分业政策“作为祖父条款”完全延伸到英国的分业立法，将来这可能有助于英国实施围栏的银行在对等的基础上进入共同体市场。〔68〕 对于第三国银行 (以及其他金融机构)，共同体市场提供了有限的进入欧盟单一市场的权利；通常只有欧盟委员会评估认为该银行母国市场的监管标准与欧盟监管标准对等，才对其分支机构提供更有利的待遇。然而，监管标准对等并不能替代欧盟护照。

(四) 禁止自营交易 83

与分业经营不同，禁止自营交易是无条件的，不受风险评估限制。因此，一经实施，监管方案将禁止银行 (以及在同一欧盟集团或子集团的其他实体) 从事有关金融工具和商品的自营交易以及某些相关业务。〔69〕 自营交易被有意作了狭义的界定，指单纯以为本行营利为目的而在任何类型交易中以自己的账户持有头寸，以购买或处置金融工具或商品。〔70〕

这一界定排除了与实际或预计的客户业务有关联，以及对冲由实际或预计的客户业务导致银行风险的交易。它还排除了做市，做市是银行受资本市场风险影响的重要领域之一。此外，这项淡化的禁令只适用于由专门从事此类持有头寸或盈利的银行柜台、部门、分支或具体交易员进行的交易。首先，这好像排除了附随于其他业务的头寸持有。其次，“专门从事”的限定给银行留下了巨大的操作空间，因为似乎赋予了银行自由，可以改革内部机构或柜台设置从而将其置于禁止范围之外。〔71〕

此外，从某种意义上仿效了沃克尔规则的豁免，不得从事自营交易的实体可以为自己交易特殊资产类别，包括欧盟政府证券 (尽管委员会有权将这一豁免扩展到就资本充足率而言风险权数为0%的非欧盟政府证券，比如美国债券) 、某些无杠杠的基金，以及

---

〔66〕 Ibid. , Art. 26c et ,seq. and Art. 28.

〔67〕 Ibid. ,Recs. 8-11,49,and Arts. 5a (2) and (3).

〔68〕 以平等条款为基础，让第三国机构进入欧盟单一市场是英国确保总部在英国的机构跨境持续运营的主要考虑部分。(see BBA Brexit Quick Brief 04,‘What is“equivalence”and How Does It Work?’,December 2016). 获取与脱欧相关的完整分析和不同场景下欧洲单一市场下的英国机构，参见 C. Gortsos,‘Potential Concepts for the Future EU-UK Relationship in Financial Services’,a study for the ECON Committee of the European Parliament, IP/A/ECON/2016-20 PE 595. 335, January 2017，见 www. europarl. europa. eu/RegData/etudes/STUD/2016/595335/IPOL_STU (2016) 595335_EN. pdf。

〔69〕 Art. 6 et seq. of EU Proposal Regulation on Structural Measures.

〔70〕 Ibid. ,Art. 5 (4).

〔71〕 Freshfields (n. 56),3.

为现金管理需要的短期的现金类资产（在特定条件下）。[72]

第二节 对银行参与衍生品市场的监管

一、引言

国际金融危机凸显了全球衍生品市场的不透明及随之而来的内在关联性如何成为系统风险的重大源头。因此，从集中清算结算、提高治理透明度，增强相互关联性、限制系统性风险角度而言，今天衍生品监管很明确是宏观审慎监管的组成部分。它还是微观审慎监管的组成部分，就提高透明度、清算和结算要求，以及最重要的，对场外衍生品交易的资本计提限制了交易对手经营失败的可能及其由此对银行机构清算的直接和间接冲击而言。这些银行尽管历经近年改革仍然直接或间接在衍生品市场存在风险暴露。

在经历20年的微弱监管或完全无监管之后，现在衍生品市场处于正式监管框架下，有严格的交易报告和结算清算义务。在美国，这种监管政策主要基于《多德-弗兰克
84 法》[73]的相关条款，在欧盟，则是《欧洲市场基础设施监管条例》[74]、《资本要求指令Ⅳ》、《2013年金融工具市场指令》（Market in Financial Instruments Directive 2013，MiFID Ⅱ）和《金融工具市场监管条例》（Market in Financial Instruments Regulation，MiFIR）[75]的相关规定。大多数改革立法接受了G20峰会的建议及其工作组的工作。[76] 因此，在大多数关键地区，比如美国和欧盟，2008年之后的衍生品监管呈现一定程度的相似性，主要特征可以归纳如下：

（1）彻底禁止某些金融产品，比如欧盟禁止无担保（“赤裸的”）卖空和某些主权信用违约互换交易；[77]

（2）集中衍生品交易和清算，以及对场外交易的强制性保证金要求；

（3）对银行参与衍生品交易、证券化和影子银行业务实施上述限制；

---

〔72〕 Rec. 20, Art. 6（2）and（3）of EU Proposal Regulation on Structural Measures.

〔73〕 美国证券交易所的最终上市规则和即将确立的规则草稿，可以在 www. sec. gov/spotlight/dodd-frank/derivatives. shtml 查询。

〔74〕 The Regulation（EU）No 648/2012 of the European Parliament and of the Council of 4 July 2012 on OTC derivatives, central counterparties（CCPs）, and trade repositories（TRs）(EMIR) entered into force on 16 August 2012. The enactment of the Regulation was followed by the publication of Commission Delegated Regulations（EU）No 148/2013 to 153/2013 of 19 December 2012 supplementing EMIR, which were published in the Official Journal on 23 February 2013 and entered into force on 15 March 2013, and of EMIR implementing technical standards elaborated by ESMA, which were published in the official journal dated 21 December 2012.

〔75〕 Regulation（EU）No 600/2014［2014］OJ L173/84.

〔76〕 e. g. G20, ‘Leaders’statement: The Pittsburgh Summit’, 24-25 September 2009.

〔77〕 Arts. 12 and 13 of Regulation（EU）No 236/2012 on short selling and certain aspects of Credit Default Swaps（［2012］OJ L86/1）.

(4) 根据《巴塞尔协议Ⅲ》及基于《巴塞尔协议Ⅲ》的立法,强制发起人投资参与(保留)〔78〕证券化〔79〕以及对此类参与全面要求资本拨备(以防范表外资产风险),〔80〕以调整证券化过程的动机,并解决“从发起到分销”模式的弊端;

(5) 建立基于明确监管授权的治理金融创新的新体系;

(6) 赋予金融消费者监管机关新职权,禁止那些被认为有损投资者福祉和金融稳定的创新金融产品和服务,〔81〕设立金融消费者机关,作为独立实体,比如美国依据《多德-弗兰克法》(Title Ⅹ)设立的消费者金融保护局,〔82〕或者作为金融监管机关宽泛职权的一部分(比如在英国,这一职能现在委任于金融行为监管局)。

二、集中衍生品交易、清算与对场外交易的保证金要求 85

(一) 引言

为减少与创新金融产品的交易与结算伴生的最重要风险之一(交易对手风险),并救济场外衍生品市场在根本上的透明度不足和交易对手风险,《金融工具市场监管条例》和《欧洲市场基础设施监管条例》共同为场外衍生品交易设立了中央对手方和交易储存库。特别重要的是,欧盟(仿效美国《多德-弗兰克法》相关规定)的衍生品交易逐步集中化和标准化。因此,《金融工具市场监管条例》第28条规定,金融交易对手和/或非金融交易对手之间的某些类型衍生品交易,不属于集团内部交易的,应当在受监管的市场、多边交易设施、有组织的交易设施或第三国交易场所进行。在后一种情况下,委员会必须通过认定,该第三国平等互惠地承认依据《2013年金融工具市场指令》批准的交易场所可以准入交易或交易受该第三国监管的衍生品。

根据《欧洲市场基础设施监管条例》Article 2,场外衍生品是不在受监管的市场交易的衍生品合约。对于此类场外合约,该法规定了通过认定的中央交易对手清算交易的义务(“交易清算义务”)(Articles 4 和 5),由此将大大降低交易对手风险暴露的净头寸。适用于“清算义务”的场外衍生品的特点是,其基本上是一个监管的标准化过程。因此,它们都是由欧洲证券和市场监管局(European Securities and Markets Authority,ESMA)设计,设计依据是根据该产品的特点和交易量,中央交易对手能否处理其清算。对于不

〔78〕 关于证券化风险保留的基本原理的讨论参见欧盟2013年《资本要求条例》Rec. 57。

〔79〕 根据欧盟2013年《资本要求条例》Art. 405(发行人的保留利益),发行必须保留不低于5%的发行实质经济利益,且计量为每一份额出售或转让给投资者的账面价值的5%。

〔80〕 See Art. 82 (securitization risk) CRD IV. 该指令甚至将证券化风险敞口包括在计算特定机构的逆周期缓冲率中。[Art. 140 (4)(c)]

〔81〕 e. g. Arts. 39-43 MiFIR.

〔82〕 《多德-弗兰克法》Title Ⅹ,即《2010年消费者金融保护法》(Consumer Financial Protection Act of 2010),建立了消费者金融保护局(Consumer Finalcial Protection Bureau,CFPB 或该局),作为美国联邦储备体系理事会中的独立机构。消费者金融保护局按联邦消费者金融法监管消费者金融产品与服务的提供。在此背景下,消费者金融保护局确保联邦金融法得到一贯执行,由此消费者可以进入金融产品的市场,且由此,这些市场成为公平、透明和富有竞争力的市场[see 12 USC § 5511 (Dodd-Frank Act § 1021)]。

受“清算义务”约束的场外衍生品交易，《欧洲市场基础设施监管条例》规定了“风险降低”技术，包括准确交易报告、投资组合调节、市值估值及相应的抵押和保证金变化，以及从交易结束中确认争议处置机制权利（Article 11）。这些要求也旨在减少交易对手风险和法律风险，以及双边衍生品交易的透明度不足。

（二）《欧洲市场基础设施监管条例》的特殊要求和欧盟银行

如前所释，针对场外交易风险，对有关产品标准化，通过中央对手方清算交易以降低金融体系风险，以及向交易储存库报告场外衍生品合约，《欧洲市场基础设施监管条例》施加了新要求。《欧洲市场基础设施监管条例》的报告义务适用于所有衍生品（场外的与场内交易的），而清算和降低风险义务只适用于场外衍生品。《欧洲市场基础设施监管条例》并没有完整界定“衍生品”（合约/工具）的定义，而是参照《金融工具市场指令》罗列的金融工具子集。[83]《金融工具市场指令》（MiFID）目前已经被《2014 年金融工具市场指令》（MiFID Ⅱ）[84]取代。宽泛地讲，“衍生品”这一术语包括任何期权、期货、互换、远期，以及与证券、货币、利率、金融指数、商品、差额金融合约和信用违约互换
86 有关的其他衍生品。即便实施分业经营银行也会参与即期外汇交易，它不属“衍生品”之列，因此在《欧洲市场基础设施监管条例》产品范围之外。对于那些非标准化的场外衍生品，《欧洲市场基础设施监管条例》施加了清算义务，既适用于金融交易对手，也在特殊情况下适用于非金融交易对手。金融交易对手这一术语包括银行、投资管理机构、保险公司和经纪人。非金融交易对手是指所有非金融交易对手的实体。[85]

对于已经被宣布需要通过中央交易对手履行清算义务的一类场外衍生品，交易对手应当清算所有场外衍生品合约。欧洲证券和市场监管局将采用以下标准评估对场外衍生品适用清算义务：

（1）相关类别场外衍生品的合约条款和操作过程的标准化程度；

（2）相关类别场外衍生品的数量和流动性；

（3）就相关类别场外衍生品是否有公平、可靠且一般可以接受的定价信息。

为了遵守清算义务，在衍生品交易中充当交易对手的银行应当要么本身是中央交易对手的清算会员，或者必须是中央交易对手清算会员的直接客户，或是中央交易对手清算会员客户的客户，因此有间接的清算安排。集团内部交易不适用这一要求。因此，有一个或多个附属机构充当清算交易对手的银行不需要为与本集团其他成员的交易持有

---

〔83〕 The Markets in Financial Instruments Directive（Directive 2004/39/EC），points（4）－（10）of s. C of Annex I.

〔84〕 Directive 2014/65/EU of the European Parliament and of the Council of 15 May 2014 on markets in financial instruments and amending Directive 2002/92/EC and Directive 2011/61/EU OJ 2014 L 173/349.

〔85〕 See Art. 2（9）EMIR for the definition of NFC$_s$ and Art. 2（8）for the definition of financial counterparties.

保证金。[86]

除非中央交易对手被授权报告了这些信息，否则为了识别潜在的系统风险，银行也会被要求向有关监管机关每天汇报所有交易（场外已清算、场外未清算和交易所已交易）。交易储存库将收到关于交易的大量信息，以及关于交易调整和终止的信息。《欧洲市场基础设施监管条例》包括在欧洲经济区市场的参与者以及欧洲经济区之外与欧洲经济区交易对手交易的市场参与者。因此，改进银行和其他机构的基础设施和技术已经成为欧洲有史以来最大的监管项目。[87]

已如前述，对于不集中清算的场外衍生品，必须采用其他风险缓解技术，比如持有保证金。为降低交易对手信用风险，负有清算义务的市场参与者应当制定风险管理程序，要求及时、准确且适当分割抵押品。进一步具体讲，银行必须确保，"实施尽职调查，具备适当的程序和安排以衡量、监控和减少操作风险和交易对手信用风险，至少包括：[88]（1）及时确认——可能的情况下通过电子手段——相关场外衍生品合约的条款； 87
（2）有活力、有弹性且可审计的正式流程，以调和资产组合，管理相关风险，及早识别并解决对手间的争议，以及监控敞口合约的价值。"银行必须逐日盯市核算敞口合约的价值，在市场条件阻止按市值计价的情况下，银行应当使用可靠且审慎的计价模型。最后，银行必须遵守这种"非清算"交易的风险管理程序，要求及时、准确并适当分割抵押品。[89]

（三）有关金融产品的新产品干预和治理政策

《金融工具市场监管条例》Article 40（1）规定，"如果有合理理由认为符合 paragraphs 2 和 3 规定的条件，欧洲证券和市场监管局可以暂时在欧盟内禁止或限制：营销、分销或销售某些金融工具或带有某些特质的金融工具，或某类金融业务或做法"。该法 Article 41 将这些权力扩展到欧洲银行管理局监管的结构化存款。只有当所说的金融工具对投资者保护、金融市场的有序运行和统一或欧洲整个金融体系或部分金融体系构成威胁，而且适用于这些相关金融工具或业务的欧盟立法所规定的监管要求不能解决这些威胁时，欧洲证券和市场监管局才能采取此类重大措施［Article 40（2）］。根据 Article 40（3），在作出禁止或限制决策时，欧洲证券和市场监管局应当考虑措施的限度："（1）对金融市场的效率没有损害或对投资人不会因采取措施致其受益与受损不成比例；以及（2）不产生监管套利的风险"。根据《金融工具市场监管条例》Article 42，各国

---

〔86〕就像银行这样的金融交易对手以及非金融交易对手如何履行清算与报告义务的讨论分析，参见 Linklaters，'Guide to the European Market Infrastructure Regulation（EMIR）'，November 2013。

〔87〕See Deloitte，'European Market Infrastructure Regulation（EMIR）'，March 2013，available at www.deloitte.com/assets/Dcom-Luxembourg/Local%20Assets/Documents/Slidedecks/2013/lu_en_emirimpact-business_22032013.pdf.

〔88〕Art. 11（1），Rec. 21 EMIR.

〔89〕Ibid.，Art. 11（1）and（2）.

主管机关在必要情况下可以采取类似措施。

《2013 年金融工具市场指令》对复杂投资产品施加了严格的适当性要求（Articles 24 和 25），并赋予欧洲证券和市场监管局为销售金融产品提供指导的权力。对于已经包括在《2013 年金融工具市场指令》范围内的结构性存款，《2013 年金融工具市场指令》还赋予欧洲银行管理局类似权力。它要求，为“制造”金融工具向客户销售的公司应具备产品审批流程。公司必须确认每种产品的目标市场，确保与目标市场相关的风险都得到评估，而且意向销售策略与确认的目标市场一致。对目标市场和产品的业绩应定期审核。不生产这些金融产品但进行推销或推荐的公司必须确保它们了解这些产品的特点，包括确认的目标市场。生产产品的公司必须确保，产品符合确认的目标市场的需要，而且必须采取合理措施确保这些产品正在销往该目标市场。[90] 有关新产品治理政策及作为金融产品生产方或销售方的金融机构附随义务的分析，将在第四章和第五章关于银行业适用的新产品政策的讨论中进一步全面展开。

88

第三节　存款保险

一、概述

根本上讲，存款保险起到两个关键目的：金融稳定和消费者保护。首先，它是作为以戴蒙德（Diamond）和杜比维格（Dubvig）描述的方式避免银行挤兑的手段。[91] 如果储户知道，因为有存款保险他们的钱是安全的，那么他们就几乎没有理由将钱从银行提取出来。换句话说，通过向存款人显示，无论他们存款的银行状况如何，他们在一定数量内的存款都是安全的，存款保险可以培养储户对银行体系的信心。储户的信心是脆弱的，任何缺少关于银行偿付能力的充足信息或任何缺少持续信息流都可能打破储户信心。必要的信息障碍可能由于保密或系统稳定原因，或由于此类信息自身的复杂性。因此，对潜在的和现有的储户来说，评估银行的财务状况比评估消费品购买者更加困难。这也是采用存款保障计划的历史原因，[92] 首先是在美国，在经历 20 世纪 30 年代初一系列银行挤兑及随之而来的银行倒闭之后，成立了联邦存款保险公司。[93]

其次，存款保险与其他审慎措施不同，存款保险具有鲜明的消费者保护特征，因为在存款保险中，直接保护的不仅仅是金融体系或机构自身，而且最重要的，是实际存款人。

---

〔90〕 Art. 24（2）MiFID II. See also E. Avgouleas, 'Regulating Financial Innovation' in N. Moloney, E. Ferran, and J. Payne（eds.）The Oxford Handbook of Financial Regulation（OUP, 2015）, Ch. 22.

〔91〕 D. W. Diamond and P. H. Dymbig, 'Bank Runs, Deposit Insurance, and Liquidity'（1983）91 *Journal of Political Economy* 401-19.

〔92〕 R. MacDonald, 'Deposit Insurance', Handbooks in Central Banking no. 9, issued by the Centre for Central Banking Studies, Bank of England, August 1996, available at www. bankofengland. co. uk/education/ Documents/ccbs/handbooks/pdf/ccbshb09. pdf.

〔93〕 关于联邦存款保险公司的历史，参见 www. fdic. gov。

作为一种金融稳定措施，存款保险是其他形式的审慎监管措施的补充。大多数审慎监管措施也是为了在缺乏此类信息的情况下维护对金融体系的信心，但对于缺乏信息或了解错误信息的储户来说，存款保险——由于直接面向消费者——往往发挥着直接控制恐慌的作用。

存款保险的启动一般与银行是否倒闭无关，可以仅仅因为银行自救或重组提出赔付请求。可以说，如果保险计划的限额足以覆盖大多数零售存款，稳健且资金充足，提供快速偿付机制，而且最后，使公众一直了解其存在和范围，那么存款保障计划在降低系统性风险的有效性方面就会提高。

另外，存款保障计划可能破坏市场约束。[94] 像任何其他保险计划一样，存款保障计划产生“道德风险”，[95] 使经济主体不考虑其行为后果，在选择时不必须考虑财务状况良好的银行。因此，当存款保险不再认为需要评估资金存入特定银行的信用风险时，存款人也会对道德风险的形成产生作用。在这种情况下，存款人在选择银行时可能不考虑银行的相对财务状况。这意味着存款人在选择银行时只考虑银行提供的利率是否具有 89
吸引力。因此，市场力量对促进审慎经济行为的正常作用被削弱了，经营不合理的银行可以继续吸收存款。避免这种结果，是有些国家的保险计划并不对所有存款人提供100%赔付的主要原因，并由此让哪怕是最小的存款人也承担部分风险。

银行的高级管理人员、董事和有影响的股东也可能由于存款保险造成道德风险，特别是如果向存款户的赔付相当慷慨。知道如果银行倒闭不会给存款人带来损失，可能诱使那些银行控制人采取比其不知悉时风险更高的经营策略。然而，冒险的程度受限于这样一个事实，即管理层应当明白，如果银行陷入困境，他们极可能失去自己的工作。而且，银行监管机关也制约此类行为的风险，它们持续评估银行的经营策略，一旦看起来银行过度冒险就时刻准备即刻干预。[96]

此外，考虑到 2008 年之前英国存款保障计划提供的保险水平较低，仅以存款保险的道德风险无法解释英国存款人为什么大量转向冰岛银行和北岩银行，而这两家银行后来成为大量存款人挤兑的受害者。存款人的认识局限伴之以更高利率收益偏好提供了貌似更合理的解释。

存款保障计划的具体设置各不相同。在美国，商业存款的承保商联邦存款保险公司也是主要的处置机关。但是联邦存款保险公司并不是处置资金的来源，因为根据《多德-弗兰克法》Title Ⅱ，此类融资或者事后来自股东和债权人核销和自救，或者来自事后处置资金（有序清算基金），该基金通过发行以被处置实体的资产为抵押的票据从美国

---

〔94〕 See C. W. Calomiris and J. R. Mason, ‘Contagion and Bank Failures During the Great Depression: The June 1932 Chicago Banking Panic’ (1997) 87 *American Economic Review* 863-83.

〔95〕 就其字面意思而言，道德风险指逆向效应，从保险人的角度说，即保险对被保险人行为的逆向效应［MacDonald (n. 92). 9］.

〔96〕 Ibid., 9-11.

财政部借钱，或者来自联邦存款保险公司对其成员的以风险评估为基础的计提。[97] 在欧盟，存款保障计划并不由处置机关管理，但可以与处置资金合并。[98]

存款保障计划/政策必须解决的一些有关存款保险的重要问题包括：(1) 地位：明确的或潜在的，(2) 就存款数额和存款人种类而言的保险范围，(3) 成员，(4) 融资安排，(5) 存款保障计划的治理，(6) 赔付的时间安排，(7) 恢复，(8) 与处置机关和处置程序的关系，(9) 公众认知。2008 年金融稳定论坛发布了一份报告，建议设立有效的存款人赔付安排，并强调了监管机关同意有关有效存款保险体制的国际原则的必要性。对此，2009 年 6 月，巴塞尔银行监管委员会和国际存款保险公司协会 (International Association of Deposit Insurers，IADI) 共同发布了《有效存款保险体制核心原则》。[99] 2010 年 12 月，国际货币基金组织、世界银行、欧洲理事会、欧洲存款保险公
90 司论坛发布了一套评估遵从核心原则情况的方法。2014 年，核心原则和评估方法进行了修订。[100]

金融稳定理事会认为，《有效存款保险体制核心原则》反映并试图适应各类法域情况、设定和架构。因此，该核心原则意在成为支持有效存款保险实践的框架。各国监管机构可以增加它们认为在其法域内实现有效存款保险所必须的补充措施。2011 年 2 月，金融稳定理事会同意在《有效存款保险体制核心原则》中列举根据各国情况值得优先采用的稳健金融体系主要原则，[101] 2014 年原则是国际货币基金组织和世界银行有关各国金融部门评估报告的组成部分。[102]

修订后的原则解决了一系列有关提供存款保险的普适性问题，比如道德风险和借鉴危机中学到的经验教训。析言之，修订后的核心原则处理存款保障计划的公共政策目标、存款保障计划的授权和权力、存款保障计划的治理、与其他安全网参与方的关系、跨境问题、存款保险公司在应急计划和危机管理中的角色、存款保险体系中的成员资格、保险范围、资金的来源及使用、公众认知、法律保护、银行倒闭时与违约方的交涉、早期发现和及时干预、银行倒闭处置、赔付存款人和存款保障计划的恢复机制。

---

〔97〕 See 12 USC § 5390 (Dodd-Frank Act § 210 (n)).

〔98〕 Art. 10 (4) - (5) BRRD.

〔99〕 FSB, 'Thematic Review on Deposit Insurance Systems: Peer Review Report', 8 February 2012, i, available at www.financialstabilityboard.org/wp-content/uploads/r_120208.pdf? page_moved=1.

〔100〕 IADI, 'Core Principles for Effective Deposit Insurance Systems', November 2014, available at www.iadi.org/en/assets/File/Core%20Principles/cprevised2014nov.pdf.

〔101〕 See FSB (n. 99).

〔102〕 IMF Country Report No. 13/66, 'European Union: Publication of Financial Sector Assessment Program Documentation—Technical Note on Deposit Insurance', March 2013, available at www.imf.org/external/pubs/ft/scr/2013/cr1366.pdf. 另见世界银行承担的全球存款保险体系调查：A. Demirgüç-Kunt, E. Kane, and L. Laeven, 'Deposit Insurance Database', IMF WP/14/118, July 2014, 见 www.imf.org/external/pubs/ft/wp/2014/wp14118.pdf。

二、《2014 年欧盟存款保障计划指令》下的欧盟存款保护

1994 年欧盟通过一项指令——《欧盟存款保障计划指令》——开始了协调各项存款保障计划流程。[103] 据委员会信息,1994 年指令规定的最低统一办法导致各存款保障计划在保险水平、受保存款人和产品的范围以及延迟支付等方面的重大差异。保障计划的融资机制完全由成员国自主决定。当 2008 年秋季经济金融危机发生时,事实证明这样破坏了金融稳定和国内市场的正常运转。[104] 雷曼兄弟倒闭后,《2014 年欧盟存款保障计划指令》进行了重大修改,[105] 2010 年,委员会建议对欧盟境内的存款保障计划进行全面改革。统一流程的主要指导原则是创造公平的竞争环境,重点是保额和支持事前融资。当时准确地认为,如果没有共同的规则和对消费者的一致保护,单一存款市场无法 91
有效运转。欧洲银行业和主权债务危机随后成为催化剂,特别是对于看起来陷入困境的国家,比如希腊,但也包括意大利和西班牙,经历存款全部流失之后。[106] 因此,有讨论提出,通过重新制定的存款保障计划指令实施的泛欧存款保障计划,[107] 是欧洲银行联盟的第三大支柱。[108] 然而,成员国发现,这是它们最难达成一致的支柱,因为它将导致欧元区银行债务互助化。

广泛的咨询成果凝结成了《2014 年欧盟存款保障计划指令》,[109] 该指令实施期限极短,仅到 2015 年 7 月。关于泛欧存款保障计划的提议没有被采纳,但理事会的推动[110]

---

[103] Directive 94/19/EC of the European Parliament and of the Council of 30 May 1994 on deposit-guarantee schemes OJ (2009) L 135/5.

[104] See EU Commission Memo, 'Deposit Guarantee Schemes—Frequently Asked Questions', 15 April 2014, available at http://europa.eu/rapid/press-release_MEMO-14-296_en.htm? locale=en.

[105] Directive 2009/14/EC of the European Parliament and of the Council of 11 March 2009 amending Directive 94/19/EC on deposit-guarantee schemes as regards the coverage level and the payout delay, OJ 2009 L68/3. 2009 年 3 月的指令要求各成员国先提升其存款保险体系下的保险额至 50,000 欧元,至 2010 年年底达到统一的 100,000 欧元水平。

[106] e.g. see C. Bjork, 'Bankia Plummets on Deposit Drain Concerns', 17 May 2012, *marketwatch.com*, available at www.marketwatch.com/story/bankia-plummets-on-deposit-drain-concerns-2012-05-17-8720. T. Worstall, 'Greek Bank Run Accelerates; Emergency Assistance Called For', *Forbes Economics/Finance*, 19 June 2015, available at www.forbes.com/sites/timworstall/2015/06/19/greek-bank-run-accelerates-emergency-assistance-called-for/.

[107] “这将成为泛欧存款保障计划的第一步”(see EU Commission Memo, 'Towards a Banking Union', Brussels, 10 September 2012, available at http://europa.eu/rapid/press-release_MEMO-12-656_en.htm)。

[108] EU Commission, 'Communication from the Commission to the European Parliament and the Council—A Roadmap towards a Banking Union', COM/2012/0510 final, 12 September 2012.

[109] Directive 2014/49/EU of the European Parliament and of the Council of 16 April 2014 on deposit guarantee schemes, OJ (2014) L 173/149.

[110] 'Completing Europe's Economic and Monetary Union—Report by: Jean-Claude Juncker in close cooperation with Donald Tusk, Jeroen Dijsselbloem, Mario Draghi, and Martin Schulz', 1 July 2015, so-called 'Five Presidents' Report', available at http://ec.europa.eu/priorities/economic-monetary-union/docs/5-presidents-report_en.pdf and EU Commission, Press Release, 'Economic and Monetary Union: Commission takes concrete steps towards completing the Banking Union— Commission implements Stage 1 of “Five Presidents' Report”', 21 October 2015.

和德国的反对仍在继续。[111] 因此,存款保护仍然由各国存款保障计划提供,保险范围扩展到国内金融机构及其设在欧盟的外国分支机构。[112] 例如,根据《2015 年财政条例》(2015 Treasury Regulation),英国的金融服务赔偿计划既覆盖英国监管的银行、住房互助协会和信用合作社,也包括这些机构在其他成员国的分支。[113]

《2014 年欧盟存款保障计划指令》仅对法定的存款保障计划的保险范围进行了统一。如果成员国的保护计划（在自愿或合约的基础上）允许提供额外的存款保险,这是在指令范围之外的（除了一些应向存款人告知的其他计划所提供的实际保护的要求）。存款的保护限度仍然是 100,000 欧元[114] 或等值英镑[115],这在英国意味着比此前的 85,000 英镑要低。该指令规定,在过渡期之后,[116] 实施 7（工作）日支付标准,这比英国的 7（日历）日时限宽松,实施准备阶段的时间也很富裕,为 9 年。根据该指令,存款
92 保护现在扩展到贸易交易,包括“临时高余额”。[117] 这意味着对类似出售住房等重大生活事件产生的特殊的短期活期存款,消费者将有一些额外的保护。该指令将存款保障计划扩展到所有经营企业,不仅仅是以往的中小企业。[118]

《2014 年欧盟存款保障计划指令》规定了最低目标融资水平为承保存款的 0.8%。成员国可以为各自存款保障计划设定更高的目标水平。[119] 目前,半数以上成员国的计划都已达到上述目标水平或相对接近。有 1/3 成员国,存款保障计划资金都超过承保存款的 1%,在其中有些国家,甚至超出过 2%或 3%。[120] 然而,该指令规定,经理事会同意,成员国可以设定比上述标准低的目标水平,但不得低于承保存款的 0.5%。[121]

原则上,可用于存款保障计划的资金构成应当包括现金、存款和可以在很短时间内可变现的低风险资产。[122] 然而,存款保障计划资金也可能包括所谓的“付款承诺”。[123] 这是指针对存款保障计划而且有全额抵押的付款承诺,条件是相关抵押物包括低风险资产,且抵押物没有抵押给第三方权利。[124] 付款承诺总量不得超过存款保障计划可用资

[111] G. Heller, ‘Germany opposes EU plan for common deposit guarantees—document’ 11 September 2015, *Reuters. com* , available at www. reuters. com/article/2015/09/11/eu-deposits-germany-idUSL5N11H2WY20150911.

[112] Directive 2014/49/EU on deposit guarantee schemes, Art. 14.

[113] See HMT, ‘The Deposit Guarantee Scheme Regulations 2015’, SI 2015/486.

[114] Directive 2014/49/EU on deposit guarantee schemes, Art. 6, Recs. 21, 23.

[115] PRA Notice, ‘Amount of Compensation’, 3 July 2015.

[116] Directive 2014/49/EU on deposit guarantee schemes, Art. 8, Recs. 36-39.

[117] Directive 2014/49/EU on deposit guarantee schemes, Art. 2.

[118] Ibid.

[119] Ibid. , Art. 10 (2). 存款保障覆盖率是个花钱不菲由此也充满争议的问题。因此《2014 年欧盟存款保障计划指令》规定其实施五年之后,委员会将在欧洲银行业管理局的支持下,向欧洲议会和欧盟理事会提交存款保障覆盖率的目标水平,并在考虑过去欧盟银行失败的因素后评估其百分比的妥适性（ibid. , Rec. 23）。

[120] EU Commission Memo (n. 104).

[121] Directive 2014/49/EU on deposit guarantee schemes, Art. 10 (6).

[122] Ibid. , Art. 2 (1)(12).

[123] Ibid. , Art. 10 (3).

[124] Ibid. , Art. 2 (1), (13), and (14).

金总量的30%。[125] 为确保《2014年欧盟存款保障计划指令》在成员国的一致实施,欧洲银行业管理局将发布关于不可撤销的付款承诺的指导原则。而且,为履行其达到规定目标融资水平的义务,成员国可以将向银行的收款视同事前资金。[126] 可用于存款保障计划的金融手段必须进行低风险且充分多元化的投资。

最后,融资安排有一项重大变化。将来对于为存款保护提供资金而对行业的征收负担将"以风险为基础"。换言之,金融机构履行交款义务将不再仅仅基于其存款份额,而且要考虑其给存款保险公司造成的风险。[127] 衡量风险的基础是欧洲银行业管理局设定的强制性指标(75%权重)以及存款保障计划与各国监管机关设定的其他指标(25%权重)。[128] 采用风险基础法是为了防范道德风险,即为了给银行以动力按"低风险业务模式"经营。[129] 而且,收款将具有逆周期因素。[130] 这一规定调整了银行对宏观经济周期 93
和银行盈利能力必要波动的影响,具有重要意义。

《2014年欧盟存款保障计划指令》规定,如果各国存款保障计划资金短缺,可以在自愿基础上互相借款,这是一项全新的变化,同时也是迈向泛欧存款保障计划中不确定的一步。[131] 但借入资金总量不得超过借款的存款保障计划承保存款的0.5%。借款必须在5年偿还。存款保障计划收款额足以偿还借入资金,并尽快恢复目标水平。[132]

如果存款保障计划未能通过针对存款保障计划的诉讼完成支付,存款人的求偿权可以被强制执行,这是欧洲法律在维护第三方权利方面的有意思进步,因为存款人与存款保障计划并没有合约关系,存款保障计划是法律设定的,而不是一个信托契约。当存款保障计划按计划支付时,除根据本国法律可用的救济措施之外,在破产清算或重组过程中,它应当享有存款人权利的代位求偿权,要求获得与其支付存款人等额的资金。[133] 而且,当存款保障计划在处置程序中支付存款人时,包括使用处置工具或行使处置权力,此刻保险计划应当向相关信用机构索取其支付的等额资金。[134] 根据各国规制一般破产程

---

〔125〕 Ibid., Art. 10 (3).

〔126〕 Ibid., Art. 10 (1). 注意:用语"向银行收款"指的是,例如由银行向政府预算作的强制贡献,目的是覆盖系统性风险的成本、失败和机构处置。但是应避免"双重计算",例如用于一个目的的收款(BRRD)不能计算为用于另一个目的(例如,达到DGS指引要求的目标融资水平)[see EU Commisson memo (n. 104)]。

〔127〕 Directive 2014/49/EU on deposit guarantee schemes, Art. 13 and Rec. 36.

〔128〕 See EBA, 'Guidelines on payment commitments under Directive 2014/49/EU on deposit guarantee schemes', EBA/GL/2015/09, 28 May 2015, available at www. eba. europa. eu/documents/10180/1089310/EBA-GL-2015-09+Guidelines+on+DGS+payment+commitments. pdf.

〔129〕 Directive 2014/49/EU on deposit guarantee schemes, Rec. 36.

〔130〕 Ibid., Art. 10 (2) and Rec. 34.

〔131〕 Ibid., Art. 12 (1).

〔132〕 Ibid., Art. 12 (3).

〔133〕 Ibid., Art. (9)(2).

〔134〕 Ibid., Art. 9 (2).

序的法律,这种债权应当处于和投保存款同等的次序。[135]《欧盟银行复苏与处置指令》[136]和《2014年欧盟存款保障计划指令》都明确规定,存款保障计划的付款可以用于为支持处置。[137]

第四节 银行公司治理、风险控制和管理层报酬:监管范式的根本变革

一、概述

(一)银行公司治理:概念与性质

公司治理对于现代市场经济正常运转具有重要意义。此外,银行公司治理薄弱可能导致问题在金融体系内甚至整个经济体内传导。事实上,大量报道指出,在2008年之前,为通过提高短期盈利能力提高自己薪资包,特别是结构不合理的奖金支付,银行管理层开展了大量不必要的贷款和市场押注业务。也就是说,银行体系内盛行不正当激励,使银行着重短期利润而不是长期稳定。

公司治理概念的传统解释指所有权与经营权相分离,所有权属于股东,经营权由管
94 理层负责。近年来,这一概念进一步发展,包括了股东利益和公司社会目标。在银行部门,这个概念使用的背景更加宽泛,包括非常明确有约束力的社会目标,比如金融稳定,它是须严格执行的,而不像公司社会责任章程那样仅仅是自愿的。[138] 以下存在:存款人,存款保障计划承保的存款,可以通过最后放贷人获得流动性,金融稳定的忧虑,以及担心处于困境的银行可能实际上大而不倒需要注入纳税人资金以维持其继续经营,[139]意味着与普通公司相比,银行经理要对更广泛的利害关系人负责。

银行公司治理的一个权威定义为,它是一系列公司内部治理安排,决定着权限和责任的分配,董事会和高级管理层借此开展银行业务,包括他们如何:[140]

- 制定银行的战略和目标;
- 挑选和监督职员;
- 经营银行日常业务;

---

[135] Ibid.

[136] Directive 2014/59/EU of 15 May 2014 establishing a framework for the recovery and resolution of credit institutions and investment firms, OJ 2014 L 173/190.

[137] Directive 2014/49/EU on deposit guarantee schemes, Art. 9 and Rec. 16.

[138] R. Adams and H. Mehran, 'Is Corporate Governance Different for Bank Holding Companies?' (2003) 9 *Economic Policy Review* 123-42; H. Mehran, A. Morrison, and J. Shapiro, 'Corporate Governance and Banks: What Have We Learned from the Financial Crisis?', Federal Reserve Bank of New York Staff Reports, (2011) Staff Report no. 502. 3.

[139] J. Dermine, 'Bank Corporate Governance, Beyond the Global Banking Crisis', INSEAD Working Paper 2011/33/FIN, March 2011, available at www.insead.edu/facultyresearch/research/doc.cfm? did=47338.

[140] BCBS, 'Guidelines: Corporate Governance Principles for Banks', July 2015, 3.

• 保护存款人利益,履行股东义务,并顾及其他认可的利害关系人的利益;

• 协调公司文化、公司业务及行为,以使银行安全稳健经营,保持诚信,遵从相关法律和规章制度;

• 建立控制功能。

毫无疑问,治理良好的银行有助于有效且低成本的监管,减少经常监管干预的必要。[141]而且,稳健的公司治理使监管机关信任银行内部程序。因此,每家银行内部设定层级适当的权限、责任、责任关系及制衡是非常重要的,这不仅适用于董事会,而且适用于高级管理层,以及风险、合规和内部稽核部门。[142]

对银行治理而言,普通公司治理用以防范机构风险和将股东利益与高管利益协调一致的安排,是不够的。股东利益与那些其他利益相关人的利益不同,特别是当涉及风险的时候。显然,有两个关键因素解释股东行为:有限责任和可以获得杠杆,有限责任在银行经营失败的情况下意味着,如果银行经营失败,股东们此前享有的高收益的全部利益几乎不会失去。[143] 更具体讲,鉴于有限责任保护股东在银行经营失败的情况下不会承担全部数额的银行损失,而股东股本通常仅占银行负债的微小部分,因此股东有强烈的动机提高银行杠杆并冒险。他们通常持短期观念。这与银行债权人和监管机关的行为 95
不同,债权人和监管机关通常回避风险,倾向小波动性,秉持长期理念。[144]

2008年9月之后一段时期大量银行需要政府救助,除其他原因,还由于薄弱的公司治理安排。[145] 董事会和高管们都没有适当激励措施或足够的专业知识监督并防范过分冒险。[146] 在救助银行引发公众强烈抗议之后,人们普遍谴责银行的薪酬制度,特别是高额奖金和股份制薪酬。可以说,有缺陷的薪酬制度和冒险文化创造了一个充满不当激励的环境,慷慨奖励短期利润,[147]不论其长远承担了多大风险,给银行偿付能力和金融体系稳定带来何种影响。

---

[141] Ibid.

[142] Ibid.

[143] A. Admati et al., 'The Leverage Rachet Effect', mimeo, Stanford Business School, 31 July 2013.

[144] Mehran et al. (n. 138), 4; K. J. Hopt, 'Better Governance of Financial Institutions', ECGI—Law Working Paper No. 207/2013. 参见 Ž. S. Jezernik, 'Changes in Bank Resolution Mechanism: Opportunity for Change in Bank Governance towards Stakeholder Approach' (2013) 11 *Corporate Ownership & Control* 700, 703 et seq 以了解概况。

[145] See FSA, Board Report, 'The Failure of the Royal Bank of Scotland', December 2011, 220 et seq., available at www.fsa.gov.uk/pubs/other/rbs.pdf.

[146] See EU Commission Staff Working Paper, 'Corporate Governance in Financial Institutions: Lessons to be drawn from the current financial crisis, best practices' (COM (2010) 669); EC Commission, 'Green Paper on Corporate Governance in Financial Institutions and Remuneration Policies' (COM (2010) 284). 参见 P. O. Mülbert, 'Corporate Governance of Banks after the Financial Crisis—Theory, Evidence, Reforms', ECGI Working Paper 130/2009 (April 2010) 以了解相关观点及对其批判的概况。

[147] L. A. Bebchuk, A. Cohen, and H. Spamann, 'The Wages of Failure: Executive Compensation at Bear Stearns and Lehman 2000-2008' (2010) 27 *Yale J. on Regulation* 257; L. A. Bebchuk and H. Spamann, 'Regulating Bankers' Pay' (2010) 98 *Georgetown Law J.* 247.

然而，有可信的研究对公司治理失效对危机的实际影响程度提出了质疑，[148] 因为，至少在最出名的银行经营失败案例中，高管和股东们的利益是相当一致的。[149] 而且，复杂性和董事会的认知局限可能形成股东们有效监督的自然边界，在大银行和复杂金融机构的情况下，甚至形成董事会有效监督的自然边界。[150] 在很多情况下，由于股东们倾向于要求董事会通过扩张银行资产负债表并进一步冒险以实现利润最大化，高杠杆给股东们造成的不当激励与治理及薪酬失效一样都是工具。[151] 股本的短期收益既能够满足股
96 东们对利润的渴望，也可以提高银行家们的奖金。[152] 此外，采取随大流的策略，模仿竞争者的经营策略和业绩，可以保住高管的工作岗位。[153]

然而，2008 年 10 月出版的英国监管机关关于苏格兰哈里法克斯银行经营失败原因的报告，为银行经营失败与公司治理失效有关的论证提供了支持，虽然报告的结论提供了进一步证据，论证了组建称职的董事会而不是强化银行家们的贪婪本性的重要性。[154] 根据这份关于苏格兰哈里法克斯银行报告，董事会和高管未能为银行业务制定恰当的战略，未能纠正有缺陷的业务模式。当时的业务模式不当依赖持续增长，而没有适度注意其中的风险。[155]

（二）公司治理改革

在后 2008 时代，公司治理控制已经稳固地成为审慎监管框架的重要部分。银行治理改革分为三类。第一，薪酬改革，一般有三种形式：（1）严格控制各种薪酬支付，比如以业绩为基础的奖金；（2）赋予雇主权力通过所谓的追回条款收回以业绩为基础的奖

---

[148] See B. R. Cheffins, 'Did Corporate Governance "Fail" during the 2008 Stock Market Meltdown? The Case of the S & P 500' (2009) 65 *Business Law* 1; R. B. Adams, 'Governance and the Financial Crisis', ECGI Finance Working Paper No. 248/2009.

[149] R. Fahlenbrach and R. M. Stulz, 'Bank CEO Incentives and the Credit Crisis' (2011) 99 *J. of Financial Economics* 11. 该研究表明在银行首席执行官平均资产池中的股票和期权的价值比首席执行官 2006 年薪水价值和首席执行官平均拥有的其银行发行股票 1.6%之和的十倍还多。

[150] Better Markets, submission on 'Corporate Governance Principles for Banks', 9 January 2015, available at https://bettermarkets.com/sites/default/files/documents/BIS-%20BCBS-%20CL-%20Corporate%20 Governance%20Principles%20for%20Banks%201-9-15.pdf.

[151] E. Avgouleas and J. Cullen, 'Excessive Leverage and Bankers' Incentives: Refocusing the Debate' (2015) 3 *Journal of Financial Perspectives* 13-40.

[152] D. Walker, 'A Review of Corporate Governance in UK banks and Other Financial Industry Entities— Final Recommendations', 26 November 2009 ('the Walker Review'). The Walker Review found that corporate governance failures were due to behaviour and not organization (ibid. at 12).

[153] E. Avgouleas and J. Cullen, 'Excessive Leverage and Bankers' Pay: Governance and Financial Stability Costs of a Symbiotic Relationship' (2015) 21 *Columbia Journal of European Law* 1-46.

[154] BoE, 'The Failure of HBOS plc (HBOS): A report by the Financial Conduct Authority (FCA) and the Prudential Regulation Authority (PRA)', 19 November 2015 (the HBOS Report), available at www.bankofeng-land.co.uk/pra/Documents/publications/reports/hbos.pdf.

[155] 英国监管还批评了其前身组织金融服务监管局（这一组织仍存在），在整个 2007—2008 年的危机期间，对（苏格兰哈里法克斯银行）正在发生的危机几乎混然不觉，也没有太晚之前处于介入状态（HBOS Report, 14-15）。

金;(3)实施广泛的基准测试,以比较薪酬制度作为衡量机构风险水平的手段。第二,股东至上原则已经弱化到无迹可寻,(银行)利害关系人至上的新时代开启,因为新体制明确的最高目标是系统稳定而不是股东回报。第三,对董事会和高管的风险治理责任进行了彻底改革,实际上,董事会和高管已经原则上变成了一线准监管人员。

在某种意义上,改革列车是在英国公布沃克评论(Walker Review)之后启动的,[156]
欧盟和一些国际组织,比如巴塞尔银行监管委员会(2010)[157]和欧盟(2010)[158],竞相 97
效仿并提出指导原则改进银行公司治理,特别是风险治理。

沃克评论的附件3列举了一系列管理的稳健原则:

为了促进公司成功,除其他外,董事们必须关注以下6个因素:

—任何决策的可能的长期影响;

—公司雇员的利益;

—与供应商、客户及其他方面建立业务关系的需要(信托责任);

—公司经营对社区和环境的影响;

—维护高标准经营行为声誉的愿望(长期经营能力);

—公司成员公平竞争的需要。

然而,考虑到在可接受且经批准的风险水平(这一指标反映的是在没有不可预见的系统性事件的情况下,银行可以承受何种冲击,而无须求助自救或外部纾困)内经营的重要性,奇怪的是,上述报告仅仅关注回避风险,而几乎没有提供有关如何界定可接受的风险水平的指导意见。[159] 同样,由于即使在没有不当薪酬激励的情况下,股东们的风险偏好或多或少会决定管理层的决策,因此,上述报告分析了有关确定银行治理首要目标的显著特征,即银行的管理是否应当基于股东至上或利害关系人至上原则,这是非常重要的。[160]

根据沃克评论,公司董事应该追求的唯一目标是:促进作为公司所有人的股东的福

---

[156] 沃克评论的39条核心建议可以归纳如下:(1)富时100银行(FTSE 100 banks)和主要住宅互助协会披露高收入雇员;(2)薪酬委员会的报告应提升,如果其薪酬报告不能获得75%的支持其主席应重选;(3)对富时100银行与寿险公司应强制建立董事会风险管理委员会,同时加强首席风险官的地位;(4)银行和其他金融机构的董事长应承担监督高管层的积极角色并应适用一年一选;(5)非执行董事应增加其时间付出;(6)对董事会和高管层的监管审查程序应加强且监管者应密切关注董事会在高风险业务策略上的平衡,考虑个人董事经验、行为和其他特质,以及他们接受全面充分的引导和发展项目的情况;(7)对董事会成员的资质、培训和评估要求应实质性提升;(8)应实施新的管理者守则(Stewardship Code)以增强机构投资者的负责任和长期管理原则[Walker Review(n. 152)13-22]。

[157] BCBS, 'Principles of Enhancing Corporate Governance', October 2010.

[158] EU Commission (n. 146).

[159] BCBS (n. 140), 1.

[160] Ibid.

祉。[161] 同时，机构投资者、受益权所有人的行动应像组织（银行）利益管理人一样行事，基金管理人也是一样的。[162] 相比之下，巴塞尔银行监管委员会（2010）和欧盟（2011）[163]起草的改进银行公司治理的建议则是支持利益相关人的观点。因此，虽然沃克报告（Volker Report）提出了银行公司治理的单一目标，但巴塞尔银行监管委员会和欧盟提出了多重目标，服务股东、存款人、雇员、客户、供应商和社会等多方福祉。

98 **二、风险治理、董事会监督和控制：范式的彻底变革**

（一）概述

可以说，就董事会在风险管理和风险控制的角色而言，《资本要求指令Ⅳ》和2015年巴塞尔的《银行公司治理原则》相当于监管范式的变革，[164]虽然薪酬制度已进行了彻底（或许有争议的）改革。巴塞尔银行监管委员会认为，2010年10月发布的《银行公司治理原则》代表了委员会长期以来为推进银行机构健全公司治理工作的一贯发展。实际上，自2010年以来，银行已经加强了全面治理工作，监管机关已经在所有委员会成员国（主要包括G20成员国）监管区改进了其监管过程。人们看到，国际金融危机之后的银行表现出对公司治理重要因素——比如，有效董事会监督、严格风险管理、强力内部控制、合规及其他相关领域更深刻的理解。此外，很多银行在评估集团董事会技术和能力、设立独立董事会风险委员会、设立并提高首席风险官的职位，以及统一董事会稽核和风险委员会的讨论等方面都取得进步，[165]但风险治理框架仍然没有得到明确界定。

2013年2月，金融稳定理事会发布了一份有关分析治理的专题述评。该述评发现，金融机构和各国监管机关已经采取措施改进风险治理。然而，各国监管机关和银行还需要做更多工作以建立有效的风险治理框架。金融稳定理事会发现，银行必须提高首席风险官的权威和独立性，各国监管机关应当增强其对银行分析治理有效性及其风险文化进行评估的能力，增加它们与董事会及其风险和稽核委员会接触的频率。

在发布上述报告之后，金融稳定理事会又发布一份文件，制定了监管机关如何与金融机构高管互动进而改进机构文化的指导原则。[166] 在发布此指导原则之后，巴塞尔银行监管委员会紧接着发布了一套修订原则，旨在反映公司治理的新近发展。这份2015

---

[161] “公司治理的作用是保护和提升股东利益，这通过设定公司战略方向并任命与监督有能力的经营层达成目标”[Walker Review (n. 152), 25]。

[162] See Annex 8, ‘The Code on the Responsibilities of Institutional Investors (November 2009)’ (ibid., 153 et seq).

[163] EU Commission, ‘Green Paper: The EU Corporate Governance Framework’ (COM (2011) 164).

[164] BCBS (n. 140).

[165] Ibid.

[166] See FSB, ‘Guidance on Supervisory Interaction with Financial Institutions on Risk Culture—A Framework for Assessing Risk Culture’, 7 April 2014, available at www.financialstabilityboard.org/wp-content/uploads/140407.pdf.

《银行治理原则》反映了监管加强了对于董事会在风险管理中的角色的关注,针对下列问题制定了13条原则:

- 董事会的职责、任职资格和组织架构;
- 高管的职责;
- 多层级组织的治理;
- 风险管理和风险治理;
- 风险、合规和稽核部门的角色、职责和架构;
- 薪酬安排;
- 有关银行组织治理框架的披露和透明度;以及
- 监事的角色。

(二) 关于治理与高管层职责的新框架及三道防线 99

2015年对原则进行修订的首要目标之一是,明确加强董事会的集体监督和风险治理职责。而且,修订后的原则试图强调风险治理的重点要素,比如风险文化、风险偏好及其与银行风险能力的关系。贯穿原则最深的思想是,每家银行的董事会和高管都有责任追求良好的治理。董事会应当确定"高层的调子",以及监督管理层在培育和维护稳健的公司和风险文化中的职能。管理层应当制定书面的操守规范或行为规范。这些规范旨在培育诚信和负责的文化,以保护客户和股东的利益。

为此,原则详细描述了董事会、董事会风险委员会、高管层,以及包括首席风险官和内部稽核等控制部门的具体职责。另一个关键强调的重点是加强银行的整体制衡。更加重视风险及辅助治理框架,包括明确组织不同部分解决与控制风险的职责。

实际上,分配风险治理职责的组织安排将遵循通常所谓的"三道防线"。业务防线——第一道防线,拥有风险的"所有权",业务防线借此识别并管理在经营活动中产生的风险。风险管理职能独立于第一道防线,作为第二道防线的部分,负责在企业范围基础上进一步识别、衡量、监控和报告风险。合规部门也被视作第二道防线的组成部分。内部稽核部门负责第三道防线,进行以风险为基础的整体稽核和审查,向董事会确保整体治理架构,包括风险治理架构,是有效的,各项政策和程序完备并持续发挥作用。[167]

特别关键的是,在其他职能中,董事会成员和高管层还应界定源自如下活动的行为风险:

(1) 向零售客户和企业客户不当销售金融产品;

(2) 违反国内或国际法规制度(税收法规制度、反洗钱法规制度、反恐法规制度、经济制裁,等等);以及

---

〔167〕 Debevoise and Plimpton, 'Basel Committee 2015 Corporate Governance Principles', client update, 11 August 2015.

（3）操纵金融市场，比如，操纵伦敦银行同业拆借利率和外汇汇率。

这从根本上使董事会成员，特别是高管层直接对所有级银行职员严重的违规行为负责。

2015 年《银行公司治理原则》另一个新的值得注意的特点是，赋予董事会职责，监督银行组织政策的统一性、独立性和有效性和举报程序。其中包括监督举报政策机制，确保高管处理举报反映的问题。董事会负责确保举报人不会遭到报复，以及作为银行组织举报程序的结果，高管将通报董事会举报反映的问题。虽然新架构的效果将接受实践的
100 严峻考验，当组织忠诚和监管职责正面交锋时，不可否认，相比以前的举报保护政策，这是重大进步。

最后，巴塞尔银行监管委员会发现，2015 年《银行公司治理原则》的实施应当结合银行以及（如果有）银行所属集团的规模、复杂程度、组织架构、经济重要性、风险状况和业务模式。这意味着对于风险状况低的银行适时作出合理调整，同时，由于更复杂的上市银行在本国和全球金融稳定中的地位及潜在冲击，对其可能伴随的高风险则保持警惕。

可以说，2015 年《银行公司治理原则》引起的变化实际上将董事会和高管层变成了监管机关的耳目和一线的执法者。就其所处的适当背景而言，这一明显变化相当于在银行治理中以利害关系人至上原则取代股东至上原则，这似乎更有利于实现金融稳定、市场统一和消费者保护的目标。正如巴塞尔银行监管委员会明确指出的：

> 公司治理的首要目标应当是确保利害关系人利益在可持续的基础上与公共利益相一致。利害关系人中，特别是零售银行，股东利益处于存款人利益之后。

这一变化并非没有争议，实际上，一直有批评认为这种变化等于将监管职责下放给银行董事会，这种安排的有效性值得怀疑。〔168〕

还有批评认为，该原则无法量化，因此不可行，变成了监管的愿望清单。〔169〕然而，这种观点可能是不准确的，上述原则是否可行取决于通过各国法律实施的方式。正如前面指出的，巴塞尔 2015 年《银行公司治理原则》最重要的变化涉及董事会的职责，包括承认董事会的职责是一种监督职责。

“监督”一词看起来（本质上也是）是建立更高层次的参与并因此带来责任。例如，原则 1 改变为要求董事会“监督”（oversee），而不是“制定并监控”（establish and monitor），“研发并批准银行业务目标和战略，并监控（monitor）其实施”。〔170〕由于源于 2015 年《银行公司治理原则》的董事会职责与其中规定的一般职责，即注意的职责和忠

---

〔168〕 Dermine（n. 139），7-10.

〔169〕 Better Markets（n. 150）.

〔170〕 BCBS（n. 140），paras. 20 and 23，6-7.

诚的职责密切相关,[171]因此,将来,银行董事会很难辩称该原则不可诉,因为它既是监管处罚的基础,也是民事责任诉讼的基础。

可以说,如果这些义务由立法(或条例)[172]设定产生严格责任,这些义务将是可诉的,或者通过参考对一般董事职责的解释,2015 年《银行公司治理原则》变得可诉。[173]
而且,尽管目前无法想象该原则规定的董事会和高管的一般性义务和具体义务之间的任 101
何关联性,但可以恰当地推测,如果能够证明主观故意,那么对该原则更直接、更具体的条款的违反可能成为刑事责任的对象。后面将进一步讨论。

三、欧盟和英国的银行公司治理监管

(一)欧盟银行治理改革

在前一章我们讨论了欧洲新的资本监管政策。欧盟立法者使用同样的工具,即《资本要求指令Ⅳ》[174]和《资本要求条例》[175],建立了欧盟银行公司治理监管的框架,此前,银行公司治理主要由惯例、自我监管或各国国内法构建。新的银行治理立法通篇贯穿着一种新方式,即支持将董事会和高管层变成监管控制的第一线。[176]

《资本要求指令Ⅳ》Article 88(1)规定了管理主体的职责,这是一个明确界定的术语,[177]该条规定,管理主体必须:

(1)对机构负有整体责任,审批并监督机构的战略目标、风险策略和内部治理的实施;

(2)确保会计和财务报告系统的诚信,包括财务和业务控制,以及法律和相关准则

---

[171] Ibid.,1.

[172] 例如,如果这些成为审慎监管局持续监管要求的一部分,则在违反该法定义务的情况下,个人的诉权可能根据《2000 年金融服务与市场法》s. 138D(以前 s. 150)成立。

[173] 概览参见 J. Loughrey, 'The Directors' Duty of Care and Skill and the Financial Crisis' in Loughrey (ed.), *Directors' Duties and Shareholder Litigation in the Wake of the Financial Crisis* (Elgar Publishing, 2012), Ch. 1。

[174] Council Directive 2013/36 of the European Parliament and of the Council of 26 June 2013 on access to the activity of credit institutions and the prudential supervision of credit institutions and investment firms, 2013 OJ (L 176) 338 (hereinafter CRD IV).

[175] Commission Regulation 575/2013 of the European Parliament and of the Council of 26 June 2013 on prudential requirements for credit institutions and investment firms, 2013 OJ (L176) 1 (hereinafter CRR).

[176] 例如《资本要求指令Ⅳ》Rec. 54 规定:为了解决设计孱弱的公司治理安排对合理风险管理的潜在损害效应,成员国应引入原则和标准以确保对管理层的有效监管,提升不同水平信贷机构和投资企业的良好风险文化并让适格的授权人来监督内部治理安排的充分性。

[177] 为适应欧盟公司治理上的分裂状况,因为有的法域单一的董事会既有执行职能又有监事职能,而有的是双重结构,既有董事会又有监事会,《资本要求指令 Ⅳ》界定"经营层主体"的意思是:机构的组织体或多个组织体,按国内法任命,受权设定机构战略、目标和整体方向,监督并督导经营层的决策,并包括那些有效领导机构业务的人。"[Art. 3 (1)(7) CRD IV] 另外,"高管层"意味着"那些履行机构内的执行职能并就机构的日常经营管理对机构的经营层负责并报告的自然人"[See ibid., Art. 3 (1)(9)]。

的合规；

(3) 监督信息披露和交换过程；

(4) 负责提供对高管的有效监督。

而且，《资本要求指令Ⅳ》同一条款还规定，董事会主席和首席执行官分设。

《资本要求指令Ⅳ》[Article 76 (1), (2)] 将公司层面全面监督风险治理和管理的
102 职责赋予了"管理实体"。管理实体成员必须审批并定期检查该机构用以管理、监督和减少风险的策略和政策，不仅针对现有风险，而且包括由于宏观经济环境和经济周期变化可能出现的风险。因此，"管理实体"必须不仅用足够的时间考虑风险问题，还必须确保为所有可能危及机构稳定的重大风险分配充足的资源，并建立适当的报告渠道。[178] 特别重要的是，管理实体成员的积极参与扩展到对于机构的生存能力和管理风险特别重要的问题，比如评估公司资产、使用外部信用评级以及用以衡量风险的内部模型。[179]

《资本要求指令Ⅳ》要求，那些由于其规模、内部组织及其业务性质、范围和复杂程度而"重要的"机构，应当设立完全由非执行董事组成的提名委员会，[180] 他们在提名时应当遵循多样化准则，特别是有关性别代表性，以及地域代表性和职业/教育代表性的准则。[181]《资本要求指令Ⅳ》并没有说明"重要机构"一词的含义，对这个词语的解释留给了监管去指导。[182]

然而，这是一个重要的资格问题，因为根据《资本要求指令 Ⅳ》，"提名委员会"实际上不仅仅是一个一般的董事会委员会。它是除股东大会外董事会的执行董事应当一直对其负责的机构。提名委员会必须确保"管理实体"不是由一个人或一群人控制，自动将其置于公司经营层之上。提名委员会负有以下任务这一事实强化了这种观点：

(1) 定期地，至少每年，评估管理实体的架构、规模、人员组成和绩效，并向管理实体提出有关改进的建议；

(2) 定期地，至少每年，评估管理实体成员及管理实体整体的知识、能力和经验，并如实向管理实体报告；

(3) 定期审核管理实体挑选和任命高管的政策，并向管理实体提出建议。

而且，和提名委员会一样，重要机构具有设立由非执行董事组成的风险委员会的义务[Article 76 (3)]。风险委员会有义务就机构目前和将来整体风险偏好和策略向管理实体提出建议，协助管理实体监督高管执行这些策略。管理实体仍然对本机构承担的风

---

[178] Art. 76 (1), (2) CRD IV.

[179] Art. 76 (2), (2) CRD IV.

[180] Art. 88 (2), (2) CRD IV.

[181] Art. 88 (2) and Rec. 60 CRD IV.

[182] "重要机构"一语在《资本要求指令Ⅳ》中以多种含义出现，一般而言，它是指总体资产负债表的资产与总体负债平衡、每年的收费和佣金收入、客户资金和客户资产，各个方面都提供了与其规模、内部组织和本质、范围和/或银行业务的复杂度相匹配的可信赖的指标。e. g. see PRA, Policy Statement PS7/13, 'Strengthening Capital Standards: Implementing CRD IV, Feedback and Final Rules', December 2013, 9 and references therewith.

险负总责。这又是一个模糊了理事会内的执行权与监督权界限的委员会。风险委员会 103
的职权范围大到包括审核公司的定价政策,评估其是否与银行的业务模式和风险战略一致。[183] 此外,与下面将要分析的薪酬委员会的职责并行,风险委员会将检查薪酬制度提供的激励是否考虑了风险、资本、流动性及盈利的可能和时点。[184]

最后,《资本要求指令Ⅳ》[Article 76(5)] 规定,所有欧盟的持牌机构(不仅限于"重要"机构) 都设立风险管理部门,独立于业务部门,享有足够权力、声誉、资源,以及与管理实体的联系,包括直接向管理实体报告渠道。风险管理部门必须确保所有重大风险得以识别、衡量并报告得当,它应当能够提出本机构面临全部风险的整体分析,考虑到有些金融风险只是隐性的或突发的,这可以说是一项宏大的任务。而且,风险管理部门必须积极参与其所能参与的本机构的风险战略的制定和所有重大风险管理的决策。[185]《资本要求指令Ⅳ》规定,风险管理部门的负责人应当是独立的高管,其全部职责就是风险管理职能。如果机构规模较小,没有任何复杂的业务需要设立专门人员,如果没有利益冲突,本机构的其他高管人员可以承担这一职责。[186]

在很大程度上,欧盟的规则反映了巴塞尔原则,但又超出了巴塞尔原则。其干预主义的性质一直被批评为侵入式的、不必要的。[187] 由于其侵入性,欧盟新的公司治理规则已经开始对欧盟境内银行所有权结构(传统上一直是分散多元的[188])和银行业务组织形式(包括合作组织形式和基金会所有权[189])产生深远影响。

(二) 英国新的银行治理监管政策和渎职罪

在审查由于个人行为导致银行经营失败并强化个人责任上,英国一直走在前列。这导致对审慎监管局的高管政策进行彻底修改,并设立了两个新的刑事罪名,强化了有关个人责任机制,阻止苏格兰哈里法克斯银行经营失败原因的报告(HBOS Report) 发现的轻率行为。英国政府采取大量措施实施议会银行准则委员会的建议。[190]

议会银行准则委员会的报告对当时的监管政策提出严厉批评,建议实施大量改革,

---

[183] Art. 76(3) CRD IV.

[184] Art. 76(4) CRD IV.

[185] Art. 76(5) CRD IV.

[186] Ibid.

[187] L. Enriques and D. Zetzsche, 'Quack Corporate Governance, Round III? Bank Board Regulation under the New European Capital Requirement Directive' (2015) 16 *Theoretical Inquiries in Law* 211 et seq.

[188] F. Arnaboldi and B. Casu, 'Corporate Governance in European banking', Cass Business School, mimeo, 18 January 2011.

[189] N. Jassa, 'Reforming the Corporate Governance of Italian Banks', IMF, Monetary and Capital Markets Department, WP/14/181, September 2014.

[190] House of Lords House of Commons, 'Changing Banking for Good', Report of the Parliamentary Commission on Banking Standards, Vols I and II (hereinafter PCBS Report).

104 以纠正其提出的所谓“银行从业标准的严重不当”。[191] 这些报告指出的一个重大疏漏是没有追究银行经营失败的个人责任。[191a] 2013 年 6 月，议会银行准则委员会发布了题为《永远变革银行业》的报告，提出了采取立法及其他措施改进英国银行业的职业准则和文化。[192] 议会银行准则委员会 2013 年 6 月最终报告的一个核心主题是“使个人责任在银行业成为现实”，除其他外，报告提出，“原则上有足够理由在银行管理中设立新的轻率渎职犯罪的新罪名”。[193]

议会银行准则委员会报告之后英国通过了《2013 年金融服务（银行业改革）法》，制定了新的“高管”政策和新权力，允许审慎监管局和金融行为监管局在银行违反监管要求时对高管个人施加监管处罚。[194] 它还制定了新的监管性犯罪“渎职罪”，[195] 下列情况下触犯渎职罪：

（1）该高管的决策，无论主动还是被动，导致相关金融机构经营失败（为本条之便，“决策”被宽泛地界定为包括未能阻止决策）；

（2）在实施决策时，该高管明知此决策可能导致金融机构（或其集团公司）经营失败的风险；

（3）该高管的行为“远低于”处于此类职位人员预期应具有的合理水准。

如果负责发生问题领域的高管不能证明其采取了合理措施防范或制止问题，那么就构成渎职。[196] 此后，审慎监管局发布了指导原则以向银行澄清其将如何行使这一新权力，包括构成合理防范性步骤的举措示例，以及公司或个人如何举证。[197]

同时，审慎监管局准备出版一本《银行公司治理手册》，指出需要董事会考虑的一些重要问题，以及审慎监管局在履行监管中密切关注的问题，以提供更加清晰的指导。[198] 审慎监管局的咨询建议书包括监管报告草稿，强调了董事会成员共同承担的集体责

---

[191] 该委员会由英国议会的两议院委托就如下事项考虑并报告：(1) 英国银行业部门的专业标准与文化，考虑就 LIBOR 利率操作过程监管和竞争调查；(2) 公司治理、透明度、利益冲突等方面可吸取的教训，及其对监管规定和政府政策的影响，对立法或其他行动的推荐。See on the mandate of the Commission and progress reports of its recommendations, Joint Select Committee, Parliamentary Commission on Banking Standards, www. parliament. uk/bankingstandards.

[191a] N. O' May, 'Criminal liability for senior bankers', Norton Rose Fulbright, October 2014.

[192] PCBS Report (n. 190).

[193] Ibid., Vol Ⅲ, 517, para. 1182. 该报告补充说明该种违法将各监管者提供一种工具，用以指控最典型的经营失败，“例如那些会让纳税人花费重大成本的经营失败，对金融系统有持续影响，或对客户有严重损害”(ibid., para. 1183)。

[194] Financial Services (Banking Reform) Act 2013, Pt. 4.

[195] 了解监管违规的“不当行为”，参见 ibid., ss. 66A and 66B (1) - (5), (7)。

[196] 了解“合理步骤”抗辩要求，参见 ibid., ss. 66A (6) and 66B (6)。

[197] Bank of England, Press Release, 'Prudential Regulation Authority sets out how it will hold senior managers accountable for failure to meet its requirements', 23 February 2015.

[198] See PRA, Consultation Paper, 'Corporate Governance: Board Responsibilities—CP18/15', 21 May 2015.

任，[199]这些集体责任与审慎监管局有关高管政策描述的个人责任相互补充。[200]审慎监管局在2016年监管报告中重申了这些原则。[201] 105

（三）对高管的刑罚机制

英国《2013年金融服务（银行业改革）法》规定，如果银行经营失败，银行高管可能要承担刑事责任。该法section 36规定了一个“与导致金融机构经营失败的决策有关的”新犯罪，在以下情况下，金融机构的高管可能触犯该罪：[202]

（1）代表金融机构采取或同意采取有关集团机构如何开展业务的决策，或

（2）未能采取高管可以采取的措施阻止此类决策采用。

证明责任相当高，为了确定责任，检方必须证明：

（1）在决策时，高管明知实施该决策可能导致集团机构经营失败的可能性；

（2）与采取该决策有关的行为必须远低于可以合理预期该具体高管决策应有的行为；

（3）实施该决策导致该集团机构经营失败。[203]

“高管”被界定为在英国注册的银行、投资银行或住房互助协会中履行特定职能的人[参见该法section 37（7）和section（8）]。关于此罪的诉讼程序可以由金融行为监管局、审慎监管局、国务大臣或检察长启动。成功定罪将导致被起诉人最高7年监禁以及/或无限额的罚金。[204]

然而，该法描述了范围非常狭窄的行为，而且审慎监管局明确指出，这种新的刑事犯罪适用刑事案件的一般证据标准（“超出合理怀疑”）。[205]为了认定有罪，有关人的决策必须已经“导致”银行经营失败，他们必须一直“明知”其行为可能导致某银行或其集团公司的某银行经营失败，而且他们的行为必须“远低于”合理预期的标准。这些问题

---

[199] 审慎监管局陈述在很大程度上反映了巴塞尔2015年的原则并规定了基于审慎监管局就设定战略、文化、风险偏好和风险管理、董事会组成、执行董事和非执行董事、非执行董事的知识和经验、董事会时间和资源、管理层信息和透明度、承继计划、薪酬、子公司董事会和董事会委员会等方面的期待而作出的指引（ibid）。

[200] See also PRA, 'The Prudential Regulation Authority's Approach to Banking Supervision', June 2014.

[201] PRA, 'Corporate Governance: Board Responsibilities', Supervisory Statement SS5/16, March 2016.

[202] Financial Services (Banking Reform) Act 2013, s. 36 (1)(a).

[203] Ibid., s. 36 (1)(b) – (d).

[204] Ibid., s. 36 (4).

[205] Bank of England, Press Release (n. 197).

如何解释只有在司法阶段才能变得清晰。[206]

106 而且，虽然新罪名通过将个人行为刑事化令个人对导致银行经营失败负责，但导致经营失败的原因并不总是清晰的，大机构的决策往往是集体的过程。因此，调查过程注定漫长，且要面对严峻的证据挑战。此外，检方必须证明金融机构由于管理不当经营失败，而不是由于系统性原因，比如利率或汇率的波动、银行间流动性不足、政府政策变化，或多种因素的结合，管理不当只是其中一个推动因素。[207]

四、薪酬监管

由于原则上高管的薪酬方案不过是职员与公司（并延伸到股东）之间的私人合约，因此有关法律是否应当规制银行家的薪酬，以及规制程度一直处于激烈争论之中，尽管已经有大量详细的立法和监管规定深入规制银行家的报酬。[208] 是否应当由监管和监管机关，而不是由所有人，负责设定管理层的薪酬水平，以便鼓励重要职员的业绩并确保留住他们，仍然处于争论之中。

巴塞尔 2015 年《银行公司治理原则》的第 11 条原则增加了一个新概念——“重要冒险者”，即对银行组织的整体风险状况有重大影响的职员。在很多方面，第 11 条原则既定了调，也概括了欧盟银行薪酬监管针对的职员种类。第 11 条原则规定，重要冒险者应当享有特殊薪酬规定，反映其冒险、控制其冒险，并令其冒险最小化包括推迟支付其相当大部分的薪酬直至风险结果更加明确。2015 年《银行公司治理原则》还包括一项建议，即银行组织快速反应，必要时追回薪酬，以提高恢复的机会。

在欧盟，第一项重要的薪酬监管制度是 2011 年 1 月 1 日实施的《资本要求指令Ⅲ》，其中规定了一系列有关薪酬的要求。这些涉及薪酬政策、规制、结构和披露。这些制度包括规制保证奖金、推迟支付、非现金工具支付以及某些情况下减少推迟支付（也称为 Malus）等规定。《资本要求指令Ⅳ》增加了“奖金上限”，并扩大了有关薪酬委员会、保证奖金、非现金工具支付、减少推迟支付、终止支付和披露等的现有规定。而且，《资本要求指令Ⅳ》Article 75（1）规定，主管机关要定期收集薪酬数据，并提交给欧洲银行业管理局，以作为欧盟范围内的基准和分析薪酬趋势和实践做法。[209]

---

[206] 例如，政府认为在议会就该法案的开展辩论时“导致”银行的失败应理解为对失败有重大影响。但是这种解释无法从该法的文义解释得出（N. O'May，'Criminal Liability for Senior Bankers'，Norton Rose Fulbright，October 2014）。

[207] N. O'May（n. 106）

[208] 例如英国政府反对并试图从政治和法律上抗争奖金上限，尽管失败了。See J. Titcomb，'UK's last-ditch effort to overturn EU bonus cap'，*The Telegraph*，6 September 2014. T. Worstall，'Chancellor George Osborne Withdraws ECJ Case over Bankers' Bonuses'，*Forbes*，Economics/Finance，21 November 2014.

[209] e. g. see EBA Report，'Benchmarking of Remuneration Practices at the European Union Level and Data on High Earners'，EBA-OP-2016-05，30 March 2016，available at www.eba.europa.eu/documents/10180/1359456/EBA+Op-2016-05++%28Report+on+Benchmarking+of+Remuneration+and+High+Earners+2014%29.pdf.

（一）薪酬原则

《资本要求指令Ⅳ》（Articles 92–95）要求,持牌机构应制定有关高管、冒险者、参与控制部门的职员,以及薪酬总额与高管和冒险者处于同一水平的任何职员的薪酬政策。[210] 必要的薪酬政策应当符合下列原则:[211] 107

（1）参照本机构容忍的风险水平考虑,薪酬政策必须促进稳健有效的风险管理,不得鼓励过度冒险;

（2）薪酬政策必须与本机构经营战略、目标、价值观和长期利益一致,包括防止利益冲突的措施;

（3）本机构监管部门的管理实体制定及定期检查薪酬政策的总体原则,并负责监督其实施;

（4）薪酬政策至少每年接受集中的且独立的内部审查,以确认是否符合监管部门的管理实体制定的相关政策和程序;

（5）参与控制部门的职员必须独立于其监督的业务部门,其薪酬应与达到其部门目标的业绩一致,而与其监督的业务领域的绩效无关;

（6）风险管理和合规部门高管的薪酬由依据《资本要求指令Ⅳ》Article 95 设立的薪酬委员会直接监督,如果尚未建立此委员会,则由监管部门的管理实体直接监督;

（7）薪酬政策必须划清不同标准的界限,以设定:

①基本固定薪酬,应主要反映相关职业经验和部门责任;以及

②浮动薪酬,应反映大部分依据风险调整的绩效,以及超出应履行的员工岗位职责的绩效。

（二）奖金上限和其他限制

此外,《资本要求指令Ⅳ》反映了对银行家奖金对冒险的影响以及薪酬政策中存在的不当激励的忧虑,极其严格管制上述人员薪酬的浮动部分,并增加一些重要维度:首先是长期观念,其次是集体绩效的观念。因此,Article 94 规定:

（1）对于以绩效为基础的薪酬,薪酬总额以个人绩效评估、有关业务部门绩效评估和该机构总体业绩评估的结合为基础;在评估个人绩效时,财务标准和非财务标准都考虑在内;

（2）为确保评估过程是以长期绩效为基础,且实际支付薪酬中以绩效为基础的部分延续在一个考虑到信用机构基础业务周期及其业务风险的时期内,绩效评估应在多年的 108

---

〔210〕 根据《资本要求指令 Ⅳ》Art. 92（2）,风险承担者是"其专业活动对持牌机构风险情况有重大影响的人"。

〔211〕 Art. 92 CRD IV. 此外,反映着 2008 年金融危机之后无所不在的氛围中,《资本要求指令Ⅳ》Art. 93 对曾享受过政府救助机构列出了额外的薪酬限制。

时间框架内进行。[212]

此外,《资本要求指令Ⅳ》禁止保证浮动薪酬,因为其不符合稳健的风险管理或按业绩支付原则,虽然资本基础健康的机构雇佣新职员例外,但也仅限于第一年合约。[213]

然而,当该指令的条款超出适当平衡薪酬的固定部分和浮动部分的要求,规制两种形式报酬的组合,也就是一种称为奖金上限的技术的时候,该指令的条款就是有问题的。此类上限明显的问题在于,具有谈判能力的核心团队可以强迫机构提高其薪酬的固定部分,提高机构的固定成本,而且以一种相当不灵活的方式。此外,受到其核心团队压力的机构发明了新方法绕过这种上限,比如员工津贴。[214]

因此,Article 94 规定,浮动部分必须最多与固定部分相等,或在例外情况下（经超过正常法定人数批准的股东决议同意）,最多不超过固定部分的 200%。此外,为了反映长期绩效,至少 50% 的浮动薪酬应当包括股份,或同等所有权权益,或或有资本工具。[215]

《资本要求指令Ⅳ》制定的附加保障措施包括追回薪酬和最长延期 5 年支付薪酬。[216] 这种机制确保薪酬,包括因提前终止合约的付款,反映一段时期取得的绩效,而不奖励失败或渎职。它还确保用以计算浮动薪酬部分的绩效衡量包括对各种形式现有风险和未来风险的调整,并考虑到资本成本和所需的流动性。[217]

因此,首先,相当大部分,任何情况下不低于 40%的浮动薪酬是在不少于三年至五年的时间内延期支付,并与业务性质、其风险和该职员本人的工作准确一致。如果浮动薪酬部分金额特别高,则其中至少 60%应当延期支付。延期时间长短应当根据业务周期、业务性质、业务风险和该职员本人的工作确定。需要注意的是,只有当根据该机构整体的财务状况可以承受,且符合该机构的绩效、业务部门的绩效和该职员的绩效时,浮动薪酬,包括延期部分,才能支付或发放。[218]

其次,可以延期支付或追回的浮动薪酬最多可以达到其总额的 100%。机构应当制
109 定延期支付或追回的具体标准。此类标准应当特别包括职员的以下情况:[219]

（1）曾参与或负责导致该机构重大损失的行为;

（2）不符合相应适当人选标准。

---

[212] 《资本要求指令 Ⅳ》Art. 75（2）赋予欧洲银行业协会制定具体合理薪酬政策的任务。作为响应,欧洲银行业协会发布了 Consultation Paper on ‘Draft Guidelines on sound remuneration policies under Article 74（3）and 75（2）of Directive 2013/36/EU and disclosures under Article 450 of Regulation（EU）No 575/ 2013’,EBA/CP/ 2015/03,4 March 2015。

[213] Art. 94（1）(e) CRD IV.

[214] See Titcomb（n. 208）

[215] Art. 94（1）CRD IV.

[216] Ibid.

[217] Art. 94（1）(j) CRD IV

[218] Art. 94（1）(m) CRD IV.

[219] Art. 94（1）(n) CRD IV.

（三）薪酬委员会

最后,《资本要求指令 Ⅳ》Article 95 要求,所有就其规模、内部组织及其业务性质、范围和复杂程度而言属重要的机构,都应设立薪酬委员会,其设立方式应当使其能够进行称职和独立的判断。薪酬委员会负责制定有关薪酬的决策,包括那些对本机构风险和风险管理有影响的决策,以及将由管理实体作出的决策。薪酬委员会的负责人及成员应当为本机构管理实体的非执行董事。

110 # 第四章　银行监管的基本原则与最后放贷人

——重新界定概念

第一节　引言*

前面几章分析了当代银行监管最重要的一些方面,批判性地评估了最近改革的影响。从本章开始分析和解释银行监管的架构和职能。银行监管是一个过程,通过这个过程,对前面分析过的审慎的、行为的和系统的制度的遵守得到保障和执行。银行监管通常由政府机关进行,它有权审批信贷机构的设立和运营,并监督对有关监管制度的持续合规。在任何违反上述规章制度的情况下,这个政府机关有权救济（早期干预）和强制执行。

自然,如果银行可以自己监管自己,且被监管对象认同监管目标,那么就没有外部监管的必要。然而,由于存在固有的信息不对称、股东有限责任和天生依赖高水平杠杠,银行业的公共目标（比如,机构安全和金融稳定）和私人目标（盈利能力、赔偿）及相应动机差异巨大。即便董事和高管都变成一线监督员,就像新的风险管理框架那样,所谓的
111 “超级监管”[1]形式,合规仍然不是信奉自愿注册[2]的结果,而更多是强迫的结果。这种强迫主要反映了监管机关解决银行高管和监管机关之间仍然存在的明显信息不对称的实用主义方法。然而,它可能在银行业的文化和激励中播下了彻底变革的种子。不过,目前,有效监管,如果不是更重要至少与支撑它的监管框架一样重要。信贷扩张、

---

* 本章取自如下作者的当前工作成果:E. Avgouleas, 'Fundamentals of Bank Supervision and the Lender of Last Resort in the Post-2008 Era:A Critical Appraisal and Forward Looking Recommendations' Centre for Banking and Finance Law, National University of Singapore, 2016, Edinburgh School of Law Research Paper No. 2016/24, November 2016。

〔1〕“超级监管指政府或外部监管者用来引导受监管者发展其对公共问题的自有的内部、自监管的响应……这种方法是监管者试图控制将被监管企业”的风险管理工具直接引入监管流程并由此按监管目标和目的增加对被监管企业和个人的穿透”[F. Akinbani, 'Is Meta-Regulation All It's Cracked Up to Be? The Case of UK Financial Regulation'（2013）14（1）*Journal of Banking Regulation* 16-32]。了解超级监管问题的讨论情况概况,参见 C. Coglianese and E. Mendelson, 'Meta-Regulation and Self-Regulation' in M. Cave, R. Baldwin, and M. Lodge（eds.）, *The Oxford Handbook on Regulation*（OUP,2010）了解对超级监管的早期批评——聚焦于在监管者和被监管者之间建设对监管规则（及其目标）的理解共识的困难——参见 J. Black, 'The Emergence of Risk-based Regulation and the New Public Risk Management in the United Kingdom'（2005）*Public Law*（Issue 3）512,543-5。

〔2〕概览参见 J. Black, 'Enrolling Actors in Regulatory Systems:Examples from UK Financial Services Regulation'（2003）*Public Law*（Spring）,63-91。

(脱媒)中间业务和替代支付体系的业务模式(统称金融科技)的逐渐变化,将扩大而不是缩小监管机关的监管范围,即便部分储备银行的业务量和资产负债表很快开始萎缩。[3]

银行监管机关的两种不同职能之间并没有明确的界限,即一方面是管理(制定规则/设定标准),另一方面是监督。[4] 因此,关于监管金融部门的政府组织的执行职能(监督和执法)和规则制定职能(管理),本章所作的区分主要是概念上的,而远非简单明了的。但这一区分在监管实践中逐渐发挥了引导作用。[5] 美国联邦储备委员会(美国最重要银行的主要微观审慎监管机关)认为:[6]

> 银行监督涉及对银行组织进行监测、巡视和检查,以评估其状况及其是否遵从相关法律和规章……银行监管需要制定具体规章和指导原则以规制银行组织经营、业务和并购。

当遇到危机管理时,缺乏监督跨国机构的能力,以及相互之间缺乏明确的合作结构,意味着国际监管网络应当理解为单纯软法律监管者,没有监管功能,尽管它们作为同行有评审能力。另外,包括欧洲金融监管系统等组织具有更混杂的立规和监督职权,只有欧洲 112
银行业管理局主要是制定规则的实体。[7] 另一个反映近年来监管实践的概念区分,是微观审慎监管机关和宏观审视监管机关的区别。绝大多数改革后的微观审慎监管机关

---

[3] 就科技金融的挑战问题,参见 Prudential Regulation Authority (PRA) Report on Retail Financial Services' and *Journal of Financial Perspectives*, special issue: 'FinTech: Who Will Disrupt the Disruptors', Winter 2015。

[4] E. Pan, 'Challenge of International Cooperation and Institutional Designin Financial Supervision: Beyond Transgovernmental Networks' (2010) 11 *Chicago Journal of International Law* 243-84. 早期区分了"管理"与"监管"两词的相关作品参见 R. M. Lastra, 'The Governance Structure for Financial Regulation and Supervision in Europe' (2003) 10 *Columbia Journal of European Law* 49 and C. Crawford Lichtenstein, 'The Fed's New Model of Supervision for "Large Complex Banking Organizations": Coordinated Risk-based Supervision of Financial Multinationals for International Financial Stability' (2005) 18 *Transnational Lawyer* 283,287-8。

[5] 例如,美联储理事会解释认为其胜任对其管辖范围内的银行和类似机构的监督与监管。See Board of Governors of the Federal Reserve System, 'Mission', available at www. federalreserve. gov/aboutthefed/mission. htm. The FRB clarifies: 'The Federal Reserve has supervisory and regulatory authority over a wide range of financial institutions and activities... The Federal Reserve has responsibility for supervising and regulating... segments of the banking industry to ensure safe and sound banking practices and compliance with banking laws' (US Federal Reserve System, 'Supervision and Regulation', Ch. 5, 59, available at www. federalreserve. gov/pf/pdf/pf_5. pdf). It then explains: 'Although the terms bank supervision and bank regulation are often used inter-changeably, they actually refer to distinct, but complementary, activities' (ibid).

[6] Ibid., Ch. 5, 59-60. 仍是旧金山联邦银行,也是美国联邦储备系统的一部分,具体认定在此背景下的"监督"(supervision)涉及检查"个别银行的财务状况的检查和评估其对法律与规定的合规性。"另外,对同一机构,"银行监管(regulation)涉及对银行业系统设定规则和指引"。See the Federal Reserve Bank of San Francisco, 'What is the Fed: Supervision and Regulation', available at www. frbsf. org/education/teacher-resources/what-is-the-fed/supervision-regulation.

[7] See European Banking Authority, 'Missions and Tasks', available at www. eba. europa. eu/about-us/missions-and-tasks.

要么是中央银行的组成部分，要么是中央银行全资的附属机构。

像美国联邦储备委员会等微观审慎监管机关将“评估银行组织的整体安全和稳健”作为其首要目标。[8] 同样，英国审慎监管局——英格兰银行的附属机构——的首要目标是“促进其所监管公司的安全与稳健”。[9] 而且，中央银行往往负责金融稳定，因此充当宏观审慎监管机关，[10] 或者至少控制宏观审慎监管机关。[11] 这是在其行使货币权力之外，赋予主要中央银行的另一项权力/职能。例如，英格兰银行目前的职能是通过维护货币和金融稳定促进英国人民的福祉。这种趋势的例外是美国，美国的系统性风险监管机关是依据《多德-弗兰克法》Title Ⅰ设立的金融体系监管委员会，就其组成和成员来说，它是一个更多元化的实体，[12] 由财政部部长担任主席，在美国财政部内办公。

中央银行当然是充当银行体系最后放贷人的公共部门，这为将权力和影响集于中央银行提供了有力理由。[13] 但这也提出了中央银行内部的治理和问责问题，同时还有同一个机关追求的物价稳定和金融稳定目标如何兼容的问题。我们将稍后在第二节“四、监管问责与司法审查”部分分析其中的一些问题。

作为其监督权的自然延伸，银行监管机关具有早期干预权（以前称为快速纠正措施）以及某些银行处置职能，尽管几乎一成不变的是，进入处置的银行会成为特别指定
113 处置机构（比如，欧洲银行联盟的单一处置机制[14]）或存款保险计划（比如，美国的联邦存款保险公司）的首要责任。[15] 这里的例外是英国，英国指定英格兰银行充当审慎监管局监管的金融机构的处置机关。[16]

---

[8] Board of Governors of the Federal Reserve System, ‘Mission’ available at www. federalreserve. gov/about-thefed/mission. htm.

[9] See Bank of England, ‘Prudential Regulation Authority’, available at www. bankofengland. co. uk/pra/Pages/default. aspx.

[10] 例如，美联邦储备理事会表述了四大目标中的两项：“监督和监管银行业机构以确保国家银行业和金融体系的安全和合理并保护消费者债权人以保持金融系统的稳定并容忍可能在金融市场产生的系统性风险”。另外两个目标是“通过影响经济体中的货币和信贷条件实施国家货币政策实现最大就业、稳定价格和温和长期利率……向存款机构、美国政府和外国官方机构提供金融服务，包括在运行国家支付系统中发挥主要作用。”Board of Governors of the Federal Reserve System, ‘Mission’ available at www. federalreserve. gov/aboutthefed/mission. htm.

[11] e. g. , the Bank of England’s Financial Policy Committee (FPC). See www. bankofengland. co. uk/about/Pages/people/fpc. aspx.

[12] See Financial Stability Oversight Council (FSOC), ‘FSOC Member Agencies’, available at www. treasury. gov/initiatives/fsoc/about/council/Pages/default. aspx.

[13] D. Masciandaro, ‘Reconceptualizing Central Banking: From the Great Inflation to the Great Recession and Beyond’ in R. Buckley, E. Avgouleas, and D. Arner, *Reconceptualising Global Finance and Its Regulation* (Cambridge, Cambridge University Press, 2016), 107 et seq.

[14] Regulation (EU) No 806/2014 on the Single Resolution Mechanism, OJ 2014 L 225/1 30 July 2014. Run on an operational basis by the Single Resolution Board (SRB). See http://srb. europa. eu.

[15] See www. fdic. gov.

[16] 该银行根据《2009 年银行法》承担处置经营失败的银行、住房互助协会或投行，及其集团公司的责任。(see Bank of England, ‘Key Features of the Resolution Regime’, available at www. bankofengland. co. uk/financialstability/Pages/role/risk_ reduction/srr/keyfeatures. aspx).

2008年之后的危机对银行管理/监督模式产生深刻影响。银行监管即便在原则上是以风险为基础[17]，有意识节约资源的，[18]但实践上是细致密集的。客观的分析人士将会发现，监管机关一方面维护体现在危机后审慎监管，以及行为、消费者保护和制度之中的预防性规则，另一方面需要集中资源应对金融体系中高风险经营者及高风险领域，顾此失彼。

本章包括引言共三节。第二节分析金融监管的基本原则，将重点分析最优监管架构、监管问责、监管权力以及跨国监管挑战等问题。第三节分析最后放贷人运行的总原则及其在现代危机中面临的挑战。

第二节　金融监管的基本原则

一、最优监管架构问题

宽泛地讲，有三种方法设计金融部门监管的架构：机构法、功能法和目标导向法。实践中，金融监管的组织架构可以设计为三种方法的综合。[19] 机构法是指，监管机关主要关注监管个体机构。这种方法被认为非常侧重银行监管。[20] 其独特优势在于避免了监管重叠和争夺地盘，如果监管失败，只有一个政府部门承担责任。另外，脱媒、业务多元化、技术和金融创新正逐步使机构监管失效。而且，即便在实施银行业务分业或隔离之后，银行将不断提出消费者保护问题，这个问题最好由行为监管机关监督。

功能法侧重金融公司从事的业务类型。实际上，功能法有三大益处：(1) 监管中性，(2) 公平竞争环境：监管机关对所有开展相同业务的被监管公司适用同样的规则，以及 114
(3) 允许公司挑选自己希望提供的精确服务，因此，功能法最支持金融创新。[21] 在复杂而且相互关联的全球市场时代，功能法的一个重要局限是过分专业化，而被监管机构的整体状况逃过了监管的注意。[22] 而且，可能出现不同监管机关之间严重的沟通问题，削弱系统范围的监管。如果一个国家在被监管机构之外还有大量不受监管的部门在经营，

---

[17] 就基于风险的监管问题的概览，参见 J. Black and R. Baldwin, 'When Risk-based Regulation Aims Low: A Strategic Framework' (2012) 6 *Regulation and Governance* 131-48。对应用基于风险单一维度的方式作金融监管的批评，参见 I. Chiu and M. Andenas, *The Foundations and Future of Financial Regulation: Governance for Responsibility* (Abingdon, Routledge, 2013), 357 等。

[18] 审慎监管局和单一监督机构的监督办法将在第五章讨论。

[19] C. Fay and N. Parent, 'The Organizational Structure of Financial Market Regulation: Highlights from the Literature' (2004) Financial System Review 53-9.

[20] G. Di Giorgio, C. Di Noia, and L. Piatti, 'Financial Market Regulation: The Case of Italy and a Proposal for the Euro Area', Wharton, Financial Institutions Center, Working Paper 00-24, 2000, 4-6.

[21] Fay and Parent (n. 19), 54.

[22] Di Giorgio, Di Noia, and Piatti (n. 20), 6-7.

那么这种状况可能非常麻烦。[23]

实践中，这两种方法是相互补充的。古德哈特等人提出，严格区分机构法和功能导向法有误导性。[24] 金融部门需要的监管方式是，既保障金融机构安全和稳健，又维护公正的业务行为，特别是公正对待客户。[25] 考虑到前面几章曾详细分析金融机构（特别是银行）运行产生的金融稳定外部性、市场失败——以及银行处理客户业务中大量存在的欺诈行为，有时甚至接近欺骗，混合法更有说服力、更合理。此外，混合法还考虑到竞争性的监管中性，就遵从业务监管行为而言，确保了审慎监管公平竞争，平等对待所有公司。

混合法适应性最强的形式是目标导向法，其中金融中介和市场都要接受一个以上机关的监督和审查，每个机关负责一种监管目标，不考虑被监管的中介及/或其业务的法律形式。目的是创造一个反映监管目标的架构，同时最大限度且最高效率地促进这些目标。[26] 目标导向法的一个例子是 1995 年泰勒（Taylor）提出的双峰架构，其中只包括两个监管机关，一个负责确保金融体系的稳健，另一个重点负责消费者保护。[27] 对目标导向模式的一个重要批评认为，监管机关的数量好像取决于这样的观点，即每个机关必须只有一个目标，但投资者保护和系统风险监督并不是可以轻易分割的。[28] 替代方法可能是将所有金融监管集中到一个单一机关。支持单一监管机关的理由包括：[29]

—效率收益：规模经济和范围经济（协同作用），应当能够降低监管成本；

115 —提高透明度和责任心，因为单一监管架构容易理解和识别；

—更好监督多样化的公司；

—可能避免竞争不平等、不一致、重复监管、重叠和漏洞等问题；

—可以更好地积累和利用专业知识。

一些有说服力的反对单一监管机关的理由包括：[30]

---

〔23〕 例如中国的监管体系统有三个部门监管者，产生的很多跨部门监管问题也是由巨量影子银行部门的存在。See more analytically E. Avgouleas and D. Xu, 'Overhauling China's Financial Stability Regulation: Policy Riddles and Regulatory Dilemmas' (2017) 4 *Asian Journal of Law and Society* 1-57.

〔24〕 C. Goodhart, P. Hartmann, D. T. Llewellyn, and L. Rojas-Suarez, *Financial Regulation: Why, How and Where Now?* (Central Bank Governor's Symposium, 1998), Ch. 8.

〔25〕 Ibid.

〔26〕 Fay and Parent (n. 19), 54-5.

〔27〕 M. Taylor, *Twin Peaks: A Regulatory Structure for the New Century* (London, Centre for the Study of Financial Innovation, 1995); M. Taylor, *Peak Practice: How to Reform the UK's Regulatory System* (London, Centre for the Study of Financial Innovation, 1996).

〔28〕 See O. McDonald, 'Financial Regulation in Germany and the UK: A Comparison', LSE Financial Markets Group, Special Paper series, Special Paper 82, February 1996.

〔29〕 Goodhart et al. (n. 24), Ch. 8. 了解监管专业化的好处，参见 J. Coffee, 'Competitionversus Consolidation: The Significance of Organizational Structure in Financial and Securities Regulation' (1995) 50 *The Business Lawyer* 447-84。关于双重监管和监管竞赛的好处，参见 R. Romano, 'Empowering Investors: A Market Approach to Securities Regulation' (1998) 107 *Yale Law Journal* 2359-430。

〔30〕 Goodhart et al. (n. 24), Ch. 8.

—过多权力集中于一个机关,该机关非常可能变得懒散迟缓、官僚化,因此不能快速应对正在出现的或严重的风险;

—监管目标混淆;

—公众认为金融机构的风险范围已经消失或变得模糊,从而引起潜在的道德风险;

—如果单一监管机关采取了不当的监管政策,监管失败的成本会更高。

直到2008年,两种不同的架构都支撑着银行监管。第一种分散审慎监管职责,第二种将对金融部门的所有监管权力集中到一个单一机关,一个超级监管机关。有些法域将对特殊银行的审慎监管分离到拥有自行立法体系的单独监管机关,比如,一些欧洲大陆法域的合作银行和美国的信贷合作社。[31] 而且,美国和德国等联邦体系在州政府和联邦政府之间划分审慎监管。[32]

在包括英国在内的其他法域,所有审慎监管和行为监管都委托给一个超级监管机关,在英国是金融服务管理局。但是,即便将审慎监管赋予独立于中央银行的一个单一机关或一系列机关,中央银行仍然具有一些审慎监管职责。[33] 中央银行在监管支付体系上享有很大职权,它掌握审慎监管的重要信息,而且是危机时期可以充当最后放贷人的机构。

相比之下,西方主要法域（欧洲银行业联盟、美国、英国）的监管架构看起来像双峰（+）模式。在英国,监管体系包括审慎监管局、金融政策委员会、英格兰银行本身（担负监管系统风险的任务）、金融行为监管局。在欧洲银行业联盟,宏观审慎监管职责（国家中央银行）和微观审慎监管机关（主要是单一监管机制）职责比英国更鲜明,双峰+模式变得更加复杂,反映了欧元区内的道路独立、既得利益与政治现状。

二、监管权力 116

（一）概述

除银行监管机关制定规则的权力外,监管中还使用维护审慎监管目标的监管技巧。正如某重要监管官员所指出的:[34]

"监督"（supervision）和"管理"（regulation）两个术语交互使用,这是错误的……监督是我们工作实践中如何运用管理。就我而言,监督的两个关键要素是,监督是前瞻的,监督需要运用判断……监督因此是一种技能——实际上是几种技能。这项工作的实

〔31〕 e. g. Act on Membership Banks 1996 (Sweden);12 USC § 1757.

〔32〕 See M. Gruson and U. Schneider,'The German Landesbanken' [1995] *Col. BLR* 337,378-9.

〔33〕 C. Goodhart and D. Schoenmaker,'Institutional Separation between Supervisory and Monetary Agencies' in C. Goodhart, *The Central Bank and the Financial System* (London,Macmillan,1995).

〔34〕 补充了重点。See Andrew Bailey, keynote speech, the New York Federal Reserve conference,'Defining the Objectives and Goals of Supervision', 18 March 2016, available at www. bankofengland. co. uk/ publications/ Documents/speeches/2016/speech894. pdf.

质是理解公司的风险，并在必要时介入。

监管权的基本内容及其边界通常由二级立法确定，监管机关自己的规则手册只是进一步详细描述行使国会法律或法案（在欧盟各成员国是有关指令和规章）规定的界限和方式。[35] 必要的监管权力/技巧包括：[36]

• 审批申请机构及批准“准许的业务”；

• 通过适当的政策批准高管及其他重要职员；

• 批准并定期测试持牌机构的内部技术系统；

• 确保持牌机构定期向监管机关报告，包括报告有关重要持股情况、资本和流动性水平、风险状况和重大风险暴露，以及其他重大变化；

• 审查被监管（持牌）机构业务计划；

• 监督持牌机构的风险管理和具体公司治理；

• 审查持牌机构的恢复和处置计划；[37]

• 持续监督，包括现场检查；

117 • 定期资本和流动性压力测试；

• 早期干预权力；

• 调查和执行权力（处罚）；

• （主要的或辅助的）处置权力；

• （主要的或辅助的）促进竞争的权力。

此外，银行监管机关，通常是行为监管机关（比如，金融行为监管局）还享有对于是否遵从行为和消费者保护制度、市场诚信规则手册、反洗钱和恐怖融资规定等的监督和执行权力。

那些意图经营持牌银行的人面对的第一个障碍是满足审批（发放牌照）的要求。审批是银行审慎监管的核心，但一方面，审批的不同目的之间可能存在冲突；另一方面，阻止进入产生垄断效应。然而，正如第一章和第二章所分析的，银行是一个产生严重外部性，需要加强事前行政控制，并持续监督防范滥用风险的行业。因此，将银行业的有序

---

[35] 例如《资本要求指令Ⅳ》规定了一系列监督权，从审批到持续监督和因为违反审批条件暂停经营许可，包括违反保持最低资本要求（see Directive 2013/36/EU on access to the activity of credit institutions and the prudential supervision of credit institutions and investment firms OJ 2013 L 176/338, 27. 6. 2013, Title Ⅱ, Title Ⅲ, and Title Ⅳ）。

[36] 在很大程度上，银行监督要求/权力依照的都是巴塞尔的模板，因此它们在不同法域都很相近。（see Basel Committee on Banking Supervision, ‘Core Principles for Effective Banking Supervision’, revised September 2012）

[37] 例如，2010年的《多德-弗兰克法》§ 165（d）明确在12 CFR, pt. 243（联储理事会）和12 CFR, pt. 381（联邦存款保险公司）要求总合并资产在500亿美元以上银行控股公司和非银行金融公司由金融稳定监督理事会（FSOC）指定由联储监督并定期向联储和联邦存款保险公司提交处置方案。每一方案“必须描述公司在重大财务困难或公司经营失败时的快速有序处置策略，并包括公开和保密的部分”。See Board of Governors of the Federal Reserve System, ‘Resolution Plans’, available at www. federalreserve. gov/bankinforeg/resolution-plans. htm.

平稳运行托付于市场竞争是根本不可能的。

自1977年《第一个银行业指令》(First Banking Directive)后,欧洲全境已经实施统一的银行审批要求。[38] 其理念是通过迫使那些提供银行服务的人达到一系列标准并威胁如果违反标准则撤销批准,以防止不良活动。[39] 尽管审批可能是一个非常有力的控制工具,但其成功取决于审查的全面程度,以及对被批准人的行为的有效监督程度。同样,监管机关对那些违反其准则的人采取纪律惩戒的能力至关重要。

全球银行监管权力的逐步同质化并不意味着均衡的监管能力。金融体系的重点、属性和特点因监管区而异,因此提出不同的挑战。而且,尽管东道国和母国监管机关面对不对称的激励,监管机关可能并不负担完全对称的职责,使特别是跨境监管和执法产生很多问题。然而,分歧比过去要少。根据巴塞尔银行监管委员会2012年对其"核心原则"的评估,需要加强监管的领域与已经强化监管标准或监管方法发生重大改革的领域大致相同。特别是,巴塞尔银行监管委员会的评估强调:

• 需要加大监管密度,并提供充足资源有效监管系统重要性银行;

• 在对银行进行微观审慎监管中运用系统范围的宏观视角,协助识别、分析和采取先发措施解决系统性风险的重要性;

• 需要更加关注采取有效的危机管理、重组和处置措施,以降低银行倒闭的可能和冲击;

• 需要更加重视改进银行公司治理和风险管理,辅之以改进财务报告和外部稽核。[40]

(二) 棘手复杂的金融集团监管问题 118

英国的围栏政策和美国的分业政策彻底扭转了20世纪90年代和21世纪初金融服务业内部集团化发展的趋势。但它们并没有采取任何措施扭转那一时期发生的合并。如果说有,那么2008年危机之后的"强迫"兼并加强了行业集中度。另外,即便处于衰落,金融集团,[41] 即活跃于不同金融领域的大型金融集团,往往跨国经营,对于各国监管机关仍然是一个需要认真关注的问题,因为此类金融集团内部往往有监管机关的"探照灯"难以发现的盲点。这些集团的公司结构可能十分复杂,背后有税收或监管套利或组织效率的考虑。而且,集团内的集团或个体实体经常具有系统重要性,要么在成员国内,要么在整个欧盟境内。

---

[38] Directive 77/780/EEC [1977] OJ L322/30.

[39] A. Ogus, *Regulation: Legal Form and Economic Theory* (Oxford, Clarendon, 1994), Ch. 10.

[40] See Basel Committee on Banking Supervision (n. 36).

[41] 关于什么构成金融集团,这一法律上有效的复杂定义,规定在《关于金融集团中的信贷机构、保险义务和投资企业补充监督的2002/87/EU号指令》(Directive 2002/87/EC on the supplementary supervision of credit institutions, insurance undertakings and investment firms in a financial conglomerate, OJ 2003 L035/001, 11 February 2003) Art. 1 (14) 中提供。

《欧盟金融集团指令》[42]和最近的立法[43]致力于提升金融集团的合理审慎和有效监管，促进各国间和不同领域间监管方式的统一，加强金融稳定，并改进对存款人、保险单持有人和投资者的保护。对2002年《欧盟金融集团指令》的评估将扩大监管范围，涵盖一些非监管实体，特别是特殊目的工具，并就监管机关可以使用的豁免建立风险导向法，同时限制此类豁免的使用。评估还扩展到系统重要性金融集团，反映了金融稳定理事会在这一领域准则的不断发展。

作为第一步，2011年《欧盟金融集团指令》扩展了混合金融控股公司的含义。[44] 它还重新界定并扩大了“主管”和“相关主管机关”、“集团内交易”[45]和“风险集中”[46]的含义。最后，2011年《欧盟金融集团指令》明确了在什么情况下集团主要发生在金融领域的活动[47]是重要的，以及在什么情况下集团实体在不同金融领域的活动是重要的。[48] 我们必须在全球尝试协同对于金融集团进行监管——特别是在跨国层面上——的背景下看待欧盟在这一领域的新举措。[49]

119 欧盟最近关于金融集团的监管政策重点在于全面充分监控规模大的、复杂的、跨国经营的金融集团内部的集团风险，以及监管此类集团整个集团范围的资本政策。人们认为，只有主管机关能够超越其职责的国家范围收集监管信息并谋划监管措施，这才有可能。因此，主管机关需要协调对跨国经营的金融集团的补充监管，而且欧盟的欧洲监管局[50]将监督公司的发展（对于银行，则是欧洲银行管理局）。金融集团（根据2002/87/EC号指令补充性质运作的）相关主管机关协会不应当重复或取代现有的与那些金融集团内部的银行集团和保险集团有关的协会，而是应当为其活动增加价值。如果既没有银行业联盟，也没有保险业联盟，则会建立一个独立的监管机关联盟监管金融集团。[51] 而且，为了协调适用的标准并予以标准化，欧洲监管局发布了对欧盟境内金融集团监管的

---

〔42〕 Directive 2002/87/EC.

〔43〕 Directive 2011/89/EU as regards the supplementary supervision of financial entities in a financial conglomerate, OJ 2011 L 326/113, 8 December 2011.

〔44〕 Ibid., Art. 2：“混合金融控股公司”指母公司并非受监管企业，由其子公司——至少一个是注册于美国的受监管企业——和其他企业一并组成，构成金融集团。

〔45〕 Ibid.

〔46〕 “风险集中”指各种有潜在损失的风险敞口大到足以一般性影响清偿或金融集团中受监管企业的金融地位，无论该敞品是由于对手风险/信用风险，投资风险、保险风险、市场风险、其他风险，或该等风险的组合或相互作用（ibid.）。

〔47〕 当集团内受监管和不受监管的金融部门企业的资产负债表总额与集团资产负债表总额的比例应超过40%（ibid.）。

〔48〕 当“对每一金融部门来说，该金融部门的资产负债表总额与集团内该金融部门企业的资产负债表总额之比的平均数，以及同一金融部门清算需求与集团内该金融部门企业的总清算要求之比超过10%”（ibid.）。

〔49〕 See Basel Committeeon Banking Supervision—Joint Forum, ‘Principles for the Supervision of Financial Conglomerates’, September 2012. 还想获得更多近期公布的政策文件和评价，参见专门的巴塞尔银行监管委员会的网站：‘Basel Committee—Financial Conglomerates’，见 www.bis.org/list/bcbs/tid_140/index.htm。

〔50〕 Art. 2a and Recs. 4 and 5 Directive 2011/89/EU.

〔51〕 Ibid., Art. 2 (2).

共同指导原则。[52]

三、跨国挑战——整合监管、欧盟银行通行证和金融稳定“三难”抉择

（一）概述

就跨国银行业而言，监管状况变得更加复杂。如果某银行在外国（东道国）法域经营，其一般既要在母国法域接受某种审慎监管，又要在东道国法域接受某种审慎监管。巴塞尔银行监管委员会制定的跨国银行集团最低准则要求，所有跨国银行由能够执行统一控制的母国监管机关监管。[53]《巴塞尔银行监管委员会有效银行业监管核心原则》第 13 项原则要求，对有实际跨国业务的银行集团，母国监管机关要考虑该银行集团的风险状况和系统重要性，及其监管机关的相应需要，确认并建立适用于该行的监管联席会议，以提高其有效监督。监管联席会议的架构必须反映该银行集团的性质及其监管机关的需要，可以包括一个核心监管联席会议和/或结合被监管机构经营业务的边界划定的其他临时部分。[54] 然而，在没有进一步法律规定或双边监管安排的情况下， 120
这些原则及监管联席会议的存在不能阻止东道国监管机关为符合本国审慎要求而施加限制性措施。

总体上，跨国监管可能是一个棘手的问题，因为东道国监管机关和母国监管机关面对不同的动机组合；如果银行的分支或跨国业务的问题在东道国引起的顾虑比在母国要大，那么，其中一方，通常是母国监管机关注定缺乏行动动力。通常，由于面临此类不对称激励，既为了避免声誉损失，也为了避免此类行动的财务支出，特别是在缺少跨国责任分担安排的情况下，母国监管机关要么克制，要么迟缓采取对严重形势进行整改的措施。[55] 这种情况最恰当的例子是冰岛银行的倒闭，我们将稍后讨论，冰岛银行与母国监管机关有密切关系，对母国 GDP 有重大贡献，这意味着母国当局几乎不会采取措施，以避免对东道国市场冲击巨大的危机。[56]

---

〔52〕 ESMA, EBA, and EIOPA Joint Committee, ‘Joint Guidelines on the convergence of supervisory practices relating to the consistency of supervisory coordination arrangements for financial conglomerates’, JC/ GL/ 2014/ 01, 22 December 2014. 为满足补充监督的目标，联合指引涉及如下领域：（1）描述集团结构和书面协议，（2）就关注情况和紧急情况的信息交换协作，（3）对金融集团的监督评价，（4）对持续关注与紧急情况的监督计划和监管活动协作，（5）适格监管当局之间的决策流程（ibid）。

〔53〕 第一版关于银行监督的巴塞尔银行监管委员会声明是关于“银行国际业务的合并监督”，1979 年 3 月。相关的巴塞尔文件得到复申并被植入 2012 年《巴塞尔银行监管委员会有效银行业监管核心原则》第 12 项原则（联合监管）。第 12 项原则规定：“银行监督的一个重要要素在于监督者基于合并基础而监督银行集团，充分监控并适用审慎标准于银行集团在全球范围内实施业务的各个方面。”

〔54〕 Ibid., Principle 13.

〔55〕 E. Avgouleas, C. Goodhart, and D. Schoenmaker, ‘Bank Resolution Plans as a Catalyst for Global Financial Reform’ (2013) 9 (2) *Journal of Financial Stability* 210 - 18; C. Goodhart and D. Schonemaker, ‘Fiscal Burden Sharing in Cross-border Banking Crises’ (March 2009) *International Journal of Central Banking* 141.

〔56〕 See E. Avgouleas, *Governance of Global Financial Markets—The Law, the Economics, the Politics* (Cambridge, Cambridge University Press, 2012), 277-9.

2008年之后时期的大部分跨国监管安排包括监管联席会议,它们的运行及接受决策是以大量备忘录为基础的。[57] 一些重要法域,主要是美国,已经发现这种安排不能令人满意,美国为了减轻审慎监管顾虑——至少是对于规模最大的外国银行经营,正在快速转向本地化/辅助化技术。[58]

(二)欧盟银行业通行证,金融稳定三难抉择和欧洲银行业联盟

根据《资本要求指令Ⅳ》及其之前的指令,经一个成员国审批的欧盟银行可以自由在其他成员国设立分支并提供服务。[59] 由此形成了银行的母国法域对欧盟其他任何地方的分支和提供的服务履行重要的审慎监管职责。在《欧盟银行复苏与处置指令》[60]通过和欧洲银行业联盟组建以前,东道国监管法域有一些权力,但主要是在非审慎监管领域。特别明显的是,东道国可以为了公益采取适当措施。[61] 这种权力的范围是没有
121 限定的。在其他情况下,欧洲法院曾表明,如果东道国的限制措施区别对待、重复母国的制度,或不客观合理,或与所追求的结果不成比例,那么将不会允许这些限制。[62]

实际上,对于监管其他成员国银行的分支以及跨国提供服务,特别是吸收存款,东道国拥有合法的关切。允许进入支付和清算体系就是其他成员国银行分支的倒闭可能给中央银行或东道国其他银行带来系统性风险的途径之一。其他途径有存款保护问题,以及经营跨国业务或设有跨国分支但在母国未受充分监管银行的倒闭可能给东道国市场带来的整体金融稳定风险。发生后一种风险的最好例证是2007年冰岛银行倒闭在东道国法域引起的混乱,冰岛银行的存款服务要么跨境提供,要么通过分行提供,只是这种情

---

[57] 了解通过谅解备忘录实施的国际银行监管的结构和按照华盛顿G20处置要求的监管者社团(Washington Action Plan', Washington DC, 15 November 2008, para. 35),参见 Basel Committee on Banking Supervision, 'Good Practice Principles on Supervisory Colleges—Final Document', October 2010, available at www.bis.org/publ/bcbs177.pdf。

[58] 自2016年7月1日起外国银行业组织在美非分行资产在500亿美元以上需要建立美国中介控股公司控制其美国子公司。外国所有的美国中介持股公司一般也适用于同样的适用于美国银行控股公司的以风险为基础的杠杆资本标准。中介控股公司同时也应用于美联储要求的常规资本计划和压力测试工的规则。See Federal Reserve System, 'Enhanced Prudential Standards for Bank Holding Companies and Foreign Banking Organizations', final rule, 12 CFR Part 252, 27 March 2014.

[59] CRD IV, Title V.

[60] Directive 2014/59/EU establishing a framework for the recovery and resolution of credit institutions and investment firms, OJ 2014 L 173/190, 12 June 2014.

[61] 这一豁免现在在《资本要求指令Ⅳ》(Art. 36 and Rec. 22)下已收窄很多,该规定指在最大化的统一审慎要求,不仅是通过《资本要求指令Ⅳ》和《资本要求条例》的规定,而且包括欧洲银行业管理局统一监督标准。

[62] e.g. Case 205/84 *Commission v. Germany* [1986] ECR 3755; Case C-384/93 *Alpine Investments BV v. Minister van Financiën* [1995] ECR I-1141; Case C-233/94 *Germany v. European Parliament and the Council of the European Union* [1997] ECR I-2405; *Société Civile Immobilière Parodi v. Banque H Albert De Barg et Cie* [1997] All ER (EC) 946. See E. Lomnicka, 'The Home Country Control Principle in the Financial Services Directives and the Case Law' [2000] EBLR 324; P. Nielsen, *Services and Establishment in European Community Banking Law* (Copenhagen, DJØF, 1994), 238 et sqq.; European Commission, *Commission Communication, Freedom to provide services and the interest of the general good in the Second Banking Directive* [1997] OJ C209/6.

况更少,[63]并至少在三个东道国市场（英国、卢森堡和德国）引起混乱。[64] 同样的例子是Dexia银行和Fortis银行的倒闭,及其跨国业务给东道国监管机关带来的忧虑。[65]

德克·休梅克（Dirk Schoenmacker）和桑德·奥斯特洛（Sander Osterloo）,在一篇影响深远的论文中突出强调了这些金融稳定顾虑,他们将欧盟内部金融服务市场面临的政策取舍描述为"金融（稳定）不可能三角"。[66] 这种说法借鉴了20世纪60年代著名的货币政策难题,其说明（1）固定汇率政策,（2）资本流动,以及（3）一国货币政策独立性不可能同时存在。[67] 休梅克和奥斯特洛认为,一国对银行的金融监管、金融服务的一体化银行业市场以及金融稳定不可能共存,因此必须有所取舍。[68]

为解决金融稳定的三难抉择,以解决银行负债链接主权负债的反复死循环,欧元区通过欧元区成员国之间的安排,建立了欧洲银行联盟,以单一跨国监管机关——单一监管机制——作为其核心。即便在这些最新发展及起草/实施共同规则手册之后,欧洲银行联盟实体和非欧洲银行联盟的欧洲监管机关之间的矛盾仍可能无法排除,特别是有关分支机构的早期干预措施。正如在其他情况下一样,（根据《欧洲银行复苏与处置指令》）组建欧洲范围的监管和处置协会（将在第五章讨论）不能消除母国和 122
东道国之间存在的相互冲突动机（以及监管宽容的空间）。针对这种顾虑,非欧洲银行联盟的欧盟成员国逐渐趋向事实上的进一步地方化/附属性,与欧洲单一市场前景精神相反。

另外,2016年6月英国的欧盟公投结果引发的发展变化可能令这一趋势发生逆转,特别是如果英国谈判者不维护银行业务指令的跨境适用,那么,虽然英国可能在对等条款基础上继续取消《服务贸易总协定》中规定的审慎分拆,[69]但仍处于欧洲银行联盟之外的其他欧盟监管体制可能将屈从于更大法域（欧洲银行联盟）的"宗主权",导致附属性可能逆转,并将单一监管机制的管辖扩展到整个欧盟27国。

---

〔63〕 最典型的例子是冰岛的银行Landsbanki,它还提出了欧盟通行证的问题,因为英国作为东道国监者没有能力早期介入阻止其英国分行的崩塌（see FSA, 'A Regulatory Response to the Global Banking Crisis', Discussion Paper DP09/2, March 2009, 57）。

〔64〕 了解东道国英国、德国、卢森堡监管者对冰岛银行经营失败的反应及其采取的激进措施,包括对冰岛银行的资产冻结与没收,以保护国内金融稳定和本地存款人,参见Basel Committee on Banking Supervision, 'Report and Recommendations of the Cross-border Bank Resolution Group', Basel, September 2009, 12 et. seq。

〔65〕 了解Dexia和Fortis的经营失败,参见ibid., 10-12。

〔66〕 D. Schoenmaker and S. Osterloo, 'Financial Supervision in an Integrating Europe: Measuring Cross-border Externalities'（2005）8 *International Finance* 1-27.

〔67〕 See also D. Schoenmaker, 'The Trilemma of Financial Stability', mimeo, University of Amsterdam, 8 September 2008.

〔68〕 Ibid.

〔69〕 审慎分拆给各国政府以服务于审慎监管的自由,虽然有《服务贸易总协定》下《金融服务附件》第2（a）的承诺。近期拆分范围的案例法,参见WTO, *Argentina—Measures Relating to Trade in Goods and Services*（9 May 2016）WT/DS453/12, available at www.wto.org/english/tratop_e/dispu_e/cases_e/ds453_e.htm。

四、监管问责与司法审查

（一）治理与问责

无论在银行处置和早期干预（将在第五章分析）中，还是在日常行使其监管和执法权力的过程中，银行监管机关享有的广泛权力，特别是在2008年之后时期，应当适用严格的问责框架。对于中央银行更应如此，中央银行集货币政策权力、金融稳定（宏观审慎监管）和银行监管（微观审慎监管）主管权以及最后放贷人职能于一体。仅仅列举金融监管机关的权力，特别是中央银行主管的职能，足以表明这些机关已进入最有权力国家机关之列，其中大的机关显然发挥着地区或全球影响。

对金融监管机关的问责要求，远不是仅审查其监管和执法决策及正当程序，而是深深触及现代西方社会的民主大厦和决策过程，尽管自20世纪90年代以来，中央银行在行使其货币权力上享有传统的独立性。因此，在大部分体制中，都有某种松散的政治/国会问责机制。

例如，英国监管机关的工作由下议院财政特别委员会审查，而英格兰银行的行长和副行长则对银行董事会负责，特别是对其内设机构监督委员会负责。〔70〕 此外，《2012年金融服务法》Part 6规定，英国监管机关要制定投诉制度，调查与行使或未行使其相关职
123 能有关的投诉。监管机关还应任命一名独立人员（就此事项而言称为投诉调查官），负责调查行为符合投诉制度。〔71〕 但投诉制度只审查针对审慎监管局和金融行为监管局的相关任何错误、不专业行为、不合理拖延、偏见，或监管机关一方缺乏诚信的投诉。其中不包括针对政策或监管决策的投诉。〔72〕

欧洲中央银行在所谓单一监管机制下行使对监管权的问责制看起来非常宽泛。根据《单一监管机制条例》，〔73〕就其监管职权，欧洲中央银行对欧洲议会以及欧盟理事会的欧元区成员国集团（欧元集团）负责。《欧洲议会与欧洲央行的机构间协议》〔74〕和

---

〔70〕 “英格兰银行主要通过下议院的财政委员会向议会负责，在此之前行长、理事长、外部的货币政策委员会成员和金融政策委员会（FPC）成员通常会出现。英格兰银行由单一的董事会监督，也就是“理事会”（Court），即理事会监督委员会，仅由非执行董事组成，并由独立评估办公室支持，来审查并报告英格兰银行履职的各个方面”（see Bank of England，‘How Are We Governed?’，available at www. bankofengland. co. uk/about/Pages/governance/default. aspx）。

〔71〕 See The Bank of England，the Financial Conduct Authority，and the Prudential Regulation Authority，*Complaints against the Regulators*：*The Complaints Scheme*，updated March 2016.

〔72〕 Ibid.，Pt3.

〔73〕 See Bank of England，‘How Are We Governed?’，available at www. bankofengland. co. uk/about/Pages/governance/default. aspx

〔74〕 See ‘Interinstitutional Agreement between the European Parliament and the European Central Bank on the practical modalities of the exercise of democratic accountability and oversight over the exercise of the tasks conferred on the ECB within the framework of the Single Supervisory Mechanism’（2013/694/EU），OJ 2013 L 320/1，30 November 2013.

《欧洲央行和欧洲理事会谅解备忘录》明确了实践中如何执行问责制的要求。[75] 其中，问责的主渠道是议会听证及在欧元集团内交换意见。也通过欧洲议会成员或欧元集团成员向监管委员会主席书面提出问题，以及欧洲央行向欧洲议会、欧盟理事会、欧元集团、欧盟委员会和参与的成员国国家议会提交的详细年度报告。欧洲央行年度报告说明其如何履行监管任务（《单一监管机制条例》Articles 20 和 21）。然而，在有些情况下，银行监管机关涉及的情况非常复杂且难以预料，这意味着在很多情况下政治问责效力可能被大大削弱。

这种情况下的一个关键问题是，在执行货币政策职能时享有非常高的宪法保障[76]的中央银行，在执行行政职权，比如履行银行监管和处置任务时，是否应当继续享有这种水平的独立性和保障。[77] 例如，查尔斯·古德哈特（Charles Goodhart）在下院委员会提出，关于金融稳定问题，英格兰银行理事会（Bank of England Court）并不是对英格兰 124
银行进行行政问责的恰当实体，其实这种监督职能在于议会和政府，它们应当令英格兰银行为金融稳定决策负责。[78]

另一个讨论较多的问题是，宏观审慎监管/金融稳定和货币政策权力是否应当由同一个机关行使，是否能够有可行的制度架构，将这两种可能冲突的权力分开行使。[79] 在这种情况下，监管机关的组织方式及其内部治理和监督程序，变得和外部问责机制同样重要。

---

〔75〕“欧洲中央银行由此作为民主法治化机构代表欧盟和成员国的公民，向欧盟议会和理事会报告管理办法的实施情况”［see ‘Memorandum of Understanding between the Council of the European Union and the European Central Bank on the cooperation on procedures related to the Single Supervisory Mechanism (SSM)’, December 2013, Rec. D］。

〔76〕例如《单一监管机制管理办法》Art. 19 规定：当执行由该管理办法委托给它的任务时，欧洲中央银行和各国适格监管当局在单一监管机制内应各自独立行动……不应寻求也不应采用从欧盟的机构和组织体、从任一成员国政府或从任一公共或私人组织获得指示……监管理事会的成员和执行委员会应独立行动且客观上为了欧盟的整体利益，不能从欧盟的机构或组织、从寻求或获取指示。

〔77〕See K. Alexander, ‘The ECB and Banking Supervision: Building Effective Prudential Supervision?’ (2014) 33 (1) *Yearbook of European Law* 417-32.

〔78〕Charles Goodhart, answering q. 148, House of Commons, Oral Evidence taken before the Treasury Committee, Corrected Transcript of Oral Evidence to be published as HC 874-ii, 23 May 2011, available at http://www.publications.parliament.uk/pa/cm201012/cmselect/cmtreasy/874/110323.htm. See also C. Goodhart, ‘The Macro-Prudential Authority: Powers, Scope and Accountability’, Special Paper 203, LSE FMG series, October 2011, 33-4, available at www.lse.ac.uk/fmg/workingPapers/specialPapers/PDF/SP203.pdf.

〔79〕苏希尔·瓦德瓦尼（Sushil Wadhwan）博士，一位英格兰银行的前货币政策委员会（MPC）委员在下议院对此问题作了如下解释：例如，如果证明我们又有一个次住房泡沫，而金融政策委员会想要收紧贷款需求且它实质性地提高了资本要求，由此加大了贷款保证金并提高了利率，这样会放缓经济，并由此导致货币政策委员会预期通胀从而错失目标。还存在的风险是货币政策委员会通过降低利率来回应这一现象，你于是进入这种毫无生产力的游戏。这会引起的另一个问题是可信度，因为金融政策委员会可能会过来对你说我们已提高了资本要求，但我们未能成功因为货币政策委员会实际降低了利率”［See House of Commons (n. 78), answering 9.143］。

(二) 司法审查

根据《2000 年金融服务与市场法》,类似审慎监管局和金融行为监管局享有的模糊自由裁量权应接受司法审查。因此,英国监管机关发布的所有重要监管和执法决定可以被上诉到英国金融服务法庭,一个特殊设立的裁定机构,完全独立于英国监管机关和/或政府。之所以需要一个特殊法庭,是因为金融服务监管具有特殊性质,以及因此需要专业知识。实际上,在裁定过程中,法院有相当大的余地:它可能考虑任何证据,无论英国监管机关在其决策时是否可以获得,必须决定监管机关必须怎么做,还可以对它们的监管规定和程序提出建议。[80] 此外,法庭的某些裁定,特别是那些有关金融犯罪、剥夺人身自由或重要业务以及财务损失的,可以上诉到法院,而且是直达法庭,尽管一般还可以有司法审查。[81]

因此,根据《2000 年金融服务与市场法》,当审慎监管局拒绝许可、施加限制,或者自行增加许可条件,其必须向银行给出相关通知。[82] 这启动了银行要求说明原因的权利,以及在有些情况下要求获得通知依据资料的权利。[83] 最终,银行可以申请金融服务法庭裁定,在其裁定之后,有关法律问题可以提交法院审查。同样,金融行为监管局有关市场滥用的决定也可以上诉到金融服务法庭(《2000 年金融服务与市场法》section 127)。

(三) 法律救济

银行监管机关是否应当承担责任也在一定程度上取决于一般法。或许可以说,监管
125 机关从来不该一开始就批准那些它们未能充分监督的银行,它们应当早已将其关闭,等等。事后经常可能说有些事做得不够充分,或应当采取不同做法。但日常实践中,监管决策可能取决于好的决策,也可能取决于困难的决策。在危机时期,不得不依据有限信息在短时间内作出决策。实际上,英国当局的观点是反对让监管机关对个体存款人和投资者遭受的损失负责。司法部门不愿对监管机关进行事后猜测也就不足为奇。而且,由于这是纯粹的经济损失问题,英国法院在判决赔偿额上犹豫不决,因为可能涉及大量难以计算的损失。

当面对指控银行监管机关失职的诉讼时,法院一直认定,不存在注意义务。其中提及决策过程的敏感微妙性,以及强加义务实际上是让监管机关对银行管理的失职负责,

---

〔80〕 FSMA 2000, s. 133.

〔81〕 cf. *R. v. Bank of England, ex p. Mellstrom* [1995] CLC 232.

〔82〕 FSMA 2000, ss. 55, 56, 57 (2) - (5), and 63B.

〔83〕 FSMA 2000, Pt. XXVI.

而监管机关事实上不可能严密控制银行管理。[84] 此外,人们发现,义务的现行理论前提之一——监管机关和遭受损失的人之间的"近因"—— 被认定为不充分。以违反法律义务作为损失赔偿请求权基础也没有更好。最后,失职和遭受损失之间需要有因果关联。这又给潜在起诉者提出了困难。在欺诈经营银行的情况下,索赔人损失更直接的诉由,较之说是监管机关行为,一般应该说是经营人的行为。

如果银行监管机关一般性地豁免过失诉讼,那么至少有两种其他可能。第一,存在公共部门的滥用职权侵权。由于这涉及恶意,它并不受《2000 年金融服务与市场法》豁免条款的影响。[85] 公共部门的滥用职权涉及故意且错误使用赋予其的权力。这可能涉及恶意。第二,必须证明监管机关知悉某作为或不作为是非法的,而且该作为或不作为可能造成原告的损失,或监管机关是放任。[86] 说明侵权行为的构成要件,就是暗示原告在证明主张中面临的困难,完全不同于因果关系问题——监管机关的行为或不作为是原告损失的实际原因。上议院早期曾就 *Three Rivers* 案件作出多数决裁定,驳回了关于英格兰银行在监管国际信贷商业银行 (BCCI) [87] 中滥用职权引发罢工的指控,其中包括重要论断,[88] 尽管其没有后续,该指控英格兰银行案最终被驳回。[89] 而且,考虑到根据 126
新的宏观审慎政策、微观审慎政策和处置政策,以及功能性存款保险计划,监管机关广泛的权力,加之举证义务要求高,将来任何针对监管机关的指控可能只能涉及监管监督的灾难性错误,或者,更可能的是灾难性宽容。但仍不能完全排除有些受损方将来可能提出滥用职权索赔。如果真的那样,法院可能觉得需要深入调查监管机关的决策以及准备

---

[84] *Yuen Kun Yeu v. Attorney-General of Hong Kong* [1988] AC 175 (PC); *Davis v. Radcliffe* [1990] 1 WLR 821, [1990] 2 All ER 536 (PC); *Three Rivers DC v. Governor and Company of the Bank of England* (No 3) [2000] UKHL 33, [2003] 2 AC 1, [2000] 3 All ER 1 (HL). See M. Andenas and D. Fairgrieve, 'To Supervise or to Compensate?' in M. Andenas and D. Fairgrieve (eds.), *Judicial Review in International Perspective* (London, Kluwer, 2000). See generally P. Craig and D. Fairgrieve, 'Barrett, Negligence and Discretionary Powers?' [1999] PL 626.

[85] SMA 2000, Sch. 1, para. 19.

[86] *Three Rivers DC v. Bank of England* (n. 84). 这个案子涉及国际信贷商业银行 (它是信贷和商业银行国际集团的一部分,它于 1991 年倒闭并留下了巨额损失) 的英国分行存款人的诉求。就其未受补偿的损失对英格兰银行提出诉求,要求其履行《1979 年银行法》(Banking Act 1979) 下的法定职能。他们主张 (1) 英格兰银行对国际信贷商业银行的吸收存款的许可和随后监管是达到了公共机构滥用职权;且或 (2) 在欧盟法下,原告对英格兰银行有可强制执行的权利。2000 年 5 月,上议院最终将原告主张的第 2 个问题认定为法律问题,判决认为系争欧盟指令没有授权存款人以对英格兰银行主张赔偿的效果,且"公共机构的滥用职权侵权涉及恶意的程度是政府官员没有诚实地确认他的行为是合法的" [*Three Rivers DC v. Bank of England* (*No* 1) (n. 84), per Lord Steyn]。

[87] *Three Rivers DC v. Bank of England* (*No.* 3) [2001] UKHL 16, [2003] 2 AC 1, [2001] 2 All ER 513 (HL).

[88] "6……我必须强调本案无可置疑的是,英格兰银行从 1990 年 4 月起知道国际信贷商业银行处于明显的倒闭危险之中,会产生不可避免的损失除非有现实有效且有希望的营救内容。英格兰银行未能说服我说原告未能有效证明英格兰银行明知不会有综合有效的营救济或者毫不在意是否有这样的营救。而且,我也不认同法官和上诉法院多数自信满满认定的在举证和质证中没有产生对原告的重大实质性支持" [*Three Rivers DC v. Bank of England* (*No.* 3) (n. 87) 16, per Lord Steyn]。

[89] *Three Rivers DC v. Bank of England* (*No.* 3) (n. 87).

应对/处理危机中的银行。[90]

此外，监管机关的决策是可以司法审查的。换句话说，法院可以以比如超越法定职权、考虑无关因素或忽视相关因素，以及不像合理监管机关所为等为由，命令监管机关重新考虑其决策。程序不当，比如违反自然正义原则，也是审查的理由。然而，有很多障碍阻止获得对于银行监管机关决策的司法审查。一是法院往往遵从监管机关的判断。[91]二是当立法规定了救济时，当事方必须首先寻求救济。即便成功申请司法审查，救济通常是责令重新研究决策，英国公法对损害的救济仍不发达。

尚不明确的是，改革之后，前面讨论过的治理和问责机制及其改进能否整治有效监管面临的最大威胁，即群体思维的风险和监管机关认知偏见的影响。[92] 新的审慎监管和行为监管的完全的复杂性和监管对于现代银行业的重要性意味着，监管容忍或疏忽可能产生灾难性影响。为避免发生这种情况，监管机关必须积极追求更为开放的决策，其中至少没有不可克服的保密障碍，或保密的方式不损害公开。这种公开不能局限于定期出版监管报告。吸收外部有关方面参与决策过程，甚至作为普通咨询者（遵守保密措
127 施），以及鼓励他们挑战监管思维和群体思维与监管透明一样重要，即便不算更重要。这里需要强调的是，英格兰银行在通过货币政策委员会讨论制定货币政策时，对于相反观点，已经达到这种公开程度。

第三节 银行从业人员的行为、洗钱和恐怖融资

一、概述

金融体系作为一个整体，特别是银行，非常容易被滥用，其中技术既帮助坏人利用金融体系达到犯罪目的，也帮助监管机关发现这些行为。总体上，银行监管机关必须保持警惕，保护金融体系不仅防范审慎风险，而且防范犯罪活动，主要是洗钱和恐怖融资和其他损害客户利益的行为（提供误导信息和不当销售），并防范损害市场诚信的行为。

银行业行为监管主要关注个人行为和机构的失误——比如不当销售，以及此类行为对客户利益和整个市场诚信的影响。在前面几章，我们分析了一些大规模的金融丑闻，

---

〔90〕 在 *Three Rivers* 案中存款人的诉求被驳回，理由是如果对英格兰银行主张要获胜，要证明“不计后果的冷漠”存在，且是一种主观的判断。因此原告需要展示英格兰银行方面知道其决议将产生对原告的损害。如阿伦斯顿（Aronsto）强调的：“该案的逻辑是当被告的轻率的冷漠是对一项灾难性后果的高度不可能的风险时否定被告的责任。人们可能质疑这种结论”（see M. Aronson，‘Misfeasance in Public Office’，UNSW Law Research Paper No. 2011-21，available at www. lawcom. gov. uk/wp-content/uploads/2016/01/apb_tort. pdf）。

〔91〕 e. g. A v. B Bank［1993］QB 311，326-8.

〔92〕 就监管的认识偏见问题，参见 E. Avgouleas，*Governance of Global Financial Markets—The Law，the Economics，the Politics*（Cambridge，Cambridge University Press，2012），Ch. 3，and J. Black，‘Seeing，Knowing，and Regulating Financial Markets：Moving the Cognitive Framework from the Economic to the Social’，LSE Law，Society and Economy Working Papers 24/2013。

要么是行为不当,要么是市场滥用,而且还涉及严重违反稳健的银行治理。因此,今天的行为监管超出了传统的适当规则以及防范不当销售的规则,扩展到公司治理准则、薪酬激励、组织体系审核,以及“产品治理”,其中一些我们已经在前面作了分析(见第三章)。

在很多方面,2008 年前后普通的银行不当行为非常明显地反映了银行从业人员的“腐朽的”文化和“失范的”道德,不仅仅是不正当激励的结果。公众对金融服务业的信任消失了,仅靠严格监管可能不足以重建这种信任。因此,当前关于银行人员行为的政策争论,已经扩展到包括旨在改变银行文化和重塑银行从业人员道德等措施。著名的三十国集团(Group of Thirty) 2015 年报告具有指导意义,[93] 报告号召银行从业人员树立典范。

在英国和其他发达的监管区,防范洗钱和恐怖融资的立法往往是严厉的,监管控制非常广泛。然而,近年来,甚至一些规模最大的银行都有违反规定并被巨额罚款。[94] 这些事例和由此产生的指控及其造成的罚款和其他处罚,突出说明犯罪分子滥用银行体系仍然是一个需要持续关注的问题。最近的丑闻已经强化了英国和美国等主要法域监管 128
机关的决心,加强其侦查和执法措施,并赋予主要内设机构和银行管理层实施控制监督和预防机制的权力。

二、行为和道德

(一) 行为监管

正如前面提出的,行为监管关注每个公司的三个主要领域:该公司的组织及其架构、该公司的主要人员、公司或个人以及银行业务对客户和整体市场的影响。除了有关产品治理[95] 和吸收存款的银行营销投资产品的制度,银行部门行为监管的其他主要分支是对个人业务的许可并持续监督其行为的体制。在后面第三节“三、洗钱和反恐融资”,我们将分析金融行为监管局如何监督和执行英国的行为政策,以及对个人薪酬/激励加以控制(上一章已经广泛分析了欧洲的薪酬监管框架)。

2013 年 6 月,议会的银行准则委员会出版了其报告——《永久变革银行》,提出了改

---

〔93〕 See Group of Thirty Report, ‘Banking Conduct and Culture: A Call for Sustained and Comprehensive Reform’, July 2015.

〔94〕 United States Senate, Permanent Subcommittee on Investigations, ‘HSBC Exposed U. S. Financial System to Money Laundering, Drug, Terrorist Financing Risks’, Monday, 16 July 2012, available at www. hsgac. senate. gov/subcommittees/investigations/media/hsbc-exposed-us-finacial-system-to-money-laundering-drug-ter-rorist-financing-risks. 了解该案背景和美国参议员子委员会的事实认定,参见 United Sates Senate, Permanent Subcommittee on Investigations, ‘U. S. Vulnerabilities to Money Laundering, Drugs, and Terrorist Financing: HSBC Case History’, 17 July 2012, 见 www. hsgac. senate. gov/subcommittees/inves-tigations/hearings/us-vulnerabilities-to-money-laundering-drugs-and-terrorist-financing-hsbc-case-history。

〔95〕 See FCA, ‘Markets in Financial Instruments Directive Ⅱ Implementation—Policy Statement II’, PS17/14, July 2017, esp. Ch. 17.

变英国银行业职业准则和文化的立法及其他措施的建议。随后制定了《2013 年金融服务(银行业改革)法》。当时,审慎监管局和金融行为监管局就如何实施和强化《2013 年金融服务(银行业改革)法》和议会的银行准则委员会建议的有关意见进行了咨询。[96] 在英国,这最终形成了:

新的高管体制,明确了各部门的责任界限,并要求银行定期审查其高管是否适合担任银行高管,提高监管机关认定银行高管的能力和要求银行据专用"认证体制"评估特定岗位人员适当性和专属性的能力,这些岗位的决策可能给本行或某一客户利益带来严重损害。这之后制定了新的行为制度,采取了高层次原则的简述形式,规定了银行职员的行为准则。

至于薪酬,与前面分析过的欧盟立法和欧洲银行管理局的指导原则一致,经咨询,[97] 审慎监管局和金融行为监管局制定了新体制[98]:

(1) 通过要求公司推迟支付浮动报酬(例如,奖金),视职位高低至少 5 年或 7 年,并采用分阶段发放的方法,在更长时期内提高风险和报酬的一致性;

(2) 如果风险管理或行为失误的后果以后显现出来,进一步提高公司从高管追回浮动薪酬(即使已经支付)的能力。

129 审慎监管局还制定了一套追回规则,规定了自发放之日起最短 7 年的追回期[99],鼓励银行职员个人为其行为承担更大的责任。根据安德鲁·贝利,"强化个人责任和提高风险与报酬的一致性应当对银行内的行为和文化产生积极影响,将有助于确保银行经营管理方式促进机构个体的安全和稳健。"[100]

而且,新的行为体制更加重视金融公司开展业务和对待客户的方式。变化必须自上而下,行为监管还负责推动董事会会议的文化变化。[101] 但是,正如我们后面将看到的,文化变化不可能仅仅靠遵从行为规范达成,增加组织和个人职业伦理等一些软方法也很重要。

包括银行等英国的持牌公司和"经批准的人员"都必须遵守金融行为监管局的高级准则,[102] 其中包括《经营原则》(Principles for Business, PRIN)[103] 和《高管安排、体系和

---

[96] PRA/FCA, 'Strengthening Accountability in Banking: A New Regulatory Framework for Individuals', Consultation Paper 14/14, 30 July 2014.

[97] PRA/FCA, 'Strengthening the Alignment of Risk and Reward: New Remuneration Rules', Consultation Paper 15/14, 30 July 2014.

[98] PRA/FCA Policy Statement, 'Strengthening the Alignment of Risk and Reward: New Remuneration Rules', PS15/16, 23 June 2015.

[99] PRA Policy Statement 'Clawback', PS7/14, July 2014.

[100] PRA Policy Statement 'Clawback', PS7/14, July 2014.

[101] Ibid.

[102] FSMA 2000, s. 64, as amended.

[103] Available at www.handbook.fca.org.uk/handbook/PRIN/.

控制》(Senior Management Arrangements, Systems, and Controls, SYSC)。[104] 这些准则规定了受金融行为监管局监管的公司的基本义务、董事和高管的责任、经金融行为监管局批准并且保留金融行为监管局批准的人员的一些最低准则,以及有关公司防范金融犯罪体系和控制的规则和指导原则。

最后,新的行为管控体制的核心是产品监管、销售和披露、适当性及其他客户保护制度。金融服务监管局已经在公司与其客户关系[105]方面对金融产品监管进行了广泛调查,并制定了公正对待客户(TCF)原则,[106]这些原则现在通过《经营原则》的第六项原则和金融行为监管局制度手册,已经纳入金融行为监管局的行为管控体制。[107] 公正对待客户旨在保护客户完全理解其所购产品的特点、收益、风险和成本,通过鼓励售前、售中和售后的最佳做法减少销售不适当产品。[108] 金融行为监管局已经强调了产品生命周期的关键领域,其中增加检查可以帮助公司(包括银行),遵从公正对待客户。这些包括产品设计、金融促销/营销做法、销售过程、售后信息和客户服务,以及投诉处理。薪酬激 130
励结构自然也在这一领域发挥重要作用。

产品治理一度是金融服务监管局和金融行为监管局的重点。[109] 这个术语通常指家父体制,试图控制金融产品的质量,特别是从一开始(从制造阶段)和随后分销阶段可能销售于零售市场的结构化金融产品。[110]《2014年金融工具市场指令》对新产品的治理体制更进一步,延至零售市场以外的产品治理。[111] 即便是实施围栏政策的银行,只要提供结构性存款就要遵从《2014年金融工具市场指令》体制。[112]

(二)银行从业人员的职业伦理

与明确的个人行为监管相伴,出现了一种新的有说服力的思路,认为监管机关并不

---

[104] Available at www. handbook. fca. org. uk/handbook.

[105] FSA, 'Treating Customers Fairly—Towards Fair Outcomes for Consumers', July 2006, available at www. fca. org. uk/publication/archive/fsa-tcf-towards. pdf.

[106] See FSA, Finalized Guidance, 'Retail Product Development and Governance—Structured Product Review', March 2012; FSA, Finalized Guidance, 'Retail Distribution Review: Independent and Restricted Advice', June 2012.

[107] FCA, 'The Responsibilities of Providers and Distributors for the Fair Treatment of Customers (RPPD)', available at www. handbook. fca. org. uk/handbook/document/RPPD_FCA_20130401. pdf.

[108] 公正对待客户的四大最重要的成果是:成果二:在零售市场营销与销售的产品与服务意在满足细分消费者群组的需求并相应以此为目标;成果三:消费者被提供了明确的信息并销售前、中、后一直被适当地被通知该等信息;成果四:当消费者收到建议时,该建议是适当的且考虑了他们的情况;成果五:向消费者提供的产品业绩表现如销售企业引导他们期待的,而相关服务达到可接受的标准且如他们被引导所期待的(FCA, 'Fair Treatment of Customers', available at www. the-fca. org. uk/fair-treatment-customers? field_fcasf_ sector=unset & field_fcasf_page_category=unset)。

[109] See FCA, 'Structured Products: Thematic Review of Product Development and Governance', TR15/2, 5 March 2015.

[110] See FSA, Finalized Guidance, 'Retail Product Development and Governance—Structured Product Review', FG 12/9, 13 March 2012, modified 20 October 2014.

[111] Arts. 16 (3), 24 (2) and Rec. 71 of Directive 2014/65/EU on markets in financial instruments, OJ 2014 L 173/349, 12 June 2014.

[112] Ibid., Art. 1 (4) and Recs. 39 and 40.

能监管银行从业人员的行为的所有方面，最好将监管聚焦于整体的行业文化和银行从业人员职业伦理。在很多方面，职业伦理与行为监管平行，并不拒绝其适用或否认需要它。[113] 它更是一种堵住缝隙的方法，然而特别重要。

前面提到的三十国集团报告强调，金融业实体必须以身作则，帮助金融部门恢复其可信度和公信力。它强调，伦理和声誉都是在长期内使金融业发生变化的变量，它能够实现更高的利润率。由于银行业是一个涉及信任的行业，银行必须通过自我监管担当领导责任，以恢复信心和信誉。董事会和管理层是负责职业伦理行为的第一人。他们必须合乎伦理地履行其职责，并以身作则。能对所有利益相关人体现同情心的职业伦理行为和银行文化是最重要的竞争优势。这份报告建议，立即采用：（1）智能型的公司治理，其中管理层必须预见严重的意外，并明智认真地管理风险；（2）与客户更加透明的关系；以及（3）完成数字转换，增进透明、质量信息和竞争。[114]

该报告解释，实施这种文化转换的责任完全在于银行。管理和监督都是有益的补充工具，它们可以作出次要贡献。监督可以通过预防和事前干预提供事先帮助。它可以监管和评估实体，以防止由于不充分的行为发生不希望的事件。管理可以通过要求和处罚提供事后支持。[115]

本报告最重要的部分聚焦于激励，一般而言，任何此类报告的方法都是如此。因此，
131 这种有影响的国际团体的报告建议不应当向不支持本公司文化和商业道德的员工发放绩效薪酬，这是非常重要的。[116] 自然，只有时间能说明这种自我监管方法是否可能/可以产生效果，还是责任仍然在于外部的管理和实施（执行），包括刑事起诉，即便这些产生了一种合规文化，但不是积极主动地追求捍卫客户利益和市场诚信的文化。

三、反洗钱和反恐融资

塑造英国反洗钱和反恐融资体制的关键法律也适用于信贷机构，[117] 信贷机构被认为是实施此类犯罪行为的主要渠道。金融行动特别工作组制定的国际准则是所需的英

[113] 第一种方法，参见 D. Awrey, W. Blair, and D. Kershaw, 'Between Law and Markets: Is Therea Role for Culture and Ethics in Financial Regulation?' (2013) 38 *Delaware Journal of Corporate Law* 191。

[114] Group of Thirty Report (n. 93), 10–13.

[115] Ibid., 11–12.

[116] Ibid., 12–13.

[117] The Proceeds of Crime Act 2002 (as amended by the Crime and Courts Act 2013 and the Serious Crime Act 2015), the Money Laundering Regulations 2007, 2007 SI No. 2157 (MLRs); the Terrorism Act 2000 (as amended by the Anti-terrorism, Crime and Security Act 2001, the Terrorism Act 2006, and the Terrorism Act 2000 and Proceeds of Crime Act 2002 (Amendment) Regulations 2007, 2007 SI No. 3398). The Proceeds of Crime Act 2002 (as amended by the Crime and Courts Act 2013 and the Serious Crime Act 2015).

国法律的依据。[118] 新的《欧盟反洗钱指令》[119]比以往更加严格,可能促使英国体制进一步重大修改。[120]

《2007年反洗钱条例》(2007 Money Laundering Regulations, MLRs)[121]要求英国信贷和金融机构遵守了解客户、尽职调查的规定[122],以及监管报告规定。尽职调查过程旨在确认和核实受益人的身份,包括,在法人、信托或类似法律安排的情况下;还旨在理解法人、信托或其他安排的权属和控制结构。此外,银行必须获得有关商业关系的目的及其预期本质的信息。[123]

《高管安排、体系和控制》规定,受金融行为监管局监管的公司有义务设立并维持有效的体系和控制,防范本公司被用于实施金融犯罪的风险。《高管安排、体系和控制》6.3包括反洗钱的具体制度和指导原则。对于需要遵守《高管安排、体系和控制》3.2.6 A-J或《高管安排、体系和控制》6.3有关洗钱条款的公司,需要设立洗钱报告官,担任本公司反洗钱工作的中心,并由其负责监督该公司履行其反洗钱义务。

而且,高管体制的实施已经修改了英国关于个人监督遵从反洗钱和恐怖融资政策义务的框架。[124] 它使监督遵从反洗钱和反恐融资体制变成高管的职责,因此,它改变了有关经批准人员体制中规定的洗钱报告官的职责。作为必须是高管的经批准人员,现在负责确保反洗钱控制得到恰当设计和实施。从金融行为监管局角度看,行使全面反洗钱合规义务的高管更能够确保公司整体上履行防范金融犯罪的义务。金融行为监管局已经 132
明确指出,它们"希望公司将规定的职责分配给负责向公司管理层报告金融犯罪事务的职务最高的人"。[125] 此人可以是也可以不是洗钱报告官,因为洗钱报告官可能并不在高管层。此外,虽然被赋予规定职责的人负责本公司的金融犯罪政策和程序,其他公司经营部门的所有高管都应当采取合理措施以降低金融犯罪风险。

在英国,反洗钱政策由金融行为监管局监督和执行;对于极其严重的违反政策行为或与更广泛犯罪活动相关的违反政策行为,由英国国际犯罪调查局负责调查。[126] 考虑到其他论著对此政策作了大量分析,本章不再对洗钱和恐怖融资监管进行详细讨论。[127]

---

[118] See www.fatf-gafi.org.

[119] Directive (EU) 2015/849 of 20 May 2015 on the prevention of the use of the financial system for the purposes of money laundering or terrorist financing, OJ 2015 L 141/73, 5 June 2016.

[120] See R. Gruppetta, speech, 'Examining the Future of Anti-money Laundering Regulations', 10 December 2015.

[121] S.3 (1)(a) of the Money Laundering Regulations.

[122] Ss.5-7 of the Money Laundering Regulations.

[123] Ibid.

[124] See PRA Rulebook, Senior Managers Regime (SMR), and Senior Management Functions.

[125] Gruppetta (n.120).

[126] Established by means of the Crime and Courts Act 2013.

[127] 关于英国银行在反洗钱和恐怖融资立法下的义务的精湛分析,参见P. Hood, *Principles of Lender Liability* (Oxford, OUP, 2012), Pts II and III. And for the cross-border challenge and practical implications W. Blair and R. Brent (eds.), *Banks and Financial Crime: The International Law of Tainted Money* (Oxford, OUP, 2008), esp. Pt VII。

第四节 中央银行作为银行体系的最后放贷人

一、中央银行作为向金融部门提供流动性的机构

(一)中央银行流动性功能概述

除作为微观审慎监管机关的权力和货币政策权力,绝大多数中央银行还充当着政府的银行和向经济体提供流动性的角色。中央银行向金融体系提供储备货币[128](和其他形式流动性)有一系列渠道(和情形):

(1)如果市场面临储备货币短缺,作为实施货币政策的部分,通过公开市场操作;

(2)通过支持支付体系的运转,特别是当支付体系面临任何现金需求冲击时;

(3)当市场正常运转遭到破坏时,通过增加储备货币或流动资产总供给;

(4)经中央银行酌定提供双边/特殊最后放贷人流动支持,满足某银行或某几家银行的特殊需要;

(5)通过充当多边的——系统的金融体系最后放贷人(与双边最后放贷人相比,这是非常罕见的且不成熟的)。由于其中主要涉及中央银行购买资产担保的证券,这种业务实际上与使用中央银行资金购买债券,即所谓量化宽松,没有区别。

133 为了开展自身业务,银行总是需要最少数量的中央银行流动性,这是银行流动性管理操作的组成部分。[129] 中央银行最后放贷人职能在某种意义上是这些操作的延续。但与公开市场操作等常规职能不同,中央银行对某银行机构的特殊需要是自主决定的,然而,考虑到实际上准备金供给是一个封闭体系,在受流动性冲击的情况下,中央银行是额外准备金需求唯一的“求助点”。[130]

原则上,由于垄断本国货币发行,就本币而言,中央银行不会破产。因此,最后放贷

---

[128] See M. Dobler, S. Gray, D. Murphy, and B. Radzewicz-Bak, ‘The Lender of Last Resort Function after the Global Financial Crisis’, IMF Working Paper, WP 16/10, January 2016, 4-6 (hereinafter IMF, The Lender of Last Resort, 2016).

[129] 例如,英格兰银行的贴现窗口机制可以涉及英镑货币框架的所有参与人(其成员不限于吸收存款的银行),其条款如下:“贴现窗口机制(DWF)是一种双边及时机构。其服务对象是经历个人企业冲击或市场范围冲击的银行。它允许参与人用流动性较低的担保品以巨量规模和可变条款换取高流动性资产……DWF允许参与人实施其担保品的更新”。See Bank of England, ‘Extract from the Red Book: The Banks’ Current Operations in the Sterling Money Markets—Discount Window Facility’, October 2013, available at www.bankofengland.co.uk/markets/Documents/money/publications/redbookdwf.pdf and BoE, ‘Eligibility Criteria for Participation in the Bank of England’s Operations under the Sterling Monetary Framework’, 5 November 2014, available at www.bankofengland.co.uk/markets/Documents/money/documentation/smfterms.pdf.

[130] IMF, The Lender of Last Resort, 2016, 5-6.

人职能直接源自中央银行垄断发行法定货币的职能，[131] 即该货币在特定国家作为支付手段，并被政府和私人部门都接受为合法支付手段和清偿债务手段。当银行部门面临流动性冲击时，中央银行能够满足其对安全和流动资产的超额需求，从而维护或重建金融稳定的唯一机构。因此，就其最后放贷人职能，中央银行能够阻止发生"恶性"均衡[将在后文"二、最后放贷人的原理、机制和条件（一）基本原理"部分分析]。

中央银行最后放贷人的职能并非静态，在国与国之间也不对称。实际上，它是动态且多面的。从中央银行实施其正常的流动性管理策略到转而行使其作为最后放贷人职能，是与危机发展同步变化的，上一次危机也不例外。在2008年之后像美国联邦储备委员会、欧洲中央银行和英格兰银行等中央银行为了管理银行或（因内在关联性风险）其他金融机构因甩卖资产带来的风险，也通过创造非流动性金融资产市场提供流动性。

自从白芝浩[以及他之前的桑顿（Thornton）]以来，最后放贷人的理论基础是，当面临流动性不足的忧虑时，银行必然囤积准备金而不是贷出，中央银行应当顺畅地向流动性不足的银行[132] 贷款，以阻止货币基础收缩。白芝浩的原则提出，这种中央银行贷款的利率应当高于市场利率，以有偿付能力的银行所能提供的良好的可出售的担保品抵押。然而，仅靠白芝浩之前提出的也许是唯一生效标准（好的担保品），实际上可能无法 134
明确区分流动性不足和偿付能力不足。还需要这种担保品是可以市场化的。然而，自2008年以来，中央银行也接受非市场化的良好（非不良）的担保品，以向市场和公众表明，即便整个金融市场已经变得流动性不足，中央银行不会逃避其向金融体系提供流动性的职责。相反，在这种情况下，中央银行仍可以通过资产报价，包括报价折扣来提供市场流动性，以确保中央银行利益，最重要的是最后放贷人的做市商。

即便是个别贷款人遭受的特殊流动性事件，如果该银行不借助大幅打折出售（抛售）其资产，可能也无法解决。中央银行可以采取措施防止抛售，因为抛售可以造成价格螺旋下跌，以致形成系统风险。因此，中央银行可以更系统的方式提供流动性，而不仅仅是在双边基础上，以阻止系统范围的流动性冲击和广泛的抛售。但是，以这种更普遍的方式向金融体系提供流动性[欧洲央行的长期再融资操作（LTRO）][133] 可能改变中央银行作为最后放贷人的职责，改变这一职能传统的操作模式。自2007年9月出现普

---

[131] 对LOLR的经典描述是C. Goodhart and G. Illing (eds.), *Financial Crises, Contagion, and the Lender of Last Resort: A Reader* (Oxford, OUP, 2002); H. Thornton, An Enquiry into the Nature and Effects of the Paper Credit of Great Britain (London, 1802); *W. Bagehot, Lombard Street—A Description of the Money Market* (New York, 1999 [1873]); C. Goodhart, '*Myths about the Lender of Last Resort*', *in Goodhart and Illing Financial Crises* (2002); C. Goodhart, 'What Central Banks Do', paper presented at the BIS Annual Research Conference, June 2010, Lucerne, Switzerland。

[132] Bagehot (n. 131), 78, 88. 如白芝浩所言："理论建议且经验证明，在恐慌中最覆盖银行储备的持有人（无论是一家还是多家）应将其贷给那些有好证券的人，迅速地、自由地、有准备地贷出去。通过这种政策，他们减轻了恐慌；通过每一项他们强化的政策（ibid., 78）。

[133] 欧元系统的常规公开市场由每周一次的欧元流动性操作（主要再融资操作，或MROs）以及三个月的欧元流动性操作（长期再融资操作，或LTROs）(see ECB, 'Open Market Operations', available at www.ecb.europa.eu/mopo/implement/omo/html/index.en.html)。

遍信贷紧缩的早期迹象，以及2008年9月雷曼兄弟倒闭之后，当融资市场冻结时，大多数规模大的中央银行悄悄在其作为双边最后放贷人的传统职责中增加了作为系统最后放贷人的新职责。

这也与最后放贷人职责的法律规范基础/目标从清除货币流通的障碍并因此传导货币政策转向维护金融稳定的逐步变化一致。这一变化意味着，最后放贷人提供的流动性现在是维护金融体系稳定大工具包的一个组成部分，而不仅仅是维护个体机构的稳定，其中有一个中央银行在拨付最后放贷人贷款时必须尊重的新的（更基本的）责任框架［见后面“二、最后放贷人的原理、机制和条件（二）放宽最后放贷人贷款的条件及其范围”部分］。

（二）央行主动作为系统性最后放贷人

当发生市场范围的冲击，金融体系作为一个整体可能面临准备金需求的上升。在这种情况下，中央银行更可能通过一种拍卖机制在多边基础上提供准备金。流动性是由中央银行针对市场紧缩引起的对中央银行准备金需求的系统性增加而主动提供的。针对这种需求，中央银行可能改变提供公开市场操作的条件，比如延长期限，扩大可接受的担保品范围。此外，系统性关注可能令创设新工具成为必要，因为普通公开市场操作可能无法提供充足的流动性支持。例如，在国际金融危机期间，美国联邦储备委员会推出定期拍卖工具，作为一种有效的机制，扩大联邦储备委员会公开市场操作的交易对手，远超出由初级交易商组成的普通小群体，允许接受存款的机构参与资金竞标。[134]

135 当涉及信用风险考虑，比如资金转贷给非银行，这些工具看来不足以满足所有市场需求时，可能引进其他方法/工具。欧元体系内的担保品限制使欧洲中央银行通过长期再融资操作系统提供的流动性无法有效满足超常的流动性需求。对此，在可能时，欧洲中央银行放松了其抵押品限制，或创造了新的（临时的）流动性额度。其中一个很好的例子是欧洲中央银行设立了以资产作担保的购买项目，逐步放宽适格抵押品[135]，将适格

---

〔134〕 美国联邦储备银行这样描述定期拍卖工具的使用：“定期拍卖工具使联储得以以多种担保物为担保向大量的交易对手方提供期限资金，而这是公开市场操作做不到的。其结果，当不安全的银行融资市场紧张时，定期拍卖工具帮助提升的流动性分配。它还提供了获得期限贷款的可能，不须教条地使用贴现窗口……【仍然是定期拍卖工具】只提供给那些财务良好的机构。所有定期拍卖工具下的贷款都是全额担保的……【且】参与存款的机构对具体的融资数额、具体限额、它们愿意付给这些基金的利率开展竞标”［see Board of Governors of the Federal Reserve System，Term Auction Facility（TAF），Release of 1 December 2010，available at www. federalreserve. gov/newsevents/reform_transaction. htm］。TAF auctions took place for the entire period between December 2007 and April 2010. For the extraordinary measures the FRB took to pump liquidity during the crisis into banks and the financial system more generally see FRB，‘Usage of Federal Reserve Credit and Liquidity Facilities’，updated 9 December 2013，available at www. federalreserve. gov/newsevents/reform_transaction. htm.

〔135〕 获取最新的欧洲中央银行覆盖的债券买入项目，参见 Decision ECB/2014/45，Guideline ECB/ 2014/60，Decision ECB/2014/40，and Guideline ECB/2007/9（ECB/2014/31），and Decision on the implementation of the asset-backed securities purchase programme（ECB/2014/45）。

条件扩大到非市场化担保品,[136]同时扩大其长期再融资操作,通过所谓长期靶向再融资(Targeted LTROs)提供定向长期融资。[137]

当涉及在多边基础上提供流动性时,中央银行可能还得到政府和存款保险计划协助。例如,在雷曼兄弟倒闭之后,除了最初的问题资产救助计划——政府的不良银行——以及随后的银行资本重组工具,美国政府还为提供流动性而启动了使用资产互换。美国政府还通过债务管理办公室,向市场提供以流动性不足资产为担保的流动政府证券并收取一定费用。而且,美国联邦存款保险公司设立了"临时流动性担保计划",使担保商业银行新发行的一些次级无担保债务证券的支付,选择无息交易账户,并收取费用。[138]

然而,目前尚不明确的一个大问题是,中央银行向没有存款吸收职能的经纪商提供紧急流动性以缓解融资冲击的合法性,特别是在回购市场。大多数吸收存款的机构不可避免地将产生此类市场的风险暴露,金融体系那一部分(主要由影子银行经营)的任何流动性枯竭,可能影响整个金融部门的融资条件,如同2008年发生的那样。[139] 因此,尽管最近的改革收紧了全球回购市场经营的条件,回购市场面临严重流动性短缺,这一变化可能将既影响存款机构,也影响总体金融稳定,削弱中央银行宏观审慎监管目标。这 136
种影响是否能够构成向(非银行)经纪商提供最后放贷人贷款的充分正当性,存在着广泛争议。然而,如果提供这种流动性是酌定的,有良好的担保品,施以惩罚性利率,道德风险(道德义愤)效应或许可以控制,特别是如果金融稳定威胁近在眼前,其他任何措施都不能阻止的情况下。[140]

二、最后放贷人的原理、机制和条件

(一)基本原理

当某个金融机构或某些金融机构的流动性需求系由单个面临紧迫困难(比如存款外流或无法滚转批发融资)的机构引发,或可能由一组类似机构——或许具有相同业务模式或区域重点的银行——因市场怀疑其生存能力引发,这时候就需要双边最后放贷人

---

〔136〕 其中,三类非市场化资产按欧洲中央银行标准可作为担保物:适格交易对手的固定期限存款、债权、非市场化的零售按揭债务工具。See ECB decision on eligibility of non-marketable collateral see ECB, 'Non-marketable Assets', available at www. ecb. europa. eu/paym/coll/standards/nonmarketable/html/index. en. html # assessment.

〔137〕 See Decision of the ECB of 29 July 2014 on measures relating to targeted longer-term refinancing operations (ECB/2014/34), OJ L 258, 29 August 2014.

〔138〕 IMF, The Lender of Last Resort, 2016, 10.

〔139〕 A. Metrick, 'Regulating the Shadow Banking System' (2010), available at http://ssrn. com/ abstract = 1676947.

〔140〕 See on this argument E. Avgouleas, 'Fundamentals of Bank Supervision and the Lender of Last Resort in the Post-2008 Era: A Critical Appraisal and Forward Looking Recommendations', Centre for Banking and Finance Law, National University of Singapore, 2016, Edinburgh School of Law Research Paper No. 2016/24, November 2016.

贷款。[141] 正如已经提到的，在 2008 年之后，对于使用最后放贷人贷款融资，总体上有两种相互重叠的基本原理：金融稳定和货币政策传导。受损的金融体系不能像正常时期一样实施/传导货币政策。[142] 当然，向银行部门提供充足的流动性以确保金融稳定，最终也有助于实施货币政策并确保物价稳定。[143] 因此，无论作为双边最后放贷人贷款，还是在多边基础上，中央银行提供融资的基本目标是维护金融稳定，并不是让无偿债能力的金融机构生存。所以，原则上，最后放贷人贷款流动性并不向进入处置流程的银行提供。虽然在处置流程中流动性融资是一个棘手的问题，一旦将银行中的好的和坏的银行资产分割完毕，过渡银行或新的实体（优质银行）作为有偿债能力的机构，应当立即符合最后放贷人的贷款流动性条件，看起来是合理的。

在很多方面，双边最后放贷人贷款所依据的基本原理，存款保险的原理相同。这里我们可以回想，在第一章和第三章，在没有自救机制情况下，银行随时按其面值将其非流动性且通常无法出售的长期资产大面积地转化为短期可转化资产并以法定货币计价。这种资产负债表的结构以及银行只保留其部分存款作为准备金的事实，使银行变得脆弱。因此，在很大程度上，其经济生存取决于其存款人和其他债权人对银行能持续偿还
137 其债务的预期。如果信心突然丧失，担忧银行无力偿还，首先将导致银行挤兑。大量提取存款可以使原本具有偿债能力的（有部分准备）银行首先变成流动性不足，然后变成违约。[144] 银行面临自我实现预期带来的可能的多重均衡，可能使银行倒闭。[145]

存款保险的保障不能阻止银行发生存款挤兑时，[146] 也可能转化为受挤兑银行因被冻结在银行间市场之外，无法从其他银行获得流动性。实际上，如果危机影响一系列机构，银行间市场本身可能倒闭。在这种情况下，银行只能通过抛售资产产生流动性。但正如前面和第二章分析的，这种抛售可能发生在价格低于基本价值以下，抛售银行积累损失，不仅加剧流动性螺旋式下降，而且可能危及银行偿债能力。[147] 如果流动性冲击影

---

[141] “术语‘最后放贷人（LOLR）’、‘紧急流动性支持’（ELA）和‘例外性流动性支持”常常使用。这些术语有时交替使用，有时基于央行的反应是双边的或是多边措施有特定的含义……应用术语“例外性流动性支持”出现得更多。‘例外的’，而不是‘紧急的’这样的语词有时由一些流动性紧张的银行在要求延长支持且并非临时性使支持时使用”（see IMF, The Lender of Last Resort, 2016, 6）。

[142] Ibid. ,8

[143] 价格稳定当然是公开市场操作（OMO）的最终目标。See also IMF, The Lender of Last Resort, 2016, 8-9 and note 15.

[144] D. Diamond and P. Dybvig, ‘Bank Runs, Deposit Insurance and Liquidity’（1983）91 *Journal of Political Economy* 401-19.

[145] See J. -C. Rochet and X. Vives, ‘Coordination Failures and the Lender of Last Resort—Was Bagehot Right After All?’（2004）6（2）*Journal of the European Economic Association* 1116-47; F. Allen and D. Gale, *Understanding Financial Crises* (Clarendon Lectures in Finance) (Oxford, OUP, 2009).

[146] 例如，尽管有存款保险，但由机构存款人、货币市场基金或其他不受政府存款保障的银行触发“电子银行挤兑”以及存款通常在很短时间内提走仍然是个麻烦。这是 2007 年夏天北岩银行挤兑行为中的一个因素，参见 H. -S. Shin, ‘Reflections on Northern Rock: The Bank Run that Heralded the Global Financial Crisis’（2009）23（1）*Journal of Economic Perspectives* 101-19。

[147] M. Brunnermeier and L. H. Pedersen, ‘Market and Funding Liquidity’（2008）22 *The Review of Financial Studies* 2201-38; S. Morris, and H. -S. Shin, ‘Liquidity Black Holes’（2004）8（1）*Review of Finance* 1-18.

响很多银行,它们同时都开始出售同样的资产,整个金融体系的稳定将面临威胁。[148] 当然,流动性不足也是一个改革银行融资模式的问题。例如,降低对短期融资的依赖,第二章分析的新流动性比率(流动性覆盖率和静稳定融资率)的一个主要好处是,将来可能减少对中央银行流动性援助的求助。但这一假设仍然有待实践检验。

（二）放宽最后放贷人贷款的条件及其范围

1. 规则与酌定

在批准向某银行提供最后放贷人的贷款流动性时,中央银行可能面对的关键考虑有两层:规范性(理论)问题和操作条件。规范性考虑涉及(1)保护中央银行的资产负债表,以及(2)减少道德风险。在非常情况下酌定发放最后放贷人贷款通常称为"建设性模糊"。除借款机构求助最后放贷人贷款援助可能遭受的"惩罚利率"和感觉到的"羞辱"外,[149] 这被认为是防范道德风险和防止银行在资产负债表上冒严重风险的有力机制。正如这一观点所说的,最重要的条件应当是最后放贷人贷款发放给存活的实体,因此,中央银行必须全面核查借款人的存活能力。原则上,其中应当包括全面考虑借款人的业务模式,其产生足够现金流偿还最后放贷人贷款的能力,借款人目前的资本状况及将来的资本要求。

另外,缺少明确的政策框架可能导致最后放贷人机制下的流动性发放延迟,而这对 138
当事机构的经济生存性可能十分重要。而且,不应当夸大"羞辱"效应,以为其可以使身处困境的机构在需要时阻止其求助于最后放贷人流动性,因为这种行为将使最后放贷人政策的有益效果失效。[150] 对此,在有银行求助于最后放贷人流动性时,中央银行必须谨慎做好有关披露工作,[151] 防止触发全面恐慌,加剧银行流动性困难。

关于"羞辱"效应的不同看法还构成了两类人尖锐分歧的基础,一类赞成在发放最后放贷人工具时采用以规则为基础的方法,[152] 另一类赞成以"建设性模糊"治理道德风险。前一类认为,最后放贷人贷款必须以明确的政策框架为基础,以事先确定的一套规则约束中央银行,这反映了白芝浩和桑顿的观点。应当指出的是,两种方法的分歧影响深远,不仅仅局限于最后放贷人,而是涵盖了中央银行运用货币政策的整个领域。以规

---

[148] M. Brunnermeier, A. Crockett, C. Goodhart, A. Persaud, Hyun Shin, 'The Fundamental Principles of Financial Regulation', Centre for Economic Policy Research, Geneva Reports on the World Economy 11 (2009).

[149] See I. Plenderleith, 'Review of the Bank of England's Provision of Emergency Liquidity Assistance in 2008-9', October 2012, 75, available at www.bankofengland.co.uk/publications/Documents/news/2012/cr1plenderleith.pdf (hereinafter the Plenderleith Review).

[150] IMF, The Lender of Last Resort, 2016, 44.

[151] Ibid.

[152] See M. D. Bordo, 'Rules for a Lender of Last Resort: An Historical Perspective', paper prepared for the conference, 'Central Banking in the Next Century: A Policy Conference', Hoover Institution Stanford, California, 29-30 May 2014, and comment by J. Lacker, President of Federal Reserve Bank of Richmond, 'The Fed as Lender of Last Resort', 30 May 2014, available at www.richmondfed.org/press_room/speeches/presi-dent_jeff_lacker/2014/lacker_speech_20140530.

则为基础的方法还提出对中央银行发放最后放贷人流动性贷款的责任[153]这一有趣问题。但规则基础法比自主裁量法缺少灵活和包容性，因此，如果发生和国际金融危机中那样同样严重、持续时间同样长的普通性流动性紧缩，这种方法是否管用还不明确。

无论哪种方法——自主裁量法还是规则基础法，采用最后放贷人提供流动性应对特殊需要，只有首先全面尝试其他融资方法之后才能考虑。通常，提供流动性是为稳定处于困境中的银行而采取的系列措施之一。但最后放贷人援助和其他金融稳定措施可能不足以阻止银行陷入处置。英国的确有明确的清算中流动性援助政策，规定了如果英格兰银行在为处置中的银行（过桥银行）提供融资过程产生损失，财政必须对其补偿的可能性。[154]《欧盟银行复苏与处置指令》对此基本没有涉及，因为它假定处置融资来自事前征税及其他指定处置融资来源，[155]但并不完全排除其他来源。当然，如果中央银行为银行处置提供一些流动性融资，这种融资可能并不符合最后放贷人融资，而只是国家援助，或中央银行可能要求高质量的抵押品。然而，届时一些银行资产会受到损失。因此，在欧盟范围内，向正处于处置中的银行提供中央银行流动性，即便有，其范围也不确定。[156]

139　2. 操作条件

正如我们已经看到的，关于最后放贷人融资是应遵循详细规则还是由中央银行仅制定一般性指导原则以使其能够自由裁量的争论，尚无定论。尽管有利于应对道德风险，系统流动性工具和预先承诺的流动性工具的存在显然弱化了“建设性模糊”的重要性。[157] 另外，国际货币基金组织建议不使用非常严格的方法，支持中间道路。即国际货币基金组织建议，对于决定是否满足个体机构的紧急流动性需要，中央银行应当拥有自主裁量权，而且也应当拥有将最后放贷人操作范围扩大至银行以外，并将抵押品清单扩大到一般抵押品之外的自主裁量权。[158]

当实施最后放贷人政策时，操作最后放贷人的考虑通常涉及支持的适当时长，如何更好满足外汇需要，以及识别所谓“好”担保品。由冲击的性质决定，这一需求有时是能可靠流动的证券才能在市场交易中用作担保品。对需要流动性的机构来说，中央银行的

---

[153] See L. H. White, ‘The Federal Reserve and the Rule of Law’, Testimony, Subcommittee on Monetary Policy and Trade House Committee on Financial Services, 12 September 2013, available at www. cato. org/publications/testimony/federal-reserve-rule-law.

[154] See HM Treasury, ‘Banking Act 2009: Special Resolution Regime Code of Practice, Revised’, March 2015, Ch. 11.

[155] See Art. 100 BRRD and Commission Delegated Regulation (EU) 2015/63 with regard to *ex ante* contributions to resolution financing arrangements OJ 2015 L 11/44, 17 January 2015.

[156] See E. Avgouleas and C. Goodhart, ‘Critical Reflections on Bank Bail-ins’ (2015) 1 *Journal of Financial Regulation* 3-29, 9, 14. The IMF argues that ‘[b]ilateral LOLR to entities which may not be solvent should be fully indemnified by the government, in order to protect the [central bank] balance sheet’ (IMF, The Lender of Last Resort, 2016, 21).

[157] Plenderleith Review (n. 149), 78.

[158] IMF, The Lender of Last Resort, 2016, 10-11.

抵押贷款在提供现金上可以十分有效。然而,可能涉事机构需要的还有期限融资（如长期负债）或者外币融资,而不仅是本币融资。

无论何种情况,抵押品都被用于降低中央银行面临的风险,并主要追索限于借款人。借款人的负债并不受担保履行的影响,也不改变借款人有担保的信贷风险敞口。如果中央银行还充当银行监管机构,它当然具有获得双边借款人数据的最有利条件,最有优势回答这些问题并迎接挑战。

3. 最后放贷人工具的适当范围

考虑到货币市场基金或经纪商等非银行金融机构发生流动性冲击的风险,以及这种风险可能对银行业市场产生外溢效应的可能性——因为可能的普遍无力对回购头寸再融资或展期,即便在分业或围栏之后,因此,关于中央银行是否应当只对持牌银行充当最后放贷人,还是应对整个金融体系充当最后放贷人,有大量争论。争论的结果并不是结论性的,尽管国际货币基金组织似乎以维护体系稳定为由支持对系统的最后放贷人的路径。[159]

在很多国家,双边最后放贷人仅限于银行。"银行特殊"这一观点的基础是,部分储备银行对经济的重要性,以及吸收存款只能由持有准予吸收存款牌照的机构经营且这些机构都被适当监管的事实。为保护这一职能,通常有（对零售存款）所谓金融安全网,包括存款保险（对零售存款）,资本、流动性和其他监管要求（例如与安全网规定密切相关的职责）,以及可获取中央银行流动性工具。最近有人提出,流动性发放的范围应当扩大,应当是基于对金融稳定考虑的,而不是以获得支持的机构类型为基础。[160] 在这种背景下,国际货币基金组织建议,系统的风险监督和危机管理机关应当考虑,某中介或某些 140
中介的倒闭是否将产生重大破坏冲击,以至是否需要采取某种形式的政府干预,或者用户行为的突然改变是否能够造成系统性问题。

美国是一个与此趋势相反的法域。《多德-弗兰克法》section 1101 修订了《联邦储备法》section 13（3）,《联邦储备法》section 13（3）规定,授权理事会在"异常和急迫情况下"可以向非银行、私营机构提供信贷。2008 年曾使用《联邦储备法》section 13（3）规定的向非银行公司提供信贷,也是自 20 世纪 30 年代以来的首次。section 13（3）赋予联邦储备委员会比其正常贷款权力更大的灵活性。运用这一权力,联邦储备委员会可以创造 6 种基础广泛的工具（只有其中 5 种曾使用过）,向"一级交易商"（某些大型投资公司）提供流动性,并恢复对商业票据和资产担保证券的需求。更有争议的是,联邦储备委员会通过一系列能够转让不良资产的结构化信贷额度,只向 4 家其认为"大而不倒的"公司提供特殊定制的援助,即美国国际集团、贝尔斯登公司、花旗集团和美洲银

---

[159] IMF, The Lender of Last Resort, 2016, 13-18, 21-2.

[160] H. Scott, 'The Federal Reserve: The Weakest Lender of Last Resort among Its Peers' (2015) 18 (3) *International Finance* 321-42.

行,[161] 其中,美国国际集团的衍生品交易分支在信用违约互换市场遭遇巨大风险。事实证明,美国国际集团的方案特别成功,且盈利丰厚,[162] 尽管所有这些方案并不是公开救助,在美国国际集团的案例中,援助扩展到因美国国际集团避免破产而受益的公司。

所有依据 section 13（3）发放的信贷都得到有息偿还,所有 section 13（3）工具都按期终止。因此,与流行的观念不同,联邦储备委员会在 section 13（3）批准的交易中并没有遭受损失;相反,它赚取了 300 多亿美元的利润。然而,由于在有些情况下,方案的条件缺少保障,与传统的通过贴现窗口向银行贷款相比,这些交易给纳税人带来更大的风险。[163] 联邦储备委员会在危机中使用 section 13（3）引起了重大政策质疑,并在美国境内引发了比世界其他地方更热烈的争论。

由于 2008 年时 section 13（3）的限制对联邦储备委员会的行动几乎没有限制,《多德-弗兰克法》在 section 13（3）上增加了更多限制,旨在维持联邦储备委员会有能力创造基础广泛的工具的同时,禁止再向破产中的公司提供援助。它还增加了一系列有关透明度和报告的要求。2015 年 12 月 18 日,联邦储备委员会发布了实施这些改革的最终规则。[164] 可以说,section 13（3）规定必须用于“向金融体系提供流动性的目的”的这一条件是合理的,对防止滥用中央银行流动性发放是必要的。但使用紧急贷款仅限于存款机构的条件并不合理。[165]

141 2015 年 11 月 19 日,国会通过了《联邦储备委员会监督改革和现代化法案》（Fed Oversight Reform and Modernization Act）。[166] 这项 2015 年法案 section 11 要求,启动 section 13（3）需要 3/4 的联储地区主席同意,收紧了破产的定义,限制了金融公司的借款人,提高了设定高于市场利率的利率的公式。新立法还提高了透明度要求,以及规制最后放贷人职能的（政治）问责框架。但这些限制也带有风险。联储主席珍妮特·耶伦（Janet Yellen）持相反意见认为,该法案将“基本上废除联邦储备委员会尚存的在危机中采取行动的能力”。[167]

---

[161] See M. Labonte, ‘Federal Reserve: Emergency Lending’, Congressional Research Service 7-5700, 6 January 2016. 2008 年 11 月按 s. 13（3）授权的债权余额达到峰值 7100 亿美元（以现金或证券方式提供）。

[162] S. Ng and A. Yoon, ‘Taxpayers Win as Fed Wraps AIG Bond Sale’, 29 February 2012, available at www.wsj.com/articles/SB10001424052970203833004577251771848140502.

[163] Labonte（n. 161）.

[164] FRS, ‘Extensions of Credit by Federal Reserve Banks’, final rule, 12 CFR Part 201 Regulation A; Docket No. R-1476 RIN 7100-AE08, 30 November 2015, available at www.federalreserve.gov/newsevents/press/bcreg/bcreg20151130a1.pdf.

[165] 比较斯坦利·费希尔（Stanley Fischer）直至近期仍是美联储和美联储理事会（FRB）的副主席（以前是以色列银行的行长）——强调说这并非绝对的禁令,因为联储仍保有权力向受保险的存款机构提供贴现窗口贷款——包括商业银行、储蓄机构、信贷联合会或外国银行的美国银行和代理人。这样的贷款可以给面临资金压力的个别机构,或者一般性地提供给银行以解决更广的财务紧张（see S. Fischer, speech at ‘The Lender of Last Resort: An International Perspective’, 10 February 2016, a conference sponsored by the Committee on Capital Markets Regulation, Washington, DC, available at: www.federalreserve.gov/newsevents/speech/fischer20160210a.htm#fn1）。

[166] H. R. 3189, 114th Congress（2015-16）.

[167] Labonte（n. 161）

最后,就维护金融稳定和金融体系有序运转而言,有一类特殊的市场参与者可能值得最后放贷人援助,就是在金融体系中负有非常独特职责并面临特殊风险的机构。这类机构最好的例子是中央交易对手,它已经成为全球衍生品市场上交易对手风险的主要储存库。这个市场用户的合约由中央交易对手接受并清算,但他们可能是非金融公司(或个人),因此并不受金融监管。他们可能甚至与金融监管机关没有任何形式的关系,因此并不受审慎控制。如果这些借款人或投资者冒过度融资风险或流动性风险,他们应对冲击的行为可能引发更大范围的问题。例如,由于缺乏资金来源或者流动性,用户未能按时付款,反过来可能引起中央交易对手内部的资金短缺。用户(或中央交易对手)在这种情况下筹措流动性的努力可能引发抛售,大幅度压低市场价格,以致引发更大范围的系统性问题。[168] 特别是,中央交易对手内缺乏流动性很可能外溢到受监管行业。因此,如果国际货币基金组织建议向非银行提供某种形式的最终保障是适当的,那么,这种支持——无论是流动性支持或其他一些中央银行工具——的设计方式应当解决中央交易对手特有的系统性问题,它也不一定复制向银行提供的支持。而且,无论如何,它的提供条件不应低于向银行提供支持的条件。[169]

---

[168] IMF, The Lender of Last Resort, 13-15, 18.
[169] Ibid., 13.

142 # 第五章　实践中的银行监管:以英国和欧洲银行业联盟为例

第一节　引言

在上一章,我们分析了银行监管的基本原则和特点。顺理成章,接下来我们分析实践中的银行监管。由于篇幅有限,本章仅集中分析两个法域:英国和欧洲银行业联盟,并特别分析英国和欧洲银行业联盟所享有的权力类型,及其在监管中行使这些权力的方式。其中,本章重点分析每个体制中的漏洞,并对其有效性作一定评估。

银行监管机关从未像今天这样拥有这么大的权力,可是,尽管权力也意味着责任,但问责路径往往薄弱而且不清晰,无论在我们观察的法域,还是一般区域而言。关于监管方式,我们可以清楚看到,原则上它们看来都是以风险为导向的,以便更有效地分配资源,将资源用于最需要的地方:那些业务模式风险高的机构,或者存款人和客户对其丧失信心的机构,或者资产质量急剧恶化的机构。

然而,风险导向法面临着其所应用的监管框架的严重内生局限,这反过来又影响监管有效性。银行监管机关必须应用史无前例复杂的规则,并监督其遵守情况。因此,成功行使其权力并履行其职责,无论其权力和职责多么广泛,都取决于获得精确信息。为此,正如前面几章分析的,我们分析的法域都加强了高管的责任,将他们变成了一线监管人员。这种方法在下次危机中是否有效,或者,实际上,是否其将证明足以预防危机,目前尚不明确。但目前看,对于监管机关遇到的不可避免的信息鸿沟问题,这看起来是唯一可行的解决之道,因此也是适用这些前所未有复杂监管规则的一种有效方法。最终,如果强制责任也不成功,那么下一步将是深入审查现行立法,以降低其复杂性。[1]

143 本章分为三节。第一节即本节引言。第二节分析英国的银行监管结构和方法。其中详细分析规制审慎监管局和金融行为监管局行使监督权和执法权的体制框架。第三节分析欧洲的银行监管体系。其中简要概述欧洲的金融监管者体系,然后详细分析单一监管机制的权力及其监管方法,最后分析欧元区集中监管(以及下一章将要分析的集中处置)的优点,并聚焦于现存的差距和挑战。

---

〔1〕 该等审查以“自动失效”条款为前提。就此方法,参见 R. Romano, Further Assessment of the Iron Law of Financial Regulation: A Postscript to Regulating in the Dark, Yale Law School, John M. Olin Center for Studies in Law, Economics, and Public Policy Research Paper No. 515, 3 November 2014。

第二节　英国的银行监管

一、英国监管体制概览

2013年4月1日，英国《2012年金融服务法》生效，撤销了金融服务监管局，设立新的监管结构，正如前面所指出的，包括审慎监管局，其负责银行、住房互助协会和投资公司的微观审慎管制和监督，以及金融行为监管局，以及英格兰银行内部的负责金融稳定（宏观审慎监管）的机构——金融政策委员会。该法的首要目的是更新监管和管理英国金融服务业的监管框架，因为很多人认为，金融服务监管局单独作为一个审慎的行为监管机关，以及金融服务监管局、财政部和英格兰银行的三方协定未能在金融危机中保护英国经济。[2] 可以说，该法赋予新体制鲜明的双峰+结构。在本书完成时，当然尚不清楚英国脱欧是否会影响英国的金融监管设置，但不能完全排除改变的可能，尤其是关于英格兰银行在宏观审慎监管框架中的主导地位。

考虑到金融行为监管局和审慎监管局之间可能存在监管重叠，立法规定了一系列总体协调机制：

- 审慎监管局和金融行为监管局负有相互协调工作的法定义务（包括必要时相互咨询以收集彼此看法）；
- 准备谅解备忘录（包括规定每个监管机关的职责以及它们如何相互衔接）的义务；
- 理事会成员交叉；
- 审慎监管局享有否决权的机制，以降低因监管措施危及金融稳定或企业无序破产的风险。

二、金融政策委员会

（一）职权范围

金融政策委员会是一个正式的英格兰银行委员会，协助英格兰银行实现维护金融稳定的目标，因此它制定宏观审慎监管政策。[3] 金融政策委员会负责发现“由金融市场

---

〔2〕 House of Commons Treasury Committee, ‘The Run on the Rock’, Fifth Report of Session 2007-08, vol. 1, 24 January 2008.

〔3〕 See new Pt. A of the Bank of England Act 1998, inserted by s. 4 of the Financial Services Act 2012. 关于金融政策委员会的职责范围和权力，参见 Bank of England (BoE), ‘What is the Financial Policy Committee?’，见 www. bankofengland. co. uk/financialstability/Pages/fpc/whatis. aspx。了解宏观审慎工具，参见 BoE, ‘Instruments of Macroprudential Policy’, A Discussion Paper，见 www. bankofengland. co. uk/ publications/Documents/other/financialstability/discussionpaper111220. pdf。了解分析结论，参见 CII: http://www. cii. co. uk/media/4372607/regulatory_landscape_update_april_2013_vfonline. pdf and Thepfs: http://www. thepfs. org/media/4475307/930_web_update_april_2013__online_. pdf。

144 结构特点引起的或金融部门内部风险分配引起的”系统性风险。它还负责识别无法维系的杠杆水平、债务水平或信贷增长水平。[4] 一旦发现风险，金融政策委员会有权采取第二章分析过的任何政策措施实施应对。[5]

金融政策委员会负有双重职责。因此，除了金融稳定目标外，它还有限制其政策影响经济增长的法定义务。[6] 因此，金融政策委员会不得以可能严重负面影响金融部门的方式履职以促进英国经济增长能力。而且，金融政策委员会需要报告它所采取的每项措施将如何影响经济增长并维护金融稳定。这种平衡并不容易实现。第一个例子是，为维护经济活跃而实施的过低利率与其助长资产泡沫作用之间的平衡，正如第二章所分析的，资产泡沫通常是由发放信贷的宽松条件助长而成。第二个例子（第一章曾分析过）是竞争和金融稳定之间的平衡，尽管，毫无疑问，竞争实际上是策动经济增长的马鞭。

此外，金融政策委员会每年需要起草并发布两份金融稳定报告。[7] 金融稳定报告必须包括：[8]

（1）起草报告时委员会关于英国金融体系稳定性的看法；

（2）关于影响当前形势的进展的评估；

（3）关于英国金融体系强项和弱项的评估；

（4）关于英国金融体系稳定性的风险评估；以及

（5）委员会关于英国金融体系稳定性前景的看法。

（二）权力

金融政策委员会主要有两种权力：提出建议的权力和发布指令的权力。[9] 依据其提出建议的权力，金融政策委员会可以请求审慎监管局和金融行为监管局采取措施降低风险。[10] 这些建议可以涉及监管机关工作的任一方面，但不能涉及具体的被监管实体。金融政策委员会还可以在“或遵从或解释”的基础上向审慎监管局和金融行为监管局提出建议——这种情况下，一旦合理可行，监管机关须即实施。如果这两个监管机关之一

---

〔4〕 See new s. 9C of the Bank of England Act 1998, inserted by s. 4 of the Financial Services Act 2012. 关于金融政策委员会实践中的操作，参见 P. Tucker, S. Hall, and A. Pattani, ‘Macroprudential Policy at the Bank of England’, Bank of England, Quarterly Bulletin 2013 Q3, 192 et. seq. 他们描述金融政策委员会的职能为“以识别监控、采取行动以去除那些危及英国整体金融体系恢复的风险。”（ibid.）

〔5〕 See s. 9C of the Bank of England Act 1998, inserted by s. 4 of the Financial Services Act 2012 (Objectives of the Financial Policy Committee).

〔6〕 Ibid, s. 9W (3).

〔7〕 S. 9W of the Bank of England Act 1998, inserted by s. 4 of the Financial Services Act 2012.

〔8〕 Ibid.

〔9〕 Ss. 9G, 9H, 9L, and 9M of the Bank of England Act 1998, inserted by s. 4 of the Financial Services Act 2012.

〔10〕 措施示例包括：（1）设定逆周共用的资本缓冲；（2）可变风险权重——对特定部门或资产类别实施有针对性的资本要求，包括要求银行对代表重大风险的资产敞口持有更高水平的资本；（3）杠杆限制：限制过度的建立表内表外资产负债表杠杆。

拟决定不实施某项建议,必须解释不实施的理由。[11] 145

金融政策委员会可以向财政部提出建议,包括依据《2000 年金融服务与市场法》监管的业务范围。金融体系结构的发展变化可能使监管规则过时。[12] 金融政策委员会在横跨系统的各种风险的出现时还可以视野更广阔,以求演进并建议作出维持稳定所必须的监管规则改变。其中可能包括改变监管边界——包括特许业务和非特许业务的界限,以及金融行为监管局和审慎监管局的职责分工。

金融政策委员会还可以向其他部门提出类似建议,比如,向金融报告委员会,或行业代表机构,比如英国银行家协会,但此类建议并不是以"或遵从或解释"为基础的,因此接收建议方没有法定的反馈义务。例如,它可以就向金融机构(但不能涉及向某具体金融机构)提供流动性,或就英格兰银行对支付体系、结算体系和清算中心的监管向英格兰银行签发建议书。[13]

最后,金融政策委员会享有一套独特的向审慎监管局和金融行为监管局发布指令的权力,以部署由财政部制定并经议会批准的具体宏观审慎监管措施。[14] 这意味着,采纳金融政策委员会建议的宏观审慎措施需要政府和议会的同意。

(三)成员和责任

金融政策委员会一共有 13 名成员。其中 6 名是英格兰银行的职员,包括行长、4 名副行长和负责金融稳定的执行主任。有 5 名委员会成员是根据金融服务业经历和专长从英格兰银行之外挑选的独立专家。金融行为监管局的首席执行官和财政部的一名非投票成员也是金融政策委员会的成员。金融政策委员会由英格兰银行行长任主席,包括负责货币政策和金融稳定的副行长,以及负责审慎监管同时兼任审慎监管局局长的副行长。金融行为监管局的首席执行官也担任金融政策委员会委员。[15]

金融政策委员会在必要时有义务解释其决策,审核其指令和建议,并公布其会议纪要。[16] 财政部可以在职权范围内选择符合法定目标的形式为金融政策委员会提供指导,协助其塑造维护金融稳定工作。金融政策委员会需要对财政部的建议作出反馈,说明在何种程度上同意财政部建议的职权范围,以及将采取哪些相应的行动。然而,金融政策委员会可以依法拒绝任何其不同意的来自财政部的建议书。[17]

---

〔11〕 Ss. 9H, 9I, and 9L of the Bank of England Act 1998, inserted by s. 4 of the Financial Services Act 2012.

〔12〕 Ibid., s. 9P.

〔13〕 Ibid., ss. 9O and 9R.

〔14〕 Ibid., ss. 9L and 9N.

〔15〕 S. 9B of the Bank of England Act 1998, inserted by means of s. 4 of the Financial Services Act 2012. 更进一步的分析,了解审慎监管局的人员和义务,参见 the Financial Services and Markets Act 2000 (PRA-regulated Activities) Order 2013, 2013 SI No. 556; the Financial Services and Markets Act 2000 (Regulated Activities) Order 2001, 2001 SI No. 544。

〔16〕 Ibid., ss. 9S, 9T, and 9U respectively.

〔17〕 Ibid., ss. 9D and 9E.

三、审慎监管局:职责与监管方式

（一）概述

审慎监管局负责监管所有在英国接收存款的机构或接收保险合约的机构,包括银行、住房互助协会、信贷协会、一般保险公司和人寿保险公司。[18] 正如前面提到的,从组
146 织结构上讲,审慎监管局是英格兰银行的分支。审慎监管局有三个法定目标。其首要目标是“促进获得审慎监管局批准人员的安全和稳健行事”。[19] 这一目标是通过以下方式实现的:[20]（1）确保获得审慎监管局批准人员能避免以对英国金融体系的稳定产生负面影响的方式行事;（2）尽可能减少因经审慎监管局批准人员的失误而预计对英国金融体系稳定造成的负面影响。它还有一个专门针对保险公司的目标,即协助确保对保单持有者或未来保单持有者给予适当保护。[21]

最后,审慎监管局必须履行次要目标——促进有效竞争。[22] 但对次要目标,审慎监管局解释道,只是在推进审慎监管局首要目标时进行“合理可能”的追求。然而,当审慎监管局的监管可行选项也许无法产生既安全且稳健的最大效益,但可能明显产生更大的竞争效益时,这一与竞争有关的次要目标意味着审慎监管局应当考虑这些选项,但并非必须采用。[23]

（二）审慎监管局审批

未经金融部门监管机关批准,公司不得在英国从事特许业务（《2000 年金融服务与市场法》s. 19）。审慎监管局依据《2000 年金融服务与市场法》Part 4A（例如,《2000 年金融服务与市场法》ss. 55A,55F）许可包括其有关吸收存款机构和住房互助协会在内的授权。审慎监管局可以在其认为必要时就开展相关特许业务加以限制,或规定一个比一般情况或窄或宽的特许业务范围。应监管对象申请[s. 55 I（2）],它还可以改变[s. 55 I（1）]或取消核准的范围,或根据《2000 年金融服务与市场法》第 178 条,接收控制权变更通知书。批准必须在控制权发生变更之前获得,未事先告知审慎监管局并获得批准就并购或增强控制是犯罪行为。直到英国 2019 年退欧之时,甚至有新协议达成时的话,在此之后,欧盟本地银行豁免适用此审批规定。

审慎监管局以一种具体的（风险导向）监管方法为基础,对在英国经营的银行进行持续审慎控制（后面将进一步分析）。它还按照审慎监管局手册的相关规定定期进行压

---

[18] FSMA 2000, new s. 2A, inserted by means of the Financial Services Act 2012.

[19] FSMA 2000, new, s. 2B (2).

[20] Ibid., s. 2B (3).

[21] Ibid., s. 2C.

[22] Ibid., s. 2H (1)(b).

[23] PRA, ‘The Prudential Regulation Authority’s Approach to Banking Supervision,’ March 2016, 8, paras. 24-5, available at www. bankofengland. co. uk/publications/Documents/praapproach/bankingappr1603. pdf.

力测试,检查银行的财务状况,特别是资本和流动性水平,[24]并批准英国银行发行资本工具。它还监督对欧洲银行管理局《合理薪酬政策指导原则》的遵守情况,并（与金融行为监管局）对违规行为进行调查和处罚。[25] 最后,审慎监管局享有一系列事先干预权。

对行业从业人员来说,特许企业须确保希望成为“获批人员”且/[26]或从事一项或多项审慎监管局指定的“受管控职能”[27]的个人在履职前获得审慎监管局批准。147 [《2000 年金融服务与市场法》section 59（1）]。未获得事前批准而履职可能导致对公司及/或个人的强制措施。所有获批人员必须持续遵从并符合:(1) 审慎监管局《关于获批人员的原则声明和行为规范》[28]以及（2）根据《2000 年金融服务与市场法》section 61 对获批人员的适当测试。[29] 对于任何可能影响其保持行为适当和得体的情况,获批人员必须告知其公司和审慎监管局。

(三)《审慎监管局门槛条件》和《审慎监管局规则手册》

原则上,审慎监管局监督持牌公司持续遵从三套监管规定:《审慎监管局门槛条件》（PRA Threshold Conditions）、《审慎监管局基本规则》（PRA Fundamental Rules）以及《审慎监管局规则手册》（PRA Rulebook）。审慎监管局在制定其决策过程中还与公司的董事会和高管沟通,采用这种对话以确保在作出其裁定过程中考虑到所有相关信息,并明确传递裁定的基本理念。[30] 根据（第三章分析的）2015 年巴塞尔银行监管委员会《银行监管指导原则》实施的新风险管理框架,《银行公司治理原则》和《资本要求指令Ⅳ》规定的公司和风险治理条件,[31]以及（也是在第三章曾分析的）审慎监管局新的高管政策,审慎监管局必须与高管和董事会保持密切联系。显然,高管现在担当某种一线

---

[24] See BoE, ‘The Bank of England’s Approach to Stress Testing the UK Banking System’, October 2015, available at www. bankofengland. co. uk/financialstability/Documents/stresstesting/2015/approach. pdf. 审慎监管局提前发布了英国的宏观经济场景,金融机构可以用以完善其作支柱 2 资本压力测试时的自身场景。

[25] PRA, ‘Supervisory Activities: Remuneration Rules’, available at www. bankofengland. co. uk/pra/Pages/supervision/activities/remuneration. aspx.

[26] 获批人员是由审慎监管局和/或金融行为监管局同意由其代表授权企业履行一项或多项受控职能的自然人。

[27] See ‘PRA-designated Controlled Functions’ available at www. bankofengland. co. uk/pra/Documents/authorisations/approvedpersons/pracfs. pdf.

[28] See PRA/FCA Handbook, available at www. handbook. fca. org. uk/handbook/APER/, and for clarification PRA, ‘Approved Persons’, available at www. bankofengland. co. uk/pra/Pages/authorisations/approvedpersons/default. aspx.

[29] 在审慎监管局的手册（FIT）的相关章节中为审慎监管局评估个人的获批资格时应考虑哪些因素提供了指导。

[30] Ibid., 24, para. 25.

[31] See Council Directive 2013/36 of the European Parliament and of the Council of 26 June 2013 on access to the activity of credit institutions and the prudential supervision of credit institutions and investment firms, 2013 OJ (L 176) 338, principally, Rec. 54 and Arts 76, 88.

监管人员，这种方法还体现在审慎监管局对银行经营责任在高管中分配的方式的规定上。[32]

1. 门槛条件

“门槛条件”是企业根据《2000 年金融服务与市场法》获批在英国开展“特许业务”的最低要求，[33]对于实施审慎监管局监管政策必不可少。其目的在于确保，一旦获得牌照之后，公司以审慎的方式开展业务，以促进金融安全和稳健。持牌公司必须确保它们一直符合门槛条件，审慎监管局有权持续对公司进行评估。[34] 实际上，审慎监管局希望
148 公司不仅仅满足且持续满足这些规定的字面要求，而且须进一步考虑最重要的安全和稳健原则。[35]

2.《审慎监督局基本规则》和《审慎监管局规则手册》

《审慎监督局基本规则》都是高要求规则，这些规则共同表达了审慎监管局促进受监管企业安全和稳健的总体目标。这些规则适用于所有经审慎监管局审批的企业（法律限制除外），无论其规模大小还是经营的业务种类。审慎监管局的基本规则也是其规则手册的基石。[36]

《金融行为监管局规则手册》规定的是“高管安排”“获批人员”行为以及获批人员的适当测试，而《审慎监管局规则手册》规定的是审慎体制。[37] 因此，就持牌银行而言，除其他规定外，《审慎监督局规则手册》规定了有关高管责任分配，稽核人员的职责和报告义务，资本定义和资本缓冲，信贷风险计算，通用组织规定，大风险敞口、流动性、资本充足率以及杠杆率的计算。

（四）审慎监管局的监管方法

审慎监管局受权（《2000 年金融服务与市场法》新 section 2K）持续安排对获批人

---

〔32〕 这些，所谓的“规定的责任”非常宽泛，反映了新治理方法下高管层或多或少会成为一线监管者。审慎监管局清单规定了银行的规定责任，包括在新围栏限制下不从事自营交易活动，该清单是为英国银行而做，可以查阅 PRA Rule book，‘Allocation of Responsibilities’，Part 4，见 www. prarulebook. co. uk/rulebook/Content/Part/212514/22-03-2016。

〔33〕 Ss. 55，56，and Sch. 6 of FSMA 2000 and Regulated Activities Orders 2013 and 2001（n. 15）.

〔34〕 “门槛条件”是：（1）法律形式，存款吸收人必须是公司制或合伙制实体；（2）办公地点：企业总部，尤其是其决策层和管理层，在英国；（3）商业审慎行为：企业的经营是以审慎方式——且企业维持适当的金融和非金融资源；（4）适当性：企业必须满足审慎监管局的要求，即在所有情况下与有适当人员配置的公司从事受监管的活动时是一个“合适的人”；（5）有效监督：企业及其集团成员能受审慎监管局有效监管（ibid.）。更多细节，参见 PRA，The Prudential Regulation Authority's Approach to Insurance Supervision’，March 2016，Box 1。

〔35〕 PRA（n. 23），20-1 and paras. 8 and 38-9.

〔36〕 这些规则如下：基本规则 1：企业必须诚实营业；基本规则 2：企业必须善尽技能、注意和勤勉营业；基本规则 3：企业必须以审慎方式行事；基本规则 4：企业必须随时保持充分的金融资源；基本规则 5：企业必须有有效的风险战略就位；基本规则 6：企业必须负责地组织和控制其事务；基本规则 7：企业必须以合作的方式与监管机构打交道，并且必须适当向审慎监管局披露任何审慎监管局希望企业披露的任何信息；基本规则 8：企业必须为处置做好准备，这样一旦需要，它能以有序的方式解决而对至关重要的服务破坏最小。

〔37〕 The PRA Rulebook is available at www. prarulebook. co. uk/rulebook/Content/Sector/211131/ 22-03-2016.

员的监督。审慎监管局和金融行为监管局按照立法[依据经修订的《2000 年金融服务与市场法》sections 1B (5)(a) 和 2H (1)(a)] 中规定的原则行使权力。[38] 其中包括效率和比例原则、促进英国经济持续增长原则、高管在公司中的责任原则、承认获批人员的个性差异和目标差异原则、透明原则、披露法定人员信息的原则以及消费者决策自负的一般原则。[39]

《2012 年金融服务法》[《2000 年金融服务与市场法》新 section 2B (3)] 明确规定,审慎监管局应主要通过力求避免因企业展业方式而负面影响金融稳定并通过防止无序倒闭,以实现其总体目标。因此,在履职过程中,审慎监管局将特别关注那些令发挥关键经济作用的持续性发生中断的风险。但它不会采取措施来防止任一或所有此类负面影响,也不会出手阻止某一银行倒闭。确保各银行不倒闭并不是审慎监管局的职责。[40] 149
审慎监管局将仅争取确保任何银行或其他金融公司的倒闭不会发挥关键经济作用——包括对存款人的偿付能力——造成严重破坏。

2016 年 3 月发布的最新《审慎监管局银行监管方法》规定了审慎监管局的银行监管方法。[41] 其中,审慎监管局提出,其旨在通过监管形成有关这些公司的全面、扎实、综合的图景,判断这些公司是否以安全稳健的方式经营,以及保险公司是否恰当保护保单持有人。控制企业倒闭的影响是审慎监管局职能的核心组成部分。审慎监管局通过制定可行且可信的处置方案,以及要求企业设置一旦其倒闭可持续提供关键银行作用的架构,来确保这一目标实现。[42] 这也是新的围栏安排的首要目标,我们在前面已有讨论(见第二章)。

审慎监管局最近重申其致力于"基于判断的"前瞻性的监管方法,重点关注外部环境、业务风险、管理和治理、风险管理和控制,以及资本和流动性。[43] 这意味着,为实现其目标,审慎监管局将积极主动采取措施,比如,作为监管的一部分对公司定期进行压力测试。同样,审慎监管局澄清其监管方法将保持适度。

(五) 判断引导式监管和监管的强度

审慎监管局被设计为主动的看门人。这与其前身金融服务局大不相同,后者被视为被动监管机关,惰性易于滋生,特别是对金融体系表面看来安全的部分。[44] 审慎监管的判断引导型方法的特点是,抛弃规则,重点开展前瞻分析,包括评估若干公司倒闭将如何处置,以及对于整个体系的影响与政府资金的使用。因此,其目的是在风险固化之前预

---

〔38〕 See new s. 3B of FSMA 2000.

〔39〕 Ibid.

〔40〕 The PRA (n. 23),7.

〔41〕 Ibid. ,6 et seq.

〔42〕 Ibid.

〔43〕 Ibid. ,8-9,22-4.

〔44〕 See FSA Report, Internal Audit Division, 'The Supervision of Northern Rock: A Lessons Learned Review', March 2008, available at www. fsa. gov. uk/pubs/other/nr_report. pdf.

先防范风险。

与其重点关注法定目标所涉关键风险一致，审慎监管局将其监管的公司分为 5 类“潜在影响”，并据此对各公司适用不同的监管频率和强度。公司潜在影响大小取决于其规模、复杂程度和与金融体系其他部分的相互关联程度。就保险公司而言，规模（包括保单持有人的数量）和从事的业务类型也会被考虑在内。可以说这看起来像风险导向的监管方法。然而，正如下面分析的，监管强度和用以发现风险的框架可能十分复杂和详细，绝不是“蜻蜓点水式的”银行监管方法，在这方面审慎监管局与其前身金融服务局远不相同。

审慎监管局在形成相关判断时采用结构化方法。其使用的框架包括三个关键要素：〔45〕

• 公司因展业过程和倒闭情况对金融稳定可能产生的潜在影响；

• 公司外部营商环境和其面临的业务风险（及其风险内容）可能如何影响公司的生存能力（宏观经济风险和业务风险）；以及

150 • 缓释因素，包括公司管理和治理及其风险管理和控制（经营性缓释），其财务能力，特别是资本和流动性（财务化解），以及其处置能力（结构性缓释）。

审慎监管局将其监管的所有吸收存款的机构和指定的投资公司划分为 5 种明显不同的“影响”类别：〔46〕

第 1 类

最重要的存款吸收机构或指定的投资公司，其规模、相互关联度、复杂度和业务类型，使其有能力——由于倒闭或不安全展业——给英国金融体系甚至更广的经济活动造成非常严重的破坏。

第 2 类

重要存款吸收机构或指定的投资公司，其规模、相互关联度、复杂度和业务类型，使其有能力——由于倒闭或不安全展业——给英国金融体系以及更广经济活动造成一定破坏。

第 3 类

存款吸收机构或指定的投资公司，其规模、相互关联度、复杂度和业务类型，使其有能力——由于倒闭或不安全展业——给英国金融体系以及更广经济活动造成少量破坏，但对金融部门整体或子部门的困难存在产生潜在破坏可能。

第 4 类

存款吸收机构或指定的投资公司，其规模、相互关联度、复杂度和业务类型，对英国金融体系以及更广的经济活动有极其微弱的产生破坏能力，但可能因其倒闭对金融部门

〔45〕 PRA (n. 23), 24-5.

〔46〕 PRA (n. 23), 29-30, para. 54. 审慎监管局使用了定性和定量分析对企业进行分类。以企业的监管报告为基础的数值评分提供了“建议”分类，监管根据定性分析审议，以确定其代表了企业潜在影响的全貌（ibid., para. 56）。

整体或子部门产生破坏。

第5类

存款吸收机构或指定的投资公司，其规模、相互关联度、复杂度和业务类型，几乎没有给英国金融体系以及更广经济活动造成破坏的能力，但金融部门整体或子部门的困难可能因其倒闭产生一定破坏。

审慎监管局还考虑企业所提供服务的可替代性，及其能减小倒闭影响的程度。它注意到了在良好环境和紧张环境下的可行程度。[47]

对公司面临风险的任何评估都要分析其经营的外部环境。审慎监管局的分析因此包括对系统范围风险的分析（比如，来自低利率、过度信贷增长或国际失衡的风险）以及部门风险（比如，在商业房地产领域的风险）。在进行这些评估过程中，审慎监管局通常借用英格兰银行其他部门已经完成的工作，包括金融政策委员会关于宏观审慎环境的 151
观点。[48]

业务模式分析也是审慎监管局监管方法的重要组成部分。审慎监管局分析对企业业务模式活力的威胁，以及某企业自身展业方式对金融体系其他部分可能造成的负面影响。分析包括评估某企业从何处赚钱及如何赚钱，这样做所承担的风险，以及如何融资。对公司的评估视情况既有企业层面的，也有金融部门层面的。

对业务模式可持续性的评估，是针对其可能的脆弱性，其中包括不可持续的增加预期，严重依赖某种净利息收入的无弹性的结构（因此面临低利率环境风险暴露），集中的融资来源（在困境时可能减少），或者在信贷评级变动后出现严重后果。与“门槛条件”一致，审慎监管局对业务风险的评估也包括评估其是否可以有效监管某企业从事的业务。因此，当某企业业务特别复杂时，审慎监管局会考虑能否有效评估企业风险。

审慎监管局的政策框架并不排除市场纪律，[49]尽管其对市场纪律的依赖远少于以往的体系而这也是合理的。审慎监管局提出：“同业分析构成评估的重要部分，提供了诊断工具，以凸显在哪些情况下个体机构相对于其部门可能是个例外，因而需要进一步分析。这些分析也有助于理解可能影响体系稳定的共同的部门性风险。”[50]

因此，审慎监管局对企业监管的强度取决于其按以下指数衡量出的风险水平，特别是通过“主动干预框架”（PIF）测算[51][在下面“（六）主动干预框架和早期干预与处置措施”部分分析]的其距经营失败的远近。考虑到企业经营失败的无序对其目标可能产生的负面影响，审慎监管局根据企业的倒闭可能和可处置性来调整其对公司应用的资源。最终，在某些困境下适当的措施，可能在其他情况下并不适当。审慎监管局因此必

[47] Ibid.，para. 55.

[48] Ibid.，30-1，para. 58-9.

[49] FSA，'Turner Review—A Regulatory Response to the Global Banking Crisis'，authored by the then Chairman of the FSA Adair Turner，March 2009，45-6 available at www.fsa.gov.uk/pubs/other/turner_review.pdf.

[50] PRA（n. 23），para. 63.

[51] Ibid.，25.

须对企业负好责任，而监管必然涉及高管和有经验的人员。

然而，所有企业都面临至少某种“基础水平的监控”。[52] 其中包括：

- 确保遵从有关资本的审慎标准；
- 流动性、资产估值、预案和准备金；
- 至少每年审查一次企业或金融部门对审慎监管局目标带来的风险；
- 评估企业拟定的恢复措施及其将如何退出市场。

（六）主动干预框架和早期干预与处置措施

以判断为基础的方法具有前瞻性，当企业接近于审慎监管局必须行使早期干预权以帮助银行避免引发处置混乱的节点时，为审慎监管局提供了清晰的提前预警以及操作空
152 间。[53] 我们前面分析了审慎监管局将其监管的所有存款吸收机构和指定投资公司划分为5种“影响”类别。审慎监管局对企业距离经营失败远近的判断将体现在企业在“主动干预框架”中的位置，“主动干预框架”的各种不同要素反映了公司面临的风险及其管理风险的能力，即外部环境、业务风险、管理和治理、风险管理和控制、资本以及流动性。[54]

“主动干预框架”分为明显不同的5个阶段，每个阶段代表不同的倒闭风险，每个企业在不同时点处于某特定阶段：[55]

第1阶段——企业生存能力低风险。

第2阶段——企业生存能力中等风险：监管机关已经发现企业财务状况的脆弱性，或者其风险管理和/或治理实践的缺陷。

第3阶段——假如企业不采取措施，有生存能力风险：已经发现企业安全性和稳健性存在严重威胁。

第4阶段——企业生存能力即将出现风险：企业状况已经恶化到一定程度，以致审慎监管局评估该企业存在不能满足门槛条件的现实风险，但仍有采取某些纠正措施的可能。

第5阶段——公司处于处置之中或正主动清算。

当一个公司在“主动干预框架”发展到更高阶段时（审慎监管局认为该企业的生存能力已经恶化），监管机关将相应检查对其采取的监管措施。企业高管被寄予厚望，期望能够确保采取适当的挽救措施，降低倒闭的可能；监管机关将确保为解决问题做好适当准备。监管机关至少每年检查一次企业在“主动干预框架”中所处的阶段，并针对相关重大发展作出反应。

对于“主动干预框架”的每一阶段，审慎监管局都制定了可能的监管措施。对于落

---

〔52〕 Ibid. ,para. 183 et seq.

〔53〕 PAR (n. 23),para. 183-4.

〔54〕 Ibid. ,56,para. 196.

〔55〕 Ibid. ,56-7.

入第 3—4 阶段的企业，采取重大的早期干预措施。对于进入第 3 阶段的企业，审慎监管局可能要求以下措施：改变管理以及/或董事会的组成；限制资本分配（包括分红和浮动薪酬）、限制当前业务或计划的业务、限制资产负债表增长和/或加强杠杆限制，以及设定更严格的流动性指导原则和/或资本要求。公司需要在必要时启用其恢复方案中制定的各种措施，审慎监管局处置组将加强参与制定处置应急方案。

对于进入第 4 阶段的企业，审慎监管局最可能增加所需恢复措施的规模（包括有关流动性和资本）。在启动恢复计划（包括可能的资产处置或出售公司）后，它将制定实施恢复措施的短期时间表。恢复措施将需要表明这些措施是可信的，并将产生重大效果以使企业避免处置。

对于进入第 5 阶段的公司，审慎监管局将决定该公司不再符合"门槛条件"，已没有挽救的合理可能。在适当的情况下，英格兰银行处置部将对该企业启动特殊处置机制，
并监督其处置或清算。届时，可能需要金融服务赔偿计划，以实现向存款人支付和/或为 153
存款转移或处置提供资金。[56]

（七）纪律处分权和执法权力

审慎监管局享有各种纪律处分权和执法权力。它曾提出，虽然它希望公司在处置监管问题上予以配合，但在某些情况下，它将选择提前使用正式权力，而不仅仅是作为最后措施。总体上，审慎监管局享有根据《2000 年金融服务与市场法》Part Ⅺ对某事项开展调查的权力，以及施加处罚、公开谴责、暂停或限制的权力。正如前面所指出的，根据《2000 年金融服务与市场法》Part 4A（《2000 年金融服务与市场法》sections 55F，55J，55M 和 55P），审慎监管局享有改变准予某企业从事某些特许业务或施加附加要求的权力。除此之外，如果公司正在倒闭或可能符合门槛条件（《2000 年金融服务与市场法》section 55M），它可能要求改变企业业务模式或未来战略，并/或要求其增加其资本和流动性缓冲，或对收购控股权施加控制（《2000 年金融服务与市场法》s. 55O）。一旦审慎监管局签发决定，直接受到改变或取消决定影响的有关方可以向金融服务和市场法庭提起申诉（《2000 年金融服务与市场法》sections 55Y 和 55Z1）。

对于获批履行某种受控职能的个人，如果其行为方式与制度不符，或者其在企业违反制度的过程中故意配合，审慎监管局还可以（也可与金融行为监管局共同）对其采取纪律处分措施。这些措施可能包括罚金、暂停批准、施加限制，或发布有关行为失当通报。当审慎监管局确信某人不足以适当履职时，可以撤销批准或可能禁止其将来维持受管控职能：所谓依据《2000 年金融服务与市场法》section 56（1A）［以及 sections 56（2）和 56(3)］的禁令。审慎监管局决定通知一旦发布后，直接受禁令影响的有关方可以向金融服务和市场法庭申诉[《2000 年金融服务与市场法》section 57（5）］。

审慎监管局的全部纪律处分权包括施加经济处罚的权力，以及对未能满足审慎监管

〔56〕 Ibid.，57，Table A.

局监管要求的企业,发布公开谴责的权力（如果发布公开谴责是适当的）。实施这些权力的意图可能包括,向企业以及广泛的受监管行业传递明确信号,说明审慎监管局认为哪些情况下企业行为不可接受,并以此防患于未然。[57]

四、金融行为监管局

（一）概述

大多数英国银行都受到双重监管。金融行为监管局对业务行为、消费者保护和资本
154 市场负有监管职责。[58] 它监督持牌公司遵从业务行为框架,并保护市场诚信。[59] 根据《2000 年金融服务与市场法》（通过《2012 年金融服务法》对其修订）,金融行为监管局负有广泛的（法定）战略目标,以确保其监管下的英国市场运转良好。[60] 它还有三个（法定的）运营目标:消费者保护、诚信目标和竞争目标。[61]《2012 年金融服务法》明确规定了实现每种运营目标的方式,[62]金融行为监管局又作了进一步说明。

金融行为监管局的总体职能包括:(1) 根据《2000 年金融服务与市场法》制定规则的权力;(2) 根据该法发布规范的权力;(3) 根据《2000 年金融服务与市场法》及在适用《2000 年金融服务与市场法》时给予指导的权力;(4) 决定金融行为监管局为履行上述职能须遵循的一般政策和原则的权力。[63] 在履行其总体职能时,金融行为监管局必须在尽可能合理的情况下,以符合其战略目标并推进其一个或多个经营目标的方式开展工作。即金融行为监管局必须尽可能以按照符合消费者利益并促进有效竞争的方式履行其总体职能。特别是,在履行其总体职能时,金融行为监管局必须考虑该法 section 3B 规定的其监管原则[同样适用于审慎监管局,已经在前面“第二节三、(四) 审慎监管局的监管方法”部分作过分析],[64]这些监管原则阐述了资源的有效、节约利用和比例性,同时也考虑采取措施的重要性以尽量减少获批人员或经认可的投资交易所开展的业务

---

[57] 审慎监管局表述的执行政策解释了其实施约谈的权力[根据《2000 年金融服务与市场法》s. 169 (7)]和与海外监管者合作调查的权力,发布法定通知的权力,实施了经济惩罚的权力,暂停授权和限制部分活动的权力,解决争议的权力和根据金融服务法对那些担任或曾任审计、精算师的审慎监管局授权人员施以经济罚的实施与数额。(see PRA, 'Statement of Policy—The Prudential Regulation Authority's Approach to Enforcement: Statutory Statements of Policy and Procedure—January 2016', 21 January 2016, available at www. bankofengland. co. uk/pra/Documents/publications/sop/2016/approachenforcementupdate. pdf)

[58] See Pt. 1A, Ch. 1, ss. 1A and 1B of FSMA 2000, inserted by s. 6 of the Financial Services Act 2012. Also the UK Listing Authority has formed part of the FCA (see Pt. 6 of FSMA 2000, as amended by Pt. 2 of the Financial Services Act 2012).

[59] Pt. 6 of FSMA 2000, as amended by Pt. 2 of the Financial Services Act 2012.

[60] S. 1B (2) of FSMA 2000, inserted by s. 6 of the Financial Services Act 2012.

[61] Ibid., s. 1B (3).

[62] Ss. 1C, 1D, and 1E of FSMA 2000, inserted by s. 6 of the Financial Services Act 2012.

[63] S. 1B (6) of FSMA 2000, inserted by s. 6 of the Financial Services Act 2012.

[64] See n 37.

(或违反一般禁止)而被用于违法或甚而至于达到金融犯罪行为或举动的范围。[65]

以上分析的监管原则指导着金融行为监管局对监管进行成本收益分析,由此建立了自己的主动干预框架以应对已有的和正在出现的风险。对此我们将稍后分析。然而,这里应当注意的是,主动干预框架并不意味着金融行为监管局当下已经是个谨慎的实施约束的监管机关。相反,它一直是一个主动的监管机关,采取了过多的执法措施,[66]有观点认为这导致2008年之前及之后广泛存在的监管系统滥用,虽然也夹杂着一定程度的成功。[67]

金融行为监管局的问责框架是多层次的,但并不复杂。它需要每年向政府和议会报告工作,此外,有一个政府任命的委员会监督金融行为监管局的工作,委员会的大多数成员都是非执行理事。[68]对金融行为监管局使用资源的效率和效果还可以进行独立审查。[69]此外,还有一项要求——在出现监管失败而且该失败系出于金融行为监管局的工作时,金融行为监管局要向财政部报告。然而,发布报告的义务以及对透明的期待不 155
应当阻止或损害金融行为调查局开展执法调查的能力。在这种情况下,应当在结束执法行动之后再发布。[70]

最后,金融行为监管局有请教从业者和消费者的一般义务。[71]金融行为监管局设有4个法定的小组,代表消费者、被监管企业、小规模的被监管企业和市场从业者的不同观点,[72]金融行为监管局负有考虑各小组建议的法定职责。[73]它有义务发布更多信息以提供其有关市场看法(主要趋势、产品和服务)以及公司相对绩效的看法。然而,考虑到这些信息的敏感性,如果披露信息不符合金融行为监管局的目标或者违反法律保护,那么金融行为监管局就不必披露企业的具体信息。

(二)金融行为监管局的监管方法

总体上,金融行为监管局的监管方法与审慎监管局非常相似,即前瞻性并以判断为

---

〔65〕 Pt. 1A, Ch. 1, s. 1B (5) of FSMA 2000, inserted by s. 6 of the Financial Services Act 2012。《2000年金融服务与市场法》s. 6 (3) 界定“金融犯罪”包括:“(3)(a) 欺诈或不诚信;(b) 与金融市场相关的不当行为或信息滥用;或者(c) 处理犯罪所得。”

〔66〕 正如经浏览金融行为监管局的年度执法活动报告所能评析。最新的金融行为监管局报告,参见 Annual Report and Accounts 2014/5—for the Year ended March 2015', Appendix 2,见 www. fca. org. uk/static/documents/corporate/annual-report-2014-15. pdf。

〔67〕 LIBOR和汇率(FX)刑案已产生了很多的指控和判刑,这些案件完整报告及其数年来的成果参见:FT. com, In depth, 'Libor Scandal',见 www. ft. com/indepth/libor-scandal。

〔68〕 对金融行为监管局理事会职能的具体讨论,参见“Corporate Governance of the Financial Conduct Authority”, 29 October 2013, last modified 26 February 2015。

〔69〕 S. 1S, Pt. 1A of FSMA 2000. e. g. 'Financial Conduct Authority (FCA) Board Effectiveness: An Independent Evaluation 2015', 14 January 2016.

〔70〕 See FCA, 'How the Financial Conduct Authority Will Investigate and Report on Regulatory Failure', 18 April 2013.

〔71〕 S. 1M, Pt. 1A of FSMA 2000.

〔72〕 Ibid., ss. 1N–1Q, Pt. 1A.

〔73〕 Ibid., s. 1R.

基础，借此金融行为监管局尽力在风险形成之前发现并处置风险，而且在情况恶化（比如，公司倒闭或违反规定）之后更有效应对危机局面，为遭受损害的消费者提供充足的补救，并/或采取措施应对市场诚信受到的损害。[74] 具体来说，金融行为监管局的工作以十项监管原则为基础，这些原则都直接关系到其法定目标。[75]

对于最重要的（所谓的固定组合）企业（包括银行——见下文），金融行为监管局的目标是通过多种监管措施组合实现的。除其他外，其中包括，首先，定期分析银行和其他重要企业的业务模式和战略，金融行为监管局监管人员、高管和董事会成员定期会见，以及金融行为监管局高管和公司高管年度战略会议；其次，在每个评估周期内和定期企业评价时，若有必要，则进行"深度挖掘"评估；最后，对监管效果定期进行基准监测。[76]

156　1. 风险监管

金融行为监管局的风险监管基于双重方法：企业层面方法和主题方法。企业层面方法是评估并应对一个个体企业或相关企业集团面临的风险，主题方法是管理对一系列企业、整个领域或整体市场有影响的风险。金融行为监管局认为，风险是影响性（可能造成的潜在危害）和可能性（具体问题或事件发生的可能）的组合。金融行为监管局将影响性和可能性因素相结合识别风险，衡量给定风险的重要程度，监控已识别风险的演进，并发现化解风险的途径。[77] 可能性因素指事件发生的可能，影响性因素指一旦问题发生其规模和程度。当用于衡量行为和金融犯罪风险时，这是更合理且可能证明是更准确的方法，因为与微观审慎监管相比，宏观审慎风险往往是模糊的，不可能对其不确定性进行模拟，其影响也小得多。

在识别风险的过程中，金融行为监管局将首先注意情报，从各渠道收集信息（比如，这可以通过访问公司获得，这是监管或执法措施的一部分，通过由企业监控监管性反馈所提供的信息或类似数据、交易监控、领域和环境分析，以及项目成果）。然后，金融行为监管局根据每种可能和影响因素对风险进行评级，评估为高、中高、中低或低。风险的影

---

[74] See FCA, 'How We Supervise Firms', version of 18 September 2015, available at www. fca. org. uk/about/ what/regulating/how-we-supervise-firms.

[75] 这些原则包括：（1）确保对消费者的公平结果和市场完整；（2）向前看并先发制人，识别潜在风险并在其产生严重冲击之前采取措施；（3）焦点放在会对金融行为监管局目标产生重大影响的大问题和问题的原因上；（4）采用的是以判断为基础的方法，重点在于获得正确的结果；（5）确保企业本着正确的精神行事，即它们会考虑其行为对消费者和市场的影响而不仅仅是玩法律的文字游戏；（6）检视商业模型（企业如何赚钱）和文化及其对消费者和市场结果的影响；（7）重点放在个人责任，确保高管理解他们对自己的举动负有个人责任——当事情出错时，我们会让他们承担责任；（8）当出现问题时，作出强有力的回应，确保问题修复，消费者得到保护和赔偿，不当行为从根上得到纠正；（9）与行业、企业、消费者开诚布公地沟通以获得对所面临的问题更深的理解；（10）使用联合方法，确保企业得到来自金融行为监管局的一贯信息并确保对双重监管企业的有效独立监管（see FCA, 'The FCA's Approach to Supervision for Fixed Portfolio Firms', 7-10, available at www. fca. org. uk/static/documents/cor-porate/supervision-guide-fixed. pdf）。

[76] Ibid. , 4.

[77] See FCA, 'Risk Management', version of 14 February 2014, available at www. fca. org. uk/about/what/regu-lating/how-we-supervise-firms/risk-management.

响性和可能性的方法就企业、个人或市场对其法定目标产生的整体风险提供了测量方法。[78] 这种方法使金融行为监管局能够对风险区分轻重缓急，决定应当如何监管应对，并设定战略目标和结果，配置资源以实现其监管重点。

2. 行为监管

金融行为监管局对包括银行在内的更宽泛的金融领域的行为监管是以三项监管工作支柱为前提的：[79] 支柱 1 是对最大型企业和集团的主动且针对具体企业的监管项目；支柱 2 是问题驱动的被动监管，根据我们的风险偏好集中针对已形成的或正在形成的风险；支柱 3 是主题方法，集中针对一个领域整体面临的风险和问题。

所有经审批的企业都可以归入以下两种行为类别中的一种：固定组合企业和变动组合企业。[80] 根据这种划分，大多数规模大的银行都被视作固定组合公司，与金融行为监管局以及其内部专门的监管人员小组有持续主动的关系。基本上，此类机构处于持续的主动监管循环中。[81] 公司的业务模式和战略文化、一线业务流程、体系和控制以 157
及治理，都是金融行为监管局检查的重点领域，以发现银行及其他公司如何开展业务，如何对待客户。[82] 另外，小银行和其他小公司属于变动组合公司，通过主题工作和以市场为基础的工作监管，辅以针对在相关领域发现的重点风险开展的交流、接触和教育项目。

而且，按照第三章分析的议会银行准则委员会的建议，金融行为监管局实施了新的所谓“强化监管”程序，以确保公司对金融行为监管局提出的大多数严重风险被公司高管重点及时处理。[83] 一旦公司制订了行动方案（其中包含设定转折点），金融行为监管局将密切监督该公司。为确保持续监管审查和挑战，当在强化监管中企业达到或未达到转折点，均要向金融行为监管局执行委员会跟进报告。当一个公司实际上化解了导致其最初被置于强化监管之列的重点风险后，该企业将从强化监管之列移除。

（三）执法

1. 预防

金融行为监管局第一道防线是预防。因此，正如上一章所分析的，与其职能一致，金融行为监管局监控金融犯罪的方法主要依靠强制银行高管责任、设立洗钱报告官员及其

---

〔78〕 Ibid.

〔79〕 See FCA, 'How We Supervise Firms—Conduct Supervision', updated 18 September 2015, available at www.fca.org.uk/about/what/regulating/how-we-supervise-firms.

〔80〕 Ibid.，“固定资产组合企业”是“（被监管总数中）很少的一部分企业，它们基于规则、市场地位和客户覆盖率，需要最高层级的监督关注”，其他的企业被划作“弹性资产组合企业”[（FCA（n. 75），9]。

〔81〕 Ibid.，10.

〔82〕 Ibid.

〔83〕 增强型监管的关键特征是：企业监事审查企业的监督策略；在适当时，金融行为监管局要求企业董事会解决重点问题的正式承诺；考虑使用其他工具和权力。See FCA, 'Enhanced Supervision', version of 14 October 2015, available at www.fca.org.uk/about/what/regulating/how-we-supervise-firms/enhanced-supervision.

恰当履职。[84] 上一章全面分析了这一职能。而且，金融行为监管局的监管工作也是以主题检查为基础的，主题检查可以用来评估某领域或市场诸多公司当前存在的与某问题或某产品有关的风险，或正在形成的风险。[85] 有些具体针对反洗钱和数据保护、抵押和贸易融资的主题检查已经实施。

2. 执法和公布执法措施

金融行为监管局享有非常广泛的刑事、民事和监管的调查和执法权力。一旦发生违反强制性规则或违反行为规则（包括违反金融行为监管局的原则及违反其手册）的不当行为，金融行为监管局可以施加广泛的处罚。[86] 执法措施既可以针对公司，也可以针对个人，可能包括最严厉的：撤销对公司的批准、依据《2000 年金融服务与市场法》section 56 开证禁令禁止个人从事特许业务，暂停企业或个人从事特许业务、对违反金融
158 行为监管局制度或实施市场滥用的企业或个人处以罚金、向法院申请禁令或恢复原状令，以及提起刑事公诉以打击金融犯罪，比如市场滥用或依据《2000 年金融服务与市场法》的相关规定（例如，s. 123）。在有些情况下，金融行为监管局与审慎监管局共同开展执法行动。

正如前面分析的，金融行为监管局的原则是其政策的基础。某企业违反原则可能受到纪律处罚。原则还涉及金融行为监管局收集信息的权力、变更对企业许可的权力和调查与干预的权力，为金融行为监管局向法院申请禁令或恢复原状令，或要求企业恢复原状奠定了基础。[87] 但是，原则并不给私人损害提供诉由（参见《金融行业监管手册》原则 3. 4. 4 R）。

在判定是否违反原则时，金融行为监管局将分析具体原则要求的行为准则。根据每项原则，由适当的监管机关承担举证责任证明某公司有过错。是否构成“过错”因原则而异。[88] 例如，根据第 1 项原则（诚信），金融行为监管局需要证明企业展业过程中缺乏诚信。根据第 2 项原则（技能、认真和勤勉），如果某企业在开展其业务过程中表现出未能以适当的技能、认真和勤勉开展工作，那么就违反了该原则。同样，根据第 3 项原则（管理与控制），并不是某企业只要未能控制或预防不可预见的风险即违反原则，但如果该企业未能投入合理精力有效地组织并控制其业务，就构成对原则的违反。[89] 金融行为监管局可以公布其已经向某企业签发警告通知的事实，以及通知的简要内容。金融行为监管局和审慎监管局都享有这一权力。在研究决定是否披露警告通知时，监管机关必

---

〔84〕 See FCA, ‘Financial crime: a guide for firms—Part 1: A firm’s guide to preventing financial crime’, April 2015 available at www. handbook. fca. org. uk/handbook/FC/link/PDF. html.

〔85〕 主题性审视可以聚焦发现问题和金融行为监管局对解决系争问题的意见两方面。主题式流程可以应用于多种情形、企业和消费者群体。See FCA, ‘Thematic Reviews’, available at www. fca. org. uk/about/what/regulating/how-we-supervise-firms/thematic-reviews.

〔86〕 S. 67 of FSMA 2000, as amended.

〔87〕 PRIN 1. 1. 8 G.

〔88〕 See PRIN 1. 1. 7 G.

〔89〕 Ibid.

须考虑众多因素，包括公布信息是否对警告通知涉及人员不公。

第三节　欧洲银行业联盟的审慎监管

一、从欧洲金融监管体系到欧洲银行业联盟

（一）欧洲金融监管体系

欧盟过去依赖以各国监管机关为中心的监管模式，这是当时政治现实的产物，但事实证明这是有缺陷的。那种体制的失败印证了有些人的怀疑，即稳定的金融体系、统一的金融体系和各国金融自主权能否兼容，也就是所谓的金融稳定“不可能三角”，对此我们已在上一章进行了详细分析。[90] 直至2010年，合作、协调与一致适用欧盟法律的框架仍然十分薄弱。就监管实践而言，当时有三大鸿沟。第一，明显缺乏监控整个欧盟系统风险的任何框架（宏观审慎监督）。第二，“母国控制”的漏洞成为突出问题。那些被证明对东道国的系统稳定既具有系统重要性，又具有威胁的外国分行，却由其母国监管 159
机关监管。[91] 更令人担忧的是，在各国审慎监管一致化水平越来越高的同时，对已经发现的监管漏洞执意不理。第三，2008年缺乏协调的银行拯救，特别是富通银行案，凸显了缺乏危机管理和银行处置的跨国框架。

欧盟银行监管中的这些鸿沟呼吁对欧盟的监管框架进行彻底再思考。2008年11月，欧盟理事会委托一个由雅克·德·拉罗西埃（Jacques de Larosière）牵头的高层级小组，就改进投资者/消费者/存款人/纳税人保护并重建对金融体系的信心，如何加强欧洲监管安排提出建议。这个小组提出了欧盟市场监管中存在的巨大鸿沟，包括缺乏系统性风险的监控机构。在其2009年2月25日提交的最终报告（《de Larosière 报告》）中，[92]这个高层级小组建议，进行改革加强对欧盟金融领域的监管，并提出了促进统一规则的一致实施的路径。

按照《de Larosière 报告》的建议和进一步大量咨询，欧盟金融管理以及（甚至在欧洲银行业联盟成立之前）一定程度上监督的工作，经历了广泛的改革。欧盟改革的总体特点是：

（1）设立了一个软法的宏观审慎监督和系统风险监控机构——欧洲系统风险委员

[90] See D. Schoenmaker, 'The Trilemma of Financial Stability', Duisenberg School of Finance Working Paper, February 2009, available at http://papers.ssrn.com/sol3/papers.cfm?abstract_id=1340395.

[91] FSA, Turner Review, 'A Regulatory Response to the Global Banking Crisis', March 2009, 37-9; House of Lords, European Committee, 14th Report, 'The Future of EU Financial Regulation and Supervision', Ch. 7, Session 2008-09, 9 June 2009, available at www.publications.parliament.uk/pa/ld200809/ldselect/ldeucom/106/10610.htm.

[92] The de Larosière report is available at http://ec.europa.eu/internal_market/finances/docs/de_larosiere_report_en.pdf.

会，其主要职责是在欧盟层面提供宏观审慎研究与建议；[93]

（2）欧洲监管机关具备制定准则的能力，通过能够起草共同的欧盟制度手册并监督在各国一致实施统一规则，它们成为具有最大程度协调性的核心支柱和渠道。在银行业市场这一领域，这项工作赋予了欧洲银行业管理局。[94]

（二）欧洲银行业联盟

虽然规则制定的集中化在欧洲银行业已经酝酿了很久，但重大进展是欧洲银行业联盟的设立，这带来了欧元区内部银行监督和处置的集中化。促进设立欧洲银行业联盟的是欧元区的债务危机。除希腊（主要是主权过度负债问题）外，其中还涉及很多其他欧元区成员国，它们不得不收拾风险过度的银行业残局（比如，爱尔兰、西班牙和塞浦路
160 斯）。一方面，在强制自救政策之前时期，银行破产需要政府救援。因此，银行债务可以轻易转化为主权债务，形成了“恶魔环”（所谓的“厄运循环”）第一部分。另一方面，过度负债国家的银行可能随时发现，由于主权债券变得不足以担保筹集新的资金，它们被卷入流动性危机之中，并最终卷入破产危机。此外，主权财政调整计划可能引发衰退，衰退反过来又导致不良贷款同步上升，从而加大银行清偿压力。

因此，欧洲银行业联盟被设定为，首先是解决金融稳定“不可能三角”困境之路，其次是打破成员国及其银行的关联（著名的厄运循环）之路，并以此保护成员国纳税人免受银行危机的有害影响。[95] 欧洲银行业联盟的成立也被看作恢复欧元区银行领域信用以及对银行领域市场信心的基本和必要的措施。欧洲银行业联盟的设计具有三个制度性支柱：单一监管机制、单一处置机制和欧洲银行的单一存款保护计划。而且，单一制度手册的完成被看作组建欧洲银行业联盟的重大步骤。此外，还设立了欧洲稳定机制[96]，作为欧元区的稳定基金。

但是正如第三章所分析的，由于单一存款保护计划远未完成，欧洲银行业联盟仍然

---

〔93〕 See www. esrb. europa. eu/home/html/index. en. html.

〔94〕 欧洲银行管理局是独立的欧盟监管机关，其工作是为了确保对欧洲银行部门有效和一贯的审慎监督和监管。其主要任务是在银行业创造《单一欧洲规则手册》，其目标是提供全欧洲统一协调的金融机构审慎规则。该机构还在促进监管实践的汇聚上发挥重要作用，并被授权评估欧洲银行业部门的风险和脆弱性（see www. eba. europa. eu/about-us）。

〔95〕 See EU Commission Communication，‘A Roadmap towards a Banking Union’，COM/2012/0510 final-2012，September 2012. 参阅欧盟理事会目前对欧洲银行管理局的描述中，有关厄运循环的措辞有所缓和：“银行业联盟是一种欧盟层级的银行业监督和处置体系，其运行以欧盟范围的规则为基础。其旨在确保在欧盟领域的银行业部门和更广范围的欧盟是安全且可信赖的，且无法生存的银行的处置不需要求诸纳税人的钱，且对实体经济影响最小。银行业联盟旨在确保银行健康有活力且有能力经受未来的金融危机；阻止纳税人的金钱被用于挽救经营失败的银行；用协议金融部门规则的办法减少市场的分割；加强欧元区金融稳定和欧盟一体性”，见 www. consilium. europa. eu/en/policies/banking-union/。

〔96〕 如果对保卫欧元区整体金融稳定或其他成员国金融稳定是不可或缺的，欧盟稳定机制对经受财政困难或受其威胁的欧元区成员国提供了金融支持。这包括借款来直接补充成员国银行部门的资本金。按欧盟稳定机制提供的任何财政援助都有严格的条件限制［Art. 136 of the Treaty of the Functioning of the European Union（TFEU），www. esm. europa. eu/index. htm］。

是一个不完整的工程。而且,欧洲稳定机制的银行直接资本重组工具从未像最初设计的那样产生,欧洲稳定机制只是一个欧元区成员国可以自愿借款用以对处于困境中的银行进行资本重组的基金,只需要遵守整轮最低将银行负债8%债转股的底限和国家处置基金5%参与的要求。[97] 因此,打破厄运循环的断言看起来没有依据,就整个领域来看或在系统风险环境下,债转股的效果仍然令人怀疑,[98]而且可能事实上更会削弱投资者对欧元区银行业领域的信心,而不是增强。

二、单一监管机制:职能与权力

(一)背景

建立对银行的欧洲单一监管机制是为了能够对欧元区银行业进行严格、全面和独立的监管。赋予欧洲中央银行监管欧元区银行的最终职责,被视为提高对欧洲银行的信心 161
并加强欧元区金融稳定的重要措施。

单一监管机制的目标是:(1)确保欧洲银行体系的安全和稳健,(2)加强金融统一和稳定,以及(3)确保一致监管。给欧洲中央银行的职责增加监管——一项政治任务和行政权力,似乎有损于其作为欧元区货币政策机关的公正性和独立性。这是一个非常重要的区分,因为尽管银行业政策和货币政策相互关联,但并不相同。然而,关于两种职能之间分离的范围和形式,有不同的观点。因此,监管职能必须保持与欧洲中央银行组织结构的其他部分远离而且独立,以维护其机构自主权。[99]

关于欧洲中央银行监管权力的理想范围,有大量争论。有几个成员国希望单一监管机制仅适用于"具有系统重要性的"银行。例如,关于德国的储蓄与合作银行是否应当包括在单一监管机制之内就有争论。这些银行认为它们自己是地方区域性银行,资产被动、风险低,因此,应适用不同于商业银行的政策体系。最终的决定是,欧洲中央银行作为单一监管机制的一部分,将直接只监管那些由于其规模或风险状况可能产生重大审慎风险的银行[100](参见下面关于"重大标准"的分析)。因此,各国监管机关,即所谓的各国主管机关,仍然是统一监管体系的组成部分。而且,虽然单一监管机制享有对欧元区任何银行直接监管的权力,但各国监管机关仍然负责消费者保护、洗钱、第三国银行分支机构,以及监督行为规则的遵守情况等职责。

同样,各国中央银行和各国其他机关仍然负责为它们的银行制定总体宏观审慎框

---

[97] Art. 37 (10), Rec. 73 Directive 2014/59/EU establishing a framework for the recovery and resolution of credit institutions and investment firms, OJ 2014 L 173/190, 12 June 2014 (BRRD).

[98] See E. Avgouleas and C. Goodhart, 'A Critical Evaluation of Bail-in as a Bank Recapitalisation Mechanism', CEPR Discussion Paper No. DP10065, July 2014.

[99] 参见下面的单一监管机制组织和治理结构。

[100] 欧洲中央银行现在以重要性为标准监管着129个实体。这些银行持有欧元区约82%的银行资产。See ECB, 'List of Supervised Entities', 30 December 2015, available at www.bankingsupervision.europa.eu/ecb/pub/pdf/List_for_publishing_20151230.pdf?8f3c2b2083bb3ab26482fe79fdcb68f6.

架，这当然必须基于各国的宏观经济环境和经济与金融周期。最后放贷人职能，在欧元区主要是通过紧急流动性援助计划实施，一直是各国中央银行的职责，但应获得欧洲中央银行批准，并遵守欧洲中央银行法的相关规定（银行清偿力）。[101] 此外，欧洲中央银行直接向成员银行实施提供流动性的计划，比如长期再融资方案，在充分抵押物的基础上提供流动性。欧洲中央银行对欧元区银行提供流动性的职能及其长期再融资方案的有限范围陷入争议，上一章有更详细的分析。

162 （二）独立于货币政策及单一监管机制组织

1. 独立于货币政策决策

设立单一监管机制的法律很好地体现了其独立于行业干预、行业利益以及各国利益。[102] 《单一监管机制条例》Article 25 还规定，作为单一监管机制的组成部分，欧洲中央银行应当承担条例赋予它的任务，“不得影响而且独立于其有关货币政策和任何其他职责。条例赋予欧洲中央银行的职责既不能干预其有关货币政策的职责，也不能被其有关货币政策的职责左右。”[103] 承担条例赋予欧洲中央银行此项任务的团队人员，在组织结构上应当与承担欧洲中央银行担负的其他职责的团队相分离，并且适用不同的报告体系。[104] 此外，理事会涉及货币职能和涉及监管职能的运作完全分离，包括严格独立的会议和议程。[105]

2. 单一监管机制内部的决策

监管委员会规划并实施单一监管机制的监管任务，并向欧洲中央银行理事会提出决策草案供其采用。[106] 监管委员会由欧洲中央银行的行长、副行长、4 名代表，以及各参与成员国国家主管机关的 1 名代表（通常是负责银行监管的相关国家主管机关的最高首长）组成。[107] 监管委员会的决策草案是在关注欧盟的整体利益，全面、客观、透明的信息基础上提出的。监管委员会以确保其独立的方式运转。[108] 决策的过程以“无反对”程序为基础。如果在规定的不超过 10 个工作日的期限内，理事会不反对监管委员会提出的决策草案，视同该决策被采纳。理事会可以采纳或（基于货币政策）反对决策草

---

[101] See ECB/Eurosystem, ‘The procedures underlying the Governing Council’s role pursuant to Article 14. 4 of the Statute of the European System of Central Banks and of the European Central Bank with regard to the provision of ELA to individual credit institutions’ (‘ELA Procedures’), available at www. ecb. europa. eu/pub/ pdf/other/ 201402_elaprocedures. en. pdf ? 10cc0e926699a1984161dc21722ca841.

[102] Art. 19, Recs. 75-6 of Regulation (EU) No 1024/2013 of 15 October 2013 conferring specific tasks on the European Central Bank concerning policies relating to the prudential supervision of credit institutions, OJ 2013, L287/63 (hereinafter SSM Regulation).

[103] Art. 25 (2).

[104] Ibid.

[105] Art. 25 (4).

[106] Arts 19, 25, and 26 SSM Regulation.

[107] Art. 26 (1) and (3) SSM Regulation.

[108] Art. 26 (1) SSM Regulation.

案,但不能更改。[109] 欧洲中央银行设立了一个调解小组,以解决相关国家主管机关就理事会反对监管委员会提出的决策草案所提出的不同意见。[110]

欧洲中央银行还建立了一个行政审查委员会,对欧洲中央银行在行使监管权力过程中采取的决策进行内部行政审查。[111] 任何自然人或被监管实体都可以要求对欧洲中央银行针对他们的决策或他们直接关注问题的决策进行审查。行政审查委员会也可以向理事会决议,在审查程序期间暂停适用有争议的决策。[112] 该委员会由5名独立的成员组成,他们不是欧洲中央银行或某国家主管机关的人员。[113] 行政审查委员会提出审查欧洲中央银行的决策的要求并不影响向欧盟法院提出诉讼的权利。

(三) 单一监管机制的权力范围 163

根据2013年10月的《单一监管机制条例》,欧洲中央银行为履行职责享有必要的调查和监管权力,并承担以下职能:

(1)(与各国主管机关合作) 审批基于欧洲货币同盟的金融机构(《单一监管机制条例》Articles 4 和 14);

(2) 监控对资本、杠杆和流动性规定的遵守情况(《单一监管机制条例》Arts 4 and 16);

(3) 对金融企业集团进行监管(《单一监管机制条例》Article 4(1)(h) 和 Recital 26);

(4) 当银行违反监管资本要求或存在监管资本要求的风险时,要求银行采取整改行动的早期干预措施(《单一监管机制条例》Article 4)。

欧洲中央银行仅直接负责审批和监管"重要的"机构,这个术语包括单一实体、重要的集团和控股公司。《单一监管机制条例》和《单一监管机制框架条例》包括几项标准,信贷机构根据这些标准划分为重要的或不重要的。因此,重要性依据下列标准为基础:[114]

(1) 规模;

(2) 在欧盟经济或任何参与的成员国经济中的重要性;

(3) 跨国业务的重要性。

如果符合下列任一条件,除非有特殊情况说明,否则不能将某信贷机构、金融控股公司或混合金融控股公司视为不重要:[115]

---

[109] Art. 26(8) SSM Regulation.

[110] Art. 25(6), Rec. 73 SSM Regulation.

[111] Art. 24, Rec. 64 SSM Regulation.

[112] Art. 24(2) - (3) SSM Regulation.

[113] Art. 24(2) SSM Regulation. For a thorough and analytical discussion of SSM powers see C. Gortsos, *The Single Supervisory Mechanism (SSM)—Legal Aspects of the First Pillar of the European Banking Union* (Athens, EPLO, 2015).

[114] Art. 6(4) SSM Regulation.

[115] Ibid.

(1)其资产总价值超过300亿欧元;

(2)其总资产占参与设立成员国GDP的比例超过20%,除非其资产总价值低于50亿欧元;

(3)其资产总价值超过50亿欧元,且其在一个以上成员国的跨国资产/负债占其总资产/负债的比例超过20%;

(4)是在某成员国成立的三个最重要的信贷机构之一;

(5)是直接从欧洲稳定机制接受援助的机构。

在一国主管机关告知其认为某个此类机构对其国内经济具有重要性之后,欧洲中央银行对该机构进行全面评估,包括资产负债表评估,作出决策,确认这种重要性。尽管符
164 合上述标准,如果其在一个以上参与成员国设立银行分支,且根据这种方法规定的条件,其跨国资产或负债占其总资产或负债的重要部分,欧洲中央银行也可能自行认为该机构具有重要性。[116]

判定某信贷机构是否具有重要性是持续进行的,在这种情况下,单一监管机制定期进行审查。在参与成员国内获准的所有信贷机构都要接受评估,以决定其是否符合重要性的标准。如果被认为不重要的集团或信贷机构首次达到任何相关标准,那么它将被宣布为重要的,国家主管机关将把其直接监管职责移交欧洲中央银行。相反,一个信贷机构也可能不再重要,那么,对其监管职责将回到有关的国家主管机关。在这两种情况下,欧洲中央银行和国家主管机关都要认真进行审查,讨论问题,以及——除非存在特殊情况——计划并实施移交监管职责,以继续进行有效监管。[117]

(四)审批、并购合格控股,以及撤销审批

对于欧洲银行业联盟内的任何信贷机构,欧洲中央银行都有批准和撤销许可的专属权限,[118]对来自欧元区使用欧盟身份开展跨国业务或在非欧元区成员国设立分支的公司,充当国内监管机关,[119]并评估对欧元区信贷机构的控股并购。[120] 这些职责由欧洲中央银行的审批部门负责。[121] 尽管欧洲中央银行享有履行这些职能的专属权力,但欧洲中央银行与各国主管机关共同行动。

关于批准从事信贷机构业务、撤销此类批准以及评估对合格控股的并购,[122]《单一

---

[116] Art. 6 (4) SSM Regulation.

[117] Art. 6 (2), (3), and (5) - (8) SSM Regulation.

[118] Arts 4 (1)(a) and 14, Recs. 20 and 21 SSM Regulation.

[119] Art. 4 (1)(b) SSM Regulation.

[120] Arts 4 (1)(c) and 15 SSM Regulation.《单一监管机制条例》定义的"适格的控股"[在 point 36 of Art. 4 (1) of Regulation (EU) No. 575/2013]是,在一个企业中直接或间接地持股代表着10%及以上的股本或投票权,或其可对企业的管理产生重大影响。

[121] ECB Guide to Banking Supervision, paras. 49 and 27, available at www.bankingsupervision.europa.eu/ecb/pub/pdf/ssmguidebankingsupervision201411.en.pdf?404fd6cb61dbde0095c8722d5aff29cd (hereinafter ECB Guide to Banking Supervision).

[122] ECB Guide to Banking Supervision (n. 121), 21, Fig. 7.

监管机制框架条例》[123]设定了一系列程序,叫作"普通程序",无论所涉及的信贷机构多么重要,这些程序最终由欧洲中央银行决定。单一监管机制普通程序由以下关键原则规制:[124]

• 许可申请以及对符合条件的控股公司的并购都由申请主体报送至相关的国家主管机关;[125]

• 国家主管机关在 15 个工作日内通知欧洲中央银行其收到审批申请;[126] 165

• 一旦提交申请并确认申请完整,收到申请的国家主管机关、欧洲中央银行和任何相关的其他国家主管机关将进行补充评估。评估重点是确保所有相关方按照有关国家法律和欧盟法律设定的所有标准都完全理解其业务模式及其生存能力。对于不符合相关国家法律规定的审批条件的申请,国家主管机关将予以拒绝,并向欧洲中央银行发送一份其决定的副本。[127] 如果国家主管机关认为申请符合国家的审批条件,它将向欧洲中央银行提交一份包括其评估和建议的决定草案。[128] 此后,欧洲中央银行将对批准或拒绝作出最终决定,[129]它可能拒绝申请,也可能施加更多要求。如果是前述情况,在最终决定前将举行一次听证程序。[130] 关于并购和处理合格控股也有类似程序。[131] 相关国家主管机关向欧洲中央银行提出反对或不反对并购或处置的草案,但最终决定权在于欧洲中央银行。[132]

欧洲中央银行和银行设立地的各参与成员国的国家主管机关,都有权建议撤销某项银行牌照。应所涉信贷机构的申请,或在其他情况下,根据国家法律自主决定,国家主管机关可以建议某项撤销。[133] 对于欧盟法律规定的情况,欧洲中央银行可以启动某项撤销。[134] 无论哪种情况下,最终决定权都在于欧洲中央银行。[135] 所涉及的机构依照《单一监管机制条例》第 31 条有权利发表意见。《欧洲中央银行银行业务监管指导》规定,

---

[123] Regulation ECB/2014/17 of 16 April 2014 establishing the framework for cooperation within the Single Supervisory Mechanism between the ECB and national competent authorities and with national designated authorities, OJ 2014 L 141/51, Part Ⅴ (hereinafter the SSM Framework Regulation).

[124] Ibid.

[125] ECB Guide to Banking Supervision (n. 121), 28, para. 51. 就新银行许可而言,是由新信贷机构设立地的成员国的中央主管机关负责;由意在并购适格控股公司而言,指被并购机构所在地的成员国的相关中央主管机关(ibid)。

[126] 就意图并购合格控制公司的通知而言,国家主管机关在向申请人确认收到该通知后不迟于五个工作日将该通知告知欧洲中央银行。

[127] Art. 75 SSM Framework Regulation.

[128] Art. 76 SSM Framework Regulation.

[129] Arts 78 and 31 SSM Framework Regulation.

[130] Art. 77 SSM Framework Regulation.

[131] Art. 85 et seq. SSM Framework Regulation.

[132] Arts 85, 86, and 87 SSM Framework Regulation.

[133] Art. 80 SSM Framework Regulation.

[134] Art. 82 SSM Framework Regulation.

[135] Arts 81 and 83 SSM Framework Regulation.

对任何撤销牌照的建议，欧洲中央银行和相关国家主管机关都要进行咨询。[136]

特别重要的是，鉴于此类撤销，如果不是自愿的，将不可避免关系到其中的银行——由于不能满足《资本要求指令Ⅳ》规定的资本或流动性门槛——进入处置，这些咨询按照《欧洲中央银行银行业务监管指导》也被用来合法“购买”时间，因为它们“旨在确保，在采取某项决策之前，相关各方（国家主管机关、国家处置机关和欧洲中央银行）有足够的时间对建议进行分析和评价，提出可能的反对意见，并且——如果认为适当——采取必要的措施和决定维护持续经营或对该机构进行处置”。[137]

（五）单一监管机制的监管权力及职能

单一监管机制关于监管的目标是，（1）建立共同的日常监管方法，采取协调一致的监管行动和校正措施，以及（2）确保一致适用条例和监管政策，以保护被监管银行有效应对关键风险。[138]

正如已经解释的，除了已经分析过的审批权力，《单一监管机制条例》Article 4 还赋予欧洲中央银行对于《资本要求指令Ⅳ》“一揽子”规定的重点监管职责具体清单的“专
166 属权力”。[139] 欧洲中央银行将负责仅对由其直接监管的重要银行就全方位监管职责采取日常行动。此外，其审慎监管职责扩展到对银行重整计划的监督、参与拟订处置计划，以及有关必须采取预防措施的职责。[140] 在这种情况下，欧洲中央银行享有《欧盟银行复苏与处置条例》规定的广泛的早期干预权力。[141]

此外，欧洲中央银行确保遵从《单一监管机制条例》Art. 4（3）对信贷机构施加的要求，以实施强劲的治理安排，包括有关负责信贷机构管理、风险管理过程、内部控制机制、薪酬政策与实践以及有效内部资本充足率评估过程（包括内部以评级为基础的模型）人员的适当要求。[142]

而且，欧洲中央银行进行监管检查，包括适时与欧洲银行业管理局合作，进行压力测试并发布公告，以确定信贷机构实施的安排、策略、过程和机制，以及这些机构持有的自有资金能够确保合理地管理并覆盖其风险。在此监管检查的基础上，它可能对信贷机构施加具体附加的自有资金要求、具体的公告要求、具体的流动性要求，以及根据欧盟法律专门为主管机关所用的其他措施。最后，如果必要，欧洲中央银行有权适用比各国机关

---

〔136〕 ECB Guide to Banking Supervision（n. 121），29，para. 83.

〔137〕 Ibid.

〔138〕 单一监管机制设定五项非排他性的优先项：商业模式和利润风险、信用风险、资本充足率、风险治理和数据质量、流动性。

〔139〕 如前面已提及的，这包括：（1）授权和许可欧洲银行业联盟信贷机构；（2）评估并购和处置控股的欧洲银行业联盟信贷机构；（3）确保欧盟的资本、流动性和相关要求；（4）监管强健合理的内部治理、内部评估和风险管理安排、战略、流程和机制；（5）进行压力测试；（6）实行统一监督；（7）参与对金融集团的补充监管。

〔140〕 Art. 4（1）（i） and Rec. 27 SSM Regulation.

〔141〕 Art. 21 et seq. and Rec. 40 BRRD.

〔142〕 2017 年，欧洲中央银行实施“对内部模式的有针对性的复审（TRIM）”以重建信心（see ECB Press Release，‘ECB Supervision zooms in on internal models’，7 April 2017）。

更高的资本缓冲和更严格的宏观审慎措施。这些并非不重要的保留权力，尽管宏观审慎职能主要由国家主管机关履行。[143]

至于集团监管，欧洲中央银行将参与对母行和位于（欧洲银行业联盟）参与成员国的任何众多分支的统一和补充监管，并接替东道国对在参与成员国设立的银行分支的监管职责。即欧洲中央银行在统一基础上对设立于某一参与成员国的信贷机构母公司包括金融控股公司和混合金融控股公司进行监管。对未设立在任何参与成员国的母公司，它还在统一的基础上参与监管，包括在监管协会中。

在履行其作为欧洲银行业联盟宏观审慎监管机关的职责时，欧洲中央银行采用欧洲银行业管理局开发且被欧洲理事会采纳的技术准则，并遵从欧洲银行业管理局的监管手册。而且，在这套规则未覆盖的领域，或者日常监管行为出现进一步协调的需要时，欧洲中央银行将在考虑成员国依据欧盟法律的国家选择及其自主权的同时，发布自己的准则和方法。[144] 这可能是欧洲中央银行与欧洲银行业管理局存在职权范围交叉的又一个领域。而且，工作中在平等对待信贷机构防范监管套利的基础上，欧洲中央银行充分考虑并关注单一市场的统一和诚信。在这种背景下，它还应减少对跨国信贷机构的监管负担。

（六）单一监管机制监管原则 167

自承担起监管权力以来，欧洲中央银行发布了一份指导，说明其将如何行使监管权力。[145] 特别重要的是，除其他外，这份指导规定，（1）欧洲中央银行与参与成员国国家主管机关之间的职责分配、单一监管机制内部的决策过程，（2）单一监管机制的运行结构，（3）单一监管机制的监管循环，以及（4）单一监管机制的监管行为。而且，根据这份指导，单一监管机制的监管方法是以一系列关键原则为基础的。

1. 单一监管机制原则

第一项原则是独立性和负责性，强调单一监管机制的监管职责是独立行使的，即不受行业或政治干预，过去在某些领域并非如此。而且，第6项原则（风险基础法）说明，单一监管机制的监管方法是以风险为基础的，既考虑到某机构倒闭可能给金融稳定造成的损害程度，也考虑发生此类倒闭的可能性。当单一监管机制判断某信贷机构或信贷机构集团风险上升时，其将对这些信贷机构加大监管密度，直到相关风险降低到可以接受的水平。单一监管机制的监管方法以定性分析和定量分析为基础，并运用判断和前瞻性的关键评估。这种以风险为基础的方法确保监管资源总是集中用于能够最有效加强金融稳定的区域。

这些原则还强调，单一监管机制监管应当符合比例（第7项原则），因此，单一监管

---

[143] Art. 5, Rec. 24 SSM Regulation.

[144] ECB Guide to Banking Supervision (n. 121), 5-6.

[145] See n. 121 earlier.

机制监管实践必须与被监管的信贷机构的系统重要性和风险状况相称。比例原则是单一监管机制分配监管资源的关键决定因素之一。因此,单一监管机制监管的密度因信贷机构而不同,更着重最大和更复杂的系统性集团,以及与重要银行集团内部的相关性更密切的分支。这与单一监管机制的以风险为基础的统一监管方法是一致的。

此外,对所有信贷机构应当有充足水平的监管行动（第8项原则）,确保对所有信贷机构都有最低限度的监管行动,以及对所有重要机构有充足水平的接触,无论可预见的倒闭风险有多大。因此,单一监管机制根据其倒闭对金融稳定的影响度对信贷机构进行分类,并对每类设定最低水平的监管量。

最后,单一监管机制有义务采取高效及时的整改措施（第9项原则）,以确保单个信贷机构的安全性和稳健性,以及欧洲金融体系和参与成员国的金融体系的稳定。它主动监督参与成员国的信贷机构,以降低倒闭的可能和潜在的危害,特别是着重降低重要机构无序倒闭的风险。由于评估与整改措施之间存在密切关联,单一监管机制旨在尽可能地早干预,因此降低相关信贷机构债权人（包括存款人）潜在损失的规模。自然,单个信贷机构的倒闭可能无法完全避免,无论单一监管机制如何努力,最终某机构可能不得不进入处置。

168 2. 监管循环

就有效监管而言,最重要的是恰当解读和构建监管循环,这指的是对所有信贷机构进行日常监管的方法论和准则。单一监管机制计划与国际监管论坛交流,学习它们监管工作中的经验教训、质量保证检查的绩效,以及方法论、准则、监管政策和规章的界定。它还追求把从实践中实施方法论和准则取得的经验用于规划将来循环往复的监管工作。这些规划还包括分析关键风险和薄弱环节以及战略监管重点。自然,尽管这是一种明智的方法,但欧洲银行业管理局是一个纯粹的规则制定机构,随着单一监管机制发展了知识能力及其相关偏好,并将学到的经验融入其监管手册,逐渐演变成其补充监管的制度手册,这种方法也可能开启了欧洲银行业管理局逐步边缘化的大门。

（七）处罚

原则上,除非处罚仍然由国家主管机关实施,执法对于欧洲中央银行可能是一个棘手的问题。但《单一监管机制条例》（Recital 35）明确,根据《欧洲联盟运作条约》（Treaty on the Functioning of the European Union,TFEU）Article 132（3）和1998年11月23日No 2532/98《理事会条例》（关于欧洲中央银行实施处罚的权力）,[146] 欧洲中央银行有权对未能遵守其规章和决定规定义务的信贷机构、金融控股公司或混合金融控股公司施加罚金或定期罚款。因此,除单一监管机制享有的其他执法权力（例如,改变或撤销审批或同意）外,《单一监管机制条例》赋予了欧洲中央银行对上述机构在违反其制

---

[146] Amended by Regulation (EU) 2015/159 concerning the powers of the European Central Bank to impose sanctions, OJ 2015 L 27/1, 3 February 2015.

度后施加金钱处罚的权力。而对未能遵守由欧盟法律转化而来的本国法律规定义务的,国家主管机关享有实施处罚的权力。

《单一监管机制条例》规定,当欧洲中央银行认为对于某违法行为予以处罚是恰当履行其职责时,它可以将有关情况转交国家主管机关。在执法方面,《单一监管机制条例》对欧洲中央银行监管的银行和其他银行作出了明确的区分。而且,欧洲中央银行可能要求国家主管机关启动程序,以期在违反国家法律规定的情况下,对不属于欧洲中央银行直接监管的机构实施处罚。[147]

《单一监管机制条例》Article 18 说明,对于故意或过失违反欧盟法律规定的要求,主管机关可以施加行政罚款措施的,欧洲中央银行只可以施加行政处罚。特别是,欧洲中央银行可以最高处以因违反规定所获收益或避免损失(因违反规定所获收益或避免损失可以确定)2 倍的罚金,或违反规定当事人年收入最高 10%以下的罚金。对于子公司,为明确恰当的水平,母公司的总年收入将被计算。此外,处罚必须有效/有劝阻力,而且与违法的严重程度相称。[148] 最后,国家主管机关可以对信贷机构、金融控股公司或混 169
合金融控股公司管理委员会成员,或任何根据本国法律对涉案机构该项违法负责的其他个人施加罚金。[149]

(八)单一监管机制与非参与国、欧洲监管机关和单一处置机制的合作

1. 与非参与国主管机关的合作

至于对在欧元区内外都活跃的跨国信贷机构的监管,欧洲中央银行有义务与非参与欧盟成员国密切合作,包括信息交换、参与监管协会,以及以东道国/母国监管职责分工为基础,各方都将遵守。[150] 此外,本币非欧元的成员国可以选择是否加入单一监管机制。[151] 这种选择的有利之处在于,非参与欧盟成员国当然成为监管委员会成员,虽然它们不是欧洲中央银行管理委员会的成员,欧洲中央银行管理委员会只对欧元区成员国开放。更重要的是,单一监管机制成员资格取得成为欧洲稳定机制非参与国成员资格,在该国银行业市场发生重大危机的情况下,欧洲稳定机制的资金被证明可能非常有用。

单一监管机制已经与非参与国达成了谅解备忘录,其中原则上规定了在依据欧盟法律开展监管工作时它们将如何相互合作,并规定了双方应定期对备忘录进行审核。进一步具体讲,单一监管机制应当与每个至少拥有一家具有全球系统重要性机构的非参与成员国的主管机关达成谅解备忘录。[152]

---

[147] Art. 18 (5) SSM Regulation.

[148] Art. 18 (3) and (4) SSM Regulation.

[149] Art. 18 (1) and (4) SSM Regulation.

[150] Rec. 42, Arts 4 (2) and 17 (3) SSM Regulation.

[151] Rec. 43 SSM Regulation.

[152] Rec. 14, Art. 3 (6) SSM Regulation.

2. 与欧洲监管机关和单一处置机制的合作

单一监管机制具有与欧洲监管机关合作的法定义务。[153] 为履行其监管职责，特别是在维护金融稳定工作中，单一监管机制应当与欧洲系统风险委员会保持密切合作。但这并不具有挑战性，因为欧洲系统风险委员会是由欧洲中央银行主导的。同时，欧洲中央银行与欧洲银行业管理局的合作是建立一致监管实践的核心。尽管欧洲银行业管理局作为控制欧洲银行业联盟的机构，享有战略地位，而且其他欧盟成员国提供共同的监管和处置框架，并在框架内有共同的目标，但规划两个机关之间的权力分配将来可能产生协调问题，也可能避免地盘争夺战。[154]

当需要评估银行的恢复和处置方案时，欧洲中央银行必须与单一处置机制紧密合
170 作。[155] 而且，它必须与单一处置机制和欧洲稳定机制密切合作，并最终在危机管理阶段之后——当单一监管机制监管的银行面临更长久的困难时——转移责任。此时，当事机构成为单一处置机制的责任，处置机关、欧洲中央银行和国家主管机关将及时相互通报处于危机的信贷机构的情况，并讨论如何有效应对任何相关问题。[156]

单一监管机制将协助单一处置机制审核相关处置方案，以避免职责重复。同样，使用《欧盟银行复苏与处置指令》资本重组工具需要单一监管机制、单一处置委员会、欧洲稳定机制和国家处置机关之间有效合作并建立活跃的信息流。如果某由欧洲中央银行直接监管的处于困境的信贷机构需要进行资本重组，欧洲中央银行将负责整理必要信息。对于欧洲中央银行不直接监管的机构，一经收到需要欧洲稳定机制援助的申请，欧洲中央银行必须立刻开始准备承担对相关信贷机构的直接监管。欧洲中央银行还将积极参与与欧洲稳定机制和处于困境的信贷机构的管理团队就资本重组协议的条件进行的磋商。[157]

（九）评估单一监管机制的功能与有效性

尽管单一监管机制仍然处于运转的早期阶段，但可以说它是欧元区制度框架非常有

---

〔153〕 Art. 3, Rec. 31 SSM Regulation.

〔154〕 例如，欧洲中央银行建立了专门的方法和标准发展处，它定期审查并研发监管方法。事实上，欧洲中央银行有权发布自己在监管方法和共同标准方面的规定、指南和指引，在考虑欧洲银行业管理局的角色和单一规则手册的情况下。这套共同的方法和标准涉及监管审查和评估流程（SREP）、被监管实体的通知和申请程序。

〔155〕 Art. 3（4）SSM Regulation; Regulation（EU）No 806/2014 establishing uniform rules and a uniform procedure for the resolution of credit institutions and certain investment firms in the framework of a Single Resolution Mechanism and a Single Resolution Fund, OJ 2014 L 225/1, 30 July 2014; Memorandum of Understanding between the Single Resolution Board and the European Central Bank in Respect of cooperation and Information exchange, esp. ss. 1-2.

〔156〕 Regulation（EU）No 806/2014 establishing uniform rules and a uniform procedure for the resolution of credit institutions and certain investment firms in the framework of a Single Resolution Mechanism and a Single Resolution Fund, OJ 2014 L 225/ 1, 30 July 2014; Memorandum of Understanding between the Single Resolution Board and the European Central Bank in Respect of cooperation and Information exchange.

〔157〕 ECB Guide to Banking Supervision（n. 121）, 27.

益的发展,[158]即便在欧元区银行资本重组缺乏明确财政支持的情况下。除欧洲中央银行以往没有任何监管经验这一事实之外,单一监管机制面临的一个具体挑战是与国家主管机关的协调,另一个是与非欧洲银行业联盟监管机关的合作,特别是当被监管银行进入可以采取紧急措施阶段,而这措施将影响其非欧洲银行业联盟分支,以及反过来的情况。在该阶段,母国监管宽容倾向通过合作可能无法被克服,东道国监管区可能觉得要使用强制性审慎权力,而不考虑母国监管机关的看法。至于与国家主管机关的合作,已经尝试对豁免和放弃实行标准化和协调一致,减缩国家主管机关裁量权。[159]最后,单一监管机制不是处置实体这一事实确保了处置决策的相对独立性。同时,如果单一监管机制和单一处置委员会就处置前措施作出相互冲突的判断,那么则可能产生争吵。由于单一处置委员会是一个行动迟缓的多层级组织,这种不一致对处于困境中的银行可能意味着浪费宝贵的时间,直至其被最终处置。实践中,如果出现关于处置必要性的任何观点冲突,这些观点冲突更可能出现在国家主管机关和单一处置委员会之间,而不是出在欧洲中央银行和处置委员会之间。尽管从开始运作到 2017 年年底观察的情况令人鼓舞,但最终,单一处置机制的成功运转将依据两个标准判断。第一,在欧洲银行业联盟一致适用其监管原则,而不考虑既得利益的压力或者国家主管机关庇护本国大型金融机构的愿望。第二,处于危机中的被监管银行在一致的基础上平稳成功过渡到处置机关,在实践中支持欧洲银行业联盟危机管理框架的应用。

---

[158] E. Ferran, 'European Banking Union: Imperfect, But It Can Work', 17 April 2014, University of Cambridge Faculty of Law Research Paper No. 30/2014.

[159] See Regulation (EU) 2016/445 of the European Central Bank of 14 March 2016 on the exercise of options and discretions available in Union law (ECB/2016/4), OJ 2016 L 78/60, 24 March 2016; ECB, 'ECB Guide on Options and Discretions Available in Union law', March 2016.

171 # 第六章 银行破产和处置

和其他企业一样，银行也会因为多种原因陷入困境。对受困银行来说，这种原因可能是内部的（如运营高风险贷款），也可能是外部的（如行业性风险和宏观经济原因），或者两者兼具。[1] 银行履行着很多社会职能的事实并不意味着它们不能倒闭。用国家援助来阻止银行破产不仅事后看是高成本的，而且对事先（*ex ante*）预期也有潜在危险：能得到这种支持的信号可能鼓励银行冒高风险。[2] 其结果，市场经济的默认规律是产生损失的银行易于关门，如同其他产生损失的企业易于关门一样："作为一种常规处置，银行会破产，而且应该允许它破产。"[3]

但这并不意味着受困银行所适用的监管制度必然和调整其他类受困企业的一样。如前章所述，银行有其特性，因此需要特殊对待。本章将就此展开。

第一节 特殊对待的正当性

绝大多数法域采用了（尽管程度不同）多种特别工具以解决受困银行问题，有的以流动性支持的形式，有的以破产机制的形式。[4] 这些工具的发展可以理解为是为了应对银行特性，特别是因其倒闭而生的潜在的系统性后果。举例来说，银行对存款挤兑形式的流动性危机的敏感性——这是银行履行期限转换功能的必然结果[5]——通过引入
172 存款保险机制部分得到了控制。该机制可以减少挤兑风险，由此减小风险传染效应和因

---

〔1〕 See M. Andrews and M. Josefsson, 'What Happens After Supervisory Intervention? Considering Bank Closure Options' in D. Hoelscher (ed.), *Bank Restructuring and Resolution* (IMF, 2006), 143.

〔2〕 G. Stern and R. Feldman, *Too Big To Fail: Bailing Out the Banks* (Brookings Institution 2009) (see in particular Ch. 3) 的核心主题；另参见 House of Commons Treasury Committee, Ninth Report of Session 2009–2010, *Too Important to Fail—Too Important to Ignore* (March 2010) Vol. 1, Ch. 2。如艾伦（Allen）等所释，道德风险问题的严重度有赖于保障机构的具体设计：F. Allen, E. Carletti, I. Goldstein, and A. Leonello, 'Moral Hazard and Government Guarantees in the Banking Industry' (2015) *Journal of Financial Regulation* 1。

〔3〕 T. Asser, *Legal Aspects of Regulatory Treatment of Banks in Distress* (IMF, 2001), 37.

〔4〕 在危机中很难区分两者，结果是破产银行有时能获得流动性支持，比如，通过扩大最后放贷人贷款支持（参见原著 p. 172, n 8），对支持者造成损失：D. Hoelscher and S. Ingves, 'The Resolution of Systemic Banking System Crises' in Hoelscher (n 1), 4–7。（本书脚注中类似此处"p. + 页码"的格式，为原著页码，即本书边码。为了便于读者查阅，未作翻译处理。——译者注）

〔5〕 参见本书第一章第一节"二、银行的主要功能（二）期限转换"部分内容。D. Diamond and P. Dybvig, 'Bank Runs, Deposit Insurance, and Liquidity' (1983) 91 *Journal of Political Economy* 401, 403.

丧失信心导致的更严重经济后果,[6]当然这得假定政府按计划满足债权的承诺被认为是可信的。[7]

其他流动性危机——例如,会危及其他资产负债清算正常银行运行的在银行间市场的流动性危机——可以用其他工具管理,包括扩大最后放贷人支持范围,[8]或"紧急流动性支持"。该种支持在国际金融危机期间扩展到惊人的规模:例如,在英国,据报道苏格兰哈里法克斯银行和苏格兰皇家银行在2008年10月接收了紧急流动性支持,在其日间峰值时总计达615亿英镑。[9] 这些工具又反过来受到资本充足性规则的支持[10],有助于弥补利害关系人监控与预期可获的存款保险和紧急流动性支持相关的风险的动力不足问题。[11]

银行的清偿危机——银行的负债超过或近乎超过其资产(有时被描述为"资不抵债"或"负资产价值")[12]——也正越来越多地以特别机制解决。直到最近,很多法域还没有独立的银行破产法,由此原则上它们适用与非银行企业一样的破产程序。但是,自国际金融危机以来,大趋势是引入对待破产和近乎破产银行的特别机制,[13]其常被称为"处置"(resolution)机制来表明在普通公司破产法框架之外的有序重组或出售。[14]再次重申,引入这些机制反映了一种广为接受的观点,即银行的特别特性和(相关的)其倒闭的特别后果,包括在金融系统内可能的传染效应和对实体经济的连锁反应(例如,由于以银行为基础的支付系统的中断),有必要使用特别工具:"银行处置程序应该

[6] G. Kaufman and S. Seelig, 'Post-resolution Treatment of Depositors at Failed Banks: Implications for the Severity of Banking Crises, Systemic Risk, and Too-Big-To-Fail' in Hoelscher (n 1) 163,注意,这些计划的有效性有赖于它们令这些计划全面及时适用于存款保险的范围。

[7] See Allen et al. (n 2), 1.

[8] See X. Freixas and B. Parigi, 'Lender of Last Resort and Bank Closure Policy: A Post-crisis Perspective' in A. Berger, P. Molyneux, and J. O. S. Wilson, *The Oxford Handbook of Banking* (2nd edn., OUP, 2014) Ch. [20].

[9] I. Plenderleith, *Report: Review of the Bank of England's Provision of Emergency Liquidity Assistance in 2008-2009* (London, Bank of England, 2012), 4.

[10] 参见本书第二章。

[11] R. Weber, 'Structural Regulation as Antidote to Complexity Capture' (2012) 49 American Business Law Journal 643, 718; R. Cooper and T. Ross, 'Bank Runs: Deposit Insurance and Capital Requirements' (2002) 43 (1) *International Economic Review* 55.

[12] IMF and World Bank, *An Overview of the Legal, Institutional, and Regulatory Framework for Bank Insolvency* (IMF and World Bank, 17 April 2009), para. 26. 也会采取破产(不能满足到期债务)的现金流措施,但在有挤兑或其他形式的危机时会被修正,例如,要求满足正常情况下现时债务的能力:E. Hüpkes, *The Legal Aspects of Bank Insolvency: A Comparative Analysis of Western Europe, the United States and Canada* (Kluwer Law International, 2000), 13。

[13] A. Campbell and R. Lastra, 'Definition of Bank Insolvency and Types of Bank Insolvency Proceedings' in R. Lastra (ed.), *Cross-border Bank Insolvency* (Oxford, OUP, 2011) [2.27]-[2.36].

[14] Board of Governors on the Federal Reserve System, *Study on the Resolution of Financial Companies under the Bankruptcy Code* (Federal Reserve Board, July 2011), 3. See also J. Armour, 'Making Bank Resolution Credible' in N. Moloney, E. Ferran, and J. Payne (eds.), *Oxford Handbook of Financial Regulation* (Oxford, OUP, 2015), 456-8.

考虑银行的特性和银行倒闭的特殊性。”〔15〕

173 第二节 特别处置机制

英国2007年北岩银行危机是引入特别处置机制的助推器。下议院财政委员会在就此危机的报告中建议作出变革，着重抱怨了英国行政程序（一种营救程序）在有效保留核心银行功能并将银行倒闭的传染效应最小化方面，开始太晚，完成太慢。〔16〕紧急立法以《2008年银行法（特别条款）》的形式接踵而来，然后，在其到期时，通过《2009年银行法》Parts 1-3将特别处置机制牢固建立。〔17〕该法案随后修改以执行《欧盟银行复苏与处置指令》。〔18〕

欧盟得出了类似结论：国际金融危机表明“一般的公司破产程序可能不完全适合信贷机构，因为它们不能总是确保快速介入、信贷机构核心功能持续和金融保持稳定”。〔19〕于是遵从了《欧盟银行复苏与处置指令》，〔20〕该文件规定了在欧盟的共同方法，用以复苏和处置受困商业银行与投资银行，并用来计划和管理跨境运营者倒闭的法域间合作。根据该指令，银行必须备有复苏计划以便其经历压力后重建其金融地位。如果它们倒闭或者看来可能倒闭，该指令的目标是由处置机构秉持确保核心功能的可持续性，同时对更大经济范围的损害或金融不稳定风险最小化的观点，按照向机构注入公共资金的需要，以有序方式对待银行。为此终极目标，很多处置工具得以规定，包括所谓的“自救”（bail-in）工具。诉诸这些工具并非强制，无论是倒闭还是可能倒闭；相反，考虑

---

〔15〕 M. Krimminger and R. Lastra, 'Early Intervention' in Lastra (n 13), [3.07]. 这一观点不无争论：参见K. Ayotte and D. Skeel, 'Bankruptcy or Bailouts?' (2010) *Journal of Corporation Law* 469，认为《美国破产法》Ch. 11，对受困金融机构也是恰当的。但只有很少的法域有像Ch. 11那样的破产法（和破产实践）：异曲同工的是，J. Armour, D. Awrey, P. Davies, J. N. Gordon, C. Mayer, and J. Payne, *Principles of Financial Regulation* (Oxford, OUP, 2016), 343, fn 6以及，点出了支付系统中断这一要点，342。See also H. Scott, 'The Reduction of Systemic Risk in the United States Financial System' (2010) 33 *Harv J L &Pub Policy* 671, 708.

〔16〕 House of Commons Treasury Committee, 5th Report of Session 2007-2008, *The Run on the Rock* (The Stationery Office, 2008) Vol. 1, Ch. 5.

〔17〕 See E. Avgouleas, 'Banking Supervision and the Special Resolution Regime of the Banking Act 2009: The Unfinished Reform' (2009) 4 *Capital Markets L J* 201. 关于类似问题在德国的发展，参见H. Eidenmueller, 'Restrukturierung systemrelevanter Finanzinstitute', in S. Grundmann, B. Haar, and H. Merkt (eds.), 'Unternehmen, Markt und Verantwortung: Festschrift für Klaus J. Hopt zum 70. Geburtstag am 24. August 2010' (Berlin et al.: de Gruyter, 2010), 1713-31。

〔18〕 Bank Recovery and Resolution Order 2014, 2014 SI No 3329; Bank Recovery and Resolution Order 2016, 2016 SI No 1239.

〔19〕 European Commission, 'Proposal for a Directive of the European Parliament and of the Council establishing a framework for the recovery and resolution of credit institutions and investment firms' 2012/0150 (COD) (6 June 2012), Rec. 3.

〔20〕 Directive 2014/59/EU of the European Parliament and of the Council establishing a framework for the recovery and resolution of credit institutions and investment firms.

到需要避免对债权人和股东的不当冲击,[21]采取处置行动只会用于取得某一既定的处置目标且举措适当,而以正常破产程序来清算该机构(那些程序一般会在国内法下适用 174
于破产企业)不能在同等程度达成这些目标。[22]

《欧盟银行复苏与处置指令》将处置权授予各成员国的处置机关,对于跨境集团,处置机关应适用合作规则。但是对那些加入了银行业联盟的国家(该联盟包括所有欧元区成员),对那些已为单一监管机制覆盖的银行,现在已有单一处置机制(SRM)。[23] 根据单一处置机制,有单一处置理事会和单一处置基金(由各银行出资)来承担倒闭银行的处置。单一处置理事会(SRB)与各参与国的处置机关一起,构成了单一处置机制。[24]

本章下文将展开讨论在银行处置机制设计中出现的问题。该等程序一般须经成文法规定,以便将处置成果实施于不同意的利害关系人,包括转让、改变和消灭权利和义务。第三节考虑那些在国内层面产生的处置机制设计问题,而本章在第四节转向在跨境情况下出现的复杂性问题。

后续分析之前须先明确三个点。第一个焦点是对银行的处置机制,本节不涉及直接处置非银行金融机构的法律工具,例如美国在2010年《多德-弗兰克法》创设的为系统重要性非银行金融公司的"有序清算"工具,[25]或者根据英国《2013年金融服务(银行改革)法》(所谓金融市场基础设施管理)Part 6规定的为系统性重要市场基础设施机构(但不是认定的中央对手方)运营支付和担保结算系统(但不是确认的中央对手方)的特别管理形式。[26] 但立法倾向是扩展处置机制至其他潜在的系统性金融机构,[27]由此后面的很多讨论有更广的应用余地。

第二个焦点是那些在正常市场条件下应对银行困境的工具,有时也称作"偶发性"

---

[21] Ibid., Rec. 13. 关于处置机制较之常规公司破产程序在哪些方面对债权人和股东会影响更大,参见本章第三节"二、银行处置程序:处置机关及其权力"至"四、利害关系人的磋商与挑战"部分内容。

[22] Ibid., Art. 32 (1)(c) and (5), read with Art. 31 (the resolution objectives) and Art. 2 (1)(47).

[23] Council Regulation (EU) No 1024/2013 conferring specific tasks on the European Central Bank concerning policies relating to the prudential supervision of credit institutions; Regulation (EU) No 1022/2013 of the European Parliament and of the Council of amending Regulation (EU) No 1093/2010 establishing a European Supervisory Authority (European Banking Authority) as regards the conferral of specific tasks on the European Central Bank pursuant to Council Regulation (EU) No 1024/2013.

[24] Regulation (EU) No 806/2014 of the European Parliament and of the Council establishing uniform rules and a uniform procedure for the resolution of credit institutions and certain investment firms in the framework of a Single Resolution Mechanism and a Single Resolution Fund. See K. Alexander, 'European Banking Union: A Legal and Institutional Analysis of the Single Supervisory Mechanism and the Single Resolution Mechanism' (2015) 40 *Euro LR* 154.

[25] 银行控股公司:参见 ss. 201 and 204 of Title II of the Dodd-Frank Wall Street Reform and Consumer Protection Act [Pub. L. No. 111-203, 124 Stat. 1376 (2010)] and E. Avgouleas, *Governance of Global Financial Markets: The Law, the Economics, the Politics* (Cambridge, CUP, 2012), 6.2。

[26] See also Committee on Payments and Market Infrastructures and Board of the International Organization of Securities Commissions, *Recovery of financial market infrastructures*, Basel, Bank for International Settlements, 2014.

[27] As noted in Armour et al. (n 15) section 16.4.

银行困境。[28] 本节不考虑那些可能在银行业危机或"很多银行近乎破产"情况下[29]施用的附加工具（例如空白保证[30]和"开放式银行支持"[31]）。

175 第三个焦点是银行困境一旦产生，应对危机的法定工具，但这些工具还会以那些事先的复苏和处置方案工具为补充，例如"活遗嘱"（living will）。[32] G20 背书了《有效处置框架核心要求》（以下简称《核心要求》），要求不同法域对那些系统性重要银行或经营失败后果很严重的银行的复苏和处置方案的持续处理到位。[33] 银行的高管层必须负责为方案提供必要的投入。至于处置方案，其目的是令任何脆弱银行的处置不产生严重中断且不令纳税人受损。必须包括一份经高级管理层同意的实质性处置策略及实施该策略的行为计划。

根据《核心要求》，一份复苏方案必须明确当银行面临严重压力时重振金融能力与存活能力的可选方案和应对各种场景的可靠措施，包括资本不足和流动性压力和在各种压力情境下及时确保实施复苏方案措施的流程。在欧盟提供复苏方案的法律义务源自《欧盟银行复苏与处置指令》。它的 Article 6（2）（b）要求在评估复苏方案时有必要检查复苏方案中的各个措施在金融压力情形是否可能合理快速有效实施。欧盟银行业当局已出版了大量的关于复苏方案的报告。[34]

处置方案将促使对银行或银行集团进行结构性改革，由此对后续处理流程的运行方式产生重要影响。[35] 由此，下面描述的工具最好应与该事先工具结合起来理解。泛言之，它们应该和其他寻求银行安全良好运行的监管工具结合起来考虑（例如，资本充足率或流动性的规则）。

第三节　国内层面的银行处置制度

和大部分法域的一般公司破产法一样，银行处置制度往往提供重组或保存银行所有或部分经营（但不必然重组或保存银行自身[36]）的机制，以及法律实体清算与解散的

---

〔28〕 Asser（n 3），Ch. I，Section 3.

〔29〕 D. Miles，J. Yang，and G. Marcheggiano，'Optimal Bank Capital'（2012）123 *The Economic Journal* 1，18；了解系统性银行危机的具体措施，参见 L. Laeven and F. Valencia，'Systemic Banking Crises Database：An Update'，IMF Working Paper，June 2012，4。

〔30〕 其他危机处置工具在 Part II，IMF and World Bank report（n 12）讨论。

〔31〕 Asser（n 3），Ch. VI.

〔32〕 See Lastra（n 13），317-19；E. Avgouleas，C. Goodhart，and D. Schoenmaker，'Bank Resolution Plans as a Catalyst for Global Financial Reform'（2012）9 *J. Financial Stability* 210.

〔33〕 Financial Stability Board，*Key Attributes of Effective Resolution Regimes for Financial Institutions*，Basel，2014，no. 11.

〔34〕 e. g.，European Banking Authority，*EBA Recovery Planning. Comparative Report on Recovery Options*（London，2017）.

〔35〕 参见后面讨论的"单点准入"战略，在原著 p. 182，n79。

〔36〕 即该金融机构的部分或所有功能可能保留（例如，通过卖出），但不是该机构本身。进入特别处置机构可能起到收回银行牌照或许可的效果，这样该金融机构将无法存活：R. Bliss and G. Kaufman，'A Comparison of US Corporate and Bank Insolvency Resolution'（2006）2Q *Economic Perspectives* 44，47；IMF and World Bank（n 12）para. 58。

机制。但是这些机制在很多方面和一般公司的破产程序有所不同,包括:(1) 其触发是为了重焕经营生机;(2) 实施的管辖权选择、(或处置机关) 选择决策人及其权力范围; 176
以及 (3)不满利害关系人的介入和挑战的范围。

一、银行处置机制的触发

有关银行处置日益繁荣的文献中有一个关键主题,就是资不抵债成为活跃处置权适用唯一的触发事由具有不恰当性。这不仅是因为,就算对那些非银行企业而言,到了跌破资产负债破产门槛时再来达成有序方案就太迟了,还有其他原因需要对银行早一点触发。一个原因是系统性风险,包括一家银行倒闭会通过各种形式传染而引发其他银行的倒闭。〔37〕 如果在破产前介入,与丧失信心相关的损失会减少,传染性效应也会减小。〔38〕

另一个原因是考虑到对银行存在额外的安全网,例如存款保险计划或“隐性政府担保”,处于破产边缘的银行易受管理人的过度冒险的影响。〔39〕 这种安全网的存在会增强有限责任公司的管理人(至少其利益是那些股东紧密相关的〔40〕)以“为复兴而赌一把”的动机,从而导致股本被侵蚀或几近侵蚀:〔41〕“在缺乏及时监管举措时,股东和管理人仍有兴趣继续银行经营,往往增加对存款保险基金和整体金融体系的最终损失。”〔42〕

结果是,银行处置机制可能因多种无力清偿前事由而允许程序开始,例如稀释银行资本超过某个点或跨越了某些其他“监管门槛”。〔43〕 例如在美国,这些理由包括:低于资本化的一定水准,以及违反法律或不合理/不安全的操作,可能导致破产或严重消耗资产或收益,银行状况弱化,或“严重歧视”存款人或存款保险人。〔44〕 银行跨过规定的监管门槛时的介入权可能伴之以其他更早介入的权力,例如银行状态恶化或接近于监管门槛——有时被称为“矫正性举措”。〔45〕 177

在英国,《2009 年银行法》根据《欧盟银行复苏与处置指令》修正了原有的复苏和处

〔37〕 参见 A. Levitin, ‘In Defense of Bailouts’ (2011) 99 *Georgetown Law Journal* 435, Part Ⅰ (D),其中描述了三个“风险传播机制”:交易对手风险传染、信息风险传染和普通股风险传染。

〔38〕 Krimminger and Lastra (n 15), [3.05] -[3.14].

〔39〕 M. Marinc and R. Vlahu, *The Economics of Bank Bankruptcy Law* (Springer-Verlag, 2012), 36.

〔40〕 关于股东利益在系统重要性金融企业中是否事实上按股东价值最大化规范实行,参见 J. Armour and J. N. Gordon, ‘Systemic Harms and Shareholder Value’ (2014) 6 (1) *Journal of Legal Analysis* 35。

〔41〕 即资产的可替代性。这和非银行机构发起破产程序中的其他问题都在 H. Eidenmueller, ‘Trading in Times of Crisis: Formal Insolvency Proceedings, Workouts and Incentives for Shareholder/Managers’ (2006) 7 EBOR 239 中得到了讨论。

〔42〕 T. Beck. D. Coyle, M. Dewatripont, X. Freixas, and P. Seabright, *Bailing out the Banks: Reconciling Stability and Competition* (Centre for Economic Policy Research, 2010) 38.

〔43〕 IMF and World Bank (n 12), para. 29; E. Hüpkes (n 12), 12-13,将这一概念描述为一种“监管性破产”。

〔44〕 See 12 USC § 1821 (c)(5), (K), (L), and (H); see also R. S. Carnell, J. R. Macey, and G. P. Miller, *The Law of Banking and Financial Institutions* (4th edn., Wolters Kluwer, 2009), 700.

〔45〕 关于美国的“快速矫正措施”,参见 M. Krimminger and R. Lastra (n 15), 66-71。

置机制。[46]如果审慎监管局认为满足条件1，且英格兰银行认为满足条件2、条件3、条件4，所谓的维稳措施就能启动。[47] 条件1是银行经营失败或可能经营失败；条件2是除了处置外，理性上不可能采用了其他措施让解除条件1；条件3是行使该权力是考虑公共利益后为促成一个或多个特殊处置目标所必要的；而条件4是通过银行清算，这些一个或多个目标可能无法得到同样程度的实现。[48]

为了满足条件1，如下情况可认为银行经营失败或可能经营失败：(1) 如果该银行的经营失败或可能失败满足门槛条件，换言之，满足《2000年金融服务与市场法》规定对银行许可条件发生了变动或取消其许可具有正当性的情况；(2) 它的资产价值少于负债价值；(3) 当银行不能支付到期债务或其他负债时；(4) 第(2)点和第(3)点将在不久的将来发生；或者(5) 需要特别的公共金融支持。[49] 在条件3和条件4中特别处置目标可参考《2009年银行法》section 4列出的目标。这些目标包括确保英国银行业务服务的连续性，阻止风险传染及维护市场纪律，提振公众信心和使对公共资金的依赖最小化。

行使某些权力和开始某些程序还会附加额外条件。例如，当英格兰银行想要实施维稳权以卖出部分或所有业务给私营买家，或部分或整体转让给一家过渡银行或资产管理工具时，如果财政部为解决银行对英国金融系统稳定性的严重威胁提供了财政支持，就需要财政部的批准。[50]

考虑使用监管门槛来启动银行处置程序时，毫不意外银行监管者——那些持有评估银行是否跨过规定门槛的信息者——会被赋予启动程序的第一责任。当然监管员也不愿意暴露出一家其负有监管责任的机构的虚弱，因此可能将启动处置程序委托给那些没有机构监管责任的监管者更为审慎，[51]特别是在债权人的程序启动受限的情况下。这一举措的明显不利在于非监管员的管理者无法从监管员的信息便利中同等受益，由此可能导致过迟介入破产银行。在英国，我们已看到监管者、审慎监管局、英格兰银行和财政部在采取维稳措施时都涉入决策之中。

债权人，往往有权对非银行企业启动破产程序，一般会被限制对银行发起处置程序。
178 这一决定是留给特定者的——监管者、中央银行、财政部（涉及公共资金时）或者独立的处置机关。债权人是否也被阻止以对一般公司发起破产程序的办法来针对银行，取决于银行是否一并被排除出该等程序，这一点各个法域并不相同。任何该等限制反映了程序启动会产生系统性或传染效应的可能，这种效应最应当由监管者来评估。在美国，银

---

〔46〕 尤其是通过《2014年银行复苏与处置令》，2014 SI No 3329。

〔47〕 Banking Act 2009, s. 7 (1).

〔48〕 Ibid., s. 7 (2) - (5)，实施前文重点谈到的《欧盟银行复苏与处置指令》，参见原著 p. 174, n22。

〔49〕 Ibid., s. 7 (5C) - (5D); Financial Services and Markets Act 2000, s. 55B and Sch. 6 (as amended). 注意就超常规公共财政支持问题在 s. 7 (5E) 下规定的例外。

〔50〕 Ibid., s. 8.

〔51〕 M. Dewatripont and X. Freixas, 'Bank Resolution: A Framework for the Assessment of Regulatory Intervention' (2011) 27 *Oxford Review of Economic Policy* 411, 424.

行是被排除出《破产法》(Bankruptcy Code) 的 Chapter 7 和 Chapter 11 的。[52] 在英国,《2009 年银行法》并没有阻止就银行的清算或行政令提起申请。但是,它规定法院可以,基于审慎监管局的申请(已取得金融行为局的同意),或基于英格兰银行的申请,根据该法作出法院令将银行置于破产程序。这是适用一般破产法的修正后清算和行政程序。[53]

二、银行处置程序:处置机关及其权力

对一家银行丧失信心的破坏性后果(包括传染效应的风险),意味着处置行动应该比那些对非银行企业采取的解决措施更迅速且更少公开。由此,银行处置机制可以允许监管者发起某些程序——特别是那些旨在拯救部分或全部银行或其业务的机制——在庭外,且无须事先通知利害关系人。

根据英国《2009 年银行法》,这适用于五种稳定措施选项:转让部分或全部银行业务给一户商业买家;转让给一个英格兰银行控制的过桥实体;转让部分或全部银行(或过桥银行)业务给英格兰银行控制的资产管理工具,以最终出售或有序清算;自救(bail-in)工具;临时国有化(temporary public ownership)。[54] 对每个选项,法律规定由财政部公布操作规范并制作关于股票、资产、负债和人员和法律权利转让的文件和命令。[55] 由此,在法院提出在金融危机中行使权力所面临的挑战就不太可能获得同情,例如,根据《欧洲人权公约》第一议定书 Article 1 提出侵犯财产权利的疑问。[56]

相反,启动清算程序可能需要获得法院令。根据《2009 年银行法》在英国就是如此,它允许在庭外实施一些处置权力,但根据该法启动"银行破产"程序需要法院令,这是对常规清算程序的一种变体。[57] 与之相似,银行管理程序,其旨在应用于银行部分业务出 179
售给商业买家或转让给处置公司(通过实施维稳权)时,法院据英格兰银行的申请指定银行管理人以确保银行剩余部分提供必要的服务或授信以使商业买家或受让的处置公司有效运行。[58] 银行管理人的目标是拯救银行的剩余部分,使之可持续经营,或是为其

---

〔52〕 See 11 USC § 109 (b)(2) and (d).

〔53〕 Banking Act 2009, s. 117, and R. Goode *Principles of Corporate Insolvency Law* (4th edn., Sweet & Maxwell, 2011), [1-59].

〔54〕 Banking Act 2009, ss. 11-13.

〔55〕 Part I *passim*; HM Treasury, Banking Act 2009: special resolution regime code of practice, London, March 2015.

〔56〕 *R (on the application of SRM Global Master Fund LP) v. Treasury Commissioners* [2009] EWCA Civ 788; [2010] BCC 558; Grainger v. United Kingdom (Admissibility) (34940/10) (2012) 55 EHRR SE13. cf. *Starr International Company Inc v. United States* (2015) 121 Fed Cl 428 (美联储在 2008 年金融危机中财政援助 AIG 公司中受到的挑战)。

〔57〕 See Pt. 2 of the Act.

〔58〕 See Pt. 3 of the Act.

整体债权人取得比未经银行管理处置而直接清算更好的结果。[59]

处置机制可能规定银行监管人或管理人（regulator）作为处置机关，委托它快速诊断银行状况并采取措施以取得恢复、重组或（有的情况下可能）清算。任用银行管理者作为处置机关（至少是在处置的初始阶段，在清算之前）已越来越普遍。[60] 这一趋势反映的事实是，不像一般的公司破产法，银行处置法明确关注系统性风险。处置机关行使处置权的过程中往往会被要求考虑也会被告知这些风险。[61] 银行管理者最可能拥有有效落实这些所需知识和专业技能。从授权的角度他们也是评估这种重整计划是否现实的最佳人选。

处置机关会被授权对一家银行适用常规清算程序，在该程序中停止营业、变现资产、收益分配给债权人。[62] 处置机关还会被授权令银行进入正式的复苏或拯救程序，当重组谈判有结果时银行按过渡期管理。这些程序可能源自并高度近似于一般破产法下非银行企业的清算程序或营救程序。但还是有很多不同，例如在对待存款人（例如，对被保险存款提供优先地位和提前清偿权利等）、使用中止（对处于拯救期的银行适用中止可能适得其反）和提交申请的地位方面。[63]

但是对银行适用常规程序的困境在于，它们既不私密也不特别敏捷（特别是在清算的情况下）。由此，它们不可能有效保有既存资产的价值（这些资产价值可能易受快速缩水影响）也不可能有效遏制信心丧失，而信心的丧失会很快危及持续经营，并产生系统性后果。清算程序可能操作得太急速了，它们引发的大削价销售也会贬损减产价值，进而引发这方面的系统性损失。由此银行处置机制可能给处置机构一些额外工具，这些工具在一定情况下可能进而实现急速销售或重组银行及其业务。

处置机构可能被授权非公开同意出售部分或全部银行业务。一些法域要求在协议
180 生效前要有法院或监管者批准。该等交易可以和第二家银行做，它竞标并购整个银行资产或选择其“好”资产，并承担所有或部分银行的债务（买入承债交易）。处置机构被授权就并购资产价值和承担的债务之间的差额作出弥补。[64] 如果找不到这样的并购人，处置机构还被授权建立一家具有同样目的的新银行（过渡银行），它可以开始是公有的。[65] 无论哪种情况，由并购方或过渡行承担的债务一般都包括所有或至少受保险的对存款人的负债。

以这种方式转让未保险存款可能导致监控存款保险状况的动力进一步丧失。这还

---

〔59〕 Banking Act 2009, s. 140（1）.

〔60〕 金融稳定理事会的《金融机构有效处置机制的特性》（*Key Attributes of Effective Resolution Regimes for Financial Institutions*, October 2014）看起来将行政机构作为处置当局；参见 para. 2. 1.

〔61〕 e. g. Banking Act 2009, s. 4.

〔62〕 See S. Seelig, 'Techniques of Bank Resolution' in Hoelscher（n 1）, 102-4.

〔63〕 E. Hüpkes, 'Allocating Costs of Failure Resolution' in R. Lastra（n 13）, [5. 25] -[5. 27].

〔64〕 了解更多美国的买入承债交易，参见 FDIC, Resolutions Handbook（2003）, Ch. 3。

〔65〕 尽管并非必要；参见 P. Brierley, 'The UK Special Resolution Regime for failing banks in an international context', Financial Stability Paper No. 5（Bank of England, July 2009）, Box 4。

能导致未受保险的存款人被置于比在清算中更好的境地,因为他们原本要和其他无担保债权人按比例分配。如果这一改进以是其他无担保债权人为代价,处置机构会要求给予他们补偿(后来的“债权人不会更糟”原则)。但是,将承债限制于受保险的负债在现实中并非总是可行。这种转让的结果是,存款人可以通过有效的债的更新要求收购人或过桥银行提供其与转让银行约定的服务。[66] 通过这种方法,存款人经受比一般清算中更少的流动性中断,那时要用存款——即便全部受保险——也会延迟。

有担保债权人更可能受立法者保护,例如要求担保利益必须和相关债务一并转让。[67] 根据英国《2009 年银行法》,可以临时性中止担保权人的权利,但不得针对那些作为支付或结算系统的中央对手方或中央银行的担保物或覆盖头寸的担保。[68]

与存款人不同,无担保债权人不能对收购人或过桥银行主张权利。该等债权人要在留存主体的后续清算程序中证明,分配剩余资产,包括收购人在买入承债交易中支付的价金[但是当并购对价是承担(经选择的)债务,就不会有资产留给债权人]。该等债权人利益以及留存主体的股东利益,需要因那些未经利益相关人同意将限制资产出售和债权转让的公司法、合同法或破产法规则放松而给予补偿性保护,因为这些规则原本未经股东同意将限制资产的出售与债务转让。另外,处置机关只在特定的情况下有权行使其非公开出售权:例如,当金融市场稳定受到威胁,无法经公开市场流程进行有效管理时。[69]

三、自救(Bail-in)

处置机关还被授权采取措施重组银行的债务和权益资本,同样无须获得受影响的债 181
权人和股东的事先同意。例如,处置机关可能被授予“自救”的工具,它允许处置机关减记一定的债务或将其转为所有者权益。自救工具可能会排除受保险存款负债[70]和有担保的负债,以及某些对其他金融机构的负债。[71] 使用该种工具与向特殊目的工具转移“坏”资产(例如不良资产)的权力有关,结果是该主体留下了“好”资产并减少了还本付息(debt-servicing)义务,并享受融资改善的前景。它还可以用于出售营业(或部分营业)给收购人或过桥银行,将在卖方银行中的债权人地位转化为在收购人的股权持有人(或次级债务持有人)。[72]

---

〔66〕 S. Gleeson and R. Guynn, *Bank Resolution and Crisis Management* (Oxford, OUP, 2016), 223, 234.

〔67〕 Banking Act 2009 (Restriction of Partial Property Transfers) Order 2009, 2009 SI No 322, Art. 5.

〔68〕 Banking Act 2009, ss. 70B, 70D.

〔69〕 e. g. Banking Act 2009, s. 11A (4) - (5), implementing the BRRD.

〔70〕 R. Smits, 'Is My Money Safe at European Banks? Reflections on the 'Bail-in' Provisions in Recent EU Legal Texts' (2014) 9 *Capital Markets L J* 137.

〔71〕 就风险传染效应最小化问题:C. Bates and S. Gleeson, 'Legal Aspects of Bank Bail-ins' (2011) *Law and Financial Markets Review* 264, 265. See BRRD, Art. 44 (1)(e)。

〔72〕 Armour et al. (n 15), 16. 5. 2.

自救工具在欧元区危机中吸引了相当的注意力，特别是它在塞浦路斯充满矛盾的应用（通过议会的法案）〔73〕导致了塞浦路斯银行 47.5%的无保险存款的转换。这是处置机制的标准组件和金融稳定理事会的《金融机构有效处置框架核心要求》的特点。在欧元区危机中，它成为欧盟委员会授权扩张政府对银行重组的援助方法的核心要素。〔74〕自救权现在包含在《欧盟银行复苏与处置指令》中，并由英国通过修订《2009 年银行法》的方式得以实施。〔75〕

但是，评论者强调说自救工具不应被认为是万能药：自救的有效性有好几个前提（包括银行有对自救工具足够敏感的负债，由此监管者当前焦点在于"整体损失吸收能力"〔76〕），而且它本身并不解决困境产生的根本原因。〔77〕 对某些形式债务的自救可能加大而不是减轻风险的传染效应。〔78〕 自救措施的有效性还会因负债受其他非处置机关所在地的法律调整而受阻，该自救方式的认定及其效果的认定不能得到该地法律的确保。另外，行使自救的权力一定面临利害关系人捍卫权利，包括那些必然要就适用宪法和人权法限制财产征收而作出回应的问题。恰当评估是使事后征收价值和事前相关负面效应风险最小的关键。

182 这里的部分问题可以通过采用银行集团结构来克服，这样非银行的控股公司成为处置方案中自救的目标，由控股公司发行长期的"可自救"的债并缔结有约束力的协议安排，据该协议其所运营的附属公司的债务可以由它有效吸收。〔79〕 在这个"单点进入"策略里，只有控股公司是处置目标（无论是以基本债转股方式来注资，还是转让资产——子公司的股票——给新设公司，给老控股公司利害关系人以新公司利益），将运营子公司（及其短期更运营导向的负债）留在流程之外。这种结构避免了一些与处置银行集团相关的协同问题，〔80〕且有助于将与处置权运用相关的传染效应最小化。〔81〕 但

---

〔73〕 作为从国际货币基金组织和其他贷款人获得 100 亿欧元的营救计划的条件之一。

〔74〕 See 'Communication from the Commission on the application, from 1 August 2013, of State aid rules to support measures in favour of banks in the context of the financial crisis' *Official Journal of the European Union* C 216/1 (30 July 2013), paras 43-5.

〔75〕 BRRD, Title Ⅳ, Ch. IV, s. 5; Banking Act 2009, ss. 48B-48WA. See Gleeson and Guynn (n 66), Chs. 10, 11.

〔76〕 或者是损失总吸收能力；在欧盟语境下，《欧盟银行复苏与处置指令》指"最少自有资金要求和适格负债"或 MREL。

〔77〕 See e. g. E. Avgouleas and C. Goodhart, 'Critical Reflections on Bank Bail-ins' (2015) 1 *J. Fin. Regulation* 3; J. Zhou, V. Rudledge, W. Bossu, M. Dobler, N. Jassaud, and M. Moore, 'From Bail-out to Bail-in: Mandatory Debt Restructuring of Systemic Financial Institutions', IMF Discussion Note (April 2012).

〔78〕 J. N. Gordon and W. G. Ringe, 'Bank Resolution in the European Banking Union: A Transatlantic Perspective on What it Would Take' (2015) 115 *Columbia Law Review* 1297.

〔79〕 As explained in FSB, *Recovery and Resolution Planning for Systemically Important Financial Institutions: Guidance on Developing Effective Resolution Strategies* (16 July 2013).

〔80〕 只要其在控股公司的处置发生地以外的地方得到尊重，由此竞争对手的处置或破产程序不会在别处启动。

〔81〕 如 Gordon and Ringe (n 78) 所强调的。这取决于债务由"'恰当的人'持有，即没有被其他的金融机构、保险公司或养老基金集中持有，以致减记会对金融稳定有进一步的冲击"：FSB (n 79), 14。

是,这种策略并非总是可行[82](这取决于集团结构,最优化的设计取决于多重因素),而且即便可行也不是最有效的(例如,控股公司的损失吸收能力被证明不充分,或在跨境交易的情况下,未能协调监管对受困子公司和对控股公司的应对措施,导致策略失败)。[83]

四、利害关系人的磋商与挑战

截至目前的讨论表明了银行的独特性,以及(与此相关的)银行破产的特别后果,可能需要处置机关被赋予快速(可能庭外)和自主决定(可能未经利害关系人事先同意)行使某些处置的权力。在缺乏公司破产法程序特征(例如利害关系人委员会,利害关系人会议和相关投票权,法院监管)的利害关系人保障措施的情况下,立法需要提供其他机制加强对利害关系人权利的保护。未能如此可以预见会影响到银行注资成本和可行性,正如破产规则和结果将影响到非银行企业注资的成本和可行性。

在银行处置机制设计的文献中强调的一种保护是所谓的"债权人不会更糟"原则,它源自《美国破产法典》的"债权人最佳利益"测试标准。[84] 它意在确保债权人不会比普通清算程序的处境更差。这一原则的再广泛表述是,正如在《2009年英国银行法》所用的,有留存银行的情况下转让前债权人不应比留存银行立即进入任何形式的正式破产
程序的情况下的处境更差,包括清算程序和营救程序。[85] 当然在不同场景下对比有推 183
测的成分。这一规定也适用于股东,这很重要,因为处置机制旨在能在资不抵债之前触发,而股东在某些程度上仍然是"有钱的"。

一般而言,应用"不会更糟"原则,例如,那些债权人主张的未在"买入承债"交易中转让出去的债权在留存企业嗣后清算中获得的补偿不比他们原本在该企业立即清算中得到的少。[86] 在运用自救工具时,这一原则往往要求他们以原本清算中的同样方式承担损失(例如,股东第一,然后是次级债权人,然后是一般无担保债权人)。重要的是,这一保护不会限制处置机关以与该原则相悖的方式令债权人或债权人们处境更坏:例如,它可以是处置机关判断这种结果是促进金融稳定或达到其他一些处置机制目标所必须,

---

[82] "该策略人为地依赖有母子关系结构的系统性重要机构,该结构中非系统重要性母公司持有系统重要性子公司的股权": S. L. Schwarz, 'Beyond Bankruptcy: Resolution as a Macroprudential Regulatory Tool' working paper, August 2017.

[83] FSB (n 79), 15.

[84] 11 USC § 1129 (a)(7); see also s. 251 of the German Insolvency Code.

[85] Banking Act 2009, s. 60 (2); Banking Act 2009 (Third Party Compensation Arrangements for Partial Property Transfers) Regulations 2009, 2009 SI No 319 as amended.

[86] G. Davies and M. Dobler, 'Bank Resolution and Safeguarding the Creditors Left Behind' (2011) Q3 *Bank of England Quarterly Bulletin* 213, 216-18.

例如自救。相反，处置机制一般只会要求受影响的股东在事后得到补偿。[87]

补偿的成本将由处置机关承担（并传导给纳税人），或者像欧盟那样，由银行系统承担（例如通过对参与人征收形成处置基金）。[88] 如前面所强调，在那些没有“债权人不会更糟”原则的法域，在其银行处置机制中仍然需要为介入征收宪法或人权法下的财产权利而弥补利害关系人。

另外一些可能建立在处置机制中的保护，包括由处置机关对企业估值并向市场营销的规则和[89]处置机关的披露规则，后者使那些事前协商不现实的情况能改由利害关系人事后审查。[90]

处置机制也可能对处置机关采取措施规定了事后来自法院的挑战，尽管这在一般法中就可行。[91] 在行政机构和监管者作为处置机关越来越常见的情况下，这种挑战机制可能表现为司法审查，但是审查的范围和可获得的救济不会宽得像请示权基础（merits）一样。原告想让决策无效的能力可能受到处置机制限制，以避免处置机构行动效力存在不确定性，而诉请将限于法定的赔偿权利作为救济替代。处置机构和其官员为民事错误（如侵权）而赔偿的责任可能也会比一般法上破产从业人的责任受更严格的限制：国际
184 货币基金组织和世界银行报告说“很多法域明确限制了银行业当局仅在涉及严重过失或恶意时才产生责任。”[92]

第四节 跨境的复杂性

前面讨论大部分内容假定的是处置一个单一实体，其资产与负债位于一个法域内并适用一个法域的法律。但受困银行常常是在一个以上法域有资产和负债并受多一个以上法域的法律管辖。例如，受困银行建立并在多个法域运营支行，[93]其结果是其在每一分行都资产和负债。

这一常见场景提出了除了纯国内受困银行面临问题以外的很多复杂的法律问题。其中包括管辖权和范围（例如破产和处置程序在何处启动，这些程序开始后对地处其他地方的资产或权利有什么后果，这些程序能否在一个以上法域开启？）；确认和合作（例如，法院、破产执业人和处置机关对别处启动的这种程序的确认或合作义务是什么？）；以及冲突法（在认定管辖权、范围、确认和合作等问题时该适用什么法律）的问题。

---

〔87〕 Banking Act 2009, s. 52A; Banking Act 2009 (Mandatory Compensation Arrangements following Bail-in) Regulation 2014, 2014 SI No 3330. See HM Treasury, *Banking Act 2009: special resolution regime code of practice*, March 2015, 76.

〔88〕 See HM Treasury, ibid., 69-70.

〔89〕 e. g. Banking Act 2009, ss. 6E, 48X, 62A (valuation), 11A (marketing).

〔90〕 Banking Act 2009, ss. 79A-81. See HM Treasury (n 87), 50-2, 56, 60.

〔91〕 参见 Hüpkes in Lastra (n 63) 关于《欧盟人权公约》第 6 条的要求。

〔92〕 IMF and World Bank (n 12), para. 40.

〔93〕 参见本书第一章第二节“一、多功能银行的兴起”部分内容。

这些问题对破产法律师来说可能是熟悉的,因为这些问题发生于任何具有跨境特征的破产中。[94] 但是跨境银行破产也提出了独特问题,这使在处置非银行跨境破产中发展出来的国际框架的谈判(例如《联合国国际贸易法委员会跨国界破产示范法》)[95]更加困难。

银行的特征及其破产的特别后果意味着国家——通过其中央银行、存款保险机构、监管者和处置机构——是银行处置中的关键因素。该种涉入对国家和那些(纳税人和银行系统参与)支持其启动的人来说是高成本的。因此,国家可能不情愿让其涉入的好处扩张从而惠及那些域外债权人(例如在海外分行的存款人):[96]国内当局倾向于寻求确保其选民,无论是纳税人或承担存款保险或其他基金的机构成员,只承担那些必须承担的负担以减少对其选民的风险。[97] 与此相关,政府会无意于向其他地方处置机构的介入努力提供支持,而宁愿对外国银行的本地资产"竖起围栏"以分配给本地债权人。

当前有种"属地主义"倾向,即外国实体的地方资产被留在当地法域并按当地法在本地程序中分配,而不是汇出按企业母国法在其管辖程序中分配。[98] 实际上,如美国经验所示,一个政府可能也试图对本地企业的外国资产主张债权。属地主义可能有害于受困企业的处置。在欧盟,该种倾向受到就信贷机构的重组和清算的相关《重组与清算信贷机构指令》的抵制。[99] 该指令对银行本部在一个成员国,在其他东道国有分行的情况规定了"全球主义"(universalist)方案。[100] 根据该指令,决定实施重组或清算的权力仅授予母国(例如无权在其他成员国启动属地程序,比如银行有分行的那些地方),且仅这些措施在其他成员国没有更多的情况下是有效的。[101] 185

就银行而言,《欧盟银行复苏与处置指令》引进了一个新框架,要求欧盟成员国认同另一成员国会采取的处置举措的效力。[102] 它通过修订《重组与清算信贷机构指令》而实现,由此在《欧盟银行复苏与处置指令》框架内采取的一定处置措施是落入指令范围,

---

[94] Goode (n 53), [16-03].

[95] 它预设将银行与保险公司排除出其范围(see Art. 1 (2), and paras. 62-62 of the associated Guide to Enactment)。《欧盟破产条例》[The European Insolvency Regulation (Regulation (EU) 2015/848 of the European Parliament and of the Council of 20 May 2015 on insolvency proceedings)] 将信贷机构排除出其范围。

[96] See *Bailing out the Banks* (n 37) section 7. 2. 2,注意存款保险"很少"延及海外分行存款人的报告。

[97] Basel Committee on Banking Supervision, *Report and Recommendations of the Cross-border Bank Resolution Group* (BIS, March 2010) para. 8; see also para. 54.

[98] Goode (n 53), [16-04].

[99] Credit Institutions Winding Up Directive24/2001/EC, as to which see further B. Wessels, 'Commentary on Directive 2001/24/EC' in G. Moss and B. Wessels (eds.), *EU Banking and Insurance Insolvency* (Oxford, OUP, 2006), and G. Peters, 'Developments in the EU' in Lastra (n 13), Ch. 6.

[100] 对那些总部在欧盟之外,有两三家分行在成员国的银行规定了不同的规则,参见 Art. 1 (2), Title Ⅱ Pt. B, and Title Ⅲ Pt. B。

[101] Art. 3 and Art. 9.

[102] Art. 66.

由此适用着该指令设定的负担且适格使用该指令下的特权(包括确认)。[103] 对欧盟国家(以及想加入的非欧盟国家)来说,存在单一处置机制,即处置授权给了单一处置理事会,在单一处置理事会银行有至少一个附属公司或重要分行在参与成员国而另一个在非参与成员国时,就授权给了在不同处置机构组成的处置社团。[104]

这一框架因《存款保障计划指令》而增强,该指令要求母国建立延伸至分行在其他成员国的存款人的存款保障计划。[105]

欧盟之外,在监管和处置策略上的更大分歧以及对分担负担缺乏一致性(例如,就在国外分行可支付存款的对待问题)会妨碍全球主义方案的协商。注意到这一问题,巴塞尔银行监督委员会正在推动"中间地带",即树立围栏的倾向得到认同,但政府的处置权力提到提升,努力提升政府间合作和信息共享以及"探索负担共担机制"受到鼓励。[106] 近来,金融稳定理事会产生了《跨境处置举措有效性的具体原则》,它指引不同的法域将处置机制与金融稳定理事会的《金融机构有效处置框架核心要求》保持一致
186 (以此在适用国内法方面产生更大的一致性),并在此授权地方机构对国外处置措施采取便宜之计的能力(以"债权人的股权化对待"这一基础原则为指引),并鼓励采用合同方法填补立法上的空白。[107]

更复杂的问题产生了——如前所述——在一家银行并不是以单一实体而存在,而是作为银行集团的一个成员,而其他集团成员(例如子公司)是在该法域外设立的情况下。同样,这种场景提出了管辖权和范围的复杂问题——最明显的是,在哪里以及在何种效果上与法律上独立实体相关的程序可以实质地或程序性地混合在一起?和认同与合作的问题一样。对受困跨境金融集团需要更协调的响应,既有事前的(例如,通过处置方案和简化集团结构)也有事后的(例如通过加强法院、处置机构和破产参与人之间的信息共享安排)。[108] 如前所述,"单点进入"策略有助于克服很多与处置跨境集团相关的挑战,但是只有在该策略既受尊重且预计也受子公司所在法域尊重时才有效,且它自己并非没有成本(考虑到它所基于的集团架构)。[109]

---

[103] Art. 117,在《重组与清算信贷机构指令》中和其他方式一道拓宽了"重组措施"以涵盖按《欧盟银行复苏与处置指令》的规则运用处置工具和行使处置权利。这产生了解释上的一些困难问题:参见 *Guardians of New Zealand Superannuation Fund & Ors v Novo Banco, S. A.* [2016] EWCA Civ 1092。

[104] Regulation (EU) No 806/2014.

[105] Directive 2014/49/EU of the European Parliament and of the Council of 16 April 2014 on deposit guarantee schemes, Art. 14 (1).

[106] See R. Lastra 'International Law Principles Applicable to Cross-border Bank Insolvency', in Lastra (n 13), [7.10] -[7.34].

[107] 3 November 2015, Principles 1,2,4,5,7.

[108] See M. Lehmann, 'Bail-in and Private International Law: How to Make Bank Resolution Measures Effective Across Borders' (2017) 66 *ICLQ* 107.

[109] 参见原著 p. 182, n 79 并寻找在欧盟环境的支持这一策略的案例, Gordon and Ringe (n 78)。

第二编　银行与客户

第七章　银行—客户法律关系

第八章　银行间网络

第九章　保密义务

第十章　顾问性和交易性责任

第十一章　跨境银行业务

第七章　银行—客户法律关系 189

目前为止，本书仍聚焦于银行自身和银行监管。自本章开始介绍本剧中的另一个角色——客户，并将场景切换到银行向客户提供的服务上。当然，与我们的主题一致，银行法必然和现代银行实践紧密联系。本书中的客户扮演了很多角色，而银行向客户提供的服务也着实宽泛。

本章开头介绍一些银行客户和现代银行服务的具体细节。在此背景下本章将关注银行与客户间的关系在法律上如何定性。他们之间生成的合同关系成为这种关系的显著特征，由此本章的第二节和第三节讲银行业务合同及其监管。本章的最后转向一项具体银行业务——吸收存款。这在历史上曾是银行核心服务，而且吸收存款是任何银行业务定义的中心。但是，调整吸收存款的私法已经很完备且大体上并无争议。那些想更多一窥堂奥的读者，得去别处寻觅了。

第一节　银行客户与银行服务

一、定义问题

本书中的客户概念用得很宽泛，用以描述那些因银行服务与银行打交道的人。那些有银行账户的是客户，借款人也是，用银行作财务顾问、基金管理、证券和衍生交易的人也是，不一而足。客户可以是其他银行、市场交易对手、对公客户和私人客户。银行与其他银行间的关系将在第八章中进一步介绍，本章的重点是第二类和第三类客户。

传统观念认为“客户”在技术上有特定含义，这导致了谁是客户谁不是客户这一问题的冗长讨论。实际上，历史上英国法院之所以认为这是个法律问题，是因为《1882年票据法》（Bills of Exchange Act 1882）和随后的《1957年支票法》（Cheques Act 1957）section 4 对银行为有权利瑕疵的“客户”托收支票提供了保护。立法并未对客户下定义，因此必需由法院来判决这些无赖和其他开出支票的人是否同样落入“客户”的范畴。如果不是，银行就面临支票真正权利人的侵占之诉（action in conversion）。最终，法院认定任何开立账户的人，不论是无赖还是天使，都是应受法律法规保护的客户。[1]

一个人是否是在银行开立账户的客户，与本书讨论的其他问题，哪怕是更重要的问 190

〔1〕 e. g. *Commissioner of Taxation v. English, Scottish and Australian Bank Ltd.* [1920] A C 683 (PC, New South Wales).

题并不相关。保密义务显然不限于对账户开立者。银行对错误咨询建议的责任、对有违信义义务或其他义务的责任也不限于对账户开立者。在银行开立账户表明了双方的合同关系，这当然提供了救济的基础，但是与银行签订的大量其他合同也能提供这种救济基础。这虽是老生常谈，但仍值得一提，即银行能和那些尚未在它们那里开立账户的人缔结很多其他合同。

银行提供多种不同的服务。吸收存款是基础而常规的一种。与吸收存款伴生的是执行客户的支付指令，这是本书第三编的主题。而银行融资（第四编）包括很多种技术，从简单的透支到贸易融资再到复杂的项目融资。我们已经看到银行的证券和衍生交易有多重要，在这方面，银行是用自己的账户做交易，但银行也作为投资经理和托管人，在证券和衍生品市场为客户服务。

银行提供各种不同类型服务的法律效果是本书通篇研讨的问题。但一些基本点应该在此先指出来。第一，除非受合同约束，银行基本可自由决定是否向客户提供某项具体服务。在英国法下，活期账户开立人依据默示合同有权要求在银行柜台取现，要求对支票付款和托收。银行习惯性地向账户开立客户提供其他服务——支付指令、直接借记、透支与贷款、咨询顾问、信用证等——但是在没有合同的情况下，很难说银行是不是有义务这么做。理性的规则应该是，根据合同银行有义务提供等同于支票的基本支付服务，仅此而已。第二，银行对提供的服务即便没有约定，也有权合理取酬。服务合理取酬原则源自一般法的规定。[2]

第三个基本点事关银行经营的范围。19世纪和20世纪初的老判例法认为，投资顾问超出了银行的经营范围。[3] 事实上，是否属于银行经营范围是个事实判断问题，取决于银行是否明示或默示同意提供该种服务。[4] 现在这个问题已经非常清楚了，而且可能在1918年的那个案子也是清楚的，即投资顾问是银行的常规业务。我们还会在第十章回来谈这个问题。监管客户的业务可能有些非同寻常，但并非不可能。[5] 现在，银行的经营范围问题，只是个实践的问题，它富有弹性，一般取决于与客户的合同如何界定。

二、银行—客户法律关系的特征

Foley v. Hill[6] 案是项历史性突破，1848年上议院判定银行与客户之间的关系本质上是借贷关系。这个属性显然至关重要，因为这使银行可以将存放在银行的钱当成是自
191 己的。银行所要做的只是返还等值金钱。而相反的属性——委托保管、信托或代理会排

〔2〕 现在已订入成文法：《1982年货物与服务供应法》（Supply of Goods and Services Act 1982）s. 15；《2015年消费者权利法》（Consumer Rights Act 2015）s. 51。

〔3〕 典型案例有 *Banbury v. Montreal*［1918］AC 626（HL）。

〔4〕 A. MalekQC and J. OdgersQC（eds），*Paget's Law of Banking*（14th edn.，London，LexisNexis，2014），778-9.

〔5〕 cf. *Wilson v. United Counties Bank Ltd.*［1920］AC 102（HL）.

〔6〕（1848）2 HLC 28，9 ER 1002.

斥这一定性:在19世纪,委托保管要求返还原物,而不能适用向客户银行账户记账作为付款。而信托和代理会限制资金如何使用。相反,正如科特纳姆(Cottenham LC)法官所强调的,银行成为债务人的属性意味着

> 置于银行从业人员掌管中的钱,无论出于何种意图和目的,都是银行的钱,按银行的意愿处置它;银行使用它不违背信托,如果银行因为投机把钱置于危险境地,银行也不用对本人(the principal)负责,它没有义务像对待本人的财产那样保管它或处置它;但是,他需要对金额负责,因为他已经签订合同,表明已收到那笔金钱,要还那笔钱给本人,在本人主张的时候把等额金钱还到本人手中。[7]

这意味着,正如美国最高法院所揭示的,当客户把存款放进银行账款,尽管他保有取回资金的权利,但通常银行会成为这笔资金的所有人,可以用它获利,例如向他人贷款。[8] 钱并不属于存款人,只不过是获得了一项银行对存款人的还款承诺。[9]

将客户请求权定性为债(debt)有其他重要影响。由此,在普通法下它为追踪资金至具体产品(如被诈骗犯提取的款)提供了基础。[10] 它曾被应用于"哈瓦拉"(一种非正式的支付系统)的情境中:哈瓦拉客户的权利类似于银行的存款人,而不是信托下的受益人。[11]

但是,很显然这个债权债务属性仅是事物的一个方面。银行业务也经常反向运行,例如银行出借资金,成为客户的债权人,还往往以客户资产为担保。正如在*Foley v. Hill*案中已认识到的,银行在特定情况下还可能成为信托的受托人和受益人。我们会在第十章回到这个问题。同样值得注意的是,尽管不常见,但存款还可能因监管措施而以信托方式持有。比如,当银行监管者担心某个银行会破产时,可以行使法定权力指示银行存入与客户存款金额相当的资金,由央行信托持有。[12]

而且,在某些情况下,银行可能被视为以另一主体的行为能力行事,例如做支付业务或做证券交易时,银行是客户的代理人。有时这是因为客户不是某一支付系统的成员,而一家外国银行要用本地银行完成本币支付;或者银行既要充当对冲基金的主要经纪人又要为所有的基金执行经纪人提供集中清算系统中的其他银行服务,例如作为证券托管人和证券出借人。

---

〔7〕 At 1005-6.

〔8〕 *Shaw v. United States* 137 S. Ct. 462,466 (2016).

〔9〕 *Citizens Bank of Maryland v. Stumpf*, 516 US 16,21 (1995). See also *Curtis-Shanley v. Bank of America* 109 AD 3d 634,970 NYS 2d 830 (2013).

〔10〕 *Lipkin Gorman (a firm) v. Karpnale & Co. Ltd* [1991] 2 AC 548,574, per Lord Goff.

〔11〕 *Azam v. Iqbal* [2007] EWHC 2025 (Admin); [2008] Bus LR 168; *Mirza v. Dayman* [2015] EWHC 1902 (QB).

〔12〕 *In the Matter of Kaputhing Singer & Friedlander Limited (in administration)* [2010] EWCA Civ 561; [2010] BCLC 259 (CA).

即便按其条款看，债务人—债权人定性也不是百分百符合现实。与一般债务人不
192 同，要求银行去找债权人（客户）还钱或者贷款到期立即还款，是不现实的，换言之，客户一把钱存入账户直接就还款，也是不现实的。反过来看，允许客户像一般债权人一样要求随时随地归还存款也同样不现实。已有大量案例明确银行的义务不是一种纯粹而简单的债，因此客户可以不经警示就起诉，相反，它是这样一种债：在主张债权前要提出付款请求，还要在账户所在分行办理。

所有这一切的法理基础在于实际业务需要。最终，在一个典型判例中法院认定有必要回到商业过程和银行从业人员的习惯来解释其对一般债务人—债权人法的偏离。[13]（本案中）银行招揽并获得存款的过程是解释银行何以不能作为普通债务人的基础。该案中原告在简易程序（summary judgement）要求银行归还存款，而银行以他人对该笔资金有衡平利益而予以拒绝。[14] 从实践的角度看，这类判决显然是明智的。但是，为了当前的讨论，得扭曲债务人—债权人间一般规则以容纳银行—客户关系这一事实，表明须警惕过于在意法律关系的特性，即便是在源起的吸收存款这一狭小范围也是如此。

事实上，对 *Foley v. Hill* 案的债权债务性质的过度关注模糊了一个事实，即该案是有其重要合同基础的。乔利（Chorley）法官对本案提出的建议可能有些过火，他说如果1848 年现代合同法已经完善起来，本案的法官可能就不会抓住长久存在的债权之诉作为诉由来解释银行与客户之间的关系。[15] 但他聚焦于该判决的合同维度无疑是对的。例如，在前面引述的段落中，科特纳姆法官认识到，银行从业人员按约定要把钱还给客户。就所谓“附加义务”而言，判决也有涉及，包括履行客户付款指示的义务，显然也是基于合同。合同，在事实上，是统驭客户在银行的存储资金问题的规则。正如美国最高法院在某一场合一言以蔽之的：“银行与存款人的关系属于债的关系，它基于合同。”[16]

一旦我们超出银行作为存储人的角色，债，即便有也并不突出。合同是无所不在的——由银行员工和客户达成的口头合同，不同样式的标准合同，以及为特定目的量身定做的书面合同。即便银行作为受托人或者按法律规定因过失而可能负有责任，合同往往也介入争议之中修定银行的责任或者令银行完全脱责。[17] 没必要为置合同于核心地位而抱歉。我们将在第八章中看到它在银行间网络中的作用，其中银行与其他银行之间发生联络。我们还将发现这些银行间市场的合同也同样约束客户。但是，本章，我们聚焦于那些直接与客户订立的合同，包括商业客户和私人客户。

---

〔13〕 *Joachimson v. Swiss Bank Corporation* [1921] 3KB 110 (CA).

〔14〕 *Bhogal v. Punjab National Bank* [1988] 2 All ER 296 (CA). See Also *Saudi Arabian Monetary Agency v. Dresdner Bank AG* [2004] EWCA Civ 1074; [2005] 1 Lloyd's Rep 12 (CA).

〔15〕 Lord Chorley, *The Law of Contract in Relation to the Law of Banking* (Gilbart Lectures on Banking, London, 1964) 6-7.

〔16〕 *Bank of Marin v. England*, 385 US 99, 101 (1966).

〔17〕 See p. 271, 274, 287 later.

第二节 银行业务合同

193

银行—客户关系的核心是合同。银行—客户关系不会少到只有一份文件,相反会采用多种形式。通常标准合同会覆盖银行—客户关系的各个方面,无论账户、支付服务、借款、相关担保(包括保证),还是证券与衍生交易。

某些领域会有主协议或称为伞型协议,其条款适用于具体交易的通用部分,只剩下具体条款(如价格)须达成一致。在国际市场,银行业协会和其他金融机构如国际互换与衍生品协会(International Swaps and Directives Association, ISDA),贷款市场协会(Loan Market Association, LMA)和国际资本市场协会(International Capital Markets Association, ICMA)都曾参与主协议范本或至少是标准用语和文档的制定。对更多国内市场而言,德国、挪威和瑞士这些国家的银行业协会均制定了开立账户的通用商业条款。历史上,英国银行没有账户标准合同,银行客户间法律关系的规范是由法院多年来认定的一系列默示条款而设定。现代英国银行也已采用其自己的标准合同,甚至对私人客户也是如此。

银行采用标准化合同的有效率和营销上的优势,体现在"银行产品"的用语上。标准条款还令银行限定责任范围(或至少试图如此)——例如,通过"协议完整性"条款,表明银行的交易对手并未依赖其所作咨询建议,确认书面合同为双方协商一致的全部,并免除银行的特定责任。多年以来,引入新型服务一直促使银行再为客户准备标准合同条款。监管法现在要求在投资管理等领域与私人客户签订书面合同。[18]

然而,银行合同仍有定制的。融资合同或证券发行的特别条款谈判可能很细致。但是,不太可能是"形式之战",形式是标准化的,斗争只存在于某些特定条款,例如价格问题,或是"附表之战"(或其他附在标准文本后面的附件),那里含有关键条款。谈判这些条款可能是艰难的斗争。

本章的这一部分将检视银行与客户条款的四个常见问题:第一,精确识别谁是客户;第二,认定是否存在可强制执行的合同;第三,在客户按合同约定指示银行按特定方式作为时,判定银行的义务是什么;第四,认定具体银行业务合同的条款与内涵。银行业合同的更多内容将在第八章检视。

一、识别客户

"客户尽职调查"(有时称"了解你的客户"或"KYC")是当前广为接受的银行义

---

〔18〕 e. g. A. Srivastava, "Conduct of Business—Fair Dealing with Clients", in J. Herbst (ed.), *A Practitioner's Guide to MiFID* Ⅱ: *The Markets in Financial Instruments Directive*, (2nd edn., London, Sweet & Maxwell, 2015), 249.

194 务。巴塞尔银行监管委员会将其视为银行评估其所面临风险的最核心部分。[19] 该委员会在其《有效银行监管核心原则》第29条指出,银行监管须确保银行有充分的政策与流程,包括严格的客户尽职调查规则,提升金融行业的道德与职业水准,防止银行有意无意被用于犯罪活动。

反洗钱金融行动特别工作组(Financial Action Task Force,FATF)由七国集团在1989年设立,总部在巴黎,其为促使将客户尽职调查纳入有效反洗钱和对恐怖主义者金融控制的前置程序做了大量工作。富有成效的是,这一观念在很多法域已有了法律效力。《FATF建议》中的"第10项建议"要求禁止金融机构保留匿名账户或明显的冒名账户。[20] 金融机构应按法律要求在与客户建立业务关系或执行一定交易时(超过15,000美元或欧元的门槛,一定的电汇),如果对反洗钱或恐怖融资存疑,或是对之前获得的客户身份数据真实性和充分性存疑,有义务对客户进行尽职调查。

该建议列出的客户尽职调查措施有:(1)使用可靠、独立的源文件、数据和信息识别客户并确认客户身份;(2)识别受益人,采用合理措施识别受益人的身份(就公司而言,这意味着识别其所有人和控制结构);(3)了解业务关系的目的和本质;(4)就业务关系实施持续尽职调查和交易审查以确保所作的调查与金融机构对客户、对其业务、对其风险包括资金来源(如有必要)的认知一致。

客户尽职调查取决于所涉客户、业务关系和交易的类别。例如,《欧盟第4号反洗钱与反恐融资指令》,允许成员国在将电子资金产品排他性地应用于低价值货物与服务时,豁免对客户尽职调查中的识别并确认客户与受益人的要求。[21] 作客户尽职调查对银行成本,以及对社区居民获取金融服务可能有负面影响,这些导致对客户信息更强调质量,而不是数量和特征。[22] 当银行认为某人不能提供标准证明(例如驾照或公用事业账单)且不能合理期望其能提供时,它会接受和客户打了一段时间交道的其他人或组织出具的书面证明。[23]

195 除了客户隐蔽身份的情况外,还有银行无法确定客户倒底是谁的情况。比如当一个国家的政府更迭时,新的代表寻求使用账户拿到资金。[24] 而在商业社会,当银行和另一

---

[19] "General guide to account opening", Basel Committee on Banking Supervision, *Sound Manageent of Risks Related to Money Laundering and Financing of Terrorism* (Basel, 2016), Annex Ⅳ.

[20] FATF, *International Standards on Combating Money Laundering and the Financing of Terrorism & Proliferation. The FATF Recommendations*, 2012. See Cheong-Ann Png, "International Legal Sources Ⅲ—FATF Recommendations", in W. Blair, R. Brent, and T. Grant (eds.), *Banks and Financial Crime: The Law of Tainted Money*, (2nd edn., Oxford, Oxford University Press, 2017).

[21] Directive (EU) 2015/849, Art. 12.

[22] D. Cruickshank, *Competition in UK Banking. A Report o the Chancellor of the Exchequer* (London, 2000), xiv-xv.

[23] Joint Money Laundering Steering Group, Prevention of Money/Combating Terrorist Financing. Guidance for the UK Financial Sector, 2014 revised version, Part Ⅰ, para. 5. 3. 28.

[24] *Sierra Leone Telecommunications Co Ltd v. Barclays Bank Plc* [1998] 2 All ER 821; [1998] CLC 501; *Bouhadi v. Breish* [2016] EWHC 602 (Comm).

个金融机构打交道时，它并不确定对方是作为本人还是作为代理人。

以银行和“基金经理”打交道为例：基金经理可能并非作为本人行为，而是靠出售自身专长换取服务费。他也可能以代理人的身份，代表基金的受托人、投资公司或者组成基金的个人。无论谁是本人，只有基金经理作为代理人显身跳出来。[25] 然而尽管银行可能意识到基金经理是代理人，但是他们不会被告知谁才是本人，至少要等到签订合同的时候。基金经理可能由于商业的原因不披露这一信息，或是因为其进入了大宗交易，其中证券、外汇兑换等只有待交易完成才会在其管理的多个基金间分配。

在潜在客户是代理人未披露的匿名者的情况下，银行将面临现实的问题，难以事先评估一些风险，比如本人的可信度以及是否符合监管要求。还有一些潜在困难在于了解交易是否得到本人授权，以及抵销和净额交易是否有效等。而且，在计算银行的资本充足率时，我们在第一部分已了解到因交易对手的类型不同，其风险权重有多么地不同。和隐名对家做生意的银行在计算资本需求时会处于困难境地。

金融市场协会的《示范法》为场外（OTC）专业金融产品市场设计。它一方面承认了在某些情况下需要匿名，但仍建议，在执行交易前最好由银行内部的合规、法律和评审部门对最终本人的身份有个全面的了解，这样授信、客户尽职调查、反洗钱和潜在的欺诈问题得以解决。为保守本人秘密，《示范法》要求该等信息只能用于风险管理和其他合法目的，且应有有效政策来确保。对于事前确认最终交易对手存在困难的情况，比如在大宗交易中需要待其分配给本人的代理人（我们示例中的基金经理），《示范法》规定各方应书面同意达成交易后在可行范围内尽快确认分配结果。《示范法》还规定：

> 出于合法性和资本充足的目的，交易的识别与细节应以以下方式交流——例如，通过使用交易对手代码或类似的识别法，它们对交易员是匿名的——这使金融机构可以合法回溯出代理人的本人。使用该种识别法将令交易对手可识别金融机构……[26]

至于如此安排的私法后果，如果本人授权基金经理（仍如前例）开展交易，至少银行要 196
对与之缔约的匿名本人承担责任。难点在于，如果交易超越本人的授权，基金经理是否也要承担责任。关于基金经理虽是代理人仍应承担责任的说法有多种争论——比如商业习惯说，间接合同说，保证说，未披露本人说（并非匿名的本人）——但未有定论。[27] 另一个难点是有关银行与代理人（基金经理）的结算。如果在代理人反过来与匿名本

---

〔25〕 See L. Van Setten, *The Law of Institutional Investment Management* (Oxford, Oxford University Press, 2010), 79-81; Financial Conduct Authority, *Asset Management Market Study Interim Report*, London, November 2016, 29-43.

〔26〕 ACI-The Financial Markets Association, *The International Code of Conduct & Practice for the Financial Markets*, Paris, 2015, Art. 20. See also Bank of England, Non-investment Products Code, 2011, Part Ⅲ, para. 10; New York Foreign Exchange Committee, *Guidelines for Foreign Exchange Trading Activities*, revised November 2010, 4.

〔27〕 P. Watts and F. Reynolds (eds.), *Bowstead and Reynolds on Agency*, (20th edn., London, Sweet & Maxwell, 2014), 575-7. cf. *Restatement on Law, Agency*, 3rd, para. 6.02.

人结算前，代理人与银行先违约了，银行有义务再次结算，除非代理人从本人处获得了结算的明示授权，或者可按银行与本人的合同默示得出交易习惯认可与代理人的结算。[28]

当涉及数个本人时，情况更为复杂，例如银行与基金经理进行的证券、外汇等大宗交易，随后要在基金经理代表的多只基金间分配。首先存疑的是大宗交易中是否有代理人，即便有，银行是否涉入与多个基金的合同。这取决于追认原则、债的更新和债的转让规则。如果分配之后有多个独立的合同，而不是一笔大宗交易，情况将很不相同，但这不符合市场实际。如果基金拒绝或无力与银行结算，银行可以找基金经理结算吗？如本段前面所述，有多种观点主张令基金经理作为代理人承担个人责任，在此同样可适用。标准合同文件会对基金经理施以迅速分配交易的义务，认为银行和各客户之间存在合同从而约束双方，并免除基金经理的责任。

二、银行业务合同的有效性：授权和行为能力

对于银行和客户来说，要强制执行一份合同，显然必须得合同在法律上认定生效。这一问题能从多方面检视，此处首先检视分析的是签约者的授权；其次是合同当事人的行为能力。很多案件中的第一道防线就是签约人没有授权，或者是合同当事人自身没有签订某种合同的行为能力。

（一）签约人——授权和代理

假如 A 与银行签合同。他和银行一家很重要分行的经理打交道。随后银行食言，称经理没有签该合同的授权。[29] 或者反之，如果情况是银行与 A 谈判，A 是某公司的

197 “经理”，银行以该公司承诺为条件同意向第三方发放贷款。随后，当银行据承诺主张权利时，公司辩称 A 从未得到过公司授权。[30] 两则例子都说明了包括银行在内的组织体将产生的问题，即它们本质上都得通过自然人来代理行事。

代理，如我们所见，是一个关键概念，它决定了商事组织是否受以其名义行事的像董事和其他员工等代理人的行为约束。代理人可根据其授权在与第三人的关系中约束本人。如果代理人有明示实际代理权来商谈银行业务合同，那么本人就会受到约束。[31] 即便代理人没有明示的实际授权，一般也可由本人自由决定是否嗣后追认。问题出就出

---

〔28〕 See O. Lando and H. Beale (eds.), *Principles of European Contract Law* (The Hague, Kluwer, 2000), Art. 3. 302.

〔29〕 *First Energy (UK) Ltd. v. Hungarian International Bank Ltd.* [1993] 2 Lloyd's Rep. 194 (CA). See also M. Lichtenstein, 'Commercial Loan Officers' Authority to Bind a Bank' (2013) 130 *Banking LJ* 710.

〔30〕 *British Bank of the Middle East v. Sun Life Assurance Co. of Canada (UK) Ltd.* [1983] 2 Lloyd's Rep. 9 (HL). See *Standard Chartered Bank v. Ceylon Petroleum Corp* [2011] EWHC 1785 (Comm). See also T. Chan and H. Tjio, 'Usual Apparent Authority and Vicarious Liability' (2012) 128 LQR 27.

〔31〕 *Marubeni Hong Kong and South China Ltd v. Government of Mongolia* [2004] EWHC 472 (Comm), [2004] 2 Lloyd's Rep 198, on appeal [2005] EWCA Civ 395, [2005] 1 WLR 2497.

在本人想反悔交易的情形。

英国法提供了两个答案。第一个答案是,如果代理人有默示授权(implied authority),尽管不是明示的实际的授权,本人仍受其约束。所谓的“常规授权”(usual authority)也是一样。常规授权是一种客观认定的授权——在某一特定业务或专业领域,这种授权是普遍或惯例性的。例如,公司任命执行董事,他们默示授权执行董事在日常经营范围内行事。〔32〕一般财政部部长通常有授权代表国家在国际金融市场借款,尤其是在有先例可循时。〔33〕限制该种授权没有意义,除非第三人已注意到该种限制。〔34〕常规授权的难点在于,对国际银行的执行董事来说是正常或惯例,对那些在小贸易公司担任相应职位就和银行打交道的人来说则不是正常的或者不算惯例。由于这一原因,常规授权很难被援引。

英国法提供的第二个答案是,由于本人自己的行为或他们允许代理人行事的方式,在第三方依赖这种表见授权而行事时,禁止本人反言否认对代理人的授权。代理人被认定有表见授权(apparent or ostensible authority)。尽管不是很准确,这种结果有时被称为“禁反言代理”(agency by estoppel)。不幸的是,英国法陷入了纠结之中,并导致对与组织体打交道的第三方的不公平,因为它让交易本质是否有约束力的问题转为组织体的纯内部事务。这是因为这样一项看来有成文法效力的原则:关于代理人有权缔结交易的陈述必须由组织内有实际授权可经营业务的人作出,无论其是一般性授权,例如董事会董事,还是与具体合同相关的特别事项授权。〔35〕相应地,无论第三方行事多么合理,他们不能信赖代理人自述其有代理权,甚至不能信赖代理人上司的陈述,如果上司没有实际授权的话。〔36〕

所幸,在几起案子中,法院已能得出符合商业理性的结论,并支持了第三方合理认为 198
代理人有授权而缔约。〔37〕但是要坚持任何陈述必须出自实际授权这一原则就需要很明智的思考(intellectual gymnastics)。这样可能因代理人有表见授权而满足交易的前提条件(尽管本案并非如此),但代理人并没有表见授权外衣来代理组织缔约。更智慧的解决方式是对表见授权问题采用新思路,给第三方的合理预期以法律效力,承认商业现实,

〔32〕 e. g. *UBAF Ltd. v. European American Banking Corporation* [1984] 1 QB 713, 724 (CA); *Equiticorp Finance Ltd. (in liq.) v. Bank of New Zealand* (1993) 11 ACSR 642 (NSW CA).

〔33〕 *Law Debenture Trust Corp Plc v. Ukraine* [2017] EWHC 655 (Comm). See R. Martha, *The Financial Obligation in International Law* (Oxford, Oxford University Press, 2015), para. 16. 2.

〔34〕 正如在 *Donegal International Ltd v. Zambia* [2007] 1 Lloyd's Rep 397, [451] 中。

〔35〕 *Freeman & Lockyer v. Buckhurst Park Properties (Magnal) Ltd.* [1964] QB 480, 506, per Diplock LJ.

〔36〕 P. Watts and F. Reynolds (eds.), *Bowstead and Reynolds on Agency*, 386-7; P. Watts, 'Some Wear and Tear on Armagas v Mundogas: the Tension between Having and Wanting in the Law of Agency' [2015] *LMCLQ* 36.

〔37〕 See *First Energy (UK) Ltd. v. Hungarian International Bank Ltd.* [1993] 2 Lloyd's Rep. 194; *Egyptian International Foreign Trade Co. v. Soplex Wholesale Supplies Ltd.* [1985] 2 Lloyd's Rep. 36 (CA); *Kelly v. Fraser* [2012] UKPC 25; [2013] 1 AC 450 (PC, Jamaica); *Australia and New Zealand Banking Group Ltd v. Frenmast Pty Ltd* [2013] NSWCA 459.

如设定时间等一定限制，令第三方无法过分深入组织体表面。[38]

（二）组织体缔约——行为能力

代理是一种理论，在决定组织体是否受其员工行为约束方面具有广泛的应用。然而，它并不可普遍适用。公众组织和那些代表其行事的人之间的法律关系通常是代理的一种，尽管有时按常规方式会认定为表见授权。组织体的法律本质对其缔约的行为能力有一系列影响。以下为示例。

直到最近，与公司缔约者都对越权行为规则（*ultra vires*）和推定通知原则（doctrine of constructive notice）感到迷惑。银行可能事后发现与其缔约的公司行事超越了章程范围。[39] 和其他公开文件一样，公司章程会被推定通知了银行。由于越权合同是无效的，银行无法强制执行它，虽然放款资金可通过恢复原状或行使对债权人代位权而得到填补。成文法已废除了与公司合同中的越权规则和推定通知原则。在善意地与一家公司打交道时，第三方不受公司章程对董事权力范围限制的影响。[40] 善意是假定预设的。第三方不仅没有义务调查一项交易是否与公司章程相悖，也不会仅仅因为知道该行为在董事会权力之外就被认为是恶意行事。

在与公司以外的组织体如政府部门交易时，越权规则仍然有效且有用。银行在贷款给英国地方政府时通常受到保护，因为成文法免除了它们调查政府是否有权借款的义务，不会因为地方政府没有借款权而处于不利地位。[41] 与之类似，《1977 年地方政府（缔约）法》为限定类别的地方政府缔约建立了安全港，特别是，就第三方为地方政府建
199 设设施融资而向银行出具的担保。[42] 但最终对政府部门付款可能是目的越权，尽管资金能以政府部门不当得利为由返还。[43]

然而，与政府间的对银行有利的成文法规则并未惠及银行与外国政府之间的交易，哪怕合同适用英国法。这些外国政府是否有行为能力缔约取决于其自己法域的规定。当互换交易（swaps）和衍生交易出现对其不利的情况时，这些英国之外的政府曾以缺乏行为能力为由试图阻却银行按合同对其强制执行。[44]

---

〔38〕 See D. Busch and L. Macgregor（eds.）, *The Unauthorised Agent. Perspectives from European and Comparative Law*（Cambridge, Cambridge University Press, 2009）, 398 – 400. 了解纽约法：*Indosuez International Finance BV v. National Reserve Bank*, 98 NY 2d 238, 245–6; 774 NE 2d 696, 700–1（2002）。

〔39〕 e. g. *Introductions Ltd. v. National Provincial Bank*［1970］Ch. 199（CA）.

〔40〕 Companies Act 2006, s. 40.

〔41〕 Local Government Act 2003, s. 6.

〔42〕 Ss. 2（1）, 4（3），（4）. cf. *Crédit Suisse v. Allerdale BC*［1997］QB 306（CA）.

〔43〕 See P. S. Davies and P. Rogerson, 'Swaps in Another Dimension'［2010］*LMCLQ* 529.

〔44〕 *Haugesund Kommune v. Depfa ACS Bank*［2010］EWCA Civ 579;［2011］3 All ER 655（CA）; *Standard Chartered Bank v. Ceylon Petroleum Corp*［2012］EWCA Civ 1049（CA）; *Regione Piemonte v. Dexia Crediop SpA*［2014］EWCA Civ 1298（CA）; *Banco Santander Totta SA v. Companhia de Carris de Ferro de Lisboa SA*［2016］EWHC 465（Comm）;［2016］4 WLR 49; aff'd［2016］EWCA Civ 1267;［2017］1 WLR 1323; *Law Debenture Trust Corp Plc v. Ukraine*［2017］EWHC 655（Comm）.

更明显的例子是与信托受托人交易。银行得和各种信托受托人打交道,包括年金受托人、投资基金受托人,或者银行自己成为基金、债券、证券的受托人。因为信托并不是一个法律实体,像银行这样的交易对手得和信托受托人或者公司类信托受托人（在公司作为受托人情况下）交易。银行得让自己确信信托文件允许受托人缔结系争交易。这是因为,受托人要想从信托财产中受偿——令交易对手以代位受托人受偿权的方式有效对信托财产主张权利——受托人必须妥适设定义务并在尽职管理信托中履行义务。银行对此必须加以调查。[45] 当一个受托人与数个信托有关时,比如作为多个投资基金的受托人,又会出现另一个问题。每次交易都必须确认他到底是代表哪个信托在交易,因为其求偿权将只限于他所代表的那只基金的财产。

三、银行的委托

民事律师有时使用委托（mandate）一词对客户与银行的关系归类。[46] 英国法也用这个概念,但未明确其精确内涵。银行从业人员有时把它作为一般性的术语用于与客户间的某项具体服务合同（例如,委托银行业务服务和投资服务）。[47] 我们可以将这第一种含义放在一边。在其他的时候,“委托”在第二种更狭义的意义上使用,即委托银行以某种特定的方式行事,例如,委托其授权第三方开始对一个既存账户提款。这不构成合同变更,至少要等到实际行动（提款）才构成。一旦一项委托约束银行,银行就必须为一定行为,否则构成违约。因此,第二种意义上的委托构成一项指令,而非一种请求。如果银行在授权范围之外行事,将不会约束客户,而由银行承担所有损失。如果客户撤 200
回委托,银行必须遵从。[48]

如果是在第二种意义上使用“委托”,客户有义务谨慎确保该等委托清晰不含糊,这样银行尽合理谨慎和专业后不会再遭受损失（例如,受欺诈）。“银行,作为受托人,有权坚持其被要求据以行事的委托事项以不会产生疑虑的形式作出”。[49] 如果授权是模棱两可的,而银行采信了一种合理的含义,银行并不违约。[50] 这一观点现在也面临警示,

---

[45] R. Russell, 'Impact of Recent Corporation Collapses on Negotiating and Drafting Syndicated Loans', in J. Norton, C.-J. Cheng, and I. Fletcher (eds.), *International Banking Operations and Practices* (Dordrecht, Martinus Nijhoff, 1994), 239-40.

[46] B. Geva, *The Payment Order of Antiquity and the Middle Ages* (Oxford, Hart, 2011), 612-15.

[47] Lord Chorley, 'Opening the Account, and Other Problems', Gilbart Lectures in Banking (London, 1955), 43. 例如一项商业委托,参见 *Winnetka Trading Corp v. Julius Baer International Ltd* [2011] EWHC 2030 (Ch); [2012] 1 BCLC 588。

[48] *American Express Services Europe Ltd. v. Tuvyahu*, CA, 12 July 2000.

[49] *London Joint Stock Bank Ltd. v. Macmillan* [1918] AC 777, 784, per Lord Haldane.

[50] *Midland Bank Ltd. v. Seymour* [1955] 2 Lloyd's Rep. 147, 168, per Devlin J; *Commercial Banking Co. of Sydney Ltd. v. Jalsard Pty. Ltd.* [1973] AC 279 (PC, NSW).

即如果该模糊性是明显的，银行应在按其行事前要求客户澄清指令。[51] 也就是说，客户在某个方面授权银行行事不等于银行自动地成为代理人。在据客户授权行事时，银行可以是而且往往是作为本人。

有时授权还用于第三种仍然是很窄的含义，作为合同机制按客户要求银行为某些具体事务，例如，完成支付、释放由其托管的证券，交付投资等。这可能简单得像只按指定形式的客户指示执行合同义务，虽然这种合同可能嗣后变更，（例如口头指令无需书面指令就能有效）[52]。签字曾是一种典型的认证授权，但现在有其他的渠道，例如 PIN 码、电子通知或者 SWIFT 电文。[53] 银行的实际做法在这方面会很重要，但不是决定性的。由于存在欺诈的可能性，有些形式的认证应是不可接受的（比如扫描的签名）。一般而言，认证的方法应该是商业上可合理防范无权指令的安全方法。[54]

第三种意义上的委托指令（mandate）分析起来不同于是授权（authority）。但实践中，不遵从这种意义上的委托指令的后果也常常被称为一种授权问题：没有授权，银行无权作为并对客户损失承担责任。然而，第三种意义上的委托指令在本质属性上是常规的合同问题，要么是调整某类特定服务的合同条款问题，要么是合同预设的履行方式问题。银行未经适当授权行事是违约行为。

客户委托了什么（第二种意义的委托）或需要何种认证（第三种意义的委托），是一个合同解释的问题。因此银行联合账户协议中约定银行有义务对账户持有人双方共同签发的票据付款时，银行有义务对未按约定方式签发的票据不付款——这也是对各账户持有人分别的义务。[55] 假如，与银行的书面合同约定某项特定义务（比如释放托管证券）将“只能按客户书面指示”履行。该条款应解读为银行只有在收到书面指示（而
201 非口头指示），且该指示经适当认证后才有义务行事。有时候，委托指令表面上看起来是清晰的，但结合具体背景可能得出不同的解释。（比如董事或签字人尚未经公司委派）。[56]

一旦认定了委托的本质，英国法院的处理方法是严格的。银行必须严格按照客户要求行事。一般的合同原则是——一旦有人有义务确保某一结果，未达成该结果构成违约。几近达成目标，甚至已尽了合理努力和专业，都是不够的。由此如果银行有所偏离，无论偏离得多么轻微，哪怕几经艰苦努力，都是对委托的违反。

因此，如果银行基于错误认证行事，结果也是一样的，无论其多么接近于约定的认证，无论其尽了多么合理的谨慎和专业仍无法侦测其偏离。一个常见的例子是伪造的支

[51] *European Asian Bank AG v. Punjab & Sind Bank* (No 2) [1983] 1 WLR 642, [1983] 2 All ER 508 (CA).

[52] *Morrell v. Workers Savings & Loan Bank* [2007] UKPC 3; [2007] Bus LR D57 (PC, Jamaica).

[53] See Regulation (EU) No 910/2014 on electronic identification and trust services for electronic transactions in the internal market; Electronic Communications Act 2000, s. 7.

[54] cf. UNCITRAL Model Law on International Credit Transfers, Art. 5 (2)(a).

[55] *Catlin v. Cyprus Finance Corp. (London) Ltd.* [1983] QB 759.

[56] *Sierra Leone Telecommunications Co. Ltd. v. Barclays Bank plc*, [1998] 2 All ER 821.

付指令，无论银行已做得多么专业，有无权借记客户账户。但是，银行有权在标准合同中明确其接受的认证方式。例如，在零售电子资金支付系统，如果银行所需要的仅是使用卡和密码，这种方式较之在支票上签名，会让客户产生更大的损失，也就让银行承担着沉重的潜在责任。[57] 怀疑委托被冒用的客户必须通知银行使银行得以采取防范措施。未能如此客户将被禁止反言否认指令的适当与真实。

对委托的严格态度保护了客户。同样，英国法认定银行将委托视为绝对权利施加一定限制也同样保护了客户。由此，银行收到来自客户的有效指示，经适当认证，就有义务执行它。一个例外是，如果银行在反洗钱或者反恐问题上存有疑虑，立法要求银行不予执行并报告监管机关。在此情况下，法院默认存在银行无须执行委托的条款。[58]（行为授权要么来自政府部门，其无正当理由不得拒绝；要么来自法院。[59]）

另一个例外是银行如果知道委托是不诚信地作出，如果银行对明显不诚实的委托视而不见或是不计后果地执行，而不是像一家诚实信用合理理性的银行一样进一步调查，那么如此行事的后果是，银行将为客户的损失承担责任。[60] 测试的标准是一家合理理性的银行是否会怀疑存在欺诈。这个问题某种程度上是银行业务实践的问题。然而，首先，银行是否"被置于应调查境地"是一个事实问题。除了有清晰的欺诈标志外，在作事实判断时考虑的因素包括银行与客户打交道的过程、涉及数额、迅速行动的需要（或其他）、自称为客户代表者的状态、问询调查中的放松程度，以及其他非同寻常的特征。

四、合同条款 202

（一）银行合同的解释

整体解释商事合同的方法现在已成为英格兰与威尔士的传统智慧：目的是赋予合同以它将传导给一个具备缔约时背景知识的理性当事人的含义。[61] 有时用确认当事人共同目的这一用语来表达，共同目的是一种法律推定。[62] 如果有材料构成了交易基础的周边或矩阵背景，应允许其用于解释过程。一般来说，外部证据不能用来作为与平实含

---

〔57〕 参见原著 p. 375。

〔58〕 See *Shah v. HSBC Private Bank (UK) Ltd* [2012] EWHC 1283 (QB); [2013] 1 All ER (Comm) 72; *N v S* [2015] EWHC 3248 (Comm).

〔59〕 *R (UMBS Online Ltd) v. Serious Organised Crime Agency* [2007] EWCA Civ 406; [2007] Bus LR 1317 (CA).

〔60〕 *Barclays Bank plc v. Quincecare Ltd* [1988] FLR 166, [1992] 4 All ER 363; *Verjee v. CIBC Bank and Trust Co. (Channel Islands) Ltd.* [2001] Lloyd's LR Banking 279.

〔61〕 *Investors Compensation Scheme Ltd. v. West Bromwich Building Society* [1998] 1 WLR 896, [1998] 1 All ER 98 (HL); *Chartbrook Ltd v. Persimmon Homes Ltd* [2009] UKHL 38; [2009] 1 AC 1101 (HL); *Rainy Sky SA v. Kookmin Bank* [2011] UKSC 50; [2011] 1 WLR 2900; *Arnold v. Britton* [2015] UKSC 36; [2015] AC 1619, [17]-[19]; *Wood v. Sureterm Direct Ltd* [2017] UKSC 24; [2017] 2 WLR 1095. 批评者提倡更多回归文义解释法，例如 R. Calnan, 'Construction of Commercial Contracts: A Practitioner's Perspective', in A. Burrows and E. Peel (eds.), *Contract Terms* (Oxford, Oxford University Press, 2007)。

〔62〕 *Bank of Credit and Commerce International SA v. Ali* [2001] UKHL8; [2002] 1 AC 251, [8] (HL).

义相矛盾的解释，但一份金融合同条款有其上下文，有必要考虑它，也有必要考虑这样一个现实，即在复杂的商事文件里必然存在不适当、模糊性和不一致。[63] 英国商事法院在解释合同时采用的一个原则是试图得出和商业现实和商业语境一致的结论。[64]

（二）明示条款：通则

英国法有很强的崇尚商事当事人契约自由的风尚，法院尽可能赋予其达成的明示合同条款以法律效力。当事人意思自治的情况据说在复杂金融工具中尤其明显。[65] 法院假定商事主体可以在金融协议谈判中自行照管好自己的利益。他们自愿接受其希望达成的条款，法院也尊重其选择。法院一般会按合同的平实语词赋予法律效力，不愿意读着明示条款又假定他们意图另外达成什么。[66]

英国法的基本原则是，一旦客户签了合同就受合同约束，即便他们都没读过合同。[67] 这一规则的正当性在于注重形式，而不是实质。签字是一种正式的机制，意味着当事人将商洽认定为终局性的。附带说明的是，额外的正当性理由是获得签字的一方会基于信赖而视之为对方的最终同意。

签字原则存在一些例外，这些例外与如何获取签字的情形相关：否认签名（*non est*
203 *factum*）、欺诈与错误陈述、不当影响、显失公平（unconscionability）以及所涉文件不是合同内容。还会出现这样的例外，即签字在当时情形下并非表明客户同意被合同约束。在有些普通法国家，签字原则并不总是适用。新加坡上诉法院建议从大量的针对银行提起的错误销售金融产品的诉讼看，可能值得重新考虑法院是否应信赖那些合同条款，它们虽经客户签署，但客户对其法律后果无论在语言上和财务上都缺乏真实理解。[68]

而在缺少签字的情况下，零售客户可以辩称，银行的书面标准条款并非合同的一部分。[69] 银行无法确定客户已得到了充分通知。它们可能与产品说明和要约文件不一致，而这些显然是协议的基础。[70] 这是一个事实问题，法院会关注到案件的所有情况。

---

〔63〕 *Re Sigma Finance Corp* (*In Administration*) [2009] UKSC 2; [2010] 1 All ER 571, [12], [35] (security trust deed for structured investment).

〔64〕 相关示例包括 *Grupo Hotelero Urvasco S A v. Carey Value Added S L* [2013] EWHC 1039 (Comm); [2013] Bus. LR D45 [334] -[364]（指贷款协议下的重大不利变化条款）; *Tidal Energy Limited v. Bank of Scotland plc* [2014] EWCA Civ 1107, [2015] 2 All ER 15 [61] -[62] (CA)（支付系统运行）。See N. Andrews, 'Interpretation of Contracts and "Commercial Common Sense"' [2017] *CLJ* 36.

〔65〕 *Belmont Park Investments Pty Ltd v. BNY Corporate Trustee Services Ltd* (*Revenue and Customs Commissioners intervening*) [2011] UKSC 38; [2012] 1 AC 383, [103].

〔66〕 参见原著 p. 204-5。

〔67〕 *L' Estrange v. Graucob* [1934] 2 KB 394; *Peekay Intermark Ltd. v. Australia & New Zealand Banking Group Ltd.* [2006] EWCA Civ 386; [2006] 2 Lloyd's Rep 511, [43] (CA).

〔68〕 *Als Memasa v. USB AG* [2012] SGCA 43 (Singapore CA). S. A. Booysen, 'Rethinking the Signature Rule' [2013] *LMCLQ* 21.

〔69〕 *Burnett v. Westminster Bank Ltd.* [1966] 1 QB 742 是银行业的权威案例。

〔70〕 *Alexander v. West Bromwich Mortgage Co Ltd* [2016] EWCA Civ 496; [2017] 1 All ER 942 (CA).

如果非同寻常或者非常苛刻的条件要成为合同的一部分,举证负担就很重。丹宁(Denning LJ)法官在一桩案子中说:“我见过有的条款需要用红墨水印在文件封面,并且需要有红手指向那里,这种提示才能认定是充分的。”〔71〕

这一方法被应用于英国上诉法院一桩典型案件的判决,该案中就相关条款未对客户作任何提示:条款仅仅是印刷在一个四列宽的交货回单(delivery note)上。其法律后果是,它要么未成为当事人合同的一部分;要么即便成为一部分,也没有拘束力。〔72〕

就法院论理而言,在认定某个条款是否是不同寻常或异常苛刻时,可能涉及考量什么是习惯,什么是当事人的合理预期。例如,现在再也不能代表客户争辩客户期待的是固定利率或最高利率。银行的客户已习惯了浮动利率。值得一争的是,客户没有预料利率计算方法的变化将导致利率较之按以前的计算方法会大幅提高。如果变更条款允许这种情况,它应该被认定为非同寻常条款或异常苛刻的条款,并在纳入银行—客户合同之前需要落实“红手”指示的待遇。

(三)明示条款:不利于合同起草人的解释、变更条款、合同禁止反言、罚则

1. 不利于合同起草人的解释规则

合同中的明示条款在含义不明时要按不利于银行来解释。这就是不利于合同起草人的解释(*contra proferentem*)规则,它包括两个方面。首先,它导致一个条款向不利于其制定者或条款受益者的方向解释。这一原则曾被适用于特定类型的条款,例如银行收费条款:关于客户义务的条款必须清晰。〔73〕但是在国际金融文档中,这一规则即便有也 204
迹象甚微。〔74〕

其次,关于排除条款。该规则意味着如果各当事人想削减法律所提供的违约救济,应该用清晰的语言把这一意思表述出现。例如,责任免除范围包括口头、书面和错误陈述,包括银行未能尽合理努力的情形,并且包括直接和间接损失。〔75〕

2. 变更条款

银行合同中经常出现变更条款,即一方被授权单方变更合同条款。这些条款可能因为缺乏确定性而无效。〔76〕而且,有判例要求如果授予合同一方变更合同的权利,必须语词清晰。〔77〕其背后的政策原因很明显。作为一个法律分析问题,合同变更规则是众多

---

〔71〕 *Spurling (J) Ltd v. Bradshaw* [1956] 1 WLR 461,466.

〔72〕 *Interfoto Picture Library Ltd. v. Stiletto Visual Programmes* [1989] QB 433.

〔73〕 *Financial Institutions Services Ltd v. Negril Negril Holdings Ltd* [2004] UKPC 40 (PC,Jamaica).

〔74〕 *BNY Mellon Corporate Trustee Services Ltd v. LBG Capital No. 1 plc* [2016] UKSC 29; [2016] Bus LR 725, [53].

〔75〕 See *HIH Casualty & General Insurance Ltd v. Chase Manhattan Bank* [2003] UKHL 6; [2003] 1 All ER (Comm) 349; [2003] 2 Lloyd's Rep 61 (HL); *Taberna Europe CDO Ⅱ plc v. Selskabet AF1 (formerly Roskilde Bank A/S)* [2016] EWCA Civ 1262; [2017] 2 WLR 803 (CA).

〔76〕 *Kabwand Pty. Ltd. v. National Australia Bank* (1989) 11 ATPR 40-950 (FCA Full Court).

〔77〕 *Lombard Tricity Finance Ltd. v. Paton* [1989] 1 All ER 918 (CA); *Paragon Finance plc v. Nash* [2001] EWCA Civ 1466, [2002] 2 All ER 248 (CA).

合同解释的规则之一——不利于合同起草人的规则是其中另一项——由法院用以发现合同真意。

有判例法认为在合同期内变更利率的合同自主权适用一项默示条款，即不得以不适当的、反复无常的、专断的、没有一个理性贷方理性行事会采用的方式行使。〔78〕 与之类似，英国高等上诉法院判决认定尽管银行在客户违约时有宽泛的清算（或保留）投资资产池的自主酌定权利，面临评估义务，银行也有义务诚信行使权力，不专断，且为正当目的。〔79〕 有观点认为这些判决归结一点即法院要求善意行使这些合同自主权。〔80〕

3. 合同禁反言

直至近期，英国法院才在一系列的国际争议中清晰表达了合同禁反言原则。在该原则下，合同可以列明缔约的基础，它可能和事实相悖，但当事人不得否认。例如，众所周知的“基础条款”由整个合同和不依赖条款约定，它通常约定书面合同是当事人之间所有的合同内容，客户未依赖于其他陈述且自行作了风险评估。〔81〕 这些条款被认为不是
205 用以免除责任，只是表明缔约的事实基础。它可能并不真实。这类条款一度被作为一种陈述，例如，作为未依赖的陈述。因此，这种条款最多成为证据上禁反言，由此援引这一条款的银行必须得证明其被对方所作相关陈述引诱且信赖了该陈述而缔约。〔82〕

现在已确认如果商事当事人已就缔约基础达成一致，则任何一方都不能再否认已明示表达的事实存在以及他们已成一致的事项。〔83〕 各方当事人明确承认他们未被合同以外的陈述引诱而缔约，意味着他们放弃了基于错误陈述而缔约的抗辩。该等合同条款还被视为否认注意义务存在的证据基础，其结果就是落在《1977 年不公平合同条款法》（Unfair Contract Terms Act 1977）的规定之外，而该法，我们马上就要看到，也适用于商事合同。所有这些都富有争议。

纽约法对英国法方法作出了响应。老道的公平交易的金融市场交易者可以自己写

---

〔78〕 *Paragon Finance plc v. Nash* [2001] EWCA Civ 1466, [2002] 2 All ER 248 (CA); *Paragon Finance plc v. Pender* [2005] EWCA Civ 760; [2005] 1 WLR 3412 (CA).

〔79〕 *Socimer International Bank Ltd (In Liquidation) v. Standard Bank London Ltd (No. 2)* [2008] EWCA Civ 116; [2008] Bus LR 1304 (CA). See also *WestLB AG v. Nomura Bank International Plc* [2012] EWCA Civ 495 (CA); *Braganza v. BP Shipping Ltd* [2015] UKSC 17; [2015] 1 WLR 1661.

〔80〕 See R. Hooley, 'Controlling Contractual Discretion' [2013] *CLJ* 65; C. Hare, 'The Expanding Judicial Review of Contractual Discretion' (2013) *BJIB & FL* 269; H. Collins, 'Implied Terms: The Foundation in Good Faith and Fair Dealing' (2014) 67 *CLP* 297.

〔81〕 E. Peden and J. Carter, 'Entire Agreement—and Similar—Clauses' (2006) *J Contract L* 1.

〔82〕 e. g. *Thomas Witter Ltd. v. TBP Industries Ltd.* [1996] 2 All ER 575.

〔83〕 *Peekay Intermark Ltd v. Australia and New Zealand Banking Group Ltd* [2006] EWCA Civ 386; [2006] 2 Lloyd's Rep. 511 (CA); *Springwell Navigation Corp v. JP Morgan Chase Bank* [2010] EWCA Civ 1221; [2010] 2 CLC 705 (CA); *Titan Steel Wheels Ltd v. Royal Bank of Scotland plc* [2010] EWHC 211 (Comm); [2012] 1 CLC 191; *Cassa di Risparmio della Repubblica di San Marino SpA v. Barclays Bank Ltd* [2011] EWHC 484 (Comm). See J. Braithwaite, 'The Origins and Implications of Contractual Estoppel' (2016) 132 *LQR* 120; N. Goh, 'Non-reliance Clauses and Contractual Estoppel: Commercially Sensible or Anomalous?' [2015] *JBL* 511; D. McLauchlan, 'The Entire Agreement Clause: Conclusive or a Question of Weight?' (2012) 128 *LQR* 521; G. McMeel, 'Documentary Fundamentalism in the Senior Courts: the Myth of Contractual Estoppel' [2011] *LMCLQ* 185.

合同以保护自己免于错误陈述的诉讼。未能如此约定意味着,在法律上,他们未能排除对方的合理信赖,这是纽约法欺诈原则的一个方面。[84] 如果他们确实在合同中写了适当条款——例如,约定任何一方均不信赖对方所作的陈述——那么类似于英国法概念的禁止合同反言的原则将适用。[85]

4. 惩罚性条款

英国法院认为惩罚性条款不可强制执行。据此条款因违约而生的应付数额与无过错方的合法利益不成比例。[86] 该规则这一针对惩罚性条款的规则也同样适用于违约预提款和移转财产的条款。但该规则不适用于违约之外的条款,例如在银行与借款人之间的上行费用协议中约定如何触发了费用支付。[87] 这是假定商事主体处于设定违约后果的最有利位置,而且基于违约而要求付款但未约定预估损失的条款,或者该条款本质是起威慑作用,并不必然意味着该条款是惩罚性且不可强制执行的。

(四) 默示条款 206

尽管有了达成一致的书面合同,当事人可能会说还有其他默示的条款。英国的法院一般不愿意这样认定。尽管经过法理上的摇摆,英国最高法院再次确认:只有确有必要赋予这种合同以商业效应,或者不这么约定明显不合适,而一个理性人在缔约时身处缔约当事人境地是会同意这一条款的,才可以认定具体商业合同中有默示条款。[88] 就 ISDA 协议这样的标准文本而言,它由金融贸易协会起草,满足前述测试的门槛是非常高的。[89]

银行业长期以来的典型案例是 *Tai Hing Cotton Mill Ltd. v. Liu Chong Hing Bank Ltd*。[90] 该案中银行主张双方的账户法律关系产生了客户方的合同性或侵权性责任,令其应采取合理内部控制以防向银行提交伪造支票,或者至少应核对定期银行对账单以发现未授权的事项。枢密院认为客户没有该等责任。令客户负有该种责任与原则不符。

在 *Tai Hing* 案中,以前的判决都反对主张客户有警惕义务或有核对银行对账单的默

---

〔84〕 *ACA Financial Guaranty Corp v. Goldman Sachs*, 106 AD 3d 494, 967 NYS 2d 1, (2013) (appeal dismissed: 22 NY 3d 909, 998 NE 2d 392).

〔85〕 *HSH Nordbank AG v. UBS AG*, 95 AD 3d 185, 941 NYS 2d 59 (2012).

〔86〕 *Cavendish Square Holding BV v. Makdessi* [2015] UKSC 67; [2016] AC 1172. Cf. the High Court of Australia decisions: *Andrews v. Australia and New Zealand Banking Group Ltd* (2012) 247 CLR 205; *Paciocco v. Australia and New Zealand Banking Group Ltd* [2016] HCA 28.

〔87〕 *Edgeworth Capital (Luxembourg) Sarl v. Ramblas Investments BV* [2016] EWCA Civ 412; [2017] 1 All ER (Comm) 577 (CA).

〔88〕 *Marks and Spencer plc v. BNP Paribas Securities Services Trust Co (Jersey) Ltd.* [2015] UKSC 72; [2016] AC 742.

〔89〕 *Lomas & Ors [joint administrators of Lehman Brothers International (Europe)] v. JFB Firth Rixson Inc.* [2012] EWCA Civ 419; [2012] 1 CLC 713, [43] -[45].

〔90〕 [1986] AC 80 (PC). See also the issue of bank statements: *Canadian Pacific Hotels Ltd. v. Bank of Montreal* (1987) 40 DLR (4th) 385 (SCC); *National Australia Bank Ltd. v. Hokit Pty. Ltd.* (1996) 39 NSWLR 377 (CA); *BNZ v. Auckland Information Bureau (Inc.) Ltd.* [1996] 1 NZLR 420 (CA).

示义务。判例很具体地限制了客户在执行书面指令中的合理谨慎的默示义务，以防误导银行或令假冒横行，[91] 也限制了通知银行的义务是其所确知（而非推定）存在伪造。[92]［根据《欧盟支付服务指令 2007/64/EC 号》（Payment Service Directive 2007/64/EC），如果客户意识到发生损失、失窃或者未经授权地使用支付工具，有义务通知银行。[93]］而且，该案所认定的默示条款并不是银行客户关系的必然附随义务，也没有银行实践基础。

枢密院在该案中说，如果银行想得到保护，它本可以在书面合同中明确，或者让立法者变更法律。此外，它还强调，现行的法律扩大了损失，这对个人客户可能非常沉重。该案还讨论了客户是否有侵权法上的注意义务或核对银行对账单的义务。根据一般原则，没有理由认为侵权责任和违约责任不能共存。但枢密院认为不能通过侵权向客户施加合同所没有的义务。

Tai Hing 案涉及商法判决中的一个重复主题——两方均是较为无辜的当事人，谁应该承担因第三方过错产生的损失？从事实情况看，可能客户未对欺诈员工实施充分控制，客户对损失的产生，比银行更应谴责。但是如果要让客户承担损失，枢密院将严重地扭曲合同法和侵权法的基本原则。在任何情况下，银行总能通过书面明示条款令客户承
207 担责任，这些条款适用的是普通法规则和不公平合同条款的法定规则。在某些法域银行已经这样做，银行在标准合同条款中嵌入了“决定性证据”（conclusive evidence）条款。否则，如果有类似的案子要在两个无辜当事人之间分担这种损失，必须经由立法变化，而不是司法变化。

为回应 *Tai Hing* 案，英国政府指定的银行服务委员会建议成文法应规定在对银行提起的债务诉讼或违约赔偿诉讼中，如果混合过错足够严重而让银行一方承担全部损失不公平，银行有权提出混合过错的抗辩。[94] 目前还未见任何举措来实施这一建议，也许并不奇怪，因为无论如何对私人客户来说，这一建议会使银行处于牢牢掌控地位。该委员会拒绝了欧洲其他地区采用的为银行设定通用商业条款的方法，其相当勉强的理由是，这会意味着弹性不足。现在英国各家银行为不同的银行服务各自设定了标准条款。

在 *Tai Hing* 案中司法拒绝认定默示条款实际有利于客户。也只有在例外情形，英国法院会以不利于客户的银行标准操作来约束客户。[95] 一般法院拒绝对银行客户就账户问题在为数不多的传统义务之外再增加义务。那些既存默示条款是有利于客户的，解释

---

〔91〕 *London Joint Stock Bank Ltd. v. Macmillan* [1918] AC 777.

〔92〕 *Greenwood v. Martins Bank Ltd.* [1933] AC 51. See B. Davies, 'What is the Extent of the Customer's Duty not to Facilitate Fraud?' [2009] *Bus LR* 238.

〔93〕 Payment Services Regulations 2009, 2009 SI No. 209, reg. 57.

〔94〕 Banking Services, Cm. 622 (London, HMSO, 1989), 43. See also B. Geva, 'Allocation of Forged Cheque Losses—Comparative Aspects, Policies and a Model for Reform' (1998) 114 *LQR* 250, 288-91.

〔95〕 e. g. *Turner v. Royal Bank of Scotland plc* [1999] 2 All ER (Comm) 664, [1999] Lloyd's Rep Bank 231 (CA); *Emerald Meats (London) Ltd. v. AIB Group (UK) plc* [2002] EWCA Civ. 460 (CA).

这些是在银行客户主要是商人和专业中产阶级（middle class）的时期发展起来的。[96]然而在其他情况下，拒绝承认默示条款可能有利于银行。第十章将讨论有关示例，那种情况下，客户试图通过默示条款规则令银行承担责任。[97] 和以往一样，价值战胜了原则：有观点认为银行有默示义务不操纵伦敦银行间市场报价利率（LIBOR），银行和客户签署的互换协议正是援引此利率。[98]

（五）支持函、承诺函等

在其他地方我们谈到了当事人陈述或口头约定与书面协议不一致的情况。[99] 在此，我们着重强调多份文档的情况。支持函在商事协议中并不罕见，对银行来说也不少。支持函是否有约束力将按通常的合同原则来认定。有时，它可能在合同上是有效的，甚至可能构成对主协议的变更。有时，它可能无意创设法律关系，或者最多是预约合同，这在英国法下是没有强制执行力的。[100] 支持函的条款可能产生法律效力是因为它落入主协议定义或概念之中或赋予其意义。[101] 类似的还有承诺函，其法律效力将在随后的第十四章中讨论。[102]

第三节　监管银行业务合同 208

一旦银行对公众提供服务，银行与客户之间就可能面临监管的问题。国家可能替代客户并迫使银行达到所谓令客户受益的标准。美国的银行—客户间关系已被监管了一段时间。[103] 欧盟的产生导致了对银行—客户合同的更强监管。[104] 这对英国有影响，近期以前，英国银行业务合同只受很少监管。

首先，客户类别不同，监管规则不同，由此消费者客户通过不公平合同条款和不公平

---

〔96〕 G. Borrie, 'Estate Agents and Bankers—Regulation or Self-regulation?' [1990] CLP 15, 28-9.

〔97〕 e. g. *Irish Bank Resolution Corp Ltd (In Special Liquidation) v. Camden Market Holdings Corp* [2017] EWCA Civ 7 (CA).

〔98〕 *Deutsche Bank AG v. United Global Ltd* [2013] EWCA Civ 1372 (CA).

〔99〕 参见原著 p. 239, 304。

〔100〕 *Barbudev v. Eurocom Cable Management Bulgaria Eood* [2012] EWCA Civ 548; [2012] 2 All ER (Comm) 963 (CA); *Novus Aviation Ltd v. Alubaf Arab International Bank BSC* [2016] EWHC 1575 (Comm). Cf. A. Mills and R. Loveridge, 'The Uncertain Future of Walford v Miles' [2011] *LMCLQ* 528.

〔101〕 *Re Lehman Brothers International (Europe) (In Administration)* [2013] EWCA Civ 188; [2014] 2 BCLC 451 (CA) (side letter agreement to be taken into account regarding definition in 2002 ISDA Master Agreement).

〔102〕 参见原著 p. 418-21。

〔103〕 See R. Carnell, J. Macey, and G. Miller, *The Law of Banking and Financial Institutions* (4th edn., Aspen, Austin, 2009). 近期关于夺取商业机会的一则案例：*Madden v. Midland Funding LLC*, 786 F. 2d 245 (2nd Cir., 2015), cert denied 136 S Ct 2505 (2015)。

〔104〕 See European Parliament, Directorate General for Internal Policies, *Consumer Protection Aspects of Financial Services*, IP/A/IMCO/ST/2013-07, February 2014.

交易的一般法规则获得了特殊保护,[105] 如同在开户、支付和消费者信贷的特别法下获得特殊保护。对有丰富经验的客户的保护或许少一些,虽然他们也会受益于英国金融行为监管局的"公平对待客户"政策中的通用措施。其次,合同标的对监管政策有影响。和其他服务业一样,基于年龄、种族、性别和性取向而歧视,在银行业也是不允许的。为了投资者的利益,证券交易是受到业务监管的,正如我们在第十五章所见。最后,各法域的监管"风格"不同。在英国,非讼方式(non-curial approach)很受欢迎,这样在像美国这样的地方需要靠监管和法院来处理的问题,在英国可以通过其他主体的运行来解决,比如对金融服务的政府监督员(ombudsman)。

从大量相关规定中,本节挑选了一些对公平合同条款的一般性立法控制以供讨论,因为它们和银行服务相关。这种方法是示例性的,并不全面。监管的重点主要在于保护消费者。

一、欧盟消费者合同不公平条款指令

欧盟在《消费者合同不公平条款指令 93/13/EEC 号》(Unfair Terms in Consumer Contracts Directive 93/13/EEC)的陈述部分明确指出了其双重目标:促进欧洲统一大市场和保护消费者。由于该指令要在不同成员国实施,《消费者合同不公平条款指令》被塑造成可按本国法律传统修订适用范围。[106] 一开始,《消费者合同不公平条款指令》是以监管规定的形式引入英国,[107] 现在是以《2015 年消费者权利法》赋予其法律效力。该指令对消费者银行业务合同增加了一重监管规定,同时现行法律保持有效。《消费者合同不公平条款指令》触及的远不止排他性条款:实际上它还特别提及了金融文本中的条款——抵销条款、没收条款以及富有争议有悖反惩罚性规则的条款。[108]
209

Article 6.1 的关键条款是公平性要求:成员国必须确保供应商(在本文中,是银行)制作的体现于合同中的对消费者的不公平条款不能约束消费者。由此,《2015 年消费者权利法》的 sections 62(1)和 62(2)规定消费者合同中的不公平条款,或对消费者不公平的通知,对消费者没有拘束力。

《消费者合同不公平条款指令》中还有个重要规定,提供银行服务的书面条款必须

---

[105] See Unfair Commercial Practices Directive 2005/29/EC, implemented in UK by Consumer Protection from Unfair Trading Regulations 2008, SI 2008 No. 1277. See Case C-229/04, *Crailsheimer Volksbank v. Conrads* [2005] ECR I-9273 (ECJ)(上门推销).

[106] P. Nebbia, *Unfair Contract Terms in European Law* (Oxford, Hart, 2007), 165. See also H. Collins (ed.), *Standard Terms in Europe* (Alphen aan den Rijn, Kluwer Law International, 2008); Law Commission, *Unfair Terms in Consumer Contracts: A New Approach* (London, 2012), Ch. 7.

[107] Unfair Terms in Consumer Contracts Regulations, 1999 SI No 2083, replacing earlier regulations: 1994 SI No 3159.

[108] Annex, paras. 1 (b), (d), and (e).

用平实易懂的语言。[109] 注意,平实易懂的语言不一定是简明英语。如果对条款含义有任何质疑,对消费者有利的解释优先。欧盟法院曾认定其判断标准是一般消费者能否理解条款及其默示的含义。[110]

(一) 与消费者的合同

《消费者合同不公平条款指令》适用于供应商和消费者之间所有合同的所有条款。(《2015 年消费者权利法》比该指令的最低要求走得更远,它还适用于银行向消费者所发出的通知,无论是否纳入消费者合同之中。) 供应商的含义我们很快就要检视。“消费者”的定义是并非从事经营、贸易或专业的自然人。[111] 经验丰富的个人仍可以成为消费者。[112]

当个人签约部分是为了经营,部分是为了其他目的时,问题就产生了。就银行业务而言,有很多明显的例子——小买卖人只有一个活期账户,既是为了生意,也是为了个人事务。专业人士做家装贷款也将用作新工作室使她免于每日通勤去办公室上班之苦;一个配偶,也是她丈夫经营生意的股东,为了经营将她婚内房子的份额交给银行作抵押。看起来,这类人是排除在该指令的保护范围的。[113]

(二) 标准条款

《消费者合同不公平条款指令》的公平性测试仅仅针对的是标准化条款,也就是,那些不是一对一谈判得来的条款。相反,《2015 年消费者权利法》针对的是所有消费者合同条款,无论是否是一对一谈判而来。如果总体评估合同认为它是根据事前做好的模板化的标准合同,《消费者合同不公平条款指令》也将适用于合同中的其余条款。[114] 根据《消费者合同不公平条款指令》,主张条款是个别谈判成果的证明责任在银行。[115]

标准条款和个别谈判条款的区别对待源自德国法;《1976 年标准合同条款法》(Standard Contract Terms Act 1976) 规定如果双方就合同条件开展过具体谈判,就不存在标准合同条款。这个方法不同于英国《1977 年不公平合同条款法》,如果一方就另一方提供的业务书面标准条款开展谈判,后者《1977 年不公平合同条款法》的 section 3 会适用。只要一个条款是事先起草好的,这个条款就会永远被视作非个别谈判而来。

根据《消费者合同不公平条款指令》,如果一项合同条款是事前草拟的,且“客户不能实质性影响合同条款”,该合同条款将永远不会被视作个别谈判而来。[116] 从判例、手 210

---

[109] 《2015 年消费者权利法》Art. 5. s. 68 (2) 增加了易懂性要求。

[110] Case C-26/13, *Kásler v. OTP Jelzálogbank Zrt* [2014] WLR (D) 180.

[111] Art. 2 (b). 参见《2015 年消费者权利法》s. 2 (3),语词略有不同。

[112] Case C-110/14, *Costea v. SC Volksbank Romania* [2016] 1 WLR 814.

[113] Case C-464/01, *Gruber v. BayWa AG* [2006] QB 204.

[114] Art. 3 (2).

[115] Art. 3 (2).

[116] Art. 3 (2).

册甚至是之前合同而来的条款，按该方法都会认定为是事先草拟的。如果一个消费者很努力地就一个条款谈判了，但最终还是得接受事先模板化的条款，可以说该条款非个别谈判而来，可能会被攻击为不公平。类似的，如果一个消费者被给予了事先模板化条款的数种选择，比如说，关于不同的按揭（或还款，或捐赠等）的方法，这些条款不是个别谈判而来的。但是如果在事先拟定的条款里有空白，且它们是经谈判而填写的，那么该条款应该是经过个别谈判而来的条款。

（三）核心条款排除

《消费者合同不公平条款指令》的重要限制边界是合同的核心条款不能被质疑。不公平测试适用的范围"一方面，既不包括合同主要标的的定义也不包括一方价格或报酬的充分性或是另一方交换服务或货物供应的充分性"。[117] 换言之，只有辅助性条款可以被不公平问题攻击。尽管如此，在评估某一具体条款的公平性的时候，法院会考虑整个合同条款，包括核心条款。[118]

这个对《消费者合同不公平条款指令》范围的限制旨在令消费者不能重启已经于其不利的谈判。有观点认为，任何对商业—客户关系的核心控制，都将有悖自由市场的基本原则，而消费者再也不会货比三家来选条件最好的银行服务。

第一点纯属夸大其词，因为所谓自由市场的教义常常是掺假的。所谓一旦合同实质可以审查，哪怕只是就边缘性问题审查，消费者就将变得不那么谨慎的道德风险的看法似乎被其他考虑抵销了。结论是，《消费者合同不公平条款指令》中的标题用词不当。这些核心条款最多是与消费者合同所有条款应清晰明了的要求相冲突，[119] 或者与一般法律中像反不公平信贷谈判的规定相冲突。

不可避免，吹毛求疵者会问合同的主要的标的包括些什么。任何一家银行都不能把合同的主要标的扩大到对贷款的描述。"价格或报酬的充分性"——《消费者合同不公平条款指令》中的用词——是指在"陈述"部分的"性价比"。"价格"和"报酬"的内涵不尽相同。

贷款协议中的利率是一项核心条款，这一点少有疑义。这一结论在可变利率被列入潜在不公平条款的具体豁免清单时进一步加强，但关于支付违约利息直至借款人清偿的条款不是。那是辅助性条款——它事关违约等例外情形——且与银行提供服务后获得报酬的充分性问题无关。[120]

211 英国最高法院曾判定当客户超出账户透支额度（其透支额度可以是 0），未和银行

---

〔117〕 Art. 4（2），纳入英国《2015 年消费者权利法》s. 64（1）。

〔118〕 Art. 4（1）.

〔119〕 Art. 4（2）. 根据《2015 年消费者权利法》，标的物和价格免于公平性评估除非透明度（以平实、明白和易于理解的书面语言）和显著性（以普通消费者会注意的方式引起消费者的关注）：s. 64（1）–（2）。

〔120〕 *Director General of Fair Trading v. First National Bank plc* [2001] UKHL 52, [2002] 1 AC 481 (HL).

商定时,银行为履行付款指令而收费是价格问题,由此不适用公平性审查。[121] 这看起来与欧盟司法法院的方法不一致,欧盟的方法是:在禁止对合同主标的物条款认定不公平性时应从严解释,只能适用于约定合同基本义务的条款。[122]

(四) 强制性、成文法的或监管性条款/国际条约

排除在《消费者合同不公平条款指令》适用范围之外的是那些嵌入消费者合同中以遵守或反映如下要求的条款:(1) 强制性法律规定或监管性规定;或是 (2) 成员国或欧盟作为一方所加入的国际条约的规定或原则。[123]

"法律规定"是直接的,在英国包括根据 1974 年、2006 年的消费信贷法及其附随性规定而嵌入消费信贷协议中的条款,[124]"监管性规定"也同样很容易识别且按金融行为监管局要求体现为嵌入协议的条款。如《消费者合同不公平条款指令》的序言所述,这两种情况下对相关条款豁免公平性审查,其正当性在于,立法者或监管者在执行公共职能制定这些条款时已预先考虑了消费者利益。

自律性规定如何,它是否反映监管规定? 如果自律规范在内容中实质性引用了监管规定,或者像金融行为监管局这样的公权力机关如果有权否决其内容,这个说法可能还些道理。即便如此,可能在这些实质性引用监管规定或否决其内容时还得要有保护消费者的目的作支撑。换言之,监管主体主要以审慎或竞争为由是不够的。

因为国际条约要求而豁免适用条款只有很小的范围。看来需要所有成员国都是国际条约参与方,或者欧盟自己是一方参与人。如果英国要遵守某项国际条约,最可能的是通过了实施立法来规范这一问题。

(五) 银行业务和金融服务

如前所述,《消费者合同不公平条款指令》适用于供应商与消费者之间的任何合同条款。供应商的定义是为从事商业、贸易或专业目的者。[125] 该定义并不要求服务是提供给消费者的。由此借款人不是消费者的担保也包括在内,尽管银行不是向消费者担保人提供服务(提供融资),而是提供给借款人。当一个借款消费者提供物保,物保是否也是金融服务包的一部分存在争议——事实上他们会交叉援引,所以必须和贷款合同一起 212

---

[121] *Director General of Fair Trading v. Abbey National Bank plc* [2009] UKHL 6, [2010] 1 AC 696 (HL). See S. Whittaker, 'Unfair Contract Terms, Unfair Prices and Bank Charges' (2011) 74 *MLR* 106; C. Willett, 'General Clauses and the Competing Ethics of European Consumer Law in the UK' [2012] *CLJ* 412. Cf. A. Arora, 'Unfair Contract Terms and Unauthorized Bank Charges' [2012] *JBL* 44.

[122] Case C-26/13, *Kásler v. OTP Jelzálogbank Zrt* [2014] WLR (D) 180.

[123] Art. 1 (2).

[124] 比较:西班牙法关于银行按揭的财产收回制度:Case C-280/13, *Barclays Bank SA v. Sara Sánchez García and Alejandro Chacón Barrera*, 30 April 2014。

[125] Art. 2 (c).

读，两者都涉及服务。[126]

"服务"并没有定义，但显然银行业务和金融服务包括在内。核心银行业务——吸收存款和发放贷款——明显涉及提供服务。执行客户的一项支付指令也是一项服务。金融咨询顾问、证券交易和基金管理也是。《消费者合同不公平条款指令》附件中的指引性（或灰色）的不公平条款清单指向金融合同常见条款。

例如，管辖条款规定于 paragraph 1（q），因为它们的对象或效果可以排除或阻止消费者提起诉讼的权利。[127] paragraphs 1（g）and（j）指向这样的条款：它们令供应商对无确定履行期的合同可不经合理通知（除非这样作有重大理由）而终止合同，且没有合同约定的有效理由可单边改变合同条款。paragraph（1）指的是这样的条款，它允许服务提供者提价却没在最终价格比签约时贵得多时给消费者以相应解约权。

附件的 paragraph 2 明确表明 paragraphs 1（g）和 1(j) 里的指示性条款适用于金融服务提供者毫无障碍，如果它单方终止一个没有明确期限的合同，或保留变动利率或其他收费的权利，则在两种情况下消费者都应被迅速通知，且在单方变动的情况下，消费者有权解决合同。终止或变动合同必须要有有效的理由。

立即终止是某些银行金融产品的特色。它看来是核心条款，免受《消费者合同不公平条款指令》的攻击，除非是用了不易理解的语词。但它还得适用通知客户的要求，而且有观点认为，这种通知应是个别通知，而不是泛泛的广而告之。加速条款、违约利息条款等，适用《消费者合同不公平条款指令》的评估。[128]

银行业务合同中的变动条款已经提及了：通用条款往往赋予银行以对合同任意修改权，而且在具体条款里，例如在保证中，让银行能增加借款而无须通知保证人。paragraph 2 的法律后果看来是银行变动利率没有问题，但变动其他收费必须有一个有效的理由。

此外，附件 paragraph 2 述明 paragraphs 1（g）、1(j) 和 1(1) 不适用于动产担保交易，金融工具交易和其他价格与证券交易所配额和指数挂钩的产品或服务，或挂钩于不受买卖方控制的波动金融市场价格的产品与服务。显然该 paragraph 2 也将适用于在交易所买卖证券的交易，在此银行是以市场价买卖证券。客观地说，以最好价格买卖的义务也是一种"供应者不能控制"的金融市场价格，尽管是不是获得了最佳价格事实上取决于银行的谨慎和专业。同样，本段也适合于永续债（perpetual securities），它通常可随时赎回，［paragraph 1（g）］并付一个浮动利率［其语词描述在 paragraph 2（c）］。它们的赎回条款不适用《消费者合同不公平条款指令》。

213 paragraph 2（c）还说，在 paragraphs 1（g）、1(j) 和 1(1) 中的指引性条款不适用于"买卖外汇，旅行支票和以外币结算国际资金订单的合同"。paragraph 1（g）适用于富

---

[126] See J. Devenney and M. Kenny, 'Unfair Terms, Surety Transaction and European Harmonization'［2009］Conv. 295.

[127] Cases C-240/98 to C-244/98, *Oceano Grupo Editorial SA v. Quintero Cases*［2001］ECR I-4941.

[128] Case C-415/11, *Aziz v. Caixa d'Estalvis de Catalunya, Tarragona i Manresa*（*Catalunyacaixa*）［2013］3 CMLR 5.

有经验的消费者和深奥的金融产品。人们更容易看到示例性条款 1（j）和 1（l）的适用,因为服务提供者将保留变动的权利,例如,汇率的时间或价格变动。

（六）不公平条款

测试一个合同条款在《消费者合同不公平条款指令》之下是否构成不公平条款在概念上不是什么难事,尽管不公平的定义要援引善意的概念,这对大陆法系和美国法的律师来说都很熟悉,但对英国人来说不是日常用语。在《消费者合同不公平条款指令》之下,不同于诚信要求,一个不公平条款必须导致了当事人之间在合同下的权利义务的严重失衡,且导致消费者的损害。〔129〕认定一个条款是否不公平需要"整体"调查考虑——银行业务或金融服务的本质并参考达成合同的背景情况,其他合同条款及其所依赖的其他合同。〔130〕

就诚信问题而言,宾厄姆（Bingham）法官在英国一个典型案例中说：

> 在本案背景中善意的要求是指一项公平开放的交易。公平,要求条款完全明示、清晰、明了地表达,没有隐患或陷阱。在那些可能于客户不利的条款上应适当突出显示。公平交易要求服务提供者无论有意或无意不能利用客户的急需、贫困、缺乏经验,不熟悉合同标的物,弱势谈判地位或其他附件 2 所列类似因素。善意在该环境中不是一个意造概念或技术概念……〔131〕

换言之,善意要求银行方面在缔结合同与合同实质上都致力于客户利益。在程序方面,不公平性测试要求合同透明度和客户有其他可能选项。〔132〕很显然在附件灰色清单中的条款可能会是实质性的不公平。这个观点得到欧盟司法法院的支持。〔133〕

缺乏善意必将导致合同下当事人的权利与义务间的严重失衡,并对消费者产生损害。因此银行与消费者客户之间的明显失衡不是眼下调查的焦点,尽管它可能是权利义务失衡的原因。银行与消费者之间的本质性失衡并不必然导致合同下权利义务的失衡；对任何具体合同而言,这是个调查的问题。

例如,在评估一项贷款协议中的违约条款时,银行权利方面必须就条款本身来评判（它表达得是否模棱两可,是否针对付款违约还是也包括其他严重事项,是否有宽限期,比如 30 日,或者有实质性违约的测试）以及授信其他方面（例如,贷款是否有担保,利 214

---

〔129〕 Art. 3 (1). See s. 62 (4) of Consumer Rights Act 2015.

〔130〕 Art. 4 (1).

〔131〕 *Director General of Fair Trading v. First National Bank plc* [2001] UKHL 52, para. 17, [2001] AC 481, 494.

〔132〕 S. Bright, 'Unfairness and the Consumer Contract Regulations', in A. Burrows and E. Peel (eds.), *Contract Terms* (Oxford, Oxford University Press, 2007).

〔133〕 Case C-237/02, *Freiburger Kommunalbauten GmbH Baugesellschaft & Co. KG v. Hofstetter* [2004] ECR I-3403.

率是市场利率还是严重高昂的利率?)。

难题在于用以描述权利与义务失衡时的"重要的"这个用语所附着的含义。含义之一是这种失衡必须达到了极其严重或极例外的情形。这可能与某些英国法支持交易的传统方法更相符,但又令在显失公平、不当影响和胁迫规则原则之外事关消费者的具体难点案件结果不尽如人意。另一种"重要性"概念很重要,插入这一用语用以认定消费者合同是否充满失衡,因此有必要将那些轻微失衡筛选出来。然而,另一个难题在于法院得评估出按相关国内法有这一条款较之没有它将在何种程度上将消费者置于更糟的境地。[134]

有判例法认为,为了评估某种失衡是否与善意的要求相冲突,有必要认定如果服务提供者在公平平等地与消费者打交道时,是否可能合理地经个别合同谈判获得消费者对该条款的同意。看来焦点在于服务者的合法利益以及消费者能否理性地同意这些利益。[135] 这是另一种方法的讨论范畴。

二、不公平的小额信贷交易

我们从不公平条款转到信贷关系中的不公平性。欧盟的《消费者信贷指令 2008/48/EC 号》(Consumer Credit Directive 2008/48/EU) 包括大量的监管信贷提供者的规定,须向信贷协议签约消费者提供的信息和客户从该等协议中退出的权利。英国《2006年消费者信贷法》(Consumer Credit Act 2006) 引进了适用于小额信贷交易的公平性条款。它取代了之前《1974 年消费者信贷法》(Consumer Credit Act 1974) 对高价信贷交易的规定。测试是这样的:要么付款是严重贵得离谱,要么通常的公平交易原则被严重违反了。[136] 与原来 1974 法规定范围不同的是,新规定在实施控制时不限于消费者 (尽管当事人必须是自然人),也没有信贷的金额限制。

重要的是,《1974 年消费者信贷法》section 140A 使法院可以下达多种法院令,如果法院认定因协议 (或与协议相关的协议) 产生的法律关系对债务人不公平,无论是由于哪一条款,或是由于债权人行使或强制执行权利的方法,或其本人或代表债权人做的 (或未做) 的其他事务,且无论是在缔结本协议或其他相关协议之前或之后。在认定不公平性时,法院考虑其认为与争议相关的所有事项,无论是与债权人相关事项还是与债务人相关事项。公平性问题即便在协议已终止时也可以认定。本节不适用于以土地为担保的信贷协议。如果某个债务人主张法律关系不公平,得由银行来举反证。关联协议包括以前与债权人达成的任何协议,该协议已与信贷协议或任何关联协议合并。

---

[134] Case C-415/11, *Aziz v. Caixa d'Estalvis de Catalunya, Tarragona i Manresa* (*Catalunyacaixa*) [2013] 3 CMLR 5.

[135] Ibid.; *ParkingEye Ltd v. Beavis* (*Consumers' Association intervening*) [2015] UKSC 67; [2016] AC 1172, [102]-[113].

[136] C. Scott and J. Black, *Cranston's Consumers and the Law* (London, Butterworths, 2000), 254-9.

section 140B 列出了法院在认定借贷双方的关系不公平时可以使用的各类法院令。它包括要求贷款人退回款项，对一定金额的待收费用不收或少收；减免某一借款人义务；修改协议或指示对账户采取措施。法院令只能由债务人作为诉讼结果或作为担保而被采用。但是，《2002 年企业法》（Enterprise Act 2002）Part 8，由于为《2015 年消费者权利法》Schedule 7 所修订，授权金融行为监管局和消费者协会（哪一个？）等主体根据 2006 年法对有悖受保护消费者集体利益的债权人采取行动。 215

焦点问题是公平性。[137] 随着《2015 年消费者权利法》不公平性的适用，必须在个案中对这一焦点问题作出认定。一个重要区别在于 2015 年法聚焦于条款的不公平性，而 section 140A 超越了这个主题还审查了银行在合同形成过程中和如何强制行使合同下权利时的行为方式的公平性。由此，可能条款是公平的，但执行条款的方式是不公平的，反之亦然。

在 *Plevin v. Paragon Personal Finance Ltd*[138] 案中，英国最高法院认定借贷双方之间可能存在不公平之处，而且即便相关协议条款没有本质的不公平，也可能由于该法律关系完全一边倒地实质性地限制了借方选择权而不公平。但是，法院考虑仅仅因为交易对借方苛刻这一特征，并不必然导致法律关系不公平，因为它们可能是需要保护的合法债权人利益。由于绝大部分商业贷方和个人借方之间的法律关系都存在金融知识与专业性上的明显不平衡特征，该种法律关系将不会仅由此普遍性原因而重启。[139]

三、不公平合同条款法

经过《2015 年消费者权利法》的修订，《1977 年不公平合同条款法》（Unfair Contract Terms Act 1977，UCTA）限定于经营者与经营者之间（B2B）的合同，例如商事合同。这些合同包括银行业务服务。[140]

（1）过失

《1977 年不公平合同条款法》的 section 2（2）的结论是银行不得通过援引合同条款或对对方普适性或个别通知，排除或限制银行的过失责任，除非这种条款或通知满足合理性要求。过失的定义是，有悖于明示或默示合同条款中产生的在合同履行中应尽的合理谨慎和专业的义务，或者有悖普通法下应尽的合理谨慎和专业的法定义务（如作为代理人）。[141]

贯穿本书，会大量援引到银行的合理谨慎和专业的义务。section 2（2）适用于该种 216

---

[137] See *Deutsche Bank（Suisse）SA v. Khan*［2013］EWHC 482（Comm），［344］-［355］. See also R. Goode（ed.），*Consumer Credit Law and Practice*（London，LexisNexis，looseleaf）.

[138] ［2014］UKSC 61；［2014］1 WLR 4222.

[139] See *McMullon v. Secure the Bridge Ltd*［2015］EWCA Civ 884（CA）；*Barclays Bank plc v. McMillan*［2015］EWHC 1596（Comm）；*Nelmes v. Nram Plc*［2016］EWCA Civ 491［2016］CTLC 106（CA）.

[140] S. 1（3）(a)，UCTA.

[141] S. 1（1），UCTA.

义务。但银行在原则上是可以避免责任的：通过发布免责声明表明没有作出陈述，也不对其中的错误陈述承担责任，同时还可以用合理表达的条款来对那些否则会构成陈述从而导致信赖的范围作出限制或一并排除——只要满足合理性测试的要求。[142]

（2）合同履行

《1977 年不公平合同条款法》section 3 适用于一方基于另一方的书面标准业务条款而交易的情形。这样的合同在该法中没有定义。如果 section 3 适用，银行（我们所讨论的）不能援引任何合同条款“主张其有权按实质不同于合理期待的方式履行合同”，除非它达到了合理性要求。[143] 下面的小节会适用于根本没有违约的情形，只是由于合同条款或变更条款令银行得以“立即”终止授信。

如其字面所示，焦点在于客户的合理预期。看来这个条款存在本身就是在认定什么是当事人合理预期时应考虑的因素。换言之，还是以终止合同和变更条款为例，如果客户实际知道银行有无限的权力来终止或修改合同，很难说在实践中其合理预期会不同于开始签约时以书面条款中列出的履行方式。然而，有个有道理的反对意见是：没有“红手”待遇；或者没有表明某一特定客户知道该条款存在的特别证据时，或者在没有佐证材料时，或者有对合同的一些小变更比如变更了利率，除非客户有严重违约，能仅仅因为他们签了这个合同就认定其合理预期不是银行会按合同通用条款履行？

（3）一般性问题

该法的 section 13 将该法条款的范围从排除性条款扩展到义务界定条款，比如说那些用以限制或排除注意义务的条款。同样纳入 sections 2（2）和 3 的是在强制执行义务时施加限制或苛刻条件：排除、限制、歧视权利或救济；或用证据规则和程序避免责任。银行业务合同中的排除或限制抵销权的条款由此将适用《1977 年不公平合同条款法》测试。[144]

合理性测试贯穿全法并特别适用于前述已经讨论过的诸条款。它认定在缔约时如果约定任何损害范围本身不予考虑，那就不予考虑。[145] 这一条必须公平合理地考虑了
217 当事人在当时情况可合理或已合理地知悉或预想的情况。换言之，合理性是在具体当事人之间认定的，不是抽象的。证明满足测试要求的举证责任在银行。[146]

在认定合同条款的合理性时，法院已考虑了很多相关因素（包括那些在该法 Schedule 2 中列示的因素）。所以各自当事人的谈判能力、条款是否经谈判（谈判不一定是在双方之间也可以是在双方代表之间，例如银行代表和其他利益方代表）、通知客户的程度、合同的篇幅，都会予以考虑。section 11（4）引导将资源和保险作为限制损害赔

---

[142] *Taberna Europe CDO Ⅱ plc v. Selskabet AF1（formerly Roskilde Bank A/S）*［2016］EWCA Civ 1262；［2017］2 WLR 803（CA）.

[143] s. 3（2）(b)(i)，UCTA. s. 3（2）(a) 调整的是排除或限制银行违约时的责任，而 s. 3（2）(b)(ii) 调整的是银行主张其有权主张无须履行。

[144] *Stewart Gill Ltd. v. Horatio Myer & Co. Ltd.*［1992］QB 600（CA）.

[145] S. 11（1），UCTA.

[146] S. 11（5），UCTA.

偿数额合理性时的考虑因素。

如所期待,法院并不情愿宣布有平等谈判能力的商主体间合同是不合理的。[147]

(4) 排除

具体排除《1977 年不公平合同条款法》适用的情形在立法中也列了出来。Schedule 1 规定了 sections 2 和 3 不会扩展适用的多种合同,包括任何创设或移转证券或任何有关证券权利和利益的合同。就银行业而言,该种《1977 年不公平合同条款法》下的排除涉及了一些合同,例如执行客户指示出卖证券。因此当客户主张在证券买卖中银行违反最佳履行的义务、避免利益冲突的义务,对所有利润报账的义务,必须诉诸金融服务法。[148] 排除与证券相关咨询业务的责任条款也不在该法调整范围。按该法 section 26,国际供货合同不在 section 3 的适用范围之内,这影响到银行的设备融资是否适用该法。[149]

当双方均为商主体,选择英国法以外的法律为适用银行业务合同的法律时,《1977 年不公平合同条款法》不适用。[150](但是当适用当条款是由一方选定以规避《1977 年不公平合同条款法》适用时,该法会适用)《1977 年不公平合同条款法》也会被排除适用于合同,如果英国法是基于当事人选择而适用,而当事人未作此选择,其他国家的法会成为准据法时,《1977 年不公平合同条款法》不会适用。[151] 这在银行业中特别重要,因为很多金融合同没有和英国的连接点,也常常选择适用英国法:此时 UCTA 不适用于这些案子。

四、规范:贷款操作标准

1991 年英国银行引进了一套自愿性个人客户业务的银行实操规范。《银行业规范》和 2002 年《经营性银行业务规范》并在一起,后者适用于每年营收不超过 100 万英镑的独资企业主、合伙和有限公司,以及每年不高于同样数额收入的协会、慈善组织和俱乐部。在 1991 年引入该规范有相当强烈的动因,因为政府指定的银行业务委员会已推荐 218
了一套法律规范,如果银行不遵照执行或引入了一套不充分的规范,就得用政府这套规范。[152] 与之类似,《经营性银行业务规范》也是同一时期引入,当时竞争委员会报告称

---

[147] e. g. *National Westminster Bank plc v. Utrecht-America Finance Co.* [2001] EWCA Civ. 658, [2001] 3 All ER 733 (CA); *Springwell Navigation Corp v. JP Morgan Chase Bank* [2010] EWCA Civ 1221; [2010] 2 CLC 705 (CA), [183] approving Gloster J at [2008] EWHC 1186, [604] -[606]; *Taberna Europe CDO Ⅱ Plc v. Selskabet (formerly Roskilde Bank A/S) (In Bankruptcy)* [2016] EWCA Civ 1262; [2017] 2 WLR 803 (CA). See also E. MacDonald, 'Unfair Contract Terms Act. Thirty Years On', in Burrows and Peel (n 61).

[148] 参见原著 p. 286。

[149] *Trident Turboprop (Dublin) Ltd v. First Flight Couriers Ltd* [2009] EWCA Civ 290; [2010] QB 86.

[150] S. 27 (2); *Centrax Ltd. v. Citibank NA* [1999] All ER (Comm) 557.

[151] S. 27 (1).

[152] *Banking Services*, Cm. 622 (London, HMSO, 1989), 141.

在中小企业的银行服务市场存在复杂的垄断，这意味着银行业务服务存在过度收费。[153] 这个规范是由银行业规范标准理事会制定，该委员会由各银行出资，但大部分是独立理事。尽管规范在本质上是自愿性但政府在2000年成立了一个审议组织对规范内容作了推荐，但还有待独立第三方作二次审议并对规范的遵循情况作进一步监控。[154]

金融行为监管局现在的《银行业务经营行为手册》（BCOBS）将监管规则引入原先由银行自律规范管领地。它适于的银行客户包括消费者、小企业、年收入小于100万英镑的慈善组织等银行客户（关于远程营销的监管规则只适用于消费者）。《银行业务经营行为手册》包含对如下问题的规则与指引：与银行客户的通信和金融营销，提供给客户的信息，及时、有效与公平服务的要求，账户变动，遗忘账户和睡眠账户。

为弥补零售信贷上的监管空白，一套自律性的《标准贷款实践》产生了，并由贷款标准理事会监督实施。该理事会由英国银行家协会和英国银行卡协会发起。它对个人消费者的透支、无担保贷款和信用卡嵌入了良好贷款实践的标准。[155] 总的来说，银行必须公平对待其客户。对于贷款产品，银行必须用一种公平、清晰、不产生误导的方式宣传和推广，提供这些产品的信息和利率等方面的变动信息。资金应负责任地贷出，出错时银行应快速并负有同情心地予以响应。条款应实质公平。

没必要对自律性规定在引导商业行为上的利弊长篇大论。[156] 但关于《标准贷款实践》这样的规范有三大方面是有共识的。第一点是规范与法律的关系。规范不会作为商业惯例的证据而被接受，因此也就不会成为银行—客户关系中的默示条款，但它在形成法律原则或者最少指明某一领域的合理行为标准时有作用。[157] 第二点是规范可以优先在法律之前先包含某些规定。第三点是需要关注规范所涉消费者并进行定期重评。目前，在贷款规范方面，该项工作是由贷款标准理事会的独立理事参与并经与消费者组织
219 咨询协商而完成。在荷兰，消费者代表直接就银行业务通用条款与银行谈判。在德国，消费者组织曾在法院对通用银行条款挑战成功。

五、金融服务监察员服务

建立监察员制度的目的是建立一套够得着、效率高且不昂贵的争议解决机制。很多国家现在都有专门针对银行的监查机制。德国银行业协会也建立了一套对私人客户的

---

[153] *Supply of Banking Services by Clearing Banks to Small and Medium-Sized Enterprises*, Cm. 5319, 2002.

[154] Banking Services Consumer Codes Review Group, *Cracking the Codes for Banking Customers* (London, 2001).

[155] 在写作时，《标准贷款实践》预期被扩展适用于小企业，各中小企业将被覆盖在内。

[156] C. Scott and J. Black, *Cranston's Consumers and the Law* (3rd edn., London, Butterworths, 2000); G. Roberts, 'The British Penchant for Self-regulation: The Case of the Code of Banking Practice' [1995] *BJIBL* 385; J. Black, 'Constitutionalising Self-regulation' (1996) 59 *MLR* 24.

[157] *Barclays Bank v. O'Brien* [1994] 1 AC 180, 197–8; *Plevin v. Paragon Personal Finance Ltd* [2014] UKSC 61; [2014] 1 WLR 4222, [38].

银行业务监查机制。在英国,这套金融服务监察机制有成文法的依据,包括之前在金融服务部门的8个私人和公共的监察员。[158] 个人和小企业对银行服务与产品条款的投诉都包括在内。监察员的决定能约束银行,但对投诉者无约束力,投诉人可以继续诉诸法院。[159]

监察根据其观念来认定各种情况下争议事项是否公平合理。[160] 认定过程中,相关的法律会被考虑,包括金融行为监管局的规则、指引和标准,贷款规范和行业内良好的实践。但是由于监察员只是考虑这些因素而已,他可以超越规则和相关的司法判决得出综合各种情况后其认为是公平与合理的结果。[161] 因此,监察员可以对因痛苦、不便或其他的非经济损失决定赔偿,即便这种赔偿在合同法下通常行不通。监察员会不时公布说明,以解释他们所考虑的公平合理解决特定主题投诉的方法。[162] 监察员还会公布投诉数和针对点名银行的支持客户的已解决投诉的比例。

第四节 银行作为吸存者——账户

银行可以提供给公众的最基础的服务是作为公众资金的吸存者。这是商业银行业务的本质;它是银行业务的本质定义。[163] 公众通常以账户形式在银行持有存款,这是本章最后一节的主题。

近来,银行也以其他的形式持有公众的资金——以不同的集合投资计划、基金和其他金融产品。从很多方面看,这些等于银行账户功能,甚至可能在经济上对客户来说更有利。然而,作为法律问题,它们与银行账户有本质区别。它们往往受金融服务法监管。银行还发行存款凭证(CDs),它们往往是高价值的负债工具,对持有人付款,在批发市 220
场出售。存款凭证,如果没有同时构成《1882年票据法》下的本票,则是市场实践中形成的可转让票据。

直到最近,适用于银行账户的法律在本质上还主要是国内法。但这一状况改变了,因为欧盟解决了客户跨境开户的障碍以及国内账户与跨境账户间转化的障碍。正如授

---

[158] C. Clarke, 'The Banking Ombudsman Scheme' (1994) 2 *JFRC* 195; P. Morris, 'The Banking Ombudsman—Five Years On' [1992] *LMCLQ* 227; M. Seneviratne, R. James, and C. Graham, 'The Banks, the Ombudsman and Complaints Procedures' (1994) 13 *CJQ* 253; R. James, *Private Ombudsmen and Public Law* (Aldershot, Ashgate, 1997); P. Cartwright, *Consumer Protection in Financial Services* (London, Kluwer, 1999); P. Cartwright, *Banks, Consumers and Regulation* (Oxford, Hart Publishing, 2004), 121-49; R. Cranston, *How Law Works* (Oxford, Oxford University Press, 2006), 72-6; P. Morris, 'The Financial Ombudsman Service and the Hunt Review' [2008] *JBL* 785.

[159] S. 228 (5), FSMA 2000.

[160] S. 228 (2), FSMA 2000.

[161] *R (Heather Moor & Edgecomb Ltd) v. Financial Ombudsman Service* [2008] EWCA Civ 642; [2008] Bus LR 1486.

[162] See *R. (on the application of British Bankers Association) v. Financial Services Authority* [2011] EWHC 999 (Admin); [2011] Bus LR 1531.

[163] 参见原著 p. 23。

予任何一个合法居住于欧盟的人在任一成员国以开立基本支付账户的权利,《指令2014/92/EU号》要求每一成员国至少开设一个独立网站,用以比较不同银行的支付账户收费。该指令还要求应该为那些想作账户转换的人提供可行方式。[164] 在英国,这些标准已以具体监管规定的方式纳入法律。[165]

欧盟还建议采取措施令债权人可以强制执行在欧洲的跨境诉求,包括改进扣押银行账户的相关程序。[166] 《条例 655/2014 号》建立了保留银行账户的欧洲统一程序,它使债权人留存债务人银行账户中的欠账金额,阻止债务人在债权人获得和强制执行法院判决的期间转移或分散资产。[167] 英国（和丹麦）选择不用这个监管规则。它们已经有冻结令。

一、结算账户

银行各种账户有不同的特性。最基础的账户是储蓄账户。储蓄账户不能透支。而且通常提款需要给予通知。结算账户是即时支付的,无论是提款还是根据客户指令向第三方付款。它可以按透支协议获得透支。银行还有信托账户、外币账户、“弹性”账户(结算和按揭账户的混合),以及有其他不同特点和提供不同服务的多种账户。我们聚焦于结算账户。账户的持有人也很不同,从个人到跨境企业到政府。关于账户持有的特别规定如对非法人组织、合伙、遗嘱执行人、未成年人、精神病人等的规定超出了本书的范围。银行,在代理银行业务系统时,也会在其他银行开立账户。而且,当一家银行是某支付系统成员但另一家不是时,这家银行可以作为另一家银行的代理人。

客户与银行之间的法律关系在结算账户上是以债权债务关系为基础的。相应地,银行也可以依据第三方的债务/扣划令的判决服务于客户的债权人,这种法院令是用来支
221 持扣划账户余额的。第三方债务/扣划令的法律效果是银行将向判决的债权人支付,而不是向账户持有人支付。[168] 除了来自债权债务关系产生的义务外,账户还产生了重要的合同义务。普通法上对这些义务的经典表述是阿特金（Atkin LJ）在 *Joachimson v. Swiss Bank Corp.* 的判决:[169]

---

[164] Directive 2014/92/EU of the European Parliament and of the Council on the comparability of fees related to payment accounts, payment account switching and access to payment accounts with basic features.

[165] Payment Accounts Regulations 2015, 2015 SI No 2038.

[166] *Green Paper on Improving the Efficiency of the Enforcement of Judgments in the European Union: The Attachment of Bank Accounts*, COM (2006) 618 final.

[167] Regulation (EU) No 655/2014 of the European Parliament and of the Council of establishing a European Account Preservation Order procedure to facilitate cross-border debt recovery in civil and commercial matters.

[168] 参见 *Société Eram Shipping Co. Ltd. v. Compagnie Internationale de Navigation* [2003] UKHL 30; [2004] 1 AC 260 (HL); *Kuwait Oil Tanker Co SAK v. Qabazard* [2003] UKHL 31; [2004] 1 AC 300 (HL),都涉及跨境元素。

[169] [1921] 3 KB 110, 127.

> 银行承担接收资金并为客户账户托收汇票的义务。因此收到的孳息不是根据信托而为客户持有,而是银行借了孳息并承担还款的义务。还款承诺是指在账户开立的分行和银行开业时间还款。它还包括根据客户对所在分行的书面指令归还任何一部分到期款项的承诺,但这样的待完成书面指令需要给银行2—3个正常工作日,合同条款约定银行不会停止和客户做业务除非给了合理通知。客户有义务在提出书面指令时尽合理注意以避免误导银行或产生假冒。我想有必要在合同约定这样的条款:银行没有义务向客户付全款直到客户向活期账户开户行提出付款请求。是否必须以书面要求现在没必要认定。

受制于判决的年代,阿特金只是谈到银行必须托收客户汇票和支票,如果未能如此或者有所延迟,构成违约。*Joachimson* 案该段可以泛化为:银行有义务将以其他机制例如直接借记的方式对账户持有人的付款归入其账户——与明示合同完全不同。客户有义务接受某一特定支付机制的正常事故,比如说延迟。以特定付款方式归入产生的延迟意味着银行不必按客户指令付款,直到付入款项已得到清算。

而且,银行有义务按客户的指令执行支付。历史上有很多案件判令银行承担责任,因为它们错误地拒付——不付客户的支票——但这仅是银行对持有活期账户客户负有合同义务按客户指令付款这一原则的小小示例。相反,也有很多案例认定银行因对伪造支票错误付款被判担责。同样,这也是说明银行在没有客户授权而支付时如何担责的小小示例。在法律上,银行在这种情况下会被视作支付了自己的钱,没有权利借记在客户的账上。

银行有义务付款——以满足客户的需求——仅仅在有账户余额或透支额度能覆盖该金额的情况下。如果账户余额或透支余额不足,即便是少一个便士或一分钱,银行也有权对整个指令置之不理。[170] 在普通法下,如果支付指令下达时,账户里没有足够的钱,银行没有义务合并不同分行开立的账户。但这种情况下,银行有无义务将同一个分行开立的不同账户合并以实现支付,尚不明确。

透支一般得经过同意。在法律上,没有足额资金时下达一项支付指令会构成一项依
据银行标准条款的透支请求,例如说,收费条款。[171] 银行业务合同可因提供"即时"透 222
支服务而达成。从法律上看,银行就每次考虑客户要求超限支付而请求收费都构成单方合同。认定银行受默示条款约束有义务允许客户超限额透支难度较大。[172] 一家银行在这些情况下承付各支付工具一段时间,就会受这一行为过程的约束,如果在特定的情况下没有通知最后还拒绝付款的话,会发现自己被认定为违约。既便没有书面协议,银行也可以对活期账户上的未还款项收取复利。[173] 按照《标准贷款实践》的自律性要求,银

---

[170] *Bank of New South Wales v. Laing* [1954] AC 135,154 (PC).

[171] *Lloyds Bank plc v. Voller* [2000] 2 All ER (Comm) 978 (CA).

[172] *Narni Pty. Ltd. v. National Australia Bank Ltd.* [2001] VSCA 312 (CA Victoria).

[173] *National Bank of Greece SA v. Pinios Shipping Co. (No. 1)* [1990] 1 AC 637 (HL).

行应就透支提供明确信息。

活期账户，从流动或运行的角度看，曾被比作一条溪流，尽管用形象的比喻应该说是溪流上的池塘更为贴切，是有支付款项进进出出的池子。即便这样还是有些难点，因为流动来自多样化的不同支付源头。池子，我们知道，属于银行——在银行手中的钱就是银行的，这些钱不是以保管人、信托管理人，信义义务人或代理人身份持有的资金。

但流动的概念是有用的，特别是当我们谈到 *Clayton's* 案规则的时候，[174] 该案建立了个人运用活期账户从事借贷交易的假定顺序规则。先进来的钱被视作是先支付出去的，首先借记的钱从最先进来的钱中减去。* 这一规则的结果是，根据文件中的条款，如果客户给某一特定透支数额提供了担保，在等额的资金付入账户时该担保解除，尽管之后再透支，账户的收支并不平衡。[175]

Clayton's 案规则仅仅是个假定性的规则。客户可以设定为特定目的付入款项，只要和银行沟通清楚并得到银行同意。而且，这个"先进先出法"的 *Clayton's* 案规则仅适用于银行与客户之间：如果有人在其行为能力范围内，将自己的资金和作为受托人的资金发生了混同，那么付款的顺序会假定为先进的是自己的钱，会给受益人留尽可能多的钱。但是，当活期账户的钱来自两个诉主，他们都有权追及账户时，问题就产生了。此时，适用 *Clayton's* 案规则就会产生不公平，因为他是按先进先出法为基础计算取款，而不是按各方付款的比例计算取款。英国上诉法院曾在集合资金计划中拒绝适用该规则，因为据此会造成不同投资者之间的不公平。[176] 在其他类似情况下的，也曾有对该规则的更有说服力的否认判决。[177] 金融服务法现在要求金融企业必须将客户的钱放在独立的客户账户里，适用法定信托规则。这样，假如在金融企业破产时，金融企业的债权人就
223 够不着这些钱。与之相反，这些钱构成资金池，按客户权属比例在他们之间分配。[178] *Clayton's* 案规则没有适用的余地。

银行没有义务必须开户，实际上，按照反洗钱和反恐怖的法律规定，银行在开户前有义务采取一定的步骤。[179] 最终，如果客户总是透支或负债，银行也有权关闭账户。银行可就还款达成谅解，但应避免在这一过程中逼迫客户太紧。[180] 在关闭账户时应给予客

---

[174] *Devaynes v. Noble*; *Clayton's Case* (1816) 1 Mer. 572, 35 ER 767.

* 即先进先出法。——译者注

[175] 参见原著 p. 427。

[176] *Barlow Clowes International Ltd. v. Vaughan* [1992] 4 All ER 22 (CA). See also *Commerzbank AG v. IMB Morgan Plc* [2004] EWHC 2771 (Ch), [2005] 2 All ER (Comm) 564.

[177] e. g. *Re Black Ant Co. Ltd.* (*In Administration*) [2016] EWCA Civ 30 (CA).

[178] See *Lehman Brothers International* (*Europe*)(*In Administration*) [2012] UKSC 6; [2012] 3 All ER 1; [2012] Bus LR 667; P. Staikouras, 'A Novel Reasoning of the UK Supreme Court decision in Lehman Brothers: The MiFID Segregation Rule From the Angle of Financial Intermediation and Regulation Theory' [2014] *JBL* 97.

[179] 参见原著 p. 194。

[180] *Roberts v. Bank of Scotland Plc* [2013] EWCA Civ 882 (CA)(来自呼叫中心的数以百计的呼叫)。

户充分的通知,这需要给予客户一点时间作其他安排。[181] 在英国法下对未予通知而关闭账户的救济方式是赔偿损失,而不是禁令。和其他法域一样,对那些数年未使用账户的客户,英国安排银行为公共目的转出等额资金以此免除责任。[182]

对于财务困难的公司客户,银行会进退两难。关闭（或冻结）账户等于给客户的生意开出"死亡证明"。但不这么作又会令银行暴露于《1986 年破产法》（Insolvency Act 1986）的责任之下,该法要求为一般债权人尽可能保留资产。尤其是该法 section 127 规定在清算开始之后对公司财产的处分是无效的,除非经法院令同意。[183]

如果公司是透支状态,无论是以贷记划拨划入或银行收款都是 section 127 之下的银行处分。[184] 当账户尚有余额时的付入也能被认定是对公司财产的一种处分,在这种情况下银行对第三方收款人来说成为替代债务人。政策上的考虑是,如果银行将这个账户和另一个负债的账户捆绑,债权人一般不会从这种付入款项中受益。向第三方作出的付出行为,不会涉及银行处分公司财产的问题,只是导致对账户的调整。[185] 但是,银行处理这种情况时还是得小心行事,因为至少从通知银行开始申请到取得破产令之间这段时间,公司对银行欠款的任何增加至少不能与其他账户余额抵销。[186]

二、账户对账

银行通常按要求提供账户余额。全面账户对账在要求时也可以提供,但一般是定期
进行。[187] 如果银行为客户账户对外付款发生错误,这可能是因为银行的客户记录不准 224
确造成的。银行必须将客户记录更正。它能否从收款人处拿回钱是另一回事。如果客户就是收款人,就取回钱的权利而言,在客户角色变化提出抗辩时,是账户余额还是银行对账错误就很有关系。

美国的《统一商法典》对客户施加义务要求以合理理性与速度检查银行对账单和相关"名目",以发现未经授权的支付,并及时报告其不一致性。[188] 未能尽此义务将排除客户向银行主张未经授权的账户变动的权利,除非银行自身在付款事项上存在过失。在加拿大,最高法院也持类似态度,如果客户书面同意向银行书面确认对账单的准确性并

---

〔181〕 *National Commercial Bank Jamaica Ltd v. Olint Corp Ltd* [2009] UKPC 16; [2009] 1 WLR 1405; [2009] Bus LR 1110 (PC, Jamaica).

〔182〕 Dormant Bank and Building Accounts Act 2008. See Bank of England, Prudential Regulation Authority, *Statement of Policy. Dormant Account Scheme* (London, 2015).

〔183〕 See also s. 129.

〔184〕 *In re Gray's Inn Construction Co. Ltd.* [1980] 1 WLR 711, [1980] 1 All ER 814 (CA).

〔185〕 *Hollicourt (Contracts) Ltd. v. Bank of Ireland* [2001] Ch 555, [2001] 1 All ER 289 (CA).

〔186〕 N. Frome and C. Hanson, 'The Hollicourt Case—Are Banks off the Hook or on the Horns?' (2001) 3 *JIBFL* 126, 130.

〔187〕 BCOBS, 4.2.1R.

〔188〕 UCC, § 4-406.

在很短时间内通知银行对账单的错误。[189] 但如果缺少同意协议，加拿大法院就与英国法的看法相同。[190] 新加坡上诉法院支持了账户协议中的一个条款，按该条款商事客户有义务在 14 日之内检查对账单并报告不一致之处，未能如此银行将有权将对账单所列事项作为终局性证据。[191]

英国法从另一端来解决问题。除非合同另有约定，客户没有义务仅仅因为收到了对账单就应确认是否存在错误的账户借记支付。*Tai Hing* 案特别驳回了对银行抗辩的认定，银行认为客户对检查定期账单负有默示合同义务，以便通知银行有哪些未经授权的借记记账。该案还认定未能通知银行不构成禁止反言。在没有披露或作为的义务时，仅仅是沉默或是不作为不能构成禁止反言必需的陈述要件。作为一个政策问题，这个判决很显然是明智的：当客户收到对账单时，他们的合理预期是这是用来帮助他们自己的，而不是为银行利益服务的。就私人客户而言，要求他们就其私人事务高效行事并没有什么公共利益可言。尽管如此，在判定各种情况下什么是公平时，金融服务政府监督员可能会因为没有及时检查账单确认错误而认定投诉人有混合过错。

就明示合同而言，如果银行想在其标准合同中插入约束客户的条款，而客户没有就列出的借记项目询问银行的话，*Tai Hing* 案也认定这样的条款必须清晰、不存在模棱两可。承担义务和施加罚责，必须令客户清晰地认识到。这一测试是细致的。这一"终局性证据"条款也要面临本章第三部分所谈的不公平合同体制的挑战。在认定是否是不公平条款时需要平衡各方面因素：比如，客户是否可以用支票，以更有利于检查支付，对账单上是否指明了收款人，允许客户用以发现不准确性的时间，以及客户是否被剥夺了对账权利，哪怕银行是过失的。

225 **三、账户的合并**

普通法授予银行一项没有给予其他债权人的特权——合并的权利。它授权银行将任何一项于客户有利的贷记余额记在客户在银行的其他借记余额的账户上。这样银行可以不经诉讼实现清收。银行必须给予通知，因为客户有权要求执行其支付指令，直到客户知道银行将行使该项合并权利。可能用"合并"这样的术语是用词不当的：无论有多少个账户，它们都是银行报表上的科目。所发生的这一切不过是经综合考虑所有未经明示或默示排除出其法律关系的债权债务对某一时点银行与客户之间所有负债的一种综合计算。简言之，合并实际上仅仅是会计的程序。[192] 客户不同币种的账户不能成为

---

[189] *Arrow Transfer Co. Ltd. v. Royal Bank of Canada* (1972) 27 DLR (3d) 81 (SCC). See M. H. Ogilvie, *Bank and Customer Law in Canada* (2nd edn., Toronto, Irwin Law, 2013), 320-2.

[190] *Canadian Pacific Hotels Ltd. v. Bank of Montreal* (1988) 40 DLR (4d) 385 (SCC).

[191] *Pertamina Energy Trading Ltd v. Credit Suisse* [2006] SGCA 27, [2006] 4 SLR 273.

[192] See S. McCracken, *The Banker's Remedy of Set-off* (3rd edn., London, Bloomsbury, 2010); R. Derham, *Derham on the Law of Set-off* (Oxford, Oxford University Press, 2010), Ch. 15.

反对合并的理由。[193]

法院在银行合并权问题上是慷慨的。银行可以合并,但不是必须合并在不同分支机构开立的账户。[194] 客户和银行之间可以作出排除合并权的安排,例如负债的账户被冻结或是为商业运行而新开立的一个账户。但如果情形实质性地变化,如客户决定进入清算,这种情况下合并的权利又复活了。[195] 但银行不能合并基于不同行为能力开立的账户,例如客户开立的普通账户和客户为作受托人开立的账户不能合并。与之类似,合并的权利不能及于贷款账户,仅仅因为活期账户赤字就让客户对贷款账户的支付指令任意冻结,是不明智的——这种限制仅允许发生在客户有能力运营生意的情况下。在破产时,法律上客户有权合并;毕竟,抵销在一般破产法原则下也可以实施。

合并的权利也不及于为特定目的付入银行的资金,例如付给基金管理或证券交易部门。如果资金是混杂着进入客户的普通账户,客户将很难对抗合并。英国法对公司集团成员间的独立性态度严格,所以在英国法下合并不同成员的不同账户是不可能的。[196] 但根据合同,公司集团的成员可以自行约定集团内的合并和抵销。在不同法域下的合并将取决于合同对这一法律效果的明确约定。监管建议英国银行不要合并那些穷客户的账户或用于接收社会福利的账户。[197]

四、银行收费

很多国家在银行账户收费问题上都与消费者存在相当大的矛盾。欧洲委员会在2009年的报告中认定,银行的信息在很多情况下是很难理解的,而且银行收费不透明。奥地利、法国、意大利和西班牙在透明度上得分尤其低且位列账户收费最贵的银行。[198] 226
大致同期,英国公平贸易办公室确认个人活期账户的如下方面为重点关注领域:收费透明度低,收费方式复杂,尤其是对未授权透支的计算方式,以及缺乏消费者可控或可退出的简单机制,以及消费者受到的服务是否物有所值。[199]

欧盟《支付服务指引》列出了支付服务的条款和信息透明度要求。[200] 金融行为监管局的《银行业务经营行为手册》采用了同样的方法。[201] 但是没有对收费的控制,与此相关的法律也很少。如果因为客户违约而收费(例如,透支账户费用),则反惩罚性规定

---

[193] B. Horrigan, 'Combining Bank Accounts in Different Currencies' (1991) 65 *ALJ* 14.

[194] 由于一些目的,英国法将分行视为独立的实体。

[195] *National Westminster Bank Ltd. v. Halesowen Presswork and Assemblies Ltd.* [1972] AC 785 (HL).

[196] *Royal Bank of Scotland v. Wallace International Ltd.* [2000] EWCA Civ 16 (CA).

[197] BCOBS, 5.1.3A-BG.

[198] Commission of the European Communities, *On the Follow Up in Retail Financial Services*, SEC (2009) 1251 final.

[199] Office of Fair Trading, *Personal Current Accounts in the UK. An OFT Market Study*, London, 2008; *Personal Current Accounts in the UK. Unarranged Overdrafts* (London, 2010).

[200] 参见原著 p. 399。

[201] BCOBS, 2.2.1R, 2.3.1R.

有可能适用。[202] 但是，未经事先安排的透支账户收费是很特别的争议。对商事客户，银行可能对发生的所有收费和成本要求补偿。增加透明度，更多信息（包括提醒客户因使用未提前安排的透支将发生费用），以及通过增加提供银行服务的企业数量增加竞争，成为破解银行高收费问题之道。[203]

---

[202] *Office of Fair Trading v. Abbey National Plc* [2008] EWHC 875 (Comm); [2008] 2 All ER (Comm) 625, [295] -[324], on appeal on other issues: [2009] UKSC 6; [2010] 1 AC 696。对比澳大利亚高等法院在 *Andrews v. Australia & New Zealand Banking Group Ltd* [2012] HCA 30; (2012) 86 ALJ 1002 中的判决；A. Gray, 'Contractual Penalties in Australian Law after *Andrews*' (2013) 18 *Deakin LR* 1。See also *Paciocco v. Australian and New Zealand Banking Group Ltd.* [2014] FCA 35.

[203] Competition and Markets Authority, *Retail Banking Market Investigation*: *Final Report* (London, 2015); Payment Systems Regulator, *PSR PS* 15/1: *A new regulatory framework for payment systems in the UK* (London, 2015).

第八章　银行间网络 227

第七章谈得是银行—客户之间的关系。本章移至银行与其他银行之间的关系。重申一下，就银行间的多种关系而言，讨论围绕法律影响和法律后果展开。我们会看到在有的情况下，银行会成为其他银行的客户。本章讨论为后面的讨论打下基础，特别是支付和借贷。银行间的法律关系本质上主要是合同关系，银行间网络的概念有效限定了我们讨论的范围。

第一节　网　络

银行间合同网络有多种不同的形式。首先，网络的概念包括双边交易，银行 X 和银行 Y 之间的交易（基于支付、银行间市场的存款、互换、贷款转让或证券买卖），有的以双方长期安排或主协议为背景，有的以由金融机构协会准备的标准合同为基础，有的则是根据交易所或支付系统的共同规则。其次，合同可能成为合同链的一部分，例如在伦敦的 A 委托她的银行（X）向 B 在新加坡的（Y）账户付美元资金：X 银行可以联系其纽约代理行，该代理行又接着联系 Y 在纽约的代理行。[1] 最后，网络的概念也可以是一束合同（bundled），例如在银团中很多银行加入为特定贷款或项目融资。类似的，在一个支付、清算或市场系统，银行可能和其他参与人和系统本身都有法律关系。

当然这些协议相互连接，第一类合同（primary contract）归入一类，而第二类或第三类合同（secondary tertiary contract）归为另一类。银行间的双边合同，比如以国际互换和衍生品协会制定的标准条款为基础的衍生交易，可能绑在另一个交易上（例如贷款和债券发行上）或成为某一交易链的一部分。前述支付示例中，这种支付最有可能经纽约的美元清算系统（CHIPS）；成员行都因合同受 CHIPS 规则的约束。再如，某项银团发行与承销债券，除了与债券持有人的合同，发行人还会指定一家独立的银行作为债券持有人的受托人，各银行和发行人签订认购和销售协议，牵头行会代表银团与中央清算和证券存管机构作好安排以持有债券。

网络的概念有多种含义。最基础的含义是在一定程度上，一个网络内的某一合同对 228
网络内的另一合同有法律影响。[2] 有人认为这种概念可以克服某些法律概念上的困

---

〔1〕 参见原著 p. 341。

〔2〕 e. g. *Barnett Waddington Trustees* (1980) *Ltd v. Royal Bank of Scotland Plc* [2015] EWHC 2435 (Ch); [2016] 1 BCLC 508.

境,比如合同的相对性。一个维度是所谓的“组织性”责任,在前述转移支付案例中,无论在链条上隔了多远,A 可以基于链条上任一人的错误而起诉他们,也可以令其银行 X 为其他银行的错误承担责任。还有人从经济效率的角度分析网络:在特定情况下,一组合同网络可以将交易成本最小化,令弹性最大化,由此可以真正有利于银行及其客户。反向观之,网络会加速传染效应,导致银行体系的系统性风险。已经有人使用网络概念来提升系统的理论性。网络是不是介于合同与组织之间?它们是不是有别于单一的法律关系的自创体系的更高秩序?〔3〕

追踪这些热点问题很有意思,但超出了本书的范围。尽管如此,在讨论本章必备任务——解析某些核心银行网络的过程也会解析这些问题。从历史悠久的代理行开始,然后检视银行间市场、场外交易市场。其中很重要的是银行间存款市场、外汇交易市场和场外衍生品市场。然后本章转向交易所市场（比如,金融期货所、证券交易所),然后是支付系统。本章不打算深入地检视这些领域。证券交易所不在银行法的范畴。支付系统,在本书第三部分有专门讨论。现在的讨论旨在提示交易所市场和支付市场所涉及的银行缔约模式。最后,本章讨论不同类型的银团。

本章的焦点是银行间法律关系。然而,银行与客户间的关系问题也会不时冒出来。这里冒出来的问题是客户和银行网络之间的关系。这个问题在本章妥当解决了。让我们回到那个支付案例,A 是否默示同意银行 X 使用代理人?更重要的是,A 是否默示同意受银行 X 和其代理行之间合同的约束?如果代理行出错了,她能否起诉 X 或起诉代理行?再举个例子:A 请她的银行管理她的投资。她是否因为银行用多个系统（比如支付系统、交易所、市场）执行其任务而受多个系统规则约束?我们应该看到客户在银行网络的法律地位并不总是直接的。一般来说,这个问题的答案取决于所涉法律关系的本质。随着技术的进步,客户比过去有更多机会直接接入银行间网络,比如说,通过所谓直通式或通道式流程。

229 第二节 代理行业务

一、代理行业务的本质

过去的银行主要是区域性的,它们需要其他地方银行为它们及其客户服务,比如托收汇票,通知或支付信用证。这就是代理行业务的起源。代理行业务涉及国际法律关

〔3〕 e. g. J. Adams and R. Brownsword, ‘Privity and the Concept of a Network Contract’（1990）10 *Leg. Stud.* 12; G. Teubner, ‘Piercing the Contractual Veil? The Social Responsibility of Contractual Networks’, in T. Wilhelmsson (ed.), *Perspectives of Critical Contract Law* (Aldershot, Dartmouth, 1993); H. Collins, *The Law of Contract* (4th edn., Cambridge, Cambridge University Press, 2008), 170; M. Amstutz and G. Teubner (eds.), *Networks. Legal Issues of Multilateral Cooperation* (Oxford, Hart, 2009); R. Brownsword, ‘Contracts with Network Effects: Is the Time Now Right?’ in S. Grundmann, F. Cafaggi, and G. Vettori (eds.), *The Organizational Contract* (Farnham, Surrey, Ashgate, 2013); U. Grusic, ‘Contractual Networks in European Private International Law’ (2016) 65 *ICLQ* 581.

系,但在有的国家银行业系统四分五裂,代理行业务也可在国内发挥作用。即便是有国际业务的银行也可能有代理行,以便向客户提供全球服务。因此,即便欧洲银行 X 在纽约有分行,但该分行的长项是作投资银行业务,X 也可能为了更经济高效的目的而指定纽约银行 Y 作为其代理行结算委托交易。

两家银行间的代理行的关系可以是广泛而相互的,也可以只是单方的,纯粹为完成发起人的特定交易。代理行提供的服务可以是多样的,有时可能是复杂的。[4] 贸易相关的服务不仅涉及信用证,还包括贸易单据,见索即付保函和对等贸易。代理行可以提供托管服务。账户服务的范围现在超出了托收汇票,还覆盖了现金管理(持有不同币种的资金),外币汇兑、结算和日常支付服务。

代理行的核心业务是支付服务。银行需要通过本地系统成员行作代理行接入各主要货币的支付系统——货币市场和资本市场的交易巨量增长是这一需求的驱动力。账户由委托行在代理行开立,以贷记和借记结算交易。用银行家的行话说,银行 X 开立在其代理行银行 Y 的账户视作“nostro 账户”*,而银行 Y 视之为“vostro 或 loro 账户”**。对代理行授予日间和隔夜信用的大小由风险评估决定。

中央银行也有中央银行代理行。例如,欧元系统中执行货币政策的对家和其支付系统的参与者们(称为 Target 2),他们从其母国央行获得信用的方式是以适格资产作担保,包括登记类资产或存放于另一国的资产,只要该抵押资产已交付该国央行——母国央行的代理央行——开立的账户。[5]

一段时期以来,随着欧元的发展,银行兼并,尤其是近来支持外币汇兑交易同步货款两讫(payment versus payment)系统的建立,代理行业务有减少的趋势。此外,成本压力以及因洗钱和恐怖融资原因对代理行进行监控的负担,导致了这方面进一步的萎缩。[6] 有时银行可以为客户找到替代服务方案。银行可以在一个全球性银行固定一家代理行 230
账户以替代之前在多家银行开户。但是以减少代理行服务方法来实现所谓降风险也引起了国际关注,因为它剥夺了银行特别是发展中国家银行参与国际支付系统服务的机会。[7]

---

[4] N. Wilkins, *Correspondent Banking Handbook* (2nd edn., London, Euromoney, 2002); SWIFT, *Correspondent Banking* 3.0 (La Hulpe, Belgium, 2011); Committee on Payments and Market Infrastructures (CPMI), *Correspondent Banking* (Basel, Bank for International Settlements, 2016).

* 在某国外行为某一国内行开立的外币账户,nostro 源自拉丁语“our”。——译者注

** 信托持有的账户,“vostro”源自拉丁语“your”。——译者注

[5] European Central Bank, *Correspondent Central Banking Model* (Frankfurt, 2013), 4; European Central Bank, *Ninth Survey on Correspondent Banking in Euro* (Frankfurt, 2015).

[6] e. g. World Bank, *Withdrawal from Correspondent Banking; Where, Why, and What to Do About It* (Washington, 2015); Michaela Erbenová, et al., *The Withdrawal of Correspondent Banking Relationships: A Case for Policy Action* (Washington, IMF, 2016); Financial Stability Board, *Progress Report to the G20 on the FSB Action Plan to Assess and Address the Decline in Corresponding Banking* (Basel, 2016).

[7] Financial Stability Board, *FSB Action Plan to Assess and Address the Decline in Correspondent Banking* (Basel, 2016).

代理行在法律上可能被视为代理人，在前述支付示例中，A的银行X在伦敦，该行在纽约有代理行，通过纽约代理行B银行执行一项在新加坡的美元支付指令。作为X的代理人，法律要求代理行以合理的注意和专业行事。但是，代理行关系并不必然是一种代理关系，它可以仅是独立缔约方提供有偿服务，例如传递支付报文，这时它的法律责任就减轻了。在跟单信用证交易中，作为通知行的代理行将开证行和信用证受益人带入合同关系其角色是代理人。〔8〕如果代理行保兑了信用证，它的地位就会发生变化：如果受益人提交符合信用证约定的单证，它就负有与本人（the principal）一样的付款责任。

实践中，银行与代理行之间的关系可能主要由书面合同调整。这样可以明确所涉分行和服务并列明费用，明确具体机制，如信息如何认证，对哪个账户转账。具体服务可以是独立协议的标的。代理行是银行向客户提供全球服务的基石。因此，银行有动力快速解决代理行的所有错误、损失和争议而无须诉诸法律。与代理银行业务相关，已浮出水面的法律问题主要与第三方有关，不是银行起诉其代理行。

一个法律问题是，无论是出于监管目的还是程序目的，仅仅因为指定国外一家银行作为代理行这一事实能否认定该银行处在该国的管辖权之中（例如，出于监管的目的认定其在外国经营；或者为提起民事诉讼认定其在外国经营或存在）。似乎不能如此。代理行通常不会为一家外国银行保有办公室，展示它的名字，或指定特定员工专门执行其指令且不服务于其他人。从特征看，代理行经营的是自己的业务，不是外国银行的业务。在完成支付、通知信用证、担任监管人等业务中，纽约代理人提供的是由其他地方产生和安排的交易相关的服务。然而，依纽约法，一家外国银行使用纽约代理行账户足以认定为有目的的交易过程，构成一项在纽约的商业交易，达到对银行行使属人管辖权的目的。〔9〕

二、代理行的错误

一个重要的法律问题是，当代理行发生错误时，客户是否可以起诉银行或其代理行。
231 例如，如果客户的支付指令由代理行执行错误，客户能否取回利息甚至在某些情况下，取回本金（例如，支付给了诈骗犯）？更重要的是，客户能否主张间接损失，例如汇率的不利变动或失去的交易利润？有时间接损失可能非常重大——比如，代理行没有及时支付租船方的租金，导致船东终止了租船——这是船东在延迟付款情况下的权利，由此租船方不得不付出更高的费用租用另一条船；或者由于支付迟延，竞标人没能完成公司并购，由此错失一笔可合理预期的可观利润。〔10〕

---

〔8〕 Cf. J. Dolan, 'The Correspondent Bank in the Letter-of-credit Transaction'（1992）109 *Bank. LJ* 396,422；参见原著 p. 529。

〔9〕 *Rushaid v. Pictet & Cie*, 28 NY 3d 316（CA NY, 2016）.

〔10〕 e. g. *Evra Corporation v. Swiss Bank Corporation*, 673 F. 2d 951（7th Cir., 1982）; *Lloyds Bank plc v. Lynch*, 702 F Supp. 157（ND Ohio 1988）. 参见原著 p. 233。

（一）客户 v. 银行

就客户的银行而言，银行被授权雇佣代理行是非常明确的。除了合同中明示的条款，客户也默示授权其银行以通常程序执行指示，也可以说雇佣代理人是默示的商业惯例。但这仅仅是追问的开始。在提供服务时，客户银行负有一定的义务。首先，它有义务严格遵守客户指令。但当错误可归于代理行时，其自身无违反义务可言，一般来说，在这种情况下客户自己的银行不存在履行违约的问题。基本上，银行不会绝对承诺某特定结果，如支付一定会被实现。相反，对它的约束最多是尽合理注意与专业性的义务。银行应当做的是选择且（有可能的话）监督代理行，但是如果它选择了一家卓有声誉的银行作为代理行，并且遵守了与代理行相关的监督义务，就再难以此为基础主张法律诉求。

在特别情况下，银行与客户的合同因其本质上将意味着代理行的过失可以归咎于它。[11] 但是，如果因此认为银行将在原则上对代理行负有雇佣人责任，甚至说银行默示承诺代理行将全面执行客户指令（如，以合理的注意与专业），就太离谱了。[12] 一家银行对客户的法律责任原则上取决于合同，而银行会用免责条款保护自己。[13] 如果客户是商主体，那么这些条款就超出了前一章所检视的法定不公平条款的立法控制。

立法在这些法律原则上正取得一些进展。在支付方面，《支付服务指令（欧盟）2015/2366 号》[Payment Services Directive（EU）2015/2366] 对支付服务提供者施加了责任：在未执行支付指令或执行支付指令有缺陷的情况下应如数退还客户并支付利息或费用（“资金返还”担保）。[14] 责任是严格的：银行只有在情况异常且不可预见、不可控制并尽所有努力都不能避免时才被免责。[15] 如果对客户承担了责任，银行可以转向其代理行主张权利。[16]《支付服务指令（欧盟）2015/2366 号》源自《贸易法委员会国际贷记划拨示范法》Article 14 关于国际贷记划拨的规定和美国《统一商法典》的 § 4A-402。[17] 232

（二）客户 v. 代理行

客户在合同项下直接诉代理行会怎样？一些大陆法国家允许客户以不同的请求权基础提出法律主张，例如代理行是客户银行的受雇人/辅助人。[18] 在普通法下，一种理

---

[11] 到位解释了 *Equitable Trust Company of New York v. Dawson Partners Ltd.*（1927）27 Ll. LR 49（HL）。

[12] *Royal Products Ltd. v. Midland Bank* [1981] 2 Lloyd's Rep. 194, 198.

[13] 按国际商会的《统一托收规则》（URC522），使用另一银行的服务以实施客户指令，是为客户利益且由客户承担风险：Art. 11a。而且，银行不因其指示未被执行而承担责任，即便是其选用的其他银行：Art. 11b。

[14] Art. 89. 参见原著 p. 408。

[15] Art. 93.

[16] Art. 92.

[17] B. Geva, 'Payment Transactions under the EU Payment Services Directive: A US Comparative Perspective'（2009）27 *Penn St Int'l L Rev* 713, 746-7, 750.

[18] B. Geva, *Bank Collections and Payment Transactions*（Oxford, Oxford University Press, 2001）, 214, 216, 222.

论可行的路径是客户为银行与代理行之间合同的第三方受益人。《1999 年合同（第三方权利）法》[Contracts (Rights of Third Parties) Act 1999] 要求合同必须明确约定第三方（客户）可以起诉或必须移转某项利益给受益人。而银行—代理行之间的合同通常不会这样约定。[19] 另一个与合同相对性有关的路径是能否将客户的银行作为代理人从而形成客户与代理行之间的相对性。将其放在"次代理"（subagent）的术语下,如果代理行是次代理人,它在履行义务时将对代理人（客户的银行）和本人（客户）同时承担责任。但是,在一般的银行业务中,客户和代理行之间除特殊情况外缺少合同的相对性。[20]

至于侵权责任,当代理行在处理可转让票据或股票时,客户作为所有权人可能主张侵权——一种严格责任侵权。过失是另一回事。一些北美法院在这一业务背景下认定了过失责任。[21] 在英国法理论下,当代理行犯错时,也有非主流认为这种情况有可能认定过失责任。[22] 但是英国更具重量级的判例法反对这一观点。[23] 在未尽合理注意导致经济损失的意义上,要让一家代理行向客户承担责任情况得非常特殊。最后,客户可以根据补偿性原则起诉代理行,同样,这也得是在非常特殊的情形下。

如果针对代理行的诉讼可行——如前观点,这是不太可能的事情——英国法对于代理行能否运用客户与银行合同或是银行与银行间合同的免责条款都没确定的回答（例如,根据银行间合同,代理行在缺乏明示条款的情况下有权获赔）。[24] 如果所有权人明
233 示或默示同意设立转保管,所有权人针对转保管人的权利将适用保管合同条款——但这一规则源自合同法之外,且就银行而言适用范围有限（例如,有形证券被转移）。[25] 另一种可能是,客户的银行作为代理人,将客户和代理行带入合同关系之中,并将客户与银行合同的免责条款引入了这一新合同。但我们已经知道要在代理行和客户之间成立合同,情况需要极其特殊。

（三）间接损失

如果代理行发生过失,客户银行或代理行自身将承担责任,无论在普通法下还是成

---

〔19〕 比较 *Fortress Value Recovery Fund I LLC v. Blue Skye Special Opportunities Fund LP* [2013] EWCA Civ 367; [2013] 1 WLR 3466 (CA)（第三方引用调整投资的有限合伙协议中的条款）。

〔20〕 *Calico Printers Association v. Barclays Bank Ltd.* (1930) 36 Com Cas 71, 197 (CA); *Royal Products Ltd. v. Midland Bank Ltd.* [1981] 2 Lloyd's Rep 194, 198. See also *Grosvenor Casinos Ltd v. National Bank of Abu Dhabi* [2008] EWHC 511 (Comm); [2008] 1 CLC 399; *Playboy Club London Ltd v. Banca Nazionale del Lavoro SpA* [2016] EWCA Civ 457; [2016] 1 WLR 3169.

〔21〕 See B. Crawford, *Payment, Clearing and Settlement in Canada* (Toronto, Canada Law Book Co., 2002), v. 1, 466-7; E. Kwaw, 'The Evolving Law on the Euro-bank-Customer Relationship and the Common Law' (2004) *Syracuse J Int'l L & Com* 87, 127-8.

〔22〕 e. g. *United Trading Corpn. SA v. Allied Arab Bank Ltd.* (Note) [1985] 2 Lloyd's Rep 554, 560 (CA).

〔23〕 *Abou-Rahmah v. Abacha* [2005] EWHC 2662; [2006] 1 All ER (Comm) 247; [60]-[72]. on appeal on a different point: [2006] EWCA Civ 1492; [2007] 1 All ER (Comm) 827.

〔24〕 *Linklaters (a firm) v. HSBC Bank plc* [2003] EWHC 1113; [2003] 1 Lloyd's Rep. 545.

〔25〕 *The Pioneer Container* [1994] 2 AC 324 (PC, HK).

文法下,必然面对间接损失问题。从政策和原则两方面考虑,普通案件中让任一银行为一点明显很少的费用承担客户所遭受的巨大经济损失都是不合适的。

从政策上看,富有经验的商业客户通常处于采取措施以预防风险的最佳位置:通过及时有效指示机构,通过独立检查银行服务的履行状况,通过发现错误后及时救济。〔26〕从原则上看,就承担侵权损害赔偿而言,很难说经济损失是可合理预见的,因为代理行与基础交易的当事人没有建立银行业务关系,对交易的本质缺乏具体认知,也未被告知由于自身过错接踵而来的巨大损失,甚至他们都不是交易的直接当事人(例如,被指定为托管代理人)。

在欧盟《支付服务指令 2015/2366 号》和按合同法调整的一般赔偿规则之下,不存在间接损失赔偿。〔27〕对非商业客户来说,发生间接损失是很异常的,确保资金返还已经足够。在《贸易法委员会国际贷记划拨示范法》下提供间接损失赔偿,但仅适用于银行故意或明知可能有损失而不计后果的情况。〔28〕《统一商法典》下间接损失仅限于 Article 4A,即适用于接收行书面同意承担该种责任的情况。〔29〕

即便可以间接赔偿损失,在涉及商事主体时法院也会认定明示的排除与限制条款以效力。〔30〕大型商事主体不能指望银行收取相对较低的费用而接受重大的潜在风险。为寻找银行担责而勉强推定是无效的。这一方法与风险分配的合理预期是一致的。〔31〕 234

三、代理行业务、洗钱和恐怖主义

近几十年来,代理行可以提供给洗钱者和恐怖分子的银行业务关系"掩护"已提上监管日程。问题存在是因于代理行并不必然有其委托行控制者或客户的第一手资料。它只是简单地执行委托行(respondent bank)自己或其客户的指令。也有可能是所谓的"窝状代理行业务"(nested correspondent banking),即很多委托行使用某一银行与另一个银行的代理行安排。进言之,委托行的客户可能直接用代理行的账户自己作业务(所谓的过道业务,payable through、pass through 或是 pass by account)。无论如何代理行都没有经济动力去弄清委托行是如何使用代理行账户的。一般说来,代理行服务(例如支

---

〔26〕 参见波斯纳法官(之前为教授)的观点:*Evra Corporation v. Swiss Bank Corporation*,673 F. 2d 951 (7th Cir.,1982),cert. denied 459 US 1017。See also *Bradford Trust Co. of Boston v. Texas American Bank*,790 F. 2d 407 (5th Cir.,1986);R. Dole,'Receiving Bank Liability for Errors in Wholesale Wire Transfers' (1995) 69 *Tulane LR* 877;T. Miles,'Posner on Economic Loss in Tort:EVRA Corp v. Swiss Bank' (2007) *U Chi L Rev* 1813.

〔27〕 Art. 91. See also Art. 93 (abnormal and unforeseeable circumstances).

〔28〕 Art. 18.

〔29〕 UCC § 4A-305,驳回了 *Evra* 案. See B. Crawford,'International Credit Transfers' (1991) 19 *Can. Bus. LJ* 166,182-5;L. Thévenoz,'Error and Fraud in Wholesale Funds Transfers' (1991) 42 *Alabama LR* 881,921;B. Geva,*Bank Collections and Payment Transactions* (Oxford,Oxford University Press,2001),308-9.

〔30〕 参见原著 p. 217。

〔31〕 Cf. *Tam Wing Chuen v. Bank of Credit and Commerce Hong Kong Ltd* [1996] 2 BCLC 69; [1996] HKLR 161 (PC,Hong Kong).

付）只能收到相当低的费用。

代理行可能会对执行委托行的某项交易产生怀疑。可能是因为没有明显的理由需要交易，可能是一系列行为引起怀疑，也可能和基础交易的预期相反。但对代理行来说评估委托行的交易存在困难，当存在窝状代理行安排或通道账户时更为困难。巴塞尔银行业监管委员会，[32]反洗钱金融行动特别工作组，[33]以及沃尔夫斯堡集团[34]都推荐了代理行的最佳实践指引。对银行来说，堪称“了解你的客户”（KYC）或客户尽职调查规则的一个要素。据此，一家银行必须了解它的委托行——其管理层，其银行业务活动，其监管体制的严格性与质量——即便他们没有义务去了解他们的客户。另一些要素是处理代理行遇到的问题，例如壳银行的存在（在一个司法辖区内没有实体存在或附属机构的银行）。

这些指引不同程度地反应在主要的金融管辖区的法律规则中。根据《欧盟关于反洗钱和反恐融资的第四号指令（欧盟）2015/849号》，成员国必须要求其银行就与第三国委托行的跨境代理行业务关系采取一定措施。主要是收集足够的信息了解委托人的业务与声誉，委托人监管的质量并评估委托行对洗钱和恐怖融资的控制水平。新的代理行关系必须由高层批准，银行和委托行各自的责任必须记录在案。

235 当委托行的客户直接接入代理行的账户——以通道账户——代理行必须要求满足如下条件：委托行确认了客户身份，持续履行尽职调查，并在需要时提供前述信息。[35]禁止接受空壳银行为委托行，也禁止接受把账户给空壳银行使用的委托行。[36]《美国爱国者法案》要求有外国代理行的银行建立尽职调查程序。[37]

我们已经看到，对代理行银行业务提高监管标准的后果是，发展中国家的银行在欧洲和美国更难找到愿意承接其生意的代理行。[38] 一些国际组织试图解决这个问题。例如，金融稳定理事会和金融行动特别小组都强调不是所有的代理行业务关系的洗钱和恐怖融资风险都在同一水平，升级的尽职调查措施只须与那些已确认的风险级别相称。[39]

---

〔32〕 *Sound Management of Risks related to Money Laundering and Financing of Terrorism* (Basle, BIS, 2014), Annex 2.

〔33〕 Financial Action Task Force, *Guidance on Correspondent Banking* (Paris, 2016).

〔34〕 *Wolfsberg Anti-money Laundering Principles for Correspondent Banking*, 2014. 该集团是13家全球性银行的聪明。

〔35〕 Art. 19. See V. Mitsilegas and B. Gilmore, 'The EU Framework Against Money Laundering and Terrorist Financing' (2007) 56 *ICLQ* 119, 127; E. Ioannides, *Fundamental Principles of EU Law against Money Laundering* (Farnham, Surrey, Ashgate, 2014); P. Alldridge, 'Tax, Money Laundering and Offshore: The HSBC Suisse Affair', in K. Ligeti and M. Simonato (eds.), *Chasing Criminal Money: Challenges and Perspectives on Asset Recovery in the EU* (Oxford, Hart, 2017). See also the Joint Money Laundering Steering Group, *Prevention of Money Laundering/Combating Terrorist Financing*, 2014 revision version, London, Ch. 16.

〔36〕 Art. 24.

〔37〕 31 USC § 5318 (i) – (j). See B. Mojuye, 'What Banks Need to Know about the Patriot Act' (2007) 124 *Banking LJ* 258, 269.

〔38〕 参见原著 p. 229。

〔39〕 Financial Stability Board, *FSB Action Plan to Assess and Address the Decline in Correspondent Banking* (Basle, 2016).

第三节　银行间市场和合同

银行在批发市场和场外市场不断地和其他银行缔约。此处的“场外”用语是相对交易所市场而言,它指这些交易不是发生在正式组织的市场。但金融产品会同时在场外市场和交易所市场交易,衍生品是很好的例子。本节我们将关注银行间存款、外汇买卖和衍生品三种市场。

银行可以在银行间市场相互短期借贷(通常是隔夜)是极为重要的,他们可以向个人和公司提供支付服务和流动性支持而无须提供大额无息备付金。他还让某些银行得以向客户提供长期资金而无须先获得等额零售存款。[40] 其重要性在 2008 年金融危机中得以突显,当时银行间市场停摆,各国央行不得不介入向银行提供流动性。[41] 场外外 236
汇买卖市场是个人、公司、银行、央行等买卖外汇的场所。交易既有即期外汇也有远期外汇。大部分外汇交易发生在银行间,因为他们不断地调整再调整其头寸:他们的参与对市场流动性至关重要。[42] 近来最发达的场外市场是衍生品交易市场。[43] 他们被批评为 2008 年金融危机的罪魁祸首,监管的趋势是将交易引入需要保证金和担保品的交易所市场。[44] 国际清算银行公布了场外衍生品市场的规模统计数据,其仍然巨大。

尽管还有其他银行间场外市场,例如不良债权市场,[45] 前述提及的银行间市场——银行间资金市场、外汇买卖市场、场外衍生品交易市场——占了银行间交易的大部分。这些市场交易海量,交易额巨大。在很多方面,这些市场是相互关联的。例如,用银行间市场的短期拆借防范部分外汇和衍生品交易的风险。而且,在伦敦和纽约这样的大型金融中心,很难分清哪些方面是国内的,哪些是国际的。如前所述,在这些市场上的交易不

---

〔40〕 e. g. C. Furfine, *The Interbank Market During a Crisis* (Basle, BIS Working Paper No 99, 2001); A. Prati, et al., 'The Overnight Interbank Market: Evidence from the G-7 and the Euro Zone' (2003) 27 *J Banking & Finance* 2043; F. Brauning and F. Fecht, *Relationship Lending in the Interbank Market and the Price of Liquidity*, Deutsche Bundesbank, Discussion Paper No. 22/2012; G. Afonso, A. Kovner, and A. Schoar, *Trading Partners in the Interbank Lending Market*, Federal Reserve Bank of New York Staff Reports, No. 620, May 2013; F. Blasques, F. Bräuning, and I. van Lelyveld, *A Dynamic Network Model of the Unsecured Interbank Lending Market* (BIS Working Papers No 491, 2015).

〔41〕 e. g. P. Turner, 'Central Banks, Liquidity, and the Banking Crisis', in S. Griffith-Jones, J. Antonio Ocampo, and J Stiglitz (eds.), *Time for a Visible Hand: Lessons from the* 2008 *World Financial Crisis* (Oxford, Oxford University Press, 2010), 107.

〔42〕 S. Valdez and P. Molyneux, *An Introduction to Global Financial Markets* (8th edn., London, Macmillan, 2015), 325–31.

〔43〕 J. Hull, *Options, Futures and Other Derivatives* (8th edn., Boston, Pearson Educational, 2011), 30–3. See also D. Marcus and L. Tshikali, 'Some Misconceptions about OTC Markets' (2010) 4 *L & FMLR* 263.

〔44〕 参见原著 p. 83–7。

〔45〕 W. Weidemaier and R. McCarl, 'Creditors' Remedies' in R Lastra (ed.), *Sovereign Debt Management* (Oxford, Oxford University Press, 2014); J. Cotterill, 'Sovereign Pari Passu and the Litigators of the Lost Cause' (2014) 9 *Capital Markets L J* 18; P. Hertz, et al., 'Trading Places: Distressed Debt Trading in the US and UK Restructuring Markets' (2013) 28 *BJIBFL* 433.

仅为了满足银行当前需求,也为了赚取套利利润和投机收益。

一、在银行间市场缔约

就目前而言,也许最重要的事就是这些银行间市场的有效交易方式。典型的情况是交易商以口头或电子方式达成交易。可以用独立经纪人来发起交易,其好处是高效。通过他们可以匿名直到锁定利率,而且经纪人知道哪些银行有能力并且愿意和他们所代表的委托银行(principal bank,即本人)交易。广为接受的做法是——实际上有时也是法律要求——所有的交易应有电子记录。[46] 一旦协议达成,确认书就发给对方银行。最佳实践是以电子方式发送确认书,因为书面确认书可能在清算后送达并引起困惑。[47] 自动确认是及时的并可减少错误。无论用什么方法,确认应该由独立于交易员的人来操作。

银行间协议是在市场实践的背景下达成的。银行间货币市场的情况是理性稳定的,但其他市场的业务实践,例如衍生品,则是迅速演进的。市场实践是理解银行间市场合
237 同和缔约的背景。市场实践能获得法律效力吗?在英国法下,成为"交易惯例"的市场实践在合同中有默示条款的效力,由此可变更法律义务。特殊情形下,法院会对银行间的"交易惯例"予以司法关注。[48] 交易惯例的认定标准已很完善,作为事实问题,市场实践必须是确定的且众所周知地被认为本质有法律约束力的。这一标准并不容易达到,但似乎也并不必然要求普遍接受,即便是近期实践模式也有可能满足要求。作为法律问题,商业惯例得是合理的,但如果一项银行间实践在事实上已建立并被遵循,就不太可能被认定为不合理。[49] 像市场规范一样,合同中的明示条款也可以排除交易惯例的适用。[50] 这就是为什么主张交易惯例构成默示条款可能会被置若罔闻。市场的全球化意味着要达到英国法下将市场实践视为交易惯例所要求的高度统一性会更加困难。

二、标准格式文本

近来,达成银行间交易所处背景,不仅有市场实践,还有标准格式合同和监管规则。

---

〔46〕 e. g. Bank of England, *Non-investment Products Code*, 2011, Ⅲ, § § 20-6 ['NIPs']. See J. Gray, 'London Money Markets: Legal and Regulatory Framework' in M. Blair, G. Walker, and S. Willey (eds.), *Financial Markets and Exchanges Law* (2nd edn., Oxford, Oxford University Press, 2012), 261-2.

〔47〕 NIPs, Ⅳ, § § 4-14.

〔48〕 *National Bank of Greece SA v. Pinios Shipping Co.* [1990] 1 AC 637, 675. See also *Lloyd's TSB Bank plc v. Clarke* (*Liquidator of Socimer International Bank Ltd.*) [2002] UKPC 27; [2002] 2 All ER (Comm) 992 (PC, Bahamas); *Deutsche Bank AG v. Sebastian Holdings Inc* [2013] EWHC 3463 (Comm), [91].

〔49〕 E. Peden, 'Policy Concerns behind Implication of Terms in Law' (2001) 117 *LQR* 459, 464, 469.

〔50〕 *Kum v. Wah Tat Bank Ltd.* [1971] 1 Lloyd's Rep. 439 (PC). 另见 *Lloyds Bank Ltd. v. Swiss Bankverein* (1913) 108 LT 143 (CA)(习惯,即便已很完备,对可转让证券的本质来说都是使人反感的。)。

至少自1992年国际清算银行的《Promisel报告》以来，良好缔约被认为是对国际金融交易中风险管理的重要贡献。[51] 还不仅是良好的缔约，因为各国中央银行和金融监管机构现在都在推荐标准合同缔约。因此对于在伦敦的批发金融市场，英格兰银行鼓励尽可能使用标准文本，迅速填写并交换，并将之作为最佳实践。银行要有内部政策明确哪些交易适用于主协议并有到位控制措施以确保合规。[52]

如前所述，衍生品市场的文本标准化由国际互换与衍生品协会完成。[53] 然而，金融市场的文档会因交易标的和司法管辖的不同而有差异，这种不统一会产生障碍。本书后文中将检视返售或回购（repo 或 repurchase）协议的法律本质，它是双方之间以意定价格先卖出证券后买回证券的协议。[54] 回购（repos）在金融市场为融资广为应用，且被认为是比无担保货币市场更安全、更可信赖。2008年金融危机后，当一些国家的回购市场不能满足市场参与者的流动性需求时，巴塞尔支付结算委员会调查了回购中的交易、清算和结算，以及能否对市场基础设施作出改进。其讨论的基础设施的一个方面就是回 238
购市场中合同条款的混杂：

> 回购业务的合同基础因国家而异。国际主协议，例如【债券市场协会/国际资本市场协会】的全球主回购协议（GMRA）或者以美国中心的主回购协议常被使用。在某些国家（如法国、德国、日本、瑞士），国内主协议和GMRA在国内交易对手间同时在使用。在另一些国家，国际GMRA由国内附件的形式补充以适应特定产品和各自国家法律环境的需要（如加拿大）。欧洲主协议（EMA）试图在欧盟区取代国内主协议，但应用有限。在瑞典，像中央银行（Riksbank）和瑞典国家债务办公室这样重要的市场参与者都有自己的回购合同；日本也是一样，日本银行（Bank of Japan）有自己的回购协议合同。[55]

三、主协议及其解释

近来，金融市场的银行间市场缔约以其松散谈判、邮寄规则和"各自标准模板之争已与合同书差异甚远。电子或电话交易往往在几秒中内完成。如前所述，英格兰银行的

---

〔51〕 Bank for International Settlements, *Recent Developments in International Interbank Relations* (Basle, Bank for International Settlements, 1992), 101.

〔52〕 NIPs, Ⅱ, 29, 31. Cf. 'The use of industry-standard documents is strongly encouraged to provide a sound mutual basis for conducting financial market transactions': New York Foreign Exchange Committee, *Guidelines for Foreign Exchange Trading Activities*, revised November 2010, 13.

〔53〕 参见原著 p. 193。

〔54〕 参见原著 p. 553-4。

〔55〕 Committee on Payment and Settlement Systems, *Strengthening Repo Clearing and Settlement Arrangements* (Basle, BIS, 2010), 26.

《非投资性产品规范》要求以电子发送方式确认交易。通常银行间主协议避免了“会同模板之争”，但每宗交易的精确的条款仍需要达成一致。在各方未能就某一事项达成一致时，法院不愿意将主协议的用语扩张及此。[56] 主协议可以约定其与其下各独立协议融合形成一个协议。[57]

（一）合同时点

原则上如果各方就实质性条款以口头或电子方式达成一致，就可以说在彼时彼地缔约。但大量的银行间交易是这种情况：口头交流或电子沟通多于初步交换或部分谈判，核心条款可能已经达成。[58] 书面确认书是谈定条款的证据。这将在文档中明示。例如，2006 年国际外币交易和货币期权主协议修改成“各方知悉自同意这些条款起（无论口头还是其他方式），他们自愿受到外币交易和外币期权交易条款的法律约束。”[59]

239 ### （二）合同条款

可以在确认书或其他文档（如交付证明）中以明示条款将主协议纳入具体交易。[60] 作为一项原则，即便没有纳入条款，基于合理通知、各交易的一致性和当事人间的共同理解，标准条款也可以适用。银行间市场交易几乎总会有主协议。如果主协议没有经当事人签署，主协议也仍然有约束力，因为确认书约定了它会适用如同它已签署。如果没有该约定，就要以当时的情形来决定该条款是否适用：行为的过程和商业惯例能否指向一项基于某特定主协议条款而达成的交易。[61]

如果口头协议和文档看起来不一致怎么办？对话的电话录音可能包括清晰的协定，可以用来解决文档中的错误。[62] 但是如果谈判已达成协议了，谈判过程中的口头陈述怎么办呢？如果文档非常清晰地表达了各方已达成一致，就不会再留意这些口头陈述是否构成合同条款或者构成补充合同。例如，如果对方签订了承诺函并打算令其成为双方合同的最终表述，那么谈判过程的口头表述证据将不能得到支持。在英国法下这一结论现在受到合同禁反言原则的强化。[63]

---

〔56〕 例如，*Finance One Public Company Ltd. v. Lehman Brothers Special Financing Inc.* 414 F. 3d 325（2nd Cir.，2005）（在 ISDA 主协议中的适用法条款不涉及抵销）。

〔57〕 *Lomas v. JFB Firth Rixson Inc* [2012] EWCA Civ 419; [2012] 2 All ER（Comm）1076; [2012] 2 Lloyd's Rep 548, [118]（法院接受 ISDA 顾问的提交，允许其介入，说明单一协议概念对 ISDA 主协架构而言是基础性的。）。

〔58〕 *Bear Stearns Bank plc v. Forum Global Equity Ltd.* [2007] EWHC 1576（Comm）. See also *Global Asset Capital Inc v. Sarl* [2017] EWCA Civ 37; *Grizzly Business Ltd v. Stena Drilling Ltd* [2017] EWCA Civ 94.

〔59〕 由美国外汇交易委员会和英国银行家协会发布。

〔60〕 *Tael One Partners Ltd v. Morgan Stanley & Co International plc* [2015] UKSC 12; [2015] Bus LR 278.

〔61〕 See A. Hudson, *The Law on Financial Derivatives*（5th edn.，London，Sweet & Maxwell，2012），129–31，306–8.

〔62〕 *Ventouris v. Mountain*（*No.* 2）[1992] 1 WLR 887, [1992] 3 All ER 414（CA）.

〔63〕 参见原著 p. 203。

不一致的情况也会发生在主协议和确认书之间。可能有最高效力条款来处理这种情况，比如确认函优先于主协议。〔64〕 与之类似，如果有明确说明合同条款优先，哪怕定义与国际互换与衍生品协会这样的行业集团发布的定义不一致，且其经援引已融入合同。〔65〕 如果当事人想要修改主协议的条款，问题也来了。主协议及其各条款之间的关系得非常小心地通篇处理。尝试改动条款可能不能考虑所有潜在影响，因此产生意想不到的后果。〔66〕

（三）条款的含义

我们在前面章节里考虑了英国法所采用的商事合同整体解释法。〔67〕 在此我们强调金融界喜欢用行话的特质。效率、产品差异性、神秘主义倾向和跨境交流的需要——这些都导致了金融语言有时难以理解。当词语没有表达其直白含义时，当事人要举证证明他们想赋予这些词语的解释。实际上，当事人会用他们自己的理解套在特定字或词上。这样国际互换与衍生品协会的主协议指引可以用来帮助解释，尽管最后起决定性作用的 240
还是合同用语。〔68〕 在特定情况下哪怕在合同中有明确约定也会构成习惯上禁反言，那是指如果允许银行对双方共同的假设食言就会出现不公平的情形。〔69〕

我们之前已强调英国商事法院在解释金融合同时会努力得出符合商事常识的结论。由此，一项贷款市场协会的按面值交易的标准条款要放在贷款需要在二级市场多次买卖的背景下解释。〔70〕 在涉及像国际互换与衍生品协会主协议这样的标准合同时，特别适合根据商业目的和文件记录的交易来整体解释商事合同。〔71〕 如果没什么特别荒谬的情况，仅仅因为各方各执一词，法院会按其认定的恰当含义赋予法律效力。〔72〕 恰当的含义不一定是市场主流意见，尽管英国法院试图得出与其一致的结论，有时还允许能解释清楚的第三方介入。〔73〕

---

〔64〕 *Indosuez International Finance BV v. National Reserve Bank*, 98 NY 2D 238, 242; 774 NE 2d 696, 699 (2002)（涉及 ISDA 主协议的一个案件）。

〔65〕 *CIBC Bank &Trust Company (Cayman) Ltd. v. Credit Lyonnais*, 270 AD 2d 138, 704 F. 3d 325 (2nd Cir., 2005).

〔66〕 e. g. *Finance One Public Company Ltd. v. Lehman Brothers Special Financing Inc.*, 414 F. 3d 325 (2nd Cir., 2005).

〔67〕 参见原著 p. 202。

〔68〕 *Australia and New Zealand Banking Group Ltd. v. Société Générale* [2000] 1 *All ER* (*Comm*) 682; [2001] *Lloyd's Rep Bank* 153 (CA).

〔69〕 *ING Bank NV v. Ros Roca SA* [2011] EWCA Civ 353; [2012] 1 WLR 472 (CA).

〔70〕 *TAEL One Partners Ltd v. Morgan Stanley & Co International Plc* [2015] UKSC 12, [2015] Bus LR 278.

〔71〕 *Videocon Global Ltd v. Goldman Sachs International* [2016] EWCA Civ 130 (CA).

〔72〕 e. g. *Utica City National Bank v. Gunn*, 222 NY 204, 208 (1918), Cardozo J; *Prenn v. Simmonds* [1971] 1 WLR 1381, 1385, [1971] 3 All ER 237, 241; *Torvald Klaveness A/S v. Arni Maritime Corp.* [1994] 1 WLR 1465, 1473, [1994] 4 All ER 998, 1007-8.

〔73〕 See J. Braithwaite, 'Standard Form Contracts as Transnational Law: Evidence from the Derivatives Markets' (2012) 75 *MLR* 779, 800-4.

四、"软"法:规范和指引

法律在批发金融市场通常是一个辅助性的角色——专业参与人被假定能保护自己。尽管如此,行业协会和中央银行都认为需要采取措施以提升信心并减少专业人之间的争议。由此软法产生了。比如前面已提到的由英格兰银行发布的《非投资性产品规范》;由总部在巴黎的金融市场协会出品的《ACI 示范规范》;由纽约联邦储备银行下的外币交易委员会制定的《外币交易活动指引》。

活跃于这些市场的银行和其他机构也发布这种或那种的规范与指引。这些规范和指引对银行间市场有直接或间接的影响。直接的方面,它们强制交易按某一特定的方式实施;间接的方面,它们可能影响交易惯例或者用实际的条款排除与其要求相反的默示义务。想要在特定合同中产生法律影响,合同与规范或指引的关联度不能太弱。

241

第四节　交易所市场和支付系统

前面检视的各个银行间市场并非正式成立的,具体交易法律关系往往是双边的。银行也在正式交易所做生意,比如,证券市场（如股票交易所）和期货与衍生品交易所。它们可代表客户或者以其自身账户交易。历史上这些交易所有交易大厅;现在都是用屏幕。银行（或至少其子公司）往往都是这些交易所的会员并直接参与,而不是通过经纪成员实现交易。近来,和前面检视的银行间市场一样,很难区分交易所交易是国内还是国际交易,至少在一些国际金融中心例如伦敦、纽约、芝加哥、法兰克福、东京和新加坡都是如此。

银行还是支付系统的会员。历史上这些系统由 18 世纪的银行清算所演进而来。最初是由银行派来收取其他银行开出支票的办事员组成的自愿的非正式会议,逐渐地越来越正式。下面是 20 世纪早期伦敦金融街清算所运行的情况:

> 每家清算银行在固定的清算时间前往清算所清算,一捆捆的"单据"叫"charges",每"charge"由另一家清算所成员开立的支票组成……这些"charge"不断交换、打开、增加……各家银行收到"charge"后拿回银行、检查、付款……一旦所有的"charge"打开并经同意,清算工作就开始了。首先,各家银行的办事员就与每家银行的清入与清出的数额之间算出余额;结果就是在这一天经营下来,他欠另一家银行的数额或者也可能是另一家银行欠他的金额……
>
> 每家银行拿着它的"汇总表",其中有一栏记载着所有清算银行的名字,两边各有一栏记载这些需要付进或付出银行的金额。这两栏会加总,两栏之间加总数的差异代表着这家银行总的应收或应付总数——"总余额"。每家银行在英格兰银行都有这样的账

户，那儿还有个账户叫“清算银行账户”，差额通过这些账户划拨结算。[74]

支付系统现在已超越20世纪早期金融街的以纸质为基础的系统。CHIPS是由纽约清算所协会运营的著名的美元支付系统。Target 2是由欧元系统所有并运营的系统；而CHAPS——伦敦支付系统，由众多银行所有，但由英格兰银行和其他一些银行运营。还有SWIFT。支付系统还将在第十二章中详细讲述。[75]

和支付清算系统一样，股票交易所和大宗商品交易所也发展起来。交易市场与相关清算机构对接，而清算所又依次和银行对接，以便交易所产生的支付义务可以结算。例如伦敦农产品清算所成立于1888年，用来清算咖啡和糖的贸易。今天，凭借LCH. Clearnet的品牌，已为多种国际化市场品种和平台作清算交易，包括证券、金融衍生品、信用违约互换、外汇和大宗商品和货物。

尽管现代清算系统的技术复杂，现代运行的原则有一部分还是1900年代早期金融 242
街运行的那些原则——净额清算（在多边净额结算的情况下）然后在当事人之间净额结算（在通过中央银行的情况下）。但是，一个重大的不同是中央清算系统现在有一个核心的角色，尤其是在证券和衍生品贸易方面。正如下面我们将看到的，在每一笔交易中，合同将被更新为以中央清算系统为交易对手，系统还要求参与会员设定保证金和担保品（证券），以防出错。

一、市场/系统的规则

一家银行一旦成为一个金融交易所或支付系统的会员，它们就订立了多边合同，值得注意的是，这里的合同代表着交易所或支付系统的规则。多边合同是间接产生的，它是基于每一会员和交易所或支付系统签的合同，从而产生在会员间的整体合同。现在的规则就是成员间的多边合同。现有交易所或支付系统的新会员在它们同意现有规则的条件下得以准入。由此作为交易所或支付系统会员的银行间双边合同拼接起来一并归入多边权利义务框架。[76] 这些规则将预制会员间双边合同的标准形式来确保在交易所对其可替换性或可通过支付系统实现处理。

历史上，有些法系认为这种会员式社团的规则不能在法庭中裁决。因为社团应建立在一致同意的基础上，如果未能清晰表明会员意在创建法律关系，这种治理被认为够不上可强制执行的合同。但是，看来金融交易所和支付系统的规则很明确是有法律约束力的，要么因为关系财产权或交易权，要么因为从合同理论而来，有建立法律关系的意图。有些金融市场或支付系统明确表明了意图建立法律关系，有准用法条款的情况就更是如

---

〔74〕 E. Sykes, *Banking and Currency* (London, Butterworth, 1905), 107-9.

〔75〕 参见原著 p. 341-51。

〔76〕 R. Goode, 'The Concept and Implications of a Market in Commercial Law' [1991] *LMCLQ* 177, 180.

此。当一个会员加入并书面同意受规则约束时，这个问题就更无疑异。但是，行政程序和技术规范不会被认定有法律约束力而只能作为指引。

监管规则要求支付系统或金融交易所的规则有强制力，会员违规将被纪律处分。[77]并不矛盾的是，交易所和支付系统规则往往给会员提供争议解决程序以避免诉诸法庭。其中包括内部和解和仲裁程序。[78]

在会员针对会员，或会员针对交易所或支付系统时，支付系统或金融交易所的规则由此具有了强制力。典型情况下，规则里会有条款允许规则不时变动。这是因为，尽管
243 合同不能未经相互同意而变更，但参与方能事先约束自己接受变动而无须届时特别同意。一方面，会员必须接受由交易所和支付系统所作的规则变动。另一方面，规则的实质及其修定是由其他会员决定的。

支付系统或金融交易所的规则可能规定合同的更新。更新的好处在于可以降低风险，增加市场流动性，并减少交易成本。就与交易所有关的清算所而言，很常见的处理方法是清算所自己自动介入，成为交易中的本人。换言之，这一规则导致会员与会员间的权利与义务更新替代为会员与清算所之间的关系（由会员 X—会员 Y 之间，成为会员 X—清算所和清算所—会员 Y）。目的是让成员间和清算所之间具有交互性。和违约方缔约的会员不会承担损失，损失会落在清算所。[79] 由于清算所现在承担了会员的违约风险，它就必须不断地评估其处境，监控交易所的价格、头寸和交易；调整保证金水平和证券（担保品），由此覆盖违约情况（见图 8-1）。

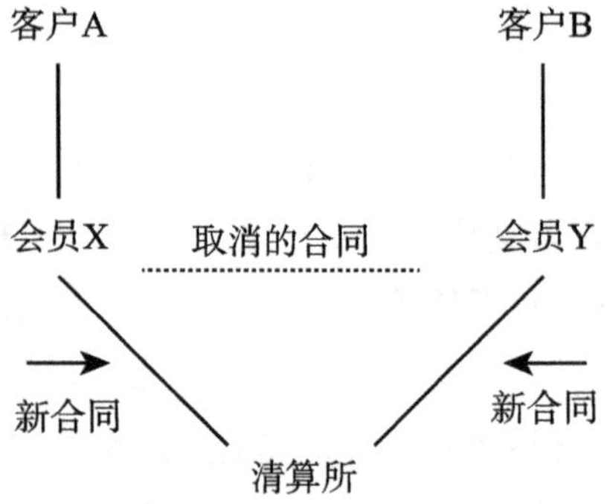

图 8-1　清算所中的更新

〔77〕 e. g. Financial Services and Markets Act 2000 (Recognition Requirements for Investment Exchanges and Clearing Houses) Regulations 2001, 2001 SI No 995, Sch., paras. 8, 22.

〔78〕 J. Braithwaite, 'OTC Derivatives, the Courts and Regulatory Reform' (2012) *Capital Markets LJ* 364, 376-7, App. 2.

〔79〕 P. Wood, *English and International Set-off* (London, Sweet & Maxwell, 1989), 527-8. See also M. Hains, 'Reflections on the Sydney Futures Exchange Clearing House' (1994) 5 *JBFLP* 257.

二、非会员的地位

金融交易所和支付系统的规则会设定其会员间法律关系的具体性质和会员与其非会员客户之间相关交易的性质。例如,它们不会把会员当成是他们(未披露的)客户本人的代理人(合同:在客户 A—客户 B 之间产生),而是作为本人进入背对背合同或者说是镜像合同(客户 A—会员 X;会员 X—会员 Y;会员 Y—客户 B)。

一个重要的问题是对非会员客户来说,在何种程度上受到金融交易所或支付系统规则的约束。举个简单的例子,当客户质疑它的银行划拨资金给第三方时或在交易所执行一项交易时——客户是否受到支付系统规则或交易所规则的约束?答案视情况而定。 244
不能说仅仅因为客户不是规则的直接当事人就能以合同的相对性为由不受约束。在英国法下,有案例认定只要其在市场上交易,规则或市场实践(商业惯例)就能约束他,无论他是否知道这个规则。"雇佣银行人员的人就要受银行人员的惯例的约束。"[80]规则与市场实操成客户与银行间的默示合同条款而具有约束力,尽管有时客户未意识到它们,但是只要是合理的,它们就有约束力。曾有好的判例将交易所或支付系统的规则作为交易惯例以达成该原则的目标。在特定情况下,交易所和支付系统的规则可以明示融入客户与其使用的交易所或支付系统会员间的合同。

在两种情况下——无论是作为商业惯例或纳入合同——都不允许交易所或支付系统对客户提起合同下的直接诉讼。非会员客户也不能因为不公平或不当操作起诉交易所或支付系统。即便有合同更新,会员作为本人行为的法律效果是他们以自己的名义与系统缔约,非会员客户并未在哪个合同下与系统缔约。因此,客户抱怨系统不公平或不适当行为的最好办法是寻求行政法救济或向监管者投诉。

三、市场和清算系统的监管

监管交易市场和清算系统的一个考量点是客户保护。普通法长期对交易所市场的串通行为很反感;它的惩罚方式就是判令这类合同违法,不可强制执行。由此会误导价格的操纵市场,包括稳定市值行为都包括在内,尽管如果诚实行事,只在很小范围行事且经完全披露了也许不包括在内。[81] 金融交易所必须有规则确保交易有序、投资者得到

---

〔80〕 *Hare v. Henty* (1861) 10 CBNS 65,142 ER 374,379. See,e. g. ,*Tidal Energy Limited v. Bank of Scotland plc* [2014] EWCA Civ 1107, [2014] Bus LR 1167, [48], [57] -[59] (CA);*Emerald Meats* (*London*) *Ltd. v. AIB Group* (UK) plc [2002] EWCA Civ. 460 (CA). Cf. *Barclays Bank plc v. Bank of England* [1985] 1 All ER 385.

〔81〕 *Scott v. Brown,Doering,McNab & Co.* [1892] 2 QB 724 (CA);*Sanderson and Levi v. British Mercantile Marine & Share Co. Ltd.* ,*The Times*,19 July 1899. See also Financial Services Act 2012,s. 90.

保护、有充分的违约事件安排就位。[82] 在金融交易所缔结的合同由监管规则塑造，它们就如何和客户做生意或者会员何处对交易有直接利害关系等问题作出规定。支付系统的监管将在第十二章谈及。

245

第五节 银 团

一、"真实型"银团和"参与型"银团

银行银团（或者银行财团）由多个银行彼此联络以完成某项事业。典型的情况是，银行联合为一个公司、一个项目或某一政府融资，可能采用的方式有银团贷款和类似授信，或安排、管理和承销证券。由于涉及规模太大或风险太大，一家银行无法独自提供融资。借款人或发行人可能希望纳入多家银行（也许来自不同的法域）或者联合融资，以期在还款期安排等问题享受同步安排的便利。银团由一家或数家牵头行（有时被称为安排人或牵头管理人）组合在一起。

银团可以是所谓"真实型"银团，即每家银行和借款人/发行人建立直接的法律关系；也可能是所谓"参与型"银团，即牵头行/安排行建立双边贷款关系或者买下所有发行证券，然后将贷款或证券中的"份额"卖给其他银行。[83] 银团中的银行也可能依次将其利益转售他人。[84] 银团中可能有几十家银行，但其本质安排如图 8-2 所示。

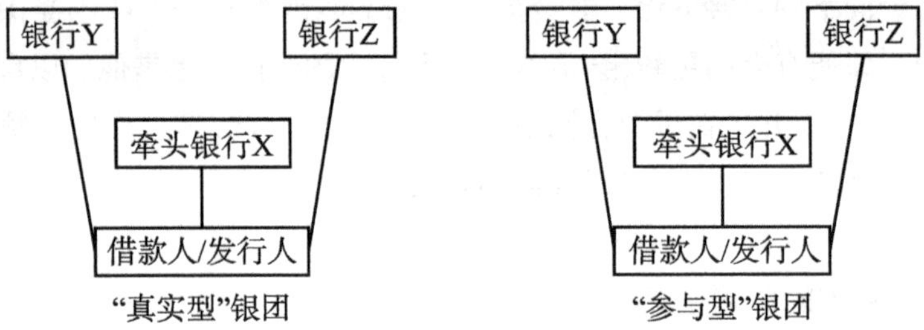

图 8-2 "真实型"银团和"参与型"银团

[82] Financial Services and Markets Act 2000, Part XVIII; Financial Services and Markets Act 2000 (Recognition Requirements for Investment Exchanges and Clearing Houses) Regulations 2001, 2001 SI No 995; Financial Conduct Authority, Handbook, Specialist Sourcebooks, *REC Recognised Investment Exchanges*. See B. Penn, 'Recognised Investment Exchanges (RIEs) and Recognised Clearing Houses (RCHs)', in Blair, Blair, and Willey (eds.) (n 46).

[83] See S. Lucas, 'Basic Principles of Syndicated Lending', in A. Shutter (ed.), *A Practitioner's Guide to Syndicated Lending* (London, Sweet & Maxwell, 2010); A. Mugasha, *The Law of Multi-bank Financing* (Oxford, Oxford University Press, 2007), Ch. 3; G. Skene, 'Arranger Fees in Syndicated Loans—A Duty to Account to Participant Banks?' (2005) 24 *Penn St Int'l L Rev* 59.

[84] Compare *Tael One Partners Ltd. v. Morgan Stanley & Co. International plc* [2015] UKSC 12, [2015] Bus LR 278 and *Lloyds TSB Bank Plc v. Clarke (Liquidator of Socimer International Bank Ltd)* [2002] UKPC 27; [2002] 2 All ER (Comm) 992 (PC, Bahamas).

一方是银行而另一方是借款人/发行人的法律关系将在后面讨论。[85] 此处讨论的是在"真实型"银团中银行之间法律关系的本质。在直接谈此话题之前,需要谈一点银团的机制和银行间的相关合同条款。为简化起见,我们假设借款人/发行人委托一个牵头行安排融资,它成为代理行,银团里的每家银行地位平等。实践中可能不止有一个牵头行,银行间存在顺位,而管理组位于顶端。诸多银行对借款人的请求权有顺位,次级债权人劣后于那些优先级债权人。在此情况下,银行受清偿的优先级问题及其在人保利益 246
和物保利益(担保物)的不同权益问题,会在债权银行间协议中列明。[86]

借款人如何对牵头行授权(例如,是否授权其作为潜在牵头行参加竞标),授权委托后决策的本质(例如,就关于银团结构,关于营销贷款或证券),或者牵头行对借款人的义务,都不是我们在此关注的。[87] 我们的关注点是何时牵头行打算吸纳其他银行——取决于参与行想在融资中保留利益的范围——通过发布意向融资信息,包括来自借款人的信息备忘录,也通过邀请其他银行参与。牵头行的声誉将对成功率、结构、定价和银团相关费用产生重大影响。[88] 如果成功,银团中的银行会最终签订协议,约定其提供或认购的融资数额。这些银行还将达成他们之间的法律关系条款。

二、文本中的可分性条款:银团贷款

真实型银团贷款(如我们所命名的)常常被描述为为方便起见,将一系列贷款捆绑成的合同束。可分性条款会约定银团成员间的权利和义务是可分的;一个成员行未履行义务不能免除其他银行的义务。也不会因此使一家银团参与行有权强制执行另一家银行对借款人的贷款承诺函。[89](但是,有谈判地位的借款人可能能谈出一个条款要求牵头行/代理行尽合理努力找到另一家银行来承担违约行的责任。[90])在协议中未曾弃权的范围内,每家银行都有权独立行使其权利。

但是这些银行可能同意受"多数银行"("多数银行"的定义可能有所不同)决议的约束,包括认定特定违约事件是否发生的决议(例如,影响借款人履行能力的情形是否已发生实质性改变),是否宣布违约的决议(例如,是否加速还款和取消贷款),以及是否

---

〔85〕 参见本书第十四章至第十五章。

〔86〕 e. g. *HHY Luxembourg Sarl v. Barclays Bank Plc* [2010] EWCA Civ 1248; [2011] 1 BCLC 336 (CA); *Saltri Ⅲ Ltd v. MD Mezzanine SA SICAR* (*t/a Mezzanine Facility Agent*) [2012] EWHC 3025 (Comm); [2013] 1 All ER (Comm) 661.

〔87〕 M. Campbell and C. Weaver, *Syndicated Lending: Practice and Documentation* (6th edn., London, Euromoney, 2013), chs. 5-6.

〔88〕 J. McCahery and A. Schwienbacher, 'Reputation in the Private Loan Syndication Market', in J. Armour and J. Payne (eds.), *Rationality in Company Law* (Oxford, Hart, 2009).

〔89〕 *Avenue CLO Fund, Ltd., et al v. Bank of America, NA*, 709 F. 3d 1072 (11th Cir., 2013) (依据纽约法作出的判决)。

〔90〕 P. Wood, *International Loans, Bonds, Guarantees and Legal Opinions* (London, Sweet & Maxwell, 2007), 8.

就借款人的违约修定合同或者弃权的决议。[91] 调整还款计划的权利保留给全体银行；
247 换言之，它需要全体一致同意决议，而不仅仅是多数决。[92] 银行就借款人违约而放弃单独起诉的条款约束各银行。[93]

还会有共享条款，典型情形是，各银行根据该条款与其他银行共享从借款人获得的任何还款——既包括区别对待的还款，也包括以抵销方式获得的还款——只要根据各银行贡献的份额算出其受偿比例超过了其他银行。[94] 共享的方式可以是向其他银行付款或是购买其他银行的份额。共享条款将就其与他行分享的部分代位受偿行，由此当借款人抗辩其已完全受偿时它不会处于不利地位。如果共享条款扩展到经法律程序所获救济，那很显然，它不鼓励银行根据可分性条款行使权利，而是鼓励银团内合作。

最后，在我们简单的例子中，每家银行都会指定代理行即牵头行作为协议中的代理人行使管理的职能，例如，接收和分发作为合同先决条件的文件，按协议设定利率，充当支付和还款的渠道，以及作为受托人持有证券。我们很快回来谈代理人地位问题。

三、证券发行的认购协议

从功能上说，证券发行的认购协议不同于银行贷款协议。证券承销团在发行配额给投资人后很短的时间内就解体了，相对而言银团贷款会存续数年。一般而言，银行不会继续持有证券除非发行失败而它们是承销人。实践中证券发行和银团贷款之间的差异正在减少，因为银行低价出售贷款资产已成为更为常规的操作。[95]

在认购协议下，银行实际上是单个的做市商，没有共同的权利和义务。另一方面它们对认购证券承担分别且连带责任。[96] 在一家银行违约的情况下，剩下的银行将有义务按其承诺的比例自行认购或买入。所有银行将指定一家牵头管理人作为代理人去做需要代理人做的事，包括与国际中央证券存管机构（ICSD）签订合同，放弃认购协议约定的条件。重要的是，牵头行代表银行时如果依其看法认为发生于发行不利的条件变化，可以在结束前终止认购协议（依据不可抗力条款）。[97]

---

〔91〕 *Redwood Master Fund Ltd v. TD Bank Europe Ltd* [2002] EWHC 2703 (Ch); [2006] 1 BCLC 149.

〔92〕 P. Karamanolis, *The Legal Implications of Sovereign Syndicated Lending* (New York, *Oceana*, 1992) 137-8, 173.

〔93〕 e. g. *Beal Savings Bank v. Sommer*, 865 NE 2d 1210, 8 NY 3d 318 (CA NY, 2007). See P. Epstein, 'Beal v. Sommer: Did Decision on Collective Action in Exercise of Lenders' Remedies Reflect Contracting Parties' Intent' (2008) 125 *Banking LJ* 240; P. Rawlings, 'The Management of Loan Syndicates and the Rights of Individual Lenders' [2009] 24 *JIBLR* 179.

〔94〕 P. Gabriel, *Legal Aspects of Syndicated Loans* (London, Butterworths, 1986), 185-7.

〔95〕 参见本书第十六章。

〔96〕 H. Scott, *International Finance* (17th edn., New York, Foundation Press, 2010), 617. See generally E. Ferran and Look Chan Ho, *Principles of Corporate Finance Law* (2nd edn., Oxford, Oxford University Press, 2014), 371-3.

〔97〕 T. Prime, *International Bonds and Certificates of Deposit* (London, Butterworths, 1990), 63-6. See G. Treitel, *Frustration and Force Majeure* (London, Sweet & Maxwell, 2014).

四、银团的法律属性 248

有此背景后，我们现在可以更理性地近距离观察真实型银团的法律关系属性。看来至少有四种可能。首先，银团在成员间形成了合伙关系。其次，在认可合营类种法律主体的法域，认定这是一种合营。再次，认为银团产生了信义义务，显然是在牵头行/代理行和银团的成员行之间存在信义义务。最后，银行间仅仅一种公允合同关系，由各银行间的合同条款调整。认定法律属性的重要性在于不同属性会产生不同的法律权利义务：

（一）合伙

合伙是一种不太可能的选项。至少从嗣后可能发生的不切实际的后果看是如此。比如，为银行各自单独行动而负银行间连带责任；再如，令一家银行的授权约束其他银团成员行。无论如何，银团都不满足合伙的标准定义，合伙是以营利为目的而共同经营的法律关系。[98] 它假定银团贷款条款（或认购证券发行的条款）具备了认定银团贷款成员开展经营所必须的持续性或重复性要素。它又假定银团中有充分的相互性，能满足认定银团为开展贷款或认购经营所需的前提——“共同性”。

但是，还是缺乏认定为合伙所必需的分配利润，哪怕借款人的资金成本随着该风险事业的利润率而变动。“分享总收入本身不创设合伙关系”。[99] 每家银行承担各自在银团中的成本，由此银团贷款下的应付利息（或者配售证券所得）是否构成利润；如果有，能得到多少利润，因银行而异。银团贷款合同的共享条款不能影响这个结果。

（二）合营

银团也不可能是一种合营——第二种可能——尽管纽约高等法院一个误导性判决是这个结论。[100] 在英国法下，“合营”并不是有特定含义的术语，尽管有时它也应用于企业联合以实现约定的特定商业目的，合营共享的也许是产品而不是利润。[101] 一项合营可以在合营者之间形成信义义务关联。[102]

在美国，合营自成一类法律关系，尽管在如何定性上存在分歧。与合伙的重大区别在于尽管有共同的利益和利润，但它是单一承诺。[103] 在 *Credit Francaisk* 案中认定银团是合营的后果是，除非银团整体同意，否则原告银行不能单独起诉借款人。事实上，这个

---

〔98〕 e. g. Partnership Act 1890, s. 1 (UK). Cf. *Re Canada Deposit Insurance Corp. and Canadian Commercial Bank* (1993) 97 DLR (4th) 385 (SCC).

〔99〕 Ibid., s. 2 (2).

〔100〕 *Crédit Français International SA v. Sociedad Financiera de Comercio CA*, 490 NYS 2d 670 (1985).

〔101〕 e. g. *Smith v. Anderson* (1880) 15 Ch D 247, 282 (CA).

〔102〕 *Ross River Ltd v. Waveley Commercial Ltd* [2013] EWCA Civ 910; [2014] 1 BCLC 545 (CA).

〔103〕 Williston on Contracts (3rd edn., Mount Kisco, NY, Baker Voorhis & Co. Inc., 1959), ii, para. 318A. Cf. *United Dominions Corpn. Ltd. v. Brian Pty. Ltd.* (1985) 157 CLR 1.

249 银团不同于其他银团贷款之处在于其没有可分性条款。回忆一下，该条款令银团内任一银行有权起诉借款人，尽管，如我们所见，如果共享条款迫使银团共享所获任何收益，这一分别起诉权利也就是虚幻的。无疑受此案推动，银团协议有时会明确声明其并未由此建立合营（或合伙）。

（三）信义关系？

银团牵头行对其他行负有信义义务的观点得到了英国上诉法院［阿克纳（Ackner）和奥利弗（Oliver LJJ）］的支持，在 *UBAF Ltd. v. European American Banking Corp.* 案的附带意见中：[104]

该原告受邀加入也确实加入的交易，是组成一个银团贷款，在我们看来，被告显然处于对其他参与人负信义义务的地位。是被告收取了原告的资金，是被告为所有参与人安排并持有了贷款担保。因此，如果被告履行信义义务时，知悉担保物如原告所称是不充足的，我们认为，显然其有义务通知参与人这一事实，而始终未能通知构成对信义义务的持续违反。

把这些话当作法律通识必须谨慎。该案涉及的是一项既存贷款的买卖——我们称参与型银行贷款——牵头行/安排行同时也是为参与人利益提供担保的受托人。在此情况下牵头行的信义义务较无担保的真实型银团更富争议。而且，这些述评未考虑信义义务能以合同修改或否定。而银团贷款文件一般都会这样处理。

显然如果认定存在信义义务是对的，其后果是令情况复杂化，当银团风险出问题时，银团成员将能起诉牵头行。施加于受托人的法律责任比认定为公允交易法律关系时大得多。[105] 除了和一般义务一样，需要以谨慎和专业行事，受托人还必须披露与借款人或发行人相关的所有利益冲突和自其收受的好处。有评论建议使用 *UBAF* 案的变通方法：牵头行初始是借款人的代理人，但某些时点将银团组织在一起时成为银团银行的代理人并由此对它们负有信义义务。[106] 但“义务转换”理论在质变发生的时点上说不清道不明。

事实上，美国联邦法院的观点是对的，其结论是在普通法下要求一个牵头行对银团

---

〔104〕［1984］QB 713, 728. See R. Zakrzewski, ‘SyndicatedLending’, in A. McKnight, S. Paterson, and R. Zakrzewski (eds.), *The Law of International Finance* (2nd edn., Oxford, Oxford University Press, 2017), 498-9, 522-5.

〔105〕参见原著 p. 273。

〔106〕J. Lehane, ‘Role of Managing and Agent Banks’, in D. Pierce et al. (eds.), *Current Problems in International Financial Law* (Singapore, Butterworths, 1985); *R. Tennekoon, The Law and Regulation of International Finance* (London, Butterworths, 1991), 56. See also C. Ajibo, ‘Syndicated Lending: Re-conceptualising the Role of the Managing Bank and Agent Bank’ (2015) 30 *JIBLR* 476.

负有信义义务需要特定条件，而且即便如此，也只是在某些方面有信义义务，不及其余。[107] 一般说来，普通法要求，要成立信义义务需要一方对另一方寄予信任——银团成员合理期待牵头行/代理行会把其利益放在自身利益之前。[108] 但在正常银团中，银团成员间是公平交易的，没有理由放弃自身的警惕或独立判断。即便 *UBAF* 案的认定是对的，值得争议的是，银团成员也已同意牵头行/代理行违反其大部分信义义务。毕竟，他们足够老道能掌握牵头行/代理行与借款人/发行人间是否已有银行业务关系，知道牵头行/代理人担任这一角色会额外收费，也知道它要商业逐利。 250

任何情况下信义义务都因合同安排而塑造变化。[109] 它可以在定义角色时实现。也可以明示约定，正如免除信义义务中避免或披露利益冲突及"秘密获利"的义务。由此典型的银团贷款协议会明确牵头行/代理行无须向其他银行披露或报告自己收费多少。为避免利益冲突，标准条款也会约定牵头行/代理行可以参与与借款人/发行人的其他银行业务，比如担任财务顾问。而且，如果牵头行/代理人基于自身判断决定不向银团披露某些从借款人处获得的秘密信息，约定条款还能起保护作用。与其他银行公平自由地谈判，这种条款既不违反普通法也不违反成文法对免除责任条款的限制。[110] 这样牵头行/代理行可以避免处于两难境地，披露则违反对客户的保密义务，不披露又违反银团下信义义务。最后，协议会明确约定其中任何表述不会令牵头行/代理行构成银团信义义务人。[111]

（四）公允交易的法律关系

这是否意味着第四种关于银团属性的公允交易法律关系说，即银团由合同约定调整的说法是最有说服力的？[112] 是的，但这并未排除银团成员就违约或违背注意义务对牵头行提起诉讼。[113] 就后者举个最简单的例子，例如在挑选律师起草法律文件时，如同其

---

[107] e. g. *In re Continental Resources Corp.*, 799 F. 2d 622 (10th Cir., 1986); *First Citizens Federal Savings & Loan Association v. Worthen Bank & Trust Company*, 919 F2d 510 (9th Cir., 1990); *Banque Arabe et lnternation-ale d' Investissement v. Maryland National Bank*, 57 F. 3d 146 (2nd Cir., 1995). See E. Berkley and T. Harmon, 'Multiple Lender/Multiple Borrower Transactions', 897 *PLI/Comm* 333, 339 (2007).

[108] *LAC Minerals Ltd. v. International Corona Resources Ltd.* (1989) 61 DLR (4th) 14, 29, 40, 61 (SCC), 学术法源和其他判例也有引用。参见原著 p. 274。

[109] *Kelly v. Cooper* [1993] AC 205, 213-15; *Henderson v. Merrett Syndicates Ltd.* [1995] AC 145, 206; *Hospital Products Ltd. v. United States Surgical Corporation* (1984) 156 CLR 41, 96-7.

[110] *National Westminster Bank plc v. Utrecht-America Finance Co.* [2001] EWCA Civ. 658, [2001] 3 All ER 733 (CA).

[111] Loan Market Association, Multicurrency Term and Revolving Facilities Agreement, § § 26. 4-26. 5, 26. 12.

[112] L. Clark and S. Farrar, 'Rights and Duties of Managing and Agent Banks in Syndicated Loans to Government Borrowers' [1982] *U Ill. LR* 229. See also J. O'sullivan, 'The Roles of Managers and Agents in Syndicated Loans' (1992) 3 *JBFLP* 162.

[113] *Sumitomo Bank v. Banque Bruxelles Lambert SA* [1997] 1 Lloyd's Rep. 487. See G. Skene, 'Syndicated Loans: Arranger and Participant Bank Fiduciary Theory' (2005) 20 *JIBLR* 269, 278.

他服务提供者，牵头行要秉持合理的注意与专业行事。如果找了一家卓有声誉的律所，这个标准很容易达到。无论如何文档中都会免除责任条款，唯一的问题是这一条款是否足够宽泛，足以覆盖各种违约。牵头行需要有到位机制，确保其工作人员不会对银团成员有疏忽或欺诈表述，因为这会令牵头行背负法律责任。

251 五、牵头行对信息备忘录的责任

一个尤其特殊的问题是牵头行对信息备忘录中的错误陈述或遗漏的法律责任。借款人须对此负责，因为备忘录是他的文件，专门分发给潜在银团成员。普通法或银团协议对此都会有救济，因为一般情况下借款人会声明信息备忘录不存在误导也没有遗漏重要事实，且保证发行后不会发生实质性不利变化。违背声明将构成一项违约事件。但是如果这些救济变成虚幻的怎么办，因为借款人已经破产，而唯一的有钱人就是牵头行？如果牵头行仅仅是借款人和银团之间的导管，牵头行在认定为过失性错误陈述的诉讼中应否承担责任就富有争议。[114] 将牵头行视为借款人的代理人于事无补，因为纯执行事务性代理人可以避免法律责任。

事实上，在很多案件中牵头行会密切涉入信息备忘录的准备。在这些情况下，牵头行如果未尽合理注意以确保信息准确可能承担责任——如果按市场措辞，就是它未能尽职调查。英国法认为牵头行承担着必要责任。就潜在银团成员而言，要以过失性错误陈述起诉同样需要必要的近因。极端情况下欺诈（欺骗）也是有可能的。但牵头行仍可能获胜。因为银团成员首先得证明存在信赖——他们与借款人建立合同是基于对信息备忘录的信赖。而事实可能并非如此。

而且，银团成员会发现很难解决内嵌在文档中的常见免责条款和免责声明问题。一般情况下，信息备忘录自身就会说明所有信息来自借款人，牵头行未对信息准确性和完整性作出陈述或保证，也没有义务去审查它，各家银行需要自行评估其相关性和准确性。协议也会有其他类似条款。[115] 这些条款通常是有效的。[116] 银团贷款是做市商市场，所涉均为内行金融参与者，在与合同明示条款不一致时，法院不愿意认定存在默示合同陈述或默示责任承担。不公允合同条款的法律规定不适用于金融机构间公平交易的商事

---

[114] e. g. *Royal Bank Trust Co.* (*Trinidad*) *Ltd. v. Pampellonne* [1987] 1 Lloyd's Rep. 218 (PC). 参见原著 p. 294。

[115] D. Halliday and R. Davies, 'Risks and Responsibilities of the Agent Bank and the Arranging Bank in Syndicated Credit Facilities' (1997) 12 *JIBL* 182, 185.

[116] e. g. *IFE Fund SA v. Goldman Sachs International* [2007] EWCA Civ 811; [2007] 2 Lloyd's Rep. 449 (CA); *Raiffeisen Zentralbank Österreich AG v. Royal Bank of Scotland Plc* [2010] EWHC 1392 (Comm); [2011] 1 Lloyd's Rep. 123. See also *Unicredito Italiano spa v. JP Morgan Chase Bank*, 288 Supp. 2d 485 (SDNY 2003). See L. Gorton and T. Jorgensen, 'Roles and Functions of the Lead Bank and the Agent Bank in a Syndicated Loan Agreement' 2009-1 *Euredia* 33, 61-2; L. Gorton, 'Syndicated Loans: Information Memoranda—Some Legal Implications', in P. Schaumburg-Müller and H. Juul (eds.), *Vennebog til Lennart Lynge Andersen* (Copenhagen, Karnov, 2012).

缔约。只有在不太可能的情形,即牵头行欺诈或者明知借款人错误陈述仍袖手旁观时,才会废弃合同条款。

六、代理行 252

如果牵头行自银团协议生效时起承担了代理行角色,它可能因违反该角色义务向银团成员承担责任。哪怕没有这样描述,其大体也负有机制性或管理性责任。代理行从借款人处收取构成先决条件的文件和信息,大凡可能,它都会明示其不代表银团核对文件和信息的准确性和完整性。代理人是资金提用和支付管道,但在协议中会明确说明并非基于信托持有资金,也不负任何信义义务。[117] 协议还会约定代理行没有义务向成员行提供借款人的信用信息,银团成员应持续自行独立评估。

特定情况下,代理人可能会被协议授权作为代理人缔结其他协议,银团成员受其约束。[118] 如果代理人以其他身份行事,比如作为担保的受托人,在这方面可能会承担一定范围的责任。[119] 但是,通常来说,它作为代理人的责任是有限的。在一般法下,关于代理人是否应尽注意和适当技能去监控借款人状况尤其是监控违约事件富有争议。实践中,这种责任会以协议的形式排除,协议一般会约定代理人没有义务监控是否发生违约事件——所谓"鸵鸟条款"——且不应推定其知悉违约事件。如果确实知悉违约事件的存在,它只须通知银团:是银团应根据协议的多数决或全体一致决的约定来决策行动。在缺乏严重过失或故意时,协议只会对代理人就银行成员的问题施加很小的责任。代理人责任仅限于那些在协议中已说明的责任,不能从普通法的代理人义务中产生,也不能以合同默示条款的方式产生。[120]

---

[117] 对比代理行破产时的地位;*Re Japan Leasing* (*Europe*) *plc* [1999] BPIR 911; [2000] WTLR 301。

[118] *British Energy Power & Energy Trading Ltd v. Credit Suisse* [2008] EWCA Civ 53; [2008] 2 All ER (Comm) 524; [2008] 1 Lloyd's Rep. 413 (CA).

[119] *Saltri Ⅲ Ltd v. MD Mezzanine SA SICAR* (*t/a Mezzanine Facility Agent*) [2012] EWHC 3025 (Comm); [2013] 1 All ER (Comm) 661.

[120] *Torre Asset Funding Ltd v. Royal Bank of Scotland Plc* [2013] EWHC 2670 (Ch), [141] -[148]; *Rosserlane Consultants Ltd v. Credit Suisse International* [2015] EWHC 384 (Ch), [101] -[111]. See C. Qu, 'The Fiduciary Role of the Manager and the Agent in a Loan Syndicate' [2000] 12 *Bond Law Review* 86; L. Gorton and T. Jørgensen, 'Roles and Functions of the Lead Bank and the Agent Bank in a Syndicated Loan Agreement' (2009) 1 *Euredia—Revue Europeene de Droit Bancaire et Financier* 33.

253

第九章 保密义务

银行对客户的保密义务并不难理解,虽然我们已看到普通法如何把这个问题弄得一团乱。真正难的是如何在实践中应用这一原则。起码有两大难点。第一,保密性天然阻碍商业上可接受的操作（但不一定阻碍和睦）。银行履行不同职能,这就有违反保密义务的各种可能。银行喜欢在集团公司内部分享信息,这样大量的金融、保险和其他服务可以营销给客户。除了本章描述的情形,保密性在其他情境下也会成为问题。例如,在银行实施并购或证券化资产时,就看银行如何实施,除非和客户的协议允许资产与相关信息一并移转,不然做这些业务就存在违反保密义务问题。第二,保密经常成为做错事的外衣,而且往往是大规模的错事。盘剥人民的政治领导人、大毒枭和罪犯以各种形态和规模假借银行系统拿走不义之财。在将罪犯绳之以法并收缴赃款时,银行保密性扮演了阻碍的角色,有时是不可逾越的障碍。[1] 保密性还令恐怖主义者在全世界调拨资金而不被侦察提供了解释。多年以来,保密性让那些藏富于国外的人得以避税。

国际法律文件有时也承认银行在国内法下对客户所负有的保密义务。正是《服务贸易总协定》中的金融服务附件（GATS）规定任何内容不得被解释成要求成员国披露与个人客户相关的事务与账户信息。[2]

但是,国际法律文件的主流趋势是要求银行保密性服从于执法利益。[3] 例如,《2001年欧盟犯罪问题互助条约议定书》（2001 Protocol to the European Union Convention on Mutual Assistance in Criminal Matters）举了个例子:成员国不得以银行保密性为由拒绝
254 对另一成员国的合作互助请求。[4] 相应地,成员国必须立法到位,让该种情况下国际合作要求优先于银行保密性。英国《2003年刑法（国际合作）》[Crime（International Co-operation）Act 2003] section 33 包括相关的内容。2009年G20领导人采取了措施来结

---

〔1〕 R. Ivory, 'Asset Recovery in Four Dimensions: Returning Wealth to Victim Countries as a Challenge for Global Governance', in K. Ligeti and M. Simonato (eds.), *Chasing Criminal Money* (Oxford, Hart, 2017), 184; P. Lilley, *Dirty Dealing. The Untold Truth about Global Money Laundering, International Crime and Terrorism* (3rd edn., London, 2006), 61-7, 88-107; P. Reuter and E. Truman, *Chasing Dirty Money. The Fight Against Money Laundering* (Institute for International Economics, Washington DC, 2004), 60, 130-1, 136-7.

〔2〕 [1994] 1869 UNTS 183; 33 ILM 1167, 2 (b).

〔3〕 G. Stessens, *Money Laundering* (Cambridge, Cambridge University Press, 2000), 333.

〔4〕 [2001] OJ C326/1, Art. 7.

束以离岸金融中心避税的银行秘密时代。[5]

第一节　保密义务概况

一、义务的本质与正当性

对德国人而言,银行保密性据说受到联邦宪法条款的保护,例如 Article 2(择业和执业的自由)。[6] 无论这在德国法上是不是准确,《欧洲人权公约》Article 8 和《欧盟基本权利宪章》Article 7(尊重个人的私人和家庭生活,住所和通信),虽然没有在法律上直接规定银行保密性,但可用以支撑它。[7] 尽管如此,本章的争论是,无论是作为法律问题还是公共政策问题,银行对客户负有的保密性义务,常常也应该为上述公约和宪章所认定的相反公共利益所战胜。

还是从历史开始。直到多次引用的 *Tournier v. National Provincial and Union Bank of England*[8]的判决出现,英国法院才坚定地对银行施加保密义务。大约半个世纪前,当这个问题诉诸法庭时,如公众所期望,法院默认银行保密性是一项道德义务而非法律义务。[9] 毫不奇怪《银行家杂志》为这一方式喝彩,认为这与常识和惯例完全一致——银行从业人员将尽职地运用其所承载的信托,无须用到法律义务。[10] 如果说缺乏相关诉讼作引导,这种现象本身是引导。然后,特纳(Tournier)先生来了,或者说是芬内尔(Fennell)先生,他是 National Provincial 银行某分行的经理。考虑到他的客户特纳先生没有按约清偿其 10 英镑透支款,实际上是将一张支票为其利益背书给了一个书商,[11]
芬内尔把一切都告诉了特纳的老板,于是老板决定在试用期后不再雇佣他。和很多人一 255
样,他们轻易就进入法律聚光灯下。特纳先生在法院手中的最终命运并不为人所知,因

[5] See H. Leikvang, 'Piercing the Veil of Secrecy: Securing Effective Exchange of Information to Remedy the Harmful Effects of Tax Havens' (2012) 45 *Vanderbilt J Trans L* 293, 327-33; N. Johannesen and G. Zucman, 'The End of Bank Secrecy? An Evaluation of the G20 Tax Haven Crackdown' (2014) 6 *Amer Ec Jl: Ec Policy* 65. 基于《多边税收征管互助公约》(Convention of Mutual Administratiue Assistance in Tax Matter),经济合作与发展组织统一报告标准意味着自动向海外披露银行客户的相关税务信息。

[6] O. Sandrock and E. Klausing, 'Germany', in R. Cranston (ed.), *European Banking Law* (London, LLP, 1993), 91. Cf. N. Horn, 'Germany', in R. Cranston (ed.), *European Banking Law* (2nd edn., London, LLP, 1999), 74. 看起来美国宪法没有规定保护银行:*United States v. Miller*, 425 US 435, 442 (1976)。

[7] See D. Feldman, *Civil Liberties and Human Rights in England and Wales* (2nd edn., Oxford, Clarendon, 2002), 622; R. Stokes, 'The Banker's Duty of Confidentiality, Money Laundering and the Human Rights Act' [2007] *J Bus L* 502; T. Walsh, 'The Banker's Duty of Confidentiality: Dead or Alive?' (2010) 1 (2) *Edin SLR* 1, 6-8.

[8] [1924] 1 KB 461.

[9] *Hardy v. Veasey* (1868) LR 3 Ex. 107. See also *Tassell v. Cooper* (1850) 9 CB 509, 137 ER 990. Cf. *Foster v. Bank of London* (1862) 3 F & F 214, 176 ER 96. See also R. Stokes, 'The Genesis of Banking Confidentiality' (2011) 32 *J Leg Hist* 279.

[10] 'Bankers and their Customers' (1868) 28 *Bankers' Magazine*, 218-19.

[11] 正常来说,当然房利美不会见到支票,但是当出票人碰巧是其另一个客户时就会。如果他施展手段是能够通过问询托收银行发现特纳干了什么。

为上诉法院决定重审。但是后者的判决广为传播成为普通法世界银行保密义务的法源，尽管它经过几十年才抵达美国彼岸。[12]

Tournier 案可能是在银行法领域受引证最广的的案例，但它对于理解银行保密性义务的本质却作用甚微。而且，近来它还会对这一义务的内容产生误导。事实是保密性的通用规则，也包括银行保密性，已经发生变化。然而，一旦发生了保密问题许多银行律师还是立即就跳到 *Tournier* 案，而不是在通用规则的背景下使用它。

在详述这个问题之前，有必要从公共政策的正当性上对保密义务多说两句，特别是当该义务施加于银行时。*Tournier* 案本身对此帮助甚微。认定在银行与客户关系之间存在默示保密条款的唯一原因是班克斯（Bankes LJ）的建议——“客户的信用严重地依赖于对此义务的严格遵守。”[13]但是信用并不有赖于隐瞒银行账户状况；即便是在 20 世纪 20 年代，商人还是从银行人员那儿获得信息，但未经客户明确同意。事实上，可能如波斯纳（Posner）教授（现在是法官）所辨析的，对各债权人隐瞒关键财务信息，而如果被知悉将损害这个人的声誉，这就等同于生产者隐瞒其产品缺陷，构成欺诈。[14]

波斯纳教授关注的是保密性（或隐私）并不总是有经济效率的。无论这个观点对错如何，至少能列出来两点支持对银行施加保密义务。第一点与商业信息的商事敏感性本质有关。商业信息是有市场价值的，保密信息更是如此。不难想象如果银行披露了一项经营商业保密信息将把它置于竞争者或捕猎者的危险之中。第二点可能是对银行保密义务的最大争议点——它对于保护个人自治的价值。从商事意义看这和第一个问题发生重合，因为某种意义的共识是减少被他人开发和统治。很实际地说，商事客户和个人客户都很看重他们的财务秘密。银行有不保密的名声会失去公众的信任。[15]

如果说要求银行负有保守客户金融信息秘密的义务在法律上有公共利益的原因，反之亦然。如果国民可以保有银行信息秘密，现代国家无法正常运转。有些人会很不公平
256 地规避应该正当缴纳的税款。如果内幕交易者或市场操纵者有一个以上的规避渠道，将危及市场的整体性。毒品奸商和其他罪大恶极的犯罪将可以洗钱并隐藏其收入。过度负债也是一个重要的社会问题，金融机构应能够获取贷款申请人的全面信息。这些示例都是需要与保密性相平衡的公共利益。现代银行业的技术化和国际化令这些因素更有分量。法律并未忽略这些问题，尽管往往法律在银行保密义务问题上全盘引入公共利益还不被理解。

---

〔12〕 *Peterson v. Idaho First National Bank*, 367 P 2d 284（1961）看起来是第一个明确作出的判决。

〔13〕 At 474.

〔14〕 R. Posner, ‘The Right of Privacy’（1978）12 Georgia LR 393; ‘Privacy, Secrecy and Reputation’（1979）28 Buff LR 1. Cf. K. Scheppele, *Legal Secrets*（Chicago, Illinois, Chicago University Press, 1988）, 36ff; E. Pollman, ‘A Corporate Right to Privacy’（2014）99 *Minnesota LR* 27.

〔15〕 R. Wacks, *Personal Information*（Oxford, Clarendon, 1989）, 11 – 12; ‘International Banking Secrecy’（1990）23 *Vand J Trans L* 653, 656–8.

二、义务的基础

法域不同，银行保密义务的法律基础不同。〔16〕 有的存在于法的通则里，有的存在于针对银行的分则。在欧盟，保密义务是以数据保护法为支撑的，它要求个人数据信息，例如银行持有的客户金融信息和金融交易信息应公平合法地处理。〔17〕

一个极端是，有的法域将银行的保密性义务规定在刑法里。著名的是《瑞士联邦银行法》Article 47，它制定于1934年，当时纳粹基于种族和信仰开始没收个人财产。如果一个银行人员违反Article 47将会被监禁或罚款，尽管如果是由于过失则仅仅会处以罚款。尽管设计初衷是保护合法行为免于非法调查，瑞士法因为阻却域外执法机构追踪不法行为收益而闻名。这一难题因采取许多措施而有所减解，包括《瑞士银行从业人员协会的行为规范》、《瑞士刑法典》的修改、《反洗钱法》的引进，瑞士监管举措以及与其他法域的协议。〔18〕 一家瑞士银行，至少其高管，必须知道存款受益人的身份和交易的经济背景。瑞士现在接受了《经济合作与发展组织示范税收公约》Article 26的信息交换原则，为此目的不再狭义界定避税和税务欺诈。

然而，正当瑞士银行系统让自己变得对资本外流、洗钱者和其他一些人没那么有吸
引力时，还有大量的法域为了经济发展而成功转型为离岸金融中心。它们提供的吸引力
在于银行遵守保密义务且在刑法上可强制执行。〔19〕 它们中有些法域在两种情况之间寻 257
求区别对待，一边是为它们认为理由合法的资金提供避风港（例如，摆脱外汇控制或财
政法的逃逸资本），另一边是为了非法目的资金。实践中，这种方法可能行不通：讲求银
行保密性的法域在吸收合法资金时，银行保密性会被利用以阻断调查者可追踪的审计痕
迹。所有法域需要做的是在保密性价值和扼杀寄生其上的非法活动要求之间获得平衡，

---

〔16〕 见 S. Booysen and D. Neo (eds.), *Can Banks Still Keep a Secret? Bank Secrecy in Financial Centres around the World* (Cambridge, Cambridge University Press, 2017); F. Neate and G. Godfrey (eds.), *Bank Confidentiality* (6th edn., Haywards Heath, Bloomsbury Professional & International Bar Association, 2015) 中的国家研究。

〔17〕 自2018年5月，《条例（欧盟）2016/679号》和《指令（欧盟）2016/680号》将取代《指令95/46/EU号》。处理包括数据披露，参见 *Grace v. Black Horse Ltd* [2014] EWCA Civ 1413; [2015] Bus LR 1 (CA)（金融机构按不可强制执行的信用协议向信用评级机构披露消费者的违约违反了数据保护立法。）。

〔18〕 S. Breitenstein, 'Switzerland', in Neate and Godfrey (eds.) (see n 16); Swiss Bankers' Association, *The Swiss Banking Sector* (Basel, 2010), 31-2; B. Bondi, 'Don't Tread on Me: Has the United States Government's Quest for Customer Records from UBS Sounded the Death Knell for Swiss Bank Secrecy Laws?' (2010) 30 *Nw J Int L & Bus* 1. 根据2013年瑞士银行项目，美国司法部和80家左右的瑞士银行达成不公诉协议以追踪美国避税，这导致美国客户信息的披露和对银行的巨额罚款。

〔19〕 e. g. R.-M. Antoine, *Confidentiality in Offshore Financial Law* (2nd edn., Oxford, Oxford University Press, 2014), 5-7; B. Malkawi, 'Bank Secrecy in Arab Countries: A Comparative Study' (2006) 123 *Banking LJ* 894.

极端情况下不法业务会腐蚀该国的金融机构。[20]

另一个极端是那些在普通法中认定存在保密义务的法域,包含英国在内。英国法下关于违反保密问题的代表评论家认为保密义务在普通法的精确管辖权的来源是基础概念之下的第二层级,他不认为存在此类诉讼类别。[21] 在 *Tournier* 案中银行保密义务默示于银行与客户的合同中。考虑到对默示条款严格的测试标准（至少在英国）,近来对能否跟从这个结论存在一定质疑。现在英国在金融合同中是用明示条款解决保密性问题。[22]

无论如何,合同并非这个问题的全部,否则很难对没有合同的潜在客户,或者是处在相同境地的合伙或商业组织认定其保密义务。在银行向第三方无意披露或经同意披露保密信息而该第三方又再对外披露,如果仅按合同,也就不会有保护了。在独立于合同保护这些保密信息方面,法律必须且确实有作用。法律还通过禁令这一救济方式来防止违反任何合同义务。而且,还有其他可能性。例如,第三方可能因引诱银行违反合同义务披露信息而被诉。所以说违反保密义务的准确管辖权基础是第二级的,这一观点肯定是对的。

三、普通法义务的范围

现在检视普通法下银行保密性义务的起点是调整保密问题的法律通则,尽管在未来隐私权可能会成为更重要的分析基础。我们必须观察这些保密性原则,再结合银行业背景,理解这一义务的范围。在英国法下,戈夫（Lord Goff）法官就保密义务的典型案例中说明了基本原则:

> 当保密信息为某人（收悉者）在一定情况下知悉,他注意到或被认为同意该信息的
> 258 保密性,保密义务就产生了。所产生的效果是,要求其在任何情况下都不得向其他人披露该信息是正当的……对这个宽泛的通用原则有三个限定原则……首先……保密原则仅适用于该信息是保密的范围……第二个限定原则是保密义务不适用于无用的或效用甚微的信息……第三个限定原则是尽管法律保护秘密的基础是公共利益认为秘密值得以法律保有与保护,但这一公共利益也可能被其他相反的公共利益超越而要求披露……[23]

---

〔20〕 Antoine, ibid., 20-2; B. Rider, 'The Practical and Legal Aspects of Interdicting the Flow of Dirty Money' (1996) 3 *J. Fin. Crime* 234, 236; G. Hilsher, 'Banking Secrecy', in E. Effros, *Current Legal Issues Affecting Central Banks* (Washington DC, IMF, 1992), i, 239-40.

〔21〕 T. Aplin, L. Bently, P. Johnson, and S. Malynicz, *Gurry on Breach of Confidence* (Oxford, Oxford University Press, 2012), 99.

〔22〕 两个历史性脚注:(1) 在特纳的账簿中有明示的保密条款;且 (2) 由于判决时在衡平法上不能获得损害赔偿,法院被驱向了合同方向。

〔23〕 *Attorney-General v. Guardian Newspapers Ltd.* (*No.* 2) [1990] 1 AC 109, 281-2 (HL). See also *Campbell v. MGN Ltd.* [2004] UKHL 22; [2004] 2 AC 457 (HL).

显然并不只有银行负保密义务。本书关注的是银行,但我们也可以一笔带过提示一下那些银行集团中的非银行成员——证券部门、基金管理子公司等等也适用保密义务。而且,同样明显的是,银行业务中的保密义务不仅限于客户披露的信息,比如其商业交易信息:由银行产生的信息,包括银行的印象与评估,以及银行获得的与客户相关的信息例如商业交易信息,如果具有保密性质且当时情形就存在保密义务,也应受到保护。〔24〕

交易的细节——(如客户付款给谁或从谁那里收到钱)、客户账户的状态、其雇员的个人信息——这些显然包括在内。原则上没理由认为不作为的信息不该包括在内:客户近来没有使用账户,没有提用授信,没有就并购竞标寻求建议。这一保护可以扩展到银行提供非银行服务的过程中。显然,这一义务也不取决于客户身份。按纽约的规则,似乎认定银行和存款人之间存在默示保密义务,而银行和借款人之间不存在,这在英国法下是没有意义的。〔25〕 就违反保密而言,一般说来,保密银行的义务既适用于前契约交易,也不因银行与客户的关系终止而终止。

一旦银行保密义务被确定为法律的一般原则,就可能解开那些拼图般的谜题。〔26〕重要信息具有不可获取的一般属性,这一点知情人(银行)应知悉。由此A和银行X的关系存在本身就潜在适用该义务。原因是债权人可能想冻结或保全某人账户,但这样作需要知道账户在哪儿。但公共信息不适用于这项义务。〔27〕 例如,这一信息记录于土地、公司或证券登记机构的信息。A一度用其在银行X的活期账户开出支票不能认为 259
X是A的银行这一信息成为公共信息。但是,贷记划拨和借记划拨已很常见,客户日常通知其他人其账户详情以实现支付的付进付出。商业账户的信息可能印刷在一些文档如发票上,此时A在银行X有账户的事实将不再适用保密义务。

银行必须注意信息的保密性。一般来说,这很明显。违反保密义务,需要银行是什么主观状态呢?是否适用严格责任,比如说存有保密信息的银行系统被黑客攻击,但已经安装了现有最好的安全系统有关系吗?原则上违反保密义务的责任是严格责任,接受信息者应采取措施来保护它。在这种义务之下无关过失与否,无论它是以合同为基础(合同下往往要求严格履行)还是以衡平法为基础(它更关注善意)。至于安装的系统是否足够安全的问题,事关银行是否已采取措施避免可避免的风险:不能仅仅说它已经

〔24〕 据回忆在 *Tournier* 案中认定(Scrutton LJ contra)的义务包括从另一银行获得的信息。

〔25〕 *Graney Development Corporation v. Taksen*, 400 NYS 2d 717, 720, aff'd. 411 NYS 2d 756 (App. Div. 1978); *United States Department of Justice v. Chemical Bank NA* 882 F. 2d 633 (2nd Cir., 1989); *LRC Technologies Inc v. HSBC Bank USA*, 37 AD 3d 766; 831 NYS 2d 233 (2007). 了解英国的情况: *Primary Group (UK) Ltd v. Royal Bank of Scotland Plc* [2014] EWHC 1082 (Ch); [2014] 2 All ER (Comm) 1121(因银行向另一集团成员披露公司借款人信息而违约)。

〔26〕 R. Goode, The Banker's Duty of Confidentiality' [1989] JBL 269 中提到了很多这些问题。

〔27〕 在一个大陆法系国家,只有具体的而不是一般性信息属于保密义务的范围,但在英国法下没有理由认为这个而不是那个信息可能具有保密特质或者说不是众所周知的:参见 J.-F. Adelle and M. Samuelian, 'France', in Neate and Godfrey (eds.) (n 16), 359-60。

这样做了，除非它已尽其所能保护客户秘密，且披露并非故意。

从知情人获取信息的第三方同样受到约束，如我们所知，要尊重秘密。而且，授权为特定目的披露保密信息，并未放弃一般性保护的诉求。如果用于其他目的，就违反了义务。未经同意，银行不能在自己的数据库中使用数据以帮助第三方营销（包括银行集团成员）。

就违反保密义务的救济而言，如果很严重，客户可以正当终止银行与客户间的法律关系（如果其他方式不是终止的话）。对披露所致损失可以赔偿损失或者获取禁令来阻止披露。在商业背景下，损害赔偿将有惩罚性特征。客户可以主张因银行违反保密义务而生意凋敝的利润损失。[28] 除商事情况外，英国金融监督监察员还曾判定赔偿，因为银行泄露一位女士搬离其伙伴后的新住址而致其遭受身体袭击且发生再搬家的成本。[29] 如果违反的是个人秘密，则诉求会涉及非惩罚性的弥补精神损害的问题。轻微的披露只会产生名义的损害赔偿。并非客户的所有损失都会得到赔偿。比如，如果客户据保密信息有义务交税，银行本不应披露给税务当局，但这是不可补偿的，因为客户在任何时候都该交税。

四、不使用保密信息的义务

与涉密信息的保密性紧密相关的是禁止不当使用的义务。例如，一家无从获得相关公开信息的银行，从一家公司客户那里获悉了其想并购的公司实现价格变现的路径，而银行用该信息自行买进了目标公司。[30] 现在，银行往往受明示合同约束不能不当使用
260 客户或潜在客户提供的保密信息，只能用于评估所提议的交易。[31]

不当使用保密信息还可能构成不法介入客户商业利益的侵权、违反信义义务或侵犯隐私权。[32] 当损害赔偿不足以救济时，也可以签发禁令以禁止银行以所获保密信息实施行为过程。困难在于，这个义务一般只有在信息仍属秘密时才能存续，如果可公开获得，就鲜有理由反对银行使用它。

也许客户面临的最大障碍是如何证明保密信息被不当使用了。重要时效的经过也许就能否认因果关系。而且，仅仅因为银行知悉保密信息而受引诱是不够的，除非银行

---

〔28〕 *Jackson v. Royal Bank of Scotland plc* [2005] UKHL 3; [2005] 1 WLR 377; [2005] 2 All ER 71.

〔29〕 Financial Ombudsman Service, *Ombudsman News*, Issue 45, April 2005.

〔30〕 *CF Partners (UK) LLP v. Barclays Bank plc* [2014] EWHC 3049 (Ch).

〔31〕 Financial Law Panel, *Confidentiality Agreements in Corporate Finance Transactions* (London, 2001), 12.

〔32〕 *Indata Equipment Supplies Ltd. (t/a Autofleet) v. ACL Ltd* [1997] EWCA Civ. 2266, [1998] 1 BCLC 412 (CA); *United Pan-Europe Communications NV v. Deutsche Bank* [2000] EWCA Civ. 166, [2000] 2 BCLC 461 (CA); *PJS v News Group Newspapers Ltd* [2016] UKSC 26, [2016] 2 WLR 1253. See A. Goymour & S. Watterson, 'Testing the Boundaries of Conversion: Account-holders, Intangible Property and Economic Harm' [2012] LMCLQ 204.

采取了其原本没打算采取的行动,或者银行确为其利益使用了该等信息。[33]

第二节　保密义务的限定条件

班克斯在 *Tournier* 案判决中作出的保密义务的受限条件始终未变:(1) 当披露是基于法律强制要求时;(2) 当披露是对公众的义务时;(3) 当银行的利益需要披露时;(4) 当披露经过客户的明示或默示同意时。这是法理上广为认同的保密义务的例外情形,近乎有着法律效力。有些普通法法域已将这些限定条件引入了立法。[34] 它和数据保护法下合法处理个人数据须满足的条件类似——法律义务、数据控制者的合法利益、公共利益和数据主体的同意。[35]

将 *Tournier* 案中四个限定条件作为真理的好处是它很容易理解,不幸的是它也能产生误导。如果法律要求强制披露的信息不是保密信息——第一个限定条件——很难准确地说这是对银行"保密义务"的"例外"。而且披露是一种义务且这种义务优先于其他义务。正如迪普洛克 (Diplock LJ) 在一个案子中所说,最重要的披露义务是遵守这一土地上的法律义务。[36] 将之称为"例外",反映了一般律师对成文法的看法,这也是第一个限定条件的主要基础。遗憾的是银行业务律师没能保留班克斯的术语"限定条件"。从法律上看,任一限定条件一旦启用,义务就不复存在。

比起这个概念错误,还有些更严重的问题。一个问题是银行倾向于自由解读这些限定条件:典型的是,银行探寻出第四个限定条件所要求的默示同意,如果让客户知悉保密 261
信息会披露,几乎肯定会反对这一要求。另一个忽视基本原则的错误是,除了法律强制和合同约定,保密义务还会为相反的公共利益推翻,这一点已如在前面援引的戈夫法官在判决中所言。班克斯的第二个限定条件是非常有道理的,尽管他的关于银行从业人员不得向调查欺诈的警察披露客户账户的示例因与成文法相甚远,已不复为良法。

最重要的是第三个限定条件——为了银行的利益——在保密和信息披露法的发展过程中未能保留下来。[37] 班克斯所举的例子是银行提起法律诉讼主张支付透支款时在诉状中写明了数额。[38] 也许在日常用语中,这是为了银行的利益披露保密信息。但从法律上说,这种披露是为了司法中的公共利益。称为为银行利益而披露,易生误导,法院

---

〔33〕 *Arklow Investments Ltd v. Maclean* [2000] 1 WLR 594 (PC, New Zealand).

〔34〕 e. g. Financial Services Act 2013, ss. 133-4, Sch. 11 (Malaysia).

〔35〕 O. Lynskey, *The Foundations of EU Data Protection Law* (Oxford, Oxford University Press, 2015), 31-2.

〔36〕 *Parry-Jones v. Law Society* [1969] 1 Ch 1, 9.

〔37〕 R. Spearman, 'Disclosure of Confidential Information' (2012) 27 *BJIB & FL* 78. *cf. E. Ellinger, E. Lomnicka, and C. Hare, Ellinger's Modern Banking Law* (5th edn., Oxford, Oxford University Press, 2011), 192,尽管并没有有效力的判例。

〔38〕 At 473. See also 479, 481, per Scrutton LJ. 参见 *Kaupthing Singer & Friedlander Ltd v. Coomber* [2011] EWHC 3589 (Ch); [2012] BPIR 774, [52] (银行为执行其抵押下的权利而作的披露不算违反。)。

已经不得不抵制那些提议——仅仅为了银行利益而披露并不在限定条件内。[39]

Sunderland v. Barclays Bank Ltd. 案[40]曾被援引以支持第三个限定条件。这个案件从未正式报告过*，看来这也正适得其所。该案中帕克（Parcq LJ）法官在一审中支持被告银行的抗辩，认为通知原告丈夫经账户开出的大部分支票付给了书商是正当的。在上诉中，抗辩的理由是该等披露已经过原告默示同意（第四种限定条件），这成为判决的主要理由。如我们所见，默示同意是个玩花样的概念；仅仅说出账户余额时就已足够时，在任何情况下银行不能将同意范围扩大到说出涉及赌博一事。

看来，没有参考 *Tournier* 案，帕克法官补充说，考虑到丈夫含蓄要求解释在他看来似乎银行对妻子不礼貌的举动，银行有权"提供信息以解释银行的所作所为，无论对错……银行的利益要求这样披露"。[41] 按法律一般原则，对这段话的正确解释是：可能有损商誉的陈述即刻让位于有限披露保密信息，而辩驳是符合公共利益的。

未能认识到根据法的原则第三类限定条件不能成立，杰克委员会（Jack Committee）在按名目考量银行将客户保密信息提供给内部银行集团和外部征信机构的实际做法。由于对相关进展不满意，该委员会建议立法限制"为银行利益"这一限定条件。[42] 事实上，按照法律的一般原则，这种实践只有为公共利益时才是正当的（除了立法有规定或合同有约定）。我们马上回顾一下这个问题。

依据 *Tournier* 案排除法律一般原则，也导致杰克委员会认为：根据诸多要求银行披
262 露保密信息的法官义务，按第二限定条件来披露——有义务向公众披露——"需要非常特殊的正当性理由"。[43] 事实上，公共利益，为公共利益而披露的义务始终是保密性原则的核心；这是就保密义务谈任何限定条件都需要考虑的核心所在。

一、法律强制

法律强制的经典例子是与诉讼程序相关的。司法中的公共利益意味着银行可以不顾违反保密性而提供信息。与诉讼相关的信息披露对司法判决非常关键。如果重要的相关证据不能提供，公众还能有什么信心呢？程序法本质上是本地化的。每个法域都有自己的法庭程序的证据规则。在英格兰和其他地方，《1879 年银行从业人员账簿证据法》（Banker's Books Evidence Act 1879）section 7 及其同等规定会适用。[44] 这使诉讼参与人可获取单方命令来检查相关银行记账科目。但法院不允许将本节用于"钓鱼式扩

---

〔39〕 *X AG v. A Bank* [1983] 2 All ER 464, 479.

〔40〕 (1938) 5 LDAB 163.

* 普通法国家须将案例正式报告公布才能具有先例的约束力。——译者注

〔41〕 At 164.

〔42〕 *Banking Services: Law and Practice*, Cm. 622 (London, HMSO, 1989), 31-3, 35-6.

〔43〕 At 30.

〔44〕 *Wheatley v. Commissioner of Police of the British Virgin Islands* [2006] UKPC 24, [2006] 1 WLR 1683 (PC, British Virgin Islands).

展”,也不会让与案件非密切相关者使用该种法院令。围绕本节已发展出了一堆判例法:著名的是,“银行账簿”被狭义解释。法院还有权要求就银行账户提供信息以实现冻结令或追踪不当支付或错误支付的资金。[45]

除了法院程序,银行还在多种情况下需要按法律要求披露保密信息。加在银行身上的多种法定披露义务每一个都可以找到公共利益理由的支持。银行监管、洗钱、公司欺诈、内幕交易、税收规避、毒品贩卖、恐怖主义——这些都是银行保密性必须让路的一些立法化了的公共利益。[46] 据此法律,公共机构或私人主体都可能优先于银行保密性。[47] 仔细检视细节是烦琐无味的,哪怕只看众多成文法规定中的几个。但有几条归纳性的话是合理的。

其一,成文法无须具体指明是银行与客户关系,虽然在实践中常常这么做。如果法律条款强制提交银行有保密义务的特定信息,法院也会给它以完全效力。要求立法列出涉及约定保密义务的各种法律关系,而银行与客户间的法律关系只是其中之一,是对立法者施加司法限制,不能得到支持。[48]

其二,成文法规定不是完全地优先于保密性。信息披露后,也不会成为一般公众可获取的信息。总的看来,获得披露的信息是受限制的。那些获得信息的人也有独立的法定义务不能再进一步披露。一般来说,这就是银行监事或监管者所处地位,尽管他们可 263
以将信息传给本地或海外的监管者。[49] 银行填报客户可疑活动信息的危险在于可能传播失控。如果怀疑被认定为缺乏依据,它可能导致无辜者被中伤。[50] 有时监管者披露保密信息没有明确的界线规则,但是这涉及利益的平衡,例如,在法庭诉讼中存在查明事实的公共利益和保守秘密的公共利益之间的平衡。[51]

其三,被要求披露时,银行没有义务为客户对一项明显合法且恰当的获取信息的要求抗辩。它既不是保密义务的一部分(这一假定不复存在),也不能作为必要事项或效力事项而成为银行与客户合同的默示内容。这种考虑产生的另一个结果是,银行一般没有义务通知客户存在该等信息获取要求。公共政策也指向于此,因为通知客户可能阻碍或破坏法律调查甚至实际构成违法(泄密违法)。[52] 最多可以说在特定情况下银行处

---

〔45〕 *Bankers Trust v. Shapira* [1980] 1 WLR 1274, [1980] 3 All ER 353 (CA); *Santander UK Plc v. National Westminster Bank Plc* [2014] EWHC 2626 (Ch). See also R. Toulson and C. Phipps, *Confidentiality* (3rd edn., London, Sweet & Maxwell, 2012), 268.

〔46〕 e. g. Proceeds of Crime Act 2002, ss. 370, 374; Companies Act 2006, s. 1132 (4); Insolvency Act 1986, s. 236.

〔47〕 Case C-580/13, *Coty Germany GmbH v. Stadtsparkasse Magdeburg* (Fourth Chamber, 16 July 2015)(知识产权人追索所称伪造者)。

〔48〕 *Smorgan v. Australia and New Zealand Banking Group Ltd* (1976) 134 CLR 475, 489.

〔49〕 Financial Services and Markets Act 2000, ss. 348-9.

〔50〕 S. Lander, *Review of the Suspicious Activity Reports Regime* (*the SARs Review*) (London, Serious Organised Crime Agency, 2006), 29.

〔51〕 See Case 110/84, *Municipality of Hillegom v. Hillenius* [1985] 3 ECR 3947, [1986] 3 CMLR 422.

〔52〕 e. g. Proceeds of Crime Act 2002, ss. 333A-E. See T. Millington, M. Sutherland Williams, M. Hopmeier, and R. Jones, *The Proceeds of Crime* (4th edn., Oxford, Oxford University Press, 2013), 541-4.

理披露请求违反了它的一般性注意义务。[53] 如果处于严重的质疑之中,银行可以向法院寻求认定:如果法院认为它应该披露,那么它就能抵御嗣后来自客户的诉讼。[54]

其四,现在的公共利益限定条件由大量的法律规定作支撑,要求银行有义务主动向监管者和执法主体披露客户可疑活动的信息。这不同于那些强制法名目下因对银行有特别要求而触发披露的法律条款。值得注意的是,公共利益要求银行的披露义务是与其客户涉嫌洗钱和恐怖融资有关。[55]《反洗钱指令(欧盟)2015/849 号》[Money-laundering Directive (EU) 2015/849] 规定成员国有义务要求银行主动通知适当的主管部门其知道、怀疑,或有正当理由怀疑正在、已经或试图实施洗钱或恐怖融资。[56] 该指引第 37 条规定了对银行善意披露的保护使其免于违反来自合同、立法、监管或行政规定的对披露的限制,并免于由于披露而产生法律责任,哪怕银行不是非常精确意识到底层犯罪活动的情况,也不论非法活动是否切实发生。

在英国立法下,任何人知道或怀疑或有合理理由怀疑这些情况,必须按既定的银行
264 内部程序向当局或指定的人员披露,只要信息或其他问题引起了其注意且报告切实可行。[57] 为实现当前目的最重要的是,立法规定该等披露是"受保护的披露"——"不能因披露信息而认定违反限制(无论限制负担是如何产生的)"[58] 银行作可疑活动报告时,被认定存在于银行与客户合同的默示条款是,它允许银行拒绝执行支付指令静伺当局许可。[59] 在此情况下,如果银行因为未遵守指令而被客户起诉,银行必须证明它已具备必需的了解、怀疑或其他合理理由以使该等披露具有正当性。[60]

二、公共利益

对银行保密义务的第二个限定是"对公众负有披露义务"。各种书上对该限定的例子是战争时期某一客户的交易表明是通敌贸易。具有可比性的例子是注意到与恐怖分子的联络,如果这尚未被立法涵盖。第二限定下可能是披露给警察、监管当局例如银行

---

[53] Cf. *Robertson v. Canadian Imperial Bank of Commerce* [1994] 1 WLR 1493; [1995] 1 All ER 824 (PC, St. Vincent and the Grenadines).

[54] *Governor and Company of the Bank of Scotland v. A Ltd* [2001] EWCA Civ. 52, [2001] 1 WLR 751, [2001] 3 All ER 58 (CA).

[55] See E. Ioannides, *Fundamental Principles of EU Law against Money Laundering* (Farnham, Ashgate, 2014), 97-111.

[56] Art. 22. 1 (a).

[57] Proceeds of Crime Act 2002, s. 330; Terrorism Act 2000, s. 21A.

[58] Proceeds of Crime Act 2002, s. 337 (1); Terrorism Act 2000, s. 21B (1).

[59] See *Shah v. HSBC Private Bank (UK) Ltd* [2012] EWHC 1283; [2013] 1 All ER (Comm) 72.

[60] *Shah v. HSBC Private Bank (UK) Ltd* [2010] EWCA Civ 31; [2010] Bus LR 1514 (CA); cf. *K Ltd v. National Westminster Bank plc* [2006] EWCA Civ 1039; [2007] 1 WLR 311 (CA). See G. Sinha, 'To Suspect or Not to Suspect: Analysing the Pressure on Banks to be Policemen' (2014) 15 *J Banking Reg* 75.

业监管者、其他调查银行业监管的官员。[61] 公共利益和公众有兴趣知道之间当然有清晰的区别。历史上这一限定是基于罪恶规则,即罪恶之中无保密可言。在现代演进中,这一限定延及犯罪、欺诈和不当行为,既包括已实施的也包括预谋中的。显然英国法下对违反保密义务的公共利益抗辩潜在包括多种公共利益。权衡不仅限于识别违法行为的公共利益。[62]

仅仅因为立法现在也要求银行从业人员在多种情况下披露信息并不意味着公共利益限定条款是多余的。处理那些法律法规所不及,特别是未预期情况,就需要停顿很久。[63] 要求保密性的公共利益与其他支持披露的公共利益相权衡。银行可能进退维谷:披露将在一定圈子里对其声誉不利,但是被认为向不良业务提供庇护会破坏大众信心。看来要证明存在限定条件的举证责任在银行,尽管披露是否出于公共利益最终是一个司法认定问题而不是一个证据问题。司法认定将受社会趋势的影响,比如全世界所采取的反洗钱措施。税收曾被看作另一个问题,但现在这一观念已有相当转变,银行的保 265
密性不再被当成逃税的不法利益的合法保护。[64]

公共利益限定一般限于为适当管理当局的利益而披露,如银行监管者或警察。例如,银行警告其他客户某一客户有潜在破产的风险不是为了公共利益:如果该客户从危险的边缘退了回去,它的声誉可能已长期受损;如果它继续其不幸命运,那些受警告的客户可能较之其他破产债权人先发制人。

向征信机构披露信息或者用于信用评估目的,就"黑"信息而言(有关违约的信息),其被认定为有利于整体经济从而是正当的。有时认为披露"白"信息或正面信息更难有正当性(某客户是否正常支付,其总体负债或金融交易或持有产品的数额、类别)。就像有着良好记录的客户会获益,这种做法也有其经济益处,如令新银行更准确地评估小买卖的贷款申请。[65] 获得明确披露授权,若不可行就修改银行业务合同,对银行来说是解决此类问题的最好路径。[66] 按数据保护法尤其如此,该法规定个人数据用于约定以外的其他目的构成违法。知情同意使个人数据使用合法,但同意不能仅仅以沉默推论得出。[67]

---

[61] *Libyan Arab Foreign Bank v. Bankers Trust Co.* [1989] QB 728, 770-1; *Price Waterhouse v. BCCI Holdings (Luxembourg) SA* [1992] BCLC 583; cf. *El Jawhary v. BCCI* [1993] BCLC 396.

[62] See P. Finn, 'Professionals and Confidentiality' (1992) 14 *Syd. LR* 317, 323.

[63] 比较 *Banking Act c.* 19 (*rev. ed.*), *s.* 47, *Third Schedule*, (*Singapore*),该法没有规定公共利益的一般要件而只规定了允许披露的具体情形。关于 s. 47,参见 *Ching Mun Fong v. Standard Chartered Bank* [2012] SGCA 38 (Sing CA), [44]-[46] 和 S. Booysen, 'Bank Secrecy in Singapore', in Booysen and Neo (eds.) (n 16)。

[64] OECD, *The Era of Bank Secrecy is Over. The G20/OECD Process is Delivering Results* (Paris, 2011); OECD, Model Convention with respect to Taxes on Income and on Capital, 2014, Art. 26 (5).

[65] Department of Trade and Industry, *Consultation on the Removal of Barriers to the Sharing of Non-consensual Credit Data* (London, 2006), 11-12.

[66] *Turner v. Royal Bank of Scotland plc* [2001] EWCA Civ 64, [2001] All ER (Comm) 1057 (CA).

[67] See E. Kosta, *Consent in European Data Protection Law* (Leiden, Koninklijke Brill, 2013), 130-8, 202-18.

三、客户同意

客户明示同意披露显然将令银行摆脱违反保密义务的责任。谨慎起见，建议银行在表单签字栏之上通过清晰明确的条款取得同意，在网页表格的正面“点击”同意，或通过电话对特定问题作出肯定回答。由此贷款文件可以包括明示条款同意银行将违约信息传送给征信机构。同意可以是一般性或限定性的。后者只能用于特定的目的。理论上明示同意可以是无期限的，但情况变化如此之快以至于明示同意一旦作出就过时了。例如，银行在向客户的审计师披露其银行账户状况、任何担保或者或有负债时，需要客户书面同意。这需要定期续签同意。

在明示同意和默示同意之间有没有中间道路，即一种强制同意的概念，如 A 被法律强制同意银行披露其信息，由此该等同意的有效性取决于具体情况？在一个法域之内，这种概念是多余的，至少普通法法域是如此。如果披露是强制的，作为技术问题强制 A 还是强制其银行生效就不是重要的问题。但涉及两个法域时，这个问题就有了一些相关
266 性。比如 A 在纽约被纽约法院强制同意其银行披露信息，而银行 X 位于开曼群岛。[68] 在一个常被引用的案例中，开曼群岛的授权法院（Grant Court）认定这种情况下 A 没有作出真正同意——而是强制同意——由此银行 X 将违反保密关系（保留）法，该法规定未经本人明示或默示同意而泄露保密信息构成违法。[69] 这种论理是不足以信服的。认为保密信息是客户的，而不是银行的属陈词滥调。一旦客户同意披露，对法院来说该同意是自愿的还是由法律强制的无关紧要，因为事实上的同意解除了保密性。客户的银行没有独立的权利维护秘密。

特定情况下，客户会被认定为默示同意银行披露。银行为推荐人的情况即为一例。类似地，如果 A 给了 B 一张支付票据，A 默示同意 B 询问 A 的银行该支付票据是否会得到偿付。另一个示例明显也可归入这类情形，即债务保证人就其责任范围询问信息。银行必须告诉他们既存的债务和或有债务，尽管可能的负债数额大于保证数额时，只须告知保证人其责任是整个担保额。未经客户同意，保证人无权检视客户账户或获得具体交易的明细。[70]

很难以默示同意为基础认定银行向集团其他公司披露信息是正当的，特别是当该等

---

〔68〕 See *Doe v. United States*, 487 US 201 (1987); *In re Grand Jury Proceedings* (Marsoner), 40 F. 3d 959 (9th Cir., 1994).

〔69〕 *In re ABC Ltd.* [1984-85] CILR 130. See R. -M. Antoine, *Confidentiality in Offshore Financial Law* (2nd edn., Oxford, Oxford University Press, 2014), 267-9, 303-4; M. Alberga, 'Cayman Islands: Privacy—A Balancing Act in Changing Times' (1998) *J. Fin. Crime* 176. On current Cayman law: M. Young, *Banking Secrecy and Offshore Financial Centres* (Routledge, Abingdon, Oxon, 2013), Ch. 5.

〔70〕 W. Courtney, J. Phillips, and J. O'Donovan, *The Modern Contract of Guarantee English Edition* (3rd edn., Sweet and Maxwell, London, 2016), 629; 根据英国银行家协会非强制性的《贷款业务标准》，保证人有权就其所处债务水平要求获得常规信息。

披露有利于其他公司营销金融服务或投资机会时。原则上,银行向银行集团内其他公司披露信息违反保密义务:尽管在经济现实中银行和其子公司是一体的,但普通法在很多方面将它们视为各有独立实体。〔71〕

银行就所谓状态查询的观点自19世纪以来汇票支付开始就已很完善。正如一位19世纪银行业务方面的代表性作家所关注到的:

> 如果商人把票据给银行从业人员,在银行办理付款的场所,并说"先生,如果你告诉我这个票据承兑人是否值得尊敬,我会感激你——我能安排交货或付钱换回这张票吗?"他们会回答说:"先生,我们从不对陌生人回答此种问题。"但是如果票据持有人在该银行开有账户,他只须让他的银行从业人员为他作该等查询,而且他很容易得到充分信息。在伦敦几乎所有的银行人员间已形成了这样的惯例,对他们客户的可信度互通信息。因为他们银行从业人员自身就是最大的票据贴现人,遵从这样的实践符合他们的利益。这 267
> 实际上也是他们客户的利益,至少是那些值得尊敬的人的利益。〔72〕

银行人员间的看法交流不会披露具体精确的账户信息而且会使用有代码的用语。但该做法有悖对客户保密义务的正当性问题从未圆满解决。*Tournier* 案判决在提及实践情况的同时大体上保持了中立。银行法书本最终发展出的基本原理是客户默示同意了这种实践或者说这是商业惯例。只有乔利(Chorley)法官准备揭穿银行的虚张声势。〔73〕上诉法院最后接受乔利的观点,认为其是对的:因为状态查询是在银行间互相知悉与理解,客户并不知情,何谈客户默示同意这种银行实践。〔74〕因此,现在需要的是,银行未经所涉客户明示同意不能出具银行资信证明。而且,只要给了同意,就没道理为什么这些看法不能直接给予查询人,而是迂回经由他们的银行人员。

第三节　国际维度

尽管有保密义务,我们已经了解到银行在本法域内,哪怕是外国银行的分行或子公司,可能被政府当局或私人当事人强制要求披露客户信息,包括他们所涉境外交易。但是客户或银行在海外会怎么样呢?获得跨境证据的标准方法是通过问询函(或查询函):一国法院或法庭请求另一国法院协助以获得证据。这一程序按双边协定或者1970

---

〔71〕 *Bank of Tokyo v. Karoon* [1987] AC 45n,53-4(CA).两大警示:(1)向海外传送个人数据,即便是在同一个实体中的另一个分行,也受数据保护法规制;(2)向银行业集团披露信息可以依据其他法律例外规定获得正当性,例如,为遵守银行报告大额敞口的义务。

〔72〕 J. Gilbart,*A Practical Treatise on Banking*(5th edn. ,London,Longman,1849),10-11.

〔73〕 Lord Chorley,*Law of Banking*(6th edn. ,London,Sweet & Maxwell,1974),24.

〔74〕 *Turner v. Royal Bank of Scotland Plc* [1999] 2 All ER(Comm)664; [1999] Lloyd's Rep Bank 231(CA).

年多边的《关于在民事和商事案件中获取海外证据的海牙公约》实施。[75] 在欧盟对此有些特别规定。[76] 英国法院已准备遵从这一需求，尽管在权衡决定是否对支持外国法院给以公共利益的效力时，银行保密性不会被忽略。[77]

为避免所需程序的固有延迟和限制，可以理解现在产生了一种更有吸引力的办法，即对国际银行的本地分行直接下达法院令，因为该国际银行有其任一海外分行的信息。由此英国的 A 从英国法院获得法院令要求在伦敦分行 X 提供其另一法域分行持有的 B 的信息。过去英国法院对签发这些法院令很不感兴趣；保密义务和礼让在权衡时分量很重。[78] 同理，英国法院也曾阻止执行外国法院开出同样的法院令。[79] 如果签发该等法
268 院令，银行会发现它们处于两头招人嫌的境地：要么遵从法院令，藐视英国法院；要么不做，那么违反了开证国法律。从英国法的角度来说，讨论太过重视保密性，关注公共利益太少，以至于不愿意签出该等命令，或者不愿意对其他法域签出的这种法院令作出回应。我们将在第十一章回到这个话题，届时讨论某一法域禁止银行披露信息，而另一法域要求披露的情况。

第三条获取信息的渠道是国际合作。我们将在第十一章的跨境银行业务的内容中讨论该问题。例如，司法互助协定规定了一国法律执行机制在他国支持调查时可用。条约下的程序不是排他的。法律条约可以要求在不违反当地银行保密法的情况下披露。[80] 然而，司法互助协定是关于严重犯罪的，并不必然及于监管违法。也不必然指向一项违法被指控前的前置询问。但是，例如理解备忘录（MOU）这样的非正式安排仍然可行。[81]

---

〔75〕 See in England and Wales Evidence (Proceedings in Other Jurisdictions) Act 1975; Civil Procedure Rules, 34.13; 34.16-21.

〔76〕 Council Regulation (EC) No 1206/2001.

〔77〕 *In re State of Norway's Application* (Nos 1 & 2) [1990] 1 AC 723, 810-11.

〔78〕 *Mackinnon v. Donaldson Lufkin and Jenrette Securities Corp.* [1986] Ch. 482.

〔79〕 *X AG v. A Bank* [1983] 2 All ER 464. See also *FDC & Co Ltd v. Chase Manhattan Bank NA* [1984] HKLJ 277.

〔80〕 参见原著 p. 323-5。

〔81〕 参见原著 p. 329-30。

第十章　顾问性和交易性责任 269

本书一再重复讨论的主题是当代银行的不同角色及其法律后果。在考虑银行顾问性和交易性责任（advisory and transactional liability）时,这个问题更是休戚相关。事实是银行以自身名义为客户缔结各类交易可能会产生法律责任。银行会向客户或潜在客户营销自己的金融产品,有些产品还相当复杂。这就有可能发生交易性责任,包括与此相关的责任。[1] 此外,银行可能把自己营销成客户的财务顾问。如果银行就自己设计的产品提出建议,它们就不能再被视为传统意义的独立顾问。上述任一情况下都有潜在责任,有别于缔结的具体交易。

本章开篇讨论的是银行责任的一般原则。这一问题可以用很多方法进行研究。其中一个方法是考量可能产生银行责任的相关原则。本章第一节选取了几项该类原则。英国法是本节讨论的主要焦点但非唯一的。另一个方法是考虑多种事实因素,它们内嵌在关于银行责任的法律认定中。同样因素在不同的法律原则下重复出现:事实上,在其他的法律体系也会考量它们。这是本章第二节的焦点。

接下来,本章讨论顾问义务（第三节）。这个问题从两方面讨论——法律要求提供建议但银行未能提供建议的情形,以及银行向客户或第三方提供建议但不建议充分的情形。然后本章第四节转向英国法的原则——不当影响、显失公平和胁迫——当法律认为相关交易主体弱小时这些原则尤其有适用余地。这些原则一般不会影响银行与商事主体的交易。最后,这些特定主题会放在“贷款人责任”这一具体情境下检视（第五节）。这一般用来处理银行对如下各类人负有责任的情形,包括对借款人和潜在借款人,对股东、董事、债权人、保证人甚至对其他贷款人。[2]

第一节　责任的原理基础 270

银行法严重依赖一般法,依赖度最高的莫过于银行潜在责任领域。从原理层次理解银行法需要考虑一般法的原则。银行与客户、第三方之间的法律关系根植于合同,还载

---

[1] 对误导性陈述、意见等的刑事责任（如《2012 年金融服务法》SS. 89-90）不在本章讨论范围。

[2] 本章考虑的是银行责任。当然银行和其他贷款人并非唯一的被告:例如,在英格兰他们曾起诉会计师和其他因过失建议而产生损失的人,例如,*South Australia Asset Management Corporation v. York Montague Ltd.* [1997] AC 191 (HL)、*Swynson Ltd v. Lowick Rose LLP (In Liquidation)* [2017] UKSC 32; [2017] 2 WLR 1161。另参见 *Bayerische Landesbank v. Alladin Capital Management LLC*, 692 F. 3d (2nd Cir., 2012),一起纽约案件,由一家银行起诉一个有担保银团债务的发行人。

入了大量源自侵权法（delict）、衡平法、救济法和成文法的权利与义务。事实上，如我们所见，这些领域的一些典型案例正是银行业务案件，涉及银行与银行交易。[3] 一些重要的银行法问题不得不在银行危机和破产的背景下解决。[4]

即便在特定空间内可行，列出归责原理的基本原则也是多余的。影响银行的合同法的重要方面贯穿全书。一个突出的问题是银行缔约约束自己的义务的本质是什么。合同的明示条款应予以解释，而且在考量一方是否按合同约定条款行事时，可以参考其业务背景。[5] 正如我们在前章中看到的，很多银行义务是严格的（例如，违反授权）。过错不是银行合同责任中的典型因素。有时，客户的主张是针对银行未能尽到合同默示的合理注意义务和技能。我们一会儿来谈这个义务。

为给银行施加责任，客户可以主张：（1）银行合同的明示条款包括的义务比字面上的更广；或者（2）这些更广的义务是合同默示包含的；或者（3）在某些情况下银行承担过这些更广的义务。[6] 第一种主张取决于银行从业人员专家证人的证据——证明聘用有特别能力的银行意味着什么；第二种主张取决于是否满足认定默示合同条款显著性和必要性的烦琐测试；[7]第三种主张取决于案件自身证据情况，例如银行是否在广告和其他营销工作中有过如此宣传。第三种请求权既可以是合同性请求［可能是补充合同（collateral contract）］也可以是侵权性请求。

侵权之诉往往成为银行诉讼的特点。因过失性错误陈述产生责任将在本章第三节中述及。*Hedley Byrne & Co. Ltd. v. Heller & Partner Ltd* 案[8]是这方面的典型案例，它常常被遗忘，它围绕的是一家银行经另一银行向原告出具的就其另一客户的资信证明的法律责任问题。被告银行得以摆脱责任仅仅因为在其银行资信证明中的标准声明。*Hedley Byrne* 原则提出了在一定场景下法院如何就不确定或巨大的纯经济损失实施限制这一普适性问题。在过失性错误陈述的情况下，法院是这样做的：它们让法律责任取决于对特定当事人所负义务内容，该义务产生了特殊的法律关系，尽管不是合同性的，但
271 具有合同特征。在 *Hedley Byrne* 案中被告银行因答复了原告经其第三方银行所作的查询而对原告承担了义务。

Hedley Byrne 原则的适用范围已从顾问咨询服务扩展到其他服务，即被告对原告负

---

〔3〕 最近，返还原物，参见 Menelaou v. Bank of Cyprus Plc［2015］UKSC 66；［2016］AC 176。

〔4〕 See J. Braithwaite, 'The Impact of Crises by Way of the Courts'（2014）29 *BJIB & FL* 147.

〔5〕 关于合同解释原则，参见原著 p. 202, 239。

〔6〕 e. g. *IFE Fund SA v. Goldman Sachs International*［2007］EWCA Civ 811；［2007］2 CLC 134（CA）.

〔7〕 e. g. *Socimer International Bank Ltd*（*In Liquidation*）*v. Standard Bank London Ltd.*［2008］EWCA Civ 116［2008］Bus LR 1304（CA）；*Marks and Spencer plc v. BNP Paribas Securities Services Trust Co*（*Jersey*）*Ltd.*［2015］UKSC 72；［2016］AC 742（UKSC）. 比较 *Property Alliance Group Ltd. v. Royal Bank of Scotland Plc*［2016］EWHC 3342（Ch），［400］-［412］（与 LIBOR 计算相关的默示条例），参见原著 p. 206-7。

〔8〕［1964］AC 465.

有义务且原告因被告未尽注意义务遭受合理且可预见的经济损失。[9] 就特定情况下施加注意义务（duty of care）是否公平这一问题，其发展的边界和内涵仍在拓展。[10] 其中一个边界是，在银行业务场景下，往往要按银行与他方之间的合同界定法律关系，包括银行所承担的义务。更不用说在合同性架构里银行与第三方虽然没有法律关系，但在广告或提供银行明知会为第三方依赖的其他服务的特定情况下，银行会被认定对该第三方承担合理注意义务。[11]

本章的这一部分仅讨论对银行很重要的三大原则。首先关注的是法律所期待的一般注意义务的标准，只要注意义务成立，无论是基于合同、侵权还是信义义务而产生。然后讨论银行的潜在责任，由其作为信义义务人、推定受托人，或是从义务人（accessory，指针对那些非信义义务人但与违反信义义务相关的人提供的救济）而产生。这个领域被挑出来是因为，如果给予扩张解释，它可能导致对银行施以宽泛的责任。最后，提及一些新兴责任标准。一个是善意，其他的主要都以成文法为基础。

一、注意义务

对任何服务提供者施加合理注意与专业的义务（包括提供建议）在法律中随处可见。英国成文法对服务合同默示规定了注意义务。[12] 注意义务仅适用于合同预设的特定服务。[13] 但是，比如说，银行作为融出证券的代理人通过合同承诺以谨慎融券代理人的方式履行义务，在就为客户账户持有证券的风险与客户缔约时，银行必须就违约和损失风险，以及除了持有至到期以外有何其他选择提供公允意见。[14]

和商事主体之间，银行常常插入一个所谓的缔约基础条款（basic clauses），列明对方缔约的基础和对注意义务的限制。例如，该条款可以规定在缔约过程中银行没有义务建议对方，对方不依赖于银行的任何陈述并已理解并接受风险。我们已看到英国法以合同禁反言原则支持这些条款。[15] 缔约基础条款不同于排他性条款，理论上说缔约基础 272
条款不适用《1977 年不公平合同条款法》。如果认定存在注意义务，而按常规方式不能

---

[9] 典型案例包括：*Henderson v. Merrett Syndicates Ltd.* [1995] 2 AC 145 (HL); *Spring v. Guardian Assurance plc* [1995] 2 AC 296 (HL); *Customs and Excise Commissioners v. Barclays Bank Plc* [2006] UKHL 28; [2007] 1 AC 181 (HL)。

[10] e. g. *Frost v. James Finlay Bank Ltd* [2002] EWCA Civ 667; [2002] Lloyd's Rep PN 473 (CA); *HSBC Bank Plc. v. 5th Avenue Partners Ltd.* [2009] EWCA Civ 296; [2009] Lloyd's Rep FC 338 (CA); *Taberna Europe CDO II Plc v. Selskabet (Formerly Roskilde Bank A/S) (In Bankruptcy)* [2016] EWCA Civ 1262 (CA).

[11] e. g. *Riyad Bank v. Ahli United Bank (UK) Plc* [2006] EWCA Civ 780; [2006] 2 All ER (Comm) 777; [2006] 2 Lloyd's Rep 292 (CA).

[12] Supply of Goods and Services Act 1982, s. 13 (business to business—B2B—contracts); Consumer Rights Act 2015, s. 49 (business to consumer—B2C—contracts).

[13] *Euroption Strategic Fund Ltd v. Skandinaviska Enskilda Banken AB* [2012] EWHC 584 (Comm); [2013] 1 BCLC 125.

[14] *Forsta AP-Fonden v. Bank of New York Mellon SA/NV* [2013] EWHC 3127 (Comm), [264].

[15] 参见原著 p. 204-5。

证明对义务的违反、因果关系和损失，[16]当事人的主张还可能是会失败。

至于侵权法上的注意义务，有两种路径认定其存在。首先是三层测试法来测试该义务是否存在：原告的损失是不是被告为或未为一定行为时可合理预见的后果；当事人之间的关系是否已有充足近因，以及（政策因素）在所涉情况下对被告施以对原告的注意义务是否公平、正义和合理。[17] 另一个路径是调查银行对原告是否负有任何义务（像HYDRE BYRNE案）。实践中两种方法都可以使用。[18] 即便注意义务已经成立了，原告还得证明违反了这一义务，这一违反导致了损失，且该种损失是可预见的。由此，银行可能由于产生损失的原因是另一个因素而没有责任，比如损失是骗子的行为所致。[19]

经过很多相互矛盾的判例法，尤其是由银行案例 *Tai Hing* 案产生的合同法和侵权法上的责任竞合的挑战，[20]这一问题在英国法下目前已解决，即原告既可通过合同法也可通过侵权法寻求因未尽合理注意义务所致经济损失赔偿。[21] 可能在合同里会根据一般原则限定合同义务并限制或排除违约请求。一般而言，基于合同而非基于侵权主张诉求也没什么影响。但差别还是存在，有一种情况绝对重要，即合同的诉讼时效是违约之日起6年，而过失引发的经济损失的诉讼时效直到违约之后一段时间才开始起算。[22]

在信义义务下（包括受托人）长期以来的法律地位是，必须秉持合理注意和专业行事或顾问。这一义务和其他义务一道，可由缔约基础合同条款修改。[23] 尚不明确的是信义义务下的各种法律责任，例如损失赔偿规则，是否将继续比其他以合同或侵权为基础的责任对原告更慷慨。[24]

且无论这些概念化的请求权基础是什么，银行的合理注意与专业义务包括哪些内容呢？理论上很容易说。这一义务是要求在具体活动中尽银行合理应有的注意和专业。法律不会对最终证明错误的判断施加责任，除非这种错误是任何一个合理知悉并胜任的银行都不会犯的。而且，两家银行可能非常合理地就同一套事实得出相反的结论而都不辱没它们仍被视为“理性”的头衔。“不是每个理性实施的判断都是正确的，也不是每个错误作出的判断都是不理性的。”[25]

有时银行违反这一义务也会非常明显。当作一件事有两种方法，一个明显是对的，
273 另一个是可疑的或者可能是错误的，如果它遵照后者或按后者建议不算尽到合理的注意

---

〔16〕 e. g. *Rosserlane Consultants Ltd v. Credit Suisse International* [2017] EWCA Civ 91 (CA).

〔17〕 *Caparo Industries v. Dickman* [1990] 2 AC 605 (HL).

〔18〕 e. g. *Playboy Club London Ltd. v. Banca Nazionale del Lavoro SpA* [2016] EWCA Civ 457; [2016] 1 WLR 3169 (CA).

〔19〕 *HSBC Bank Plc v. 5th Avenue Partners Ltd.* [2009] EWCA Civ 296; [2009] 1 CLC 503 (CA).

〔20〕 *Tai Hing Cotton Mill Ltd. v. Liu Chong Hing Bank* [1986] AC 80,107 (PC,HK).

〔21〕 *Henderson v. Merrett Syndicates Ltd.* [1995] 2 AC 145 (HL).

〔22〕 R. Mulheron, *Principles of Tort Law* (Cambridge, Cambridge University Press, 2016), 17-18.

〔23〕 *Henderson v. Merrett Syndicates Ltd.* (n 21) at 206. 参见原著 p. 274。

〔24〕 See *AIB Group (UK) Plc v. Mark Redler & Co Solicitors* [2014] UKSC 58; [2015] AC 1503 (UKSC); *Novoship (UK) Ltd. v. Mikhaylyuk* [2014] EWCA Civ 908; [2015] QB 499 (CA).

〔25〕 *Re W (an infant)* [1971] AC 682,700, per Lord Hailsham LC.

和专业。实际操作中,银行管理人员如果建议董事就其正在为公司谈判的一项利益冲突的贷款不向其他董事披露将会违反这一义务。更为复杂时,需要更多看证据,尤其是专家证据,来认定特定情况下好的实践应该作什么。在客户进入各种证券、衍生品、外汇交易时,需要很强的证据证明所需银行的注意和专业。这些交易或至少某些这种交易,存在内在高风险性,其潜在损失是可以预期的。〔26〕

银行可能因未作调查而违反合理注意和专业义务。某项交易有违常规应该引起怀疑并促使银行着手调查。如果银行未能调查,不能认为已尽合理注意。〔27〕*Quincecare*案〔28〕是在银行应尽注意与专业义务从客户账户对外付钱的背景下适用了这一原则:如果银行明知是欺骗指令仍付款,例如,该指令是由借款人公司的诈骗董事给出,银行对明显欺诈事实睁一只眼闭一只眼,或者不计后果行事且未能像诚实理性的银行那样作调查,银行将负有责任。各种因素,例如客户地位,银行对作出指令者的了解、涉及金额、立即划拨的需要、非同寻常的特性以及合理调查的范围和方法都将与责任有关。

二、信托法

(一) 信义义务及其否认

普通法(或至少衡平法)在某些情况下施加了信义义务。某些确定类别的法律关系在属性上自动属于信义关系(受托人——受益人,代理人——本人,董事——公司)。除此以外法律会在一定情况下施加信义义务,从而令受托人排除自身利益为受益人的利益行事。受托人并非在所有情况下都负有同样的义务。信义义务的类型、受托人和受益人的关系以及合同文本都承载着法律所设的该项义务的本质和范围。核心要求是受托人(1)不得将自身利益与该义务下的受益人利益相冲突;(2)不能让受托人对某个受益人义务与对另一受益人的义务相冲突;(3)不能秘密牟利,比如,从其受托人地位获利而未向受益人披露。信义义务人可能面临其他义务如注意义务和保密义务,但这些不是严格界定的信义义务。〔29〕

法律像关注信义义务的实际违反一样关注其预防。〔30〕对信义义务的违反可导致合同的撤销、赔偿,对受托人而言还须对未经许可而获利承担责任。对获利承担责任的义 274

---

〔26〕 参见原著 p. 287-8。

〔27〕 e. g. *Morison v. London County and Westminster Bank Ltd.* [1914] 3 KB 356, 369, per Buckley LJ; *A. L. Underwood Ltd. v. Bank of Liverpool and Martins Bank* [1924] 1 KB 775, 795, per Atkin LJ. See p. 277 later.

〔28〕 *Barclays Bank plc v. Quincecare Ltd.* [1992] 4 All ER 363. See also *Singularis Holdings Ltd.* (*In Official Liquidation*) *v. Daiwa Capital Markets Europe Ltd* [2017] EWHC 257 (Ch).

〔29〕 S. Worthington, 'Four Questions on Fiduciaries' (2016) 2 *Can J Comp & Contemp L* 723, 738-41. See also P. Finn, *Fiduciary Obligations: 40th Anniversary Republication with Additional Essays* (Sydney, Federation Press, 2016); Law Commission, *Fiduciary Duties of Investment Intermediaries* (London, 2014).

〔30〕 *Phipps v. Boardman* [1967] 2 AC 46, 103-4 (HL). See M. Conaglen, 'The Nature and Function of Fiduciary Loyalty' (2005) 121 *LQR* 452.

务无关客户是否遭受损失。[31] 客户本身是否获利也没有实质影响（尽管因受托人尽技能和专业且承担了成本可在利润中给予减免）。

信义义务受益人可以免除信义义务人的义务，只要受益人完全理解其权利且知悉自己正在原谅受托人。在传统用语中，受托人必须就其与信义义务不一致的行为完全披露并获得受益人的知情同意。理论上，很难说一般性事前披露可以满足这一标准。默示同意也不行。而且，理论上，无论是合同还是交易惯例都不能免除受托人的信义义务。但是现代法理的趋势是合同可以定义法律关系，使其在性质上不再是信义关系，或将信义义务限定于一定范围。[32] 当银行与一个商主体的合同明示排除了信义义务，就不会产生信义义务。该商事客户知悉银行所面临的利益冲突也意味着这方面内容已排除。[33]

尽管合同可以修订信义义务的范围，但是不能不顾实际用合同否认信义义务。客户的相对经验是决定合同能否成功修订信义义务的一个重要因素，受托人自己的主张方式是另一个因素。由于个人客户不必然能预见到其银行会从事利益冲突的经营，很难用默示合同条款否认银行作受托人所负的未切割的忠实义务。而且，法院可能严格解释那些试图修改具体信义义务法律关系下常见事件的合同条款。这些条款可能还必须满足不公平合同条款立法下的合理性和公平性的标准。[34]

（二）受托人和代理人

那么信义义务何时产生呢？信义义务是施加于受托人和代理人的。受托人的情况相对直接。作为遗产受托人或投资基金受托人行事时，一般来说，银行应该自己不共同投资。因为那会由于对受益人的义务和自身利益之间的冲突有悖信义义务。[35] 银行一般可以在其他银行存款或与其他金融机构一起投资。如果信托文件授权银行在自己那
275 里开户、存款或投资，银行就没有违反该义务，尽管它是受托人。在银行破产时，受益人和客户命运与共。[36]

近来在商事领域很多实例表明银行作为受托人的传统角色正在为合同安排所修改。证券发行受托人问题的例子将在第十五章检视。另一个偏离传统信托法的例子是合同

---

〔31〕 e. g. *Akita Holdings Ltd v. Attorney General of the Turks and Caicos Islands* [2017] UKPC 7; [2017] 2 WLR 1153 (PC, Turks and Caicos Islands).

〔32〕 *Kelly v. Cooper* [1993] AC 205 (PC, Bermuda); *Clark Boyce v. Mouat* [1994] 1 AC 428 (PC, NZ). See S. Worthington, 'Fiduciaries: Following Finn', in T. Bonyhady (ed.), *Finn's Law* (Sydney, Federation Press, 2016), 62-4; M. Conaglen, *Fiduciary Loyalty: Protecting the Due Performance of Non-fiduciary Duties* (Hart, Oxford, 2010), 178-85.

〔33〕 *JP Morgan Bank (formerly Chase Manhattan Bank) v. Springwell Navigation Corp* [2008] EWHC 1186 (Comm), [573]-[576]; *Australian Securities and Investments Commission v. Citigroup Global Markets Australia Pty Ltd.* [2007] FCA 963; (2007) 62 ACSR 427.

〔34〕 参见原著 p. 213, 216。

〔35〕 *Marley v. Mutual Security Merchant Bank & Trust Co. Ltd.* [1995] CLC 261; [2001] WTLR 483 (PC, Jamaica).

〔36〕 *Space Investments Ltd. v. Canadian Imperial Bank of Commerce Trust Co. (Bahamas) Ltd.* [1986] 1 WLR 1072 (PC, Bahamas). See Trustee Act 2000, ss. 3 (1), 6 (1)(b).

约定银行作为名义持有人（消极受托人）。此时银行将没有义务维持信托资产的完整性——传统规则——仅须赔偿受益人因违反信义义务所生损失。[37]

代理人的情况稍显复杂，至少代理人是一个可塑概念。（仅仅因为在许多证券和衍生品市场银行对银行的交易是基于本人对本人，不会改变他们相对客户是代理人的地位。）因为银行是代理人而将其作信义义务受托人对于分析助益甚微。例如，执行客户支付指令时，银行作为代理人的默示义务也不过是尽合理注意和专业行事。这一义务已内嵌于支付等服务的合同条款里。义务是来自代理人的受托人身份还是来自合同只在考虑附随问题时有意义，如衡量损失和诉讼时效。

然而有些情况下，按信义义务分析能促进讨论。例如，代理人不能利用其地位以本人为代价为自己获利。因此，银行受客户指示进行某些投资时不能代理自己也买进，不能在客户买进前逆势而动，也不能在交易上秘密获取佣金。如果银行这么做，客户将对银行享有赔偿的对人权（personal right），且在银行破产时有专属救济。[38]

如已提及，附着于代理的信义义务因代理本质而有不同。银行根据指令买进或卖出特定证券的信义义务，比自由裁量的基金经理的信义义务要少。由于证券做市商存在多重雇用的设计，更好的理解应该是，他们不能被强制向某一客户披露由另一个客户秘密告知的内幕信息。[39]

（三）银行作为财务顾问和授信人

如前所示，信义义务也会在信托法和代理法之外设定。A 对 B 有保密义务，或 A 承担为 B 的利益行事的责任甚至排除 A 自身利益，都被认为是存在信义义务的基础。[40]另一方面，如果 A 向 B 说明它不接受不能自利的义务，一般就不能产生信义义务，B 如 276
果怠于对自利的谨慎和独立判断，是不合适的。

一般来说，银行作为吸收存款人、财务顾问或者贷款人没有义务令客户利益优先于自身利益。[41] 而且，政策考量也不愿意在正常的公平交易商事关系之上再叠加一层信义义务。因为这一情形下的当事人被认为有足够机会设定相互义务，且就违反这些义务

---

〔37〕 *Target Holdings Ltd. v. Redferns (a firm)* [1996] 1 AC 421 (HL); *AIB Group (UK) Plc v. Mark Redler & Co Solicitors* [2014] UKSC 58; [2015] AC 1503 (SC). See Law Commission, *Fiduciary Duties of Investment Intermediaries*, Law Com No 350, London, 2014, 68.

〔38〕 *FHR European Ventures LLP v. Cedar Capital Partners LLC* [2014] UKSC 45; [2015] AC 250 (SC).

〔39〕 *Kelly v. Cooper* [1993] AC 205, 214.

〔40〕 e. g. *White v. Jones* [1995] AC 207, 270, per Lord Browne-Wilkinson. See P. Finn, 'Fiduciary Law and the Modern Commercial World' in E. McKendrick (ed.), *Commercial Aspects of Trusts and Fiduciary Obligations* (Oxford, Clarendon, 1992); L. Glover, 'Banks and Fiduciary Relationships' (1995) 7 *Bond LR* 50; D. Waters, 'Banks, Fiduciary Obligations and Unconscionable Transactions' (1986) 65 *Can. Bar Rev.* 37; K. Curtis, 'The Fiduciary Controversy: Injection of Fiduciary Principles into the Bank-Depositor and Bank-Borrower Relationships' (1987) 20 Loyola LA LR 795; J. Edelman, 'When do Fiduciary Duties Arise?' (2010) 126 *LQR* 302.

〔41〕 e. g. *Guardian Ocean Cargoes Ltd. v. Banco do Brasil SA (Nos 1 & 3)* [1994] 2 Lloyd's Rep 152, 160 (CA).

可获得赔偿等合同救济应该是充分的。由此，不太可能认定银团存在信义义务。[42] 一般情况下，银行与商事客户之间的关系仍是公平交易关系的。[43]

法院在受托人和代理人之外施加信义义务的情况也存在。第一种是银行为那些相对缺乏经验的人作财务顾问。[44] 如前所述，银行不会仅仅因为作出解释或提供咨询就产生信义义务。毕竟作这些业务时一般银行不会标榜是不自利的。但是如果银行积极承担了财务顾问的角色，而且银行知悉客户依赖银行所作的决定并完全信任银行，情况会不同。

第二种是银行作投资顾问的情况，银行向客户推荐投资，而银行自身有财务利益或者银行是某个具体投资计划的营销人。这种情况下，银行被认定适用信义义务标准应禁止利益冲突。[45] 此时银行的义务是向客户提供银行所拥有的各种相关信息，不得隐瞒任何对投资决策有合理影响的信息；提供它所能提供的最好建议，揭示它在投资中的财务利益；并且如果银行在该等交易中代表客户作尽职调查，则要为客户从第三方争取最佳合同条款。

密切相关的是认定银行适用信义义务标准的第三种情况。这时银行引导客户 A 令其相信银行会在建议投资或交易时为其利益服务。事实上，银行还在为 B 服务或实现自身利益，由此给 A 带来了损害。从概念上说，这一领域的诸多判决不总是令人满意，因为法院似乎是从后向前推理，从某种后果（如利益冲突、A 有保密信息）推理出存在信义义务。[46] 当银行过去为 A 服务或促进 A 的利益时，他们交易完成的事实通常意味
277 着银行的义务也结束了。客户向银行提供保密信息本身并不足以创设信托和保密义务以确立信义义务。[47] 银行滥用保密信息的问题与信义义务的存在是相互分离的。

如果一种法律关系在本质上属信义义务，如果银行想置自身利益于信义义务之上或将某一客户利益置于另一个客户之上还想摆脱责任，坦诚是必需的。坦诚也可能是不可行的，因为可能涉及不得披露另一客户信息的保密义务，这种情况下银行应该拒绝行事。[48]

---

〔42〕 参见原著 p. 249-50。

〔43〕 参见原著 p. 202。See A. Tuch, 'Investments Banks as Fiduciaries: Implications for Conflicts of Interest' (2005) 29 Melb ULR 478; C. Band, 'Conflicts of Interest in Financial Services and Markets' [2006] 21 JIBLR 677. 美国法更有扩张性：如 *EBCI Inc v. Goldman, Sachs & Co.*, 5 NY 3d 11, 832 NE 2d 226 (NY CA 2005)。

〔44〕 *Lloyd's Bank Ltd v. Bundy* [1975] QB 326; *McWilliam v. Norton Finance (UK) Ltd (In Liquidation)* [2015] EWCA Civ 186; [2015] 1 All ER (Comm) 1026 (CA); *Medsted Associates Ltd v. Canaccord Genuity Wealth (International) Ltd* [2017] EWHC 1815 (Comm).

〔45〕 *Daly v. Sydney Stock Exchange Ltd.* (1986) 160 CLR 371; *Hodgkinson v. Simms* [1994] 3 SCR 377.

〔46〕 *Woods v. Martins Bank Ltd.* [1959] QB 55; *United Pan-Europe Communications NV v. Deutsche Bank AG* [2000] 2 BCLC 461 (CA). See also *Commonwealth Bank of Australia v. Smith* (1991) 102 ALR 453 (FC); *Standard Investments Ltd. v. Canadian Imperial Bank of Commerce* (1985) 22 DLR (4th) 410.

〔47〕 See *Arklow Investments Ltd. v. Maclean* [2000] 1 WLR 594 (PC, New Zealand).

〔48〕 See *Hilton v. Barker Booth & Eastwood* [2005] UKHL 8; [2005] 1 WLR 567 (HL).

三、明知性接收和不诚信的帮助

银行有时与违反信托义务或信义义务关系密切。其一,由银行信托持有的资金违背信托而使用。在此情况下,银行只能按其认定的客户委托行事。近来此种问题并不罕见,比如,董事或公司主管违反信义义务借银行系统不当使用公司资产供个人使用。典型情况下是作恶者卷钱走人或是进入破产,然后银行被诉。其二,银行国不能清偿合并了大量债务人账户,有的包含信托资金。其三,存在理性银行从业人员根据事实本可严肃质疑交易权属的问题。如果银行未就其商业目的作适当调查,银行不能以未注意善意买受人为由抗辩第三人的所有权主张或者必须在推定信托的对人之诉中承担责任。[49]

法律上银行在何种程度上须为客户所受资金损失负责？这里考虑两类责任:首先,如果银行明知接收资金是由违反信托或信义义务侵占而来,银行可能因明知性接收承担责任。银行必须曾处理该笔资金,然而,重要的是,需要现在不再拥有它。如果资金可追及,这一诉求就是所有权主张(proprietary claim)。但该诉求无法对抗未被通知的支付了对价的善意买受人,或者资金挥霍怠尽或已消失不见。处于此境的银行须对不当处理的资金负责。[50]

此外,银行可能作为从犯而负有责任,即便它们没有处理过资金,只要其对违反信托或信义义务提供了帮助(“不诚信帮助”)。这仅是从犯责任的一种可能形式。银行由此担责,必须赔偿受害人的所有损失,但不是作为推定受托人。无论明知接收的对错如何,这一点看起来都是对的。政策上,没有理由在银行破产时赋予得到不诚信帮助的原告以优先权,在其他形式的从印责任上也不会产生这种优先权。[51]

(一)明知性接收 278

要成立这种责任必须证明:第一,资金处分有违信托义务或信义义务或者是其他显失公平交易的结果。资金以信托方式持有且不当处分是显而易见的。公司资金被挪用也是一样,因为历史上董事被视为受其控制公司的财产受托人,由此任何错误处置都有违信义义务。用信义义务来分析处分问题的好处在于它可以从董事扩展到员工,员工对公司有忠实义务。合营企业的资金也可以作类似处理。如果根本没有信托或信义关系存在,比如外部窃贼通过银行系统处置了公司资金,公司不能通过“明知性接收”获得救

〔49〕 *Papadimitriou v. Crédit Agricole Corpn and Investment Bank* [2015] UKPC 13; [2015] 1 WLR 4265 (PC, Gibraltar).

〔50〕 *Williams v. Central Bank of Nigeria* [2014] UKSC 10; [2014] AC 1189. Cf. C. Mitchell and S. Watterson, 'Remedies for Knowing Receipt', in C. Mitchell (ed.), *Constructive and Resulting Trusts* (Oxford, Hart Publishing, 2009); R. Chambers, 'The End of Knowing Receipt' (2016) 2 *Can J Comp & Contemp L* 1.

〔51〕 *Governor and Company of the Bank of Scotland v. A Ltd.* [2001] 1 WLR 751, 764; [2001] 3 All ER 58, 70. See C. Mitchell, 'Assistance', in P. Birks and A. Pretto (eds.), *Breach of Trust* (*Oxford, Hart*, 2002), 147-8; A. Oakley, 'Proprietary Claims and their Priority in Insolvency' [1995] *CLJ* 377, 382.

济。银行可能因其他事由负有责任，比如，作为从犯人。

这种明知性接收之诉讼的第二个前提是银行必须为其自身利益接收了原告的资金。追及在此起作用：银行接收的资金能识别或可追踪至现在代表资金之所在。[52] 有观点认为诈骗犯受托人将本人的资金付入其账户并付走，不构成银行受益性接收，因为银行只是作为客户管道或作为代理人在支付资金。[53] 这些都不符合基本原则，即只要钱被付入普通银行账户，一般来说，它就是银行的钱，银行可自由支配。如果银行将它用于透支或兑换外币（因为银行可将原始币种当作自有使用）银行被认为是受益性收到资金。[54] 但银行通常可以为自身目的使用付进的所有资金，无论是否为汇兑目的。

应对受益性接收的概念有所限定来限定银行的边界。例如，它可以限定在银行真正受益的情况，比如银行为服务收费或在客户存在破产质疑时压迫客户在一定额度下减少负债。[55] 假如付进银行的资金在后来的破产中作为优先权而未有不利处理，银行显然处于受益的地位。类似情形是由银团代理行根据贷款协议建立的特定交易账户，用以接受项目利润并归还银团贷款（也包括代理行自己）、支付代理行费用和花费。人们可以理解代理行此时根据明知性接收原则应认定为对账户内资金有受益利益。[56]

第三，成立明知性接收责任需要银行明知某项付款违反信托或信义义务。第一个方面是银行管理人员或代理人的知悉在法律上是否被视作银行的知悉。唯一需要注意的是银行管理人员或代理人必须在银行仍持有该资金或其孳息时具备该等必须的知悉。
279 第二方面不得不关注所须知悉的质量。经典区分是实际知悉和推定知悉。随后，变得流行的是参照五类知悉——银行实际知悉；故意对明显情况视而不见；故意且放任，未作诚实而理性的银行会作的调查；知悉背景情况，这对诚实而理性的银行来说已表明事实；知悉背景情况，诚实而理性的银行会据以开展调查。[57] 这种五层测试法后来未被认同，而随后所需要的是根据银行对事实的知悉状况令其保留所收利益是否公平。[58] 但这对业务实践意味着什么呢？

---

〔52〕 *Relfo Ltd (In Liquidation) v. Varsani* [2014] EWCA Civ 360; [2015] 1 BCLC 14 (CA).

〔53〕 *Agip (Africa) Ltd. v. Jackson* [1990] Ch. 265, 292 *per Millet J, impliedly approved on appeal*: [1991] Ch. 547. M. Bryan, 'Recovering Misdirected Money from Banks: Ministerial Receipt at Law and in Equity', in F. Rose (ed.), *Restitution and Banking Law* (Oxford, Mansfield Press, 1998), 181.

〔54〕 *Polly Peck International v. Nadir (No. 2)* [1992] 4 All ER 769, 777, per Scott LJ. Cf. *Polly Peck International plc v. Nadir* [1993] 2 Bank LR 344, 347, per Hoffmann LJ.

〔55〕 See M. Bryan, 'When Does a Bank Receive Money?' [1996] *JBL* 165, 173; C. Rickett, 'The Banker's Liability for Receipt in Equity and at Common Law' (1995) 16 *Co. L* 35, 40.

〔56〕 *Uzinterimpex JSC v. Standard Bank Plc* [2008] EWCA Civ 819; [2008] Bus LR 1762; [2008] 2 Lloyd's Rep 456 (CA).

〔57〕 *Baden Delvaux and Lecuit v. Société Générale pour Favoriser le Développement du Commerce et de l'Industrie en France SA* [1983] BCLC 325, 407, [1992] All ER 161, 235. See S. Gardner, 'Knowing Assistance and Knowing Receipt: Taking Stock' (1996) 112 *LQR* 56, 58-9.

〔58〕 *Bank of Credit and Commerce International (Overseas) Ltd. v. Akindele* [2001] Ch 437 (CA). Cf. *Farah Constructions Pty Ltd. v. Say-Dee Pty Ltd.* [2007] HCA 22; (2007) 230 CLR 89, [175].

一个方法是对知悉"明知性接收"者评价为不诚实一端。[59] 贯穿商法的政策公允性问题是双方当事人中谁将为第三方过错所致损失承担责任。当（假如）一家公司未建立足够控制防范公司管理人员不当行为而资金受损，为什么一家银行，如果它没有不诚信或至少对一笔源自违反信托义务的付款有过合理怀疑时，还需要对损失负责。当然，银行现在必须实施控制以解决不当行为，例如欺诈、洗钱和恐怖融资，而且因为未尽合理注意作监测和报告还可能承担刑事责任。但在我们的法律体系里，民事责任从来不在违反成文法后自动产生，因为法定要求背后的政策考量各不相同。[60]

已接受的方法是在明知性接收中以更客观标准认定个人责任，例如知悉相关事实令接收者行为显失公平。[61] 这一方法使法院能在具体案件中平衡各种因素以解决谁来承担损失这一终极问题。[62] 按这种方法不会仅仅因投机失败，或者说后见之明而产生责任，唯一可能是与违约义务有关。[63]

过去，法院曾顾虑过度绑定银行的知悉责任会干涉银行系统的平稳运行。[64] 通过银行系统实现的支付量和支付速度表明深入调查那些表面看来正常的授权交易在商业上是不切实际的。当某人对资金有所有权，却连银行的客户都不是时，尤其如此。除非受到另一种其他警示，否则都可以说银行有权认定其是诚信交易的。[65] 回顾一下，如果银行不按指示立即行事，也可能违反委托。然而，有大笔付款进账而之前仅有小额余额时，会置银行于有必要开展调查的境地。如果银行切实调查并得到了合理的答案，那么 280
银行已履行义务。银行是否遵从监管要求（如关于洗钱的规定）也是一个认定知悉的相关因素。[66]

还有一种和明知性接收并行的另一种可能产生恢复原状后果是严格责任情形，适用处境变化抗辩和善意买受人的抗辩。[67] 严格责任，会确定返还原状的请求权性质。开始，从银行业角度看支持性观点是占有可转让票据的银行承担严格责任。[68] 然而，银行

---

〔59〕 e. g. *Arden J in Eagle Trust plc v. SBC Securities Ltd.* [1995] BCC 231.

〔60〕 D. Fox, 'Constructive Notice and Knowing Receipt: An Economic Analysis' (1998) *CLJ* 391, 398-400.

〔61〕 *Bank of Credit and Commerce International (Overseas) Ltd. v. Akindele* [2001] Ch 437, 450, 452 (CA); *Arthur v. Attorney General of the Turks and Caicos Islands* [2012] UKPC 30 (PC, Turks and Caicos Islands).

〔62〕 Cf. *Sinclair Investments (UK) Ltd v. Versailles Trade Finance Ltd. (in administrative receivership)* [2011] EWCA Civ 347; [2012] Ch 453, [106] - [107] (CA). See also D. Fox, *Property Rights in Money* (Oxford, Oxford University Press, 2008), 293-6.

〔63〕 *Lipkin Gorman (a firm) v. Karpnale & Co. Ltd* [1989] 1 WLR 1340, [1992] 4 All ER 409 (CA). The claim against the bank was not pursued in the House of Lords: [1991] 2 AC 548.

〔64〕 C. Harpum, 'The Stranger as Constructive Trustee' (1986) 102 *LQR* 267, 276.

〔65〕 *Macmillan Inc v. Bishopsgate Investment Trust plc (No. 3)* [1995] 1 WLR 978, 1014; *Papadimitriou v. Crédit Agricole Corpn and Investment Bank* [2015] UKPC 13, [16]; [2015] 1 WLR 4265 (PC, Gibraltar), [16].

〔66〕 *Westpac Banking Corp. v. MM Kembla (New Zealand) Ltd.* [2001] 2 NZLR 298, 317.

〔67〕 See P. Birks, 'Receipt', in P. Birks and A. Pretto (eds.), Breach of Trust (Oxford, Hart, 2002); Lord Nicholls, 'Knowing Receipt: The Need for a New Landmark', in W. Cornish, R. Nolan, J. O'sullivan, and G. Virgo (eds.), *Restitution: Past, Present and Future* (Oxford, Hart, 1998); R. Chambers and J. Penner, 'Ignorance', in S. Degeling and J. Edelman (eds.), *Unjust Enrichment in Commercial Law* (Thomson, Sydney, 2008).

〔68〕 参见原著 p. 387-93。

对侵占之诉（action of conversion）的法定抗辩是它是否善意行事且没有过失，即便它未提供价款。除了银行对该种抗辩负举证责任，这意味着实际上事关银行的侵占规则与明知性接收中过失责任的知悉要求更为一致，超过与严格责任方法的相符点。而且，处境变化是返还原状（restitutionary）抗辩的核心，但不是侵占（conversion）的抗辩。而善意取得在资金规则上有很长的历史。纸币、硬币或可转让票据的所有人不能从提供了对价并善意行事的人手中取回它。〔69〕 简言之，可转让票据类似于诚实而理性的银行从业人员之处在于明知性接收上的责任标准，而不是严格责任，正如明知性接收的责任标准。

（二）不诚信帮助（Dishonest assistance）

即便某家银行不因明知性接收担责，它也可能因不诚信帮助承担责任。例如，它可能为接收资金但未受益的情况承担责任，因为受益要求是适用明知性接收原则所必须的。不诚信帮助是一种附随责任形式，和其他情况一起发生，例如接收违反保密义务的信息并引诱违反信托或信义义务。〔70〕 在经济侵权中有与附随责任并列的概念，例如违约引诱。〔71〕 在特定情况下，可能既因为侵权也因为不诚信帮助而起诉银行。不诚信帮助有其优势在于只要有充分的因果关系可要求报告获益这一诱人的救济方式。〔72〕 有力的观点认为不诚信帮助应该和其他形式的附随义务融为一体或完全取消。〔73〕 在美国这
281 种问题是作为一种普通法上的帮助和教唆责任得以解决。〔74〕

这种形式的附随责任的前提是什么？其一，必须有对受托人义务或信义义务的违反。这个问题在前文的明知性接收中已作检视。其二，银行确有诱使或帮助违反义务。其三，这么做是不诚信的。不诚信有主观和客观的要素。〔75〕 主观要素是银行必须知道交易的要件，这会令参与帮助行为越出了常规诚信行为的标准（尽管它不需要知道所有

〔69〕 *Miller v. Race*（1758）1 Burr. 452，97 ER 398.

〔70〕 P. Finn，'The Liability of Third Parties for Knowing Receipt or Assistance'，in D. Waters（ed.），*Equity, Fiduciaries and Trusts*（Toronto，Carswell，1993）；P. Sales，'The Tort of Conspiracy and Civil Secondary Liability'［1990］*CLJ* 491；S. Elliott and C. Mitchell，'Remedies for Dishonest Assistance'（2004）67 *MLR* 16；P. Ridge，'Justifying the Remedies for Dishonest Assistance'（2008）*LQR* 445；P. Ridge，'Participatory Liability and the Hallmarks of an Australian Equity'，in T. Bonyhady（ed.），*Finn's Law*（Sydney，Federation Press，2016）.

〔71〕 *John Shaw（Rayners Lane）Ltd. v. Lloyds Bank Ltd.*（1944）5 LDAB 396，413；*OBG Ltd v. Allen*［2007］UKHL 21；［2008］1 AC 1. See T. Matsuda and S. Thompson，'He Who Procures the Wrong is a Joint Wrongdoer：Tortious Liability for Inducing Breach of Contract in the Context of a Bond Restructuring'（2012）27 *BJIB &FL* 442；H. Carty，*An Analysis of the Economic Torts*（2nd ed，Oxford，Oxford University Press，2010）.

〔72〕 *Novoship（UK）Ltd v. Mikhaylyuk*［2014］EWCA Civ 908：［2015］QB 499.

〔73〕 See P. Birks，'Civil Wrongs：A New World'，*Butterworth Lectures for* 1990-1（London，1992），99-101；L. Hoffmann，'The Redundancy of Knowing Assistance'，in P. Birks（ed.），*Frontiers of Liability*（Oxford，Clarendon，1994）；G. Andrews，'The Redundancy of Dishonest Assistance'［2003］*Conv* 398；P. S. Davies，*Accessory Liability*（Oxford，Hart，2015），277-84.

〔74〕 J. Barist，'Financial Institution Aiding and Abetting Liability'（2001）3 *JIB Reg.* 155.

〔75〕 *Royal Brunei Airlines Sdn. Bhd. v. Tan*［1995］2 AC 378（PC，Brunei）；*Twinsectra Ltd. v. Yardley*［2002］2 WLR 802（HL）；*Barlow Clowes International Ltd.（in liquidation）v. Eurotrust Internationsl Ltd.*［2005］UKPC 37；I WLR 1476（PC，Isle of Man）.

细节或对这些正常可接受的标准有所回应)。客观标准是按照商业可接受的行为标准这种参与行为应是不诚信的:故意闭塞视听,故意不问问题以免获悉棘手信息,然后不顾可能存在的异常而仍然继续;有怀疑却主观决策不去调查,而调查本可能导致知悉真相;放任不顾他人权利或可能的权利;漠视真相——所有这些都是不诚实的外在迹象。[76]

因不诚信帮助而将责任扩张到捆绑银行责任有很多问题。一个特别重要的问题是,如何将员工或代理人的不诚信归因于银行。还有个问题是在特定情况下认定不诚信的问题。如果银行涉嫌其他违反(如违反洗钱的监管)而不是违反信义义务会怎么样?[77] 银行怀疑存在违反信义义务但在得到有利法律意见后决定继续,是否还是不诚信的?和明知性接收的情况一样,违反监管规定或违反受认同的操作规范也会对银行是否诚实行事有影响。在很多普通法国家,废止民事陪审团之后,不诚信的问题得由法官裁判。

四、新兴标准:善意、尽职调查、适当性

(一)善意

在很多法域,善意是银行义务标准。这在大陆法系国家已很完善。[78]《德国民法典》(Bürgerliches Gesetzbuch, BGB) section 242 广为人知,各种书籍中都有很多曾适用于银行的案子。在全欧洲范围内正在推动采用这一标准。[79]

美国法院已对合同当事人适用了秉持善意谈判并履行合同的要求,并限制了合同权 282
利的恶意行使。[80] 善意履行合同的义务源自《统一商法典》section 1-203,更重要的是,因为它适用于所有合同,《第二次合同法重述》section 205 说道:“每一合同对交易任何一方都施加了在实际履行和强制执行中秉持善意和公平交易的义务。”一般而言,最近的评论都将善意与公平、诚实和合理等概念密切联系。在履行合同的过程中,合同双方被认定同意不作任何事妨碍合同履行,不损害他人合同权利以获益。善意原则也适用于银

---

[76] See *Stokors SA v. IG Markets Limited* [2013] EWHC 631 (Comm); *Brown v. InnovatorOne plc* [2012] EWHC 1321 (Comm); *Clydesdale Bank Plc v. Workman* [2016] EWCA Civ 73; [2016] PNLR 18 (CA).

[77] 参见 *Abou-Rahmah v. Abacha* [2006] EWCA Civ 1492; [2007] Bus LR 220 中的不同观点。

[78] e. g. R. Zimmerman and S. Whittaker (eds.), *Good Faith in European Contract Law* (Cambridge, Cambridge University Press, 2000).

[79] UNIDROIT Principles of International Commercial Contracts 2004, Art. 17; Principles of European Contract Law, Art. 1. 201. See O. Lando and H. Beale (eds.), *Principles of European Contract Law* (The Hague, 2000), 113ff; C. von Bar and E. Clive (eds.), *Principles, Definitions and Model Rules of European Private Law, Draft Common Frame of Reference* (Oxford, Oxford University Press, 2010), Ⅲ 3-301.

[80] E. Allan Farnsworth, 'Good Faith in Contract Performance', in J. Beatson and D. Friedmann (eds.), *Good Faith and Fault in Contract Law* (Oxford, Clarendon, 1995).

行业务，例如，要求银行披露实质信息给商事交易对手。[81]

美国以外也有其他普通法国家采用善意原则将其作为义务的一般性标准。在英国，在当事人存续一段时间的密切合同关系中，有观点支持在履行这种关系中存在该种善意义务。[82] 善意还适用于一些具体情况，比如在担保法中：在本章后面我们会看到担保法长期要求强制执行担保时担保权人必须秉持善意并尽合理注意。就消费者合同而言，善意条款作为《消费者合同不公平条款指令》的成果引入英国。[83] 换言之，它要求银行公平交易，不要过分或压迫性或超过合同目的使用其缔约优势。

商事合同善意原则的赞成者认为它会成为一个介于信义法的不利己要求和英国法在其他更广范围内允许利己行为（对不当影响、显失公平和胁迫缺少"长期时效"原则，这些在本章的第四节检视）之间的有用的中间标准。另外，批评者认为善意在商事环境下会导致不确定性，而不确定性至少在英国法院是长期反对的。[84]

（二）尽职调查

尽职调查作为一项标准源自证券法。在美国一家银行涉及证券 IPO 时必须自行作调查（与其将承担责任的陈述有关）。换言之，它有义务就发行人与发行开展尽职调
283 查。[85] 尽职调查作为一项标准在金融服务法上已横跨了大西洋。按照英国《2000 年金融服务与市场法》，银行过去不可能成为与证券发行有关的上市公告或招股说明书的"责任承担者"。[86] 但是，如果银行是，这些文件中存在错误或遗漏，银行将对投资者所受损失承担责任。但是如果银行证明它合理相信上市公告和招股说明书，并在其作合理调查后认为这些是真实且无误导的，或遗漏是适当的，银行可以豁免责任。[87]

除了在金融服务法领域，尽职调查在并购重组法中也非常重要。[88] 我们已经看到了对客户尽职调查和了解你的客户的重要性，这是反洗钱和反恐融资所关注的。如我们

---

〔81〕 e. g. *Banque Arabe et Internationale d' Investissement v. Maryland National Bank*, 57 F. 3d 146 (2nd Cir., 1995); *Procter and Gamble Company v. Bankers Trust Company*, CCH Fed. Sec. L Rep. § 99,229 (1996). See T. Kitada, 'Emerging Theories of Bank Liability—the Breach of the Covenant of Good Faith and Fair Dealing' (1986) 103 *Banking LJ* 80; J. Norton, 'Lender Liability in the United States', in W. Blair (ed.), *Banks, Liability and Risk* (3rd edn., London, LLP, 2001), 364-5, 386-8.

〔82〕 如 *Yam Seng Pte Ltd v. International Trade Corp. Ltd.* [2013] EWHC 111 (QB); [2013] 1 All ER (Comm) 1321. Cf. *Myers v. Kestrel Acquisitions Ltd.* [2015] EWHC 916 (Ch); [2016] 1 BCLC 719（基于贷款本票没有默示善意条件的事实）。See D. Campbell, 'Good Faith and the Ubiquity of the "Relational" Contract' (2014) 77 MLR 475; E. Granger, 'Sweating over an Implied Duty of Good Faith' [2013] LMCLQ 418.

〔83〕 参见原著 p. 213。

〔84〕 See J. Carter and W. Courtney, 'Good Faith in Contracts: Is There an Implied Promise to Act Honestly?' [2016] *CLJ* 608; A. Mason, 'Contract, Good Faith and Equitable Standards in Fair Dealing' (2000) 116 *LQR* 66; J. Stapleton, 'Good Faith in Private Law' (1999) 52 CLP 1; J. Thompson, 'Good Faith in Contracting: A Sceptical View', in D. Forte (ed.), *Good Faith in Contract and Property Law* (Oxford, Hart, 1999).

〔85〕 e. g. *In re Software Toolworks Inc. Securities Litigation*, 38 F. 3d 1078 (9th Cir., 1994).

〔86〕 参见原著 p. 472-3。

〔87〕 FSMA 2000, s. 90, Sch. 10, para. 1.

〔88〕 See C. Davis, *Due Diligence: Law and Practice* (London, Sweet & Maxwell, looseleaf).

所见,这些方面给银行施加了调查其客户、代理银行和交易对手的义务。[89] 这一趋势看起来还会增长,将在成文法上使银行对通过其运营实现的不法活动承担责任,除非银行能证明可尽职免职。

尽职免责原则除了监管法还有其他新兴基础,且可能由此产生民事责任。可以看到,银行注意义务可能涉及以良好实践方式行事并作调查的责任。违反信托受托人或信义义务人义务且银行收到第三方所有资金时,银行会因未作调查而产生责任。在特定的情况下,银行可能认定未尽普通法义务——且不论成文法上处境如何——如果银行没有调查其所代表的客户、未核对它所传送的信息或者未审核它所营销的服务或产品。忽略这些可能导致合同法、侵权法、信义义务法的赔偿责任或返还原状责任。

(三)适当性

适当性,也是一个在金融服务监管领域发展起来的概念。像尽职调查一样,它可应用的领域比善意受限得多。对银行向客户营销与其不匹配的投资,适当性要求对银行施加了责任。与咨询建议相关的适当性要求需要沿着"不合适"、"合理适合"和"正面且无争议的最适合可行"这样的光谱。可能还有一个最佳建议的概念。适当性最先从美国发展而来,[90]现在成了各地金融服务监管的一部分。[91] 例如,根据《2013 年金融工具市场指令》,欧盟成员国无论是向企业提供投资咨询还是资产管理组合服务,必须有适当性和妥适性要求。一般而言,企业必须获得客户知识和经验、财务状况和投资目标等充分信息来确定推荐什么适合客户。[92] 违反这一规则可以成为由此受损的个人的法定诉由。[93]

与尽职调查相比,在一般法中不太容易找到适销性问题的认定标准。有关适当性的 284
表述,如果是错的,会认定责任,除非在银行与商主体的合同中以作为合同基础的条款和排队条款的形式排除了,而这是近来很可能出现的。[94] 英国法院无论如何都不愿意给银行施加默示的适当性义务,因为商业必要性的高测试标准得由一般法设定。[95] 监管法上的义务可以援引的方式纳入,但是实践也不情愿,而且无疑任何情况下合同标准条

---

〔89〕 参见原著 p. 194,234。

〔90〕 e. g. *Brown v. E. F. Hutton Group Inc.* ,991 F. 2d 1020 (2nd Cir. ,1993).

〔91〕 e. g. N. Moloney, *EU Securities and Financial Markets Regulation* (3rd edn. , Oxford, Oxford University Press, 2014), 805-8; L. van Setten, *The Law of Institutional Investment Management* (Oxford, Oxford University Press, 2009), 18, 52-3.

〔92〕 Directive 2014/65/EU, Art. 25. 2.

〔93〕 See *Rubenstein v. HSBC Bank plc* [2012] EWCA Civ 1184; [2012] 2 CLC 747 (CA); *Zaki v. Credit Suisse (UK) Ltd.* [2013] EWCA Civ 14; [2013] 2 All ER (Comm) 1159 (CA); *Camerata Property Inc v. Credit Suisse Securities (Europe) Ltd.* [2013] EWHC 29 (Comm); BGH NJW 1993, 2433 (the Bond-Urteil case), discussed in T. Schlueter, *Banks as Financial Advisors: A Comparative Study of English and German Law* (The Hague, 2001), 34-7. 参见原著 p. 291。

〔94〕 *Property Alliance Group Limited v. The Royal Bank of Scotland Plc* [2016] EWHC 3342 (Ch), [233]-[234].

〔95〕 参见原著 p. 206-7。

款都会试图排除责任。

第二节 义务标准的内容

法律期待的行为标准的严格度不同。有些情况下标准相当严厉,并且什么必须做相对明确。这样银行必须履行合同下的义务,如按客户要求随时支付,向提示单证相符的信用证受益人付款,或是立即执行客户的投资买卖指令。当然,即便如此也有得可争——"随时"是否意味着立即,某一单据是否实际与信用证相符,是否"立即"也有一定容忍度,等等。另一方面,法律标准也可能是结构开放的,需要做什么不是很明显,尽合理注意和专业义务就是一例。

在提出严格标准和开放结构标准之间的是中间状态:法律的期待不非常明确,也不是完全有弹性。比如,信义义务下避免利益冲突的义务可能被严格到"披露或拒绝",但同时作为合同约定的结果也可以没那么负担沉重。而衡平法上的欺诈,如不当影响和显失公平,显然也是关于一定形式的行为——例如,压迫性行为——但是直到最近才有很少的银行指引讲解如何避免衡平法上欺诈他人的责任。[96]

本章本节的焦点在于,作为一个实际问题,法律如何赋予各个标准内容。一边是问题的法理方面,一些本质为实践性的问题有时被错误地上升为其他理论问题,这是值得注意的。而且案件的事实会影响到其判决。本章这一部分聚焦于法律实践性论理的三大有形来源——银行实践、银行规范和银行指引。与具体情况下的标准内容相关的是系争银行的交易类别和相关客户的经验度。

一、银行的实践

如果银行想遵从相关法律标准,普通法法院从多种来源提取了银行通常行为的表述。长久存在的一个标准是参照银行实际的做事方式。[97] 然而这一点在英国的案例中
285 常有不同表述——银行从业人员的惯常做法、理性银行从业人员的做法,谨慎银行从业人员的做法。有时银行违反义务是很明显的。复杂一些的案件需要依靠证据,尤其是特定情况下关于银行该怎么做的专家证据。

法律要求的标准和合同内容纠缠在一起时容易产生困扰。分析起来,两者并不相同,尽管在具体案件中可能混合在一起。由此,实践操作模式可能是某一领域已清晰建

[96] 参见原著 p. 298ff。

[97] e. g. *Bank of England v. Vagliano Brothers* [1891] AC 107; *Cornish v. Midland Bank plc* [1985] 3 All ER 513, 523, per Kerr LJ; *Royal Bank of Scotland plc v. Etridge* (*No.* 2) [2001] UKHL 44, para. 51, [2002] 2 AC 773 (HL); *Emerald Meats* (*London*) *Ltd v. AIB Group* (*UK*) *Ltd.* [2002] EWCA Civ 460, [16]; *Architects of Wine Ltd* (*in liquidation*) *v. Barclays Bank plc* [2007] EWCA Civ 23; [2007] Bus LR D37, [12]. Cf. *Royal Bank of Scotland Plc v. Carlyle* [2015] UKSC 13; 2015 SLT 206, [18].

立并广为人知的模式,银行按这种方式做业务会被认定为默示合同条款。[98] 另举一例,合理的注意与专业的标准很少涉及行为标准。尽管标准是客观的,也不排除法院在认定银行该怎么做时进一步检视银行的常规做法。第三个例子来自信义规则:与客户相关的银行操作可能表明特定银行的行为不存在利益冲突。[99]

显然银行的惯常做法对法律目的来说是不够的。人们习惯性延续着某项特定交易的惯常交易方式是法律要求的证明,但是如果这种习惯本身构成过失,法院不会受其约束。[100] 这种情况下,可能只有几家银行是以可接受的方式行事——某些判决中的用语是"理性的银行"或"谨慎的银行"[101]——而这是对所有银行的期望。在有些情况下,可能没有一家银行的行为符合法院认定的可接受行为标准。[102]

二、行业协会/监管规则

可接受的做法有时在行业协会起草的行为规范中能找到。行业协会起草这些规范的重要动力在于公众对某一问题的关注和政策要求有所作为的压力(后面的威胁是如果协会无所作为就直接采取立法动作。)在英国的零售银行领域,第七章提到的银行业规范便是明显的例子,虽然监管规定实际已大面积替代了行为规范。批发银行业务领域的示例是《金融市场国际行为规范和操作》,它关注的是外汇交易问题,由总部在巴黎的ACI——金融市场协会起草。由其性质决定,该规范主要不是关注银行与客户的关系,而是关心银行间该如何组织和先去。[103] 早期,伦敦和纽约的其他批发行业也作出了参考行为规范。[104]

行为规范列出了可接受行为标准。有些标准与银行应该引入的内部控制问题有关,或者与其财务报表中应该披露的信息有关。但有些标准与处理客户关系直接有关,如什么信息应披露或者什么建议应提供。违反后一标准是否产生民事责任尚无统一的答案。银行实践中,只有在例外情况下行为规范可构成商业惯例或者构成与客户合同的默示条款。违反规范将产生常规的合同救济。 286

另一个极端是,法院可能认为行为规范与客户能否就银行行为提出诉求毫不相干。换言之,行为规范精确而言,应视为期待一家银行如何行为的指引,但行业在塑造规范的过程中不能改变法律责任的一般原则。因此,未遵从规范条款不能产生客户对银行的损

---

[98] 257 (the duty of confidentiality).

[99] *SCF Finance Co. Ltd. v. Masri* (*No.* 2) [1986] 1 All ER 40,47, affirmed [1987] QB 1002 (CA).

[100] e. g. *Turner v. Royal Bank of Scotland plc* [1998] EWCA Civ 529, [1999] 2 All ER (Comm) 664 (CA).

[101] *Marfani & Co. v. Midland Bank* [1968] 1 WLR 956,970, per Diplock J.

[102] *R v. Hayes* [2015] EWCA Civ 1944, [32](因操纵LIBOR而提起的刑事控告)。

[103] Cf. H. Scott, 'Liability of Derivatives Dealers' in F. Oditah (ed.), *The Future for the Global Securities Market* (Oxford, Clarendon, 1996), 276.

[104] 参见原著 p. 263ff。

害赔偿请求权；相反，符合这些规范也并不必然解除了银行对这些损失的责任。

第三种可能性是近来吸引英国法院的，即将行业规范用以非正式来阐述行为标准。规范蕴含着适当的行为，反映着法律政策。或者说规范所列标准可援引以夯实经法律分析后的结论。[105] 无论如何，规范都不决定标准而只是有助于其形成。它可能比一般法下的标准更高。[106] 从公共政策的角度看，将行业形成的标准当作最终可取的结论是错误的。

除了行为规范，还有监管者制定的行为规则（“监管规范”）。根据成文法，违反监管规范会自动产生民事责任，正如英国《2000 年金融服务与市场法》所规定的。一个私主体（尤其是个人或非经商的人）就因银行违反金融行为监管局的规则而遭受的损失有权起诉，除了有普通法上的诉由，还适用违反成文法义务的抗辩和附属权利。[107] 明显的好处在于当事人只需要证明违反规则并导致损失，不需要证明除此之外的如过失、违反信义义务之类。有时立法会明确规定违反前述义务不会认定民事责任。[108]

如果监管规范没有明确条款说明，违反它会产生民事责任吗？和行业协会规范一样，监管规范是合理期待银行所应达到的商业行为标准的证据。[109] 它们可能成为银行与客户关系之间的默示条款，这么做的困难不应被低估，因为考虑到其设计是怀有其他目的。[110] 它们还可以用来解释银行与客户之间的合同。[111] 在违反成文法义务的原则
287 下，一些对监管规范的违反可能产生民事责任。这个测试说起来很简单：作为一项释法问题，成文法中的条款是否意在保护某类公众，且它是否想授予公众就违规赔偿问题授予诉讼私权？

然而，在具体应用测试时是很难精确地合理化或预见的。在健康与安全之外的成文法领域，法律在授予受违反成文法不利影响者以损失赔偿诉权方面是谨慎的。[112] 或者还需要更多证明，比如普通法下的注意义务，如前所示，需要有明确条款表明违反规范构成对遭受损失者的民事责任。

---

〔105〕 e. g. *Barclays Bank plc v. O'Brien* [1994] 1 AC 180, 197; *Turner v. Royal Bank of Scotland plc* [1998] EWCA Civ 529, [1999] 2 All ER (Comm) 664 (CA).

〔106〕 *Thomas v. Triodos Bank NV* [2017] EWHC 314 (QB), [81].

〔107〕 S. 138D (2) FSMA 2000; Financial Services and Markets Act (Rights of Action) Regulations 2001, 2001 SI No 2256. See G. McMeel and J. Virgo, *Financial Advice and Financial Products* (3rd edn., Oxford, Oxford University Press, 2014), 115–22.

〔108〕 S. 138D (3) FSMA 2000.

〔109〕 *Plevin v. Paragon Personal Finance Ltd.* [2014] UKSC 61 [2014] 1 WLR 4222, [7]; *O' Hare v. Coutts & Co.* [2016] EWHC 2224 (QB).

〔110〕 *Flex-E-Vouchers Ltd. v. Royal Bank of Scotland* [2016] EWHC 2604 (QB).

〔111〕 See *Personal Touch Financial Services Ltd. v. SimplySure Ltd.* [2016] EWCA Civ 461; [2016] Bus LR 1049 (CA). See also I. H. -Y. Chui, 'The Nature of a Financial Investment Intermediary's Duty to his Client' (2008) 28 *Legal Studies* 254, 265–8.

〔112〕 e. g. *Morrison Sports Ltd. v. Scottish Power UK plc* [2010] UKSC 37; [2010] 1 WLR 1934 (CA).

三、银行内部指引

包含在银行内部指引中的规则与表述对法律所要求的行为具有指引性。法律分析认为它与行业协会规范等量齐观。违反它并不是银行未履行法律义务的最终证据。很明显这些规则与表述不能用来直接衡量银行的法律责任。它们可能不及或超过法院认定的具体案件中的银行义务标准。[113] 客户不能要求银行遵从其自身的内部规则。但银行内部指引的规则与陈述体现了银行自认有义务去防范的显著风险很有价值的标尺。对其违反法院会给予高度关注。事实上,也可以认为如果对其置之不理会成为过失的证据,因为这些内部规范表明其是可合理期待银行能做到的。

四、交易的类别与客户

银行代客交易类别在原则性上很少产生直接重要性。由此,高风险交易或脆弱市场造成的损失本身不能根据自甘风险原则(*res ipsa loquitar*)或者衡平法上的假设成为要求银行负有注意或专业义务的证据。损失不能完全受控,因为外汇交易或衍生交易处于外汇和利率不可预见的变动之中,哪怕可以采取一些保护性措施。[114] 普通法关于自带风险事物的规则也不能直接适用——该规则施加了采取预防性措施的特别义务,在此规则下也不能以若非他人介入事件就不会发生为借口。外币交易和衍生交易会导致相当的损失,这取决于某些不确定性是否发生,但是交易不是危险的,更别说它们自身就是危险的,只是因为这种可能性存在。[115]

而实际问题是,交易类型会影响司法判决。哪怕银行已提供了适用于所有客户的标准服务,法院在作出判决时还是会把交易类别的本质记在心上,以判断银行行为应采用何种法律标准。 288
当交易是为特定客户量身定作时,当风险随交易而增加时,或当事物变得更复杂时,交易类型在权衡时更为重要。英国法院有时是花岗岩脑袋,坚定认为在这些犹如"大宗市场的人造丛林里,露出血红的爪牙"领域,在缺乏明示合同条款的情况下不能指望银行为客户采取保护性措施或者建议客户别这样做交易"。[116]

然而,如果客户不太能理解与具体交易类型相关的风险,或不能理解他们正在干什

---

[113] *Lloyds Bank Ltd. v. E. B. Savory & Co.* [1933] AC 201,212(HL);*Perpetual Trustee Company Ltd v. Khoshaba* [2006] NSW CA 41, [42](NSWCA).

[114] *Stafford v. Conti Commodity Services* [1981] 1 All ER 691,697;*Merrill Lynch Futures Inc v. York House Trading* (1984) 81 L Soc Gaz 2544(CA);*Ata v. American Express Bank Ltd.* [1998] WCA Civ 1015(CA).

[115] *David Securities Pty. Ltd v. Commonwealth Bank of Australia* (1990) 93 ALR 271,291(Fed. Ct., Full Ct.),对另一个问题提起上诉:(1992) 175 CLR 353;*Commercial Bank of Australia v. Mehta* (1991) 23 NSWLR 84(CA)。

[116] *Drexel Burnham Lambert International NV v. El Nasr* [1986] 1 Lloyds Rep 356,366. 另见新加坡裁决:*Banque Nationale de Paris v. Tan Nancy* [2002] 1 SLR 29(CA)。

么,法院可能更希望由银行向他们提出建议。在客户相当缺乏经验时尤其如此。这可能是因为他们的个人禀赋或者因为他们此前从未做过投资或从未从事此类交易。有时在认定存在信义关系,或处于不当于影响或显失公平时,脆弱性是其明显特征。[117]

如果银行的客户在商业上是经验丰富的,或者其交易对手是大金融机构,无论如何,都不需要法律的保护。一只主权基金想主张它是被银行唆使而交易,这条路行不通。[118]法院会由此把银行代表向经验丰富的交易对手推荐的法律关系归类于一个真正的金融产品销售者所为,不会对之承担任何责任。[119] 与之类似,当事人可能涉入艰苦谈判,如此而来的关系下也不会对另一方负有义务。

> 合同由两大银行公平谈判,双方都有专业的商事律师担任顾问。每家银行都知道如果披露,对方会知道条款所描述交易类别的信息并影响交易价格。但是每家银行都明确表示同意任一方都没有义务向另一方披露这些信息。这样双方同意,另一方可以刻意保有其信息,并且他知道这一信息有助于价格谈判甚或将根本性地决定是否缔约。[120]

那些意识到所面临风险的人,有能力发现风险的人,总体来说只享有合同请求权。

第三节 顾问

有些情况下显然涉及银行提供的顾问服务。比如,就并购融资的咨询,长久以来就
289 是投行业（商人）的家常便饭。在其他情况下,银行还会承担财务顾问的角色。但是很多银行服务与提供建议无关。法律问题是这种情况下银行是否有义务主动提供建议或提供警示。这是本章本节第一个要处理的问题。第二个要解决的问题是如果银行确实提供咨询建议,而建议有瑕疵且客户受损,银行的法律责任问题。

一、顾问义务

（一）一般规则

一般而言,交易的一方当事人没有义务就交易本质、审慎性或其他特征建议另一方。

---

[117] See *National Westminster Bank plc v. Amin* [2002] UKHL 9; [2002] 1 FLR 735 (HL).

[118] See *Libyan Investment Authority v. Goldman Sachs International* [2016] EWHC 2530 (Ch).

[119] Ibid., [243]; *Titan Steel Wheels Ltd v. Royal Bank of Scotland Plc* [2010] EWHC 211 (Comm); [2010] 2 Lloyd's Rep 92, [93].

[120] *National Westminster Bank plc v. Utrecht-America Finance Co.* [2001] EWCA Civ 658, [2001] All ER (Comm) 7, [49]. See also *Societe Nationale d' Exploitation Industrielle des Tabacs et Allumettes v. Salomon Brothers International Ltd.*, 268 AD 2d 373, 374; 702 NYS 2d 258, 259 (2000); *Lloyd v. Citicorp Australia Ltd.* (1986) 11 NSW LR 286, 288; *JP Morgan Bank (formerly Chase Manhattan Bank) v. Springwell Navigation Corp.* [2008] EWHC 1186 (Comm); [2010] EWCA Civ 1221; [2010] 2 CLC 705 (CA). See C. Band, 'Selling Complex Financial Products to Sophisticated Clients: JP Morgan Chase v Springwell' (2009) 24 *JIBLR* 71.

普通法有史以来就不愿意对此方面的不作为施加责任,19世纪关于交易当事人地位平等且同样有见地的自由派假定积重难返,且不管现实如何。因未能提出建议而获罪情况得是很特殊的情况。在无数的案子中英国法采用的强有力的观点是一方当事人没有义务向另一方提示问题,哪怕它与交易高度相关。

因此,银行业务也是一样:英国法院认为银行向客户提供账户没有必要就风险、税收影响或与之相关的支付提供建议。[121] 也没必要向客户建议它能提供的更有利的账户类别。[122] 在贷款的情况下,银行一般也无义务就作为贷款用途的商业项目的智识提供建议。[123] 如果银行就贷款用途的项目进行细致的检查,那是为了银行自身的审慎目的,而不是为了所建议的客户利益。[124] 如我们所见,银行可能会就投资传递一些信息。只要银行没有越界,即一边是提供信息的业务,另一边是提供咨询的业务,英国法院的观点是就项目内在风险对银行施加咨询建议的义务既没有正当性也没有必要性。[125]

以银行销售金融产品为例,假如这是衍生品或集合计划利益。这种情况下银行作为销售人员,并不承担咨询顾问的任何义务。[126] 任何情况下,一个富有经验的商业客户即便不理解衍生交易的风险也会被认为有能力找出风险。法律咨询和其他咨询很容易获取。银行有义务公平准确地表述交易所涉事实,但一般情况下没有义务解释或警示。[127] 银行合同中一般会在作为合同缔约基础的条款中明确这一点,即当事人不依赖于银行给 290
出的建议。[128] 但对不够有经验的客户而言,法律更愿意要求银行正面建议客户,特别是涉及银行自身的产品且缺乏透明度时。

但是,在有的情况下英国法已认定了银行有顾问义务,即便这样认定缺乏合同基础。这一问题尚无系统性,也算不上原则性的,也不是经综合考量的,比如提供建议的成本、对方的知识、对方的合理期待和相关交易的风险等。顾问义务目前仅仅是个案的集合。

(二) 设定顾问或解释义务的情况

如果没有合同义务,法律会施加顾问义务的第一种情形是,不说或不作为会构成错

---

[121] *Redmond v. Allied Irish Bank* [1987] 2 FTLR 264;*Schioler v. Westminster Bank Ltd.* [1970] 2 QB 719.

[122] *Suriya &Douglas (a firm) v. Midland Bank plc* [1999] EWCA Civ 851, [1999] 1 All ER (Comm) 612 (CA). But see p. 226 earlier.

[123] *National Commercial Bank (Jamaica) Ltd v. Hew's Executors* [2003] UKPC 51 (PC,Jamaica);*Finch v. Lloyds TSB Bank Plc* [2016] EWHC 1236 (QB); [2017] 1 BCLC 34.

[124] *Lloyds Bank plc v. Cobb*, unreported, 1991 (CA).

[125] *Green v. Royal Bank of Scotland Plc* [2013] EWCA Civ 1197; [2014] Bus LR 168 (CA).

[126] *Standard Chartered Bank v. Ceylon Petroleum Corporation* [2011] EWHC 1785 (Comm), [508];*Titan Steel Wheels Ltd v. Royal Bank of Scotland plc* [2010] EWHC 211 (Comm); [2012] 1 CLC 191;*HSH Nordbank AG v. UBS AG*, 95 A. D. 3d 185, 941 N. Y. S. 2d 59 (2012).

[127] *Bankers Trust International Plc v. PT Dharmala Sakti Sejahtera (No. 2)* [1996] CLC 518, 574-5. 见纽约法上的类似立场:*ACA Financial Guaranty Corp. v. Goldman Sachs*, 106 AD 3d 494, 967 NYS 2d 1, (2013) 案,驳回上诉:22 N. Y. 3d 909, 998 N. E. 2d 392, 975 N. Y. S. 2d 729。

[128] e. g. *JP Morgan Bank (formerly Chase Manhattan Bank) v. Springwell Navigation* [2008] EWHC 1186 (Comm);*Titan Steel Wheels Ltd v. Royal Bank of Scotland Plc* [2010] EWHC 211 (Comm); [2010] 2 Lloyd's Rep 92. 参见原著 p. 204。

误陈述。由此“说一半实话”在法律上会构成错误陈述，正如银行游说交易时，和客户只说优点但不说风险。银行必须说出完整故事。银行广告可能与此相关。因此，同样，当陈述后来发现是错误或者嗣后变得错误时——银行必须在交易完成前说出来并矫正它。能产生禁反言的行为也能成为错误陈述的请求权基础。但是信赖是主张错误陈述请求的必备要素，而客户可能无法证明他是被陈述所误导并依赖于它。一项投资产品可能一开始是错误描述的，但是如果客户没阅读令产品本质更清晰的最终合同条款，而是基于他自己以为的产品与早先描述一致的假设而进入交易，银行就没有责任。[129]

第二种情形是，在缔约前谈判中未能揭示建议内容，而银行又自愿承担了这种责任且为客户所依赖时，会产生法律责任。[130] 有时，考虑到特殊背景及交易方的关系，会认定银行已负担了自愿咨询顾问的义务。在银行与客户的缔约前谈判中，通常不会这样认定，即便双方之间已有法律关系。

第三种情形是，在 *Cornish v. Midland Bank* 案[131]中，格莱德韦尔（Glidewell LJ）提出一旦银行进入对客户咨询顾问的任务中，它就有义务“全面而正确地”解释借款的本质。履行该义务要求对附随风险和具体交易不利之处有全面的表述。*Cornish* 案有时是银行有义务向客户全面解释向其销售的产品本质的正当性理由。[132] 这有时被归为夹层义务，介于不误导的基础性义务和更艰巨的顾问义务之间。在澳大利亚的几个判决中，*Cornish* 式的方法已有适用。[133]

291 第四种情形是，如果双方法律关系在本质上是信义义务，如果想将利益置于义务之外，或将对一个人的义务置于对另一个人的义务之上，又想避免责任，必须披露。回顾一下混业银行的潜在利益冲突。全面披露任何与客户的利益冲突，银行就免于被指责为不当行为。但是披露利益冲突可能会违反对另一客户的保密义务。如果披露会构成对另一个义务的违反，银行必须彻底停止这个业务。[134]

第五种情形是，在普通法下，受担保的银行有义务向担保人披露被担保交易非同寻常的情况。[135] 银行对借款人的信用不满意、借款人处在严重的财务困难并一直超出其授信额度，不被认为是需要披露的非正常特征。但是，当授信额度函改变了安排且对担

---

〔129〕 *Peekay Intermark Ltd v. Australia and New Zealand Banking Group Ltd.* [2006] EWCA Civ 386; [2006] 1 CLC 582.

〔130〕 *Hedley Byrne & Co. Ltd. v. Heller & Partners Ltd.* [1964] AC 465.

〔131〕 [1985] 3 All ER 513,520 (CA).

〔132〕 如 *Crestsign Ltd. v. National Westminster Bank Plc* [2014] EWHC 3043 (Ch); [2015] 2 All ER (Comm)（上诉在审理前和解）; *Property Alliance Group Ltd. v. Royal Bank of Scotland Plc* [2016] EWHC 3342 (Ch)。

〔133〕 e. g. *Chiarabaglio v. Westpac Banking Corporation* (1989) ATPR 40－971. See J. O'Donovan, *Lender Liability* (London, Sweet & Maxwell, 2005), 228－9.

〔134〕 参见原著 p. 277。

〔135〕 e. g. *Royal Bank of Scotland plc v. Etridge (No. 2)* [2001] UKHL 44; [2002] 2 AC 773, [81], [188]; *North Shore Ventures Ltd. v. Anstead Holdings Ltd.* [2011] EWCA Civ 230; [2012] Ch 31; *Commercial Bank of Australia Ltd. v. Amadio* (1983) 151 CLR 447, 457.

保人不利，或者不是可正常预期，银行必须披露，否则担保可能会处于可撤销的地位。按 *O'Brien* 和 *Etridge* 判决须向保证人披露的更多要求将在后面再谈及。[136]

第六种情形是，顾问义务可能是监管规定要求的结果。特别重要的是，根据英国《2000年金融服务与市场法》编写的《银行业务经营行为手册》，它适用于在英国营销零售银行服务并接受客户存款的银行。《银行业务经营行为手册》要求银行采取合理措施确保沟通和金融营销的公平、清晰、无误导性。[137] 银行必须确保其与客户的沟通以及银行沟通与批准的金融营销中包括银行名称，保证内容是准确的，特别是不会只强调潜在收益而未对风险给予公平而突出说明；对那些定向营销或可能收到信息的对象，这种沟通是充分的，是以这一集体中的普通成员可理解的方式表达的；没有欺骗、消灭或模糊重要的信息、陈述和警示。[138] 如果沟通或金融营销意在将一项零售银行服务与其他一项或多项该类服务相比较，无论参照服务是否由该银行提供，银行必须确保该等比较是有意义的，且以公平而平衡的方式展示。[139]

如果零售银行服务相关的沟通或金融营销与具体税收待遇或应付利率有关，《银行业务经营行为手册》要求银行必须以突出方式说明该等税收待遇和可付利率有赖于客户具体情况且可能在未来产生变化。[140] 就零售银行服务和存款而言，银行必须适时通过适当媒介、以易懂的语言、以清晰易懂的形式向客户提供适当信息，以便客户以充分信息为基础做决定。[141]

这些规则伴之以指引。如我们所见，违反这些规则将因损害后果产生法定诉权。[142] 客户需要证明因未说明金融产品风险而违反成文法义务是导致其损失的原因，而非其自身错误的决策所致。[143]

（三）必需的顾问（如果有） 292

现在顾问义务这一概念已被宽泛使用，正如在日常用语中“建议”既包括简要的风险提示也包括延伸出的法律意见。作为法律问题，银行所须给出的意见因前述第（二）部分中所列名目不同而在细节要求上有所不同。顾问意见在法律上可以翻译为通知，正如银行需要就利益冲突作出通知。这在事实上是一项强制标准，因为必须经信义义务受益人的全面知悉同意。必须披露信义义务人所知道的所有相关事实。[144] 在有些情况

---

[136] 参见原著 p. 301。

[137] R. 2. 2. 1.

[138] R. 2. 3. 1.

[139] R. 2. 3. 7.

[140] R. 2. 3. 8.

[141] R. 4. 1. 1.

[142] 参见原著 p. 286-7。

[143] e. g. *Al Sulaiman v. Credit Suisse Securities (Europe) Ltd.* [2013] EWHC 400 (Comm); [2013] 1 All ER (Comm) 1105.

[144] *Phipps v. Boardman* [1967] 2 AC 46.

下，顾问意见会以特定而具体的形式披露信息。在错误陈述的情况下，例如“说话说一半”的陈述需要以全面披露来矫正，那些过时的旧信息仅仅需要适当地更新。至于成文法下的强制顾问义务（如《2000年金融服务与市场法》），其范围从简要风险提示到具体详尽披露只有少数个人客户能完全消化。一般而言，顾问义务永远不会涉及推荐，除非是推荐去寻求法律顾问意见。

不仅顾问意见的详尽度是个问题，它的本质也是个问题。必须诚信地给出意见——否则就是欺诈。一般来说，它还应该准确。如果意见是诚信且准确地提供的，普通法对基于此进入不利交易的客户只能给予很少慰藉。但监管的要求走得更远，规定了顾问意见所需的大量细节。有些顾问意见涉及提示缔约条款（至少部分提示）。另一个方法是要求对要约提供其他备选选项——如还款方法、利率、费用和佣金等条款。有一个更进一步的措施是“最佳意见”：要求对可获的服务作事先公正的检索，然后就具体交易向客户推荐最好的服务，或至少是和其他可选项一样好的服务。与“最佳意见”相伴的概念是“适当性”。[145] 也许就银行交易的最有效的建议是关于其伴生风险的意见。此处要求的标准是客观的，但它还是与银行所负的采取措施令该特定客户理解风险的义务相关。

二、提供顾问意见的责任

（一）错误陈述

在英国法下，错误陈述可因无过错、过失或欺诈而产生。[146] 换言之，银行在和客户打交道时有义务不误导或不错误陈述问题。如果它作出了哪怕是无过失的错误陈述，意图引诱对方订立合同，银行就不能辩称对方本不该相信或对方本该自己做调查以免除责任。同样须强调的一点是，如存在遗漏，所述也可能构成错误陈述。

但银行可以通过适当的声明来摆脱责任（取决于合理性判断），或者通过在书面合同中插入一条缔约基础条款，说明对方并非基于银行任何陈述而缔约，而是基于自身评估，而且该书面合同代表银行与客户间的所有一致意思表示。[147]

293

（二）过失的顾问意见

顾问意见可能提供给客户或第三人。一度对第三人——如通过银行对他人开展信用评估的人——的责任，在没有合同的情况下也被认定了。现在侵权（delictual）和合同性一样都可以成为因过失的顾问意见而起诉银行的请求权基础。

有个认定过失性顾问意见构成侵权的开创性案件—— *Hedley Byrne & Co. Ltd. v.*

---

〔145〕参见原著 p. 283。

〔146〕See Misrepresentation Act 1967, s. 2 (1).

〔147〕参见 *Taberna Europe CDO II plc v. Selskabet AF1* （*formerly Roskilde Bank A/S*）[2016] EWCA Civ 1262；[2017] 2 WLR 803；参见原著 p. 204, 289-90。

Heller & Partners Ltd. 案，[148]涉及一份关于某客户可信度的银行推荐信中的意见。据后来的解释，*Hedley Byrne* 责任在很大程度上取决于（在本案中）银行承担责任的范围，银行与客户或第三人间的充分近因关系，以及对陈述的信赖。承担的责任和近因，在很大程度上是个法律解释问题，实践中，法院会考虑的因素有：例如作出并沟通该等陈述的目的，该等意见者在银行的角色，客户的经验，银行对顾问意见用于特定目的的知悉情况，银行和依赖该意见者之间的关系，信赖者所属类群的规模。[149]

由此所有情况下包括银行的营销材料都将得出一个结论，即银行承担着借款人财务顾问的责任。[150] 当银行向缺乏经验的客户提供意见时承担责任的可能更大：在好几个案子中，英国法院认定在银行经理未能清晰地向妻子解释以共同财产为丈夫借款设定担保的法律后果时银行要承担责任。[151] 不出意外的是，法院不愿意认定银行泛泛地对全世界负有责任。显然，银行不仅会因为它所提出的建议产生过失，还会因为遗漏建议而负有过失。因过失顾问意见而产生的责任与它是否免费提供无关。当然，现实是，尽管银行可能不对某项顾问具体收费，但并不是说银行就不从中受益：可能顾问意见的结果是银行提供了另一项服务，或者从另一个视角看，留住一个满意的客户。

过失顾问意见很显然会发生于银行涉入的各种事务中。例如资信证明、银行以顾问角色就潜在借款人在具体授信下的附随风险提供意见；银行关于其将提供充分资金供客户与第三方缔约的陈述；衍生品的建议；银行对商业计划正朝向正确方向的确认以及银行对将达成交易的乐观态度。[152] 一旦认定违反了顾问义务，当事人还必须证明违反该 294
义务导致损失，作为法律问题，这种损失因果关系不能太远。[153]

一般银行在合同中免除了自己的过失顾问意见责任。在 *Hedley Byrne* 案中，银行得以脱责就是因为在推荐信中的免责声明。这在观念上是否会被认定为逃废责任或摆脱已有责任，已经超越了我们所讨论的问题。实践关心的核心问题是该等声明或免责是否说得足够清楚，令那些拿到意见的人明白无误地知道银行对不当或有瑕疵意见的后果是拍手不管的。在文档上印上小字给零售客户是不可能满足这一要求的。在英国法下，实

---

[148] [1964] AC 465.

[149] e. g. *Playboy Club London Ltd v. Banca Nazionale del Lavoro SpA* [2016] EWCA Civ 457; [2016] 1 WLR 3169; *Torre Asset Funding Ltd v. Royal Bank of Scotland Plc* [2013] EWHC 2670 (Ch), [141] -[148]. See P. Rawlings, 'Blame in a Cold Climate: Banks' Liability for Investment Advice' (2008) 11 *JIBL* 581.

[150] e. g. *Verity and Spindler v. Lloyds Bank plc* [1995] CLC 1557.

[151] e. g. *Cornish v. Midland Bank plc* [1985] 3 All ER 513 (CA).

[152] See *Turner v. Royal Bank of Scotland plc* [2001] EWCA Civ 64, [2001] 1 All ER (Comm) 1057 (CA); *British & Commonwealth Holdings plc v. Quadrex Holdings Inc.* [1995] CLC 1169 (CA); *Riyad Bank v. Ahli United Bank (UK) Plc* [2006] EWCA Civ 780; [2006] 2 All ER (Comm) 77 (CA); *HSBC Bank Plc v. 5th Avenue Partners Ltd* [2009] EWCA Civ 296; [2009] 1 CLC 503; [2009] Lloyd's Rep FC 338 (CA). 比较 *ABN AMRO Bank v. Bathurst Regional Council* (2014) 309 ALR 445; 224 FCR 1（信用评级机构因过失而负有责任）。

[153] 例如 *Rubenstein* v. *HSBC Bank plc* [2012] EWCA Civ 1184; [2013] 1 All ER (Comm) 915 (CA)（银行认为不应承担市场风险所致损失，因为不可预见且关联度太远）。

践中的免责条款主要取决于适用不公平合同条款的情况。[154]

（三）信息与顾问意见

析言之，银行就潜在投资提供信息或过手（pass on）信息与银行对投资提供顾问意见是有区别的。[155] 如果银行在给出投资顾问意见时存在过失，它要对因其行动的可预见损失后果承担责任；如果银行是在提供过手信息时存在过失，它只对信息存在错误的可预见后果承担责任。[156] 如果银行仅仅是提供信息，它不会对客户缔约负责，而是让客户自行评估其收益优劣。即便银行知道该信息对决策至关重要，它也仅仅是对信息错误的经济后果负责，不能主张对进入交易的经济后果负责。但是如果银行负有注意义务，它应对其所传导信息在选择来源、是否提供给客户及未能警示其进一步采取调查而负有责任。

第四节　银行交易中的无效因素

对那些由于条款性质、一方当事人的行为或角色而成通常意义上不公平的合同，发达的法律体系有办法治理它。契约自由让位于更公平市场交易结果的努力尝试。这是否构成从 19 世纪合同法转型为社会市场规范还在讨论。[157] 但明确的是，尽管议价能力的不平等本身不会笼统地导致合同无效，它仍然往往是主张无效的原因。较之银行商业组织类的交易对手，法律更愿意保护脆弱的、无经验的、消费者型的交易对手。

至少在英国法下，立法已就不公平合同条款作出反对议价能力不平等的规定，已如
295 第七章所及。有时，弱势者也可能引用其他法律，例如不符合与消费信贷有关的规定或金融服务规定。同样还有一些成文法规定重启前述已扭曲的信贷谈判。[158]

但是还是有很多零散普通法原则，有不同历史渊源，可以在特定情况下被援引以使那些程序性或实体性不公平的合同无效。就合同的签署而言有“非事实原则”（*non est factum*），尽管英国法不情愿推翻已签署的交易，理由是签名意味着同意且第三方可能信赖该签名文件。就程序性不公平而言，还有错误陈述、错误、不当影响、显失公平和胁迫。实质性不公平在普通法上检验得不多。但是还是有潜在可能依据默示条款这么做，且还是有反对惩罚性的独立条款。[159] 本节列出了几项此类原则，然后讨论银行如何以受到他人不当行为影响为由令交易无效。

---

〔154〕参见原著 p. 208-9。

〔155〕*Royal Bank Trust Co (Trinidad) v. Pampellone* [1987] 1 Lloyd's Re. 218 (PC, Trinidad and Tobago).

〔156〕*BPE Solicitors v. Hughes-Holland* [2017] UKSC 21; [2017] 2 WLR 1029; *South Australia Asset Management Corp v. York Montague Ltd* [1997] AC 191.

〔157〕e. g. H. Collins, *Regulating Contracts* (Oxford, Oxford University Press, 1999).

〔158〕参见原著 p. 214。

〔159〕参见原著 p. 205。

一、不当影响、显失公平和胁迫

不当影响和显失公平在普通法国家常常是订立银行业务合同中的无效因素。它们在某一特定时刻的受欢迎反映了经济循环的拐点，即客户寻求以此减轻经济失败的后果。胁迫往往就势与这些原则一起考虑，尽管实际上它不是经常被引用。

功能上，这三个原则往往交替使用。但在概念上，它们是不同的。在银行业务背景下，不当影响和胁迫考虑的是弥补受阻碍的客户判断。换言之，这两者的适用是以客户出发。相反显失公平是聚焦银行这边，银行必须被证明其对客户行为不当或其已注意到了其他人这样的不当行为。[160]

（一）不当影响

传统上不当影响分为实际不当影响和推定不当影响。[161] 实际不当影响类似于胁迫，对于想搁置合同的一方必须证明积极运用了过分的压力。[162] 推定不当影响分为两类。第一类涉及认定存在推定不当影响的法律关系——父母与孩子、律师和当事人、受托人和受益人，但不是丈夫和妻子。配偶一方对另一方不存在推定不当影响的理由据说是商业现实、家庭和谐和配偶间互赠礼物互相转移财产的一般期待。

即便没有前面认定的法律关系，还有第二种类别的推定不当影响，例如，某人证明了其对另一方一般性寄予信任和保密的法律关系或者另一方处于优势的法律关系。没有 296
理由说这里的“另一方”不能是银行。[163] 这种情况发生可能有多重原因，因为银行令其自身成为客户的财务顾问、计划策划者和保守秘密者。实际中在银行和客户之间认定存在这种关系很不寻常，特别是对商业客户。[164]

就不能很好解释的交易而言，如果不能给出令人满意的解释，托付信任会令法院推定这种交易是靠不当影响而获取。这是法院作出的推定，有证据的话可以推翻，法院会考虑整体证据，那个受信任且应保密者可以反驳对其不利的推定。该推定不以法律关系的终结而终结。反驳这一推定意味着须证明尽管存在信托和保密的关系，第一人（委托者）仍处于可自由决策如何行事的状况。对第二人（受信托者）而言仅证明其自身行为的妥适性是不够的。最常见的展示自由行使独立意志的办法是，在交易的本质与效果

---

〔160〕 P. Birks and N. Y. Chin, ‘On the Nature of Undue Influence’, in J. Beatson and D. Friedmann (eds.), *Good Faith and Fault in Contract Law* (Oxford, Clarendon, 1995), 62; J. Devenney and A. Chandler, ‘Unconscionability and Taxonomy of Undue Influence’ [2007] *JBL* 541.

〔161〕 *Royal Bank of Scotland v. Etridge (No. 2)* [2002] 2 AC 773; *Barclays Bank plc v. O'Brien* [1994] 1 AC 180. See also *Lough v. Diprose* (1992) 175 CLR 621; *Geffen v. Goodman Estate* (1991) 81 DLR (4th) 211 (SCC).

〔162〕 e. g. *Bank of Montreal v. Stuart* [1911] AC 120 (PC, Canada).

〔163〕 *Lloyd's Bank v. Bundy* [1975] 1 QB 326 (CA).

〔164〕 *Libyan Investment Authority v. Goldman Sachs International* [2016] EWHC 2530 (Ch).

经律师这样的独立适格人士完全解释后仍会缔结这样的交易。[165]

主导影响一度被认为是推定不当影响的前提，[166]但现在所要求是就受托信任且保密的程度而言，由于它成为另一方的顾问，或因为它们受托管理了对方的事务或日常所需，或因为其他原因，负此义务者是否居于可影响交易的地位。即便有这样的前提还不够也不可操作，还要求舍弃信任与秘密的另一方作出巨大的赠与或极为挥霍交易，无法用友谊、法律关系、慈善或其他正常人的动机所能解释。[167]

除了实际不当影响的情况外，寻求否定交易的人还须证明其足够严重不利不再需要证据来反驳推定。这曾被贴上"明显有利"的标签，[168]但这一术语因为会产生误解而被扬弃。[169] 在此方面，法院看的不仅是程序，还有实体、公平性。测试的方法是客观测试——一个独立而理性的人，知悉所有事实，在当时考虑的交易时，是否会认为是明显不利只能解释为不当影响产生了作用。看来有必要权衡实际强制执行该交易的风险的严重性和当事人接受这种风险的受益性。[170]

在常常发生的妻子为丈夫的经营债务担保的诉讼中，错误陈述往往伴之以不当影响
297 会成为担保无效的理由。我们很快回到这一涉及第三方银行的问题。但是，配偶之间到底是什么关系呢？英国法院很现实地看到丈夫可能掩饰其经营中的问题，所以不会把其预示成功的夸夸其谈作为错误陈述。至于不当影响，一般来说这种交易不属于那种未能反证即根据表面情况认定丈夫存在不当影响的交易类型，英国法院认定他们因其内在原因而为其共同利益服务，因为一般配偶双方的财富是绑定在一起的。

有判决认定有不当影响争议的交易应无条件地全部撤销。就错误陈述而言，如果当事人愿意就其陈述所涉余额提供担保，就不能由法院来搁置交易。尽管原则上撤销可适用于各种不同情况，也能设定条件，但在这种语境下撤销被认为"非黑即白的程序"。[171]正如公共政策，就条款约束力给予酌定权可能会成为不羁的野马。但是其细致适用可以令法院无须重写当事人的协议，而取得对双方都公平的结果。需要作出一些区分，例如，在不同的法律错误之间、不当影响与错误陈述之间、欺诈与无过错的错误陈述之间等。用允许撤销的方式来运用衡平法这方面的弹性也需要与返还原状的法律一致。

（二）显失公平

在不当影响和显失公平交易之间存在一定的功能重合，尽管分析起来这些原则是有区别的。显失公平的要求是，首先，存在特别的不利情况影响到个人的自利判断能力，例

---

[165] *Inche Noriah v. Shaik Allie Bin Omar* [1929] AC 127 (PC).

[166] e. g. *National Westminster Bank plc v. Morgan* [1985] AC 686 (HL).

[167] *Goldsworthy v. Brickell* [1987] Ch 378 (CA).

[168] *National Westminster Bank plc v. Morgan* [1985] AC 686.

[169] *Royal Bank of Scotland v. Etridge (No. 2)* [2001] UKHL 44, [2002] 2 AC 773.

[170] *Bank of Credit and Commerce International SA v. Aboody* [1990] 1 QB 923 (CA).

[171] *TSB Bank plc v. Camfield* [1995] 1 WLR 430; [1995] 1 All ER 951 (CA); *Dunbar Bank plc v. Nadeem* [1998] 3 All ER 876 (CA).

如,贫穷、疾病、无知、缺少咨询。其次,这一弱点必须被另一方以道德不当的方式利用。换言之,这种不利必须对另一方来说是明显的,且其不公平或有失良心地利用了这一点。最后,交易结果也必须是不正义、不公平或不合理的。

显失公平在一方弱小且这一点被另一方利用时会被推定。[172] 这一原则不是仅仅因为交易不公平就解除,它还得是显失公平的交易,交易条款显示这样的举动令法院的良知感到震惊。[173] 近年来在英格兰显失公平相当有主导性。[174] 尽管不当影响原则也发挥了这方面的作用,如我们所见,两者在原则上是有区别的。

（三）胁迫

经济胁迫不太可能令银行业务交易无效。经济胁迫的前提是存在引诱受害人缔结合同或付款的压力,且该种压力是非法的。这种非法压力可能是以撕毁合同为威胁,特 298
别是银行明知一旦实施威胁其将构成违约的情况。在 *Law Debenture Trust Corp Plc v. Ukraine* 案[175]中,乌克兰未能以胁迫为由成功抗辩对其未清偿 30 亿欧元债券的诉讼请求。乌克兰通过发行欧洲债券借款,由俄罗斯联邦储备委员会购买。事实上,所有的债券均由俄罗斯持有,它指示受托人采取法律措施。乌克兰案确立的规则是基于俄罗斯非法且不合理的经济、政治和军事压力而借款,意在从俄罗斯的政策目标之一——与欧盟联合协议中获取资金。这一请求根据外国政府行为原则是不正当的。[176]

由于缺少因果关系,新南威尔士州上诉法院在一个案子中认定未作出经济胁迫。该案中银行在担保文件未签署的情况下拒绝给出资金。尽管法院认定银行施加的压力是非法的,但它认为这个举动在签订按揭中没有发挥作用,它在施加压力之前就已经发生。[177]

随后,同一法院划出了一道清晰界线,一方面,压力包括不法威胁或达到了显失公平的地步;另一方面,商业压力本身并非非法或显失公平的,哪怕受到压力方别无选择只能按要求做。[178] 由此,如果借款人处于财务困难中,银行如果不宣布违约而压迫还款或要求增强担保,这没有什么可反对的。

---

[172] *Commercial Bank of Australia Ltd. v. Amadio* (1983) 151 CLR 447.

[173] *Burmah Oil Co. Ltd. v. The Governor of the Bank of England*, *The Times*, 4 July 1981; *Credit Lyonnais Bank Nederland NV v. Burch* [1997] 1 All ER 144, 151, 152 (CA); *Portman Building Society v. Dusangh* [2000] EWCA Civ 142, [2000] 2 All ER (Comm) 221; *Libyan Investment Authority v. Goldman Sachs International* [2016] EWHC 2530 (Ch).

[174] D. Capper, 'The Unconscionable Bargain in the Common Law World' (2010) 126 LQR 403. See also *Mortgage Express v. Lambert* [2016] EWCA Civ 555; [2017] Ch 93.

[175] *Law Debenture Trust Corp Plc v. Ukraine* [2017] EWHC 655 (Comm).

[176] At [295], [308], [374] -[377].

[177] *Crescendo Management Pty. Ltd. v. Westpac Banking Corporation* (1989) 19 NSW LR 40.

[178] *Equiticorp Finance Ltd.* (*in liq.*) *v. Bank of New Zealand* (1993) 32 NSW LR 50. See also *CTN Cash and Carry Ltd. v. Gallaher Ltd.* [1994] 4 All ER 714 (CA).

二、无效和第三方行为

很少有银行自身行使不当影响、显失公平的行为或施加非法压力。如果银行这样做,或者更有可能的是,如果银行对客户就交易进行了不当陈述(无论多么无辜),法律都会令其不能强制执行交易。不当陈述还可能产生损失赔偿。

更典型的情况是一方主张银行业务交易受第三方此类行为不良影响而由此不能强制执行。在英国,银行交易受第三方不当行为影响是根据 *Barclays Bank v. O'Brien* 案和 *Royal Bank of Scotland v. Etridge* (*No.* 2) 案两个案件在妻子们提出主张的情况下而列出的指导意见。[179] 本质上,当妻子 A 为其丈夫 B 的债务提供保证时,银行被置于需要调查的位置,要结合两个因素,即交易表面看起来是不利的,且由于丈夫的错误陈述、不当影响或其他不当会产生重大风险。如此说来,这种测试较之配偶间的不当影响假定,举证责任轻一些。需要测试的一切是妻子同意为丈夫的经营负债提供保证。同样的方法
299 适用于 A 与 B 是同居关系或由于情感、两性或经济上绑定在一起的情形且银行也知悉这一点。

这类案件产生这一问题的典型情形是,妇女以其财产向银行提供担保,例如以其在家庭中的份额支持其配偶的债务。法律考虑的一方面是保护妇女,她们在当今仍然被误导或承受压力,其判断还因为情感上被蒙蔽,由此她们在未充分知悉或无独立意志的情况下向银行提供担保。另一方面,法院也不情愿对这种广泛的交易不利,特别是银行自身没有做错事。而且,在用家庭财产提供担保的情况下,法院同样关心如此重要的财产形式不应没有经济上的效用,而应该用以支撑经营,特别是小企业经营。

(一)可能的方法

在不同的法域法律用多种不同的法律工具来努力应对相互矛盾的政策考量。[180] *O'Brien* 案之前十年,英国的法院是用"代理人"这一术语分析问题——是否该第三方是银行的代理人?在真的存在代理的情况下,无疑银行是有责任的。银行作为本人对其代理人的行为承担雇主责任。但是代理在英国判例的语境下获得了特定的含义,被认为包

---

[179] [1994] 1 AC 180, [2002] 2 AC 773 respectively. See also *Barclays Bank plc v. Boulter* [1999] 1 WLR 1919; [1999] 4 All ER 513 (HL) and e. g. *Abbey National Bank v. Stringer* [2006] EWCA Civ 338; [2006] 2 P & CR DG15; *Hewett v. First Plus Financial Group Plc* [2010] EWCA Civ 312; [2010] 2 FLR 177.

[180] e. g. A. Colombi-Ciacchi (ed.), *Protection of Non-professional Sureties in Europe: Formal and Substantive Disparity* (Nomos, Baden Baden, 2007); R. Parry, 'The Position of Family Sureties within the Framework of Protection for Consumer Debtors in European Union Member States' (2005) 13 *ERPL* 357; C. Chew, 'Bank Guarantees and Undue Influence: An Australian Perspective' (2010) 25 *JIBLR* 19; M. H. Ogilvie, 'The Reception of Etridge (No. 2) in Canada' [2008] *JBL* 191; B. Allan, '"Trust me I'm your Husband": Undue Influence and Royal Bank of Scotland v Etridge' (2006) *Otago LR* 247; N. Yaakub and A. McGee, 'Undue Influence in Three-party Bank-Lending Transactions in Malaysia: Why is Reform Needed?' (2007) 22 *JIBLR* 53; C. Chew, 'Guarantees Given by Spouses as Security for Bank Debts: The Importance of Independent Advice, its Scope and Limitations' (2015) 30 *JIBLR* 487.

括了银行让第三方去获取原告同意提供担保的情形。[181] *O'Brien* 案放弃使用拟制代理原则。

第二个方法,众所周知为"罗米利(Romilly)法官的异端邪说",也隐显在普通法中。[182] 即当有人作出大额自愿赠与或类似动作(如产生担保)时,其效果是将举证责任倒置于受益的一方(银行)来证明其正当性。虽然罗米利法官将之作为19世纪中叶以来的规则,它却为当代的评论者们所拒绝,在随后的判例法中很少被引用,特别明显的是很多次被拒绝适用。看来这一规则不再可能是有效抗辩。

另一类判例产生于澳大利亚,[183] 表明任何担保都是不可执行的,无论银行是否知道B的错误行为负责。如果诉讼落入受保护类别(最初是已婚妇女),若该法律关系且其随后的可能影响与信赖为银行所知悉,且该类人群缺乏对交易本质与效果的充分理解,且银行未能采取合理措施以确保已婚妇女所做的及所同意是真实并充分知悉,这一规则 300
(担保不可执行)就会适用。由此知悉可能的信托和保密关系成为关键。在 *O'Brien* 案中,上诉法院采用了这一方法,但值得强调的是,当该案上诉至上议院时被驳回了。这一方法包括一个小的概念上的矛盾:如果银行直接实施不当影响时,妻子不在受保护之列,当银行从她们那里获得担保时,她们受丈夫不当影响又成为受保护类别。[184]

O'Brien 案和 *Etridge* 案的结果是当妻子或其他人提供保证时会认定银行有推定注意的方法最终胜出。它源自普通法法域的一系列判例,即如果已注意到第三人的不当行为,该当事人已受不良影响。在本典型案例中第三人行为是指丈夫的行为。[185] 如果注意已提供了原则的基础,但是它几乎没说如何在此领域实际适用。它首先要求A同意提供担保是基于错误陈述、不当影响或其他B的错误。这是相当明显的:如果银行没有不当行为,A就不能令交易失效,为什么他人没有不当行为就能令交易无效呢?

但对银行来说,其几乎不可能举证是否存在不当行为。实践中,第一个需要的要件是推定的。第二个是银行必须知道A与B之间的关系是密切的、情感的或本质上有经济上联系的。政策上的考虑是,由于这种业务的非正式性会产生错误陈述的实质风险,或者担心破坏其效力会使这种连接成为主张不当影响的现成武器。这种关系被推定存在于夫妻关系。另外这种关系可能是异性的或同性的,不必然同居,也可以存在于父母

---

[181] *Turnbull & Co. v. Duval* [1902] AC 429 (PC); *Bank of Credit and Commerce International SA v. Aboody* [1990] 1 QB 923 (CA).

[182] Cf. S. Gardner, 'A Confused Wife's Equity' (1982) 2 *OJLS* 130.

[183] Notably in Dixon J's judgment in *Yerkey v. Jones* (1939) 63 CLR 649 and *Garcia v. National Australia Bank* (1998) 194 CLR 395. See Justice Kiefel, 'Guarantees by Family Members and Spouses: Garcia and a German Perspective' (2000) 74 *ALJ* 692; Justice Santow, 'Sex, Lies and Securities—Touching the Conscience of the Creditor' (1999) 10 *JBFLP* 7.

[184] See S. Cretney, 'Mere Puppets, Folly and Imprudence' [1994] *RLR* 3.

[185] *Bainbrigge v. Browne* (1881) 18 Ch D 188, 197 依据弗赖依(Fry J)的观点,这绝不是最高的判例法。Elsewhere, e.g., *Weitzman v. Hendin* (1989) 69 OR (2d) 678 (CA); *Contractors Bonding v. Snee* [1992] 2 NZLR 157 (CA); US Restatement on Security, § 119. Cf. Restatement on Contracts, Second, § 164 (2). Cf. J. Mee, 'Undue Influence, Misrepresentation and the Doctrine of Notice' [1995] *CLJ* 536.

与子女之间或雇主与雇员之间。[186] 第三个是交易必须表面上以 A 为代价令不当行为者 B 受益，或者如银行所知悉，是意在如此，即便表面看起来是为他们共同的利益。由 A 提供保证或财产担保以支持 B 的债务或 B 的生意（A 在生意中没有利益）表面看起来是以 A 为代价来令 B 受益。相反，联合贷款不会这样认定，即便事实上是为 B 自身的利益，除非银行实际知悉。如果所有的联合贷款都将银行置于须调查的情形下，有观点认为银行会不愿意向夫妻提供授信，或者变得过于负有入侵性。[187] 但是保证和联合贷款之间的区分可以是人为的，由此对一项贷款可以有效地安排独立的联合账户贷款，由此避免责任，除非银行实际知道贷款只是给一方使用。

如果 A 对 B 的生意有利益又怎么样呢？在普通法国家的某些案例中，妻子在公司中受担保的利益被用作使银行免受 B 的不当行为影响的基础。[188] 但是，*Etridge* 案的
301 结果是，英国法仍将银行置于须被调查的位置，即便妻子是公司董事或秘书。这一正当性在于 A 在 B 生意中的股份，如果生意很小，即便 A 是作为公司秘书，也不能阻止 A 的担保令 B 且仅令 B 受益。A 可以被认为在公司中没有财务利益，因为股票不太可能出售，股息可能永远不会宣布，秘书职位的任何薪酬几乎很难被描述为直接受益。

（二）指引

如果 *O'Brien* 案和 *Etridge* 案的规则基础还不是很确定，那么一家银行需要做的是相对直接的。一般而言，它得采取合理措施达到自己的要求，即 A 已以一种有意义的方式将所提议交易的实际后果带回家告诉她。

很多已判案件显示它们的书面警示常常没读，且有时是由另一方（B）来解释。因此一个方法是银行来主导个人访谈。访谈建议的是交易风险而不是交易智识。但是，关于风险的建议不限于该种交易的一般后果（常规风险），而是这一具体交易下处于 A 的财务地位的风险（具体风险）。如我们所知，一旦银行开始提出这样的建议，就有可能建议得不充分或者建议得有过失。所以，现在的银行实践并没有作这样的访谈，也不足为奇。

与银行实践不同，法院所认同的方式是确保 A 得到律师意见，律师只能服务 A，通过当面会面的方式给出。[189] 一般情况下，银行可以信赖律师关于提议交易实际影响的意见已得到 A 的确认。英国法院很信赖律师。他们希望不管是谁付律师费，律师认为他们自己对收到意见者（A）负有排他性的义务，且他们给出的意见是恰当的。

---

〔186〕 e. g. *Massey v. Midland Bank plc* [1995] 1 All ER 929 (CA). *Banco Exterior Internacional SA v. Thomas* [1997] 1 WLR 221 (CA); *Credit Lyonnais Bank Nederland NV v. Burch* [1997] 1 All ER 144 (CA).

〔187〕 *CIBC Mortgages plc v. Pitt* [1994] 1 AC 200 (HL). See A. Lawson, 'O'Brien and its Legacy' [1995] *CLJ* 280, 282.

〔188〕 e. g. *Warburton v. Whiteley* (1989) NSW Conv. R. 55-453, (CA); *North-West Life Assurance Company of Canada v. Shannon Height Developing Ltd.* (1987) 12 BCLR (2d) (CA).

〔189〕 *Royal Bank of Scotland v. Etridge* (*No.* 2) [2001] UKHL 44; [2002] 2 AC 773 (HL).

（三）政策问题

无疑由于 *O'Brien* 案和 *Etridge* 案的判决，英国银行和其他按揭贷款人已完善了其程序。[190] 法律是否已解决这些基础问题已引起了很多关注。咨询意见可以用来抵销错误陈述或误解。但如果 A 在情感上或财务上依赖 B，咨询意见也很可能阻止不了不当影响的发生。典型情况是，关于风险的咨询意见未能将 A 劝离交易。A 还是会往前走，她的判断为他们的关系所蒙蔽。[191]

这一问题的社会和经济背景也不容忽视。一般的社会中家庭很强大，家庭支持被当作是天然的命令，法律就不可能过于介入。[192] 以住房第二按揭的方式融资也是一种英国小型初创企业融资的重要来源，所以法律也不会过度干预。一些法域迎头解决了这一问题。就家庭财产问题，一方设立负担非用于获取该财产受到立法限制（"宅地"立 302
法）。[193] 以家庭财产设定担保还受现行反歧视立法有效禁止，即禁止歧视已婚信用申请人，如果该申请人信誉良好，银行还要求其配偶担保贷款。[194] 还有案例用来解决消费者和小企业信贷监管的不一致问题。[195]

有一种情况可遵从 *O'Brien* 案和 *Etridge* 案指引，只要是个人作担保，且表面上看未从担保获益的情况。换言之，A 与借款人 B 之间有亲密情感关系和其他的情况之间不应有所区别。常规和特别风险均须提示，所需要顾问的受益问题均需独立法律意见。

第五节　贷款人责任

"贷款人责任"是个有弹性的词，它可以多种法律原则为基础，涉及多种法律责任。显然它能包括由于银行过失的顾问建议，未尽合理注意与专业，在明知性接收（knowing receipt）或不诚信帮助而产生的责任。但是对那些新诉求会怎么样——银行未能从借款人的角度对贷款提出审慎意见，过失处理贷款申请，承诺函之后未能尽善意谈判，拒绝借款，过失管理贷款，以及不恰当地要求贷款的立即还款或加速到期或取消授信？如果有破产责任或环境责任又如何？狭义的贷款责任聚焦于银行如下责任：(1) 管理或终结贷款责任；(2) 涉及借款人的重整或破产的情形；以及 (3) 承担法定责任，特别是环境问

---

[190] M. Pawlowski and S. Greer, 'Constructive Notice and Independent Legal Advice' (2001) 65 *Conv.* 229.

[191] G. Fehlberg, *Sexually Transmitted Debt. Surety Experience and English Law* (Oxford, Clarendon, 1998); Law Reform Commission (Australia), *Equality before the Law: Women's Equality*, Report No 69 (Sydney, LRC (A), 1994), Pt. Ⅱ, 257-8.

[192] A. Ciacchi and S. Weatherill, 'Remarks from a Comparative and EU Perspective', in A. Ciacchi and S. Weatherill (eds.), *Regulating Unfair Banking Practices in Europe: The Case of Personal Suretyships* (Oxford, Oxford University Press, 2010), 37.

[193] N. Gravells, 'Creditors and the Family home' (1985) 5 *OJLS* 132.

[194] A. Farley, 'The Spousal Defense—A Ploy to Escape Payment on Simple Application of the Equal Credit Opportunity Act' (1996) 49 *Vand. LR* 1287.

[195] R. Graycar, R. Johansson, and J. Lorrie, 'Guaranteeing Someone Else's Debts' (2001) 12 *JBFLP* 181.

题的法定责任。

在完全不同法律体系的不同法域有几种贷款人责任的共同模式。考虑到诉讼的相似社会和经济背景，呈现这样的共同性也不足为奇。很多这一领域的诉讼是 1980 年代经济拐点与银行行为模式变化的结果。金融自由化和竞争导致银行参与很多过去应被警示的业务活动中。对那些受经济风向清洗想从有钱人的口袋寻求损失弥补的人来说，这么做也没什么不正常的。往往这些借款人的诉求是由法律体系的内在逻辑所趋使，即破产借款人的清算人为了令债权人可获得的资产最大化到处寻找机会。

一、营销风险贷款/相关产品

一般而言，不能说银行向借款人提供授信或据授信放款存在过失。银行会为其自身
303 目的作尽职调查，但对英国法院来说在商事环境下因一家银行未作充分还款能力调查而认定其对借款人违反义务显然太怪异了。

例外情况是，如果银行营销的贷款是有内在风险的，特别是借款人缺乏经验的情况下，在事情变坏且借款人起诉时法院看起来会更同情一些。一个示例是澳大利亚 20 世纪 80 年代向客户营销外币贷款的大量诉讼。这种贷款的好处据说是低贷款利率。在大量此类案件中法律都认定了银行负有责任，主要是因为特定的成文法要求人们不能从事误导性或欺骗性的行为。[196] 借款人主张是由于银行向无经验相关借款人例如农民和小生意人的误导性或欺骗性行为，未向其解释外币贷款包含巨大风险，而明智的做法是要缔结期货合同对冲汇率风险。

普通法下的请求权也得到了发展。借款人辩称银行已约定要通过分析外汇趋势和建议必要对冲来管理合同。但在缺少这方面明示条款的情况下，法院并不愿意默示这种义务为授信协议的一部分。即便有合同义务来管理外币贷款，期望对银行的义务标准被认定为因借款人的商事经验而异，并不包括为保护他们而管理所有货币不利变动。[197]

在外币贷款合同缔结前的信息（或缺乏信息）相关过失问题也得到了发展。我们已看到 *Hedley Byrne* 责任会因为未能提供咨询，如果认定存在自愿承担咨询的义务的话。一般而言，这将不会发生在银行和潜在借款人缔约前的谈判中，但有一些案件中，澳大利亚法院认定有些特殊情况因为外币授信的新型和复杂本质，产生了咨询建议的义务。[198]

在英国，银行同意按监管者金融行为监管局要求复核 2001 年以后的所有卖给按规则算无经验客户的利率对冲产品。这一类别下包括小企业。金融行为监管局已收到对此类产品的投诉，它们独立于与银行签订的贷款协议，并被认为是为了防止利率波动。

---

〔196〕 Competition and Consumer Act 2010, Sch. 2, s. 18 (previously Trade Practices Act 1974, s. 52).

〔197〕 *Lloyd v. Citicorp Australia Ltd.* (1986) 11 NSWLR 286.

〔198〕 See J. O' Donovan and V. Priskich, *Lender Liability* (2nd edn., Sydney, Thomson Reuters Australia, 2016).

有些情况下购买该等金融产品是借款的条件。但是客户发现这种产品没有满足这种期待,要么没产生好处或者让他们处境更差。到写作本书时止银行已发出了 16,000 份对客户的决定赎回要约,其中 13,500 份包括金融赎回要约,2500 份确认销售符合规定或客户没有受到损失。大约 8000 客户接受了赎回损失,已支付 12 亿英镑。这些案件由按《2000 年金融服务与市场法》section 166 指定的独立评审人开展复核。金融行为监管局认为公平合理的回赎可以将客户恢复至银行不合规监管行为发生之前的境地,包括间接损失。

二、授信管理与终止 304

有了贷款授信,其条款显然会认定银行与借款人之间的大部分关系。条款的含义是个解释问题,尽管银行可能放弃它的条款利益(如约定提款需要提前很多天的通知)。[199] 法院只会很不情愿地在贷款合同中认定默示义务,例如展期或增加授信的义务,或是拒绝这种充分通知的义务。[200] 尽管法院一般不愿意认定对银行不利的默示条款,但这并不是说书面合同的语词是授信银行义务的唯一来源。第一,合同可能是部分口头的,部分书面的,或者存在支持函。[201] 第二,银行可能处于一定的注意义务之下从而影响其某些合同义务。第三,银行有义务不作错误陈述或不提供有过失的咨询。

注意义务会在履行贷款条款的过程中产生。取决于具体条款内容和贷款承担的内容是什么(如果有的话)。例如,银行如果被问询时,是承担了立即回应的义务还是承担了仅给出泛泛市场趋势观点的义务。一般而言,管理贷款的注意义务非常有限。例如,银行在对提取授信放款时应尽注意义务:如果银行在操作放款时知道,该请求是由如不诚信的借款公司董事提出的,对不诚信的明显事实睁一只眼闭一只眼,或者不计后果不像一个理性贷款人一样作调查,银行将承担责任。[202] 如果银行前后行事不一致,其承担责任的可能性就会增加。在英国法下,禁止反言原则会阻止银行行使某些权利,尽管贷款文件的条款中有相关权利条款。[203]

终止贷款授信已产生了诉讼:借款人主张尽管贷款文件中有明确的权利,银行也不能这么干,并应承担由此而生的损失。英国法院除了有限的特定情况,对此类主张不持同情态度。但银行不能违约变更或撤回授信。如果授信的语言不明确,一般原则上英国法院不愿意默认对银行有利的不经通知而终止。[204]

---

〔199〕 比较 *BCBC Singapore Pte Ltd. v. PT Bayan Resources TBK* [2016] SGHC (I) 01(新加坡国际商事法庭认定按协议没有融资义务)。

〔200〕 *Barnes v. Williams and Glyn's Bank Ltd.* [1981] Com. LR 205,209.

〔201〕 *Royal Bank of Scotland Plc v. Carlyle* [2015] UKSC 13;2015 SC (UKSC) 93(房地产开发商的银行电话作出了法律上有约束力的承诺不仅为买房融资而且为建房融资)。

〔202〕 参见原著 p. 273。

〔203〕 e. g. *Lombard North Central plc v. Stobart*, *The Times*, 2 February 1990 (CA).

〔204〕 例如 *Crimpfil Ltd. v. Barclays Bank plc* [1995] CLC 385 (CA);参见原著 p. 206。

一般而言，银行有权终止且贷款合同中的直白语词有法律效力。[205] 最多借款人对被予以“合理时间”还款，而合理时间不是从另一贷款人重新融资的时间，而是运作还款机制的较短时间。[206] 就与第三方关系而言，银行看起来也没有义务为阻止如借款保证
305 人的损失而不终止授信。银行的生意是借贷，保证人一般情况下不是处于充分近因关系中的受益人。

其他法域更慷慨一些。有一个相反的美国判决，*KMC Co. Inc. v. Irving Trust Co.* 案，[207] 产生于 *KMC* 清算之后。Irving 信托扩大了授信并被要求额外提款，对此银行开始是同意的。但随后，Irving 信托反悔了。第六巡回上诉法院认定 Irving 信托对 *KMC* 公司负有提前通知的默示义务以令其能获得其他融资。它以违反善意履约为由作出对银行不利的重大资金判决。很重要的是，法院认定即便贷款协议赋予银行预付款的酌定权，贷款人也应按善意履行义务。在德国和加拿大这样的其他法域，在银行突然终止贷款授信时也持有类似同情态度。[208]

三、重整、破产接管和破产

英国和美国的观点是银行借贷资金，各生意人做自己的生意。换言之，银行的生意是借贷，不涉及其借款人的生意决策。这也与其他一些国家不同，比如德国，银行指派董事参加借款人董事会并参与经营决策。银行这样做有个好处即迫使银行长远看待双方关系，且更愿意看到客户克服难关。但是，即便是在英国和美国，也有更多银行介入商业决策的情况——典型情况是当事情开始变坏，或者在正式“重整”时。实际上，英美存在官方鼓励的“营救文化”，银行更愿意帮助借款人渡过暂时难关。

银行会在授信协议中加入陈述与保证、限制等机制，在借款人处境不妙时来保护自身，并控制借款人的潜在不当行为。[209] 法律对借款人同意向银行提供具体财务信息，同意其做或不做某些举动不持异议。但就财务受困的借款人而言，银行采取措施时必须尽到一些注意。在重整中，银行在帮助受困借款人方面有显著的合法利益。实际上，在银行照管借款人令其重返健康方面有巨大的公共利益。但其他债权人、借款人的管理人或清算人（如果发生破产）可能会主张银行这样做获得了不当影响力，对他们或公司有损害。

在重整中，正式贷款协议下的违约机制可能还没有触发，由此银行还不能享受其中

---

[205] *Socomex Ltd.（in administrative receivership）& Ors v. Banque Bruxelles Lambert SA*［1996］1 Lloyd's Rep 156.

[206] *Bank of Baroda v. Panessar*［1987］Ch 335；*Sheppard & Cooper Ltd. v. TSB Bank plc*［1996］2 All ER 654；*Lloyds Bank plc v. Lampert*［1998］EWCA Civ 1840,［1999］1 All ER（Comm）161；*Quah v. Goldman Sachs International*［2015］EWHC 759（Comm），［61］-［65］.

[207] 757 F. 2d 752（6th Cir. ,1985）. 另参见原著 p. 423。

[208] 参见原著 p. 422-3。

[209] 参见原著 p. 431-3。

列出的明示保护。银行因此通过与借款人缔结重整协议的方式寻求减少与重整相关的风险。它必须记录时间的展期并保留权利来加速和终止。否则银行会被认定已放弃在展期授信协议下的权利。即便如此,银行还是可能面临借款人以外的其他人的风险,尤其是借款人的债权人和潜在债权人,或许甚至在某种情况下是借款人的股东。在其他的法域这是切实的威胁。例如,在美国,银行被认定在这些情形下应对借款人对其他债权 306
人的负债承担责任。[210]

银行这样的担保权人在行使出售权时被要求对借款人负有注意义务,是众所周知的。行政接管人或管理人对出售财产获得合适的价格必须尽注意。低价出售的损害赔偿责任是另行设定的。[211] 债权人可以按其自身利益自行决定是否以及何时出售担保,在此方面对借款人或担保人不负有义务。但如果涉及销售,获得合理价格的义务仍然存在。[212] 而且,据说有观点认为对任何情况下都持续交易没有注意义务——如果认为仅在非理性决策时才设定注意义务,这真的是对"营救文化"的威胁,这种观点没有必要存在。[213] 如果交易是持续的,就有义务在操作时尽职勤勉。[214]

作为一个实际问题,银行需要避免因身为"影子董事"而承担责任。从公共利益的角度看,如果鼓励银行照看受困公司至其恢复健康这是对的。英国的法律问题产生于破产法制中的不当交易条款。借款人的董事——包括影子董事——在他们知道或者应该知道公司没有合理希望避免清算时,需要对其资产承担责任。[215](影子董事是指借款人董事习惯于按其指示或要求行事的人。)只要银行控制不过于涉入管理决策,银行就不应被视为影子董事。

由此银行不应被拖进细节中(如在借款人面临困难时如何安排支付),且应避免常见的对董事施压,要求其听从银行给出的意见。例如,如果银行仅仅是列出一定条件以确保贷款授信的可持续性,公司还是有权选择要不要遵从这些条件。[216] 即便银行指定了董事会里的董事,公司也不会自动习惯按该董事意见行事,作为一个法律问题,这与法律上这些意见是否指向银行想要的方向无关。[217]

四、环境责任

由于破坏环境而产生的贷款人责任可能是成文法责任,例如美国"超级基金"立法,

---

[210] J. Norton, 'Lender Liability in the United States', in W. Blair (ed.), *Banks, Liability and Risk* (3rd edn., London, LLP, 2001), 351, 379-80.

[211] *Cuckmere Brick Co. Ltd. v. Mutual Finance Ltd.* [1971] Ch 949 (CA).

[212] *China and South Sea Bank Ltd. v. Tan* [1990] 1 AC 536 (HK, PC).

[213] *Downsview Nominees Ltd. v. First City Corpn. Ltd.* [1993] AC 295 (NZ, PC).

[214] *Medforth v. Blake* [2000] Ch 86 (CA).

[215] Insolvency Act 1986, s. 214.

[216] *Re PTZM Ltd.* [1995] BCLC 530; *Triodos Bank v. Dobbs* [2004] EWHC 845.

[217] *Kuwait Asia Bank v. National Mutual Life Nominees Ltd.* [1991] 1 AC 187 (NZ, PC).

或至少是由法院解释成文法。*United States v. Fleet Factors* 案[218]进一步关注了这一问题,因为法院认定贷款人即便是在受困借款人经营管理中没有发挥积极作用,也可能负
307 有责任,只要它"有能力影响"管理决策。这一判决的结果是国会在《1996年资产保全、贷款人责任和存款保险保护法》中规定只要银行没有越界参与管理,责任就可以避免。[219]

目前为止在美国以外的地方环境责任还只是一种担心,而不是一种现实。还没有特别的贷款人责任的名目,但是特定情况下可以动用传统的法律原则来实现该目的。银行一般不能满足环境立法的触发条件如导致或明知性地允许环境破坏。[220] 银行对侵权的借款人也没有足够的控制且不能认为其有义务阻止该等损害。如果银行行使其担保权且对污染土地或污染设施行使占有或收回权,银行是最容易受到影响的。[221] 近来银行也很警惕,并正在采取措施,如要求潜在借款人进行环境审计,直接接触相关监管当局以及在贷款文件中加入环境限制条款。[222] 这些并非意在表明银行对环境的可持续性没有作用。[223]

---

[218] 901 F. 2d 1550 (11th Cir. ,1990). 在本案后续程序中,贷款人因其对借款人的收回担保物举动而被判承担责任:819 F Supp. 1079 (1993)。

[219] J. Liu, 'Lender Liability Protection in the Aftermath of CERCLA's Security Interest Exemption Crisis: Treating Lenders Like Lenders' (1998) 17 *Ann Rev Banking L* 575.

[220] J. Marks, 'Domestic Environmental Liability' in W. Blair (ed.), *Banks, Liability and Risk* (3rd edn., London, LLP, 2001), 146-52.

[221] R. Hooley, 'Lender Liability for Environmental Damage' [2000] *CLJ* 405, 405-8; R. Lee and T. Egede, 'Bank Lending and the Environment: Not Liability but Responsibility' [2007] *JBL* 868, 879. See also B. Mamutsea and V. Fogleman, 'Environmental Claims and Insolvent Companies: The Contrasting Approaches of the United Kingdom and the United States' (2013) 2 *Brit. J Am Legal Stud* 579.

[222] L. Brown, 'Land Pollution, Environmental Risks and Bank Lending: An Empirical Analysis' (2015) 17 *Env L Rev* 237.

[223] See *Stability and Sustainability in Banking Reform: Are Environmental Risks Missing in Basel* Ⅲ?, Cambridge and Geneva, CISL & UNEP FI, 2014.

第十一章 跨境银行业务

第一节 介绍

考虑以下情形：

案例 1

在 X 法域的银行监管部门要求银行业，如果想持续经营，应以特定方式行事。而 Y 法域银行业监管要求的方式不同。某银行设立于 X 法域，但有海外分行，包括 Y 法域。

案例 2

P，位于 X 法域，在 X 实施支付行为但指定了 Y 法域的货币。支付是由 P 在 X 法域的银行用其在 Y 法域的代理银行作出的。Y 法域监管当局怀疑 P 的支付行为涉及洗钱，并查封了其在 Y 法域代理行中的账户金额，认为这是洗钱所得。

案例 3

银行 A，位于 X 法域，收购了位于 Y 法域的银行 B。A 的股票在 X 的证券交易所交易，但没有在 Y 法域的任何市场上市。这一收购后因银行 B 的资产价值高估而出问题。银行 A 的投资者在 Y 国依据 Y 国法律起诉了两家银行及其管理层，就其所涉股票主张构成法定欺诈。

案例 4

X 法域的银行 A 与位于 Y 法域的实体 K 签订了一项贷款协议。Y 法域政府宣布暂停政府及其境内的实体与个人所欠债务。Y 以外汇管制法律来阻止归还贷款。银行因贷款违约而在 X 法域的法院起诉 K。

案例 5

Y 法域的政府冻结了 Z 法域的政府、相关实体、Z 国领导人和重点公民的资产，其中涉及 Y 法域银行在世界各地持有的资产。相应地，总部在 Y 法域的银行 A，有一家分行在第三方法域 X，拒绝向被冻结令所涉的 Z 国实体 J 支付两笔存款，其中一笔存款存放于银行 A 在 Y 法域的账户内，另一笔存款存放于银行 A 在 X 法域的账户内。J 在 Y 法院和 X 法院起诉银行 A 主张归还其资金。

案例 6

银行 A 和银行 B 作为参与人，对一家位于法域 X 的借款人提供银团贷款。银行 A 原本同意买入银行 B 在银团中的份额。但现在银行 A 主张银行 B 隐匿了它所不知悉的

309 一些借款人的负面信息。银行 A 在 X 法域根据当地法关于欺诈性隐匿的规定提起了撤销程序。银行 B 在 Y 法域申请了反诉禁令阻止银行 A 继续其在 X 法域的诉讼。购买协议中约定了适用 Y 国法律，其中没有约定由 Y 法院的排他性管辖权条款，但约定了保护各方免于对方的不披露诉讼的免责条款。

案例 7

银行 A 设立于 Z 法域，在全世界都有分支机构，包括 X 法域和 Y 法域。X 法域的法院要求该银行提供在 Y 法域分行持有的某个客户的银行账户记录，声称该客户违反了 X 法域的证券法。银行拒绝提供该等记录，声明遵从该法院令若未经客户同意或缺少 Y 法域法院令，将违反 Y 法域的保密法。

这些示例展示了由于银行业务国际化而产生的一些法律问题。显然，有些不是新问题，也并不限于是银行业务问题。接下来是如何解决这些问题的大纲。然后，检视那些用以解决麻烦问题的广泛原则，考虑了礼让、平衡、合作与和谐。为这一主题的广度所限，未能对冲突法和管辖法这些问题作详尽讨论。

第二节　检视的问题

一、监管国际性银行

案例 1 中，银行在不同法域运营，面临并行但不冲突的监管。在国际法中，毫无疑问，两个法域都有资格制定并实施对其银行的监管规定和其他法律。银行必须同时遵守两个监管者的规定。当在 Y 法域内的分支机构是独立公司时，它通常得满足作为当地完全独立银行的要求。如果不是独立设立的公司，Y 法域的监管要求会考虑 X 法域对银行及其海外分支机构的监管要求而作相应裁剪。

监管当局通常将一个银行集团整体上当作一个个体来监管。[1] 横向比较众多法域，各监管体系现在非常近似：自 20 世纪 80 年代以来，在银行监管上出现了一种明显的国际协同，特别是在资本充足率的变动，洗钱和恐怖融资的控制方面。[2] 但是，在其他方面，例如金融服务的广告与营销、投资者保护方面还是存在差异。银行必须遵从其每一运营地法律的要求。这里有一些非常重要的法律政策问题：例如，法律的不一致性是否能通过国际协议来减少，软性法律的有效性问题，以及一些法域降低监管标准以招商的趋势（底线竞争）。[3]

---

〔1〕 参见原著 p. 119。

〔2〕 参见原著 p. 20-3，194-5。

〔3〕 D. Zaring，'Finding Legal Principles in Global Financial Regulation'（2012）52 *Vir. J Int'l L.* 683；J. Coffee，'Extraterritorial Financial Regulation：Why ET Can't Come Home'，in L. Gorton，J. Kleineman，and H. Wibom（eds.），*Functional or Dysfunctional—the Law as a Cure?*（Stockholm，Stockholm Centre for Commercial Law，2014）；'Symposium on Extraterritoriality：Essays'（2014）99 *Cornell LR* 1259.

二、域外法权 310

案例 2 和案例 3 提出的是一国法律超出其国界所能触达范围的问题。

(一) 国际法

第一,作为一个国际法问题,一个法域明确无疑有资格来对其领土内的人和行为予以规制(属地原则)。如果它部分发生于法域内,这可以延伸至在法域外实施的侵权行为。

第二,国籍提供了规制的管辖权基础(属人原则)。实践中,一个法域不会对另一法域的国民强制执行法律,除非涉及谋杀、对孩子的性犯罪等重罪。以国籍为基础实施规制的问题在于身份:谁是某法域内的国民?其公民显然会被涵盖,但是居民和商事主体呢?案例 5 中,Y 法域主张其国民包括其银行在世界各地的分行,因为分行不是一个独立的法律实体。对其他的法域而言,这样说分行或代表处可能是可以接受的,但一旦涉及在其他法域设立子公司或附属机构就是另一回事了。

第三,一个可能的域外法权基础是效果原则。它主张规制调整那些在某一法域境内有法律后果的行为。按《美国涉外关系法重述(第三次)》(Restatement on Foreign Relations Law of the United States:Third) section 402 所述的美国观点:"第三"点就是国际法使其对那些在某一州有重大影响的行为行使管辖权。[4] 这一方法在其他一些法域产生了法律强制力:例如,在英国,对金融营销的限制适用于那些在英国法域外的交流沟通方式,只要该沟通方式能在英国境内产生影响且意在于此。[5]

第四,国际法承认了一定情况下的普遍管辖权,例如,海盗、劫持航空器和严重侵犯人权。国家法院可以审判被告,无论其是否是国民也无论其违法行为是否发生在该法域内。恐怖主义和恐怖融资新近列列添产生普遍管辖权的不法行为清单。联合国大会 1999 年通过了《制止向恐怖主义提供资助的国际公约》(International Convention for the Suppression of the Financing of Terrorism),至今有效,联合国安理会通过了第 1373 (2001) 号决议和第 1624 (2005) 号决议,联合国大会 2006 年 9 月通过了第 60/288 号决议的行动计划附件。根据这些措施,成员国有义务将恐怖融资入刑并采取措施追踪、冻结、没收恐怖分子资金。由此,英国《2000 年恐怖主义法》(Terrorism Act 2000) 将恐怖分子的募资,涉恐使用、占用资金或其他财产,以及恐怖分子洗钱定为犯罪。立法对这些违法行为确立了普遍管辖权,由此任何人在英国都能被指控,哪怕行为实施于境外,只要该行为若实施于英国也构成违法。[6]

---

[4] R. Higgins, *Problems and Process. International Law and How We Use It* (Oxford, Clarendon, 1994), 75.

[5] Financial Services and Markets Act 2000, s. 21 (3); Financial Services and Markets Act 2000 (Financial Promotions) Order 2005, 2005 SI No 1529.

[6] S. 63 of the Terrorism Act.

（二）国内法

1. 刑事责任/监管责任

这些不同的国际法基础反映在各国的国内法中。由此民事法律管辖权以属人原则
311 追究其国民，无论违法行为发生于世界何处。一些普通法国家采用了所谓的“主观领土论”（subjective territoriality）并认定只要犯罪行为的任何一个要素发生在那儿就认定有管辖权。英国法一直对违法行为和违法结果的分析区分感到迷惑，以至于法院只在要旨、结果或最后要素均发生于英国时才认定管辖权。[7] 现在只要违法活动的实质性措施发生于英格兰和威尔士，法院就认为有管辖权，除非根据国际礼让应在别处处理。[8]

用一个实例看看问题是如何产生的。一位英国银行的英国客户，使用支付卡在一家德国银行获取了欧元，当她知道其账户已透支而她没有透支安排，将构成从德国银行欺诈性获取资金（这是描述该行为的英国术语）。由于所有的违法要素都发生在海外，英国法院认为自己没有管辖权。但是在此情形下该客户也将构成其他违法行为，通过透支从其英国银行借取资金，通过欺诈获得金钱便利。由此发生透支时，也可以在英国指控。确认管辖权的法院在判决中对其背后体现的政策有明确表述；“如果居民在此，银行账户在此，在海外不诚信地使用其支付卡，而英国法院没有管辖权的话，大量不诚信行为将未受其罚。”[9]

在另一个例子里，一个小型伦敦商人银行 WSTC 的主席和执行董事，实施了内部盗窃。一项加拿大持有证券的回购协议成立，付款将从一家纽约银行付至 WSTC 的纽约分行。上诉期间有争议认为资金是在纽约获得，不是在英国。上诉法院不为所动：上诉人与其陈述的对象在伦敦，相关电话是从伦敦打出的，所有为获得纽约账户评级的相关文档在伦敦生成，上诉人和 WSTC 进进出出是在伦敦做生意。另外，法院论理中的政策因素很明显：

> 国际银行业务对先进通信技术的依赖给诈骗犯的装备库增加了新型武器，尤其对那些目的是实施跨境欺诈的人……法院必须据此变化认识到有必要调整其方法以回应管辖权问题赋予某些。[10]

就像很多英国法领域一样，枯燥的概念化在很多案件中让位于实践中的实用主义。立法现在赋予某些对付欺诈性违法的实用主义方法以效力：只要有一个相关事件发生在

---

[7] See M. Hirst, *Jurisdiction and the Ambit of the Criminal Law* (Oxford, Oxford University Press, 2003).

[8] *R v. Rogers* [2014] EWCA Crim 1680, [2015] 1 WLR 1017（反洗钱——资金在英国诱骗存入了西班牙银行）。See *Blackstone's Criminal Practice* 2016 (Oxford, Oxford University Press, 2015), 166.

[9] *R. v. Bevan* (1987) 84 Cr App R 143, 148. See also *R. v. Ngan* [1998] 1 Cr App R 331 (CA).

[10] *R v. Smith* (*Wallace Duncan*) (*No.* 4) [2004] EWCA Crim 631; [2004] QB 1418 (CA); *R v. Smith* (*Wallace Duncan*) [1996] BCLC 109.

英格兰和威尔士,包括收益或损失,就可提起诉讼。[11]

作为一国的国内法问题,立法可及的边界部分取决于其条款,部分取决于其解释。例如,美国的反洗钱立法就受禁止行为主张域外法权,只要该行为是"由美国公民实施,或者即便没有美国公民实施,行为部分发生在美国。"[12]《爱国者法案》section 318 的结果是,通过外国银行的洗钱也包括在内。[13] 某种意义上,美国的反洗钱立法包括了明确的域外法权的主张。在另一种意义上,也有赖于何种行为被视为"部分发生在美国。"美国的看法是该法案适用于所涉外国银行和外国国民都位于海外的交易,比如,只要支付经过了美国。例如,在外国银行间以美元支付但途经了纽约代理行和纽约 CHIPS 系统。[14] 根据《爱国者法案》,当局可以从纽约代理行的账户查封通过海外外国银行洗钱的金额。[15] 这本质上就是早先谈过的案例 2。 312

如果立法并不清晰,司法判决和行政实践会形成法的解释。解释成文法的推定前提也会加入这一过程,比如,立法者是否想将管辖权限于领土,而不包括外部;是否限于在领土内的人和事物,而不包括其他(甚至不包括在领土外的国民)。

一个例子是案例 3 的事实所据判决。[16] 澳大利亚国民银行购买了 HomeSide Lending,它的总部在佛罗里达,后来发生了巨大的损失因为 HomeSide Lending 夸大了它的住房按揭部分的未来收益。澳洲的投资者主张违反《1934 年证券交易法》section 10 (b)的反欺诈条款和证券交易委员会据此制定的 10B-5 规则。美国最高法院认为这些条款不能为外国原告以外汇交易所证券交易有关的不当行为由在美国起诉外国被告和美国被告提供诉由。法院指向了长期存在的原则,即当立法没有明确表示适用于域外时,它就不适用。据法院的观点,证券交易法管辖权不取决于欺诈发生在哪儿,而取决于证券在美国交易。在判决中,最高法院推翻了上诉法院第二巡回法院的法理,那是将行为(被告的重要行为在美国)和后果(所称的对国内市场和投资者的欺诈后果)作为产生 section 10(b)和 10B-5 规则的域外效力的基础。[17]

2. 民事责任

目前为止的讨论集中于刑事和监管立法。但是,还将引起注意的是现在民事法律在追究欺诈及其非法所得方面也发挥着作用。由此,一家银行可能因错误陈述或欺诈而被认定承担责任,或者因其不诚信地支持了违反义务的受托人或者明知资金有违该等信义

---

[11] Criminal Justice Act 1993, s. 2 (1A), introduced by Fraud Act 2006, Sch. 1, para. 25.

[12] 18 USC § 1956 (f).

[13] 18 USC § 1956 (c).

[14] 参见原著 p. 341, 351。

[15] 18 USC § 981 (k).

[16] *Morrison v. National Australia Bank Ltd.*, 561 US 247 (2010). See P. Spender and M. Tarlowski, 'Morrison and Enforcement in a Globalised Securities Market' (2011) 35 *U Melb L R* 280.

[17] But see *ParkCentral Global Hub Limited v. Porsche Automobile Holdings SE*, 763 F. 3d 198 (2nd Cir., 2014).

义务仍收取资金而承担责任。[18]

在一个英国上诉法院的判决中，[19]一名原告公司的经理在其东京办公室，和其共犯卷走了资金，然后经由美国和伦敦的银行账户转移。这些钱原本想投资于一家在西班牙有住所的个人控制的公司，其后存在该公司在伦敦的账户又给转了马恩岛（不在英国和
313 威尔士的管辖法域内）并进一步转飞了（further afield）。法院认为对西班牙人的索赔，恰当分析起来，是基于不诚信地支持背信或违反信义义务行为。法院还认定这是为了实现《布鲁塞尔公约》（Brussels Convention）的目的，现在改为《布鲁塞尔规则》（Brussels Regulation）。[20] 这是基于侵权、违法行为或准违法侵权行为的诉求。法院继续认定：除了在住所地西班牙起诉，也可能在英国起诉，基于其是有害事件（不诚信帮助）发生地的管辖权。[21] 如本案所示，民事诉求有一个跨国界的因素，不可避免地产生管辖权问题。对此完整讨论超出了本书的范围。

法院也可以认定其审理这些案件缺乏管辖权，无论它们看来多么有道理。法院拒绝承认有管辖权的示例是 *VTB Capital plc v. Nutritek International Corporation* 案，[22]该案中原告银行是一家俄罗斯银行的子公司，但是在英国设立并受英国监管。其与一家俄罗斯公司缔结了贷款协议及相关的互换协议，两者都受英国法调整且英国法院有非专属性管辖权。贷款用于帮助借款人从第一被告手中并购一些俄罗斯公司，第一被告设立于英属维尔京群岛，但在俄罗斯运营并受其控制。当借款人违约时，银行以欺诈和共谋为由起诉了第一被告及与此相关者。法律基础是公司的卖出不是真实公平交易，且售价严重高估。英国最高法院支持了下级法院的判决，认定合适的诉讼管辖地是俄罗斯而非英国。尽管所称侵权的适用法是英国法，但当基础焦点都在俄罗斯，有俄罗斯证人且交易由莫斯科发动，该银行没能证明英国是明显适当的诉讼管辖地。

一个矛盾的问题是，当和一个法域并无其他真正联系时，在何种程度上可因支付经由某一法域的代理行和支付系统而令那里的法院有权考虑其民事诉讼。这一问题在纽约的诉讼中出现了，该案涉及以色列的居民起诉不在美国的黎巴嫩银行，主张因真主党的恐怖主义行为导致的人身损害和死亡。[23] 原告诉称银行以代表真主党分支机构支付美元的方式为恐怖主义行为提供了便利。判决认为根据纽约的长臂管辖法令因其重复

---

〔18〕 参见原著 p. 278-81。

〔19〕 *Casio Computer Co. Ltd. v. Sayo* (*No.* 3) [2001] EWCA Civ 661 (CA).

〔20〕 Regulation (EU) 1215/2012 of the European Parliament and of the Council on jurisdiction and the recognition and enforcement of judgments in civil and commercial matters (recast).

〔21〕 See also Case C-228/11, *Melzer v. MF Global UK Ltd* [2013] QB 1112; Case C-375/13, *Harald Kolassa v. Barclays Bank plc* [2015] EUECJ C-375/13; [2015] WLR (D) 32.

〔22〕 [2013] UKSC 5; [2013] 2 AC 337. See also *Erste Group Bank AG* (*London*) *v. JSC* (*VMZ Red October*) [2015] EWCA Civ 379, [2015] 1 CLC 706 (CA).

〔23〕 *Licci v. Lebanese Canadian Bank*, 20 NY 3d 327, 984 NE 2d 893 (2012), 732 F. 3d 161 (2nd Cir., 2013).

使用纽约的美国运通银行的代理行账户,可以对黎巴嫩银行有属人管辖权。[24]

三、延期履行 314

案例4涉及X法域是否认可Y法域的法律,本案中Y法域对债务宣布延期履行。在此类案件中,Y法域是否有资格规制问题如果还算得上是焦点的话,也只是焦点问题的一部分。从国际法的角度看,Y法域有权施以该等延期履行:延期履行适用于Y国实体直接落入属地原则。另一个独立的问题是延期履行是否违反《国际货币基金组织协定》Article Ⅷ(2)(a),该条要求成员国未经国际货币基金组织同意不得限制国际交易的现金支付与移转。[25] 然而,这个问题在实践中也不是一个活生生的问题,因为国际货币基金组织通常不会表明它同意还是不同意。

无疑,Y法域的法院会赋予延期付款条款以强制管辖权的效力,即便该交易恰当的适用法是另一个法域。当然从真意解释的角度看,延期支付不会伤及交易:比如,在刑事程序中,Y法域法院会作狭义解释。[26] 而且,延期还款的还款还须起草成可扩大至抵销或账户合并等制度。违反该法律而还款资金不可退回——它不是债权人的不当得利,因为债权人是被欠钱的一方,而且无疑将把支付款项用于削减债务。[27]

真正的问题是,作为一项国内法,X法域法院将适用Y法域的延期付款规定。在英国和美国,法院独立于国际法来认定该问题。英国是引用法律冲突的处理原则。美国是适用国家行为的原则。两国法院都对《国际货币基金组织协定》Article Ⅷ(2)(6)作不适用解释。

(一)法律冲突

在《罗马规则Ⅰ》{Rome Ⅰ,即《条例(欧盟)593/2008号》[Regulation(EC)No 593/2008]}中列出的法律冲突原则适用于欧盟成员国。据此,一个合同受当事人选择的法律调整,只要条款或案件情况明示或清晰地表明该选择。[28] 在不太可能出现的如贷款合同缺乏明确选择的情况下,适用法可以通过合同中的管辖权条款,或通过一些背

---

〔24〕 At 171. See also *Hausler v. JP Morgan Chase Bank NA*, 770 F. 3d 207 (2nd Cir., 2014); Ukraine Freedom Support Act of 2014 (PL No 113-272), s. 5 (c).

〔25〕 See S. Zamora, 'Exchange Control in Mexico: A Case Study in the Application of IMF Rules (1984) 7 *Hous. J. Int' l. L.* 103, 108-28; R. Edwards, 'Extraterritorial Application of the US Iranian Assets Control Regulations' (1981) 75 *AJIL* 870, 873-6; R. Buckley, 'Why Are Developing Nations So Slow to Play the Default Card in Renegotiating Their Sovereign Indebtedness?' (2005) 6 *Chicago J. Int' l L.* 345, 352-3; see also R. Buckley, 'The Bankruptcy of Nations: An Idea Whose Time Has Come' (2009) 43 *International Lawyer* 1189; R. Lastra, 'The Role of the International Monetary Fund', in R. Lastra and L. Buchheit (eds.), *Sovereign Debt Management* (Oxford, Oxford University Press, 2014).

〔26〕 Cf. *Swiss Bank Corporation v. Lloyds Bank Ltd.* [1982] AC 584 (HL).

〔27〕 *Boissevain v. Weil* [1950] AC 327 (HL).

〔28〕 Art. 3 (1).

景情况比如在密切联系合同中明示选择法律（如贷款担保）来解决。没有理由选择和交易没有连接点的该法。[29]

在缺乏明示选择或清晰证明的合同适用法的情况下，按《罗马规则Ⅰ》贷款合同的适用法通常是贷款银行经常居住地国家法律。（根据《罗马规则Ⅰ》，以此为适用法要么
315 是因为银行在此提供服务，要么是因为银行在此实施了合同的实质履行，即提供资金。[30]）一家像银行这样的公司，其经常居住地是其集中管理地（the place of its central administration）。但是，如果合同是在银行分支机构经营过程中达成，或者履行合同的义务是分支机构的责任，《罗马规则Ⅰ》规定分支机构所在地将被视为经常居住地。[31] 由此，在银行贷款的情况下，适用法将是缔结合同的银行那一分支机构所在地的法律。[32]

根据《罗马规则Ⅰ》，履行合同是一个准据法的问题。[33] 至于履行方式问题，必须考虑发生地管辖法律。[34] 但是履行方式只有有限的射程，只涉及如何、何时、何地等次要问题，而不涉及义务的实质。

假设银行业务合同的适用法是Y。X国法院根据《罗马规则Ⅰ》赋予延期支付以法律效力，只要它们认同Y国政府行事的主体的合法性，其实施的延期支付条款也就有效。但是，如果银行合同的准据法是X国法，且X国法院正在审理该案，那么该延期支付规定就既不是合同准据法，也不是争议解决法？延期支付规定是强制性规定，根据《罗马规则Ⅰ》，有两个条款需要考虑。第一，根据 Articles 3（3）和 3(4)，如果贷款所有内容都在Y国（除了选择X国法律作为合同适用法），Y国法律可以适用。但是，这肯定不是我们案例4的情况，因为贷款是由位于X的银行A发放的。

此外，《罗马规则Ⅰ》Article 9（3）授权法院在依合同履行地法律认定合同履行违法时，以自由裁量权来适用合同履行地最重要的强制性条款。Article 9（3）规定在考虑是否认定该条款效力时，必须考虑该法的本质和目的以及适用或者不适用的后果。很难看出这一条款在我们的案例4有何市场，除非依据合同，还款是通过A在Y的分行或者在Y的代理行完成的。依据履行地的法律，通过K还款将是非法的。通常银行A不会把命运交给运气，而是会坚持贷款合同约定K的还款须通过在X的账户。相应地，在《罗马规则Ⅰ》之下，如果适用合同法是X，则X法院将不理睬Y国延期付款规定在贷款下K还款问题上的效力。[35] X国法院将因为B未能还款而判其败诉。

---

〔29〕 Art. 3（3）. 但它必须得是一个国家的法律；*Shamil Bank of Bahrain EC v. Beximco Pharmaceuticals Ltd.* [2004] EWCA Civ 19；[2004] 1 WLR 1784（CA）（仅选择伊斯兰教法是不够的）。

〔30〕 Art. 4（1）(b) and（2）respectively.

〔31〕 Art. 19（1）-（2）.

〔32〕 *Deutsche Bank（Suisse）SA v. Khan* [2013] EWHC 482（Comm），[358]-[369]. See Dicey, *Morris and Collins on the Conflict of Laws*（15th edn.，London，Thompson，2012），v. 2，2064-5.

〔33〕 Art. 12（1）(b).

〔34〕 Art. 12（2）.

〔35〕 See C. Proctor，*The Law and Practice of International Banking*（2nd edn.，Oxford，Oxford University Press，2015），704-5，826.

（二）国家行为

美国的法院启动了国家行为原则，即法院无须调查一个受认同的外国政府作出的像延期支付这样的公共行为在美国自己领土内的有效性。受延期支付或冻结规定影响的义务履行地非常重要，因为国家行为原则不适用于这一外国领土之外。由此纽约法院强制执行了跨境贷款下的还款义务，不顾借款人国家有延期支付规定，还款必须在纽约作出或者按管辖权条款规定的争议解决地作出。明确选择纽约法作为准据法将导致认定 316
义务履行地在那里。[36] 在必需的事实调查方面，英国和美国的法院认定各自准据法（在缺乏明确选择时）和义务履行地非常近似。不出意外，尽管所持原则相异，所生结果近似。

（三）《国际货币基金组织协定》Article Ⅷ（2）（b）

《国际货币基金组织协定》Article Ⅷ（2）（b）规定：

> 涉及任何成员国货币的汇兑契约，如与该国按本协定所施行的外汇管理规定相抵触，在任何成员国境内均属无效。[37]

在解释本条时，国际货币基金组织的执行董事们曾说，其结果是，一个成员国的法院或仲裁庭不能拒绝认定其他成员仍在维持或实施的符合《国际货币基金组织协定》的外汇管理规定。[38] 相应地，该种合同将视为不可强制执行的合同，尽管根据争议管辖的国际私法，那一维持或实施外汇管理规定的法，并不是调整外汇合同及其履行的法。作为一项强制引入国际货币基金组织成员国的国内法，它不能由合同当事人约定排除。[39]

对该条广义解释的观点认为国际货币基金组织的最高目标是促进国际货币合作。[40] 如果外汇管理或延期支付由 Y 国实施，符合《国际货币基金组织协定》，其他成员国法院如 X 应该本着合作的精神，令其有效。对该条作狭义解释有利于商业：对银行和其他人来说不得不在每项具体交易熟悉每一成员国的外汇法律，将产生不可承受的负

---

〔36〕 *Libra Bank Ltd. v. Banco Nacional de Costa Rica SA*, 570 F Supp. 870（SDNY 1983）; *Allied Bank International v. Banco Credito Agricola de Cartago*, 757 F. 2d 516（2nd Cir., 1985）. See M. Gruson, 'Scope of Lex Monetae in International Transactions', in M. Giovanoli（ed.）, *International Monetary Law*（Oxford, Oxford University Press, 2001）, 446-9; J. Gathii, 'Sanctity of Sovereign Loan Contracts and its Origins in Enforcement Litigation'（2006）38 *Geo Wash Int'l L* 251, 268ff; C. Boccuzzi, M. Brennan, and J. Johnston, 'Defences', in R. Lastra and L. Buchheit（eds.）, *Sovereign Debt Management*（Oxford, Oxford University Press, 2014）, 106-9.

〔37〕 C. Proctor, *Mann on the Legal Aspect of Money*（7th edn., Oxford, Oxford University Press, 2012）, 第十五章引用了与该主题相关的一些文献。See also R. *Lastra*, *Legal Foundations of International Monetary Stability*（2nd edn., Oxford, Oxford University Press, 2015）, 393.

〔38〕 'Unenforceability of Exchange Contracts', Decision No 446-4, 10 June 1949.

〔39〕 A. Lowenfeld, *International Economic Law*（Oxford, Oxford University Press, 2002）, 667.

〔40〕 J. Gold, *The Fund Agreement in the Courts*（Washington DC, IMF, 1989）, ⅳ, 16, 21, 31-2.

担。毫不意外，狭义解释在一些国际中心赢得了胜利，如伦敦、纽约和新加坡，即便是在当今时代，现代信息系统可以自动警示受具体外汇交易法影响的交易。这也反映了这些法域对国际条约义务一个相当原始的敏感性。

由此，英国、纽约和新加坡的法院将“兑换合同”这一用语限定于那些用一国货币交
317 换另一国货币的合同。[41] 外汇兑换交易将包括在内，相关外汇互换也包括在内，但不包括借贷、证券或衍生品交易，即便是以那些外币计价。一种更宽泛的解释是汇兑合同是一种对一个国家的外汇交换资源有影响的合同。这种解释符合外汇管理和延期支付法律背后的政策，它可用来保护一国外汇储备。由此有些国家如法国赋予了他国影响贷款和证券交易的外汇限制以法律效力，而德国也是如此，只要其影响了经常项目下（而不是资本项目）的支付。[42]

而且，当 Article Ⅷ（2）（b）把汇兑合同认定为“不可强制执行”，普通法的解释是这就是其精确表达，不是无效或非法问题，由此不会涉及合同下全面履行的行为。显然独立于合同的侵权之诉是可行的。大陆法国家如德国很难使用普通法术语“不可强制执行”，就将它解释为原告得证明由被告触发的汇兑管制符合《国际货币基金组织协定》，或者证明因其他理由不适用Ⅷ（2）（b）。

四、制裁和冻结

如同案例 4，案例 5 也涉及 X 法域是否认同 Y 法域的法律。在本案中 Y 国实施了对 Z 国政府、国民和实体的存款冻结，包括实体 J，实施于 Y 国国民如银行 A 身上，包括银行 A 在 X 的分支机构。这一冻结可能是（1）因为 Y 法域根据联合国安理会决议而行动，而冻结是联合国实施制裁的一部分；或者（2）因为 Y 的冻结是在执行一项区域性的决定，例如，欧盟的决定，而 Y 是该区域的成员国；或者（3）Y 的单边行动。通常从国际法的合法性上看 Y 国制裁体系不存在合法性问题，即便 Y 是在单边行动。

（一）联合国冻结

冻结金融相关资产逐步成为国际化场景中的常见现象。很多重要的冻结都由联合国安理会根据《联合国宪章》第七章（采取措施维护和恢复国际和平与安全）形成决议而实施。例如，冻结与伊朗基地组织和伊拉克和黎凡特伊斯兰国（Islamic State in Iraq and the Levant，ISIL/Da'esh）有关系的个人与实体的金融资产。[43] 相关的决议要求成

---

[41] *United City Merchants (Investment) Ltd. v. Royal Bank of Canada* [1983] 1 AC 168 (HL); *Deutsche Bank AG v Unitech Global Ltd* [2016] EWCA Civ 119 (CA), [26]–[32]; *Libra Bank Ltd. v. Banco Nacional de Costa Rica SA*, 570 F Supp. 870 (SDNY 1983); *Singapore Finance Ltd. v. Soetanto* [1992] 2 SLR 407.

[42] J. Gold, 'The IMF's Article Ⅷ, Section 2 (b) and Scrupulosity', in J. Norton, M. Andenas, and M. Footer (eds.), *The Changing World of International Law in the Twenty-First Century* (Hague, Kluwer, 1998).

[43] Esp. UNSCRs 1267 (1999), 1989 (2011), 2083 (2012), 2199 (2015), and 2253 (2015).

员国毫不延迟地冻结具体列明的个人、团体、事业和实体的资金、其他金融资产或经济资源。成员国必须确保其国民或其他在其境内的人不会为该等人群受益而提供可用的金融资产。联合国决议中以宽泛标准确认认定的适格个人、集体、事业或实体。名字和确认的信息由成员国和国际组织提供。由安理会成立的制裁委员会负责监督这一名单。

对这些决议的合法性和约束力（在我们示例中，对银行 A 的约束力）很少能有质疑。根据《联合国宪章》第 25 条，成员国同意接受并执行安理会根据宪章作出的决定。一个已引起关注的问题是将个人和实体列入制裁名单的公平性。[44] 2006 年安理会通 318
过了第 1730 号决议，据此个人和实体可以请求从名单中移除。通过 2009 年的第 1904 号决议，安理会成立了监察员办公室，可以向它提出申请从名单中除名。一些法域的法院，正如我们很快能见到的，在对联合国决议的执行措施的挑战在当地被提出来，进一步关注其公平性。

（二）欧盟冻结

尽管欧盟自身不是联合国的成员（尽管欧盟成员国是），欧盟积极行动支持联合安理会实施的制裁措施。由此 2002 年 5 月 27 日的《欧盟理事会条例 881/2002 号》［Council Regulation（EU）881/2002］被 2016 年 3 月 14 日的《欧盟理事会条例 2016/363 号》［Council Regulation（EU）No 2016/363］修订，对与 ISIL 和基地组织相关的个人和实体实施了严格的措施。《欧盟理事会条例 2016/363 号》Article 2. 1 规定了冻结资金和经济资源，只要它属于、归于、持有于或受控于 Annex Ⅰ和 Annex Ⅰa 所列的自然人或法人、实体、主体、集团，无论直接还是间接，包括由第三方代表他们或受其指示。附件中的名字被修改了很多次。根据 Article 2. 2，无论直接或间接均不得有资金提供给清单所列的人或令其受益。欧盟的措施只适用于欧盟之内的法域。由此 Article 11 规定它适用于"共同体之内的领土……适用于在其他地方的成员国国民……适用于任何依据成员国法律设立或构建的法人、集团或实体……（以及）适用于任何和共同体做生意的法人、集团或实体。"各个成员国反过来也需要采取措施支持《欧盟理事会条例 2016/363 号》。[45] 实施联合国制裁的欧盟措施需要按联合国决定来解读。[46]

尽管源自联合国，欧盟司法法院还是会审查前述措施中的名单。在 *Kadi* Ⅰ案[47]中，它拒绝像对基地组织和塔利实施的联合国安理会第 1267 号决议那样认定联合国措施享有欧盟法域辖免权的意见。Kadi 曾在联合国安理会第 1267 号上榜上有名，但从未

[44] See D. Hovell, *The Power of Process. The Value of Due Process in Security Council Sanctions Decision-Making*（Oxford, Oxford University Press, 2016）.

[45] e. g. Al-Qaida（Asset-Freezing）Regulations 2011, 2011 SI No 2742. 早期的英国规定被 *HM Treasury v. Ahmed*［2010］UKSC 2;［2010］UKSC 5;［2010］2 AC 534 推倒。See C. Walker, *Terrorism and the Law*（Oxford, Oxford University Press, 2011）, 428-36.

[46] *Libyan Investment Authority v. Maud*［2016］EWCA Civ 788.

[47] C-402/05P; Case-415/05P, *Kadi v. Council of the European Union*［2008］ECR I-6351;［2008］3 CMLR 4;［2009］1 AC 1225.

被告知原因也无从以有效方式质疑它。法院就《欧盟理事会条例》影响Kadi的范围内宣布了对其不生效。Kadi再次被列入清单并由此提出了进一步疑问,*Kadi* Ⅱ。[48] 欧洲法院的大法庭再次确认了它们之前的方法:原则上,应根据基础权利来全面审查《欧盟理事会条例》的合法性,这些基础权利是欧盟法律基本原则的内在组成部分,尤其是在《欧盟基本权利宪章》(EU's Charter of Fundamental Rights) Articles 41 (2) 和47中包含的抗辩权和受有效司法保护的权利。它具体地考量了在个案中是否有充分固定的事实基础
319 以列入清单。在Kadi案中理由与证据不足以支持他列入名单,由此法院驳回了针对普通法院判决的上诉认定依据《欧盟理事会条例》列入名单无效。[49]

欧盟除了联合国行动还实施其自身的制裁。这包括资产冻结,使欧盟公民和公司不得对目标个人和实体作任何支付或资产供应。2014年《欧盟理事会条例269/2014号》[Council Regulation (EU) No 269/2014] 冻结了资金,该笔资金由被认定为对破坏或威胁乌克兰领土完整与独立负有责任的个人和实体所持有。[50] 美国也对乌克兰采取了类似的行动以封锁其获得资金。[51] 对付基地组织和ISIL的欧盟理事会条例随之而来。后来,更多的个人与实体列入清单。

比冻结更进一步,《欧盟理事会条例833/2014号》[Council Regulation (EU) No 833/2014] 及相关措施限制了俄罗斯金融机构和公司接入欧洲的金融服务与市场。[52] 还有各种委员会条例和各国工具赋予欧盟多种举措以效力。[53] 在C-72/15,*R* (*on the application of PJSC Rosneft Oil Co*) *v. Treasury* 案中,欧洲法院认定,与欧洲委员会的指引不同,《欧盟理事会条例883/2014号》Article 4 (3)(6) 对金融支持的限制不包括处理第三方支付等支付服务。

显然如果我们的案例5中的类似冻结是由法域X(好比说,UK)施加于在法域Y中运营(好比说,US)的实体J,J将不可能从前述任一法域中取回资金。[54]

---

[48] C-584/10P, *European Commission v. Kadi* [2014] 1 CMLR 24; [2014] All ER (EC) 123. See T Gazzini and E. Herlin-Karnell, 'Restrictive Measures Adopted by the EU from the Standpoint of International and EU Law' (2011) 36 *Eur LR* 798; E. Criddle, 'Humanitarian Financial Intervention' (2013) *Eur J Int' l L* 583; C. Gearty, 'In Praise of Awkwardness: Kadi in the CJEU' (2014) 10 *Eur Const LR* 15.

[49] *Kadi* 案之后对欧盟的制裁名单产生了一系列重要的挑战,包括来自银行的挑战。e. g. C-585/13P, *Europaisch-Iranische Handelsbank AG v. Council of the European Union* [2015] 1 WLR 3995; Case C-176/13P, *Council of the European Union v Bank Mellat*, [2016] 4 WLR 84; Case C-358/15P, *Bank of Industry and Mine v. Council of the European Union*, 12 May 2016. See also L. Pantaleo, 'Of Terrorists and Combatants: The Application of EU Anti-terrorist Measures...' (2015) 40 *E L Rev* 598.

[50] Implemented in UK by Ukraine (European Union Financial Sanctions) (No 2) Regulations 2014, 2014 SI No 693, as amended.

[51] Executive Orders 13660-2 of 6, 17, 20 March 2014, as amended; 31 CFR, Pt. 589.

[52] Council Regulation (EU) No 960/2014; Council Regulation (EU) No 1290/2014.

[53] e. g. Ukraine (European Union Financial Sanctions) (No 3) Regulations 2014, 2014 SI No 2054.

[54] See W. Blair, 'Interference of Public Law in the Performance of International Monetary Obligations', in M. Giovanoli (ed.), *International Monetary Law* (Oxford, Oxford University Press, 2000), 411.

(三)单边冻结

如果是单边冻结,由法域 Y 施加在其法域内的银行,比如银行 A,然后适用于 Z 的国民?

第一,这里有个冻结的本质和适用范围的问题。以英国《2001 年反恐怖主义、犯罪和安全法案》(Anti-terrorism, Crime and Security Act 2001) section 4 为例,该法允许对其合理认定为实施或可能实施有悖英国利益的破坏行动的外国政府和人员作出冻结令。[55](按该立法,该种冻结令可以扩展至那些支持者。[56])依该法作出的冻结令可以确认具体人员,也可以将其归入冻结令描述范围。[57] section 5 (1) 规定的冻结令的效果是禁止所有人,包括银行,对冻结令中指定的人提供资金或令其受益。资金包括金融资产和任何经济利益。法令的 Schedule 3 包括就此问题的进一步规定,例如,尽管有冻结令,仍授权许可资金可使用,信息收集的权力和惩罚。在这方面,冻结令可界定表述为 320
包括从账户中提取奖金、承兑支票、将利息贷记某人账户、为他人利益而支付。[58]

section 5 (1) 的禁止条款适用于所有在英国的人,以及"所有身在别处的(银行)只要它是依据英国任一组成部分的法律而设立的组织体。"[59] 由此一项冻结令可以施加于任一英国银行和它们未法人化的外国分行,因为它们是与银行一样的同一主体公司的一部分。以属人原则限制该种方式冻结令的适用范围具有正当性。

然而,如果冻结令还包括除了海外分行之外的海外子公司,对冻结令的合法性肯定会有质疑,正如过去美国制裁所遇到的情况一样,[60] 作为一个公司法问题,外国子公司独立于母公司,尽管从控制的观点看,子公司和未法人化的分行一样听命于总部指令。尽管仅仅以法律形式决定这个问题看起来是错的,但是像英格兰等法域强烈坚持独立公司人格的概念。[61] 而且,银行子公司所在地其他法域的监管者在外国法下也不太可能对这些冻结令太友好(或不会将其置于更高地位)。

第二,某一法域的单方冻结如果要生效就需要服从该法域通行的法律原则。最近的一个示例来自英国最高法院,它推翻了一项根据《2008 年反恐怖主义法》(Counter-Terrorism Act 2008) 作出的指令,该指令限制了一家指名的伊朗银行及其英国子公司接入英国金融市场。[62] 该法律令英国政府有权下达指令给英国银行,或者一家在英国做

---

[55] 尽管该法的标题如此,当认为英国的存款人处于排队的后面时,该权力被用于冻结金融危机期间冰岛银行的资产。Landsbanki Freezing Order 2008, 2008 SI No 2668, revoked by 2009 SI No 1392; G. Lennon and C. Walker, 'Hot Money in a Cold Climate' [2009] P L 37.

[56] Anti-terrorism, Crime and Security Act 2001, s. 5 (3)(b).

[57] S. 5 (4).

[58] Sch. 3, para. 3.

[59] S. 5 (2)(b).

[60] 在古巴和朝鲜项目中,由美国所有或控制的外国子公司也得遵守。See also Ukraine Freedom Support Act of 2014 (PL No 113-272).

[61] See *VTB Capital plc v. Nutritek International Corpn* [2013] UKSC 5; [2013] 2 AC 337, [132] - [147].

[62] *Bank Mellat v. HM Treasury* [2013] UKSC 39; [2014] AC 700.

业务的银行。[63] 其效果是对如下银行提要求：该银行正与某个在别国有生意的人有交易或生意往来，包括和他国政府，或居住那里的居民或设立在那里的机构，以及这些人或机构的附属机构的往来。指令的前提是金融行动特别工作组（FATF）的建议；如果财政部合理地相信在外国存在由其政府或其居民、公司正在进行的恐怖融资或洗钱活动的风险，且这将对英国的国家利益产生重大风险；或者它合理地相信在他国存在研发核、放射性、生物性或化学性武器且对英国的国家利益重大风险。[64] 该指令可以进一步地要求银行（面临许可例外）限制或停止与指定的人做生意。[65]

摆在英国最高法院面前的指令是基于这家伊朗银行向涉及伊朗研发核武器者提供银行服务而产生了严重的国家安全风险。[66] 法院认为所作要求是武断且不合适的，因
321 为只这家银行被挑了出来而其他伊朗银行不受影响。而且，法院因为未能给予银行事先通知且未给银行对这一处置陈述的机会最终认定该指令非法。[67]

第三，其他地方也有强制执行单边冻结的情况。在案例 6 中，冻结是由 Y 施加于其银行的，银行 A 和实体 J 都被涵盖在内，J 在 X 法院想从位于 X 的 A 分行要求归还第二笔存款。假设 X 法域适用的冲突法规则是《罗马法则 I》。据此规则，适用位于 X 的 A 分行存款和银行—客户关系的法律将是（如果缺乏相反的具体规定）X 国的法律，哪怕没有明示。[68]

正如案例 4 中的延期支付规定，冻结是强制性规定。如我们看见，《罗马规则 I》Article 9（3）授权法院有自由裁量权适用履行地法中最重要的强制性规定，只要它认定合同的履行非法。在 X 国的存款是可以清偿的归还的，因此 Article 9（3）并不能适用。但是，假设存款是用 Y 国货币存款，而且大笔清偿通常要通过 Y 国代理行和支付系统。是否会因为在 Y 国这种清偿是非法，它至少是部分合同履行地，导致 Article 9（3）的适用呢？英国普通法的规则是在外国履行地的非法性认定将产生法律效力，尽管适用法是英国法。[69] 这一原则在多起案件中被触发，案件中美国对支付实施了冻结，而美元是美国银行在其伦敦分行的存款币种。但是，英国法院认为美国不需要被认定为履行地，因为履行支付义务并不必然经过纽约支付。[70] 尽管用某个国家的货币支付通常会经由那

[63] Counter-terrorism Act 2008, s. 62, Sch. 7, para. 9.

[64] Sch. 7, para. 1.

[65] Sch. 7, paras. 10-13, 17.

[66] Financial Restrictions (Iran) Order 2009, 2009 SI No 2725.

[67] *Bank Mellat v. HM Treasury* [2013] UKSC 39; [2014] AC 700, [27], [202] (substantive judgment).

[68] 参见原著 p. 314-15。Dicey, *Morris and Collins on the Conflict of Laws* (15th edn., London, Thompson, 2012), v. 2, 2062-3.

[69] 如果这是英国的国际私法，它已为 Article 9（3）所取代；如果它是英国普通法，它的适用范围有限：ibid., 1837-40; F. Reynolds, 'Illegality by Lex Loci Solutionis' (1992) 108 LQR 553。

[70] *Libyan Arab Foreign Bank v. Bankers Trust Co.* [1989] QB 728; *Libyan Arab Foreign Bank v. Manufacturers Hanover Trust Co. (No. 2)* [1989] 1 Lloyd's Rep. 608; *Ispahani v. Bank Melli Iran* [1998] Lloyd's Rep Banking 133.

里的支付系统，但它还可以通过纽约之外的代理行或其他方式实施。[71]

尽管这表明一国单边冻结令不能超出法域边界，实践中其他法域的银行可能认真对待它。根据恐怖主义法律和其运营地的其他有关资产冻结的法律而产生的法律责任可能成为怀疑基础，如果其客户资产在其他地方被冻结——即便是采用单边措施——也可能触发质疑门槛，驱使银行采取措施，例如冻结账户。

五、反诉禁令

反诉禁令要求一方不得开始或停止在外国法院的法律程序。[72] 与之独立的，法院可以保留其自己的程序直到外国程序解除或因为外国程序更为合适。[73] 反诉禁令可能 322
在多种情况下被采用，银行可能涉入其中。

在一桩美国案件中，伊朗央行在英国法院提起诉讼要求清偿一笔美国银行伦敦分行的存款，但后者试图让美国法院禁止诉讼。理由是该等清偿违反美国对伊朗资产的冻结令。美国法院拒绝了并将密切连接点指向英国。[74] 然而美国联邦法院就适用何种标准的问题出现分化。自由派方法认为授予反诉禁令更合适，因为当事人和问题是重复的，诉讼进程同时进行会危及处置该案速度与实效。而保守派方法认为他们仅在外国程序影响美国法院管辖权（主要是在外国法院不仅仅得到平行程序，还试图就案件获得排他性管辖权时）或者破坏美国重大公共政策时才会授予。[75]

案例 6 以一桩英国判决为基础，本案中英国上诉法院授予了针对美国诉讼的禁令。英国法院授予的原因是，法院认定让一方维持违约诉讼是压制性且恶意的（oppressive and vexatious）。在这种情况下，英国法院按礼让原则限制外国法院诉讼程序毫不羞涩。[76]

在另一起英国上诉案件中反诉禁令被驳回，该案中一个加拿大银行寻求限制一家总部在荷兰的银行在纽约提起的诉讼。在英国和纽约的诉与反诉互为印证。加拿大银行的诉求是基于 ISDA 主协议，其明确了适用英国法但约定了非专属管辖权条款。上诉法院认为非专属管辖权条款意味着双方明确预期了平行诉讼，绝不表明英国法院是主要的

---

〔71〕 *Licci v. Lebanese Canadian Bank*, 732 F3d 161, 171（2013）. 另见 *Hausler v. JP Morgan Chase Bank NA*, 770 F. 3d 207（2nd Cir., 2014）和原著 p. 340-1。

〔72〕 T. Raphael, *The Anti-suit Injunction*（Oxford, Oxford University Press, 2010）, 81ff.

〔73〕 参见反强制执行禁令：*Arkhangelsky v. Bank St Petersburg OJSC*［2014］EWCA Civ 593,［2014］1 WLR 4360（CA）。

〔74〕 *Chase Manhattan Bank NA v. State of Iran*, 484 F Supp 832（SDNY 1980）.

〔75〕 See J. Phillips, 'A Proposed Solution to the Puzzle of Antisuit Injunctions'（2002）69 *U. Chi. L. Rev.* 2007; D. Tan, 'Anti-suit Injunctions and the Vexing Problem of Comity'（2005）45 *Virg. J Int'l L.* 283; K. Anderson, 'What Can the United States Learn from English Anti-suit Injunctions?'（2000）25 *Yale J. Int'l L* 195.

〔76〕 *National Westminster Bank v. Utrecht-America Finance Company*［2001］EWCA Civ 658,［2001］3 All ER 733（CA）.

争议管辖地从而有优先权，而且绝不可能把纽约的程序划作压迫性或恶意的一类。[77]

法院授予反诉禁令的管辖权源自在外国诉讼中对一方管辖上的属人权（*in personam*）。由于它所需要的一切仅是在法域内的存在，由此反诉禁令可能广泛存在。如果对授予反诉禁令有管辖权，英国法院必须得对限制外国诉讼程序存有利益。[78] 当外国诉讼是违约诉讼（如非专属管辖权条款）或英国法院在争议连接点上有压倒性优
323 势时，法院会更愿意作出回应。[79] 一般而言，由于反诉禁令是衡平法救济，原告必须“双手清白”。[80] 当一项诉讼可以同时在英国或其他地方提起时，英国法院会不情愿授予反诉禁令：英国必须是自然的争议解决地，外国的诉讼程序必须通常是压迫性或恶意的，而且必须考虑礼让原则。[81]

在欧盟，授予反诉禁令有一个障碍，《布鲁塞尔一号条例》（Brussels Ⅰ Regulation），即《关于民商事案件管辖权及其判决的认同与执行的欧盟理事会条例 44/2001 号》[Council Regulation（EC）44/2001 on Jurisdiction and the Recognition and Enforcement of Judgments in Civil and Commercial Matter]。一个成员国法院不能授予一方当事人反诉禁令以阻止另一方在另一个成员国法院已经开始且正在进行的诉讼程序，即便另一方是恶意的，且第一个成员国法院依据他们之间的合同有排他性的管辖权。[82] 这是基于该欧盟理事会条例中的首问原则和成员国法院互信的假定。那些意图借此消耗对手的将不能得到更有利的规则，那将奖励法院竞赛并鼓励别处法院以鱼雷般速度发起诉讼以超过有约定专属管辖权的法院。

2015 年早期生效的《条例（欧盟）1215/2012 号》[Regulation（EU）1215/2012] 在大纲中改写了《布鲁塞尔一号条例》（“布鲁塞尔改写”）。据 Article 25（1），由当事人选择的成员国法院对标的有排他性管辖权。另一成员国法院收到与此标的相关的请求时必须停止诉讼程序。[83] 在效果上，这反转了之前布鲁塞尔 1 规定的地位。但是，有可能

---

[77] *Royal Bank of Canada v. Cooperative Centrale Raiffeisen-Boerenleenbank* [2004] EWCA Civ 7; [2004] 1 Lloyd's Rep 471（CA）.

[78] *Airbus Industrie GIE v. Patel* [1999] 1 AC 119（HL）; *Donohue v. Armco Inc.* [2001] UKHL 64, [2002] 1 All ER 749（HL）. See R. Fentiman, *International Commercial Litigation*（2nd edn., Oxford, Oxford University Press, 2015）, 503–5; T. Raphael, 'Do As You Would Be Done By? System-transcendent Justification and Anti-suit Injunctions' [2016] LMCLQ 256.

[79] 就管辖权问题有一个在先的问题：*UBS AG v. HSH Nordbank AG* [2009] EWCA Civ 585; [2010] 1 All ER（Comm）727（CA）。

[80] *Royal Bank of Scotland plc v. Highland Finance Partners LLP* [2013] EWCA Civ 328; [2013] CLC 596（CA）.

[81] *Deutsche Bank AG v. Highland Crusader Offshore Partners LP* [2009] EWCA Civ 725; [2009] 2 All ER（Comm）987（CA）.

[82] Case 159/02, *Turner v. Grovit* [2004] ECR I-3565; Case 159/02, *Erich Gasser GmbH v. MISAT Srl* [2003] ECR I-14693. See A. Briggs, 'Anti-suit Injunctions and Utopian Ideals'（2002）120 *LQR* 529; A. Clarke, 'The Differing Approach to Commercial Litigation in the European Court of Justice and the Courts of England and Wales'（2007）18 *Eu Bus LR* 101.

[83] Art. 31（2）.

发生另一成员国法院未决诉讼程序等待有排他性管辖权的法院,如果其不是首先受理的法院,中止程序以待其他法院的诉讼结果。[84]

六、保密法

真的麻烦是案例7,它产生了矛盾。X法域的法院或监管者要求一家在此法域有机构的国际银行,提供它在彼法域的分行的客户信息,而这违反彼法域的保密法。管辖权上的规制和强制执行规则于事无补。两个法域都有资格作出规制——X可以规范客户行为(如在它的市场内)和银行行为(提供相关信息),而Y可以规定银行对账户的保密义务。X强制执行法律是基于属地,而这一条件是满足的,因为其指令是下达给银行的,而银行正在该法域。

英国法院处理要求其违反外国银行保密义务的方法已被触及。在典型案件中,原告寻求针对一家国际银行的法院令——该银行并非本案当事人——披露由纽约总部持有的与被告之一——一家巴哈曼公司的账户信息。霍夫曼(Hoffman J)认为仅在极特别 324
的情况下法院才可以法院令指令一家并非当事人的外国银行采取违反海外保密法的行动以披露文件。其他渠道如向外国法院的请求函和申请书更好。[85]

这一矛盾在美国监管的努力(而不其他法域的努力[86])下大为放大,它寻求在其他地方的信息披露然后突然遇到了这些法域的银行保密法。值得注意的是美国该种法院令涉及大陪审团(grand juny)签发的与执法部门调查有关的传票。这种法院令最初是针对有外国分行的美国银行,因为其美国总部被认为对海外分行控制力。后来这些法院令被扩展到在美国有分行的外国银行。[87]

在民事程序中,在美国有分行的外国银行曾被纽约联邦法院要求披露信息以实现针对它们的诉讼,尽管信息在海外且披露该信息有违保密法。[88] 披露指令也曾有在判决后发出的,以便原告强制执行海外资产。[89]

尽管有外国保密法仍考虑是否签发披露法院令时,《美国法律协会重述》(American

---

〔84〕 Art. 30. See *Commerzbank Aktiengesellschaft v. Liquimar Tankers Management Inc* [2017] EWHC 161 (Comm); [2017] 1 Lloyd's Rep 273.

〔85〕 *Mackinnon v. Donaldson, Lufkin & Jenrette Securities Corp.* [1986] Ch 482. See also *Société Eram Shipping Co. Ltd. v. Cie Internationale de Navigation* [2003] UKHL 30; [2004] 1 AC 260 (HL).

〔86〕 但参见 *Brannigan v. Davidson* [1997] AC 238 (PC,NZ) [在 C. McLachlan, 'The Jurisdictional Limits of Disclosure Orders in Transnational Fraud Litigation' (1998) 47 ICLQ 3,39-46 中被批评]; *Spencer v. R.* [1985] 2 SCR 278 (SCC); *Australia and New Zealand Banking Group Ltd v. Konza*, (2012) 206 FCR 450; [2012] FCA FC 12,所有税务案件。

〔87〕 e. g. *United States v. Bank of Nova Scotia*, 691 F. 2d 1025 (11th Cir., 1982); *In re Grand Jury Proceedings Bank of Nova Scotia*, 740 F. 2d 817 (11th Cir., 1984), cert. denied 469 US 1106 (1985).

〔88〕 *Linde v. Arab Bank*, 706 F. 3d 92 (2nd Cir., 2013).

〔89〕 *Vera v. Republic of Cuba*, 802 F. 3d 242 (2nd Cir., 2015).

Law Institute's Restatement）建议美国法院使用一项权衡测试。[90] 在对不合规实施制裁时，法院应检视银行的善意。外国法会被检视以确保所要的资料落入保密范围，且要认定是否该等保护在美国是否有类似条款。有利于签出法院令的因素是：外国保密法是民事的，而不是刑事的；如果根据美国法院令提供信息，根据外国法的犯罪指控存在抗辩；以及银行并不会因违反保密而有真正被指控的风险。善意要求银行根据外国法规定尽可能努力遵从法院令（例如，向外国当局申请允许）。

随着最高法院在 *Daimler AG v. Bauman* 案[91]中导向的变化，美国第二巡回上诉法院限制了纽约法院可对外国银行有一般管辖权的情形。在 *Gucci America Inc. v. Weixing L* 案[92]中，原告名牌商品生产者起诉假货的生产者和销售者。它获得了法院令以阻止被告销售货物并冻结其资产。然后向中国银行纽约分行送达了法院令，要求其提供与被告有关的文件，包括在中国的文件。中国银行不是诉讼当事人，法院认为它不能被强制
325 遵守传票。除例外情况，纽约的一般管辖权只在银行"本质上以纽约为家"时才适用，这意味着它得设立于纽约且主要经营地维持在纽约。中国银行并不满足这一测试：其分行不是在美国设立，且主要经营地在中国，其 10,000 个分支机构中只有 4 个在美国。[93]

那些被美国传票要求提供某一客户交易信息的地方对此有些什么反应呢？其他的普通法法院适用于法律冲突的解析法。比如说，如果银行账户准据法是英国法，英国法院通常支持银行保密性，不顾美国法院令。[94] 而且，中国香港特别行政区上诉法庭曾认定该等情况下对银行保密义务的"法律强制力"不包括来自外国法院的指令。[95] 这一划线区隔能否维持存在疑问。第九章讨论过银行的保密义务，适当的解析总是涉及公共利益的权衡，而近来，一直有强大的公共利益说反对银行系统被用作不当或不法行为通道。银行保密在此权衡中应分量轻一些，支持外国监督者和监管者的分量往往超过它。

当美国法院用成熟的国际程序来获得证据时，例如通过问询函，英国法院显得更反应积极。在一个案件的判决中，它说尽管有悖公共利益时英国法院可能不会同意请求——而且维护银行保密性确有公共利益，但：

> 在我看来，不允许银行和客户的保密关系被用作隐藏不当行为或欺诈活动证据的外衣，不然这种证据将会用于法律程序，无论是这里还是海外，这显然也是公共利益，而且

---

[90] See Restatement on Foreign Relations Law of the United States：Third，s. 442.

[91] *Daimler AG v. Bauman*，134 S. Ct. 746（2014）.

[92] *Gucci America Inc. v. Weixing Li*，768 F. 3d 122（2nd Cir.，2014）. See also *Tiffany LLC v. China Merchants Bank*，589 Fed. App 550（2nd Cir.，2014）.

[93] Cf. *In the Matter of B & M Kingstone LLC v. Mega International Commercial Bank*，131 AD 3d 259，15 NYS 3d 318（2015）.

[94] *X AG v. A bank*［1983］2 All ER 464；［1983］2 Lloyd's Rep 535 是《罗马规则 I》之前的案件，但运用了相同的分析法：参见原著 p. 314-15。

[95] *FDC Co. Ltd. v. Chase Manhattan Bank NA*［1990］1 HKLR 277，283（CA）.

是很强的利益。[96]

现在此类观点很可能权重更大。银行会修订其与客户的合同允许银行对银行监管者的要求作出回应,包括那些来自另一法域的要求。[97]

第三节 解决管辖权冲突

案例研究表明不同法域的潜在法律冲突也适用于银行。监管要求对一家在两个法域运营的银行有不同要求(案例1);一个法域的法律令海外行为变成非法,或者如果扩大解释将产生域外法权(案例2和案例3);在此法域内有要求某银行还款的请求,但在彼法域则禁止还款(案例4和案例5);此法域认为一家银行应被起诉,彼法域有诉讼程序正在进行认为不应该再另行启动诉讼(案例6);此法域需要某银行披露信息,但是这将违反彼法域的法律(案例7)。案例2还提出了一个问题,如果此法域未能对不法者采取行动,是否需要彼法域对他们提起公诉。这些冲突如何解决? 326

一、避免问题

当存在管辖权冲突时,它可能本身并不明显,也可能可以避免。银行只需要简单地遵从运营地法域的不同法律要求即可。如果对一个以上的法域负有监管性责任,一地监管当局不会就另一个法域的法律程序采取进一步的措施。当某法域坚持认为按照其法律存在法律责任时,它会尊重外国法院相反的法院令。银行监管可以通过规定向当地监管者提供的信息可以传送给另一法域监管者的方式来避免管辖权冲突。[98] 普通法法院可以在适用本国法过程中通过排除域外法权的假定来避免问题。

二、封锁措施

在问题的另一极,一些由域外法权引发的冲突无法解决,将会出现僵局或只有部分妥协。由此《1996 年古巴人自由和民主团结法》(Cuban Liberty and Democratic Solidarity Act of 1996, the Helms-Burton Act)由美国国会支持扩展适用至非美国实体,例如为古巴政府实施的把美国人财产国有化交易提供融资的银行。[99] 作为回应,一项欧盟规则规定任何给予该法效力的美国判决或行政决定都不可强制执行,欧洲的银行一

---

[96] The *Santa Fe Case* [1985] ECC 187, [22] (1984) 23 ILM 511, 516, per Drake J.

[97] D. Chaikin, 'A Critical Examination of how Contract Law is used by Financial Institutions operating in Multiple Jurisdictions' (2010) 34 Melb. U. LR 34.

[98] 参见原著 p. 263。

[99] 22 USC § 6082.

般无须遵循它。[100] 这仅仅是抵制美国域外法权的封锁型立法的一个示例。安大略的《1947 年商业记录保护法》(Business Records Protection Act 1947)在这方面走得很领先,该法为美国的反垄断调查所推动。英国《2006 年投资交易和清算所法》(Investment Exchanges and Clearing Houses Act 2006)是专门用来防止总部在伦敦的交易与清算所被美国利益收购后遵守"过度的"美国强制性监管(测量"过度"的一个方法是,它所要求的是不是比欧盟或英国法要求的多)。

欧盟的封锁措施曾被规避,并就 SWIFT(环球银行金融电信协会,总部在比利时,为银行发送支付和其他指示提供国际信息服务)与美国达成了妥协。据其恐怖融资追踪项目,美国财政部的外国资产控制办公室(OFAC)就可疑人员或组织的金融交易可向 SWIFT 签发常规的行政传票。结果是 SWIFT 就金融交易提供在美国维护的可获数据,但可能涉及美国之外的交易。这些传票在美国法上的法律依据是《国际紧急经济权力法》(International Emergency Economic Powers Act),根据总统宣布国家紧急状态,该法授权应提供信息,例如 2001 年就恐怖主义签发的 13224 号总统令。

这一问题公开后,欧盟出现了对 SWIFT 和银行违反欧盟与比利时法律的批评,尤其
327 是数据保护法,因为它们没有通知客户其支付明细提供给了美国当局。[101] 最后,欧洲议会拒绝了第一个协议后,欧盟和美国达成了妥协:SWIFT 可以移转数据,但仅限于根据具体的要求(不能批量),且要在经欧盟刑警组织确认要求符合协议之后。而且,根据协议,美国财政部有义务提供保护使数据仅应用于反恐怖主义,不能向其他人披露或不合法地处理。此外还有保有数据的限制,且对遵守情况有独立监控。[102]

三、司法判决:礼让与权衡

作为一个司法决策问题,如何避免或者至少减轻管辖权条款冲突,同时仍能达到两个法域的目标?普通法法院已采用两个方法以减缓管辖权冲突,这就是礼让原则和利益权衡。

礼让意味着法院将尊重与认同外国法和外国法院的规则,要在自身法域考虑那些规则下的权利。英国法院以礼让原则令这一过程的动作正当化。在一起典型的银行案件

---

[100] Council Regulation 2271/96 [1996] OJ L309/1. See S. Smis and K. van der Borght, 'The EU-US Compromise on the Helms-Burton and D'Amato Acts' (1999) 93 *Amer J Int'l L* 227.

[101] e. g. European Commission, Article 29 Data Protection Working Party, Opinion 10/2006, WP 128, 22 November 2006.

[102] Council Decision 2010/412/EU of 13 July 2010 on the conclusion of the Agreement between the [EU] and the [US] on the processing and transfer of Financial Messaging Data. See Y. Suda, 'Transatlantic Politics of Data Transfer: Extraterritoriality, Counter-extraterritoriality and Counter-terrorism' (2013) 51 J Common Market Stud. 772; M. Quesanda and E. Micheva, 'No Data without Protection?' in P. Cardwell (ed.), *EU External Relations Law and Policy in the Post-Lisbon Era* (Hague, TMC Asser Press, 2012), 99; K. Meissner, 'Democratising EU External Relations: The European Parliament's Informal Role in SWIFT, ACTA, and TTIP' (2016) *Eur Foreign Affairs Rev* 269, 271-5.

中,上诉法院未理睬一项要求某英国银行总部披露其某分行与法域外某外国银行的清算账户交易信息的法院令。[103] 法院认为,尽管它可以按《1879 年银行从业人员账簿证据法》(Bankers' Books Evidence Act 1879)作出法院令,但它不应按此方向行事,因为英国高等法院和外国法院(它之前曾拒绝该等法院令)存在管辖权冲突的危险。但是礼让是一个不很明确的概念,因此原因美国以外的律师对此都相当小心。[104]

利益权衡是另一项管辖权冲突最小化的方法。例如某管辖权的法要求某银行如此行事,但是违反彼管理权的法。根据该原则,此管辖权法院在适用其法律时会权衡不同的利益。利益权衡的概念由美国法院在反垄断活动中发展而来,这一概念现在体现在《美国涉外关系法重述(第三次)》section 403(3)的通用术语中。它规定,如果对某人或某项活动任意两个州行使管辖权都没有不合理之处,但是两者的规定存在冲突,每个州都有义务根据相关所有因素,评估自身的利益和另一州的利益,并在另一州的利益明显更大时尊重后者。[105]

该重述规定只有在美国行使管辖权规制之前外国的利益明显更大。而且,是否遵守 328
Y 法域的银行保密法比遵守 X 法域的执法利益更大呢?柯林斯(Lord Collins)法官认为:

> 尊重瑞士保密法是一回事;他们在保护基本人权且并不增加欺诈和犯罪方面有其渊源,且瑞士是一个有着强大国际货币和本土银行业务的国家。对开曼群岛能致以同样的尊敬吗?那里的银行业务由外国银行的分行组成,大部分仅作为转移资金的联系地址而活动。[106]

实践中,当美国法院引用权衡原则时,看起来通常结果是认定其有管辖权作出法院令。当援引其他法域的法律时,美国法院常常予以漠视。[107] 人们还质疑其作为机构的适格性问题,司法机构是否处于评估一项外交政策问题的最佳地位——权衡外国政府的利益?在认定《1976 年外国主权豁免法》(Foreign Sovereign Immunities Act of 1976)并未限制以判决后冻结帮助发现外国政府域外资产之后,美国最高法院在 *Republic of*

---

[103] *R v. Grossman* (1981) 73 Cr App R 302. See also *MacKinnon v. Donaldson, Lufkin and Jenrette Securities Corp* [1986] 1 Ch 482.

[104] See A. Briggs, *The Principle of Comity in Private International Law* (Leiden, Martinus Nijhoff, 2012).

[105] P. Muchlinski, *Multinational Enterprises and the Law* (2nd edn., Oxford, Oxford University Press, 2007), 138.

[106] L. Collins, 'Problems of Enforcement in the Multinational Securities Market: A United Kingdom Perspective' (1987) 9 *U Pa. J International Bus. Law* 487, 515.

[107] *In re Grand Jury Proceedings*, 691 F. 2d 1384 (11th Cir., 1982), cert. denied 462 US 1119 (1983); *In re Grand Jury Proceedings, the Bank of Nova Scotia*, 740 F. 2d 817 (11th Cir., 1984), cert. denied 469 US 1106 (1985); *Linde v. Arab Bank*, 706 F. 3d 92 (2nd Cir., 2013).

Argentina v. NML Capital Ltd. 案中说道这些海外法院令的外交后果不是由它来解决的。[108]

四、国际合作

最重要的是想要以国际合作来解决管辖权冲突。这一主题有很多划分法，此处采用的合作分类法是根据法律形式是单边的、双边的还是多边的。

（一）单边合作

对国际银行来说，一方银行监管者要求的信息往往也是该银行设有机构所在的另一法域的银行监管者所需要的。如我们所见，本地司法的态度和外国监管者的监管努力相关。如果本地法院有效地将本地公共政策如银行保密上升为一般人权，那银行踪迹就会为禁令所封锁。现代银行业务和银行监管现实在一个重要的决定中得到确认，指示银行要遵守英格兰银行通知，即便英格兰银行正在与美联储合作且信息据说是用于美国银行监管。赫斯特（Hirst J）说银行的法律顾问：

329 努力在大西洋的中心划道线，并认为在某些方面美联储和英格兰银行的监管运作是彼此独立且互不联系的。事实上，当今世界的国际银行业监管，多国的监管当局能够、应该且无须怀疑就相互监管关注问题定期进行合作。[109]

本地立法可以为本地监管帮助外国监管提供渠道，由此可以绕开法院。由此在英国，金融行为监管局和审慎监管局对不披露其在监管活动中获得的保密信息负有一般性义务。[110] 但是，这有一个后门，即如果向其他监管者披露将有助于监管作用实现时可以例外。[111]

---

〔108〕 134 S. Ct. 2250，2258（2014）. 在相反的情况下，NML Capital Ltd. 在阿根廷对其外部债务违约后获得了对其有利的一系列判决，包括 NML 在二级市场买入的债券：参见 *NML Capital，Ltd. v. Republic of Argentina*，699 F. 3d 246，250（2nd Cir.，2012），最高法院提审驳回了 *Republic of Argentina v. NML Capital，Ltd.*，134 S. Ct. 2819（2014）。See T. Monteleone，'A Vulture's Gamble：High-stakes Interpretation of Sovereign Debt Contracts in NML Capital，Ltd v. Republic of Argentina'（2013）8 CMLJ 149；A. Porzecanski，'The Origins Of Argentina's Litigation And Arbitration Saga，2002-2016'（2016）40 *Fordham Int'l LJ* 41。

〔109〕 *A v. B Bank*［1993］QB 311，327. See also *Bank of Crete SA v. Koskotas*（*No.* 2）［1992］1 WLR 919，925，［1993］1 All ER 748，754（CA）.

〔110〕 S. 348 FSMA 2000.

〔111〕 S. 349（1），（5）FSMA 2000；Financial Services and Markets Act 2000（Disclosure of Confidential Information）Regulations 2001，2001 SI No 2188，reg. 12.

(二) 双边合作

有相当多刑事法律互助条约,特别是在美国和外国法域之间。[112] 这些规定了此法域的法律执行机制可为彼法域的刑事调查和指控所用。帮助包括镇定当地人员和银行账户、获取证言和提供记录(甚至是保密记录)。现代法律互助条约包括共谋,如只是未明示,且用语足够宽泛包括大部分刑事违法(除了某些情况下的经济秩序犯罪)。美国互助条约包括大陪审团程序,但并不总是包括非直接犯罪的程序如资产扣押。条约下的程序并非排他性的。《刑事事件互助示范条约》(UN Model Treaty on Mutual Assistance in Criminal Matters)不允许以违反本地保密法为唯一理由拒绝帮助。[113]

法律互助条约是很严重的刑事问题,因此不必然涉及监管违法。也不总是必然是以包括对违法指控前的事前调查。但备忘录(MOU)是可行的。这些是没有法律约束力的国际工具。备忘录在银行业和金融服务监管领域很通行。根据备忘录所作的调查问询将导致监管者间分享保密信息。[114]

(三) 多边合作

1970年《关于从国外调取民事或商事证据的公约》(Hague Convention on the Taking of Evidence Abroad in Civil or Commercial Matters 1970)是众所周知的示例。[115] 该公约的第一章适用于由缔约国司法当局开证的就民事或商事问题的问询函,以获取证据用于 330
司法程序。问询函可能包括口头证言和检视文档。民商事程序包括税务程序,[116],也可能包括对涉及内幕交易的利润返还主张。公约不包括收集涉及刑事因素的监管性程序中的证据。根据公约,像英国这样的国家不能用问询函对诉讼中的第三方要求获取诉前披露。[117]

由此公约没有解决有些国家充满争议的域外主张。美国的观点是公约没有规定排他性和强制性的程序来获得海外证据,由此法院未被剥夺它们原本拥有的令外国一方提供位于其签字国境内证据的管辖权。[118] 但是当公约适用时,用其方式获取证据将受到其他国家的反对。

---

[112] e. g. Agreement on mutual legal assistance between the European Union and the United States of America [2003] OJ L181/34 (in force 2010). 这导致了2010年美国和英国之间就刑事问题的法律互助条约,1994:参见Cm. 7613,2009。

[113] See D. McClean, *International Cooperation in Civil and Criminal Matters* (3rd edn., Oxford, Oxford University Press,2012),186.

[114] e. g. Memorandum of Understanding, Prudential Regulation Authority [UK] and Reserve Bank of India,17 July 2012, paras. 26-31.

[115] 欧盟内部有《欧盟理事会条例1206/2001号》[Council Regulation (EC) 1206/2001]。

[116] *Re State of Norway's Application* (*Nos* 1 &2) [1990] 1 AC 723 (HL).

[117] *Refco Capital Markets Ltd. v. Credit Suisse First Boston Ltd.* [2001] EWCA Civ. 1733; [2002] CLC 301 (CA).

[118] *Société Nationale Industrielle Aérospatiale v. US District Court*,482 US 522 (1987).

民事法律之外，多边合作是个大杂烩，至少书本上的法律如此。欧洲有一个 1959 年《刑事问题互助欧洲理事会公约》（Council of Europe Convention on Mutual Assistance in Criminal Matters），由 2000 年欧盟通过《欧盟成员国间刑事问题互助公约》（EU Convention on Mutual Assistance in Criminal Matters between Member States）作补充。[119] 特别重要的是后者协定，在一般条款中要求欧盟成员国采取措施确保彼此提出的就严重违法面临刑事调查的某人是否持有或控制一个或多个银行账户，如果有，提供细节。[120] 特定银行账户的明细及通过的运营也应提供。管理特定账户的要求必须得到执行，且银行不得向客户吐露这一要求。成员国不能以银行保密为由拒绝对这一要求的合作。在英国，《2003 年刑法（国际合作法）》就该种情况下获取银行交易授予了强制性权利。[121]

实践中，大量的银行监管者的多边合作发生于非正式基础，通过各种巴塞尔委员会会议等形式得到加强。

五、国际协调

巴塞尔银行监管委员会、金融稳定理事会，金融行动特别小组以及证券委员会的国际组织的活动已导致了银行监督和管理的重要原则得到跨法域的协调。在欧洲，这由欧
331 盟的行动支持。特别是与本章相关的反洗钱和反恐融资的协调。[122] 与欧盟内的协调已得到彼此认同。而且，巴塞尔、欧盟和其他地区性倡议也意味着不同法域的银行监管者和管理者在个别问题上的合作得以推进。

第四节　结论

银行业务上的管辖权冲突持续存在。有些根据已有的法律原则可解决，有些根据国家间的双边和多边协议可解决。仍留下的明显问题是通过使用管辖权、礼让和利益权衡等概念能在减少利益冲突方面能取得多少成就。相反，就共同实质关注问题——例如近期的洗钱和恐怖融资已导致不同法域间的相互尊敬和合作。银行有时发现它们间接地涉入这些管辖权冲突中。法律上，几乎没有什么可做的能让它们避免于此。实践中，它们可以避免被管辖权冲突逮住，这种冲突发生在当局追踪跨境无上诉利益者（unmeritorious）和犯罪分子，通过审查它们的客户且停止在有不良声誉的离岸中心做交易。

---

〔119〕 ETS No. 30; [2000] OJ C197/1 respectively. See *R (Abacha) v. Secretary of State for the Home Department (No. 2)* [2001] EWHC Admin 787; *JP Morgan Chase Bank National Association v. Director of the Serious Fraud Office* [2012] EWHC 1674 (Admin); [2012] Lloyd's Rep FC 655.

〔120〕 [2001] OJ C326/1.

〔121〕 Ss. 32–41. See *Requests for Mutual Legal Assistance in Criminal Matters: Guidelines for Authorities outside the United Kingdom* (12th edn., London, Home Office, 2015), 22–5.

〔122〕 参见原著 p. 194–5, 263。

第三编　支付与支付系统

第十二章　支付的原则 335

支付与银行业务往往相伴相生。除了数额相对较小的交易会使用现金、支付卡以及日益增多的电子货币，支付通常都是经银行系统完成。[1] 这并不是说银行是以支付为核心，而是说在金额稍大的商事交易中，其他支付方式往往不方便、不安全或不切实际。

英国中央银行将整合支付系统提上日程已有一段时间。如果这种整合出了问题，银行系统会受到威胁——一家银行的支付不能将导致整个系统的系统性风险。支付提速、大额支付机制的国际角色、支付的巨大体量（特别是来自外汇交易、证券和衍生交易）、网络安全以及金融科技（Fintech）发展得令人生畏，加剧了这一问题。[2]

本章的目标是在一般性问题层面分析经由银行系统支付的法律问题。具体的支付方式将在下一章检视。本章第一节概述了支付的基本要素和银行如何完成支付。第二节转向一些具体的问题——支付义务如何清偿，支付指令能否取消，付款人对资金的可用性，以及银行间的支付完成。本章的第三节检视清算和结算系统。本章主要聚焦于大额支付，而不是小额支付。

开宗明义，这些领域的法律仍在发展之中。争议的解决和法律的结论会受银行业实践的影响。[3] 银行实践反过来也会受到很多因素影响，尤其是金融科技领域变化的影响。其他因素还包括对与支付机制相关风险的认知。支付方法、划拨条款、银行间法律关系——对这些问题各地法院都已有过评注。法律、实践和科技交织在一起。

在国际支付中，不同的法律体系调整交易的不同部分——例如，付款银行的法律、中间银行的法律、支付系统和结算的法律、收款人的法律。具体适用哪个法律体系取决于不同的讨论焦点。不同法律体系在法律适用中的困难在第十一章中已经解决。

将支付法则置于更坚实、更清晰的法律基础之上，这一探索一直在持续不断地进行。 336
在国际层面上，国际商会自 1956 年起已制定了《统一托收规则》（Uniform Rules for Collections），意在将跟单托收的最佳银行实践统一化。[4] 2013 年它通过了《银行支付

---

〔1〕 非银行的支付服务提供者或者是涉及电子货币（预付现金卡、在线预付和移动账户）或者是支付机构，它们（1）提供海外资金汇款和外汇兑换服务，（2）使零售商用卡支付（“批发收单者”），或者（3）发行信用卡。

〔2〕 D. Arner, J. Barberis, and R. Buckley, ‘The Evolution of Fintech: A New Post-crisis Paradigm?’ (2016) 47 Geo J Int’l Law 1271.

〔3〕 e. g. *Tidal Energy Ltd v. Bank of Scotland Plc* [2014] EWCA Civ 1107; [2015] 2 All ER 15 (CA). Cf. *Momm v. Barclays Bank International Ltd.* [1977] QB 790, 799. See also *Banking Services: Law and Practice. Report by the Review Committee*, Cm. 622 (London, HMSO, 1989) (Jack Committee), 104.

〔4〕 Currently ICC 522, 1995.

义务统一规则》以促进国际贸易中的供应链金融。（联合国国际贸易法委员会，UNCITRAL）起草了1994年的《国际贷记划拨示范法》。特别是在本章中我们将观察到支付与市场基础设施委员会（“CPMI”，其前身是支付与结算系统委员会，“CPSS”）的成果，它由总部在巴塞尔的国际结算银行主持，与各中央银行及其他人士合作，致力于推动支付、清算和相关系统的安全与效率。

在区域层面，欧盟采取了大量措施将支付法置于更坚实、更明确的基础之上。由此，《支付服务指令》意图建立适用于欧盟所有支付服务的一套综合性规则。〔5〕《结算终结指令》（Settlement Finality Directive）旨在减少支付系统中个别参与者破产的相关风险。〔6〕欧盟就支付系统采取的其他措施源自欧元的通行。

和银行法的其他领域一样，在某个法域内支付法的发展也会传播到其他地方。所以，美国《统一商法典》Article 4A（资金划拨）在考虑如何界定本章所谓贷记划拨产生的权利和义务方面是有影响力的。

最后，是对术语的注释。本章将用术语“付款人”（Pr）和“收款人”（Pe），“付款人银行”（PrB）和”收款人银行”（PeB）作为最通用的术语。一些讨论中也用到替代的“债权人”和“债务人”，但这样的术语并不总是准确。以银行在银团贷款下支付资金为例，银行付款给代理行，代理行又付给借款人。借款人的提款产生了银行付款的义务，但在此情境下管借款人叫债权人而不是债务人会令人困惑。术语“划拨人”和“收款人”也很常见，但是，如前所述的简要解释，这也可能很令人困扰。一些立法文件，例如联合国国际贸易法委员会的《国际贷记划拨示范法》使用的术语是“发起人”和“受益人”。但术语“受益人”在其他语境中有其他成熟的内涵（在信用证下的受益人；在普通法系信托中的受益人）。而该示范法又使用“发送人”和“接收银行”名词，把问题进一步复杂化了。

第一节　基本要素和机制

一些与支付相关的银行法基础问题已有广泛讨论。其中之一是委托。〔7〕现在银行很多支付是自己发起，源自自身在外汇兑换、证券和衍生品上的交易。但是，当支付是客户趋动型时，委托就成为支付的核心。如果银行在委托范围内行事，它可以从付款人处要求返还（比如，在客户有账户的情况下，借记客户账户）。如果它在委托之外行事，例如，按一项欺诈性委托支付，银行就无权主张返还，虽然付款人可以追认银行所为，或者付款人就银行的返还权可能被禁反言。

有时我们说付款人银行必须严格遵从委托条款，这仅仅意味着银行必须在委托条款
337 范围内行事，不能认定为银行为某种特定结果（如清偿某项支付义务）担保。只要银行

〔5〕参见原著 p. 367-9。
〔6〕参见原著 p. 346。
〔7〕参见原著 p. 119。

在执行指示时,比如在选择支付方法和代理人时,尽了合理的注意和专业,它就应该被视为完成了委托。但是尽合理的注意与专业意味着及时付款:如果银行接受某项指定日前付款的支付委托,就不能为自己的未履约而开脱。

另一个早先处理过的基础问题——银行间的法律关系——也是相关的。银行间网络对大部分支付来说都是必需的。[8] 银行可能通过代理行实施支付。代理行的角色在第八章中已作检视。我们还讨论过如果经银行间网络的支付执行错误,银行将对客户承担责任。支付网络可以是双边的或多边的。代理行可能互建双边合同。但典型情况是由多边合同调整,银行为支付系统成员,这还会涉及中央银行。系统重要性银行将受中央银行监管。[9]

一、基本要素

通过银行系统完成支付的三个基本要素值得关注:第一是支付指令(或信息);第二是支付所涉账户变动;第三是清算和结算。

支付指令在本文语境下是为了收款人利益发起的无条件付款指令。可能实施的是贷记划拨或借记划拨。在收到支付指令后银行才发起支付。在实践层面,支付指令被划分为客户委托其银行付款,此银行据此又向另一家银行(例如,收款人银行或是代理行)下达的指令,等等。事实上,如果实施支付时付款人银行向其代理行发出信息,其作为代理行的客户,在作出指示时与银行客户指示它时是处于同样地位。传统上,支付指令是纸质的,但是现在除支票和支付卡之外的支付指令都已是电子传送。

第二个通过银行系统支付的基本要素是其中涉及的账户变动。显然,付款人的账户是借记,而收款人的账户是贷记。此外,我们在后面对支付机制更近距离的检视时会看到,其他账户也会被借记和贷记,例如那些付款人银行的中间银行或代理银行。由此,支付不是基于转让付款人银行对付款人负债而生效。这在票据的情况下是明示的,成文法规定使用汇票不构成转让客户对银行的债权,也不构成转让银行内的资金。[10] 很显然,在用其他方法支付的情况下亦然,尽管有不同意见。[11]

相应地,付款人在给银行指令后还可以撤回指令,这在以转让方式实现的支付里是不可能的。而且,收款人基于转让对付款人银行没有合同请求权,只对其自己的银行有 338
权利。只在例外情形,付款人银行和收款人之间才可能产生合同。信用证就是一例。[12] 但这和转让无关。

---

[8] 参见原著 p. 229ff。

[9] 参见原著 p. 355。

[10] Bills of Exchange Act 1882, s. 53 (1); *Deposit Protection Board v. Dalia* [1994] 2 AC 367, 400 (HL).

[11] *Libyan Arab Foreign Bank v. Bankers Trust Co.* (1989) QB 728, 750; *R. v. Preddy* [1996] AC 815, 834 (HL). Cf. *R. v. King* [1992] QB 20 (CA); *Delbrueck & Co. v. Manufacturers Hanover Trust Company*, 609 F. 2d 1047, 1051 (1979).

[12] 参见原著 p. 506ff。

经由银行系统的支付涉及账户变动这一点怎么强调也不为过。像“资金划拨”这些有时使用的用语，形成了资金或财产有形移动的影像。那些触及支付系统的法律分析，例如英国的追及原则，过去常常为资金或财产沿着链条移动这一图景所迷惑。[13] 经由银行系统的支付——无论是贷记划拨、直接借记、支票、移动手机或者在下一章要谈到的其他方式——均涉及受其影响的账户变动，当然，是在收到支付报文后。

通过银行系统支付的第三个基本要素是结算和清算。清算是一个发出与协调支付指令的过程；结算涉及各银行对支付项下自身义务的清偿。结算可以因双方银行均开立于第三方银行的账户变动而发生，但通常是通过银行在中央银行的账户变动而发生。这是支付如何经银行系统的账户变动而实现的另一实例。清算和结算在本章后半部分会有详述。

一个重要问题是当前终局结算通常是通过簿记中央银行账户完成。中央银行变动各家银行在它那里开立的账户余额。以这种方法使用所谓的中央银行货币提供了一种无风险结算支付义务的方式。中央银行向各银行提供日间流动性以便它们能结算，一般会由银行提供高品质、高流动性的担保。[14] 这种结算方法，涉及特定币种支付时通常会流经发行该货种的中央银行。由此美元支付通常在纽约结算，欧元支付通过法兰克福，英镑支付在伦敦，人民币（RNB）支付在北京，日元支付在东京结算，等等。

二、贷记/借记支付

银行在支付上的操作顺序，部分取决于它是贷记划拨还是借记划拨。贷记划拨时，付款人指示其银行支付，而付款人的银行可能在多种方式中择其一种予以响应。一种响应方式是借记付款人的账户。如果收款人在另一家银行有账户，付款人银行会发一条支付信息给该银行（可能是间接发出，如我们将看到的）。最终，收款人账户会被贷记。资金常常被描述为被“推”给收款人，但是当支付所需要的一切最多只是信息、账户变动和最终在不同银行间的结算，这种语言表述很容易产生误导。贷记划拨在商业支付中广泛使用，它在支付员工工资、公司派发股息和社保福利支付以及其他一些零售支付中也有独特地位。

借记划拨时，顺序是从付款人授权银行付款开始，但实际支付始于收款人提交了借记票据（例如，支票）或借记指令（例如，直接借记的委托）。通常这会经由收款人银
339 行。例如，在非纸质系统中，收款人银行发送借记报文给付款人银行。在以纸质为基础的系统中，例如支票，收款人银行将“托收”票据——术语“借记托收”——提交给付款人银行，在多数情况下是经由一个有组织的支票清算系统。在付款人账户被借记前收款人账户可能就会贷记，尽管是临时性的。当然，这与贷记划拨发生的顺序相反。总体看来，

---

〔13〕 See T. Cutts, ‘Tracing, Value and Transactions’ (2016) 79 *MLR* 381.

〔14〕 e. g. Bank of England, *Bank of England Settlement Accounts*, 2014.

借记划拨有时被称为从付款人处“拉”出资金。

不同类型的贷记划拨和借记划拨支付系统将在下一章仔细检视。

三、经由银行系统的支付

经由银行系统的支付可以在广义上划分为“行内型”（in-house）、国内型（domestic）、代理人型和复杂型四类支付。[15] 这些并非术语。

一项“行内支付”发生于付款人和收款人在同一家银行都有账户的情形。付款人的账户发生借记,而收款人的账户被贷记。没有其他的银行涉及其中（见图 12-1）。典型情况下,支付要么创造或增加付款人对银行的债务,要么清偿或减少银行对付款人的既存债务。同时,支付清偿了付款人对收款人的债务。银行现在对收款人负有债务,或者收款人对银行的债务减少了。这种情况可能发生在贷记支付也可能发生在借记支付,如图 12-1 所示。

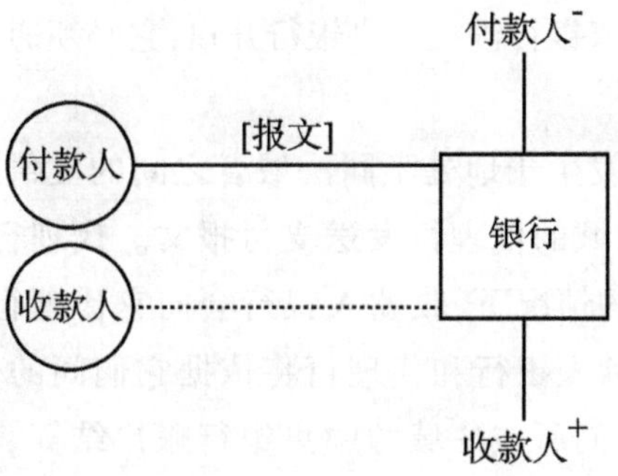

图 12-1　行内贷记/借记支付

当付款人和收款人在同一家银行的不同分行有账户时,将会用到一个内部的清算系统。注意,即便付款人和收款人在同一家银行有账户,支付也不必然是行内支付。当账户处于同一银行不同法域不同分行（如英国伦敦和新加坡）,而支付是用第三国币种（例如美元）,支付将会涉及该银行的纽约代理行,通过纽联储账簿实现结算。我们很快会回顾涉及代理行的支付。

通过“国内型银行间支付”意味着在同一国家的不同银行间用本地货币支付。贷记划拨时,付款人指示银行,银行向收款人银行发送支付指令。借记划拨时,付款人授权其银行在收款人提交了借记票据或者发出借款指示时支付。在前述两种情况下付款人银行都会借记客户的账户。相反,收款人银行则贷记它的客户账户（见图 12-2）。 340

〔15〕 C. Proctor (ed.), *Goode on Payment Obligations in Commercial and Financial Transactions* (2nd edn., London, Sweet & Maxwell, 2009), Ch. 4; B. Geva, *The Law of Electronic Funds Transfers* (New York, Matthew Bender, looseleaf), Chs. 2-4; H. Scott, ‘Where are the Dollars? —Off-shore Funds Transfers’ [1988-89] 3 BFLR 243; B. Geva, *Bank Collections and Payment Transactions* (Oxford, Clarendon, 2001), 109, 127-8, 186-200; M. Brindle and R. Cox, *Law of Bank Payments* (4th edn., London, Sweet & Maxwell, 2010), Ch. 3 (Cox & Taylor).

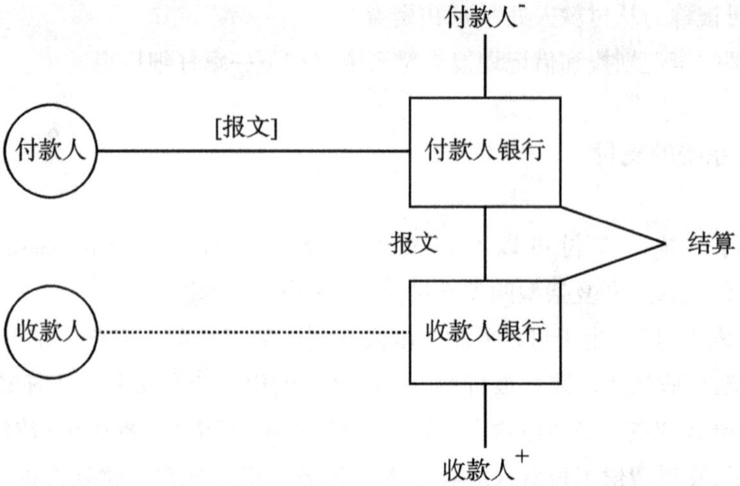

图 12-2 行内银行间贷记/借记支付

通过中央银行账簿完成支付的银行实施结算，要么通过即时的全额结算，要么通过定时的净额结算。如果一家银行没在中央银行开户，它必须通过另一家在央行有账户的银行实现结算。

传统上，“代理支付”发生于地处不同法域者之间的支付。贷记划拨时，付款人银行会向收款人银行所处法域的代理行发送支付报文。代理行依次向收款人银行发送支付报文。（在借记托收的情况下，收款人银行会向它代理行提交指令以实现在本地清算系统处理交易。）付款人银行和代理行将依据它们间的代理协议而结算；代理行和收款人银行可能通过它们所在法域的中央银行账户结算。收款人可能会收到通知（见图 12-3）。

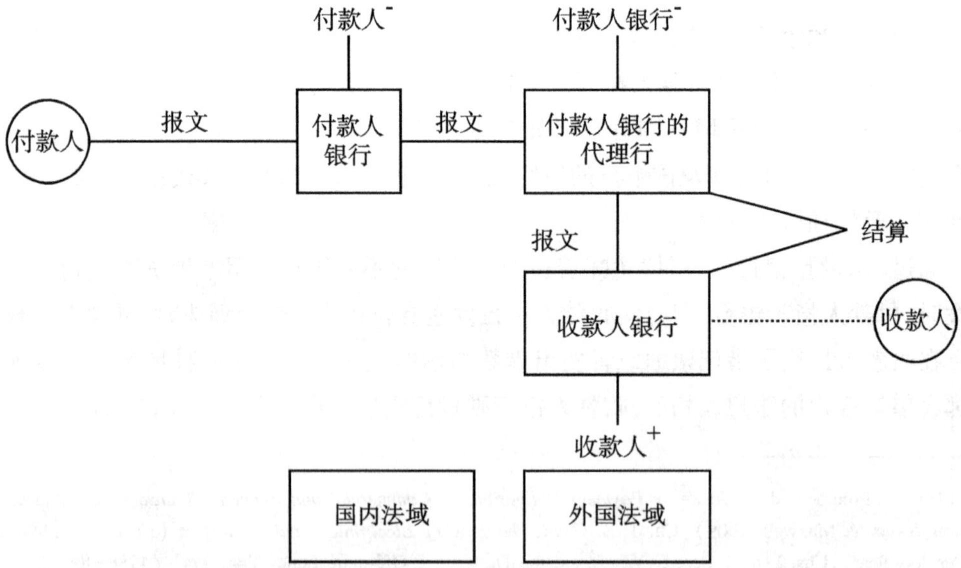

图 12-3 代理行型支付：贷记划拨

尽管如此，代理支付可能涉及在同一法域内的两个银行，尤其是以外币支付时。银行使用在另一法域的代理行，因为需要能清算和结算该币种的基础设施。（在一些国际金融中心如果有本地的外币清算与结算设施就没必要用代理行。）如果双方银行有共同的代理行，支付和结算可以通过该代理行的账簿实现。否则支付将涉及使用当地清算系统以及代理行在该外国央行账户的变动。

事实上，现在我们处于"复杂支付"的王国里，用外币支付涉及一大串银行。例如，当付款人银行在支付币种的法域内没有相应代理行时，就需要中间银行。可能涉及三国银行，比如在伦敦的付款人想用美元向在新加坡的收款人付款。一种方法是由付款人银行向它在纽约的代理行发支付信息，代理行依次联系收款人银行在那里的代理行。最后收款人在新加坡银行的账户被贷记（见图 12-4）。 341

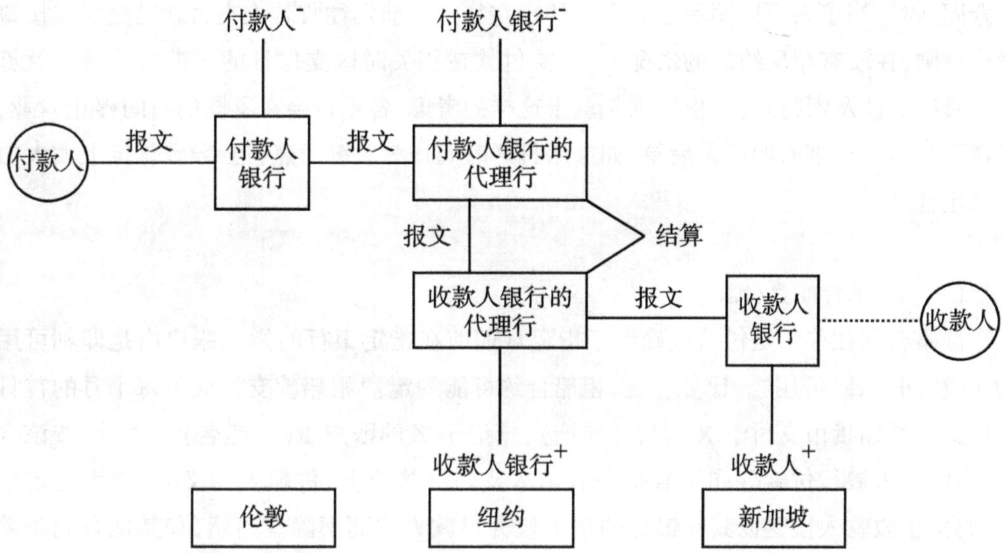

图 12-4　复杂支付型

"复杂支付型"有各种排列和组合。如果国际银行使用其在所涉法域的分行，支付链条就能缩短。如果它是一家本地支付系统的成员行。后面我们会看到，在这种复杂支付中，会用到大额支付的支付系统，例如 Fedwire 或 CHIPS（美元），TARGET2（欧元）或 CHAPS（英镑），以及由所涉币种的发行央行簿记触发的结算（分别是纽约联储、欧洲央行和英格兰银行）。

第二节　支付义务清偿、撤回、资金可用性和支付完成

本章本节将检视通过银行系统支付的四方面内容。第一个方面是基础支付义务的清偿。这个概念涉及付款人和收款人，且适用于任一支付系统，无论该支付系统是否通过银行系统中介。第二个方面是撤回，它是指在支付流程中的某个阶段，在到达某一点 342

前支付发起人有权利撤回（或取消）支付指令。第三个方面与资金的可用性有关，即收款人何时可以获得支付的收益。第四个方面是指某些描述中所称的交易完成时点。这个时点并不必然与付款人和收款人之间的义务清偿时点一致，而是与银行间的地位有关。这些时点并不必然是一致的，当然有些时点（如撤销）不可能晚于另一些时点（如资金的可获取性）。终结是支付中有时会用到的一项术语，它不再区分不同支付内容。

一、清偿基础付款义务

这是当事人间的契约问题。它既可以是明示的条款，也可以是默示的。延期支付的后果同样取决于基础合同。到期支付的合同条款可能约定如果未能履行收款人可以终止合同。〔16〕 当事人可以明示或默示地约定在特定日前发往收款人支付就已完成。按普通法规则，在没有相反约定的情况下，只要付款在相关时区支付日的子夜之前抵达就算充分履约。涉及银行时，子夜规则是基于这样的考虑：各银行会在不同的时间停止营业，考虑到延迟支付带来的严重后果，如果用打烊时间作为关键时点将会导致认定上太大的不确定性。〔17〕

（一）向银行账户付款

商事合同往往约定付款应确保于指定日期前在指定银行的指定账户内是即刻可用的（或“同一日”可用）。比如，一份租船合约可能约定：“租船款支付应于每个月的首日在纽约用美国货币支付于 X 银行（地址），贷记于 Z 的账户 RE（船名）。”由此，按该合同，向收款人银行付款等同于直接向收款人支付。法律上，付款人的义务，作为约定结果，将由于收款人接受以其对银行的请求权为付款方式而解除。当然，和其他合同条款一样，关于付款条款的含义可能会有异议。〔18〕

英国法院认为这类条款并不意味着在收款银行接收到来自付款银行的付款报文时付款就发生了；相反，收款人银行至少需要已无条件决定贷记收款人账户时才算，即便此时还没有实际贷记。〔19〕 此时，法律上收款人被视为已被付款，即便它在当天还不能取出资金：这是自子夜规则衍生而来，我们前面已经提及。收款人并不需要已被通知，虽然在
343 收款人想联络其银行时会被告知这一无条件的贷记决定。〔20〕 然而，通常而言，尽管没有

〔16〕 e. g. *Grand China Logistics Holding (Group) Co Ltd v. Spar Shipping AS* [2016] EWCA Civ 982; [2016] 2 Lloyd's Rep 447 (CA).

〔17〕 *Afovos Shipping Co. SA v. Pagnan* [1983] 1 WLR 195, [1983] 1 All ER 449 (HL); *Mondial Shipping and Chartering BV v. Astarte Shipping Ltd.* [1995] CLC 1011.

〔18〕 *PT Berlian Laju Tanker TBK v. Nuse Shipping Ltd* [2008] EWHC 1330 (Comm); [2008] CLC 967.

〔19〕 比较“付款被认为在到期额置于债权人可处置的时点作出”：Model Rules on the Time of Payment of Monetary Obligations (Warsaw, International Law Association, Report of the Sixty-Third Conference, 1988)。

〔20〕 *Tenax Steamship Co. Ltd. v. Reinante Transoceania Navegacion SA (The Brimnes)* [1973] 1 WLR 386, 402; approved on appeal [1975] 1 QB 929, 950-1, 963-4, 968 (CA).

通知,收款人仍会被视作已被付款,此时如果发生向收款人银行的延迟支付、付错币种或少于合同约定金额,如果要当作已付款,就不得不联络收款人并获得其对合同违约请求权的权利放弃。[21]

由于关键点是无条件的贷记决定,因此,临时性贷记账户不算付款义务解除。[22] 而且,如果向收款人支付有先决条件(例如:“支付日”的届至)或者解除条件(例如,在信用证下支付“保有追索权”),也不构成无条件的贷记决定。同样,在另一种极端情况下也很重要,如果在决定贷记后还有其他管理性程序要走(比如,还有数据处理),也不构成贷记。精确的贷记决定时间并不总是清晰的,而是取决于特定银行内的实际证据。例如,可能账户每天发生很多贷记或借记,但最终决定只在当天的较晚时间作出。[23] 这时的判断办法是一种客观测试:收款人是否会联络其银行,何时会被告知银行已作出无条件的贷记决定(这就是术语“假定性正面回应测试”)?

关键问题是,如前所述,必须作出无条件的贷记决定。有一桩判决由于对付款是否完成采用了不当的狭义解释而被批评。该判决认定尽管资金已经可用但还受限于付息义务的情况下,贷记划拨尚未生效。[24] 这桩判决涉及一项由租船方向船东的意大利银行账户作贷记划拨。1 月 22 日船东银行贷记船东账户相应数额,且船东立即使用了这笔钱,只是证据表明如果他取出了这笔钱就会对银行产生至 1 月 26 日的付息责任。

法院认为船东银行 1 月 22 日在船东账户作出的账面记录并不等同于现金,也没有理由认为船东已准备将其视为现金。它接着论述说在 1 月 22 日租船方还没有到期的现金支付义务,相应地,船东也有权撤回这条船。该案取决于“以现金”支付这一明示条款的解释:由于一些怪异的地方性银行业做法就不能很好解除付款人义务,影响收款人账户,影响收款人与其银行关系,这种做法并不讨喜。

如果收款人银行被付款后发生银行倒闭,收款人就不能起诉付款人。贷记划拨就是如此,如我们所知,只要有一个无条件的贷记决定就够了。收款人的法律救济只能是在其银行的破产清算程序中主张权利。如果收款人接受贷记划拨的支付方式,其就必须承担其银行倒闭的信用风险,正如他在银行存钱时承担的信用风险。

(二) 未明确具体支付方式的付款 344

目前为止,我们考虑的都是合同中约定了付款义务以支付至特定银行账户的方式履行的情形。合同也可能约定其他各种各样的付款方式:直接的方式是通过现金或贷记划拨;复杂一些的方式是通过合同的更新(清偿既存的负债,用一个新的付款义务替代

---

〔21〕 *Mardorf Peach & Co. Ltd. v. Attica Sea Corpn.* (*The Laconia*) [1977] AC 850. Cf. R. King, 'The Receiving Bank's Role in Credit Transfer Transactions' (1982) 45 *MLR* 369.

〔22〕 Cf. B. Geva, 'Payment into a Bank Account' [1990] 3 *JIBL* 108, 110.

〔23〕 *Holmes v. Governor of Brixton Prison* [2004] EWHC 2020 (Admin); [2005] 1 WLR 1857, [13] - [14].

〔24〕 *A/S Awilco of Oslo v. Fulvia SpA di Navigazione of Cagliari* (*The Chikuma*) [1981] 1 WLR 314 (HL).

它），通过抵销或双方认可的账户明细，或者在互易贸易中实现货物交换。[25] 如果合同中没有明示条款或者交易过程或其他办法没法推出默示条款怎么办呢？

法定货币是收款人在清偿付款义务方面必须接受的。它通常限于现金，但现在在荷兰已扩展到以贷记划拨的付款。[26] 至于付款人必须以什么来清偿付款义务，英国法的基本原则是金钱性义务只能用现金清偿，除非收款人放弃了收现金的权利。[27] 弃权的作出，可以是收款人约定了另一种支付方法，也可以实际接收另一种方式付款这一作为方式，已表明接受了这种方式。看来无须要求收款人联络付款人明示该等接受。相反，在缺乏明示相反指示时，英国法院相当愿意认定一个商业收款人同意接受经由银行的付款。

如果一方有获得现金付款的基本权利，但是他或她接受了付入银行账户的贷记划拨，那么这项付款义务并未解除直到收款人银行作出了无条件的贷记决定令资金可用为止。换言之，这时适用的方法和以明示条款约定付入某银行账户的处理是一样的。

一项警示：通常在贷记划拨时，要构成一项有效清偿无须联络收款人。但是，当由于其他原因无法认定收款人是否已接受该种付款模式时，这种联络可能是必要的。在英国法下的地位与其他方法不同：例如，《国际统一私法协会国际商事合同通则 2010》Article 6.1.8（2）规定：

> 通过划拨付款时，当划拨至收款人银行时生效，付款人义务解除。

对该通则的正式评述称：这一时点早于收款人被通知或账户被贷记的时间，尽管该支付生效的精确时点“有赖于个案中的银行实践”。[28]

（三）有条件付款

有条件付款不过是指一方为特定目的而付款，或以特定事件发生为付款条件，例如以达成再融资协议为条件。换言之，这种付款不是彻底不可撤销的付款。在目标或条件未成就时必然会发生返还。[29]

345 而且，根据英国法，银行的意图还可能说是比如资金贷出，它不能成为借款人的一般责任财产或是应独立持有且排他性用于约定的特定资金用途。由此，资金刻有特定目的

---

〔25〕 R. Goode and E. McKendrick, *Commercial Law* (5th edn., London, Penguin, 2017), 499-500; M. Brindle and R. Cox (eds.), *Law of Bank Payments* (4th edn., London, Sweet & Maxwell, 2010), 1-10 (Brindle & Cox).

〔26〕 Dutch Civil Code, B. 6, Art. 114.

〔27〕 *Libyan Arab Foreign Bank v. Bankers Trust Co.* [1989] QB 728; *TSB Bank of Scotland Ltd. v. Welwyn Hatfield DC* [1993] 2 Bank LR 267. See C. Proctor, *Mann on The Legal Aspect of Money* (7th edn., Oxford, Clarendon, 2012), 75, 179 ff.

〔28〕 See S. Vogenauer and J. Kleinheisterkamp (eds.), *Commentary on the UNIDROIT Principles of International Commercial Contracts* (Oxford, Oxford University Press, 2009), 665-6.

〔29〕 e. g. *Guardian Ocean Cargoes Ltd. v. Banco do Brasil* [1994] CLC 243 (CA).

信托的印迹,这样,一旦协定目标未达成资金可以返还给银行。这就是著名的 Quistclose 信托,这方面有很多论述。[30] 但在银行业却鲜有示例。

然而,还有另外一种附条件的付款。英国法院通常将以汇票或支票方式完成的付款视为有条件的付款。换言之,付款义务得以解除的条件是票据提示付款成功。发生这种情况,付款人就没有违约。如果票据被拒付,则基础付款义务复活。如果票据付款了,更合理的观点是付款的时点会回溯至票据交给收款人的时点。[31] 这符合解除条件的本质,即如果票据被付款,它将自交付日被视为实际付款,在此事实下,票据改变了当事人间的法律关系,赋予收款人基于票据主张一定金额资金的基础权利。类似的规则也适用于信用证支付。如果卖方在信用证下没有收到付款,那么一般说来,买方仍有义务支付价款。

In re Charge Card Services Ltd. 案[32]考虑的是,当存在第三方不付款风险的付款方式被采用时,英国法下是否存在一种一般原则,即假定收款人接受由第三方付款是以第三方付款为条件的。上诉法院对是否存在该种一般原则留有空白。每种支付方式都不得不根据后果和此类支付相关情形予以考虑。就该案所涉的某种收费卡看,好像信用卡、借记卡和电子货币也一样,在卡提交时或电子支付作出或付款经授权时,付款义务解除。如果由于某种原因,零售商未被支付系统的操作者付款,它不能再转向客户主张付款。

二、取消

取消（撤销）涉及银行服从客户指令（或授权）取消支付指令的义务。根据合同条款,如果银行的授权被收回,在可行情况下银行必须遵从指示并停止流程。无疑银行可以就此服务向客户收费。取消的通知必须清晰,引起银行的注意（在英国法下不承认推定的撤销）,而且根据其他安排,需要通知分行或账户所在地的银行联络处。[33]

在缺乏明示合同的情况下,英国监管者看起来就取消贷记划拨已确立了如下观点。 346
首先,客户指示其银行向收款人划拨资金的指令可以撤销,至少直到贷记收款人的时点之前都可以撤销。其次,客户指示其银行向收款人付款的指令在银行已对收款人承诺的

---

[30] *Barclays Bank Ltd. v. Quistclose Investments Ltd.* [1970] AC 567; *Twinsectra Ltd. v. Yardley* [2002] UKHL 12, [2002] 2 AC 164 (HL); *Challinor v. Juliet Bellis &Co (A Firm)* [2015] EWCA Civ 59; [2016] WTLR 43 (CA). See, e. g., S. Worthington, *Proprietary Interests in Commercial Transactions* (Oxford, Clarendon 1997), 43-70; R. Chambers, *Resulting Trusts* (Oxford, Clarendon, 1997), 68 - 89; L. Ho and P. Smart, 'Re-interpreting the Quistclose Trust' (2001) 21 OJLS 267; W Swadling (ed.), *The Quistclose Trust*, (Oxford, Hart, 2004).

[31] Cf. J. Vroegop, 'The Time of Payment in Paper-based and Electronic Funds Transfer Systems' [1990] LMCLQ 64, 66-9, 86. 了解大陆法学的立场:B. Geva, *The Payment Order of Antiquity and the Middle Ages* (Oxford, Hart, 2011), 625-6。

[32] [1989] Ch. 497 (CA).

[33] *Westminster Bank Ltd. v. Hilton* (1926) 43 TLR 124 (HL); *Curtice v. London City and Midland Bank Ltd.* [1908] 1 KB 293 (CA).

时点后不能收回。最后，这是典型的情形——客户指示银行向开户于另一家银行的收款人付款，一旦收款人银行已按付款人银行的指示行事，客户指令不能撤销。这可能是在贷记收款人账户之前的时点。[34] 从撤销指令的角度看所有这些情况都与收款人是否被通知付款事项无关。

然而，撤销通常是在客户和银行之间通过合同明示约定的事项。客户可以通过合同约定一旦指示下达至银行就不能撤回。或者，支付系统的规则可以这样规定，例如，一旦收款人银行对支付信息有了"逻辑上的确认"，撤回指示将不可行。客户受该等规则的约束。CHIPS 是家位于纽约的国际重要美元支付系统，其规则规定，支付信息发送到接收银行的时点标志着信息不能撤回。[35]

根据欧盟《结算终结指令》，指定的支付系统必须就客户指令撤销问题有确定规则，且必须禁止指定时点之后的指令撤销。[36] 由此，支付指令在进入支付系统的时点后还不必然不可撤销。基于前面讨论过的原因，付款人银行在使用这些系统时受其规则的约束。[37] 依据前述联合国国际贸易法委员会《国际贷记划拨示范法》，一项支付指令过了时点便不能撤回，这个时点是指经过可供中间银行或收款人银行合理机会行事的充分时间，且在资金置于收款人处置之下或支付日开始之时两者孰后的时间点之前。

三、资金的可用性

一项付款义务的解除取决于收款人银行决定无条件贷记收款人账户。根据"假定性正向回应测试"，如果收款人联络了银行，其会被告知贷记账户这一事实。但是，有很多原因会导致这一时点与收款人可用资金的时点并不一致。

第一，收款人可能对其银行仍有负债且已与银行达成一致不从账户提款直到其负债进一步减少甚或一并消灭。此时，支付已完成但按协议收款人不能使用资金。第二，还有多种理由决定了为什么尽管已支付，但收款人银行可能决定延迟无条件贷记收款人的
347 账户——支付指令需要核对，被质疑为洗钱或恐怖融资，可能有禁止向收款人付款的冻结令，针对收款人母国国民的制裁令，等等。[38] 第三，如果银行已收到付款，但是指定付款日是将来某日。如果银行提早付款，是银行预付了自有资金。在法律上，付款人的支

---

〔34〕 *Astro Amo Compania Naviera SA v. Elf Union SA* (*The Zographia M*) [1976] 2 Lloyd's Rep. 382; *Dovey v. Bank of New Zealand* [2000] 3 NZLR 641, para. 24.

〔35〕 The Clearing House, *CHIPS Rules and Administrative Procedures*, effective 15 February 2016, r. 2 (a). See *Delbrueck & Co. v. Manufacturers Hanover Trust Co.*, 609 F. 2d 1047 (2nd Cir., 1979).

〔36〕 Settlement Finality Directive 98/26/EC, [1998] OJ L166/45, Art. 5, implemented in UK by Financial Markets and Insolvency (Settlement Finality) Regulations 1999, 1999 SI No 2979, Sch., para. 5 (1). See M. Vereecken and A. Nijenhuis (eds.), *Settlement Finality in the European Union* (Deventer, Kluwer, 2005), 121, 131 (D Turing).

〔37〕 参见原著 p. 244。

〔38〕 参见原著 p. 194-5, 234-5, 317。

付义务直至付款日前还没有解除且银行在付款日之前还可以取消付款。第四，收款人可能通过与银行安排获得预期付款的资金。这可能在银行收到付款之前。在该情况下银行不是简单地临时贷记账户——它是为了客户的利益提供了预付款，预期以后面的付款获得返还。

四、完成支付

完成支付是此处用以描述各银行自身状态的术语。[39] 当它们的支付既代表客户又从其自身账户支付时，就会涉及这一术语。其原因之一是一旦产生损失，例如一家涉及支付的银行发生破产清算，这时如果支付已完成，付款银行不能从破产清算银行中反转划拨。除了清算，完成支付的概念还能用于付款人银行阻止其已发起的付款情形，包括：如果它判断无足额资金，如果它发现付款人将不会还款，或者由于冻结令或涉嫌欺诈、洗钱或恐怖融资，它在法律上就有权这么做。[40]

英国普通法就此问题看法不一。但对行内支付型（收款人和付款人的银行在同一家银行有代理账户）和国内型（他们在不同的银行有账户）的情形有一些判例法源。就行内支付型，当代理银行的科目借记付款人银行并贷记收款人银行时或者在科目处理借记或贷记的当天，看起来支付就已完成。不必等收款人银行收到划拨通知。[41] 在银行与其代理行之间的银行间划拨的情况下，有判例法认为当收款人银行被通知资金可用于贷记客户账户时，支付完成。相应地，如果收款人银行在收到该等通知后停止交易，付款人无权向其银行主张不予划拨，因为划拨在此时已经完成。[42]

银行间经支付系统划拨时，如果系统规则有相应规定且银行不能反转付款时，看来划拨就完成了。[43] 因此，这些规则旨在令收款人银行于划拨当天实时完成向收款人的价值转移。但是当发生约定的特定情形向付款人银行返还付款时，它只能在付款人和收款人银行之间的某个较晚时点完成记账，例如第二个营业日的日中时点。对于系统重要 348
性支付系统来说，结算必须等到支付日的日终。[44]

允许按支付系统规则作认定是欧盟《结算终结指令》采用的方法。[45] 该指令的目的之一是将系统性风险最小化并针对常规破产法提供特定保护的办法以确保支付系统

---

〔39〕 B. Geva, 'Payment Finality and Discharge in Funds Transfers' (2008) 83 *Chi-Kent LR* 633, 656.

〔40〕 参见原著 p. 201, 233。

〔41〕 *Momm v. Barclay's Bank International Ltd.* [1977] QB 790（该案源自著名的赫斯塔特银行倒闭）。

〔42〕 *Royal Products v. Midland Bank* [1981] 2 Lloyd's Rep. 194, 207.

〔43〕 *Tayeb v. HSBC Bank plc* [2004] EWHC 1529; [2004] 4 All ER 1024, [50]-[51]（一桩与 CHAPS 有关的案件）。

〔44〕 参见原著 p. 356。

〔45〕 Directive 98/26/EC of 19 May 1998 on settlement finality in payment and securities settlement systems (as amended). 在英国是以《1999 年金融市场和破产（结算终结）规定》[Financial Markets and Insolvency (Settlement Finality) Regulations 1999], 1999 SI No 2979 的方式实施，该法修订后解决了如何制定支付标准以受前述指令的保护。

的稳定。根据 Article 3 (1)，即便支付系统内某一特定参与银行处于破产程序，只要指令在破产程序开始之前已进入支付系统（或者是在同一日进入且在开始破产程序的同一日执行，而相关各方能证明其没有也不应意识到破产程序在支付指令进入时已开始），该支付指令在法律上可强制执行并约束第三方。

该指令没有说明哪个特定时间算是支付指令进入某一支付系统时点（或者说何时指令是可撤回的）：这些由支付系统规则来决定。[46] 根据该指令，破产程序不能对支付系统参与银行在破产程序开始前的相关权利与义务有任何溯及力。[47]

第三节 支付系统

《2009 年银行法》section 182 (1) 界定“银行间支付系统”为：意在促进或控制各参与银行间资金划拨（并建立协会）的协定。重要的不是那些非金融机构也能参与，也不是系统所涉人员或地点在英国以外的地方运行。[48] 《支付服务指令（欧盟）2015/2366 号》更为明晰，在 Article 4 (7) 中将术语“支付系统”定义为：“一种对支付交易的处理、清算和/或结算，有正式且标准化协定与共同规则的资金划拨系统。”以此为基础，欧盟法院的普通法院曾认定，支付系统的平稳运行是欧洲中央银行系统的一项基础任务，《欧盟运行条约》Article 127 (2) 曾将此限定于资金划拨领域。由此，本条没有授权欧洲中央银行监管证券清算的资格，这个任务由中央对手清算所（CCP）承担。[49]

在检视支付系统的本质、运行和监管之前，有必要深入理解清算、结算和净额的概念。

349 一、清算、结算、净额

如前所述，“清算”（clearing）是一个在结算之前发送、调和并在某些情况下确认支付交易的过程。[50] 它可能包括交易净额并确认最后结算头寸。[51]

结算（settlement）是一种解除付款义务的价值转移。理论上会用到法定货币，但在现代经济中，银行账户的变动是最为接受的替代品。一方当事人可通过允许银行借记其账户的方式解除其对银行负债。如果双方当事人付款义务的结算过程是通过借记与贷记账户而实现，这个或这些银行即为支付流程中介。

---

〔46〕 Arts. 1 (3), 5.

〔47〕 Art. 7.

〔48〕 Ss. 182 (2), (5). Cf. definition of 'payment system' in Financial Services (Banking Reform) Act 2013, s. 41.

〔49〕 T-496/11, *United Kingdom v. European Central Bank* [2015] 3 CMLR 8.

〔50〕 *Bank of England's supervision of financial market infrastructures*, *Annual Report* 2016/2017, 7n.

〔51〕 B. Geva, 'The Clearing House Arrangement' (1991) 19 Can BLJ 138, 138. See also F. Andrews, 'The Operation of the City Clearing House' (1942) 51 *Yale LJ* 582.

至于银行间自身支付义务的结算,可通过为此目的设立的结算账户,或是通过簿记中央银行来实现。一家银行可以向另一家有此结算额度的银行发送支付指令。在国内支付的情况下,或者说是在一个法域内,双方银行都会在中央银行有账户（在英国这种银行历史上是清算银行。）否则银行需要通过另一家有这种账户的银行发送支付指令:非清算银行和清算银行之间的结算将作为代理行间的结算。

国际支付的情况,换言之是在不同法域下的不同银行间的支付,结算将按各银行间代理协定而发生。当银行没有这种链接时,他们会使用第三方代理行。至于代理行自己结算,一般情况下,会作为该外国法域的本地银行通过中央银行发生账户变动。

结算时间可能是即时的、在同一天、在银行营业日日终,或在后一天（起息日,the value day）。结算可以是全额的,每笔支付义务都发生价值转移,而且它可能是即时的（实时）,这就是实时全额结算（RTGS）。[52] RTGS计划需要参与方有充分的流动性以立即执行支付指令。为确保实现,中央银行会给参与方提供流动性,即所谓的日间透支,尽管这会设定上限且需要参与方提供抵押物（担保）。

在"净额"（netting）的情况下,通过划拨各方所欠债务的净额价值令全部债务解除。[53] 付款债务与类似的反向债务抵销。净额支付减少了为清偿付款债务而必需的支付金额与划拨数量。由于它减少了必须划拨的金额范围,直接降低了交易成本。当净额结算系统中有n个参与方时,在双边净额时划拨数量级最大是n（n-1）/2,在多边净额时最大划拨量为n。净额结算还通过标准化程序间接减少了交易成本,并产生运营存款。净额结算减少风险的作用解释了其对银行和其他金融中介的重要性。净额结算与银行业的相关性超出了支付系统。它在银行间市场存款、外汇交易、证券和衍生品清算 350
中也同样发挥作用。[54]

普通（或支付）净额结算是最简单的,它是各方通过合同约定结算他们各种债务净额,这些债务是在同一天到期且为同一种类或同一币种。原有全额债务存续直至结算产生有效清偿。净额强平（close-out netting）在交易对手发生特定违约事件时产生。作为各方间的合同后果,他们的未来义务因此终止,各方的收益与损失开始计算并相互抵销。净额强平由此可应用于不同计息日的债务和不同性质债务。很多法域立法保护净额强平,不顾及破产法在此问题上的常规应用。[55] 但是,当一家破产机构的分行及其资产位

---

〔52〕 A. Dent and W. Dison, 'The Bank of England's Real-time Gross Settlement Infrastructure' Bank of England Quarterly Bulletin, 2012 Q3, 234; E. Kelsey and S. Rickenbach, 'Enhancing the resilience of the Bank of England's Real-time Gross Settlement Infrastructure' Bank of England Quarterly Bulletin, 2014 Q3, 316; Deloitte, Independent Review of RTGS Outage on 20 October 2014, London, 2015.

〔53〕 See Settlement Finality Directive 98/26/EC, Art. 2 (k) (consolidated version).

〔54〕 e. g. J. Braithwaite, 'The Dilemma of Client Clearing in the OTC Derivatives Markets' (2016) 17 *Euro Bus Org Law Rev* 355; M. Bridge and J. Braithwaite, 'Private Law and Financial Crises' (2015) 13 *J Corp L Stud* 361, 389-96.

〔55〕 P. Paech, 'The Enforceability of Close-out Netting' (2013) 1 *JIB &FL* 13.

于其他法域时，还是存在破产中净额强平的可执行性问题。〔56〕

系统成员间的双边净额结算仅在活跃的交易对手间有重要影响，而多边净额结算即便一方与交易对手仅有偶尔交易时也有益处。〔57〕在净额结算系统中的单一参与方须对与其一对一交易对手间的风险负责，或者风险集中控制。为减少结算风险，净头寸需要在日间周期性计算并使结算生效。参与方能进入何种交易可能会受到限制。这些规则迫使系统参与方对其他每一个参与方建立双边的信用额度限制且可能对所有参与方建立一对一的净借记头寸。在发生参与方倒闭的情况时，坚持净头寸将令其不致受损。

由于净额结算存在延迟风险，一些大额支付系统中采用了实时全额结算，令支付立即生效。〔58〕为减少证券系统风险，清算所在各笔交易中替代成为交易对手。〔59〕法律上，这种安排得以发生需要靠清算所的规则约定双方当事人间的合同消灭，代之以每一交易对手与清算所间的合同。或者，当各方相互交易时，一个在清算所与每方当事人间的合同将自动产生：法律上清算所提供其为本人的公开要约，由交易各方以行为来承诺。各方与清算所间的合同持续以净额结算并持续更新（novation）。而且，各参与方会被要求提供充分信用支持，例如通过担保（抵押物）、现金或信用额度。

351 二、支付与报文系统

每个法域都有不同的支付系统，其范围与运行差异相当大。〔60〕在英国，由支付与信用清算公司——由其成员出资而成，一家非营利性的行业主体——管理着支票清算系统。支票清算有着悠久的历史。〔61〕BACS 是另一个会员制的组织，掌管着英国的支付方案。〔62〕半个世纪以来，它运营着直接借记和 BACS 直接贷记方案，这是用来支付薪水和结算供应商发票的方案。BACS 的参与方不是实时全额结算，而是基于周期性批量净额结算。2015 年 BACS 引入预付资金以减少成员方间结算失败的风险。〔63〕银行必须

〔56〕 P. Paech, 'Close-out Netting, Insolvency Law and Conflict-of-Laws' (2014) 14 *J. Corporate L Stud.* 419; G. Kounadis, 'Striking the Correct Balance Between Imposing a Suspension of Close-out Netting Rights While Preserving Legal Certainty and Market Integrity in View of the Bank Recovery and Resolution Directive 2014/ 59' (2015) 30 *JIBL &R* 228, 276.

〔57〕 P. Wood, *Set-off and Netting, Derivatives, Clearing System* (2nd edn., London, Sweet & Maxwell, 2007), 278-80.

〔58〕 Bank of England, *A New RTGS service for the United Kingdom: Safeguarding Stability, Enabling Innovation, A Consultation Paper*, 2016, 3, 8.

〔59〕 Committee on Payment and Settlement Systems, *Market Structure Developments in the Clearing Industry: Implications for Financial Stability*, Basle, Bank for International Settlements, 2010, 6-7.

〔60〕 M. Tompkins and A. Olivares, *Clearing and Settlement Systems from Around the World: A Qualitative Analysis, Payments Canada Discussion Paper*, No. 5, June 2016.

〔61〕 参见原著 p. 241。

〔62〕 Financial Conduct Authority. Payment Systems Regulator, *Final Report: Market Review into the Ownership and Competitiveness of Infrastructure Provision*, Annexes, 23-6.

〔63〕 Bank of England, *A New RTGS Service for the United Kingdom*, 2016, 10.

以英格兰银行的专用账户持有相当于系统中最大净额结算债务的资金。这意味着银行有困难时,预付资金可以用来结算未履行债务,无须其他银行施以援手。这一变化由英格兰银行与BACS间的协议以及BACS支付系统规则修改而生效。

英国最近采用的支付方案是由Faster Payment Scheme有限公司(FPSL)承担,这个公司仍是由其会员所有。它始于2008年,使移动、互联网电话和长期支付指令日夜无休得以执行。[64] 它仍有预付款的要求。这意味着减少结算风险以实现收款人银行可立即向收款人实施付款。[65]

各个法域支付系统的核心在于相关货币的大额支付(或划拨)系统(LVTS)——美国的CHIPS和Fedwire(美元),欧盟的TARGET2(欧元),英国的CHAPS(英镑),等等。[66] 如果一家德国的银行想付美元给一家中国公司,它可以指示其纽约代理行经中国公司银行在美代理行向中国公司的银行付款。纽约的两个代理行间的资金划拨可能通过纽约的大额支付系统CHIPS发生。[67] 与之相似,如果德国银行想要付欧元,可能会用到欧元支付系统TARGET2。如果德国银行想付英镑,那么CHAPS系统可能用得到。由此,它们总部虽然是在特定法域,但这些大额支付系统都有国际性影响。

有一些系统是为跨境而设计的。第一,存在像全球贷记和借记卡这样零售层面的支 352
付系统。[68] 第二,存在国际证券和衍生品交易,它以付款交货为运行基础并在不同的法域有一系列托管。[69] 除了处理证券和衍生品的交付,它们还通过支付系统提供现金管理服务。[70] 第三,存在CLS银行,它运行着外汇交易的国际持续连接系统。CLS的母公司设立于瑞士。它的一个子公司是CLS英国国际控股有限公司,是一家中介型的控股公司,为CLS集团提供企业服务。后者的全资子公司——CLS国际银行,位于纽约并

---

〔64〕 Committee on Payments and Market Infrastructures, *Fast Payments—Enhancing the Speed and Availability of Retail Payments*, Basle, Bank for International Settlements, 2016, 22.

〔65〕 S. Ledford, 'Payments are Finally Catching Up to Meet the Needs of Customers in Today's Digital World', *The Clearing House [NY] Banking Perspectives*, Q4 2016, 29.

〔66〕 The systems are described in Committee on Payment and Settlement Systems (CPSS), *Payment, Clearing and Settlement Systems in the CPSS Countries*, Basle, 2012, Vol. 2. The CPSS is now the Committee on Payments and Market Infrastructures (CPMI). See also *The Clearing House*, *Clearing House Interbank Payments System. Self-assessment of Compliance with Standards for Systemically Important Payment Systems*, New York, 2016; European Central Bank, *TARGET Annual Report* 2015, Frankfurt, 2016; B. Geva, *The Law of Electronic Funds Transfers* (New York, Matthew Bender, loose-leaf) (on CHIPS and Fedwire); M. Bech, C. Preisig, and K. Soramäki, 'Global Trends in Large-value Payments', *FRBNY Economic Policy Review*, September 2008, 59.

〔67〕 在中国和德国银行都有相同的纽约代理行的情况下,没有必要使用CHIPS或Fedwire。

〔68〕 *Payment, Clearing and Settlement Systems in the CPSS countries* (n 66) 534ff. For Paypal, A. Janczuk-gorywoda, 'Online Platforms as Providers of Transnational Payments Law' (2016) 2 *Eur Rev Private* L 223.

〔69〕 E. Micheler, 'Custody Chains and Asset Values: Why Crypto-securities are Worth Contemplating' [2015] CLJ 505. See also L. Gullifer, 'Ownership of Securities', in L. Gullifer and J. Payne, *Intermediated Securities* (Oxford, Hart Publishing, 2010).

〔70〕 Ibid., Micheler, 519ff; J. Braithwaite and D. Murphy, *Got to be Certain: the Legal Framework for CCP Default Management Processes*, Bank of England, Financial Stability Paper No. 37, 2016, 10-11; M. Yates and G. Montagu, *The Law of Global Custody* (4th edn., London, Bloomsbury, 2013), Ch. 2; T. Hasenpusch, *Clearing Services for Global Markets* (Cambridge, CUP, 2009), 33-5.

提供 18 种适格币种的结算服务。结算的风险通过即时交收（PvP）的方式得到了缓解，换言之，结算双方外汇交易支付指令是基于实时结算。如果一方未能履行，交易就流产了。

为执行任务，CLS 连接了适格货币的全额实时结算系统，并在各币种的中央银行持有账户。各方作为结算会员直接接入结算服务或经向第三方提供接入的结算会员间接接入。[71] 每个结算会员都在 CLS 有多币种账户。每天结算前，CLS 计算出每一以多边净额结算为基础的会员所需的净额资金。多边会员的资金和大额支付头寸会根据每日计划设定。[72]

作为讨论支付系统的补充，需要提及支付报文和支付报文系统。任何支付系统都需要解决银行如何识别彼此和什么是支付指令中的必要要素和附加要素等问题，要有支付指令的编码规则。国际标准化组织已在 ISO20022 中发展出了数据报文标准。至于支付报文系统，是设计用以提供在银行间传送支付指令的安全方法。SWIFT，总部位于布鲁塞尔，是最著名的国际报文系统。其运营已超出了本书的讨论范围。确属法律问题的是，如果银行间报文某个地方出错或报文系统瘫痪，如何确定发送者、接收者和信息系统各自的法律责任。

三、支付系统的规则

支付系统由各种规则调整。实际上，《关于系统重要性支付系统监管要求的欧洲中央银行条例（欧盟）795/2014 号》[European Central Bank's Regulation (EU) No 795/2014 on oversight requirements for systemically important payment systems] 将支付系统界定为参与方之间的正式协定，“为执行参与方之间的划拨指令有着共同规则和标准化协
353 定”。[73] 规则还不是全部，因为还有机构和技术机制，它是任一支付系统的基础，而且实际上一般支付系统都是如此。[74] 最简单的办法是银行通过合同约束自身遵从规则。不遵从规则将导致纪律处分，并最终剔除出支付系统。这些规则对银行自身和其他参与人例如银行客户的约束效力，在第八章中已详细展开了。

系统规则会和成文法发生重叠。一个典型的例子是欧盟《结算终结指令》。另一个例子是美国《统一商法典》Article 4A——它调整“资金划拨”——和 CHIPS 之间的关系。Article 4A 出处是被废弃的《统一支付法典》项目，这个项目曾意在统一所有的支付系统，正如美国《统一商法典》Article 9 将不同的担保交易放在同一范畴之下。[75]

---

〔71〕 R. Lindley, 'Reducing Foreign Exchange Settlement Risk', *BIS Quarterly Review*, September 2008, 53, 56-8.

〔72〕 See CLS Bank International Rules 2017, pt. 5.

〔73〕 Art. 2 (1).

〔74〕 B. Summers, 'The Payment System in a Market Economy', in B. J. Summers (ed.), *The Payment System* (Washington, DC, IMF, 1994), 1.

〔75〕 See H. Scott, 'Corporate Wire Transfers and the Uniform New Payments Code' (1983) 83 *Colum. LR* 1664.

Article 4A 在美国内各个法域被广泛采用,包括纽约。CHIPS 规则的 Rule 3（a）规定作为 CHIPS 系统报文的发送方和接收方,其作为参与方的权利与义务由 CHIPS 规则和纽约法调整,包括纽约《统一商法典》Article 4A。事实上,Rule 4A 有域外效力,因为世界上的美元支付会回流至 CHIPS,即便参与方与美国没有其他联系。

清算系统规则将规定很多问题。支付清算规则会包括直接规定,比如,在被拒付时如何以及何时须由付款银行返还支票。如果没有遵守拒付规则,付款银行无论如何都有义务向托收银行付款。[76] 在大额清算系统下,规则更为复杂。[77] 取消规则必须确定,因为除非规则明确表明支付指令不能再撤回,不然以此为基础的进一步支付指令就存在风险。

支付系统规则显然需要解释。很明显解释只能根据系争特定系统的方式和运营等背景才能实现。墨守成规的解释是致命的。为避免如此,CHAPS 规定规则必须根据法律来解释,但是任何该等解释必须考虑"在解释时当前英格和和威尔士的银行实践"。[78] 解释规则也需要与这些规则的本质一致。支付系统规则通常包括一个实质性要素即其本质上是具有可操作性的。

银行间根据支付系统规则开展非正式争议解决往往是受鼓励的。CHAPS 有上诉程序,据此向参与方提供了独立的庭外程序以解决受某些决议影响的上诉问题。[79] 最后,如果系统的成员间不能达成一致,法院会涉入规则的解释之中。规则可以明示其处理某一特定问题。如果没有明示规定,也可以按默示解决方案。某些情况下,规则可能是未公示的义务规则,即便有银行人员实践的证据,甚至是最佳证据。

无论有多么成功,这些非正式系统是限于成员之间的,当争议发生于非成员和成员之间时,法院需要解释这些规则。成员可能在有些情况下可以针对非成员为其利益引用这些规则。相反的情况——也就是非成员受规则约束的范围——在早先已经讨论过。尽管"那些雇佣银行人员者受银行人员惯例的约束",[80] 这也只在清算规则合理且是商业惯例的情况下。宾厄姆（Bingham J）在一起关于伦敦支票清算规则的伦敦仲裁中说: 354

> 如果说出票人因为银行间为了自身便利而达成的私下协议而失权,那么就他的知悉与同意就需要非常强的证据。不仅因为个人权利不因他人间的协议而被删减,而且因为在这个个案中,其他人的权利（例如背书人）将受到影响。[81]

---

[76] e. g. *Parr's Bank (Ltd.) v. Thomas Ashby & Co.* (1898) 14 TLR 563.

[77] 例如,CHIPS 的提前付款和结算规则:The Clearing House, CHIPS Rules and Administrative Procedures, effective 15 February 2016, rr. 12–13。

[78] Chaps Co, CHAPS Reference Manual, 2017, Overview, Governing law.

[79] Ibid., Ch. Ⅳ, Pt. C.

[80] *Hare v. Henty* (1861) 10 CBNS 65, 142 ER 374, 379.

[81] *Barclays Bank plc v. Bank of England* [1985] 1 All ER 385, 394.

第四节 支付系统的监管

历史上，支付系统的运行没有面临与银行同样的监管。当然也有间接监管，因为支付系统的成员——银行自身——是受监管的。大额支付系统倒闭的系统性后果成为采取进一步举措的主要推动力。一家倒闭可能对整个银行业系统产生强烈反响。它可能还会导致要求中央银行通过最后放贷人机制提供流动性。

与支付系统相关的风险既包括运营风险，也包括信用风险（交易对手不履行义务的风险）；流动性风险（交易对手不结算到期义务的风险）；和法律风险（未曾预料的法律适用风险或法律不确定性风险，导致支付系统或其成员有着未预见的融资暴露并导致可能损失）。[82]

对支付系统整合性的考虑需要与之匹配的法律权力来保障。[83] 在英国，《2009 年银行法》Part 5 赋予英格兰银行监管银行间支付系统的权力。而欧洲中央银行就其监管支付、清算和结算系统本可以说得更为清晰。但是，欧洲中央银行首先找到了法律基础，根据《欧盟运行条约》Article 127（2）和《欧洲中央银行体系和欧洲中央银行章程》（Statute of the European System of Central Banks and of the European Central Bank）Article 3. 1，它负有推动支付系统平稳运行的任务；另外，根据《欧洲中央银行体系和欧洲中央银行章程》Article 22，它有权制定规则，以确保在欧盟内部以及与其他国家之间清算与支付系统的高效合理。[84]

支付系统的监督和管理问题处于多重考虑之下。首先有防备系统失败的考虑。然后有整合支付系统的考虑，尤其是那些系统性重要支付系统。中央银行想要就那些参与
355 系统的人、系统管理层和系统运营得到品质保证。一个解决洗钱和恐怖融资的考虑维度是监管支付报文。最后，新进入者接入支付系统困难的问题也引起了竞争监管当局的注意。

一、欧盟结算终结指令

《结算终结指令 98/26/EC 号》对指定的支付和结算系统免于正常破产法的适用提

[82] M. Cirasino and J. Antonio Garcia, *Measuring Payment System Development* (Washington, World Bank, Payment Systems Development Group, 2008), 18-19.

[83] B. Geva, 'Global and Cross-border Credit Transfers: The Role of Legislation in Addressing Legal Risk for Participants' in M. Giovanoli and D. Devos (eds.), *International Monetary and Financial Law* (Oxford, Oxford University Press, 2010).

[84] Case T-496/11, *United Kingdom v. ECB*, [2015] CMLR 8, [5].

供了保护，特别是保证进入该系统的支付指令具有终局性且不可撤销。[85] 本质上当指定支付系统的参与方倒闭时，它中止了常规破产规则的适用，作了有利于系统规则的处理包括规则所列出的违约安排。依据该指令，是否某指定支付系统适用安全港保护取决于其倒闭引发的系统性风险，系统是否有充足资源、规则（如关于撤销）和违约安排。

根据该指令，一项支付指令和轧差净额对第三方在法律上是可强制执行的，轧差不得放弃，只要支付指令是在破产程序开始之前进入了系统。在有限的例外情况下，支付指令在那个时点之后仍可有约束力，即指令是在同一个营业日执行且系统运营者未受通知且也不应该注意到破产程序已开始。[86]（英国实施的监管规定根据系统运营者在支付指令不可撤销之时未注意到破产事件来处理后者，但是“如果刻意对此不作询问，而在此情况下一个理性和诚实的人会询问”时，会被认为是已注意到破产事件。[87]）

《结算终结指令 98/26/EC 号》规定支付指令进入系统的时间由系统规则界定。[88] 同样，划拨指令不能撤回的过时的时点也按此处理。在该指令运行的法域，子夜规则不再生效。该指令还规定在系统参与方的破产程序事件开始时，按调整支付系统的法律来认定系统参与方的权利与义务。[89] 具体来说，它将支付系统的担保物从提供者的破产中隔离出来。[90] 对那些来自不受该指令约束的国家参与方，如上条款没有一个可以完全有效地对抗破产法。

二、系统重要性支付系统

对金融稳定的关注导致支付与市场基础设施委员会和国际证监会组织（IOSCO）共同起草了《金融市场基础设施的原则》（PFMI），以管理系统重要性支付系统、中央证券存管机构、证券结算系统、中央交易对手和交易信息库（统称为金融市场基础设施， 356
FMIs）。[91] 对支付系统来说，上述原则是根据“系统重要性支付系统的核心原则”而定，它由支付与市场基础设施委员会前身，支付和结算系统委员会（CPSS）在 2001 年制定。实施该原则按公开的自我评估机制以及其他一些机制督导落实。[92]

---

〔85〕 Directive 98/26/EC on settlement finality in payment and securities settlement systems (consolidated version). See D. Devos, 'Legal Protection of Payment and Securities Settlement Systems and of Collateral Transactions in European Union Legislation', in *Current Developments in Monetary and Financial Law*, Vol. 5 (Washington, DC, International Monetary Fund, 2008), 471.

〔86〕 Art. 3. 1.

〔87〕 Financial Markets and Insolvency (Settlement Finality) Directive Regulations 1999, 1999 SI No 2979, Regs. 20 (2), (3) (as amended).

〔88〕 Art. 3. 3.

〔89〕 Art. 8.

〔90〕 Art. 9. 1.

〔91〕 Committee on Payment and Settlement Systems & Technical Committee of the International Organization of Securities Commissions, *Principles for Financial Market Infrastructures*, Basel, BIS & IOSCO, 2012.

〔92〕 e. g. International Monetary Fund, United Kingdom: *Observance by CHAPS of CPSS Core Principles for Systemically*, IMF Country Report No. 11/237, 2011.

（一）《欧洲中央银行条例（欧盟）795/2014 号》

表决通过的《欧洲中央银行条例（欧盟）795/2014 号》便捷地显示了《金融市场基础设施的原则》的实质。这一规定包括那些货币是欧元或其运营者成立于欧元区的系统重要性支付系统（SIPS）。它既适用于大额系统也适用于零售系统。[93] 系统重要性支付系统被界定为至少具有如下两个特征：系统处理的日均欧元支付金额超过 100 亿欧元；在欧元支付市场达到规定份额（总量的 15%，跨境支付总量的 5%，某法定货币为欧元的成员国的支付总量的 75%）；它的跨境活动涉及 5 个以上的国家而且跨境交易至少产生其所处理的欧元支付总量的 1/3；而且被其他的 FMIs 用于结算。[94]

Article 3 提出了法律稳健要求：知悉适用的法律（或多个法）；采取措施确保规则、程序和合同的可执行性，以及据此采取措施的可执行性。Article 4 下有对支付系统运营者的具体治理规则。系统运营者必须建立并公开披露无歧视性接入标准和参与方标准。[95]

支付系统运营者对建立和维护合理风险管理框架负有一般性义务（general obligation），伴之以解决信用风险、流动性风险、常见商业风险、保管与投资风险和运营风险的特定义务。[96] 运营风险包括发生重大中断时应有商业持续性计划。为了风险管理考虑，运营者的规则、程序和合同安排必须允许其从间接参与方收集信息。[97]

至于结算，支付系统运营者必须建立规则和程序确保最终结算不晚于意向结算日的日终发生。[98] 在“单边”欧元支付的情况下——仅涉及一方支付——最终结算必须以中央银行资金完成。[99] 用欧元以外的货币作单边支付的最终结算，或者双边支付（用两个币种作外汇兑换结算系统支付），必须在可操作且可行的情况下用中央银行资金实施。[100]

如果未使用中央银行的资金，支付系统运营者必须确保资金结算所用的结算资产没
357 有或只有很少信用风险或流动性风险。[101] 用商业银行资金进行结算需要运营者监控、管理并限制来自商业结算银行的信用和流动性风险。[102] 而且，如果用商业银行资金产生结算，运营者和商业结算银行的法律协议必须明确表述：(1) 何时每个结算银行账簿发生划拨预期；(2) 划拨生效后是终局性的；而且 (3) 收到的资金应可以尽早划拨，最

---

〔93〕 Regulation of the European Central Bank（EU）No 795/2014 of 3 July 2014 on oversight requirements for systemically important payment systems（ECB/2014/28）.

〔94〕 Art. 1（3）.

〔95〕 Art. 16.

〔96〕 Art. 3-4, 6, 13-15.

〔97〕 Art. 17.

〔98〕 Art. 9.

〔99〕 Art. 10（1）.

〔100〕 Art. 10（2）.

〔101〕 Art. 10（3）.

〔102〕 Art. 10（4）.

迟不迟于日终。[103] 通过运营者自身账簿的资金结算需要严格控制信用和流动性风险最小化。[104]

至于参与方的违约问题,《欧洲中央银行条例（欧盟）795/2014 号》要求至少应包括未能履行金融义务的规则和程序。[105] 这些应能使运营者持续履行义务并重新获得各种资源。最低限度,它们必须界定:(1) 违约发生时运营者可以采取的措施;(2) 采取该等措施是否是自动的或自主的,如果是自主决定,如何实施;(3) 为确保及时结算,对常规结算办法的可能变动;(4) 不同处理阶段对支付的管理;(5) 采取措施的可能后果;(6) 相关当事人的角色、义务和责任,包括未违约参与方;以及 (7) 其他限制违约影响的机制。[106] 一个运营者必须有自主决策的权力、运营能力,包括充足的受过良好训练的员工,以及规则和程序来解决所需的文档、信息和通信,以及涉及一个以上的监管者时,所需的协调。[107]

（二）英格兰银行采用《金融市场基础设施的原则》

在英国,英格兰银行承诺最低程度遵守与金融市场基础设施相关的《金融市场基础设施的原则》。[108] 英格兰银行的监管方法旨在确保规则、政策和受认同的支付系统操作符合《金融市场基础设施的原则》,尽管支付系统自身有第一责任来确保它遵照原则和其他监管需求运行。[109]

作为法律问题,英格兰银行承担监管责任主要是通过监督经认定的银行间支付系统实现的,这些系统根据《2009 年银行法》Part 5 的 sections 184 和 185 认定。法律认定取决于支付系统的运营中断是否会危及英国金融系统的稳定或者信心,是否会对整个英国商业或其他利益有严重后果。在考虑认定某一系统时是否需要考虑支付的规模和本质等问题,这些交易是否可以由其他系统处理,该系统与其他系统之间的关系,以及英格兰银行行使货币监管者角色时,这一系统是否会被用到。[110] 已认定的支付系统包括 BACS、Faster Payment Service、CHAPS、Visa Europe 和 CLS。

2015 年,支付与市场基础设施委员会/国际证监会组织根据《金融市场基础设施的原则》所列责任评估了英格兰银行 FMIs 监管问题,得出的结论是英格兰银行履行了所 358
有责任。[111] 英格兰银行评估了连接参与 CHAPS 的金融稳定风险,并鼓励了在英镑批

---

[103] Art. 10 (6).

[104] Art. 10 (5).

[105] Art. 12 (1).

[106] Art. 12 (2).

[107] Art. 12 (3).

[108] Bank of England, *The Bank of England's approach to the supervision of financial market infrastructures*, 2013, 3.

[109] Bank of England, *Supervision of financial market infrastructures*, *Annual Report*, 2017, 9.

[110] S. 185 (2).

[111] Committee on Payments and Market & Infrastructures Board of the International Organization of Securities Commissions, *Assessment and review of application of Responsibilities for authorities*, 2015, 197-8, 201-2.

发支付方面最重要的系统重要性银行作为结算银行直接参与 CHAPS，而不是通过其他银行间接参与，以减少这种风险。[112] 如我们所见，预付资金已引入 BACS 和 Faster Payment 方案之中。

同样与《金融市场基础设施的原则》一致，英格兰银行对已认定的支付系统运营者引入了关于治理的执业规范和监管声明。规范列明适用规范的支付系统必须以支持金融稳定为目标且其董事会必须建立并批准风险管理框架。规范依据《2009 年银行法》section 189 发布，因此如未能遵从这些要求，英格兰银行可以采取强制措施。[113]

三、监管支付报文

近来对支付报文的监管是因关注洗钱和恐怖融资而推动的。在其第 16 项推荐意见中，反洗钱金融行动特别工作组（FATF）[114] 要求各国确保金融机构的在线划拨和相关报文包括所需付款人和收款人信息，且信息保留在整个支付链的有线划拨和相关报文中。金融机构必须确保合规性。[115] 对该建议的解释性注释说它并非仅意在涵盖使用信用卡、借记卡和预付卡支付的买卖货物的常规交易，还包括银行间以其自身账户所作的交易与服务。各国可对小额支付（不高于 1000 欧元）降低要求。

对跨境支付报文，该解释性注释要求付款人和收款人的名字、付款人的明细、双方账户号码应包括在内。缺少账户时，需要唯一的交易代码，以保障交易的可追踪性。当同一付款人的数个跨境划拨捆绑在一个打包文件并传送给收款人时，解释性注释说可豁免常规要求，只要他们包括付款人的账号或唯一交易代码，且打包文件包括所需的准确的付款人信息和完整收款人信息，这在收款人国家就是完全可追踪的。中介银行有义务监督合规性。

欧盟[116] 在《关于资金划拨相伴信息的条例（欧盟）2015/847 号》中赋予了反洗钱
359 金融行动特别工作组的推荐意见以法律效力。[117] 其中，Recital（5）规定，它的实施和执行，包括反洗钱金融行动特别工作组的第 16 项推荐意见，表达了阻止和打击洗钱和恐怖融资的相关与有效方式。“Recital（9）”将资金划拨的全面可追踪性作为阻止、侦察并

---

[112] K. Finan, A. Lasaosa, and J. Sunderland, 'Tiering in CHAPS'（2013）*Bank of England Quarterly Bulletin* Q4, 377-8.

[113] Bank of England, *Code of Practice and Supervisory Statement relating to governance in recognised payment system operators*, London, 2017.

[114] 反洗钱金融行动特别工作组是政府间组织，建立旨在设定国际标准以打击洗钱、恐怖融资和其他危及国际金融体系统一性的其他犯罪。

[115] *The FATF Recommendations, February* 2012, Recommendation 16（wire transfers）.

[116] For the UK see the Transfer of Funds（Information on the Payer）Regulations 2007, 2007 SI No 3298, as amended.

[117] 2017 年欧洲监管当局联合委员会签发了《根据〈条例（欧盟）2015/847 号〉第 25 条就支付服务提供者应采集付款人与收款人的缺失或不完整信息，以及对缺失所需信息的资金划拨而就应就位的管理程序的联合指南》。

调查洗钱和恐怖融资的特别重要且有价值的工具。

《条例（欧盟）2015/847号》并不适用于使用支付卡、电子货币工具或移动电话或其他相似数字或IT预付或后付装置的支付，只要首先，这些支付手段排他性地用于支付货物或服务，其次，卡、装置或设施的号码伴随着所有嗣后支付。以前述方式实施的个人之间作为消费者的P2P支付，不能豁免该条例的适用。[118]

Article 4包括了付款人银行的关键义务，列出了资金划拨必须包含的信息：

(1)付款方的支付服务提供者应确保的资金划拨伴有如下付款人信息：

①付款人的名字；

②付款人的支付账户号码；和

③付款人的地址，官方个人文件号码、客户身份号码或者出身日期和地点。

(2)付款人的付款服务提供者应确保资金划拨伴有如下收款人信息：

①收款人的名字，以及

②收款人的支付账户号码。

当资金划拨不是来自或付往支付账户，资金划拨必须伴之以唯一的交易识别码而不是支付账户号码。[119] 付款人的付款服务提供商必须在支付前以可靠且独立来源的文件、数据、信息验证信息的准确性。[120] 当支付链所涉支付服务提供商都是在欧盟设立时，这些要求可有所放松。[121] 对向收款人付款的付款服务提供商处于欧盟之外，当从单一付款人发出一批划拨文件时相关需求可以放松，只要所需信息在批量文件中且得到确认，且每一划拨都带有付款人支付账户号信息，或者在Article 4(3)适用时带有唯一交易识别码。[122]

至于收款人的支付服务提供者，它必须实施有效程序来侦测在与付款人和收款人相关信息的问题上，在报文系统、支付系统或结算系统上是否已根据该系统规则填入可获取的字符或输入的信息。[123] 它可以用事后或实时监控来查明必需的付款人或收款人信息是否存在遗失。[124] 在贷记收款人账户或支付款项给收款人之前，付款服务提供商必须确认信息的准确性。[125] 这一义务不适用于小于1000欧元的付款，除非收款人收到的是现金、匿名电子资金，或者有合理理由怀疑存在洗钱或恐怖主义融资。[126] Article 8规定要作出的支付应基于风险敏感性，更不用说存在付款人或收款人信息缺失或不完整。 360

[118] Art. 2 (3), 3 (12).

[119] Art. 4 (3).

[120] Art. 4 (4).

[121] Art. 5.

[122] Art. 6 (1).

[123] Art. 7 (1).

[124] Art. 7 (2).

[125] Art. 7 (3).

[126] Art. 7 (4).

对中介付款服务提供者也有义务,包括 Article 10 要求的必须在划拨上保留付款人和收款人的信息。

四、竞争目标

支付系统已经引起了竞争政策的关注,这超出了本书的范围。[127] 但是,有一点值得一提,即对新支付提供商的进入障碍。分析来看,支付系统现在存在网络效应的冲击,支付系统的每一用户都从新用户增加中获益,例如随着更多零售商加入,支付卡系统会增加客户的便利性。这意味着已建立的支付系统更有利,因为面临选择的客户在其他条件一样时宁愿使用大系统,而且既存用户已投资于既存系统的相关设施中,不愿意再复制于竞争对手系统。就大额支付系统而言,信用风险和流动性风险意味着没什么空间让非银行机构进入。但对小额支付系统来说,根据公共政策,风险不能成为限制会员资格和行业竞争正当理由。[128]

在英国,《2009 年支付服务规定》实施了《欧洲议会和欧盟理事会关于国内市场支付服务的 2007/64/EC 号指令》(PSD1)。它寻求与欧盟规定的协调,并就支付服务确保与银行的竞争。具体来说是 Article 28 (1) 要求成员国确保支付服务提供商接入授权支付系统或登记支付系统的规则是客观、非歧视性且妥当的,而且这些规则不会阻止接入更多,除非为保护特定风险所必要。同样有规则禁止支付系统对付款服务提供者、支付服务用户或其他支付系统就接入或参与支付系统设定限制。[129]

《2013 年金融服务(银行业改革)法》更进一步。它规定金融行为监管者设立支付系统监管者。按 section 49 支付系统监管者的总任务与目标是,尽其合理可能采取行动促进一个或多个支付系统目标的实现,比如,竞争性目标、创新性目标和服务用户的目标。[130] 2016 年支付系统监管者得出结论认为,规定英国支付基础设施为 BACS 和 Faster Payments Services 没有产生有效竞争;运营者间的缺乏竞争性的采购操作成为进入市场的障碍;且英国支付系统定制的报文传送标准正成为新基础设施提供者进入的障碍。[131]

---

[127] 例如,支付卡使用中的收费问题:Case C-382/12 P, *MasterCard Inc v. Commission* [2014] 5 CMLR 23; Regulation (EU) 2015/751 of the European Parliament and of the Council on interchange fees for card-based payment transactions。

[128] See D. Cruickshank, *Competition in UK Banking* (London, TSO, 2000); HM Treasury *Competition in Payment Systems* (London, 2001); OECD, *Competition And Payment Systems* (Paris, 2013); London Economics, *Competition and Collaboration in UK Payment Systems* (London, 2014).

[129] See Directive (EU) 2015/2366 of the European Parliament and of the Council on payment services in the internal market... (PSD2), Art. 35 (1); Payment Services Regulations 2009, 2009 SI No 209, r. 97.

[130] J. Malinauskaite, 'Payment Systems Regulator—A New Body to Improve Competition in the UK Payments Sector' (2015) 37 *Eur Competition L R* 525.

[131] Financial Conduct Authority, Payment Systems Regulator, *Final Report: Market Review into the Ownership and Competitiveness of Infrastructure Provision* (London, 2016).

第十三章　国内支付系统 361

支付涉及从付款人到收款人的资金划拨。[1] 本章讨论“支付系统”,[2] 它是人们用以发生支付的工具、程序和机构。传统上,支付系统有多种分类方法。如前所述,[3] 其中一个分类是贷记划拨和借记划拨,这取决于支付工具与收款人银行联络的方式:贷记划拨是由付款人发起指示他自己的银行直接将资金“推”至收款人,就像 CHAPS 或“Faster Payment”方案下的支付;[4] 而借记划拨由收款人发起要求其银行根据付款人给其银行的在先具体付款指示（如支票[5]）或在先一般授权（如直接借记[6]）把资金从付款人银行“拉”过来。无论涉及哪种划拨,银行都要代表其客户直接接入特定支付系统,或者,如果某特定银行不是会员或没有直接接入的权利,它要聘请一个或多个代理行在此方面代表它行事。[7] 其他的分类包括支付系统是以纸质为基础的、电子为基础的或者两者都有（这在《支付服务指令》的体制更具重要性[8]）;支付系统是否限于小额或大额划拨（这是 CHAPS 和 Faster Payment 方案的本质区别）或者两者皆有（正如支票和直接借记的情况）;支付系统是由国家的某个机构运营或是由一些私人商业实体运营;支付系统是用于行内型、国内型、代理行型还是复杂支付型;[9] 以及支付系统的结算是否以双边或多边为基础,且/或以轧差净额或实时全额为基础。[10] 所涉范围的多样性 362
意味着有时很难对某种类别的支付系统泛泛评论。虽然对支票来说可能不准,它已在一

〔1〕 对支付的基本要素的讨论,参见本书第十二章第一节“一、基本要素”部分内容。

〔2〕 对于界定“支付系统”这一概念的立法尝试,参见《2009 年银行法》s. 182（1）,《2013 年金融服务（银行业改革）法》s. 41,《关于系统重要性支付系统监管要求的欧洲中央银行条例（欧盟）795/2014 号》,OJL217/16,Art. 2（1）,《欧洲议会和欧盟理事会 2015 年 11 月 25 日关于国内市场支付服务的 2015/2366 号指令》,OJL337,Art. 4（7）,参见本书第十二章第三节。

〔3〕 参见本书第十二章第一节“二、贷记/借记支付”部分内容。

〔4〕 参见本章第四节。

〔5〕 参见本章第二节。

〔6〕 参见本章第四节。

〔7〕 参见本书第八章第二节。

〔8〕 Directive 2015/2366 of the European Parliament and of the Council of 25 November 2015 on Payment Services in the Internal Market, OJ L337, implemented by the Payment Services Regulations 2017, 2017 SI No 752, Sch. 1, Pt. 2, para. 2（g）(i). 按在先的立法,该差异还是很显著的:参见 Directive 2007/64/EC on Payment Services in the Internal Market［2007］OJ L319, implemented by the Payment Services Regulations 2009, 2009 SI No 209, as amended by the Payment Services Regulations 2012, 2012 SI No 1791, Sch. 1, Pt. 2, para. 2（g）(i)。另参见本章第二节。

〔9〕 参见本书第十二章第一节“三、经由银行系统的支付”。

〔10〕 了解支付清算和结算,参见本书第十二章第三节“一、清算、结算、净额”部分内容。

个成文法框架下长期运行[11][或者类比于支票的那些支付系统，比如适用于直接借记（也不恰当）[12]]，而了解更为现代的（塑料和电子的）支付系统在很大程度上取决于对与其支付形式相关的特定合同和机构协定的理解。[13] 一定支付系统的标准合同协议框架（如 Visa 和 Mastercard 的信用卡网络协议或者 CHAPS 的电子贷记划拨框架协议）有效地成为其自身的一种独立法源。[14] 据说，即便是在塑料和电子支付系统的背景下，日益增加的大量问题仍有待成文法详细规定。[15]

本章对支付系统的考量将是示例性的，而非全面的。[16] 讨论将聚焦于总部在英国的国内支付系统，依次涉及货币、支票、支付卡和电子货币划拨。[17] 当国内支付涉及用于完成国际或跨境支付时，会需要额外考虑，像实施国际支付的专业支付机制（例如跟单信用证）将会在后面的章节中考虑。[18]

第一节 货币

"货币"传统上指有形的硬币和钞票。自其创造、[19]受监管[20]并由政府支持[21]以来，在很多方面，它都是最典型且最可信赖的支付系统。然而，有形货币不同于其他支付
363 系统，因为它同时代表着被转移的价值/物和该价值/物的转移方式。当有形的货币被用于价值转移机制，其地位非常直接，因为所需的一切就是把实物货币或钞票交付收款

[11] 《1882 年票据法》，尽管海内外长期质疑票据法的框架是否适合支票。参见本章第二节"一、支票的本质（一）支票法"部分内容。

[12] *Esso Petroleum Co. Ltd. v. Milton* [1997] 1 WLR 938 中，用直接借记支付等同于支票，不能抵销。遗憾的是，没有上诉，参见 A. Tettenborn，'"Pay Now，Sue Later"：Direct Debits，Set-off and Commercial Practice'（1997）113 LQR 374。

[13] Directive 98/26/EC of the European Parliament and of the Council of 19 May 1998 on Settlement Finality in Payment and Securities Settlement Systems，[1998] OJ L166/45，Art. 5，本书第十二章第二节"二、取消"对此进行了讨论。

[14] 参见本书第十二章第三节"二、支付与报文系统"部分内容。

[15] 参见《2017 年支付服务规定》，2017 SI No 752，本章第三节至第四节对此进行讨论。

[16] 了解国内和跨境支付系统的综合情况，参见 M. Brindle and R. Cox，Law of Bank Payments（4th edn.，Sweet & Maxwell，2010），chs. 2-5，7。See also E. P. Ellinger，E. Lomnicka，and C. Hare，*Ellinger's Modern Banking Law*（5th edn.，Oxford，Oxford University Press，2011），chs. 10-11，13-15。

[17] 了解电子资金划拨的讨论，参见本书第十二章第二节。

[18] 参见本书第十七章。

[19] 钞票由英格兰银行以"财政部可能批准的面额"发行，参见《1954 年通货和钞票法》（Currency and Bank Notes Act 1954）s. 1（1）。硬币在财政大臣的指导下由铸币厂制造，参见《1971 年金属币法》（Coinage Act 1971）s. 3。

[20] 就钞票而言，英格兰银行有权收回任何发行钞票：参见《1954 年通货和钞票法》s. 1（5）。就硬币而言，枢密院负责人可以发布金属币的通告，参见《1971 年金属币法》s. 3。货币样品检验箱每年被检测，确认硬币是按照法律要求铸造的，参见《1971 年金属币法》s. 8（1）。

[21] 钞票由英格兰银行签发的本票构成，在其总部以其他低面值的钞票的方式见票既付；参见《1954 年通货和钞票法》s. 1（3）-（4）。发行未授权硬币或熔化或分拆无授权硬币有刑事责任：参见《1971 年金属币法》ss. 9-10。

人。[22] 这种占有转移具有所有权和法律义务上的双重后果。就所有权而言,占有即所有(*possession vaut titre*),[23]由此向收款人交付钞票和硬币的实物就转移了货币的法律财产权/所有权。[24] 这种情况下,即便付款人的货币权利有瑕疵,由于货币是“硬通货”,善意的货币收款人在金钱实物交付后就收到了对货币的完整所有权。[25] 当实物金钱被盗时,普通法下可能追踪货币(尽管传统上不能穿透混和货币[26])并针对嗣后货币接收者就曾经拥有和接收[但不是基于占有(conversion)[27]]提起对货币的法律上的请求权。[28] 就义务而言,作为债权人或合同相对方,有权拒绝法定货币以外的支付,[29]有形货币的移转是传统的(除非当事人有相反约定)清偿一方债务或合同付款的唯一有效方式,因为钞票和硬币是适格法定货币。[30] 要求缔约一方移转一箱子钞票付款可能很适合洗钱,但很难促进快速的国际商事活动。

这种以快速和高效的方式移转货币价值并有效付款的商业需求成为重构“货币”概念不再仅仅是实物钞票和硬币的背后首要驱动力(尽管反洗钱的需要也不鼓励使用以有形货币形态存在的资金)。这种概念重构是否可行取决于人们认同的货币理论:“国家理论”将货币限定于动产,它具有作为“通用交换中介”[31]的货币特征,且得到或拥有国家授权;[32]“社会性理论”认为应根据“它所发行的社区是否将其视为货币”以将某物归为货币,[33]而不是根据那些正式的国家机关的行为;而“机构理论”将这样一种支付义务视为货币,作为“公众接受的价值存储和付款方式的综合框架,其有赖于确保稳定购买力,即便是在银行业萧条的时代,”[34]其后果是货币“不再是一种动产,而是一种在整体机构性框架内的可转让的信用。”[35]由于货币的概念因特定背景、立法语言或合同语

---

[22] *Southland Savings Bank v. Anderson* [1974] 1 NZLR 118,120-1.

[23] French Code Civil, Art. 2276, alinéa 1er.

[24] *Wookey v. Pole* (1820) 4 B & Ald 1,6.

[25] Ibid.,7. See also *Banque Belge pour L' Etranger v. Hambrouck* [1921] 1 KB 321,329.

[26] *Taylor v. Plumer* (1815) 3 M & S 562; *Banque Belge pour L' Etranger v. Hambrouck* [1921] 1 KB 321, 328; cf. *BMP Global Distribution Inc v. Bank of Nova Scotia* [2009] 1 SCR 504, [81]-[86]. 了解 *Taylor* 案中有说服力的标准参见 L. Smith, ' Tracing in Taylor v Plumer: Equity in the Court of King's Bench' [1995] LMCLQ 240。

[27] *Miller v. Race* (1785) 1 Burr 452.

[28] *Lipkin Gorman (a firm) v. Karpnale & Co. Ltd.* [1991] 2 AC 548.

[29] *Gordon v. Strange* (1847) 1 Exch 477; *Child Maintenance and Enforcement Commission v. Wilson* [2013] CSIH 95, [12]. 另见 *Wookey v. Pole* (1820) 4 B & Ald 1,7;106 ER 839:‘通过使用资金,所有其他财产的互换都几近完成’。参见本书第十二章第二节“一、(二)未明确具体支付方式的付款”部分内容。

[30] Currency and Bank Notes Act 1954, s. 1 (2).

[31] *BP Exploration (Libya) Co Ltd. v. Hunt* [1979] 1 WLR 783,799.

[32] C. Proctor, *Mann on the Legal Aspect of Money* (7th edn., Oxford, Oxford University Press, 2012), [1.17]-[1.28].

[33] *Moss v. Hancock* [1899] 2 QB 111,116. See also J. Benjamin, *Financial Law* (Oxford, Oxford University Press, 2007), [1.49]; D. Fox, *Property Rights in Money* (Oxford, Oxford University Press, 2008), [1.23].

[34] A. Sáinz de Vicuña, ' An Institutional Theory of Money', in M. Giovanoli and D. Devos (eds.), *International Monetary and Financial Law: The Global Crisis* (Oxford, Oxford University Press, 2011), [25.01]; C. Proctor, *Mann on the Legal Aspect of Money* (7th edn., Oxford, Oxford University Press, 2012), [1.30]-[1.44].

[35] Ibid.

364 言不同而有所不同，[36]上述理论无一能完全解释“货币”的概念。[37] 这一问题的高度精细由两个相互矛盾的英国判决得到了证明。一方面，在 *Libyan Arab Foreign Bank v. Bankers Trust Co* 案[38]中，斯托顿（Staughton J）认为银行对以美元计账的伦敦账户中持有资金的返还义务只能以交付实物货币的方式履行（在该案中指美元），否则银行可以拒绝向其客户还款，因为美国的制裁阻止其向利比亚客户支付或传送资金。另一方面，商事合同条款（如租船方）要求用“现金”支付并未解释为需要以实物金钱付款，而是相反，“在现代商业实践背景下被解释为”具有“更为广泛的含义，理解为以任一商业认同的方法划拨资金，其结果是给收款人以无条件立即使用划拨资金的权利”，[39]即电子资金划拨可视作“等同现金”。事实上，现在在越来越多的实践中，认定是否构成“货币”非常重要，如在货物销售法的适用问题上，[40]在对洗钱的禁止上，[41]在对金融与资金划拨服务的监管上，[42]在实施增值税或其他形式的税种上，[43]在证券监管上，[44]或者在犯罪行为上。[45] 对这些情形下什么构成“货币”的问题，没必要用单一方式解决。

就实物现金的当代替代品而言，当今大多数银行客户想到的“货币”是存放于活期账户上的贷记资金（或者是授权透支限额）。货币的存款人在实物货币存入后就不再对有形货币保有所有权，货币也不适用委托或信托法律关系，[46]因为钞票和硬币形式存在的整体财产转移给银行供其使用。[47] 相反，存款人与其银行之间的关系是对人的债权债务关系（客户是债权人还是债务人，取决于账户是贷记还是透支）。[48] 这并不是说

365 “银行资金”没有专属性后果，因为存款人就账户余额拥有对其银行的权利财产（chose

---

〔36〕 *Perrin v. Morgan* [1943] AC 399,407.

〔37〕 *Messenger Press Pty Ltd. v. Commissioner for Taxation* [2012] FCA 756. 了解体现三方理论标准的货币定义，参见 C. Proctor, Mann on the Legal Aspect of Money (7th edn., Oxford, Oxford University Press, 2012), [1.68]。

〔38〕 *Libyan Arab Foreign Bank v. Bankers Trust Co* [1989] QB 728,764-6.

〔39〕 *The Brimines* [1973] 1 WLR 386,400. See also *The Chikuma* [1981] 1 WLR 314,318-20.

〔40〕 *Money World New Zealand 2000 Ltd. v. KVB Kunlun New Zealand Ltd.* [2006] 1 NZLR 381, [68]. See also *The Halcyon The Great* [1975] 1 WLR 515.

〔41〕 *United States v. Ulbricht* (Case 1:14-cr-00068-KBF, SDNY, 9 July 2014), 5, 47-50:‘人们可以用比特币洗钱 launder using Bitcoin’。

〔42〕 *Morris v. Ritchie* [1934] NZLR 196,197. See also *Securities and Exchange Commission v. Shavers* (Case 4:13-cv-00416-RC-ALM, 6 August 2013), 1-3（由此，比特币是一种货币或一种形式的资金，投资者希望对此投资，提供投资资金）；*United States v. Faiella* (Case 1:14-cr-00243-JSR, SDNY, 8 August 2014), 2-3（比特币显然符合“资金”的要求……）.

〔43〕 C-264/14 *Skatteverket v. Hedqvist* [2016] STC 372, [10]-[56]（该等虚拟货币就其在现实世界的可用而言类似于其他可转化货币）. See also *Wilton Park Ltd. v. Commissioners for Her Majesty's Revenue and Customs* [2015] UKUT 343 (TCC), [2]-[30].

〔44〕 *Re Coinflip Inc* (Docket No 15-29, Commodity Futures Trading Commission, 17 September 2015), 2-3.

〔45〕 *Moss v. Hancock* [1899] 2 QB 111,114-20. See also *R v. Preddy* [1996] AC 815.

〔46〕 *Foley v. Hill* (1848) 2 HL Cas 28,36. See also *London Joint Stock Bank Ltd. v. Macmillan and Arthur* [1918] AC 777,814; *Lipkin Gorman (a firm) v. Karpnale & Co. Ltd.* [1991] 2 AC 548,573-4.

〔47〕 *Libyan Arab Foreign Bank v. Bankers Trust Co* [1989] QB 728,748.

〔48〕 *Foley v. Hill* (1848) 2 HL Cas 28,36; *Joachimson v. Swiss Bank Corporation* [1921] 3 KB 110,127.

in action,即不实际占有只能通过诉讼取得的金钱的权利)。该种权利财产可共同拥有、[49]可转让、[50]可信托持有[51]或追及,[52]和其他形式的财产一样。但是这种无形的资金不能仅仅因交付而移转(像实物货币的情况),其最常见的移转方式是指示以电子资金划拨方式实施付款[53]——这不涉及付款人转让其对银行的权利财产问题,相反,是整体或部分地消灭该项权利同时产生了收款人对其银行的同等权利。[54] 由于这是当今最常见的持有并移转资金价值的方式,法院由此采取措施(如前所述)在需要时将账户电子资金划拨与交付实物货币等量齐观。[55]

考虑到自动柜员机(ATM)网络、借记卡、直接借记,以及经互联网或移动银行发起电子资金划拨接入并划拨其账户资金如此便利[56](所有这一切将在下面进一步讨论),不禁让人好奇英国的支付市场还有什么空间容纳其他形式的货币。尽管如此,除了"银行货币",还是有两种非实物货币已经发展起来。

一、电子资金

第一种非实物货币是所谓"电子货币",[57]这在英国由《2011 年电子货币规定》[58]调整。据此体制,"电子货币"被界定为"电子的(包括有磁力的)资金存储价值",它存储于一种"电子货币发行者"(它可能是银行、信用卡发行人或一家专门发行电子资金的公司)[59]发行的装置上以取回货币,而且它不仅可向发行人主张归还货币,还可以作为 366

---

[49] Re Bishop, *National Provincial Bank Ltd. v. Bishop* [1965] Ch 450, 456; *Steele v. Steele* (Ch. D., 4 October 2001), [51]-[59].

[50] 最常见的是,转让银行账款余额要通过收费方式完成:参考 *Re Charge Card Services Ltd.* [1987] Ch 150, 175-6, aff'd [1989] Ch 497; *Re Bank of Credit and Commerce International SA* (*No.* 8) [1998] AC 214, 226-8。

[51] 例如,信托原则对联名账户(参见 *Pecore* v. *Pecore* [2007] 1 SCR 795; *Madsen Estate* v. *Saylor* [2007] 1 SCR 838)、管理人账户和律师账户(参见 *Brazzill v. Willoughby* [2009] EWHC 1633 (Ch), [104])尤其重要。

[52] Consider *Lipkin Gorman* (*a firm*) *v. Karpnale & Co. Ltd.* [1991] 2 AC 548, 574-6; *Trustees of the Property of FC Jones & Sons v. Jones* [1997] Ch 159, 169-70.

[53] 参见本章第四节。

[54] *R v. Preddy* [1996] AC 815, 834.

[55] Consider *Rick Dees Ltd v. Larsen* [2007] NZSC 39.

[56] 这些形式的支付系统持续占领着英国的支付市场:参见 Committee on Payment and Settlement Systems, Innovations in Retail Payments (Basel, BIS, May 2012), 6, Figure 1 and Annex Ⅰ。

[57] See generally R. Hooley, 'Payment in a Cashless Society', in B. Rider (ed.), *The Realm of Company Law—A Collection of Papers in Honour of Professor Leonard Sealy* (London, 1998).

[58] Electronic Money Regulations 2011, 2011 SI No 99, implementing Directive 2009/110/EC of the European Parliament and of the Council of 16 September 2009 on the Taking Up, Pursuit and Prudential Supervision of the Business of Electronic Money Institutions, OJ L267 ('Electronic Money Directive'). The regulations came into force on 1 April 2013 and replaced the Electronic Money (Miscellaneous Amendments) Regulations 2002, 2002 SI No 765 and the Financial Services and Markets Act 2000 (Regulated Activities) Order 2002, 2002 SI No 682, which had implemented Directive 2000/46/EC.

[59] 了解这类公司,包括银行和信用卡公司在欧洲作为"电子货币发行人",参见 www.e-ma.org。

一种付款方式向发行人以外的其他人付款。[60] 换言之，它是“一种硬币和钞票的电子替代品”。[61] 然而，那些简单让客户用传统支付服务的产品，例如信用卡或互联网支付服务或那些以限制供应商方式限制电子货币所能购买商品或服务品种的产品被排除出“电子货币”概念之外。[62] 一种“电子货币”是“电子钱包”或“数字钱包”，它是一种卡（可以独立于账户开立关系而发行）预装（通常需要费用）了资金价值，可用于从零售商那里买低价值的商品和服务（往往需要再付费）。[63] 越来越多的电子钱包和数字钱包安装于移动电话上（就如装在 Applepay 上），而不是实物卡上。尽管这种产品的不利之处是那些人花自己的钱还被收费，但最大的优势是它通常不需要核实信用，所以它可以由那些信用记录不好或没有信用记录的人使用。[64] 另一种形式的“电子货币”是“数字现金”，它令人们得以从银行账户或信用卡上传资金至一个基于互联网的账户，用以为货物或服务付款。[65] 在英国最典型的例子就是 PayPal，它不仅提供安全高效的支付，还对特定用户提供一定的保证，例如在交易未完成或有瑕疵时快速返还资金。虽然“电子货币”最初只在新加坡和中国香港特别行政区有影响（尤其是与为公共交通付款有关）且在日本影响范围较小，像 ApplePay 这类的系统的发展，可能令其受欢迎度显著增加。据说现在它仍是英国使用最少的支付形式之一。[66]

目前为止，欧洲电子资金体制[67]的法律重点是对想在英国提供“电子货币”相关服务企业的许可、登记、资本充足率和审慎监管，[68]因为这些实体，而不是英格兰银行或授权银行，可能因高效地发行货币等同物从而产生消费者保护的问题，[69]金融和系统性风险[70]以及更广的货币政策考量（尽管考虑到“电子货币”交易的低数额和低平均额，其对英国的冲击可能很小）。在英国，监管这类企业的任务落在金融行为监管局的身上。[71]《2011 年电子货币规定》同样确认了那些已经在另一个成员国提供电子货币服

---

[60] Electronic Money Regulations 2011, 2011 SI No 99, reg. 2 (1).

[61] Electronic Money Directive, Rec. 13.

[62] Electronic Money Regulations 2011, 2011 SI No 99, regs. 2 (1), 3.

[63] Electronic Money Directive, Rec. 8.

[64] 还有个好处是电子货币不适用《欧洲议会和欧盟理事会 2015 年 5 月 20 日的 2015/847 号条例》，OJL141/1, Art. 2 (3) 中的信息要求。

[65] Electronic Money Directive, Rec. 8.

[66] Committee on Payment and Settlement Systems, Innovations in Retail Payments (Basel, BIS, May 2012), section 2. 1.

[67] 了解第二版《电子资金指令》（Electronic Money Directive）的变化，参见 Financial Conduct Authority, *The FCA's Role under the Electronic Money Regulations* 2011: *Our Approach* (June 2013), section 1. 5。

[68] Electronic Money Regulations 2011, 2011 SI No 99, Pts. 2-4.

[69] Electronic Money Directive, Rec. 11.

[70] Electronic Money Directive, Recs. 11, 17. 根据这些序言，电子资金发行人被要求遵守“有效的反洗钱和反恐融资规则”，参见本书第八章第二节“三、代理行业务、洗钱和恐怖融资”部分内容。

[71] See generally Financial Conduct Authority, *The FCA's Role under the Payment Services Regulations* 2017 *and the Electronic Money Regulations* 2011: *Our Approach* (September 2017).

务企业的"通行"权。[72] 贷款机构、贷款联合会和市政银行[73]根据规定不需要全面许可和登记,但如果想发行电子资金则确实需要根据《2000年金融服务与市场法》的第4A部分获得许可。对当下的讨论更为重要的是,《2000年金融服务与市场法》对总部设在英国的"电子货币的发行者"[74]有一些商业规则上的行为限制（如果违反,"电子货币"持有人可据此起诉[75]）,尽管"电子货币"的发行人和持有人间的大部分非监管问题很可能由调整其发行的具体条款所覆盖。[76] 尤其是这些规定要求电子资金发行人"从客户处收到资金后毫不延迟"[77]地发行电子资金,不提供利息,[78]并在需要时的"任一时间"按"面值"[79]赎回电子资金（尽管由客户终止未到期合同[80]或赎回请求超过该种终止一年的情况下,发行人有权收取"适当的与实际发生成本相应地"的赎回费用）。[81] 此外,发行电子货币的合同必须"清晰和突出"表述回赎条款和任何须支付的费用,且客户应在缔结合同之前被告知这些条款。[82] 如果不想资金被没收的话,客户必须在6年内赎回"电子货币"。[83] 367

当"电子资金"遗失或被人错用,由"电子货币"发行者还是持有人来承担损失得按《2017年支付服务规定》（Payment Services Regulations 2017,PSR 2017）来认定,[84]因为"电子钱包"和"数字现金"都可能构成"支付工具"从而落入这些规定的管理范围。[85] 基于此,因遗失或错用"电子货币"的责任分配通常应与其他"支付工具"一样,如支付 368

[72] Electronic Money Regulations 2011,2011 SI No 99,regs. 28-31.

[73] 这些都属于"电子货币发行人":参见《2011年电子货币规定》,2011 SI No 99,reg. 2。

[74] 电子货币一般不在《1974年消费者信贷法》的管辖范围:参见 E. P. Ellinger, E. Lomnicka, and C. Hare, *Ellinger's Modern Banking Law*（5th edn., Oxford, Oxford University Press, 2011）,664-73。

[75] Electronic Money Regulations 2011,2011 SI No 99,reg. 72.

[76] 和明示条款一样,《2015年消费者权利法》也在合同中填补了不可减损的默示条款。Pts. 3 和 4 取决于电子货币发行人和消费者之间的合同是否被视为与提供了服务或数字内容相关或两者兼具。了解更多参见 A. Tyree, 'The Legal Nature of Electronic Money'（1999）10 JBFLP 273。

[77] Electronic Money Regulations 2011,2011 SI No 99,reg. 39（a）.

[78] Electronic Money Regulations 2011,2011 SI No 99,reg. 45.

[79] Electronic Money Regulations 2011,2011 SI No 99,reg. 39（b）.

[80] 该合同将在定日终止或在使用电子资金的权利停止时终止:参见《2011年电子货币规定》,2011 SI No 99,reg. 46.

[81] Electronic Money Regulations 2011,2011 SI No 99,regs. 41-2,44.

[82] Electronic Money Regulations 2011,2011 SI No 99,reg. 40.

[83] Electronic Money Regulations 2011,2011 SI No 99,reg. 43.

[84] 《2017年支付服务规定》,2017 SI No 752,实施《欧洲议会和欧盟理事会2015年11月25日关于在国内市场支付服务的2015/2366号指令》,OJ L337, Arts. 73-4（2016年1月12日生效,截至2018年1月13日由各成员国实施）,这扩大了原有的适用范围。参见 Payments UK, *The Second Payment Services Directive*（*PSD2*）:*A Briefing from Payments UK*（July 2016）。

[85] 一项"支付工具"被界定为"私人装置"（例如"电子钱包"）或一套支付服务用户和提供者之间达成的个性化的程序（例如"电子现金"）是由支付服务的用户用以发起支付指令:参见 Payment Services Regulations 2017,2017 SI No 752,reg. 2。

卡，这在后面会进一步讨论。[86] 但是，[87]当“支付工具”仅能用于实施个人的金额不太大的支付交易时，[88]当设定了不太大的消费限制时，[89]或者与当前目的最相关的是货币“电子资金”可存储于“支付工具”的电子货币资金金额设有限制时，《2017年支付服务规定》确实对“低值”支付工具包含了一些特别体制。[90] 考虑到“电子货币”交易的平均金额（如同其他类别的支付卡交易）在英国正在严重逐步下滑，[91]这个为“低值”交易准备的另一套机制可能在此情形变得越来越重要。在此情况下，在发行支付工具和执行个别交易前由“电子货币”发行人披露信息的商业行为规则，以及终止法律关系的条款，自动不予适用。[92] 发行人可能倾向于不适用其他具体的商业行为规则。[93] 就“电子货币”这种低价值支付工具在发行人和持有人之间的损失分配而言，持有人没有义务在意识到“损失、失窃、不当或未经授权地使用支付工具”之后“未经不当延迟”地通知发行人，至少在“电子货币”发行人不能阻止支付工具使用的情况下没有该义务。[94] “电子资金”发行人也没有义务通知持有人其支付指令没有执行，如果“从具体情境看这是明显的”（这和“电子钱包”的情况一样）。[95] 进言之，付款人无权撤销使用“低值”支付工具的付款[96]，而且常规付款执行的时间表也不适用。[97] 最重要的是，当“电子货币”能由用户以匿名方式使用时（正如发生于预载卡或预付卡的情况，它们可以未经PIN或其他身份认证程序，仅仅是“拍”卡或“刷”卡而使用），这样“电子货币”被视作实物货币——像现金，如果卡丢失或错用，“电子货币”持有人将承担损失。[98]

369 通过“低值”支付工具的调整机制的例外规定，[99]当“电子货币”发行人有办法确认电子货币是否使用且能用冻结任一“电子货币”账户或停止任一“电子货币”工具时（正如在PayPal支付的情况），“电子货币”发行人对任一未授权的资金使用承担责任，且“电

〔86〕 参见本章第三节“一、（一）持卡人—发卡行关系”部分内容。

〔87〕 《2017年支付服务规定》也将“电子钱包”排除出了常用条款，因为它只在很小的网点使用：参见《2017年支付服务规定》，2017 SI No 752, Sch. 1, Pt 2, para. 2（k）。

〔88〕 要成为合格的“低值”支付工具，它所用于的单一交易必须低于30欧元（含）；除非整个交易都是国内交易，则交易限额可限于60欧元：参见《2017年支付服务规定》，2017 SI No 752, reg. 42（1）(a)。

〔89〕 要成为合格的“低值”支付工具，花费限额应控制在150欧元之内，在该支付工具只用于国内支付时，是30欧元：参见《2017年支付服务规定》，2017 SI No 752, reg. 42（1）(b)。

〔90〕 要成为合格的“低值”支付工具，储值额在任何时点不能超过500欧元：参见2017 SI No 752, reg. 42（1）(c)。

〔91〕 The UK Cards Association, *Card Expenditure Statistics* (December 2015), 4.

〔92〕 Payment Services Regulations 2017, 2017 SI No 752, reg. 42 (2)(a)(disapplying regs. 48–52).

〔93〕 Payment Services Regulations 2017, 2017 SI No 752, reg. 42 (2)(b) – (c).

〔94〕 Payment Services Regulations 2017, 2017 SI No 752, reg. 65 (2)(a).

〔95〕 Payment Services Regulations 2017, 2017 SI No 752, reg. 65 (2)(c).

〔96〕 Payment Services Regulations 2017, 2017 SI No 752, reg. 65 (2)(d).

〔97〕 Payment Services Regulations 2017, 2017 SI No 752, reg. 65 (2)(e).

〔98〕 这是将《2017年支付服务规定》下的责任分配不适用于“匿名”电子资产：参见《2017年支付服务规定》2017 SI No 752, reg. 65（2）(b)。比较在先的《银行业务规范》（Banking Code, 2008年3月）和《商业银行业务规范》（Business Banking Code, 2008年3月）机制。

〔99〕 Payment Services Regulations 2017, 2017 SI No 752, reg. 65 (3).

子货币”发行人应立即返在未授权交易方式中使用的“电子货币”数额。[100] 该规定说，如果未授权使用“电子货币”是由于客户的“电子货币”卡，PIN 或其他安全措施丧失、被盗或不适配，“电子货币”持有人将承担最高 35 英镑的责任，[101] 除非这对“电子货币”持有人来说是不可察觉的或是由发行人代表的故意或过失所致。[102] 但是，如果发行人能证明持有人未按约定条款使用“支付工具”、有欺诈行为或有故意或重大过失，不能安全保管 PIN 和安全工具，未能在“意识到损失、被盗、不当或未授权使用‘电子货币‘时，无不适当延迟”地通知“电子货币”发行人，“电子货币”持有人将对所有的损失负责。[103] 即便没有该等欺诈或严重过失，“电子货币”持有人必须“无不当延迟”地通知“电子货币”发行人，且在任何情况下都不得超过支付后的 13 个月，以保有其主张返还资金的权利。[104]

二、虚拟货币或加密货币

第二种非实物资金比“电子货币”晚一些登上舞台，即虚拟货币或加密货币。[105] 现在有多种不同的加密货币，例如 Ethereum、Steem、Ripple、Litecoin 和 Dogecoin，但是最重要的市场资本化加密货币是比特币。[106] 它具有所有加密货币的经典特征：它是数字形式的；[107] 不是由单一（通常以国家为后盾）发行人创造或发行的，而是“以特殊算法在网络中直接创造”[108]，这一流程称为“挖矿”；[109] 不受任何中央银行或其他形式的政府当局监管[110]（不像实物货币[111]），因为比特币是一种“对等（peer-to-peer）电子现金系 370

[100] Payment Services Regulations 2017, 2017 SI No 752, regs. 65 (3), 76.

[101] Payment Services Regulations 2017, 2017 SI No 752, reg. 77 (1). 第二号支付服务指令减少了卡或其他支付工具遗失或被盗时“电子资金持有人”将承担责任的最大金额：参见《欧盟议会和欧盟理事会 2015 年 11 月 25 日关于内部市场支付服务的 2015/2366 号指令》。OJ L337, Arts. 73-4. See generally Payments UK, *The Second Payment Services Directive (PSD2): A Briefing from Payments UK* (July 2016).

[102] Payment Services Regulations 2017, 2017 SI No 752, reg. 77 (2).

[103] Payment Services Regulations 2017, 2017 SI No 752, regs. 72, 77 (3).

[104] Payment Services Regulations 2017, 2017 SI No 752, reg. 74 (1).

[105] See *Securities and Exchange Commission v Shavers* (Case 4: 13-cv-00416-RC-ALM, 6 August 2013, 1: ……‘一种电子形式的货币，没有任何实物资产或物品比如硬币或贵金属作支撑’。获取更多加密货币技术的更广使用以解决中介证券问题，参见 E. Micheler, ‘Custody Chains and Asset Values: Why Crypto-securities are Worth Contemplating’ (2015) 74 *CLJ* 505, 532-3。

[106] See www. coinmarketcap. com.

[107] *United States v. Ulbricht* (Case 1: 14-cr-00068-KBF, SDNY, 9 July 2014), 5, 49: “字节和字节组合在一起构成了有价值的东西”。

[108] C-264/14 *Skatteverket v. Hedqvist* [2016] STC 372, [11]. See also *Securities and Exchange Commission v. Shavers* (Case 4: 13-cv-00416-RC-ALM, 6 August 2013, 1-2.

[109] T. Anderson, ‘Bitcoin—Is it Just a Fad? History, Current Status and Future of the Cyber-currency Revolution’ [2014] *JIBLR* 428, 429.

[110] C-264/14 *Skatteverket v. Hedqvist* [2016] STC 372, [12].

[111] See generally Currency and Bank Notes Act 1954, s. 1; Coinage Act 1971, ss. 3, 9-10.

统”；[112]它允许匿名所有权，因为比特币在网络中以加密数字钱包的方式持有，即有着唯一认证号码的“比特币地址”而对比特币的所有权由一个秘密的256字节的代码所证明（术语是“私人密钥”）；[113]允许比特币在虚拟交易所交易，这一交易所是“由其研发者控制并为特定虚拟社区的成员所接受”，[114]而且包括对具体比特币的每项交易都有公共登记（术语是“区块链”）来显示现在的所有权人。“区块链”的整合由网络成员经“存证工作”来确认交易（令黑客篡改之前交易的难度成倍增长）并授予新比特币。根据欧盟法院在 *Skatteverket v. Hedqvistr* 案的判决，尽管“电子货币”和加密货币均为数字形式，其区别在于事实上前者以特定法域的货币体现（如英镑或欧元），而加密货币“资金不以传统计账单位体现，例如欧元；而是以虚拟计账单位体现，例如（比特币）。”[115]

加密货币无疑获得了繁荣（尽管较之其他支付系统仍有不足），其提供的匿名性却没让它们获得好名声，其匿名使用与非法活动、地下活动相伴相生。对法院和监管者的挑战是随之适用现在成文法体系，以避免加密货币用于洗钱、[116]贩毒（例如发生于声名狼藉的“Silk Road”网站的情形，它运营着一个非法商品和服务的在线市场）[117]以及避税。对相关立法的主旨解释或目的解释在大多数情况下会令对加密货币独立建制立法的可能化为泡影，日趋明显的可能是法院会被要求将虚拟货币归于这种或那种法律类别：一些法院已经准备将加密货币作为用于特殊目的“货币”。[118]但是这取决于其拒绝所述的货币“国家理论”；其他法院可能将加密货币作为一种形式的无形财产（如同“碳信用”、[119]废品管理许可[120]、牛奶配额[121]或者出口配额[122]那样），通过普通法上特殊
371 的对人请求权（personal claim）能跟踪、追及与抗辩［但不适用侵占之诉（conversion），

---

〔112〕 S. Nakamoto, 'Bitcoin: A Peer-to-Peer Electronic Cash System' (1 November 2008), discussed in T. Anderson, 'Bitcoin—Is it Just a Fad? History, Current Status and Future of the Cyber-currency Revolution' [2014] *JIBLR* 428。

〔113〕 C-264/14 *Skatteverket v. Hedqvist* [2016] STC 372, [11].

〔114〕 C-264/14 *Skatteverket v. Hedqvist* [2016] STC 372, [12]. 比特币的价值和安全显然取决于交易所的安全，正如2014年2月“Mt Gox KK”交易所破产所突显［参见 P. Susman, 'Virtual Money in the Virtual Bank: Legal Remedies for Loss' (2016) 31 *BJIBFL* 150］，比特币银行，Flexcoin于2014年4月，位于中国香港特别行政区的Bitfinex交易所于2016年8月受到黑客攻击。

〔115〕 C-264/14 *Skatteverket v. Hedqvist* [2016] STC 372, [12].

〔116〕 *United States v. Ulbricht* (Case 1:14-cr-00068-KBF, SDNY, 9 July 2014), 5, 47-50.

〔117〕 See generally *United States v. Ulbricht* (Case 1:14-cr-00068-KBF, SDNY, 9 July 2014); *United States v. Faiella* (Case 1:14-cr-00243-JSR, SDNY, 8 August 2014), 2-3.

〔118〕 *Securities and Exchange Commission v. Shavers* (Case 4:13-cv-00416-RC-ALM, 6 August 2013), 1-3; *United States v. Ulbricht* (Case 1:14-cr-00068-KBF, SDNY, 9 July 2014), 5, 47-50; *United States v. Faiella* (Case 1:14-cr-00243-JSR, SDNY, 8 August 2014), 2-3; cf. C-264/14 *Skatteverket v. Hedqvist* [2016] STC 372 [42]-[56]; *United States v. Murgio* (Case 1:15-cr-00769-AJN, SDNY, 19 September 2016).

〔119〕 *Armstrong DLW GmbH v. Winnington Networks Ltd.* [2013] Ch 156, [42]-[61].

〔120〕 *Re Celtic Extraction Ltd.* [2001] Ch 475, [29]-[34].

〔121〕 *Swift v. Dairywise Farms Ltd.* [2000] 1 WLR 1177, 1183-4.

〔122〕 *Attorney-General of Hong Kong v. Nai-Keung* [1987] 1 WLR 1339, 1342.

或对拥有和接收的资金返还原状之诉];[123] 而其他法院可能将加密货币视为提供了一种服务。[124] 这些结论并非相斥且高度依赖于特定法律语境或背景,这类问题可能以常规请求权为基础快速增长地摆在法院面前。

第二节 支票

现实地说,支票可能是有形货币之外[125]存在时间最久的支付系统,从19世纪后叶开始以《1882年票据法》作综合性成文法方式调整。在英国,和其他许多法域一样,支票曾经是非常受欢迎的支付方式,但是显然,支票可能会消失,因为它的处理成本在一个成本敏感的世界里是致命的短板。表13-1是德国、法国、英国和美国不同支付系统占比的比较。[126]

数据显示了支票在不同法域的受欢迎的持续程度,它在美国仍继续广泛使用,但在德国已几近绝迹。更令人震惊的表13-1中数据和1999年同等数据的差异,[127] 差异表明了支票在所有法域的使用都在下降,其中最显著的是在法国和英国,在这两个国家支付卡处于绝对优势。实际上,即便2015年有4.04亿张价值4550亿欧元的支票被清算,[128] 支票使用量较前一年仍下降了13%,在金额上下降了9%。[129] 邮寄支付账单,居家向商人付款、为休闲活动或学校活动付款,赠予礼品和慈善捐赠是如今个人签发支票最主要的原因。[130] 支票使用的下降显然因互联网和移动银行实现电子资金划拨加速了(特别是,在英国,Faster Payment系统的到来令零售交易这样的小额付款几乎同步实现,近期开发的Paym应用程序也一样)。[131] 这是英国支付交易的转变,到2008年英国支付理事会(其当时的名称)将支票使用描述为"处于长期的衰退",[132]

---

[123] *Armstrong DLW GmbH v. Winnington Networks Ltd.* [2013] Ch 156, [62]-[94].

[124] C-264/14 *Skatteverket v. Hedqvist* [2016] STC 372, [22]-[31]. See also *Wilton Park Ltd. v. Commissioners for Her Majesty's Revenue and Customs* [2015] UKUT 343 (TCC), [42]-[50].

[125] 最早的手写支票可追溯至1659年2月16日,参见Cheque and Credit Clearing Company, Cheques and Cheque Clearing-The Facts (November 2007), 4。

[126] Committee on Payment and Settlement Systems, Innovations in Retail Payments (Basel, Bank for International Settlements, May 2012), Annex I.

[127] 这些包含在该著之前的版本里:参见R. Cranston, *Principles of Banking Law* (2nd edn., Oxford, Oxford University Press, 2002), 257。

[128] Cheque and Credit Clearing Company Ltd, *Annual Review* 2015, 18.

[129] Payments UK, *Annual Summary of Payment Statistics* 2015 (31 December 2015).

[130] Cheque and Credit Clearing Company Ltd, *Cheques: Market Research* 2016 (June 2016), 7. 个人收到支票最常见的两大原因不是公司退款就是礼物:ibid., 18。See also Cheque and Credit Clearing Company Ltd, *Annual Review* 2015, 21.

[131] 参见本章第四节。

[132] UK Payments Council, *National Payments Plan—Setting the Strategic Vision for UK Payments* (14 May 2008), 6.

372 表 13-1 2010 年无现金支付交易的使用情况（按支付量的百分比进行比较）

国家	支票	信用卡/借记卡	贷记划拨	直接借记	电子货币
德国	0.3	15.5	33.9	50.2	0.2
法国	18.4	43.6	17.6	20.1	0.2
英国	6.7	53.2	20.5	19.5	—
美国	21.3	60.8	7.1	10.8	—

且随后会“进入最终的衰竭”。[133] 事实上，这导致英国支付理事会宣布计划于 2018 年 10 月 31 日关闭支票清算系统，[134] 尽管这个决策在随后的 2011 年 7 月 12 日被推翻，由于考虑到关闭支票清算系统可能会对老年人有不当冲击，因为他们不会使用互联网。但这样的“缓刑”不应视为支票命运的逆转，因为法律上的达尔文主义也要求法律物种适者生存。两项潜在的适应已然发生：首先，票据的原则已成为其他支付系统类似原则的基础（如直接借记，虽然有观点认为这种类比有瑕疵）；[135] 其次，支票托收的流程在《2015 年小生意、雇佣和企业法》（Small Business, Employment and Enterprise Act 2015）之下会更高效，该法允许提交支票正反面的图像以替代提交实物票据本身。[136] “清算影像系统”（它计划于 2017 年 10 月 30 日在选定的银行间上线，并在 2018 年下半年随后扩展至所有银行）通过就存入账户的有形支票银行交换电子信息，不仅实现次日支票清算，而且将为银行客户通过手机应用处理支付的电子影像铺平道路，无须再不得不经由柜台。[137] 当前还有一些讨论是针对整合不同零售支付清算机制的“新支付架构”[138] 的（BACS、[139] 支票清算[140] 和 Faster Payments 系统[141]）。这些方面的进展是否足以拯救支票，可能性不大，但仍须拭目以待。

---

[133] UK Payments Council, *Progress Report: Delivering the National Payments Plan* (June 2010), 1.

[134] UK Payments Council, *Progress Report: Delivering the National Payments Plan* (June 2010), 1-3.

[135] *Esso Petroleum Co. Ltd. v. Milton* [1997] 1 WLR 938（直接借记支付相当于以支票付款，由此排除了抵销）。

[136] Small Business, Employment and Enterprise Act 2015, s. 13, inserting Bills of Exchange Act 1882, Pt. 4A from 31 July 2016。

[137] See Cheque and Credit Clearing Company Ltd, *Cheque Imagining Explained* (19 May 2016), 2-3, 5; Cheque and Credit Clearing Company Ltd, *Cheque Imagining Explained* (22 March 2017), 2-3.

[138] Payments Strategy Forum, *A Payments Strategy for the 21st Century: Putting the Needs of Users First* (November 2016). See also Payment System Operator Delivery Group Report, New Payment System Operator: Final Report (4 May 2017).

[139] 参见本章第四节。

[140] 国内支票清算所由支票和信用清算公司管理和运营，这是家 1985 年设立，由其成员出资的非营利性组织：参见 www.chequeandcredit.co.uk。

[141] 参见本章第四节。

一、支票的本质 373

（一）支票法

就像支票在持续使用过程中会发生差异，更大的差异在于不同法系调整支票的法律体系在本质上的不同。一个分类是在普通法和大陆法之间。普通法系国家，至少最初是以《1882 年票据法》为基础的体制；[142] 而大陆法系的国家，则是以《1931 年关于统一支票法的日内瓦公约》为其国内法基础。[143] 另一个分类存在于大陆法系内部，因为即便采用了统一支票法，由于对公约条款的保留，或者由于公约对一些具体事项未作规定，各国内法的特性仍会持续存在。就普通法和大陆法的差异，有几例可供说明。首先，在英国法下，客户可以以通知银行其选取的银行付款授权的方式，选择终止或取消支票；[144] 而在法国，支票收款人在支票出票时就获得了权利，因此支付不能仅仅因出票人的选择而终止，[145] 只能因法定的理由才能终止（如缺少有效签章）。[146] 其次，法国法下，支票的运作是将出票人支票的头寸或准备金转移给支票收款人（换言之，出票人账户中的资金须足以支付支票），[147] 赋予其向付款人银行直接追索的权利（尽管没有资金时，付款人银行一般也不必付款）。[148] 相反，英国法下，出票人银行对开给收款人的支票一般无义务（因为支票不是都能被承对），且《1882 年票据法》明确规定了运行支票并非转让出票人/付款人账户内部分或全部资金。[149]

普通法路径下的支票特色在于：支票在传统上被视作汇票的品种之一——在英国法下，支票被定义为一种“汇票”，动用银行人员开票，见索支付[150]——但是，时过境迁，银 374

---

[142] 尽管有些法域，例如美国，已离这种原有模式走得太远。参见《统一商法典》Art. 3。

[143] League of Nations, Convention Providing a Uniform Law for Cheques, Treaty Series, vol. 143, p. 355（19 March 1931）. See also League of Nations, Convention for the Settlement of Certain Conflict of Laws in connection with Bills of Exchange and Promissory Notes, Treaty Series, vol. 143, p. 317（7 June 1930）；League of Nations, Convention Providing a Uniform Law for Bills of Exchange and Promissory Notes, Treaty Series, vol. 143, p. 257（7 June 1930）；League of Nations, Convention on the Stamp Laws in connection with Bills of Exchange and Promissory Notes, Treaty Series, vol. 143, p. 337（7 June 1930）；League of Nations, Convention on the Stamp Laws in connection with Cheques, Treaty Series, vol. 143, p. 7（19 March 1931）；League of Nations, Convention for the Settlement of Certain Conflict of Laws in connection with Cheques, Treaty Series, vol. 143, p. 407（19 March 1931）.

[144] Bills of Exchange Act 1882, s. 75（1）.

[145] B. Geva, *Bank Collection and Payment Transactions*（Oxford, Oxford University Press, 2001）, 184.

[146] *X v. Banque Française de L' Océan Indien*［2015］ECC 28，该案中法院还认为，付款人银行无须对停业支付支票的理由进行审查，只要止付的理由是法律允许的。就付款人银行是否在拒付前是否应通知收款人，参见 *Banque Populaire Loire et Lyonnais v. X*［2011］ECC 12（Cour de Cassation）。

[147] E. P. Ellinger, 'Negotiable Instruments', in U. Drobnig（ed.）, *International Encyclopedia of Comparative Law*（Hamburg, 2001）, vol. IX, Ch. 4,［195］. 了解苏格兰的类似情况，参见《1882 年票据法》，s. 75（2）。

[148] 英国法下，付款人银行没有义务付款如果账户里没有足够的资金：参见 Barclays *Bank Ltd. v. WJ Simms & Cooke（Southern）Ltd.*［1980］1 QB 682, 699；*Sierra Leone Telecommunications Co Ltd. v. Barclays Bank plc*［1998］CLC 501, 505。

[149] Bills of Exchange Act 1882, s. 53（1）. 了解更多，参见本书第十二章第一节“一、基本要素”部分内容。

[150] Bills of Exchange Act 1882, s 73.

行业实践和支票法律框架两方面的变化使支票与汇票的共同之处越来越少。[151] 当汇票仍保留着其可转让票据的原始功能并可以转让给第三方时，支票现在几乎不能转让（更不用说流通）给第三方。（至少实践如此，虽然理论上并不必然）。这是因为英国银行利用《1992 年支票法》（Cheques Act 1992）的变动发行了在支票表面上事前印着“仅供收款人账户”字样的支票簿。这些字样产生了支票不可转移的效果，因此这种票据只能在其当事人间有效且只能向最初记载的收款人付款。[152] 这种变动有两大好处：首先，它让支票法更直接。过去对背书和转让的认知，尽管往往还是与汇票持续相关，但对支票总体来说已成多余；[153] 其次，对银行来说更容易识别票据权利人（原始收款人），因此减少了银行对错付资金的潜在责任，杜绝了常见意义上的票据欺诈（伪造或改动支票上的背书）。

大多数现代支票成为只付收款人票据，这一理念和原则的后果是：支票一般不再作为可转让票据，由此它与汇票的共同点日益减少。相反，典型的只付收款人票据在英国更容易被解析为由发票人/客户对其银行的书面支付指令，一旦支票出票（通常是由出票人/客户交付票据给收款人），指定收款人可向出票人提出强制执行。[154] 由此，有效支票的要式性要求仍然保留在《1882 年票据法》中，该等票据的法律后果（例如出票人/客户与银行的关系）应以银行服从客户委托的默示义务和一般代理原则来调整，[155] 以及（开证人/客户和收款人之间）的通用合同原则来调整（尽管根据个案略有变化）。[156] 然而，尽管这一领域的实践出现了变化，围绕着支票的立法体制大部分是静止不变的，其结果是整个《1882 年票据法》（与新西兰[157] 和新加坡[158] 一样）仍然正式适
375 用于支票，[159] 支票的核心立法定义仍然要求该票据首先是适格的汇票。[160] 虽然近来英国有支票方面的特别立法，但是还相当支离破碎，[161] 而且是以《1882 年票据法》所规定的框架为基础。也许是时候将支票从汇票中分离出来，发展独立清晰的只适用于支票的立法方案，正如澳大利亚制定《1986 年支票和支付令法（Cth）》[Cheques and Payment

[151] 了解更多票据法分析，参见本书第十七章第二节“一、国际贸易中的汇票”部分内容。

[152] Cheques Act 1992, s. 1, inserting Bills of Exchange Act 1882, s. 81A.

[153] 了解讨论的总体情况，也参见 E. P. Ellinger, E. Lomnicka, and C. Hare, *Ellinger's Modern Banking Law* (5th edn., Oxford, Oxford University Press, 2011), chs. 10–11。

[154] Bills of Exchange Act 1882, s. 21 (1). On credit-card cheques, see Financial Services Act 2010, s. 15.

[155] 就付款支付工具而言，银行—客户关系是代理关系，参见 *Westminster Bank Ltd. v. Hilton* (1926) 43 TLR 124, 126; *Re Spectrum Plus Ltd.* [2005] 2 AC 680, [59]。

[156] 了解法律规定的银行与客户间合同的默示条款，参见 *Joachimson v. Swiss Bank Corporation* [1921] 3 KB 110, 127。了解讨论概况，参见 E. P. Ellinger, E. Lomnicka, and C. Hare, *Ellinger's Modern Banking Law* (5th edn., Oxford, Oxford University Press, 2011), Ch. 5。

[157] Bills of Exchange Act 1908 (NZ), ss. 73–83.

[158] Bills of Exchange Act (Cap. 23), ss. 73–91 (as amended).

[159] Consider J. Macleod, 'The Plight of the Unbanked Payee' (1997) 113 *LQR* 133, 149–57, 165.

[160] Bills of Exchange Act 1882, s. 73.

[161] See generally Cheques Act 1957, ss. 1–5; Banking Act 1979, s. 47; Cheques Act 1992, ss. 1–3; Small Business, Employment and Enterprise Act 2015, s. 13.

Orders Act 1986 (Cth)]。

(二) 支票作为支付指令

即便支票作为支付指令是付款给指定第三人,且不能转让,立法上还有很多要式要求(主要由《1882年票据法》设定,也有些是由银行业实践形成),为通常取得法律效力所必需。第一,一张有效的支票必须是书面的,尽管现在继《2015年小生意、雇佣和企业法》之后围绕电子支票清算的发展,有一天可能产生"电子支票"。[162] 第二,支票必须是要求银行[163]付款的无条件[164]的指令。第三,支票还必须是"见索即付",尽管还有其他的表述如"见票"或"见到提示"。[165] 第四,支票必须应付给持票人或"经合理确定"识别的一个或多个[166]指定人。[167] 第五,支付没有出票人/客户签字彻底无效。[168] 如果签名是伪造的或在支票上没有出票人的授权,该等签名"完全没用",[169]由此伪造的支票不构成银行对客户账户借记的有效授权。[170] 如果银行承兑该票据,出票人/客户可以要求其账户再贷记回来。只有几种有限情况下,出票人/客户"无权以签名伪造或要求授权抗辩",[171]例如出票人令冒名支票可使用如同其签出的支票,[172]或者明知账户用于欺诈目的且支票被冒用签名却未联络银行。[173] 出票人/客户可以追认在支票上的签名,但只 376
适用签名未被授权的情况(当代理人为X,签名为X,但没有得到出票人的授权),而不能适用于签名是冒名时(当X签名为Y时)。[174] 第六,尽管成文法未要求支票必须有

[162] 按《1978年解释法》(Interpretation Act 1978) Sch. 1的立法目的,"写"包括"以其他可见形式而表示或复制语词的模式",但《1882年票据法》尚未按《2000年电子通讯法》(Electronic Communications Act 2000) s. 8变动,以允许支票电子化创造。

[163] 普通法下的"银行"的定义,参考 *United Dominions Trust Ltd. v. Kirkwood* [1966] 2 QB 431,447。

[164] 例如有条件指令,参见 Bills of Exchange Act 1882, s. 3 (3). 另参见 E. P. Ellinger, E. Lomnicka, and C. Hare, *Ellinger's Modern Banking Law* (5th edn., Oxford, Oxford University Press, 2011), 400-2。

[165] Bills of Exchange Act 1882, s. 10.

[166] Bills of Exchange Act 1882, s. 7 (2). 技术上可能有不记名支票,这和"只付收款人"划线支票的现代银行实践不符。

[167] Bills of Exchange Act 1882, s. 7 (1). 如果收款人是"虚构的或不存在的",支票在传统上会作为无记名票据[see Bills of Exchange Act 1882, s. 7 (3)]但是这和"只付收款人"划线支票的现代银行实践不符。

[168] Bills of Exchange Act 1882, ss. 3 (1), 73.

[169] Bills of Exchange Act 1882, s. 24.

[170] 附有出票人假签名的支票"只是一张伪装的纸":参见 *National Westminster Bank Ltd. v. Barclays Bank International Ltd.* [1975] QB 654, 656-7; *First Sport Ltd. v. Barclays Bank plc* [1993] 1 WLR 1229, 1233。

[171] Bills of Exchange Act 1882, s. 24. 就基于客户明示陈述的禁反言,参见 *Brown v. Westminster Bank Ltd.* [1964] 2 Lloyd's Rep 187。

[172] *London Joint Stock Bank Ltd. v. Macmillan and Arthur* [1918] AC 777, 789. 只有与出票相关的过失(不能扩大至保有方式上的"间接"过失)有此效果:参见 *Tai Hing Cotton Mill Ltd. v. Liu Chong Hing Bank Ltd.* [1986] AC 80, 106。

[173] *Greenwood v. Martins Bank Ltd.* [1933] AC 51, 58-9. 要运用禁反言,出票人/客户必须对欺诈或诈骗有实际了解,而不仅是推定通知:参见 *Price Meats Ltd. v. Barclays Bank plc* [2000] 2 All ER (Comm) 346, 351; *Patel v. Standard Chartered Bank* [2001] Lloyd's Rep Bank 229, [63]。

[174] Bills of Exchange Act 1882, s. 24. See further E. P. Ellinger, E. Lomnicka, and C. Hare, *Ellinger's Modern Banking Law* (5th edn., Oxford, Oxford University Press, 2011), 499-500.

出票日[175]（即便未记载这一日期仍是有效支票[176]），银行实践表明未记载日期的支票不是有效的支付指令，因此银行有权置之不理。[177] 远期支票的情况看起来有一些不同（远期是指在支票上记载的时间比实际出票日晚一段时间），[178]这是在债务人欠收款人的债务尚未发生或出票人/客户还没有资金“覆盖”支票金额时，债务人可采用的措施。如果是在指定日当日或及其之后付款，远期支票不太可能产生实际问题。但是，在技术上，出票人银行如果在该日之前对支票承诺付款就超越了其授权[179]（尽管出票人/客户可能往往对此时提前付款并不反对。）相应地，如果远期支票在期前已承付，出票人银行嗣后无权以账户中缺乏资金为由拒绝付款。[180] 进言之，如果客户在支票的出票日和支票票面记载日之间撤回了远期支票，银行应该拒付该票据，[181]哪怕银行在票据期前已错误承付，银行对支票收款人有恢复原状请求权（当然取决于抗辩情况，比如所处地位变化的抗辩）。[182] 第七，为了使支票中所体现的付款义务成为收款人可强制执行的义务，他们必须提供对价，[183]该对价通常是容忍了出票人所欠基础债务未予起诉（但不能是第三方的债务），[184]尽管对价在此情形下通常会假定存在。[185]

377 尽管满足前述要求足以创设有效支票，支票的另一个抽象形式是支票划线，它与支票作为付款指令的现代功能直接相关，其发展是用以控制支票欺诈风险并使其最小化。[186] 支票划线通过限定支票收益如何支付（通过支票清算流程还是通过银行柜台）和应付款给谁（是原始收款人还是其他受转让或受背书的第三方）实现反欺诈的目标。

---

[175] *Aspinall's Club Ltd. v. Al-Zayat* [2007] EWHC 362 (Comm), [10].

[176] *Aspinall's Club Ltd. v. Al-Zayat* [2007] EWCA Civ 1001, [17].

[177] *Griffiths v. Dalton* [1940] 2 KB 264,265. 参考《1882 年票据法》s. 12。

[178] Bills of Exchange Act 1882, s. 13 (2). See also *Hitchcock v. Edwards* (1889) 60 LT 636; *Royal Bank of Scotland v. Tottenham* [1894] 2 QB 715,719; *Robinson v. Benkel* (1913) 29 TLR 475,476. See further E. P. Ellinger, E. Lomnicka, and C. Hare, *Ellinger's Modern Banking Law* (5th edn., Oxford, Oxford University Press, 2011), 408-10.

[179] *Pollock v. Bank of New Zealand* [1902] 2 NZLR 174, 180-3. See also *Brien v. Dwyer* (1978) 141 CLR 378. See further C. Craigie, 'Post-dated Cheques' (1983) 11 Aust. BLR 107.

[180] *Keyes v. Royal Bank of Canada* [1947] 3 DLR 161.

[181] *Morley v. Culverwell* (1840) 7 M & W 174, 178; *Pollock v. Bank of New Zealand* [1902] 2 NZLR 174, 180-3; *Keyes v. Royal Bank of Canada* [1947] 3 DLR 161; cf. *Magill v. Bank of North Queensland* (1885) 6 QLJ 262.

[182] See generally *Lipkin Gorman (a firm) v. Karpnale & Co. Ltd.* [1991] 2 AC 548; *Dextra Bank & Trust Company Ltd. v. Bank of Jamaica* [2002] 1 All ER (Comm) 193; *Niru Battery Manufacturing Co v. Milestone Trading Ltd.* [2004] 4 All ER (Comm) 193.

[183] *Abbey National plc v. JSF Finance & Currency Exchange Co Ltd.* [2006] EWCA Civ 328, [22]; *Lomax Leisure Ltd. v. Miller* [2008] 1 BCLC 262, [50]; *Khalili Familienstiftung v. Dowlatshahi* [2013] EWHC 220 (Comm), [12]-[13].

[184] *Oliver v. Davis* [1949] 2 KB 727; *MK International Development Co Ltd. v. Housing Bank* [1991] 1 Bank LR 74; *Lomax Leisure Ltd. v. Miller* [2008] 1 BCLC 262, [47]-[50]; *Confezioni v. Rozenthal* [2011] EWHC 4105 (QB), [19]-[27].

[185] Bills of Exchange Act 1882, s. 30. See also *Lomax Leisure Ltd. v. Miller* [2008] 1 BCLC 262, [22].

[186] J. Holden, *The History of Negotiable Instruments in English Law* (London, Athlone Press, 1955), 229ff.

划线是由出票人在票据首次出票时,经其授权,添加于支票上。[187] 尽管某些情况下的划线还会由收款人或托收银行在支票签发之后作出,从而使其更具限定性(例如,在常规划线上增加“仅限收款人”字样)。[188] 除此之外,《1882 年票据法》不允许对既存划线删除、修改或添加。[189] 由于划线被视作支票的“实质性部分”,[190] 改动支票上的划线将使支票彻底无效,[191] 由此它立即成了一张“一文不值的纸”[192] 并相应地成为一个无效的支付指令。

传统上,有很多种划线。第一种是“普通划线”,其是在支票表面增加两条平行横线,[193] 这是指示出票人/客户银行将支票收益付给另一家银行。

第二种是(不太常用)“特别划线”,它是在支票表面的两条平行横线之间嵌入某一具体银行的名称(通常是收款人银行),[194] 这是指示出票人银行仅向指定的银行付款。实际上,常规和特别划线都意味着支票只能通过支票清算系统[195] 托收和付款,而不能通过银行柜台“变现”。考虑到英国持续存在的金融排斥[196]——特别是英国有近两百万成年人还没有可以存取支票的银行账户——银行仍然愿意帮有普通或特别划线的小额支票取现。[197] 法律上严格说来,银行为划线支票取现有违划线规定,在成文法上银行将“由于支票已被支付而对真正支票所有人承担损害赔偿责任”。[198] 但现实中,银行不太可能由于这一规定而承担责任,因为(除了银行在成文法上的抗辩)[199] 支票收款人在支票出票后[200] 将是真正的所有人,由此,除非收款人投机行事,不太可能发生诉讼,何况 378
收款人对银行行为同意的将排除提供任何诉请。而且,即便出票人/客户在技术上有针

[187] Bills of Exchange Act 1882, s. 77 (1).

[188] Bills of Exchange Act 1882, s. 77 (2) - (6).

[189] Bills of Exchange Act 1882, s. 78.

[190] Bills of Exchange Act 1882, s. 78.

[191] Bills of Exchange Act 1882, s. 64 (1).

[192] *Smith v. Lloyds TSB Group plc* [2001] QB 541, 556 - 8. See also *National Westminster Bank Ltd. v. Barclays Bank International Ltd.* [1975] QB 654, 656-7.

[193] Bills of Exchange Act 1882, s. 76 (1).

[194] Bills of Exchange Act 1882, s. 76 (2).

[195] 进一步了解参见本书第十二章第一节“一、基本要素”部分内容。

[196] See generally Joseph Rowntree Foundation, *Financial Inclusion in the UK: Review of Policy and Practice* (*July* 2008); *Financial Inclusion Commission, Financial Inclusion: Improving the Financial Health of the Nation* (March 2015). 金融排斥将因为英国政府和银行业的一项标志性协议和大为缓解;该协议将为那些没有在先银行业务关系的人提供免费的基础账户;参见 HM Treasury, New Basic Fee-free *Bank Accounts to Help Millions Manage their Money* (15 December 2014); HM Treasury, Fee-free *Bank Accounts Launched* (27 December 2015); see www.gov.uk.

[197] 另一种选择是收款人要求开票人/客户“去掉”划线,这些支票可以通过背书转让给第三方。

[198] Bills of Exchange Act 1882, s. 79 (2). See also *Law Society of Northern Ireland v. The Governor & Company of the Bank of Ireland* [2013] NIQB 130, [73] -[74], [80].

[199] Bills of Exchange Act 1882, s. 79 (2).

[200] *Surrey Asset Finance Ltd. v. National Westminster Bank plc* [2000] TLR 852; *Dextra Bank & Trust Co Ltd. v. Bank of Jamaica* [2002] 1 All ER (Comm) 193, [23] -[25]; *Abbey National plc v. JSF Finance & Currency Exchange Co Ltd.* [2006] EWCA Civ 328, [15] -[21].

对银行的违反授权的合同请求权，[201] 出票人的损失很可能也仅仅是名义上的。无论如何，由于银行只会为低值支票取现，无论是出票人还是收款人由此遭受的损失都不可能太大。

第三种是出票人/客户可以在普通划线上加上"不可流通"（non-negotiable）的字样。这并不会影响支付的可转让性（transferability），收款人仍然可以将票据转让给第三方。这种划线否认的是支票的可流通性，它意味着收款人没有能力再"赋予支票大于其本人的权利"。[202] 由此，有着"不可流通"划线的支票失去了作为可转让票据的核心优势，即持有存在权利瑕疵票据的当事人可以向经正当程序的持票人转让超级权利。[203] 考虑到《1992 年支票法》所引入的这些变化早晚会得到考虑，这一点不太可能对实践有重大冲击。

最后，也是最重要的，出票人可以在常规划线上加上"只付收款人"或"只对收款人账户"字样（有或没有"仅仅"字样都可以），这既排除了该票据的可流通性，又排除了其可转让性，因此该支票仅在出票人/客户和收款人之间生效。[204] 由此该种支票的受让人无论如何都不能据此提出请求。自《1992 年支票法》以来，英国的支票簿在开证给客户前都事先印好了"只付收款人"的划线。采用不可转让支票的政策决策偏好是用来减少支票欺诈的风险，[205] 但是（正如前面已讨论的其他划线），它会为那些受金融排斥的人增加困难，他们无法将票据存入银行获取收益。[206]

假使已满足有效支票的要求且该票据未发生令其无效的实质改动，[207] 还有很多情形可能使最初包含在票据中的付款指示变得无效。第一，也是最明显的，出票人/客户可以撤回（或取消）支票及其支付指令。[208] 直到最近，英国的出票人/客户撤回支票的自

379 由[209] 才受到限制，即如果"支票担保卡"和用以支付货物与服务的支票一并提交给零售

---

[201] Bills of Exchange Act 1882, s. 79 (2).

[202] Bills of Exchange Act 1882, s. 81.

[203] Bills of Exchange Act 1882, ss. 29 (1) – (2), 38 (2).

[204] Bills of Exchange Act 1882, s. 81A, inserted by Cheques Act 1992, ss. 1, 4 (2).

[205] Banking Services: *Law and Practice*, Cm. 1026 (London, HMSO, 1990), 22 – 3. See also R. Hooley, 'Prevention of Fraud by Non-transferable Cheques' (1992) 51 CL 432. 关于背书欺诈的支票，有过许多诈骗类判决，参见 F. Kessler, 'Forged Indorsements' (1938) 47 *Yale LJ* 863; W. Vis, 'Forged Indorsements' (1979) 27 *Am. J Comp.* L 547.

[206] J. Macleod, 'The Plight of the Unbanked Payee' (1997) 113 *LQR* 133, 157–165.

[207] Bills of Exchange Act 1882, s. 64.

[208] Bills of Exchange Act 1882, s. 75 (1). 但该等取消影响到出票人/客户和付款人银行的地位，前者起诉正当持票人在理论上还是可能的，尽管支票取消，尽管一旦支票被划线成为"只付收款人"就很难有正当持票人。

[209] 如果经确认也存在类似的不能取消支票的问题（至少在那些允许这种确认的法域）参见 Uniform Commercial Code, s. 3-409 (d). 进一步了解，参见 J. Reynolds, 'Countermand of Cheques' (1981) 15 *UBCLR* 341, 344。在北美意义上的认证在英国是不能认同的；参见 *Bank of Baroda Ltd. v. Punjab National Bank Ltd.* [1944] AC 176, 188。

商时就不得撤回。[210] 但是支付担保卡计划已于 2011 年 6 月 30 日结束。[211] 于零售商而言这会令支票成为比以前更不安全的支付形式,如前所述,支票担保卡计划的结束只会加速支票的衰落。[212] 支票作为支付方式的不确定性却在如下事实面前很无助,即尽管《1882 年票据法》认定银行承兑支票的义务和授权在客户撤销支票时终止,[213]但立法却对有效的撤销支票有什么要求或产生什么后果保持沉默。由于有效的撤销并没有不得不采用的具体形式(由此口头指示在原则上应该也完全有效),[214]银行会在开户合同中约定撤销必须书面存证以确保该等指示确实来自客户。而且,普通法要求出票人/客户,在相关开立账户的分行,[215]清晰且毫不含糊地[216]令其指示变化引起按授权行事的银行员工注意到其撤销指示。[217] 出票人银行缺乏对新指示的实际知悉是绝对不行的(不存在“推定撤销”这种事物),因此不能仅仅以银行倘若采取进一步措施、多作询问或采取合理注意就应能发现指示变动,就认定支票已被撤销。[218] 但这又会产生一个问题,即出票人/客户太晚行动不能撤销一项支票,尽管《1882 年票据法》就这一时点精确到何时还是未能明确。一种理性的处理是如果银行有充分的时间切实合理地拒付收款人,银行必须服从出票人/客户的撤销通知:如果支票是付入出票人和收款人开立账户的同一分支机构,那么支票在银行采用承兑支票的任何常规措施前(例如确认出票人签字、核对资金的充足性)的任何时点都可以撤销。[219] 鉴于更为常见的情形是支付必须通过清算系统托收,那么不可撤销的时点将由清算系统的规则决定,英国零售银行采用了“2-4-6”的支票清算承诺[220]表明出票人/客户最迟可在存入支票 6 个工作日内撤销该 380

[210] See E. P. Ellinger, E. Lomnicka, and C. Hare, *Ellinger's Modern Banking Law* (5th edn., Oxford, Oxford University Press, 2011), 658. 了解,对于“支票担保卡”的法律分析,参见 *Metropolitan Police Commissioner v. Charles* [1977] AC 177, 182; *First Sport Ltd. v. Barclays Bank plc* [1993] 1 WLR 1229, 1233, 1237-8。

[211] UK Payments Administration, *The Cheque Guarantee Card Scheme Announces Closure Date of* 30 *June* 2011 (25 September 2009).

[212] 参见表 13-1。

[213] Bills of Exchange Act 1882, s. 75 (1).

[214] *Consider Morrell v. Workers Savings & Loan Bank* [2007] UKPC 3, [10]; *Hill Street Services Co Ltd. v. National Westminster Bank plc* [2007] EWHC 2379 (Ch), [14]-[17].

[215] 如果出票人/客户的指示是模糊的,银行有权以其对这些指示含义的诚实和合理的理解行事,(参见 *Westminster Bank Ltd. v. Hilton* (1926) 43 TLR 124),尽管如果指示是模糊的,银行需要澄清其指示了参见 Patel v. Standard Charterel Bank [2001] Lloyd's Rep (Bank) 229, [35]-[36]; *Cooper v. National Westminster Bank plc* [2009] EWHC 3035, [61]-[63]. See also S. Magnet, 'Inaccurate or Ambiguous Countermand and Payment over Countermand' (1979) 4 *Can. BLJ* 297.

[216] *Commonwealth Trading Bank v. Reno Auto Sales Pty Ltd.* [1967] VR 790; *Giordano v. Royal Bank of Canada* [1973] 3 OR 771, 775.

[217] London Provincial and South Western Bank v. Buszard (1918) 35 TLR 142; *Burnett v. Westminster Bank Ltd.* [1966] 1 QB 742.

[218] *Curtice v. London City and Midland Bank* [1908] 2 KB 293, 298-302.

[219] *Capital Associates Ltd. v. Royal Bank of Canada* (1970) 15 DLR (3d) 234. 进一步了解参见本书第十二章第二节。

[220] 根据“2-4-6”的承诺,支票收款人被确保支票收益会在存入后第 2 个工作日为收息目的而贷记其账户,资金可以自第 4 个工作日后可以提取,且支付在第 6 个工作日不会被拒付:参见 Cheque and Credit Clearing Company Ltd, *Cheques and Cheque Clearing—The Facts* (November 2007), 7。

票据。[221] 允许撤销的时间将明显短于引入的支票截取（cheque truncation，即截取支票部分信息或影像）时间，[222] 或支票特地提示托收的时间，托收是一项加速流程，涉及将支票在物理上直接提交出票分行，而不是通过清算系统。如果出票人银行忽视客户的撤销要求而错误支付了支票，它在原则上（除了法律上的强迫、不当得利或显失公平的情况）[223] 不能从客户那里就所付金额受偿，因为银行可能已超出了委托和授权行事，但银行可根据初步证据对支票收款人就已付金额主张不当得利，当然也会适用相关的抗辩（如处境变化）。[224]

第二，与代理—本人关系的一般情况不同，[225] 银行对其客户支票的支付义务只在收到客户死亡的通知时终止，[226] 然而还不清楚在客户精神失常时银行的付款授权是否自动终止[227] 还是仅基于收到相关事实的通知才终止。[228]

第三，与死亡和精神失常一样，银行对客户支票付款的义务止于收到客户破产或清算申请这一事实的通知时，[229] 但不是在接到前述申请时自动终止。[230] 这在过去对银行产生了法律风险，即银行在提交清算申请和作出随后法院令之间的时间段里持续付款并托收公司客户的支票，而公司客户在前述期间所作的任何"处置"是无效的且面临客户清算人的恢复原状主张。[231] 经过一段时间的不确定性，现在这个问题已经很清晰，如果支票是基于透支账户或信用账户而付款，只有有利于支票收款人才构成"处置"，有利于
381 出票人银行不构成"处置"（此时银行将不得不向清算人返还相应款项）。[232] 与之类似，托收银行无须向客户的清算人返还已付入信用账户的支票面值，[233] 因为它不是"处

---

[221] 参考 *Hare v. Henty*（1861）10 CBNS 65，142 ER 374，379。提示支票的时间不受支票截取的影响：参见《1882 年票据法》s. 89A（5），被《2015 年小生意、雇佣和企业法》s. 13（2）嵌入。

[222] See Cheque and Credit Clearing Company Ltd，*Cheque Imagining Explained*（19 May 2016），3.

[223] *Crantrave Ltd. v. Lloyds Bank plc* [2000] QB 917，924–5，限制了 *B Liggett（Liverpool）Ltd. v. Barclays Bank Ltd.* [1928] 1 KB 48，59–64 的适用。See also *Re Cleadon Trust Ltd.* [1939] Ch 286，315，321–8；*Swotbooks.com Ltd. v. Royal Bank of Scotland plc.* [2011] EWHC 2025（QB），[51]–[54]；*Ibrahim v. Barclays Bank plc.* [2013] Ch 400，[32]–[67].

[224] *Barclays Bank Ltd. v. WJ Simms Son & Cooke（Southern）Ltd.* [1980] QB 677，695，699–703；*Lloyds Bank plc v. Independent Insurance Co Ltd.* [2000] QB 110，115–33；*Standard Bank London Ltd. v. Canara Bank*（unre-ported，22 May 2002，Moore-Bick J），[98]–[99].

[225] *Campanari v. Woodburn*（1854）15 CB 400.

[226] Bills of Exchange Act 1882，s. 75（2）. See also *Rogerson v. Ladbroke*（1822）1 Bing 94.

[227] 了解通识，参见 *Young v. Toynbee* [1910] 1 KB 215；比较 *Drew v. Nunn*（1879）4 QBD 661。

[228] E. P. Ellinger, E. Lomnicka, and C. Hare, *Ellinger's Modern Banking Law*（5th edn.，Oxford，Oxford University Press，2011），480–1.

[229] *Pettit v. Novakovic* [2007] BPIR 1643，[7]. 在自愿清算中，银行的授权因成员的决议通知而终止：参见 *National Westminster Bank Ltd. v. Halesowen Presswork Assemblies Ltd.* [1972] AC 785。

[230] *Hollicourt（Contracts）Ltd. v. Bank of Ireland* [2001] Ch 555，[33].

[231] Insolvency Act 1986，s. 127.

[232] Coutts & Co v. Stock [2000] 1 WLR 906，[6]–[9]；*Hollicourt（Contracts）Ltd. v. Bank of Ireland* [2001] Ch 555，[23]，[31]–[33]；*Re A Company* [2012] EWHC 4336（Ch），[37].

[233] *Re Barn Crown Ltd.* [1995] 1 WLR 147，156–7；*Re Tain Construction Ltd.* [2003] BPIR 1188，[11].

置”，尽管在支票被付入透支账户时就不能这样说。[234] 在后一种情况下，托收银行可能通过引用处境变化抗辩[235]或寻找生效的法院令以减轻其对客户清算人的法律责任。[236]

第四，出票人银行在支票提示付款时仅在账户内有充足资金（无论由于贷记余额或是经同意的透支额度）足以覆盖支票的全部面值时，才有义务对出票人/客户以支票方式下达的支付指令付款，[237]但仍有权选择给客户透支额度（但这是权利，不是义务，除非了已受合同约束必须这样做）。[238] 随之而来的是（可能在账户合同中明确约定）[239]即便客户已向账户付款或存入支票足以覆盖账户签出支票，银行仍有权拒付签出支票，除非已付入账户的款项已结晶固化为清算资金[240]或者付款银行已同意客户以未清算资金开立支票。

第五，相关的最后一点，如果相关账户内的资金被法院令查封或冻结，如出现第三方债务令[241]或冻结禁令，[242]出票人银行将解除其对出票人/客户支票的付款义务，因为账户里不再有充分的“闲余”资金以覆盖支票。

第六，正如即期汇票要让出票人承担票据责任必须“在开证后合理时间内”提示付款，[243]银行已形成的惯例[244]是付款银行通常会拒付一张“过时”的支票，即支票应在开证之日起6个月内提示付款。[245] 这是合理的，因为尽管出票人/客户会在因延迟提示[246]所受实际损失的范围内解除法定义务，但出票人银行的义务却没有由此解除。 382

第七，根据银行在《2000年恐怖主义法》[247]和《2002年犯罪收益法》（Proceeds of

---

[234] *Re Gray's Inn Construction Ltd.* [1980] 1 WLR 711,715-16; *Re Tain Construction Ltd.* [2003] BPIR 1188, [11].

[235] *Re Tain Construction Ltd.* [2003] BPIR 1188, [41].

[236] *Re TW Construction Ltd.* [1954] 1 WLR 540,542-6.

[237] *Re Spectrum Plus Ltd* [2005] 2 AC 680, [59].

[238] *Cunliffe Brooks & Co v. Blackburn and District Benefit Building Society* (1884) 9 App Cas 857,864; *Barclays Bank Ltd. v. WJ Simms & Cooke (Southern) Ltd.* [1980] 1 QB 682,699; *Office of Fair Trading v. Abbey National plc* [2008] EWHC 875 (Comm), [45], [55].

[239] *Westminster Bank Ltd. v. Zang* [1966] AC 182.

[240] See *AL Underwood v. Bank of Liverpool* [1924] 1 KB 775. See also A. Campbell and N. Kibble, 'Dishonoured Cheques: A Comparative Analysis' [2001] JBL 77.

[241] Civil Procedure Rules 1998, Pt. 72. See also E. P. Ellinger, E. Lomnicka, and C. Hare, *Ellinger's Modern Banking Law* (5th edn., Oxford, Oxford University Press, 2011), 459-70.

[242] Senior Courts Act 1981, s. 37. See also *Mareva Compania Naviera SA v. International Bulk Carriers SA* ('*The Mareva*') [1975] 2 Lloyd's Rep 509; *Mercedes-Benz AG v. Leiduck* [1996] AC 284; *Fourie v. Le Roux* [2007] 1 All ER 1087. See further E. P. Ellinger, E. Lomnicka, and C. Hare, *Ellinger's Modern Banking Law* (5th edn, Oxford, Oxford University Press, 2011), 470-7.

[243] Bills of Exchange Act 1882, s. 45 (2). See also Bills of Exchange Act 1882, s. 36 (3).

[244] *Ullrich v. Commissioner of Inland Revenue* [1964] NZLR 386,388-9.

[245] *Kashi v. Eshragi* (Unreported, EWCA, 17 July 2000). See also *Edmonton Motors Ltd. v. Edmonton Savings & Credit Union Ltd.* (1988) 85 AR 29, [81]-[82]; *Commissioner of Inland Revenue v. Thomas Cook (NZ) Ltd.* [2003] 2 NZLR 296, [38].

[246] Bills of Exchange Act 1882, s. 74 (1). 了解延迟提示的理由，参见 *Fiorentino Comm Giuseppe Srl v. Farnesi* [2005] 2 All ER 737。

[247] Terrorism Act 2000, ss. 21A-H.

Crime Act 2002）[248]下的法定义务，对与涉嫌反洗钱或恐怖融资相关问题作授权披露，银行可以冻结出票人/客户账户直到相关当局给出“适当的同意”开释该账户或者相关法定时间限制已过。[249] 在该种情况下，出票人银行服从客户支票指令的义务中止。[250]

二、支票的托收

由于支票涉及借记划拨（debit transfer），付款开始于收款人将支票存入其银行（“托收银行”），托收银行依次向出票人/付款人的银行（付款银行）提示票据要求付款，这一过程就是所谓的支票托收。虽然受欢迎度在下降，支票的体量仍然巨大，因此支票往往是批量托收，要么通过托收银行的清算部门，这适用于支票在银行的同一家分行签出与付入的情况；要么通过中央清算所，如果付款银行和托收银行不同。[251] 直到近期，支票还不得不靠手工清算，由于在出票银行的分行提示有形票据是支付的法定前提[252]（尽管自1996年以来，银行开始可以另行公布场所专作支票提示付款）。[253] 这种基于纸质的托收系统在时间和成本上的不利之处是显而易见的，尤其是考虑到新型技术与通信的到来。相应地，为提高支票托收速度、减少其成本，英国寻求发展一个叫作“支票截取”的系统，[254]即每张支票不再在物理上从托收行送往付款行，而是以电子方式发
383 送支票的明细[255]或该票据表面影像。[256] 根据自2016年7月31日起生效的《2015年小生意、雇佣和企业法》所引进的变化，物理上提交支票[257]可以用提交支票两面的电子影

[248] Proceeds of Crime Act 2002, ss. 327-39.

[249] Proceeds of Crime Act, s. 335. See *Squirrel Ltd. v. National Westminster Bank plc* [2005] 2 All ER 784, [18]-[21].

[250] *K v. National Westminster Bank plc* [2006] 2 All ER (Comm) 655, [10]-[12]; *Shah v. HSBC Private Bank (UK) Ltd.* [2010] EWCA Civ 31, [20]-[33].

[251] 如果出票人和收款人在同一家分行有账户，无论是托收行清算办还是集中清算所都无须介入。

[252] Bills of Exchange Act 1882, ss. 45, 52 (4). See also *Royal Bank of Ireland Ltd. v. O'Rourke* [1962] IR 159, followed in *Barclays Bank plc v. Bank of England* [1985] 1 All ER 385, 387-94. 进一步了解参见第十二章第三节“三、支付系统的规则”部分内容。

[253] Bills of Exchange Act 1882, s. 74A, inserted by the Deregulation (Bills of Exchange) Order 1996, 1996 SI No 2993), reg. 3. 在有些法域，在清算所提示付款是允许的，参见 League of Nations, Convention Providing a Uniform Law for Cheques, Treaty Series, vol. 143, p. 355 (19 March 1931), Art. 21; Annex Ⅱ, Art. 15。

[254] See generally J. Vroegop, 'The Legal Implications of Cheque Truncation' [1990] *LMCLQ* 244; B. Geva, 'Off-premises Presentment and Cheque Truncation under the Bills of Exchange Act' [1989] *BFLR* 295.

[255] 根据《1882年票据法》s. 74B，支票可通过通知付款银行的方式提示，其本质是通过电子方式或其他方式提示，而不是提示支票本身，指支票序列码、金额和出票人账户号码和软码。本条款已被《2015年小生意、雇佣和企业法》s. 13 (4) 废止。

[256] See Small Business, Enterprise and Employment Act 2015, s. 13, inserting Bills of Exchange Act 1882, Pt. 4A.

[257] Bills of Exchange Act 1882, s. 89B (1)(a), inserted by Small Business, Enterprise and Employment Act 2015, s. 13 (2).

像替代，只要付款银行接受该等电子提示[258]且托收银行的账户条款不妨碍客户往账户里存入有形支票。[259] 正如有形的提示付款，支票截取提示在与电子提示兼容的范围内[260]也适用《1882年票据法》的要求，而现在已有动力就电子提示支票复本的制作[261]和托收银行就"任何人因电子提示产生的任何损失"的支付赔偿开展授权立法。[262] 预测认为支票截取将令清算资金至迟于存入支票的工作日的午夜可归支票收款人使用。[263]

（一）付款银行

如前所述，一家银行承兑或支付一张由其客户签出的支票必须严格遵照客户委托，如果银行做到了，它就有权就支票面值借记客户账户。如果付款银行从未得到支付授权（因为出票人签名是假的或未授权的），[264]或者如果银行此方面授权随后被终止了（因对支票重大改动[265]或撤销[266]或客户的死亡[267]或丧失行为能力），那么银行必须拒付该支票，否则它将无权借记客户账户以获得补偿。如下情况下付款银行也与此类似无权获得补偿，因为它支付客户支票的授权已因成文法、法院令或银行惯例而终止，这一点已如前述。[268] 即便银行在委托范围内行事，也不意味着它永远不会对客户承担责任——付款银行对出票人/客户的责任是尽合理注意执行其付款指令，[269]如确保适当签出的支票不会在事实上用于欺诈客户。[270] 而银行对公司、[271]合伙[272]和联合账户[273]签发支 384

[258] Bills of Exchange Act 1882, s. 89A (1), inserted by Small Business, Enterprise and Employment Act 2015, s. 13 (2).

[259] Bills of Exchange Act 1882, s. 89C, inserted by Small Business, Enterprise and Employment Act 2015, s. 13 (2).

[260] Bills of Exchange Act 1882, s. 89A (4), (7), inserted by Small Business, Enterprise and Employment Act 2015, s. 13 (2).

[261] Bills of Exchange Act 1882, s. 89D, inserted by Small Business, Enterprise and Employment Act 2015, s. 13 (2).

[262] Bills of Exchange Act 1882, s. 89E, inserted by Small Business, Enterprise and Employment Act 2015, s. 13 (2).

[263] Cheque and Credit Clearing Company Ltd, *Cheque Imagining Explained* (19 May 2016), 3.

[264] Bills of Exchange Act 1882, s. 24.

[265] Bills of Exchange Act 1882, s. 64 (1).

[266] Bills of Exchange Act 1882, s. 75 (1).

[267] Bills of Exchange Act 1882, s. 75 (2).

[268] 进一步了解参见本章第二节"一、支票的本质"部分内容。

[269] 该义务可能因银行—客户间的默示条款而产生（see Supply of Goods and Services Act 1982, s. 13, as amended by the Consumer Rights Act 2015），也可能因普通法下果实侵权义务而产生（see *Barclays Bank plc* v. *Quincecare* [1992] 4 All ER 363, 376）。

[270] 付款行因在《2000年恐怖主义法》和《2002年犯罪收益法》下就必须采取的措施而负有有限义务：参见 *Shah v. HSBC Private Bank (UK) Ltd.* [2010] EWCA Civ 31, [35] -[39]。

[271] See, e. g., *Barclays Bank plc v. Quincecare* [1992] 4 All ER 363.

[272] See, e. g., *Lipkin Gorman (a firm) v. Karpnale & Co. Ltd.* [1989] 1 WLR 1340, rev'd on another point: [1991] 2 AC 548.

[273] *Royal Bank of Scotland plc v. Fielding* [2004] EWCA Civ 64, [107] -[108].

票的欺诈风险应更为警惕。但即便已显示支票事实上成为对银行客户欺诈的一部分，法院还是不情愿认定付款银行有违注意义务，理由有三：银行业务活动必须基于“人是诚实的这一初步设定”；[274]每天提示付款托收支票的数量令特定分行在检查票据时充分细致以发现欺诈非常困难；[275]注意义务在与其他对客户义务冲突时可以有所放松（例如保密义务）。[276] 本质上，除非有对客户欺诈犯罪的明确证据[277]或者支付指令不同寻常或令人生疑，[278]那么付款银行可以放心依其客户委托行事而无须担心法律责任。

但是，当出票人账户在支票提示付款时有充足资金（无论是贷记余额或双方同意的透支额度），而付款银行以拒绝向支票收款人支付面值的方式错误拒付了出票人/客户的支票，会产生更明显的责任形式。这一错误拒付构成对银行客户间账户合同的违约。虽然客户显然可以在当事人合理期待范围内弥补经济损失，但就客户的信用与声誉的损失是否能作为常规赔偿存在矛盾。一度只有商人可以“无须主张特别损失就可因信用损害获得合理赔偿”，因为银行对客户支票的拒付“是对（商人）信用的明显伤害”；[279]而非商人只能就错误拒付所致经证明的实质损害而获得救济。[280] 在认定拒付也会伤害个人信用评级之后（尤其是考虑到现在信用评级机构无所不在），这一区分被理性扬弃了，由此“存在损失的假定存在于每一个案件之中”，[281]尽管对这方面的赔偿额大小仍有争议。[282] 该观点认为，在拒付支票问题上，与常规赔偿数额相关的因素有：客户的类别、基础交易的本质、所涉支票的数量、支票的规模、不同收款人的数量以及银行行为的本质。[283]

除了违约责任，付款银行还可能因错误拒付支票而产生诽谤侵权责任，因为作为一种银行业务，付款银行在将票据返还持票人时通常要在支票上作出记载（在英国最常见的是“问询出票人”）以表明拒付的事实且/或原因。更为接受的观点是，在普通法上，
385 “问询出票人”（或是“再次提示”[284]或者“冻结账户”[285]）字样表明出票人缺乏资金构

---

[274] *Selangor United Rubber Estates Ltd. v. Cradock* (*No.* 3) [1968] 1 WLR 1555, 1608; *Barclays Bank plc v. Quincecare* [1992] 4 All ER 363, 376-7.

[275] *Lipkin Gorman v. Karpnale & Co Ltd.* [1989] 1 WLR 1340.

[276] Ibid.

[277] Ibid.

[278] *Verjee v. CIBC Bank & Trust Company* (*Channel Islands*) *Ltd.* [2001] Lloyd's Rep Bank 279.

[279] *Rolin v. Steward* (1854) 14 CB 595, 607; *Wilson v. United Counties Bank Ltd.* [1920] AC 102, 112.

[280] *Evans v. London & Provincial Bank*, *The Times*, 1 March 1917; *Gibbons v. Westminster Bank Ltd.* [1939] 2 KB 882; *Rae v. Yorkshire Bank plc*, *The Times*, 8 October 1987.

[281] *Kpohraror v. Woolwich Building Society* [1996] 4 All ER 119, 124. See also *Abbey Forwarding Ltd. v. Hone* (*No.* 3) [2015] Ch 309, [106]-[125]. 了解基于声誉或“污名损失”而赔偿合同损失，参考 Malik v. BCCI SA [1998] AC 20。

[282] 例如，在 *Kpohraror v. Woolwich Building Society* [1996] 4 All ER 119 中，上诉法院判定，不当拒付 4550 英镑支票的损失是 5550 英镑。

[283] *Nicholson v. Knox Ukiwa* [2007] EWHC 2430 (QB), [83]-[118].

[284] *Baker v. Australia and New Zealand Bank Ltd.* [1958] NZLR 907.

[285] *Bumiputra-Commerce Bank Bhd v. Top-A Plastic Sdn Bhd* [2008] 5 MLJ 34, [22].

成贬损声誉,[286]在具有正常思维的社会成员眼中,这样记载会降低出票人的身份或声誉。[287] 尽管按《2013 年反诽谤法》(Defamation Act 2013)中提高的要求,只有这一陈述导致或可能会导致"对(出票人)声誉的严重损害"时,[288]如此记载才能是诽谤性的,但是考虑到对出票人信用评级的潜在影响,在拒付票据上记载"问询出票人"是否满足该一要求富有争议。一个更有争议的问题是在回应客户主张诽谤时,付款银行能使用何种抗辩,特别是银行能否援引适格特权(privilege)? 尽管英格兰[289]和爱尔兰[290]的判例分量仅能支持适格特权的抗辩,而不适用于普通法上的回款问题,一个澳大利亚高等法院近期案件—— *Atkas v. Westpac Banking Corporation Ltd.* 案[291]以微弱多数支持了在普通法上引用此抗辩,尽管这个案件的多数派观点面临着批评,[292]而少数派的观点,被认为本应在争议中胜出。适格特权的抗辩既不应受付款银行对支票错误付款这一事实的影响[293]也不受《2013 年反诽谤法》通过的影响。[294]

正如对其客户承担责任,付款银行也可能因为承诺付款或支付客户的支票而对其他方产生责任。首先,尽管支票被拒付时支票收款人主要会对票据出票人追索[295](因为支票不涉及收款人银行的承兑问题),[296]付款银行还是有可能产生对收款人的责任。当然,当银行违反票据上的普通或特别划线而对支票付款,将对收款人(作为支票的"真正所有人")因违反划线导致的任一损失承担法定责任,虽然付款银行善意承兑支票且 386
没有过失时会免于责任。[297] 在该成文法之外,还有少数判例法认为如果付给了收款人

---

[286] *Hill v. National Bank of New Zealand Ltd.* [1985] 1 NZLR 736,749.

[287] See generally *Szek v. Lloyds Bank* (Unreported, Grantham J, 15 January 1908); *Allen v. London County and Westminster Bank* (1915) 84 LJKB 1286; *Jayson v. Midland Bank Ltd.* [1968] 1 Lloyd's Rep 409; *Bradford Savings & Loan Ltd. v. Barclays Bank plc* (Unreported, 30 March 1994, H Kershaw QC); cf. *Flach v. London and South Western Bank Ltd.* (1915) 31 TLR 334,336; *Plunkett v. Barclays Bank* [1936] 2 KB 107,120. 共同体的判例法认为"问询出票人"是贬损声誉的:参见 *Hill v. National Bank of New Zealand Ltd.* [1985] 1 NZLR 736,748-9; *Bumiputra-Commerce Bank Bhd v. Top-A Plastic Sdn Bhd* [2008] 5 MLJ 34, [22]; *Atkas v. Westpac Banking Corporation Ltd.* [2010] HCA 25, [7]-[9]。

[288] Defamation Act 2013, s. 1 (1).

[289] *Hilbery J, in Davidson v. Barclays Bank Ltd.* [1940] 1 All ER 316 驳回了这种抗辩的可行性, *Simon Brown LJ in Lloyds Bank plc v. Rogers* [1997] TLR 154 称 Davidson 规定已受质疑且从未验证过。

[290] *Pyke v. Hibernian Bank Ltd.* [1950] IR 195.

[291] *Atkas v. Westpac Banking Corporation Ltd.* [2010] HCA 25, [35]-[42].

[292] See R. Tobin and C. Hare, 'Dishonoured Cheques and Qualified Privilege' [2012] *LMCLQ* 1.

[293] *Atkas v. Westpac Banking Corporation Ltd.* [2010] HCA 25, [61]-[66],的这一点上质疑了 *Davidson v. Barclays Bank Ltd.* [1940] 1 All ER 316。*See further* R. Tobin and C. Hare, 'Dishonoured Cheques and Qualified Privilege' [2012] LMCLQ 1,8-9.

[294] Consider, e. g., *Umeyor v. Ibe* [2016] EWHC 862 (QB), [83]-[85].

[295] Bills of Exchange Act 1882, ss. 47 (2), 55 (1). 清算拒付损失包括支票的面额和利息;参见《1882 年票据法》s. 57(1)。另参见 *The Erin Schulte* [2015] 3 WLR 261 [40]。外用法适用的利息可能不能补偿:参见 *Karafarin Bank v. Dara* [2009] EWHC 3265, [25]-[27]。

[296] *Bank of Baroda Ltd. v. Punjab National Bank Ltd.* [1944] AC 176,188.

[297] Bills of Exchange Act 1882, s. 79 (2). See *Law Society of Northern Ireland v. The Governor & Company of the Bank of Ireland* [2013] NIQB 130, [73]-[74].

以外的其他人,付款银行可能会因侵占之诉(action of conversion)[298]或接收和占有资金之诉[299](action of money had and received)而产生责任。而且,尽管默认规则是付款银行在决定是否偿付票据或产生付款时对支票收款人没有注意义务,[300]当付款银行明显自愿对收款人承担责任时,可能产生侵权法上的过失责任(正如银行通知收款人的支票拒付原因时可能发生的责任)。[301] 其次,支付银行可能非同寻常地对托收银行承担支付支票面值和/或赔偿其损失的责任。这就是当付款银行事先在票据上明确记载将在票据提示时予以付款却拒付支票,[302]或者支付银行未及时清付并支付票据导致托收银行未能遵守"2-4-6"清算承诺对其客户担责,而该承诺可能是作为银行惯例默示于账户合同和清算所规则中。[303] 最后,付款银行在理论上可能对支票的被背书人承担责任。有观点认为,因为英国支票一般事先印好了"只付收款人"的划线,因此转让票据已不再可能,现在付款银行对支票被背书人承担责任的风险很小,且在背书是伪造、未授权或表面看来不正常时,不得不依赖于成文法上的抗辩。[304]

(二)托收银行

托收银行在托收支票时是作为客户或支票收款人的代理人。[305] 相应地,托收银行必须服从客户的委托,因此如果托收银行根本未托收票据或为客户以外的其他人托收票据,它将就支票面值及其合理预期的间接损失承担严格责任。当托收银行采取措施托收支票时,它对其客户承担的义务是常规(合同上的[306]和侵权法上的[307])履职时尽合理
387 技能和注意义务。尽管注意义务的范围将扩展到雇佣托收支票的代理行[308]并在"合理

[298] *Smith v. Union Bank of London* (1875) LR 10 QB 291, aff'd (1875) 1 QBD 31; cf. *Charles v. Blackwell* (1877) 2 CPD 151, 162-3.

[299] *Bavins Junior & Simms v. London and South Western Bank Ltd.* [1900] 1 QB 270, 278; cf. E. P. Ellinger, E. Lomnicka, and C. Hare, *Ellinger's Modern Banking Law* (5th edn., Oxford, Oxford University Press, 2011), 491-2.

[300] *National Westminster Bank Ltd. v. Barclays Bank International Ltd.* [1975] QB 654, 662; *Dublin Port & Docks Board v. Governor & Company of the Bank of Ireland* [1976] IR 118, 139, 141.

[301] *TE Potterton Ltd. v. Northern Bank Ltd.* [1995] Bank LR 179, explained in *Kennedy v. Allied Irish Banks plc* [1998] 2 IR 48, 56.

[302] *Bank of Baroda Ltd. v. Punjab National Bank Ltd.* [1944] AC 176, 188.

[303] *Hare v. Henty* (1861) 10 CBNS 65; *Parr's Bank v. Ashby* (1898) 14 TLR 563; *Re Farrow's Bank Ltd.* [1923] 1 Ch 41; *Barclays Bank plc v. Bank of England* [1985] 1 All ER 385, [17]; *Tayeb v. HSBC Bank plc* [2004] 4 All ER 1024, [57].

[304] Bills of Exchange Act 1882, ss. 60, 80; Cheques Act 1957, s. 1. See further E. P. Ellinger, E. Lomnicka, and C. Hare, *Ellinger's Modern Banking Law* (5th edn., Oxford, Oxford University Press, 2011), 502-9.

[305] *Re Barn Crown Ltd.* [1995] 1 WLR 147, 151-2, 156.

[306] Supply of Goods and Services Act 1982, s. 13, as amended by the Consumer Rights Act 2015.

[307] *Consider Henderson v. Merrett Syndicates Ltd.* [1995] 2 AC 145, 205.

[308] *AA Valibhoy & Sons (1907) Pte Ltd. v. Habib Bank Ltd.* [1982-1983] 1 SLR 379, 391; *AA Valibhoy & Sons (1907) Pte Ltd. v. Banque Nationale de Paris* [1994] 2 SLR 772, 781.

时间"内托收票据[309]（作为一个银行惯例，这将取决于清算所规则和"2-4-6"的清算承诺），[310]它并不要求银行就某项加剧的诉讼风险或特别的票据风险向客户提供意见。[311] 一旦托收完成，托收银行的代理人地位要求其将资金贷记客户账户，并在无清算所规则、无账户条款也没有客户自身授权的情况下，不得返转贷记资金。任何情况下对贷记资金的反转将构成对托收资金委托的违反。但在银行高效贴现支票（而不是托收）时情况与此不同，[312]这可能发生在：银行同意客户就支票收益而透支，[313]实际允许客户依托未清算支票开票，[314]或以支票额减少其既存的透支额[315]（尽管仅仅贷记客户账户暂停清算并不足够）。[316] 在银行授予客户的额度范围内并相应贴现支票，银行是以自己的名义作为本人获得支票的收益，[317]而不是为其客户。由此银行将不必然对其客户负有通常与托收银行相关的义务。由于大部分支票倾向于划线"只付收款人"，[318]当前银行作为贴现银行而不是托收银行是反常之举。

除了根据账户合同或过失侵权，托收银行会对其客户存在风险暴露，近期上议院在 *OBG Ltd v. Allan* 案[319]中确认银行可能由于为"错误"的人托收支票而产生侵占之诉严格责任，[320]这将发生于支票上有伪造签名或未经授权的出票人签名，[321]或者发生于支票被实质性改动[322]或被盗[323]的情形中。但是只有支票的"真正所有者"才有权提起这种针对托收银行的侵占之诉。"真正所有者"的概念在《1882 年票据法》中已有提及，[324] 388

---

[309] Consider Bills of Exchange Act 1882, ss. 36 (3), 45 (2), 74 (1).

[310] Bills of Exchange Act 1882, ss. 45 (2), 74 (2). See further E. P. Ellinger, E. Lomnicka, and C. Hare, *Ellinger's Modern Banking Law* (5th edn., Oxford, Oxford University Press, 2011), 716.

[311] *Redmond v. Allied Irish Bank* [1987] FLR 307, 311. 这和国际金融危机之后不愿设定顾问义务的趋势一致；参见 JP *Morgan Chase Bank v. Springwell Navigation Corporation* [2008] EWHC 1186 (Comm), [431] - [434], [445] - [459], [474] - [490]。

[312] 银行的托收和贴现的功能可以并存，而且它们不会相互排斥：参见 *Barclays Bank Ltd. v. Astley Industrial Trust Ltd.* [1970] 2 QB 527, 538。

[313] *Re Farrow's Bank Ltd.* [1923] 1 Ch 41.

[314] Ibid.

[315] *M' Lean v. Clydesdale Banking Corporation* (1883) 9 App Cas 95. 根据《1882 年票据法》s. 27 (3)，支票留置人成为普通法上票据面值的持有人，银行就透支的未拒收支票有留置权：参见 *Barclays Bank Ltd. v. Astley Industrial Trust Ltd.* [1970] 2 QB 527; *National Australia Bank Ltd. v. KDS Construction Services Pty Ltd.* (1987) 163 CLR 668。

[316] *AL Underwood Ltd. v. Bank of Liverpool* [1924] 1 QB 775; *Westminster Bank Ltd. v. Zang* [1966] AC 182; cf. *Capital and Counties Bank Ltd. v. Gordon* [1903] AC 240.

[317] *Capital and Counties Bank Ltd. v. Gordon* [1903] AC 240.

[318] Cheques Act 1992, s. 1, inserting Bills of Exchange Act 1882, s. 81A.

[319] *OBG Ltd. v. Allan* [2008] AC 1, [97] - [106], [225] - [238], [321].

[320] S. Green and J. Randall, *The Tort of Conversion* (Oxford, Oxford University Press, 2009), 67-74. See also *Hollins v. Fowler* (1875) LR 7 HL 757.

[321] See, e. g., *Mathew and Cousins v. Sherwell* (1810) 2 Taunt 439. Consider J. Holden, *The History of Negotiable Instruments in English Law* (London, Athlone Press, 1955), 222ff.

[322] See, e. g., *Smith v. Lloyds TSB Group plc* [2001] QB 541.

[323] See, e. g., *Channon v. English, Scottish and Australian Bank* (1918) 18 SR (NSW) 30.

[324] Bills of Exchange Act 1882, ss. 79 (2), 80.

但并未界定，因此必须按普通法的原则来确定。尽管权利人通常被认为是对相关标的有最大利益的人，[325]但是一个实际占有票据或对有权当即占有票据的人也有权就支票提起侵占之诉。[326] 之前，当支票可以自由转让时，"真正所有者"可能是通过交付或背书成为票据持有人的任何第三人[327]，但现在支票已事先印好了"只付收款人"的划线，"真实所有者"在支票以交付方式签给收款人之前通常是出票人，[328]之后则是收款人。[329]有人说，如果支票在移转过程丢失或被盗，要确认支票是否已有效交付存在事实认定上的困难。解决这一问题需要转为邮局或承运人是否能视作出票人或收款人的代理人；票据交付方式是否由一方或他方当事人选择；以及支票是欺诈出具还是就真实基础交易而出具。[330] 也就是说，当证据上的不确定性无法解决时，默认的解决方案在于成文法上的假定，即存在对支票收款人的"有效且无条件的交付"，[331]收款人由此有权提起侵占之诉（尽管与其他领域必须选择由哪个无辜者承担第三方欺诈的损失一样，[332]在此问题上就相关欺诈产生损失的分配必然有争议）。从实务看，对托收银行而言，潜在原告范围的缩小（不是出票人就是收款人）必然令侵占之诉在成为责任来源没以前那么重要。考虑到若托收银行因误为他人托收或有悖其指示，已经对客户（通常是支票收款人）违约而负潜在严格责任，尤其如此。

当支票没有托收并付给"真正所有者"时，关于托收银行侵占之诉的损害赔偿，长期以来认定的初步赔偿是错误托收支票的面值。[333] 尽管近期在 *OBG Ltd v. Allan* 案[334]中已认定将支票视作相当于其面值的动产是"法律上的虚构"或"异物"——因为其真正价值在于支票纸张所体现的无体付款义务，而出票人可能会不名一文或破产——上议院

---

[325] See generally A. Honoré, 'Ownership', in A. G. Guest (ed.), *Oxford Essays in Jurisprudence* (Oxford, Clarendon, 1961).

[326] *Mainline Private Hire Ltd. v. Nolan* [2011] EWCA Civ 189, [1]-[2].

[327] Bills of Exchange Act 1882, s. 2.

[328] Bills of Exchange Act 1882, ss. 2, 21 (1). See, e. g., *Ladbroke & Co v. Todd* (1914) 30 TLR 433; *Marquess of Bute v. Barclays Bank Ltd.* [1955] 1 QB 202.

[329] *Citibank NA v. Brown Shipley & Co Ltd.* [1991] 2 Lloyd's Rep 567, 583; *Dextra Bank & Trust Co Ltd. v. Bank of Jamaica* [2002] 1 All ER (Comm) 193, [17]-[25]; *Abbey National plc v. JSF Finance & Currency Exchange Co Ltd.* [2006] EWCA Civ 328, [15]-[21].

[330] See generally *Channon v. English Scottish & Australian Bank* (1918) 18 SR (NSW) 30; *Smith and Baldwin v. Barclays Bank Ltd.* (1944) 5 LDAB 370, 373. 参考 *Honourable Society of Middle Temple v. Lloyds Bank plc* [1999] 1 All ER (Comm) 193，常见理由提出票人是一张明显窃自邮寄中的支票的所有人。

[331] Bills of Exchange Act 1882, s. 21 (3), applied in *Surrey Asset Finance Ltd. v. National Westminster Bank plc* [2000] TLR 852.

[332] 了解单方错误的相关问题：参见 *Shogun Finance Ltd. v. Hudson* [2004] 1 AC 919。

[333] *Morison v. London County and Westminster Bank Ltd.* [1914] 3 KB 356, 379; *Stoney Stanton Supplies (Coventry) Ltd. v. Midland Bank Ltd.* [1966] 2 Lloyd's Rep 373, 385; *International Factors Ltd. v. Rodriguez* [1979] QB 351, 358; OBG Ltd. v. Allan [2008] AC 1, [102]-[104].

[334] *OBG Ltd. v. Allan* [2008] AC 1, [106], [227].

还是确认了传统规则。[335] 即便这也仅仅是默认规则，托收银行仍有机会争辩“真正所 389
有者”的实际损失在某种程度上少于支票面值，[336] 无论是基于占有的支票被后来得到付款的其他票据所替代；[337] 支票成为“一文不值的纸”，只能得到象征性赔偿；或者基于票据上有出票人假签名[338] 或因实质改动而无效，[339] 或基于（有得争的是）支票出票人已不名一文由此票据在任何情况下都可能被拒付。[340] 当托收银行可以有效证明“真实所有人”因银行侵占而损失很小或没有实际损失时，“真实所有人”仍可“放弃侵权法上的诉求”转向基于收益的诉讼，主张银行实际托收的金额“本应归原告取得和收到的资金（money had and received）为托收银行所用”。[341] 采用这种措施的不利之处在于，这种救济性会面临比赔偿之诉更多的抗辩。当然，如果“真实所有者”没有遭受损失，他在“放弃侵权之诉”时也不会更糟。

尽管侵占之诉通常是严格责任，托收银行仍有三类抗辩。第一个抗辩基于这样的事实：如前所述，银行原则上可对客户付入支票贴现，以其自身名义托收收益，而不是以客户名义，[342] 至少在其给付客户的金额以内[343]。通过这种方式交付支票给付价款，贴现银行可以成为票据的“正当持有人”，只要银行是以“善意”行事，且未注意到在先权利瑕疵，且支票表面“完整而常见”。[344] “正当持票人”的地位不仅允许贴现银行在发现损失时起诉出票人，[345] 而且作为银行它对支票及其收益有最优权利（不受在先瑕疵的拘束），它是“真实所有人”并由此免于侵占之诉。贴现银行作为正当持有人的可能在《1992 年支票法》[346] 广为通用的“只付收款人”支票之下已急骤减少，该法导致这种票据不可转让且只在出票人和收款人之间有效。由此，贴现银行既失去了针对侵占之诉的有

---

[335] *OBG Ltd. v. Allan* [2008] AC 1, [97] -[106], [225] -[238], [321]. See also *Lloyds Bank Ltd. v. Chartered Bank of India, Australia and China* [1929] 1 KB 40, 55-6. See *further Arrow Transfer Co. Ltd. v. Royal Bank of Canada* (1972) 27 DLR (3d) 81.

[336] *Surrey Asset Finance Ltd. v. National Westminster Bank plc* [2000] TLR 852.

[337] *International Factors Ltd. v. Rodriguez* [1979] QB 351, 358.

[338] *National Westminster Bank Ltd. v. Barclays Bank International Ltd.* [1975] QB 654, 656-7.

[339] *Smith v. Lloyds TSB Group plc* [2001] QB 541, 556-8. 增加支票金融的重大变动不应认为原有支票仍是有效支付工具：参见 C. Hare, 'Loss Allocation for Mat erially Altered Cheques' (2001) 60 CLJ 35。See also *Mathew and Cousins v. Sherwell* (1810) 2 Taunton 439.

[340] *Morison v. London County and Westminster Bank Ltd.* [1914] 3 KB 356, 379.

[341] *Bavins Junior and Sims v. London and South Western Bank* [1900] 1 QB 270, 277-8; *Morison v. London County and Westminster Bank Ltd.* [1914] 3 KB 356, 365; *United Australia Ltd. v. Barclays Bank Ltd.* [1941] 1 AC 1, 19.

[342] 银行的托收和贴现的功能可以并存而且它们不会相互排斥：参见 *Barclays Bank Ltd. v. Astley Industrial Trust Ltd.* [1970] 2 QB 527, 538。

[343] 为这些目的提供的对价包括允许客户透支，允许对未清算资金提用或增加了客户既存的透支：参见 *Re Farrow's Bank Ltd.* [1923] 1 Ch 41。

[344] Bills of Exchange Act 1882, s. 29 (1).

[345] See, e. g., *Midland Bank Ltd. v. RV Harris Ltd.* [1963] 1 WLR 1021.

[346] Cheques Act 1992, s. 1, inserting Bills of Exchange Act 1882, s 81A. 这一立场并未被《1957 年支票法》s. 2 改变。

390 效抗辩（如同可用于对银行过失的抗辩），也失去了以其自身名义起诉出票人的权利。[347]

托收银行的第二个（也是最重要的，且富有争议的）抗辩在于《1957 年支票法》section 4，它保护银行人员（未定义）[348]自其收到支票时起[349]免于“真正所有者”的侵占之诉，如果他为没有票据权利（或有权利瑕疵）的客户[350]和/或以自己的名义贴现票据[351]。这一条款并没有正面授予托收银行就支票及其收益的任何权利，仅仅是通过要求“真正所有者”承担与支票侵占相关损失的方式否决了托收银行的潜在责任。而且，由于成文法的语词是保护银行免于承担“任何责任”，相关诉求是主张损害赔偿还是继放弃侵权之诉后主张本应归原告的取得和收到资金（money had and received）就无关紧要了。

但是，为了让上述保护可行，托收银行必须“以善意且无过失”的方式行事。[352] 此目的下的“善意”不是大陆法或美国法概念，而是指当有些事物“在事实上是诚实而为时是否存在过失”，[353]而“过失”毫无意外是指该银行的标准是否低于对托收银行合理预期的标准。立法只明确了托收银行不会“仅因票据背书存在缺失或不合常规”就认定为过失，[354]这一问题的认定落在普通法原则身上。在此方面，在 *Marfani & Co Ltd. v. Midland Bank Ltd.* 案[355]中，迪普洛克（Diplock KJ）将这一基本问题框定在所处情况是否会“引发一名理性银行从业人员，在获取了客户信息时，是否会怀疑该客户并非支票真正所有者”。而且，在更近的 *Architects of Wine Ltd. v. Barclay Bank Plc* 案[356]中，里克斯（Rix LJ）形成的相关测试为“支付所涉支票的交易是否太不正常以致应引起银行从业人员内心的怀疑并促使其作出问询”。评估时，认定银行是否遵守了与托收支票相关的现行银行业操作非常重要，[357]尽管有警示认为，以过去银行业操作为基础的司法认定需

---

[347] Consider R. Hooley, ‘Prevention of Fraud by Non-transferable Cheques’ [1992] CLJ 432.

[348] 相应地，普通法上“银行从业人员”的定义也将填补这一空白：参见 United *Dominions Trust Ltd. v. Kirkwood* [1966] 2 QB 431, 447，适用于 *Re Roe's Legal Charge* [1982] 2 Lloyd's Rep 370。

[349] *Lloyds Bank Ltd. v. E. B. Savory & Co* [1933] AC 201.

[350] 这些目的的“客户”是指系争的银行为其开立或同意开立账户的一个个人或实体（包括公司、合伙或银行）：参见 *Ladbroke & Co v. Todd* (1914) 30 TLR 433；*Great Western Railway Co v. London and County Banking Co Ltd.* [1901] AC 414, 425；*Commissioners of Taxation v. English, Scottish and Australian Bank Ltd.* [1920] AC 683, 687。

[351] 了解对贴现银行的保护，参见《1957 年支票法》s. 4 (1)(b)。

[352] Cheques Act 1957, s. 4 (1).

[353] Bills of Exchange Act 1882, s. 90. 了解，民法语境中的不诚信的含义，参考 *Barlow Clowes International Ltd. v. Eurotrust International Ltd.* [2006] 1 Lloyd's Rep 225。

[354] Cheques Act 1957, s. 4 (3), but consider E. P. Ellinger, E. Lomnicka, and C. Hare, *Ellinger's Modern Banking Law* (5th edn., Oxford, Oxford University Press, 2011), 702-3.

[355] *Marfani & Co Ltd. v. Midland Bank Ltd.* [1968] 1 WLR 956, 973.

[356] *Architects of Wine Ltd. v. Barclays Bank plc* [2007] 2 Lloyd's Rep 471, [6], [12].

[357] *Lloyds Bank Ltd. v. E. B. Savory & Co* [1933] AC 201.

要更注意当代的处理。[358] 除了现在的银行实践，上诉法院在 *Architects Of Wine Ltd.* 案[359]中，还强调法院在评估托收银行行为是否满足“没有过失”以引用法定抗辩时对有 391
些指引应谨记于心：不应假定银行方存在过失，即便证明的没有过失责任在银行身上；[360]过失应从银行的角度以支票提示时间认定而不能用后见之明；[361]鉴于银行是个巨大的“现代银行企业”，其需要处理的支票数量浩如烟海，[362]不能指望它细致得像个“业余的侦探”；而对诉称过失的行为必须参考 银行雇员处理这类问题可预期的典型做法来评估。[363]

在适用《1957 年支票法》section 4 这些一般性指引时，司法分析在评估银行行为过失时倾向于关注如下三大具体方面。第一，法院长期审查银行所作的身份核实（银行业务关系的起点），关心客户的相关支票付入谁的账户。过去，银行业实践要求银行获取潜在新客户需要有推荐信，这种身份核实是常识，[364]尽管这种推荐信的效用有时受到质疑；[365]要说有的话，那么现在确认新客户身份的需求更为重要，因为“客户尽职调查”（通常是“了解你的客户”程序要求潜在客户提供令人满意的身份和地址证明）是反洗钱和反恐融资立法的要求。[366] 相应地，和反洗钱规定中的潜在民事与刑事责任一样，[367]一家银行未能在新客户开户阶段核实必要身份（不寻常）将很难逃脱侵占之诉的责任。这个意见初看起来令人吃惊，但考虑到开一个新账户往往大多是现代支票欺诈的先兆，期望托收银行在远早于支票实际提示托收之前的较早阶段采取必要预防性步骤，也就没有什么不合理了。[368] 事实上，这就是法院对银行在开户程序的不足所附加的重要性，这样银行被置于《1957 年支票法》第 4 节的保护之外，哪怕这些不足弥补了也未必能发现诈骗犯的真相。[369]

第二，法院考虑了受质疑银行在确保为“真正所有者”托收票据而审查支票细节的

---

[358] *Marfani & Co. Ltd. v. Midland Bank Ltd.* [1968] 1 WLR 956.

[359] *Architects of Wine Ltd. v. Barclays Bank plc* [2007] 2 Lloyd's Rep 471.

[360] Ibid., [12].

[361] Ibid., [12].

[362] Ibid., [9], [12].

[363] Ibid., [8]-[9].

[364] 例如，参见 *Lloyds Bank Ltd. v. E. B. Savory & Co* [1933] AC 201，但关于银行业实践中的变化，参考 *Orbit Mining and Trading Co Ltd. v. Westminster Bank Ltd.* [1963] 1 QB 794。

[365] See, e. g., *Marfani & Co Ltd. v. Midland Bank Ltd.* [1968] 1 WLR 956; *Lumsden & Co v. London Trustee Savings Bank* [1971] 1 Lloyd's Rep 114.

[366] See Money Laundering, Terrorist Financing and Transfer of Funds (Information on the Payer) Regulations 2017, 2017 SI No 692, Pts. 3-4, implementing Directive 2015/849 of the European Parliament and of the Council of 20 May 2015 on the Prevention of the Use of the Financial System for the Purpose of Money Laundering or Terrorist Financing, OJ L141.

[367] Money Laundering, Terrorist Financing and Transfer of Funds (Information on the Payer) Regulations 2017, 2017 SI No 692, Pt. 9.

[368] *Ladbroke & Co v. Todd* (1914) 30 TLR 433.

[369] See, e. g., *AL Underwood v. Bank of Liverpool* [1924] 1 KB 775; *Thackwell v. Barclays Bank plc* [1986] 1 All ER 676.

审慎度。某些方面对支票的要求比对其他业务有更细致的审查。尤其是，银行为其客户
392 托收“只付收款人”支票时，长期以来被认为应就票据只对所述收款人付款尽特别注意，[370]除非对托收银行有相反指示[371]——这种认识可能因《1992年支票法》进一步加强，该法令要求“只付收款人”支票不可转让且英国所有支票都事先印上了这样的划线。[372] 银行作为外国银行的托收代理人也将如此，因为一家外国银行不能假定为对英国法下的托收银行责任必然具体了解。[373] 除了支票划线情况，最近 *Architects Of Wine Ltd.* 案[374]判决已经在很大程度上缓解了托收银行检查支票过细的问题，即便涉及大额开证、以外币开证、由外国实体付款，否则虑及当今托收银行处理的支票量，现代银行业活动将负担过重。[375] 更重要的是，上诉法院对银行业实操进行了背书，考虑到公司客户名称之间的相似性（特别当他们是同一公司集团成员时），托收银仅须检查支票收款人和支票付入账户名称之间有“充分的匹配”。[376] 银行无疑喜欢这一结论，但允许托收银行忽略像准确的支票收款人名称这样的一些基本情况，还是充满争议的，它被认为是为商事便利而过分牺牲收款人的权利。

第三，当托收银行意识到其客户向其个人账户存入了以其雇主或委托人本人的账户[377]开出的支票，或是以公共部门、[378]信托或管理人名字开立的账户[379]而开出的支票，银行会被置于须进一步调查潜在不当行为的地位。与此相应，除非有明显优势的相反情形，托收银行应对无任何异样，无进一步调查继续执行客户指令保持警觉。

第三个抗辩仅在“真正的权利人”放弃侵占之诉且就托收银行收到的金额主张恢复原则时可适用于托收银行。为击败该等恢复原状主张，托收银行可以就其以支票金额不可逆转地贷记客户提出管理性收悉的抗辩；[380]或者，另一个办法是，以地位根本性改

---

[370] *Bevan v. National Bank Ltd.* (1906) 23 TLR 65; *Morison v. London County and Westminster Bank Ltd.* [1914] 3 KB 356; *Ross v. London County Westminster and Parr's Bank Ltd.* [1919] 1 KB 678.

[371] *Souhrada v. Bank of New South Wales* [1976] 2 Lloyd's Rep 444.

[372] E. P. Ellinger, E. Lomnicka, and C. Hare, *Ellinger's Modern Banking Law* (5th edn., Oxford, Oxford University Press, 2011), 701.

[373] *Honourable Society of the Middle Temple v. Lloyds Bank* [1999] 1 All ER (Comm) 193；比较 *Importers Co Ltd. v. Westminster Bank Ltd.* [1927] 2 KB 297。相反，英国银行的拒收代理人可以认定后者已完成其《1992年支票法》下的责任：参见 *Honourable Society of the Middle Temple v. Lloyds Bank* [1999] 1 All ER (Comm) 193。

[374] *Architects of Wine Ltd. v. Barclays Bank plc* [2007] 2 Lloyd's Rep 471.

[375] Ibid., [9], [12], [58].

[376] Ibid., [12], [56]-[57].

[377] See, e. g., *Souchette v. London County Westminster and Parr's Bank Ltd.* (1920) 36 TLR 195; *Lloyds Bank Ltd. v. EB Savory & Co* [1933] AC 201; *Lloyds Bank Ltd. v. Chartered Bank of India, Australia and China* [1929] 1 KB 40; *Marquess of Bute v Barclays Bank Ltd.* [1955] 1 QB 202.

[378] See, e. g., *Ross v. London County Westminster and Parr's Bank Ltd.* [1919] 1 KB 678.

[379] See, e. g., *House Property Company of London Ltd. v. London County and Westminster Bank Ltd.* (1915) 31 TLR 479.

[380] *Buller v. Harrison* (1777) 2 Cowp 565. See also *Gowers v. Lloyds and National Provincial Bank Ltd.* [1938] 1 All ER 766, 773; *Jones v. Churcher* [2009] 2 Lloyd's Rep 94, [69]-[78].

变[381]为抗辩,如果托收银行因善意信赖客户有权获得支票收益而遭受损失[382](例如银行释放客户提供的担保或批准某种形式的信贷额度申请)。 393

如果上述抗辩没有一项适用于托收银行用以否认或减少其对"真实所有者"的侵占之诉责任,还有其他办法可供银行寻求减少风险暴露。一种可能是托收银行可以寻求"真实所有者"的混合过错来减少须支付的赔偿金。[383] 或者,当银行是作为托收代理人时,它可以主张侵占侵权是遵照系争托收支票指示的唯一结果,以此寻求从指示银行获得补偿(一般情况下是从其客户处获得)。[384] 以此,托收银行可以将部分或全部潜在责任转移回支票"真实所有者"或其客户,如果二者不是同一人,就分别传导给两者。

第三节　支付卡

如前表13-1所示,[385]在英国支付卡(或称"塑料货币")作为支付手段已蚕食了支票市场,尤其是在零售交易领域。据说并非所有的支付卡都"生而平等",有些卡已证明比其他的卡更受欢迎。有些支付卡仅有一些温和的冲击,比如"电子奖金"卡,[386]它预装了资金价值,可作为"电子钱包"用以支付接受该方式的供应商的商品和服务。在英国,现实中有些卡只在包括支付公共交通、员工餐厅以及其他低值项目中取得了有限的成功。有些支付卡则相反,它们在过去取得了巨大的成功,但现在却被淘汰了,如支付担保卡,它含有一个出票人银行对零售商的表述,即在卡上明确的数额内该支票不会拒付,与支票一燕提交给零食商。[387] 无疑由于支票使用的颓势,支付担保卡的使用于2011年终结且将来也不复考虑。即便是其他支付卡,虽然仍流行,也仅起到有限作用,例如ATM卡只能用于从持卡人或客户账户里提取现金、获得基础账户信息或执行基础账户管理功能。

这些功能单一的ATM卡现在很少见(除非与一定"基本"账户或"次级"账户潜在相关),现在更常见是在一张卡上整合之前数张不同支付卡承担的不同功能,增加支付卡的适用性。多功能卡在21世纪是一种规范。和允许从ATM中提取现金一样,这种多功能卡通常要么作为借记卡运行,借记卡现在是大多银行就活期账户而发行的卡,且允许

---

[381] *Portman Building Society v. Hamilton Taylor Neck* [1998] 4 All ER 202, 207; *BMP Global Distribution Inc v. Bank of Nova Scotia* [2009] 1 SCR 504, [62]-[65].

[382] See generally *Lipkin Gorman (a firm) v. Karpnale & Co. Ltd.* [1991] 2 AC 548; *Dextra Bank & Trust Company Ltd. v. Bank of Jamaica* [2002] 1 All ER (Comm) 193; *Niru Battery Manufacturing Co v. Milestone Trading Ltd.* [2004] 4 All ER (Comm) 193.

[383] Banking Act 1979, s. 47.

[384] *Honourable Society of Middle Temple v. Lloyds Bank plc* [1999] 1 All ER (Comm) 193; *Linklaters v. HSBC Bank plc* [2003] 2 Lloyd's Rep 545.

[385] 参见本章第二节。

[386] 了解更详尽的讨论,参见本章第一节。

[387] Consider *Metropolitan Police Commissioner v. Charles* [1977] ac 177, 182; *First sport ltd v. Bank plc* [1993] 3 All ER 789, 1233, 1237-8.

394 客户通过指示发卡行借记其账户在销售点支付所购商品或服务；要么是收费卡，仍然主要由美国运通（American Express）和国际餐饮俱乐部（Diners Club International）发行并为持卡人就商品和服务提供短期（无限制）的信用，余额需要在每个月末清偿；要么是信用卡，其发行正常情况下要适用 Visa 和 Mastercard 网络规则并有效提供了持卡人可循环的信贷额度（直至协议最大额），用于购买商品或服务，持卡人每月须支付最小还款数。[388] 尽管它们现在很受欢迎，但如前表所示，支付卡的未来并不光明，因为银行正在持续创新转换电子方式以实现有形"塑料资金"执行的功能，例如将从 ATM 提取现金通过在键盘输入特别符号实现，不用现场提交 ATM 卡；让客户在销售点提示手机就能为商品或服务支付，而不用有形借记卡或贷记卡，这样的结果是其活期账户或贷记卡账户直接付费（术语是"移动支付"）；允许客户用手机方式通过网站支付货物或服务订单（术语是"移动银行"）。与这些发展伴生的去有形化现象可能提出的问题是：覆盖这一领域所涉立法是否能以现在的形式有效运作下去，因为起草时往往预设客户交易时是提交"贷记工具"[389] 或其他有形装置。[390] 以现有形式为基础，以下讨论旨在聚焦不同支付卡在原则上的相似性与不同点。

一、作为契约网络的支付卡*

富有争议的是，不同品种的支付卡之间的关键相似性是它们有效地代表了卡交易中不同参与方之间的一个底层合同网络。因此，在很大程度上，普通的合同原则仍然为支付卡交易提供了法律框架，虽然系争合同已经大为标准化而且为大量的成文法光芒（这在后面会进一步讨论）所覆盖。贷记卡和收费卡下的契约性连接这一事实在 *Office of Fair Trading v. Lloyds TSB Bank plc* 案[391] 中得到权威认定，在该案中曼斯法官（Lord Mance）认定使用这些支付卡在传统上涉及"三方安排——在发卡人和持卡人之间，在发卡人和发卡人授权其接受该卡的特约商户之间，以及持卡人和特定的供货方的特约商户之间。"尽管曼斯法官在 *Lloyds Bank* 案中的表述仍是对收费卡合同网络的精确表述，[392] 法官还认识到随着国际 Visa 和 MasterCard 网络的到来，贷记卡和借记卡的分析

---

[388] See generally G. Stephenson, *Credit, Debit and Cheque Cards* (Birmingham, Central Law Publishing, 1993).

[389] "信用代币"是一种"卡、支票、手册、优惠券、票、表、表单位或其他文件或事务，它由做消费信贷生意的人提供给个人"，令消费者有权就其产品使用信贷：参见 Consumer Credit Act 1974, s. 14 (1)。

[390] 按《2017 年支付服务规定》，2017 SI No 752, reg. 2 的目的，"一种支付工具"被定义为"个人化的设施"，尽管该概念更能容纳新研发技术，因为它也包括"在服务使用者和支付服务提供者之间的个人化程序"。

* 此处标题从原著格式，未作变动。——编者注

[391] *Office of Fair Trading v. Lloyds TSB Bank plc* [2008] 1 AC 316, [23].

[392] *Re Charge Card Services Ltd.* [1987] Ch 150, 158–69; *Office of Fair Trading v. Lloyds TSB Bank plc* [2008] 1 AC 316, [23].

性框架往往会更复杂。[393] 在这些网络规则之下，某些发卡人在其母国法域被授权作为 395
“收单机构”（merchant acquirers），这一角色涉及招募网络的商户/供应商并与其订立合同来处理提交给商户/供应商的客户付款。当收单机构和发卡人是同一个人时，传统三方关系仍将运行，[394] 但是，当他们是不同的人时，四方合同关系将产生：[395] 发卡人和持卡人之间的合同调整着卡的发行与使用；持卡人与相关商品或服务供应商之间的合同；供商者与“收单机构”之间的合同，这里后者负责向前者就供应商品或服务提供价款；以及系争“收单机构”和发卡人之间的合同。[396] 实际上借记卡和贷记卡交易明显可能涉及包括收单机构在内的其他 中介机构，它们反过来又产生更多的支持支付卡的合同。[397] 就孤零零的 ATM 卡（包括可接入 ATM 服务的多功能卡）而言，为其使用而存在的合同框架主要是客户与银行的账户合同（或其他发卡协议），虽然还有更多更复杂的多方网络协议存在于银行和其他 ATM 提供者之间，其中规定了此银行的持卡人可以使用彼银行的 ATM 以提取现金或核对账户余额。[398]

以合同关系为基础的支付卡的一个难题在于：通常出自谈判过程的条款，这时却由银行和其他贷记卡发卡人将其标准化条款强加于持卡人。这产生了附合型合同常见的难点与焦点。一般而言，由于签署了相关协议，虽然没有很多空间让持卡人质疑其受标准条款的约束，[399] 但还是有一些通用性基础令该等条款受到挑战：在普通法下，[400] 合同条款中的模棱两可之处将按不利于起草人的原则作有利于持卡人的合同解释，[401] 授权
发卡人的单边酌定条款将受制于法律的相关默示条款，即该酌定应按善意行事，不能任 396

[393] 类比借记卡和贷记卡，参见 *Do-Buy 925 Ltd. v. National Westminster Bank plc* [2010] EWHC 2862 (QB), [7]-[11]，适用 *Lancore Services Ltd. v. Barclays Bank plc* [2010] 1 All ER 763。

[394] *Office of Fair Trading v. Lloyds TSB Bank plc* [2008] 1 AC 316, [23].

[395] *The Governor & Company of the Bank of Scotland v. Alfred Truman (a firm)* [2005] EWHC 583 (QB), [91]-[92].

[396] *Office of Fair Trading v. Lloyds TSB Bank plc* [2008] 1 AC 316, [23].

[397] *The Governor & Company of the Bank of Scotland v. Alfred Truman (a firm)* [2005] EWHC 583 (QB), [94].

[398] E. P. Ellinger, E. Lomnicka, and C. Hare, *Ellinger's Modern Banking Law* (5th edn., Oxford, Oxford University Press, 2011), 661.

[399] *L'Estrange v. F. Graucob Ltd.* [1934] 2 KB 394; *Autoclenz Ltd. v. Belcher* [2011] UKSC 41, [20]; *Halsall Champion Consulting Ltd.* [2017] EWHC 1079 (QB), [278]. 一个人在书面合同上的签字因合同禁止反言原则的发展而获得了新的重要性：参见 *Springwell Navigation Corporation v. JP Morgan Chase Bank* [2010] EWCA Civ 1221, [161]-[171]。

[400] 进一步理论上可能，但实际困难的问题是，选择将取决于持卡人用来主张发卡人作为营销资料一部分的说明是一种间接合同，优先于协议的书面条款：参考 *Burnett v. Westminster Bank Ltd.* [1966] 1 QB 742; *Mendelssohn v. Normand Ltd.* [1970] 1 KB 177。

[401] 近来，法院强调解释性实践应“首先寻求确认语言的自然含义”，而不利于合同文本提供者的原则仅作为一种解释机制在“双方选择的语言是一边倒且是真的模糊时”才适用，而不是在条款“平等对待双方，特别是他们都有平等谈判力量时”：参见 *Transocean Drilling UK Ltd. v. Providence Resources plc* [2016] EWCA Civ 372, [2], [19]-[20]。相应地，不利于文本提供者的原则可能被证明是涉及消费者的支付卡关系中更有效的解释方法。

意妄为、反复无常、事与愿违或丧失理性；[402] 而且，通过成文法控制，排除和限制性条款通常适用《1977 年不公平合同条款法》[403] 且施加于消费者的不公平条款将根据《2015 年消费者权利法》而无效。[404] 除了这些对合同条款的一般性法律控制，对贷记卡条款的单边本质的关注（在稍小一些的范围内也包括对借记卡的关注），以及希望协调国内法和欧盟法就无纸支付的规范，催生了两个更具体的成文法机制以调整贷记卡合同的不同方面（也包括一些支付卡）。[405] 它代表着一种自律性上的显著进步，“软法”策略正式适用了。[406]

第一个成文法覆盖领域是《1974 年消费者信贷法》，它往往调整发行给个人的支付卡的发行、使用和后果（个人定义包括两人或三人合伙以及某些未公司化的实体）。[407]《1974 年消费者信贷法》通常用三个关键概念来界定其所适用的支付卡，尽管这些概念适用于支付卡的方式还不够具体明晰或可预见。

第一个关键概念是“信用代币”，其定义包括“卡”（以及其他事项）[408]，该卡由做消费者信贷生意的人发行给个人，而做该种生意者要么基于提供的信用代币[409] 承担以“信用”为基础的提供现金、货物或服务的义务（“第一种场景”），并/或承担着基于就第三方供应商提供现金、商品或服务的发卡而向供应商付款，以换取个人还款（第二种场景）。[410] 按“信用贷币”的定义，看起来贷记卡[411] 和收费卡[412] 落入“第二种场景”少有疑问，因为这令持卡人作为发卡人付款的结果将从第三方获得商品和服务。按《1974 年
397 消费者信贷法》的纯字面理解，同样的结论将适用于借记卡，因为“第二种场景”（不像

[402] *Branganza v. BP Shipping Ltd.* [2015] UKSC 17, [17] - [32], [52] - [53], [102] - [104], [126]. See also *Paragon Finance plc v. Nash* [2002] 1 WLR 685, [32] - [36]; *Socimer International Bank Ltd. v. Standard Bank London Ltd.* [2008] Bus LR 1304, [66]; *Hayes v. Willoughby* [2013] 1 WLR 395, [14].

[403] Unfair Contract Terms Act 1977, s. 11 and Sch. 2. 尽管 Sch. 2 中列出的对价由立法正式限定于几个具体情形，Sch. 2 中所列的因素已被法院普遍适用：参见 *Stewart Gill Ltd.* v. *Horatio Meyer & Co Ltd.* [1992] QB 600, 608; *Stephen West* v. *Ian Finlay & Associates* (*a firm*) [2014] EWCA Civ 316, [65]。

[404] Consumer Rights Act 2015, s. 62.,

[405] 了解其他法域的国内立法，参见 the United States Electronic Funds Transfer Act 15 USC (1978) 和 the Danish Act on Certain Payment Instruments, No 414 of 31 May 2000. See further D. Baker and R. Brandel, *The Law of Electronic Funds Transfer Systems* (revd. edn., Boston, Warren, Gorham & Lamont, 1996), Pt. Ⅱ。

[406] 就未授权交易和欺诈使用信用卡的之前方法，借鉴《银行业规范》（2008 年 3 月）；《商业银行业务规范》（2008 年 3 月）。了解就此问题的充分关注点，参见 S. Gutwirth and T. Joris, ‘Electronic Funds Transfer and the Consumer’ (1991) 40 ICLQ 265; M. Sneddon, ‘A Review of the Electronic Funds Transfer Code of Conduct’ (1995) 6 JBLFP 29. 现在可参考 the Lending Code (September 2015), [99] - [165]; Financial Conduct Authority, *Consumer Credit Sourcebook* (*CONC*)。

[407] Consumer Credit Act 1974, s. 189.

[408] 了解扩充性方法，参见 *Elliott v. Director-General of Fair Trading* [1980] 1 WLR 977。

[409] Consumer Credit Act 1974, s. 14 (1) (a).

[410] Consumer Credit Act 1974, s. 14 (1) (b). 尽管由于历史的利益，该种“第二场景”没有将“信用代币”的概念延伸至支票保证卡：参见《1974 年消费者信贷法》Sch. 2, Pt 2, Example 21。

[411] Consumer Credit Act 1974, Sch. 2, Pt 2, Example 16. See also *Carey v. HSBC Bank plc* [2009] EWHC 3417 (QB), [6].

[412] E. P. Ellinger, E. Lomnicka, and C. Hare, *Ellinger's Modern Banking Law* (5th edn., Oxford, Oxford University Press, 2011), 665-6.

“第一种场景”）没有明确要求发卡人提供任何“信用”。[413] 但是，一种更为目的性的解释[414]可能会认为，“第二种场景”默示包括了一种由发卡人提供“信用”的要求，[415]考虑到《1974 年消费者信贷法》立法时，贷记卡是当时唯一的支付卡形式（借记卡是后来的创新），由此结果是起草者只能预见到“第二种场景”是涉及信用提供的。[416] 事实上，借记卡可能简单地被视为现代支票的等价物，它显然不应落入“信用贷币”的定义之内。[417] 因此，以此学术观点为基础，借记卡只有在持卡人账户可向发卡行透支的情况下才可能构成“信用贷币”；而按《1974 年消费者信贷法》字面解释，所有借记卡都是合格的“信用代币”。相似的问题也折磨着 ATM 卡的分类。由“信用贷币”定义预设的“第一种场景”看起来包括 ATM 卡，令其客户能从其账户中提取现金，[418]但是，由于因明确要求该等现金“以信用方式”提供，这再次表明只有能透支的相关账户才能算是“以信用方式”提供（无论是否事先约定）。据说，由于现在大部分 ATM 卡可以从他行的机器上提取现金，这种卡可能落入“第二种场景”，但是（如同借记卡）是否该场景延及所有 ATM 卡（按《1974 年消费者信贷法》的字面解释）还是仅仅是那些允许在账户透支的卡（基于更为目的性的解释），再次取决于认定“信用代币”定义的方法。与之类似，解释方式的选择将决定“电子资金”卡和“电子钱包”（它们被视为当代现金等价物，而非提供信用）是否也算“信用代币”。[419]

第二个关键概念是“信用代币协议”，[420]它被定义为一种受监管的协议[421]，因为提供信用与使用“信用代币”相关。[422] 需要注意的重要一点是，即便支付卡可能不提供信用也构成“信用代币”，[423]在“信用代币协议”的定义中也明示了提供支付卡的基础协议 398
也必须包括提供信用。

---

[413] Consumer Credit Act 1974, s. 14 (1)(b).

[414] 对《1974 年消费者信贷法》的目的解释，参见 *Wilson v. First County Trust Ltd.* [2001] QB 407, [19]；*Broadwick Financial Services Ltd. v. Spencer* [2002] EWCA Civ 35, [21]；*McGinn v. Grangewood Securities Ltd.* [2002] EWCA Civ 522, [9]。

[415] See R. M. Goode, *Consumer Credit Law and Practice* (Bloomsbury Publishing, loose-leaf); E. Lomnicka and D. Bowden, *Encyclopaedia of Consumer Credit Law* (Sweet & Maxwell, looseleaf).

[416] 在 *Office of Fair Trading v. Lloyds TSB Bank plc* [2008] 1 AC 316 之后是否还有这样的争议存疑，在该案中上议院否决了关于《1974 年消费者信贷法》不能适用于“四方信用卡”交易的观点，理由是在《1974 年消费者信贷法》立法时，只有三方信用卡交易存在。

[417] See R. M. Goode, *Consumer Credit Law and Practice* (Bloomsbury Publishing, loose-leaf).

[418] Consumer Credit Act 1974, s. 14 (4).

[419] See E. P. Ellinger, E. Lomnicka, and C. Hare, *Ellinger's Modern Banking Law* (5th edn., Oxford, Oxford University Press, 2011), 667.

[420] Consumer Credit Act 1974, s. 14 (2).

[421] Consumer Credit Act 1974, s. 8 (3).

[422] 为了本协议目的，很显然发卡人承担着就规定的商品或服务支付第三方的义务，在“第三方向持卡人提供现金、货物时”，信用可提供给持卡人。

[423] 如前所讨论，这将取决于是否对《1974 年消费者信贷法》s. 14 (1)(b) 的字面解释或目的解释。

第三个关键概念是“借方—贷方—供应商协议”，它包括[424]一项“使用不受限制的信贷协议，它由发卡人制作，根据发卡人自身和［第三方供应商］之间的事先协定，承认信用将用于［持卡人］和［第三方供应商］之间的交易融资。”[425]在 *Office of Fair Trading v. Lloyds TSB Bank plc* 案[426]中，上议院明确了贷记卡在此范围内，无论其是三方、四方或更多当事人参与的贷记卡交易。[427] 同样明确的是，借记卡[428]和收费卡[429]被明示排除于“借方—贷方—供应商协议”之外，ATM 卡也不在这一概念之中，因为提取现金并不必然涉及提供信用，且可用于从供应商处购买商品而不与发卡人发生联系。[430]这种对贷记卡和收费卡的区别对待很难有其正当性，但其重要性还将在后面谈到。

第二个成文法的覆盖领域是《2017 年支付服务规定》，[431]它实施了第二个《支付服务指令》。[432] 该套机制基于这样一个事实适用于支付卡，即它们可能会构成“支付工具”，定义是以“个性化装置”或“一套个性化程序”发起支付指令。[433] 不像《1974 年消费者信贷法》（如前所述）那样对不同的支付卡规定了不同的适用方式，《2017 年支付服务规定》以相对统一的方式应用于贷记卡、借记卡、收费卡、ATM 和“电子资金”，只要
399 它们用以发起支付指令，[434]虽然（如前所述）[435]对低值支付卡，该规定触及较轻。和覆盖广阔范围的卡种一样，《2017 年支付服务规定》在地域上的适用性相较之前一版也作

---

[424] “借—贷—供协议”包括一定形式的“限制使用”信贷协议，即持卡人必须为特定目的使用支付卡和卡上的信贷，例如仅从发卡人处获得货物和服务［见《1974 年消费者借贷法》s. 12（a）］或者与发卡人有特别联系的第三方［参见《1974 年消费者信贷法》s. 12（b）］该等安排的一个示例是商户卡或一种收费卡，在 *Re Charge Card Services Ltd.* ［1987］Ch 150。

[425] Consumer Credit Act 1974, s. 12（c）.

[426] *Office of Fair Trading v. Lloyds TSB Bank plc* ［2008］1 AC 316.

[427] *The Governor & Company of the Bank of Scotland v. Alfred Truman*（*a firm*）［2005］EWHC 583（QB），［91］-［92］.

[428] Consumer Credit Act 1974, s. 187（3A）.

[429] Consumer Credit（Exempt Agreements）Order 1989, 1989 SI No 869, reg. 3（a）(ii).

[430] See E. P. Ellinger, E. Lomnicka, and C. Hare, *Ellinger's Modern Banking Law*（5th edn., Oxford, Oxford University Press, 2011）, 672.

[431] Payment Services Regulations 2017, 2017 SI No 752, replacing Payment Services Regulations 2009, 2009 SI No 209. See also Consumer Rights（Payment Surcharges）Regulations 2012, 2012 SI No 3110, regs. 6A-B.

[432] Directive 2015/2366 of the European Parliament and of the Council of 25 November 2015 on Payment Services in the Internal Market, OJ L337, replacing Directive 2007/64 of the European Parliament and of the Council of 13 November 2007 on Payment Services in the Internal Market, OJ L319. 了解过去欧盟的轻度监管，参见 Recommendation 87/598/EEC on a European Code of Conduct for Electronic Payments，［1987］OJ L365/2，尽管在此早期阶段，表达的关注点之一是支付卡合同应是书面形式，消费者早期应用的结果，伴之以透明的收费结构和合同终止条款特别应引起持卡人注意。作为 PSR 机制的前身，《建议》（the Recommendation）鼓励泛欧洲的内部运营旨在使其“全面而完整，使商人和消费者可以加入网络或和他们选择的发卡人缔约令每一终端可以处理所有卡，且旨在所有支付服务提供者不论其经济规模都‘公平接入系统’”。See further Commission Recommendation Concerning Payment Cards, and in Particular the Relationship between Cardholder and Card Issuer，［1988］OJ L317/55; Commission Recommendation Concerning Transactions by Electronic Payment Instruments，［1997］OJ L208/52.

[433] Payment Services Regulations 2017, 2017 SI No 752, reg. 2.

[434] 尽管支票具有特别的历史重要性，支票担保卡将可能不会落入这个定义的范畴。

[435] 参见本章第一节。

了扩展:尽管《2017 年支付服务规定》仅适用于英国发卡人,[436] 但对使用欧盟经济区(EEA) 币种且付款人银行和收款人银行都位于 EEA 的交易有完全强制力,[437] 当一方不在 EEA[438] 或当事人划拨的不是 EEA 货币时,该法适用会有些微区别。[439]

《1974 年消费者信贷法》和《2017 年支付服务规定》对不同支付卡底层协议的影响将在以下几节考量;不在这些成文法机制之中的,其法律框架将转向一般的合同法原则。

(一) 持卡人—发卡行关系

除"电子资金"卡和"电子钱包"外,银行卡一般都需要在向持卡人发卡前就预先存在或持续存在发行人和持卡人间的合同关系。[440] 但这种法律关系的本质和内容,据系争支付卡的不同而有不同,虽然这类合同会有一个共同特征,即它将充满有利于发卡人的广泛保护(从直接的排除或限制条款,到允许发卡人通过条款就收费借记持卡人账户,[441] 到允许发卡人单边改动协议条款,不管持卡人注意还是没注意,特别是适用的利率条款)。[442] 由于现金卡和借记卡往往只在有新建或既有账户关系时才存在,持卡人和发卡人的各自权利和义务在账户合同/文件中会安排妥当,虽然支付卡的合同条款经常是以独立文件的形式存在。这对贷记卡来说,后面这种做法几乎是不可变动的操作,因为其发行往往不需要持卡人在发卡人处开有账户。[443]

无论采用何种形式,持卡人和发卡人之间的合同都为《1974 年消费者信贷法》和《2017 年支付服务规定》两项成文法机制所覆盖,虽然两者未能以一种综合方式连接起 400
来这一事实导致问题毫无必要地复杂化。当持卡人是《1974 年消费者信贷法》所述的"个人"时,[444] 提供书面协议的操作就是法定必须的,这规定还就信用协议的形式(它应是以书面、易懂的形式,由消费者签署并包括了协议中所有的条款)[445] 及其内容提出了要求。[446] 还有一项义务是为持卡人提供一份已生效协议[447](the executed agreement)

---

[436] 尽管调和《第二支付服务指令》的效果意味着国内立法将在欧盟成员国实施。

[437] Payment Services Regulations 2017,2017 SI No 752,reg. 63 (a), (b)(i).

[438] Payment Services Regulations 2017,2017 SI No 752,reg. 63 (a), (b)(iii).

[439] Payment Services Regulations 2017,2017 SI No 752,reg. 63 (a), (b)(ii). 执行时间的限制就是这种不适用的头一个情况;ibid.,regs. 84-8。

[440] 参见本章第一节。

[441] 针对银行收费是否受法定或司法控制曾作为重大关注的司法焦点:参见 *Office of Fair Trading v. Abbey National plc* [2008] EWHC 875 (Comm), [295]-[324],aff'd on other grounds [2010] 1 All ER 667;*Andrews v. Australian and New Zealand Banking Group Ltd.* [2012] HCA 30;*Paciocco v. Australia and New Zealand Banking Group Ltd.* [2016] HCA 28。另参考 *Cavendish Square Holding BV v. El Makdessi* [2015] UKSC 67。

[442] 执行这种单边酌定条款现在受到很多默示条款的限制:参见 *Braganza v. BP Shipping Ltd.* [2015] UKSC 17。变更权现在也适用法定通知义务。参见《1974 年消费者信贷法》s. 82;《2017 年支付服务规定》2017 SI No 752,reg. 50。

[443] 了解信用卡申请的"有效示例",参见 *Carey v. HSBC Bank plc* [2009] EWHC 3417 (QB), [23]-[28]。

[444] Consumer Credit Act 1974,s. 189.

[445] Consumer Credit Act 1974,s. 61.

[446] Consumer Credit Act 1974,s. 60.

[447] Consumer Credit Act 1974,s. 62.

的副本并有义务通知持卡人其有权在14天冷静期内取消协议。[448] 此外,[449](当持卡人是消费者时),[450]或者另一种情况(持卡人不是消费者),[451]《2017年支付服务规范》根据"付款工具"通常按说"框架合同"[452](无论是账户合同还是独立的卡合同)发行这一事实对发卡人施加了大量的披露、通知和商业行为的义务:具体缔约前信息应在持卡人受到信用合同约束前及时提供给持卡人;[453]持卡人可以免费获得框架协议条款和其他特定信息;[454]发卡人必须在合同变更前两个月告知持卡人,和利率变动一样要"尽早"通知[455](尽管在《1974年消费者信贷法》适用时,任何变动都会被直接宣布无效直到予以通知);[456]而发卡人必须根据合同框架条款就个人支付交易提供具体持续信息。[457]在《1974年消费者信贷法》之下,发卡人需要提供账单,[458]同样对一定的强制执行措施也要予以通知。[459] 这些义务一直持续到"框架合同"终止。终止可由持卡人"随时"提出,但发卡人提出只能经事先两个月的通知,[460]尽管这一通知的期间要求比适用《1974年消费者信贷法》时短。[461]

除了支付卡的协议形式和终止问题,还有四个具体问题会导致在履行协议过程的困
401 难。第一个问题是客户能否取消支付卡交易。尽管《2017年支付服务规定》在理论上认同该等取消,[462]但这种取消必须发生在支付指令通知发卡人之前。由于现代银行业务网络对该等通知是实时传送,所以留给取消的时间紧迫得不具有现实性。[463]

第二个问题是关于发卡人"停止"持卡人使用支付卡的情况。《2017年支付服务规定》允许银行在"框架合同"中规定其基于与支付工具安全性、涉嫌无授权或欺诈使用支

---

[448] Consumer Credit Act 1974, ss. 64, 66A.

[449] 尽管《2017年支付服务规定》对支付卡是按《1974年消费者信贷法》的监管协议条款而发行时,有对披露和信息规定的一般性排除条款,其不适用也是不完整的:参见《2017年支付服务规定》2017 SI No 752, reg. 41。

[450] 消费者是"指个人,其行为目的不是贸易、商业或职业":参见《2017年支付服务规定》2017 SI No 752, reg. 2(1)。

[451] 即便是在《2017年支付服务规定》可能适用的情况下,也可能通过合同令其很多内容不适用,特别是对持卡人信息披露的规定,只要持卡不是"消费者"、"小企业"或慈善组织:参见《2017年支付服务规定》2017 SI No 752, regs. 2(1), 40(7), 63(5)。

[452] 这是一种支付服务合同,"用以调整未来个别和连续的支付交易的执行"参见《2017年支付服务规定》2017 SI No 752, reg. 2(1)。

[453] Payment Services Regulations 2017, 2017 SI No 752, reg. 48(1) and Sch. 4.

[454] Payment Services Regulations 2017, 2017 SI No 752, regs. 49, 56.

[455] Payment Services Regulations 2017, 2017 SI No 752, reg. 50.

[456] Consumer Credit Act 1974, s. 82, applied by Payment Services Regulations 2017, 2017 SI No 752, reg. 41(2).

[457] Payment Services Regulations 2017, 2017 SI No 752, regs. 44-6.

[458] Consumer Credit Act 1974, ss. 77-8.

[459] Consumer Credit Act 1974, s. 76.

[460] Payment Services Regulations 2017, 2017 SI No 752, reg. 51.

[461] Consumer Credit Act 1974, ss. 87, 98.

[462] Payment Services Regulations 2017, 2017 SI No 752, reg. 67(3).

[463] 了解类似的效果,参考 *Société Flywest v. Société MB Associés Mandataires Judiciaires* [2009] ECC 20 (Cour de Cassation)。另参见 Recommendation 87/598/EEC on a European Code of Conduct for Electronic Payments, [1987] OJ L365/2, cl III(4)(a),要求以支付卡作的付款是"不可逆"的。

付工具,或者在支付卡有信用额度的情况下存在“显著增加的风险”从而付款人可能以不能履行其支付义务等相关合同理由“停止”支付卡的使用。[464] 如果发卡人确实“停止”了支付卡的使用,通常他必须事前通知持卡人停止意图[465]及其原因[466](或者在事前通知不可行的情况下“事后立即”通知),[467]在“会对合理安全措施构成危险”时可以免除通知义务。[468] 发卡人可能在情况合理时对支付卡“停用”维护,此后,必须再激活这张既存卡或提供一张新卡。[469]

第三个问题是在支付卡落入《1974年消费者信贷法》范围时,发卡人作为关联贷款人承担责任的可能。[470] 本质上,关联贷款人责任涉及令发卡人向持卡人就供应商的货物或服务供应中的任何错误陈述和违约承担责任,只要这些货物或服务是以相关支付卡购买的。[471] 发卡人的责任与供应商的责任并存,[472]包括在持卡人终止或取消供货合同的情况下一并终止和取消相关信用交易的权利,[473]尽管现在发卡人只会因供应商的破产、失踪和失联或持卡人采取合同措施追踪供应商却不能满意时才有责任。[474] 发卡人对犯错的供应商还有成文法上的赔偿救济,[475]虽然这在实践中可能作用甚微。各种责任的形式虽然看起来很宽泛,但在实践中它只限于那些涉及“借方—贷方—供应商”协议的支付卡,如前所述,这一责任有效地受限于法定贷记卡交易的内容。但是,在 *Office of Fair Trading v. Lloyds TSB Bank plc* 案[476]中上议院的判决结果是关联贷款人责任不管具体贷记卡交易涉及三方、四方还是更多的当事人都可能产生,因为对持卡人来说很少有可能发现某一具体的供应商是发卡人直接开发还是由收单机构开发并接入贷记卡 402
网络。其他结论将导致以关联贷款人责任原则提供的保护含混不清。由于类似的原因,上议院在 *Lloyds Bank* 案中确认,当贷记卡用于购买海外的商品或服务时,发卡人的责任将与外国供应商的责任共存,[477]尽管这样还是留有大量问题待解决。[478]

---

[464] Payment Services Regulations 2017, 2017 SI No 752, reg. 71 (2).

[465] Ibid., reg. 71 (3)(a).

[466] Ibid., reg. 71 (3)(b).

[467] Ibid., reg. 71 (4).

[468] Ibid., reg. 71 (5).

[469] Ibid., reg. 71 (6).

[470] Consumer Credit Act 1974, s. 75 (1).

[471] 对购买商品的价格和提供的信贷数额存在限制,如同限制获取商品完全或主要是为了商业目的,会限制相关贷方的整体责任范围:参见《1974年消费者信贷法》s. 75A (6)。

[472] 根据《1974年消费者信贷法》s. 75 (1),持卡人对发卡人有针对货物或服务提供商的“类似的请求权”。即持卡人如果是错误陈述的受害人,针对供应商的救济不同于对发卡人的救济:参见《1967年错误陈述法》(Misrepresentation Act 1967) s 2 (5)。

[473] *Durkin v. DSG Retail Ltd.* [2014] 1 WLR 1148, [19], [26].

[474] Consumer Credit Act 1974, s. 75A (2).

[475] Consumer Credit Act 1974, s. 75 (2).

[476] *Office of Fair Trading v. Lloyds TSB Bank plc* [2008] 1 AC 316, [24].

[477] *Office of Fair Trading v. Lloyds TSB Bank plc* [2008] 1 AC 316, [4], [6] -[7], [11] -[14], [17], [19], [22], [25] -[29], [31] -[37], [40] -[43].

[478] See C. Hare, 'Credit Cards and Connected Lender Liability' [2008] *LMCLQ* 338; C. Bisping, 'Avoid the Statutist Trap: the International Scope of the Consumer Credit Act 1974' (2012) 8 *JPIL* 35.

第四个问题是关于在支付卡遗失、被盗或非经授权使用时，持卡人和发卡人在卡使用上的责任分配以及当事人间的损失分担。就第一个问题，《2017 年支付服务规定》明确了义务由各方承担。就持卡人而言，他必须遵照用卡条款来使用支付卡；[479] 在意识到卡遗失、被盗，或非经授权使用时必须以约定方式“无不当延迟地”通知发卡人；[480] 并且必须要“采取合理步骤”以保障支付卡的“个人安全措施”（如相关的密码）的安全。[481] 如果持卡人对未能遵守这些义务存在故意或严重过失，他将对支付卡发生的“所有损失”负责。[482] 就发卡人而言，发卡人必须确保与支付卡相关的“个人安全措施”（例如 PIN 或者账户密码）是第三人无法获取的；[483] 不得寄送未经申请的支付卡，除非是替换既存卡；[484] 必须确保有恰当的而有效的沟通渠道令持卡人可以通知发卡人支付卡发生遗失或错用，而发卡人可以反过来通知持卡人支付工具的“停用”；[485] 在被通知支付卡遗失、失窃或错用时必须“停止”支付卡使用。[486] 除了会产生潜在的监管惩罚外，未能维持有效沟通渠道令持卡人通知发卡人支付卡遗失、失窃或错用，将由发卡人对相关支付卡发生的所有损失承担责任，除非是持卡人欺诈。[487]

不管哪一个违反了《2017 年支付服务规定》的法定义务，除了在发卡人和持卡人之间分配由于未授权使用支付卡而产生的损失，还有根据其规定产生的一般默示责任。起点是持卡人承担（如同《1974 年消费者信贷法》）[488] 对持卡人寄送支付卡及其所有个人安全措施的风险，[489] 承担对未授权使用支付卡的初步责任，并有义务返还未授权支付
403 的资金且对持卡人账户重新贷记。[490] 在这方面，发卡人承担如下证明责任：使用支付卡事实上是经持卡人授权，使用细节在发卡人记录中得到准确地反映，且交易不是由于“技术崩溃或其他缺陷”。[491] 相应地，仅仅以发卡人记录显示支付卡由持卡人使用来证明这在事实上经持卡人授权是不够的。[492] 对这一原则处理的例外情形是，如果支付卡的未授权交易来自银行卡、PIN 或其他安全措施的遗失、被盗或不当使用，[493] 持卡人将负

---

[479] Payment Services Regulations 2017, 2017 SI No 752, reg. 72 (1)(a).

[480] Ibid., reg73 (1)(b).

[481] Ibid., reg72 (3).

[482] Ibid., reg. 77 (3). 持卡人有权将责任交还给发卡人，当损失是由于后者代表的行为所致或当（欺诈案件）支付卡损失是持卡人无法发觉的：Ibid., reg. 77 (2)。

[483] Ibid., reg. 73 (1)(a).

[484] Ibid., reg. 73 (1)(b).

[485] Ibid., reg. 73 (1)(c). 对发卡人还有一项附加的义务即为持卡人提供一些方式证明其已对损失、失窃或误用支付卡作了相关披露：参见 Ibid., reg. 73 (1)(d)。

[486] Ibid., reg. (1)(f).

[487] Ibid., reg. 77 (4).

[488] Consumer Credit Act 1974, s. 66.

[489] Payment Services Regulations 2017, 2017 SI No 752, reg. 73 (2).

[490] Ibid., reg. 76.

[491] Ibid., reg. 75 (1).

[492] Ibid., reg. 75 (3).

[493] Ibid., reg. 77 (1).

有最多35欧元的责任，如果客户通知了发卡人卡的损失或失窃，客户将不承担任何责任。[494] 有观点认为，持卡人将会对“所有损失”负责，如果发卡人证明相关客户欺诈行事或者对未按合同条款使用支付卡或账户负有故意或有严重过失，例如未能保持PIN或其他安全措施的安全，或未能在意识到支付卡遗失、被盗、不当使用或未授权使用时“无不当延迟地”通知发卡人。[495] 即便没有该等欺诈或过失，客户也必须“无不当延迟地”通知发卡人，且在任何情况下都不得迟于支付之后13个月，以保留其返还资金的权利。[496] 当支付卡由《1974年消费者信贷法》调整后，《2017年支付服务规定》下的责任承担体制随之被有效取代了。[497] 和《2017年支付服务规定》一样，《1974年消费者信贷法》下的责任机制的起点是持卡人不对支付卡未授权的第三方错用所致损失承担责任。[498] 在支付卡是适格的“信用代币”时，如前所述，发卡人有权在支付卡协议中插入一个条款令持卡人对最多50欧元的损失[499]或对其他经持卡人同意获得“信用代币”的人所致损失承担责任。[500] 如持卡人通知发卡人“信用代币”遗失、失窃或误用，持卡人不对通知后损失承担责任。[501] 相应地，尽管《1974年消费者信贷法》和《2017年支付服务规定》建立了类似责任体制，两者还是有差别，差别在于持卡人将在《2017年支付服务规定》下自动地产生责任，而在《1974年消费者信贷法》下这一责任只能按合约产生。

（二）银行间网络关系

现代支付卡的一个重要特点是网络化合同，它缔结于不同发卡人之间，使他们的卡得以以不同方式、在不断增长的网点使用。一个例子是既存的银行间国内国际网络协议允许持卡人从第三方运营的ATM中提取现金。[502] 在提出现金方面可能是资金行作为发卡行的代理人（尽管精确的代理人的术语将由网络合同认定），且资金行可能与持卡 404
人就提取现金方面缔结了单边合同*。[502] 一个更显著的例子是Visa和Mastercard[503]贷记卡网络协议的发展（同时也是不断增长的借记卡），它通常包括一个四方贷记卡交

---

[494] Ibid., reg. 77 (4) (a).

[495] Ibid., reg. 77 (3).

[496] Ibid., reg. 74 (1).

[497] Ibid., reg. 64.

[498] Consumer Credit Act 1974, s. 83. See generally C. Reed, ‘Consumer Electronic Banking’, in C. Reed, I. Walden, and L. Edgar (eds.), *Cross-border Electronic Banking* (2nd edn., London, LLP, 2000).

[499] Consumer Credit Act 1974, s. 84 (1).

[500] Consumer Credit Act 1974, s. 84 (2)

[501] Consumer Credit Act 1974, s. 84 (3).

[502] See E. P. Ellinger, E. Lomnicka, and C. Hare, *Ellinger's Modern Banking Law* (5th edn., Oxford, Oxford University Press, 2011), 661. See also H. Rowe, ‘Legal Issue Between Banks Sharing Networks’ [1990] 7 *Computer L & P* 2.

* 单边合同，unilateral contract，即一方以承诺另一方以行动为对价缔结的合同。——译者注

[502] See E. P. Ellinger, E. Lomnicka, and C. Hare, *Ellinger's Modern Banking Law* (5th edn., Oxford, Oxford University Press, 2011), 661.

[503] *Sainsbury's Supermarkets Ltd. v. Mastercard Inc* [2016] CAT 11, [6] -[11].

易，其中供应商通过金融中介（术语是“收单机构”）而不是发卡人本身不断扩增特定的贷记卡网络（由此有权通过为货物和服务付款，受理那些网络卡）。根据收单机构和供应商之间商户服务协议条款，收单机构就持卡人以印有相关网络标识的卡购买的任一商品向商户付款（减去“商户服务费”）的义务，它又反过来根据所涉网络协议从发卡人处获得付款（减去“交换费”）。[504] 近年来，收单机构和发卡人以反竞争之名已对网络交换费设置发起了协同挑战。[505] 发卡人会依据其标准协议从持卡人处再获得返还。网络协议还会调整网络间的信息传送，网络成员间的银行间责任，以及在任何错误支付给收单机构或供应商时可“退单”的金额范围。[506] 即便贷记卡交易不涉及收单机构，网络协议仍然为处理发卡人、持卡人和供应商之间的争议提供了关键背景。

（三）发卡行和供应商之间的关系

如前所述，有权受理支付卡的供应商将在出示支付卡时提供商品和服务，然后反过来，发卡人（收单机构有赖于具体情况）将减去费用后付款至供应商。相应地，供应商将对发卡人/收单机构有合同请求权。但是这一请求权并非基于转让了持卡人对发卡人的权利而衍生出来，而是基于银行与供应商之间的商户服务协议。在有的支付卡得到偿付之前，协议还会要求供应商有义务确认客户身份（过去，它涉及核对卡上的签名，但现在通过电子的 PIN 或无接触付款），有义务在支付卡超过限额时获得授权，[507] 并核对该
405 卡是否在失窃止付名单上（尽管现在主要是自动核对）。尽管如此，就此关系还是可能存在两类潜在摩擦：第一，操作商户服务协议中的“退单”条款时，就银行是否有权对特定付款退单可能会产生争议（例如，当透露出供应商涉及某种形式的非法活动时）；[508] 第二个问题可能在于（特别是在发卡人破产时）供应商是否能保留其对持卡人就商品或服务主张收益的权利或者供应商对发卡人的权利是否是排他的。这个问题在 *Re Charge Card Services Ltd.* 案[509] 中得到考量，在该案中上诉法院拒绝将信用卡支付与跟单信用证类比，它采用了下级法院米利特（Millett J）的分析，认为信用卡的支付义务达

---

[504] *Commissioner for Customs and Excise v. FDR Ltd.* [2000] BTC 5277, [6] -[18]; *United Bank of Jamaica Ltd. v. Dalton Yap* (Privy Council Appeal No. 17 of 2001), [7]; *Office of Fair Trading v. Lloyds TSB Bank plc* [2008] 1 Lloyd's Rep 30, [23]; *NSB Ltd. v. Worldpay Ltd.* [2012] EWHC 927 (Comm), [3] -[4]; *Arcadia Group Brands Ltd. v. Visa Inc* [2015] EWCA Civ 883, [3] -[4]; *Sainsbury's Supermarkets Ltd. v. Mastercard Inc* [2016] CAT 11, [6] -[11].

[505] See, e. g., Case C-382/12 P, *MasterCard Inc v. Commission* [2014] 5 CMLR 23; *Sainsbury's Supermarkets Ltd. v. Mastercard Inc* [2016] CAT 11. 进一步了解参见本书第十二章第四节“四、竞争目标”部分内容。

[506] *Office of Fair Trading v. Lloyds TSB Bank plc* [2008] 1 Lloyd's Rep 30, [36] -[37]; *Lancore Services Ltd. v. Barclays Bank plc* [2009] EWCA Civ 752, [16]; *The Governor & Company of The Bank of Scotland v. Alfred Truman (a firm)* [2005] EWHC 583 (QB), [2], [5] -[11], [125]; *NSB Ltd. v. Worldpay Ltd.* [2012] EWHC 927 (Comm), [3] -[4].

[507] Consider Payment Services Regulations 2017, 2017 SI No 752, reg. 68.

[508] See, e. g., *Lancore Services Ltd. v. Barclays Bank plc* [2009] EWCA Civ 752.

[509] Re Charge Card Services Ltd. [1989] Ch 497. 是否存在有利于有条件支付的假定还没有定论：参见本书第十二章第二节“一、清偿基础付款义务（三）有条件付款”部分内容。

到了绝对的程度，而不是有条件的支付。[510] 这是对该富有争议性问题的正确法律站位，因为它与当事人的预期一致，供应商是指望发卡人而不是持卡人来付款，而不是持卡人，且持卡人对发卡人的义务将因期限而解除。

第四节　电子资金划拨

电子资金划拨有两种基本形式：即"推"或贷记划拨（支付由付款人发起），"拉"或借记划拨（支付由收款人发起）。前者的例子包括长期付款委托书或贷记划拨，而后者包括直接借记协定。[511] 正如有不同种类的资金划拨，可用于产生划拨的国内支付系统也有很多。英国首要的支付体系就是 CHAPS，它用于大额贷记划拨；[512] BACS，用于处理中型贷记划拨和直接借记；[513] 还有最近引进的 Faster Payment 系统，[514] 它用于昼夜不停地实时以移动、互联网或电话实现的小额资金支付。[515] Paym 的研发令 Faster Payment 的便利性进一步提高，它使移动支付仅仅用收款人的移动电话号码就能实现（这一号码与他们的账户相联），而不需要软密码或账户号码。[516]

就贷记划拨而言，有四大关键问题：即资金划拨的法律本质，资金划拨中法律关系的 406
本质，执行有瑕疵或未授权的电子资金划拨的法律责任，以及划拨指令不可取消或清偿到期债务的时点（假定取消与清偿在效力上是一回事）。由于术语上的困惑、支付系统及其运营的监管在他处已有谈及，对这些问题的考量将较之前更为简洁。[517]

（一）电子资金划拨的本质

就资金划拨的第一个问题，在判例法源和字面文义上存在三种具有代表性的可能。首先，美国有观点认为资金划拨是和支票一样的可流通的票据。[518] 这个观点不仅现在

---

[510] *Customs & Excise v. Diners Club Ltd.* [1989] 2 All ER 385, 394.

[511] 参见第十二章第一节"二、贷记/借记支付"部分内容。

[512] CHAPS 支付系统由 CHAPS CO LTD 运营：参见网站 CHAPSCO. CO. UK。其他大额贷记划拨系统包括美国的 CHIPS 和 Fedwire（美元）和欧盟 TARGET2（欧元）：参见本书第十二章第三节"二、支付与报文系统"部分内容。

[513] BACS 支付系统由 BACS Payment Schemes Ltd 运营：参见 www. bacs. co. uk。近年来，考虑到 BACS 直接借记卡的运行，现在的焦点在"活期账户转化服务"的发展上：参见 BACS, *Current Account Switch Service Figures Published* (26 July 2017)。事前付款于 2015 年引入 BACS 系统以减少参与方清算失败的风险：参见本书第十二章第三节"二、支付与报文系统"部分内容。

[514] 尽管 Faster Payment 系统原来是由 CHAPS 清算公司监管，2011 年该责任已转给 Faster Payments Scheme Ltd 了。了解该种支付的增长，参见 fasterpayments. org. uk。

[515] Committee on Payments and Market Infrastructures, *Fast Payments—Enhancing the Speed and Availability of Retail Payments* (Basle, Bank for International Settlements, 2016), 22.

[516] See paym. co. uk.

[517] 参见本书第十二章第二节、第三节"二、支付与报文系统"和第四节内容。关于术语问题，参考《统一商法典》Art. 4A。关于监管问题，参见 www. psr. org. uk。

[518] See Uniform Commercial Code, s. 4-104 (a)(7). 进一步了解参见本章第二节。

在美国都不太站得住，[519] 更别说在英国就更没有可能。因为现在可流通票据的定义是一种书面的“无条款的指令”，由一方出具给另一方，指示被指令者支付一定数额的资金。[520] 相应地，书面的形式需求就有效地排除了这一特征。还有一种意见（还是主要来自美国）[521] 认为资金划拨可通过转让付款人对银行的权利而实现。

但是这一观点被上议院在 *R v. Preddy* 案[522] 中权威地拒绝了，该案中被告故意向贷款机构提供错误信息以获得按揭贷款，且随后被指控欺诈获取或试图获取按揭提款。[523] *Preddy* 案与此处目的的相关性在于，在提款获批后，其支付不是以现金方式而是 CHAPS 的电子划拨，从贷款机构账户划到被告自己或其代理人账户。为了构成以欺骗方式获得按揭提款这一违法行为，必须表明被告“获得了属于他人的财产”。乔安西（Januncey）法官在得出违法行为尚未实施的结论后说“在适用‘属于他人’这些语词于当前语境时，需要区分一方面是创造和消灭权利，另一方面是转让权利，两者之间的本质区分。只有在后一种情况下，该等语词才适用。”由此，CHAPS 支付不涉及从付款人到收款人的直接权利转让，而是涉及付款人对其银行的权利消灭和收款人对其银行的全新权利的创设。这种推理可以同样适用于直接借记。[524]

407 （二）电子资金划拨之下的法律关系

就电子资金划拨的法律关系问题，例如支付卡，存在一个合同关系矩阵。首先，存在商品或服务基础合同用以决定收款人和收款人之间是支付哪一笔。其次，有付款人与其银行之间和收款人与其银行之间有各自的合同关系。这会包含通常的银行与客户间义务，包括实施资金划拨时的注意义务。[525] 但是认定违反该种义务的难度很明显，从 *Dovey v. Bank of New Zealand* 案[526] 来看，该案中新西兰上诉法院驳回了客户关于银行因遵守其指示使用更快电子方式而有违注意义务的主张，导致原告客户陷入收款人破产。最后，在付款银行和收款银行之间越来越多地产生了合同关系，因为现代划拨发生于支付系统，其具体规则调整着银行间关系，例如 CHAPS 系统。[527]

同样清晰的是在付款银行与收款人之间没有合同关系。事实上，在 *Wells v. First National Commercial Bank* 案[528] 中，上诉法院表示通常付款银行对收款人没有直接的侵

---

[519] See Uniform Commercial Code, s. 4-104 (a)(9), Official text (1990).

[520] Bills of Exchange Act 1882, s. 3.

[521] *Delbrueck v. Manufacturers Hanover Trust Co*, 609 F. 2d 1047, 1051 (2nd Cir., 1979); *Richards v. Platte Valley Bank*, 866 F. 2d 1576, 1580 (10th Cir., 1989); *State of Ohio v. Warner*, 55 *Ohio St.* 3d 31, 45-6 (Ohio Sup. Ct., 1990).

[522] *R v. Preddy* [1996] AC 815.

[523] Theft Act 1968, s. 15 (1).

[524] *Mercedes-Benz Finance Ltd. v. Clydesdale Bank plc* [1997] CLC 81.

[525] *Royal Products Ltd. v. Midland Bank Ltd.* [1981] 2 Lloyd's Rep194.

[526] *Dovey v. Bank of New Zealand* [2000] 3 NZLR 641.

[527] Consider *Tayeb v. HSBC Bank plc* [2004] EWHC 1529 (Comm).

[528] *Wells v. First National Commercial Bank* [1998] PNLR 522.

权法上的义务，当然，如果有交易证据表明付款银承担了这一义务，这一观点可能改变。收款人银行对付款人的潜在责任关系与此类似。在 *Abou-Rahmah v. Abacha* 案[529]中，原告，即国际欺诈中的受害人，指示 *GULF* 银行，通过贷记被告 *City Express Bank Of Lagos* 账户的方式划拨资金给收款人 *Trust International*，该账户开立于伦敦的汇丰银行。在被告将资金给付 *Trusty International*，而不是按 SWIFT 报文中指示的 *Trust International* 后，付款人主张被告银行作为收款人银行违反了它在普通法上的注意义务。本该适用了传统的“三层测试法”至该新型的事实场景后，[530]特里西（Treacy J）以原告并非被告银行的客户为由驳加了其对银行主张注意义务；在被告收到资金之前双方没有接触且银行对原告不承担“特殊责任”；被告银行是作为其客户（作为收款人）的代理人接收资金，对其客户它已负合同上的注意责任，这一点该义务银行已经违反；基于政策原因，对这种“有大量潜在付款人会汇付资金且对其缺乏重大控制”的银行，法院应该不愿对其施加该种扩展责任。而且，在没有特别情况下，认定注意义务会“对银行施加非常重的责任并严重阻碍其效率”。相应地，尽管普通法上的注意义务不能完全排除，这种判决结果是非常稀少的。[531]

（三）电子资金划拨有缺陷的执行或无授权的执行 408

第三个关键问题是关于执行有瑕疵或无授权的电子资金划拨的责任。在《2017 年支付服务规定》适用时，未授权电子资金划拨交易的处理大体与前面考量的支付卡相同，[532]即付款人银行经初步证据有责任先返还付款人并贷记回账户，[533]除非付款人未能对其账户安全的安全细节保密，在这种情况下它将承担最多 35 欧元的损失。[534]和支付一样，如果付款欺诈、未能遵守条款约定的程序、未能“无不适当延迟”地通知银行账户安全措施被不当使用时，付款人将承担交易导致的所有损失。[535]付款人的责任和潜在赔偿较之早先讨论过的那些支票的出票人责任形成鲜明对比。[536]

有一个问题之前没有讨论过，但是也将适用于支付卡，那就是如何就执行委托指示中存在的瑕疵在银行和客户之间分配责任。当支付是通过贷记划拨实现，除非能证明资金已到达收款人账户，[537]付款人银行将基于初步证据将支付的数额没有“不当延迟地”予以返还，需要重新贷记客户账户，且及时努力去追踪支付交易并通知付款人结果。[538]

---

[529] *Abou-Rahmah v. Abacha* [2006] 1 Lloyd's Rep 484.

[530] *Caparo Industries plc v. Dickman* [1990] 2 AC 605

[531] *So v. HSBC Bank plc* [2009] EWCA Civ 296, [95] -[102].

[532] 进一步了解参见本章第三节。

[533] Payment Services Regulations 2017, 2017 SI No 752, reg. 76.

[534] Ibid., reg. 77 (1).

[535] Ibid., reg. 72 (1).

[536] 进一步了解参见本章第二节。

[537] Payment Services Regulations 2017, 2017 SI No 752, reg. 90 (2) - (3).

[538] Ibid., reg. 90 (3), (8).

如果付款人银行能证明资金到达了收款人银行,则由后者对收款人负责。[539] 当支付是经直接贷记而不是通过贷款划拨时,适用的情况与此类似,[540] 但是特殊难点在于有瑕疵的贷记划拨内容,当资金由于付款人提供了收款人或收款人账户（在《2017 年支付服务规定》术语是“唯一识别方式”）的不正确细节而误付。[541] 在《2017 年支付服务规定》下的处置相当明确,即只要付款银行据划款指令上记载的账户号码和软码行事,付款银行不会对其客户承担责任。[542] 而且,当提供了附加信息时,例如收款人的姓名,付款银行有权忽略该等信息,[543] 但有义务尽合理努力收回误付资金并可就此服务收费。[544] 在所有努力都被证明无果时,付款人银行必须提供“所有相关信息”令其客户能主张已付资金的返还。[545] 当《2017 年支付服务规定》不适用时,这个问题由最近 *Tidal Energy Ltd. v. Bank of Scotland plc* 案的判决来调整,[546] 在该案中 *Tidal Energy* 欠其供应商 Designcraft Ltd. 217,781.57 英镑且完成了含有供应商名称及其银行细节的 CHAPS 的划拨表格。尽管意向收款人的名称正确填在表格上,付款人提供的账号和软码却属于另外一个人,而资金最终付给了这个人。Tidal Energy 希望它的账户能冲正贷记。上诉法院的多数意见认为,当一个客户作出 CHAPS 划拨时,其默示同意了清算所的规则,即便
409 他不是正式的一方当事人。相应地,由于 CHAPS 规则和更广的银行业实践表明银行处理电子支付仅仅基于账户识别码而实施“直付”,忽略其他记载,这样的支付是有效的,本案的优点在于它与《2017 年支付服务规定》一致,尽管 PSR 机制不适用于该案。弗洛伊德（Floyd LJ）持有异议,认为银行应该冲正贷记账户,因为银行作为代理按委托指令行事的责任是严格的,因此付款银行只能在账户划拨的指令符合所有指令信息时（包括意向收款人的姓名）才能摆脱责任,即便这并不切实可行（如在 *Tidal Energy* 案中）。该法官特别否决了这样的意见,即认为银行可有效依赖 CHAPS 规则当作它可以影响客户权利的“私下协议”。

虽然向最高法院的上诉后来放弃了,还是很必要在这些方法间作出选择,特别是《2017 年支付服务规定》在实践中经常不适用。在这方面,有意见认为多数意见的推理应该被推翻,因为（不像弗洛伊德的方法）它与 *Barclays Bank plc v. Bank of England* 案[547] 和

---

[539] Ibid. ,reg. 90（5）.

[540] Ibid. ,reg. 92.

[541] Ibid. ,reg. 2（1）.

[542] Ibid. ,reg. 90（2）.

[543] Ibid. ,reg. 90（5）.

[544] Ibid. ,reg. 90（2）. 收款人银行需要和付款人银行合作以追踪相关资金:Ibid. ,reg. 90（3）。

[545] Ibid. ,reg. 90（4）.

[546] *Tidal Energy Ltd. v. Bank of Scotland plc* [2015] 2 All ER 15. See also T. Ng, ‘Misdirected Funds and the Bank's Right to Debit the Originator's Account’（2015）131 *LQR* 202; G. McMeel, ‘Fraud and Electronic Funds Transfers’ [2015] *LMCLQ* 1.

[547] *Barclays Bank plc v. Bank of England* [1985] 1 All ER 385,394,参考本书第十二章第三节“三、支付系统的规则”部分内容。

Turner v. Royal Bank of Scotland plc 案[548]已明确表达的观点相矛盾，这两案的观点是，银行一般不被允许用私人协议的方式“删减”客户的权利。该观点认为，尽管多数意见的推理是有瑕疵的，考虑到《2017 年支付服务规定》所用的处理方式并考虑到该判决将举证责任加在了最便利核对收款人细节准确性的一方，他们富有争议地达成了正确判决。事实上，支持多数意见的更保险的普通法基础可以在 *London Joint Stock Bank Ltd. v. Macmillan* 案[549]中找到，基础是客户在出具其给银行的支付指令有过失时，应该承担这一过失的后果。尽管 *Macmillan* 案明确涉及的是支票而不是资金划拨，但没有理由认定为什么这一判决不能等同地扩展至其他形式的支付机制。事实上，已经有这种发展的迹象。[550] 因此，*Tidal Energy* 案是正确裁判但错误论理了。

（四）取消和解除

最后一个关键问题是何时资金划拨成为不可取消，何时有效满足合同要求且/或何时解除基础债务。由于法院显然意在将这两个问题分别处理，这种结构将在下文中采用。

就撤销或取消支付指令的问题，至今司法的注意力还是在普通法处置上。《2017 年支付服务规定》现在也冲击到这一问题，因为它包含着调整资金划拨可被取消的规则。作为一般原则，一旦银行收到支付指令，付款人不能再取消贷记划拨指令，除非银行同意这一取消。[551] 这符合《2017 年支付服务规定》关于明确执行时间的提示[552]且有效表明着一旦支付指令已“触及了系统”就不能再撤回。这与 CHAPS 和“Faster Payments”系统的运行方式是一致的，因为这些支付机制的规则明示规定只要支付指令进入系统就不可撤回。[553] 至于直接借记，双方直到资金从付款人账户借记的日终之前还可以撤销，除非 410
同时经付款人银行和收款人的同意。[554]《2017 年支付服务规定》相应地将不可撤销的时点放在了交易发起时。

尽管澄清了《2017 年支付服务规定》立场，还是有必要考虑普通法的立场，因为这一监管规则可能不会第一位适用或可能根本不会适用。普通法的起点是，如果调整某一具体划拨的规则存在关于支付何时可取消的条款，法院就会将这些规则适用于摆在其面前的案件中。[555] 当没有明确的规则调整时，普通法的处置就较缺少确定性。[556] 在这方面的早期判决是 *Rekstin v. Severo Sibirsko Gosudarstvennoe Akcionernoe Obschestvo*

---

[548] *Turner v. Royal Bank of Scotland plc* [2001] 1 All ER (Comm) 1057.

[549] *London Joint Stock Bank Ltd. v. Macmillan* [1918] AC 777.

[550] *Consider ASB Securities Ltd v. Geurts* [2005] 1 NZLR 484.

[551] Payment Services Regulations 2017, 2017 SI No 752, reg. 67 (3).

[552] Ibid., regs. 86-9.

[553] *Tayeb v. HSBC Bank plc* [2004] EWHC 1529 (Comm).

[554] Payment Services Regulations 2017, 2017 SI No 752, reg. 83.

[555] *Tayeb v. HSBC Bank plc* [2004] EWHC 1529 (Comm).

[556] 进一步了解参见本书第十二章第三节。

Komseverputj 案，[557]在该案中银行客户/付款人指示银行将其账户所有余额付至同一支行的另一人名下的账户。在银行按要求做账并实施划拨后，但在收款人被通知之前，债权人凭一项对第三人债务的中间法院令扣押了付款人账户余额。本质的问题是划拨是否已生效（在该案中没什么可供扣押）还是付款人的账户余额尚未划拨且仍适用于扣押。上诉法院同意后一种观点。法官汉沃思（Hanworth MR）强调该案不同寻常的事实在于，付款人在事实上并没有欠收款人任何债务，因此没有证据表明收款人预期该付款或同意该划拨，由此没有什么表明收款人银行有授权来为收款人接收资金或持有所涉资金。相应地，*Rekstin* 案似乎认为在认定划拨全面完成之前需要有同意收款人接收资金的具体表示。

这种立场在 *Momm v. Barclays Bank International Ltd.* 案中得到缓和，[558]该案涉及一项货币兑换交易下的资金划拨且它已实际贷记收款人账户。当付款中止操作时，收款人银行返还了贷记记账，尽管收款人当时不知道贷记记账，但在后来知道了反向操作时他起诉了收款人银行。值得争议的是，如果以 *Rekstin* 案为基础，由于收款人不知道付款，不能认为是完成了支付的，因此是可以反转的。克尔（Kerr J）强调说在 *Rekstin* 案中一个不同寻常的事实是，收款人对提交的资金划拨一无所知，因为在付款人和收款人之间没有基础交易。由此，该法官认为 *Momm* 案的境况是不同的，因为收款人知道与货币汇兑合同相关的支付将在某个时点收到，并且特意指定了支付付入的被告银行账户。由此，尽管收款人不知道贷记科目的入账时间，相关的具体情况决定了其银行有授权接收该等支付。由有授权的代理人接收足以这表明完成了交易。

Momm 案中，付款人和收款人之间的基础合同指示了付款必须付入的账户，这一事
411 实是收款银行有权接收付款的有力证据，但是如果要通过发展默示授权为更宽泛的概念来解释银行不依赖于具体指定还是存在压力。具体来说，在 *Royal Products Ltd. v. Midland Bank Ltd.* 案[559]中，付款人寻求令其账户贷记冲正，理由是他划拨资金至另一银行账户的指示并没有被执行，因为收款银行从未被特别通知（或同意）接收资金，韦伯斯特（Webster J）指出收款银行通过“在银行开立活期账户”这一事实表明已有客户的“默示授权”来接收贷记资金。这表明仅有在一家银行开立账户的事实已足以产生授权来接收付款资金，其结果是自收款人接收资金的这一刻起这一划拨就已完成。但是，*Royal Products* 案中的观点认为应根据该案中的特别情况观察，即付款人和收款人完全相同。实际上，在随后的多个案子中，当付款人和收款人不是同一个人时，法院已拒绝认定仅有银行账户就足以产生接收资金授权为一般原则。这一点在由里奇（Rich）法官在 *Customs and Excise Commissioners v. National Westminster Bank plc* 案[560]和克拉克

[557] *Rekstin v. Severo Sibirsko Gosudarstvennoe Akcionernoe Obschestvo Komseverputj* [1933] 1 KB 47.

[558] *Momm v. Barclays Bank International Ltd.* [1977] QB 790.

[559] *Royal Products Ltd. v. Midland Bank Ltd.* (1981) 2 Lloyd's Rep 194.

[560] *Customs and Excise Commissioners v. National Westminster Bank plc* [2003] 1 All ER (Comm) 327.

(Clarke J) 法官在更为近期的 *PT Berlian Laju Tanker TBK v. Nuse Shipping Ltd* 案[561]中表达得更为明显。该等授权必须相应地在有关环境另具特点时才能认定。总之,在普通法上,自资金在收款人银行中可用并由银行经收款人授权且代表收款人接受时资金划拨完成并由此不可回转。

除了付款人和其银行之间就支付是否已完成由此决定是否不可撤销存在争议,付款人和收款人之间关于资金划拨是否解除了他们之间的债务（由此成为有效的付款）或关于付款是否与基础合同约定的时间一致也存在问题。收款行的授权看起来也与这些问题相关。在 *The Laconia* 案[562]中,收款人银行收到电报信息要求将租船合同下的到期金额贷记船东的账户。这一电报收款人银行收到时是在租船合同指定的日期之后,但是在银行被船东指示拒收之前的很短时间。尽管收款人银行已开始采取必要措施贷记收款人账户,收款人仍指示银行拒收该资金。虽然上议院强调这些由收款人银行采取的步骤纯属临时性和程序性的（由此面临着反转）,上议院还是指明收款人银行缺乏代表收款人接受资金的授权,因为银行的授权在支付延迟时已被收回。在此背景下,对银行必须有实际授权的原则还是存在两项例外。首先,在 *The Laconia* 案中,上议院接受的观点是,尽管收款银行没有实际的授权,但付款在银行表见代理的情况下仍是有效的。[563] 其次,当资金被收款人银行留存了不合理的时长(如 *The Laconia* 案所示）或实际由收款人 412
使用,这就达到了接受付款并追认银行授权的效果。[564]

不像前面讨论过的取消场景下有授权就足以完成付款,在付款人和收款人之间有争议时,授权本身还不充分。这是由上议院在 *The Chikuma* 案[565]中认定的,该案再次考虑了租船方对租船费用的支付问题。付款的到期日是 1976 年 1 月 22 日,在罗马付款,付款人银行在该日划拨了资金,但是划拨的“记价日”（换言之,自该日起资金可为收款人计息）表明是在 4 天后。船东以过期付款为由拒绝该笔划拨资金,上议院同意了。布里奇(Bridge) 法官认为“船东银行在 1 月 22 日记入船东账户科目并不等于现金,也没有理由认定船东准备将之等同于现金。它不能用来赚取利息,比如立即转入存款账户。它只在有负息义务时能提用。本质上它等同于透支额度,银行有义务令其可使用。”相应地,只有在收款人无条件地使用资金且可以像现金一样不受限制地开票时,付款才在付款人和收款人之间完成。

尽管从这些普通法案例中抽取出来的原则足够清晰,法院还是没有清晰地指出,针对源自付款人与其银行争议,和源自付款人和收款人争议使用不同的司法路径是否具有明确的正当性。[566]

---

[561] *PT Berlian Laju Tanker TBK v. Nuse Shipping Ltd.* [2008] EWHC 1330 (Comm).

[562] *Mardorf Peach & Co Ltd. v. Attica Sea Carriers Corporation of Liberia, The Laconia* [1977] AC 850.

[563] 很可能的,银行证明其表见授权的最容易的办法是指向一个事实即收款人在银行处开有账户,但这可能导致其处于一个近来常被法院驳回的境地。

[564] *TSB Bank of Scotland plc v. Welwyn Hatfield District Council* [1993] Bank LR 267.

[565] *A/S Awilco of Oslo v. Fulvia SpA di Navigazione of Cagliari, The Chikuma* [1981] 1 WLR 314.

[566] 进一步了解对这一问题的分析,参见本书第十二章第三节。

第四编　银行与融资

第十四章　贷　款 415

贷款是银行业务的核心。一家银行的贷款一般是其最重要的资产。由其本质决定，在不出现还款问题的情况下，贷款可以产生稳定的现金流。当然，并非所有的银行贷款都以此为目的。在一些法域，银行可能面临着信贷控制，要求贷款扩展至规定类别的借款人，其目的未必与借款人的信用值相关。这种“指导型信贷”项目是很多新兴和成长中市场的监管环境特色，且与这些市场银行贷款池中的不良资产盛行密切相关。〔1〕本章的焦点是处于自由化市场中的贷款，其银行对选择借款人、贷款条款以及在借款人违约时行使救济都能享有更大自主权。

本章进一步聚焦于银行的商业贷款，因此不会考虑其他消费者贷款问题（有些问题在第二编已触及）。〔2〕在很多法域，银行贷款是商业外部融资的主要来源——尤其是对小型和中型企业，其商业规模令其无力（成本太高）从资本市场融资。〔3〕对欧元区法域来说，银行融资对中小企业来说仍是最常使用的外部融资形式。〔4〕在这些法域，银行商业贷款的压缩（如由国际金融危机和欧元区危机引发的）可能对实体经济有非常严重的后果。

银行商业贷款可以采用多种形式。银行从业人员常用一类术语“授信”来指称全部。最基础的形式是定期贷款，其具体到期日设定了最终还款时间。定期贷款多种多样，从短期贷款（过桥融资、流动资金融资、贸易融资）到中期贷款（2—5年的流动资金、一些资本性支出），到长期贷款（项目融资、资本支出）。定期贷款可以有固定的还款计划，它可能会要求等额分期（“分期”还款）、递增分期（”气球式”还款）或者是到期
一次性还款（“子弹式”还款）。〔5〕它还可以是循环授信，在此期间借款人可以归还金 416
额且还可以再借，只要没有超过整体的授信限额。由此可循环信贷授信就像是透支，透支是附着于活期账户的借款授信，银行客户可对账户透支（所以它是借记，而不是贷记）

---

〔1〕 See, e. g. , G. Caprio and R. Levine, 'Reforming Finance in Transitional Socialist Economies' (1994) 9 (1) *World Bank Research Observer* 1.

〔2〕 参见本书第七章第三节。

〔3〕 关于英国立场，E. Ferran and L. C. Ho, *Principles of Corporate Finance Law* (2nd edn. , New York, Oxford University Press, 2014), 270。P2P借贷平台的兴起正在改变立场：例如，参见 B. Zhang et al. , *Pushing Boundaries: The* 2015 *UK Alternative Finance Industry Report* , 9，报告称2015年P2P商业借贷供应了相当于13.9%的提供给小经营者的贷款。

〔4〕 See European Central Bank, *Survey on the Access to Finance of Enterprises in the Euro area, October* 2015-*March* 2016, June 2016, Chart 9.

〔5〕 E. P. Ellinger, E. Lomnika, and C. V. M. Hare, *Ellinger's Modern Banking Law* (5th edn. , New York, Oxford University Press, 2011), 773.

到预设的天花板。但两者有根本区别：可循环信贷授信是固定期限的，而透支一般而言可随时要求还款。[6] 曾有对英国银行的批评称，它们不像德国或日本的银行，英国银行喜欢透支型贷款，代价是未能为商业提供更确定的长期融资支持。[7]

这些是商业贷款授信的基础形式：定期贷款、可循环授信和透支。它们可能以单一授信或组合授信的方式提供，组合授信是数个贷款授信组合成一个“多重选择”授信给借款人。确立商业贷款授信的协议在详略程度上差异很大：对简单透支，授信函可以很短甚至不存在；[8] 对多重选择授信可能有100多页。对更为复杂的授信协议，行业协会已研发标准化文本以促进银行与借款人之间的条款谈判：例如，贷款市场协会已成功研发了在欧洲、中东和非洲的一套一级和二级银团贷款的文件模板。本章旨在提出这些核心问题，从贷款协议谈判中的问题开始。

第一节 协议谈判

一、谈判中的角色

双边贷款条款（涉及一个借款人和单一贷款银行）可以在借款人和银行从业人员之间直接谈判。作为一个合同问题，代理法将决定银行从业人员是否是实际代理或表见代理以约束贷方支持审批贷款。[9] 更复杂的问题产生于银团贷款，这里有个额外角色——“牵头行”或牵头行们——将卷入授信条款的谈判之中。

安排行或“牵头行”将获得借款人的授权（一般是以“授权书”的形式），按述明条款为融资组团，条款将列于条款清单（term sheet）。[10] 在大型融资中，安排行还可能被授予就贷款授信谈不同条款的弹性，只要它认为这样做对成功组织银团是明智的（“市场
417 弹性”条款）。[11] 借款人会被要求承诺在安排行受借款人委托期间不得试图通过其他方式融资［“无市场竞争条款”条款（a“clear market provision”）］。[12] 对安排行而言，它通常要承诺尽合理或最大的努力[13]来实现客户目标。英国法不会认为尽合理或最大

---

〔6〕 进一步了解，参见原著 p. 422, n 47。

〔7〕 See generally, e. g. , M. Collins, *Banks and Industrial Finance in Britain* 1800-1939 (London, Macmillan, 1991); P. Marsh, *Short-termism on Trial* (London, Institutional Fund Managers' Association, 1990).

〔8〕 在恶意透支的情况下，是借款人提出付款请求但没有事先授信安排而负债，而该要求得到了承兑：参见原著 p. 418, n 23。

〔9〕 参见本书第七章第二节“二、银行业务合同的有效性：授权和行为能力”部分内容。

〔10〕 P. Wood, *International Loans, Bonds, Guarantees, Legal Opinions* (2nd edn. , Sweet & Maxwell, London, 2007), [1-005].

〔11〕 Ibid. , [1-006].

〔12〕 Ibid. , [1-005].

〔13〕 更大可能是承诺用“所有合理努力”，这可能相当于“尽最大努力”的义务。参见 *Rhodia International v. Huntsman* [2007] EWHC 292 (Comm); [2007] 1 CLC 59, 79（对此 K. Langton and L. De Marco, 'Is an“All Reasonable Endeavours”Obligation Best?' (2010) 10 *JIBFL* 602）；另参见 *KS Energy Services Ltd v. BR Energy (M) Snd Bhd* [2014] SCGA 16 (Singapore Court of Appeal)。

努力来履行合同义务[14]是很不确定的,虽然需要达成的目标需要是明确的。[15]一项用来组成银团的协议已足够明确,并由此成为可强制执行的法律义务。尽合理努力的义务可以解释为要求银行采取"一项合理的措施,而不是所有的措施"以达到组成银团的目标。[16]至于最大努力,一种解释是要求更大的努力——近乎绝对承诺。但更为普遍接受的解释是包含在《国际统一私法协会国际商事合同通则》中的解释,[17]即在尽最大努力执行一定活动的义务之下,一方必须采取在同样情况下所有同等理性人会采取的所有努力,但并没有绝对的义务要达成目标。由此,尽最大努力要求银行为客户设身处地,但无须有损作为银行的形象。例如,在尽最大努力组织银团时,安排行需要绞尽脑汁(采用所有可行而不仅是一个合理可行的办法),[18]但没有义务采用那些会疏远其他银行或损害自身商业利益的策略。[19]

有时牵头行会作为安排行和借款人财务顾问的双重角色。在履行两种角色的过程中是否会有角色冲突呢?换言之,借款人随后能否提出在建议融资结构、谈判融资来源、起草或审阅文档等问题上银行的行事方式排除了客户获取更好交易的可能?作为安排者在调查潜在融资来源时,银行是作为借款人的代理人。[20]由此在原则上面临着信义义务:在提供融资中它必须避免银行自身利益和它为借款人获得最佳贷款条件的冲突。当有不与书面条款冲突的"商业惯例"时,用默示条款的形式对银行信义义务范围加以限制也许可行。银行兼具两种角色——作为咨询者和安排者——在市场上很普遍,因此认为"商业惯例"能支持银行双重行为能力颇负争议。也许从银行的角度,最简单的办 418
法就是通过明确的合同条款,使其可自荐成为资金来源方。

作为代理人,银行还必须诚实行事,秉持银行从业人员处于该位置所应有的合理注意、技能和勤勉。[21]例如,借款人随后声称银行的建议是处心积虑地设计只有它这一家银行可能获得委托。这就是主张欺诈,即不诚信。英国法的律师不喜欢主张欺诈,英国法院也不愿意认定举证证明了欺诈。相反,根据合同条款约定,银行不是确保获得最有竞争力的合同条款:尽银行从业人员的合理注意、技能和勤勉以获得该等合同条款足以。

牵头行还会对参与银团的其他银行负有注意义务,尽管银团成员间的合同条款安排

---

〔14〕 由于反对约定用最大努力来谈判,这在英国法下不可强制执行:参见原著 p. 421, n 39。

〔15〕 *Jet2. com Ltd v. Blackpool Airport Ltd* [2012] 1 CLC 605; [2012] EWCA Civ 417.

〔16〕 *Rhodia International v. Huntsman* (n 13), para. 33; A. McKnight, 'Commitments to Lend in Troubled Times' (2009) *Law and Financial Markets Review* 148, 150.

〔17〕 (Rome, UNIDRIOT, 2010), Art. 5. 1. 4 (2): see L. Gorton, 'Best Efforts' [2002] *JBL* 143, 152-62.

〔18〕 *Rhodia International v. Huntsman* (n 13), para. 33.

〔19〕 尽管银行被允许考虑其自身利益的范围可能根据协议而有所不同:*Jet2. com Ltd v. Blackpool Airport Ltd* (n 15), para. 32。

〔20〕 当牵头行没有以顾问行的行为能力行事时,处境可能不同,尽管对安排行和借款人之间的适当定性还没有一个清晰的一致意见:参见 Wood (n 10), [1-009]; C. Qu, 'The Fiduciary Role of the Manager and the Agent in a Loan Syndicate' (2000) 12 (1) *Bond Law Review* 86; D. Petkovic, 'Arranger Liability in the Euro Markets' (2008) 125 (1) *Banking Law Journal* 49。

〔21〕 J. O'Donovan, *Lender Liability* (London, Sweet & Maxwell, 2005), 365.

一般会对银团成员对牵头银行所提供信息的合理信赖作出限制。[22]

二、因确认而产生的协议

未经明示的条款磋商有可能达成贷款授信。举例来说，临时性的透支授信，它发生于银行客户对一个已处于透支状态的账户要求对外付款，而银行同意了这一付款要求。在英国法上，客户行为通常会定性为以银行标准条款为基础请求透支授信，在付款请求获准时产生了包括这些条款的协议。[23]

但是，在大部分商业贷款中，授信协议条款显然是经谈判而来的。谈判持续一段时间后，就很难精确地认定法律上具有约束力的贷款授信协议条款是何时达成的。[24] 当谈判成果精简成书面的意向性文件，列出意向贷款的本质以及部分或所有适用的条款时，这种情况尤为明显。各种各样的术语被用于描述该等文件，例如要约文件、意向书、协议要点、承诺函（本书用语）。[25] 这些文件在何种程度上具有法律约束力？当借款人拒绝支付文件中所涉的费用或银行拒绝归还该等费用，或一方当事人拒绝完成正式文件时，这一点就会显得重要。

就像已有人关注的，承诺函的合同效力至少有三种可能。[26] 一种可能是承诺函没
419 有约束力，仅仅表达了一种善意或一方或多方的愿望。另一种可能是承诺函本身已足以产生贷款授信的法律约束力，更不用说函件中包含了要进一步达成的条款或执行更正式的文件。各方未能达成进一步的协议或执行更正式的文件并不能必然排除事实上协议已在早前阶段已达成的认定。[27] 第三种可能是承诺函并未产生或表现为有约束力的协议，但它也有一些合同上的效力——比如作为一种秉持善意应继续谈判的协议。[28] 第三种协议的可执行性将在“三、过渡协议：继续谈判协议”部分讨论，本部分后面将考虑一些有助于认定有约束力的贷款授信协议是否已在承诺函阶段达成的考量因素。

承诺函的合同效力没有“一成不变的答案”：它是否会产生有约束力的协议“应取决

---

〔22〕 P. Hood, *Principles of Lender Liability* (Oxford, Oxford University Press, 2012), [6.139].

〔23〕 参见一审中史密斯（Smith）法官在 *Office of Fair Trading v. Abbey National PLC and ors* [2008] EWHC 875 (Comm); [2008] CTLC 1, paras. 64–8 中对判例法的评论。

〔24〕 当然还有其他一些在缔约前阶段产生的已讲述或未讲述的各类义务来源，有些在第十章讨论过。

〔25〕 参见其他语境下的意向书：*R. Lake and V. Draetta*, *Letters of Intent and Other Precontractual Documents* (2nd edn., New Hampshire, Butterworths, 1994)；另见 G. C. Moss, 'The Function of Letters of Intent and their Recognition in Modern Legal Systems', in R. Schulze (ed.), *New Features in Contract Law* (Germany, Sellier, European Law Publishers, 2007)。

〔26〕 M. Furmston, 'Letters of Intent' in A. Burrows and E. Peel (eds.), *Contract Formation and Parties* (Oxford, Oxford University Press, 2010) Ch. 2; A. Schwartz and R. E. Scott, 'Precontractual Liability and Preliminary Agreements' (2007) 120 *Harvard Law Review* 662.

〔27〕 *Carlyle v. Royal Bank of Scotland* [2015] UKSC 13, [25].

〔28〕 或者，它可能得出的结论是当承诺函开证时，该阶段没有有约束力的协议，但是该协议后来由于信赖该承诺函的行为达成了；参见本章 n 30。

于具体案件的具体情况。"[29]但是,有时,特定用语将作为解释承诺函的标志性方法。在普通法系,"以合同为准"(subject to contract)这样的用语是典型的足以认定尚未达成协议的标志,其结果是明确表达了以合同为准的承诺函本身将不会被视为产生贷款授信的有约束力的协议。(在以下情况下可能处境会有所不同:如果随后各方行为证明以承诺函条款或其他条款为基础的协议是有约束力的;[30]另外,可能还会因有关陈述产生了从合同,或者因某种形式的禁反言阻却各方否认以承诺函展示的交易条款或效力。[31])其他类似的语言可能不会被视为具有同样的结论性作用。例如,用语"以文件为准"或"以常用文件为准"可能无法排除协议已达成的认定。该等语汇可以适当归类为"仅仅为当事人所喜欢的对已达成交易的表达方式,且将事实上以此方式履行",[32]由此存在合同——当然需要条款存在充分确定性。

在没有程式化方法(如适用于"受合同约束的情况"的方法)可用的情况下,测试的方式通常将变成:承诺函是否旨在有约束力(英国法的传统方法),[33]或者有约束力的承诺函是否符合当事人合理预期(一些现代作者的方法)。[34] 在认定这一问题时,须参 420
考所有背景情况,而不仅仅是承诺函本身。以下因素可能相关:(1) 怎么描述文件是某种标志。例如,一份文件被表述成"协议"且包括"这是一份过渡性协议直至完全法律协议产生"这样的句子可能很好地表明了被约束的意图(反例是"本函没有约束效力"这样的话)。[35] "要约文件"看起来没有"承诺函"这种表述受约束意图强。但制作条款是为了作为要约文件交潜在借款人签署"承诺"并予以返还。这时,"要约"用语与认定约束力无关。在一些金融语境下,术语"承诺"本身不表示有约束力的承诺,只表示确有兴趣。[36] (2) 承诺函是否有对建议条款的合理完整表述是一个好标志,但不是决定性标志。有些文件未包括该类协议中通常会有的所有条款,根据具体情况,可能也是希望有约束力的:"即便某些经济条款或其他对当事人重要的条款尚未最终达成,但经客观评估

---

〔29〕 *British Steel Corp v. Cleveland Bridge and Engineering Co Ltd* [1984] 1 All ER 504,509 [also cited in Furmston (n 26),24].

〔30〕 *RTS Flexible Systems Limited v. Molkerei Alois Müller Gmbh & Company KG* [2010] UKSC 14; [2010] 1 WLR 753;see also Moss (n 25),24-5.

〔31〕 关于此,参见 M. Furmston and G. J. Tolhurst, *Contract Formation: Law and Practice* (2nd edn., New York, Oxford University Press, 2016), [13. 55] - [12. 67] (estoppel) and [13. 71] - [12. 72] (collateral contracts)。

〔32〕 *Von Hatzfield-Wildenburg v. Alexander* [1912] 1 Ch 284,288.

〔33〕 See *RTS Flexible Systems v. Müller* (n 30),para. [45].在英国法中,意图是宏观认定的;相反,在大陆法系,一般将意图作为一种主观上的事实;例如,参见 S. Grammond, 'Reasonable Expectations and the Interpretation of Contracts Across Legal Traditions' (2010) 48 (3) *Canadian Business Law Journal* 345,n 20。

〔34〕 了解概览,参见 Grammond, Ibid.。

〔35〕 *First National Mortgage Company v. Federal Realty Investment Trust*, 631 F. 3d 1058, (9th Cir., 2011), 2023.

〔36〕 *Governor and Company of the Bank of Scotland v. 3i plc* [1993] BCLC 968,1022-7.

其言行后的结论是，他们并不想让该等条款成为达成有法律约束力协议的先决条件。"[37]但是如果是一般都被视作重要的条款缺失了，法院就不太可能认为他们已就所有条款达成一致。实际上，如承诺函只包含很少条款，且预计会体现于正式文件中，就不能说当事人是想被约束的。缺少利率、币种（在国际贷款的情况下），或还款条款，如果缺乏习惯或商业惯例，将是致命的。从另一头看，即便条款看起来完整，在有其他情况下也可能否定当事人有意受其约束。(3) 可以参考完成承诺函之前与之后[38]所采取的步聚。就提议的承诺函内容、正式性的程度、当事人对其约束力的确信，以及随后的像支付承诺费等行为开展扩展讨论，对判断当事人是否意在受拘束有一定释明作用。不能仅仅因为承认函没有约束力就认为其中所涉花费与费用不是应付款。该等费用可以分为因考虑是否批准提议贷款而产生的应付费用、为"原则上"承诺贷款的付费以及为开具承诺函自身的付费。第一种很直接，是处理成本的费用。第二种和第三种无疑会遭到反对，因为对没有法律约束力事物（原则性承诺或承诺函本身）不存在应付费用，但这是当事人的意图问题。

421 对于法律上不可强制执行的事物商业社会往往认为很有价值。有意见认为无约束力的承诺函，尤其是来自卓有声誉的金融机构的承诺函就属此类。它本身对于潜在借款人在与第三方的关系中有巨大价值，例如在并购中，竞标人可以在控制目标公司的谈判中使用它。

三、过渡协议：继续谈判协议

如前文观察，对承诺函的一种可能的解释是它产生的不是有约束力的贷款授信协议，而是就该等授信继续谈判的协议（或本着善意继续谈判）。在英国法下，这样的承诺是不可强制执行的（因为缺乏确定性），[39]无论它们是产生于缔约前谈判还是作为已达成合同的一部分。[40] 而且，英国法没有对当事人施加更多的一般性义务要求其尽善意谈判合同。[41] 其他地方情况差别相当大。其他的法律体系有着不同的尽善意谈判的前

---

〔37〕 *RTS Flexible Systems v. Müller* (n 30), para. [45]. 另参见加拿大上诉判决：*First City Investments Ltd. v. Fraser Arms Hotel Ltd.* (1979) 104 DLR 3d 617, [1979] 6 WWR 125; *Accord Holdings Ltd. v. Excelsior Life Insurance* (1983) 44 AR 368, (1985) 62 AR 234. See M. Ogilvie, 'Canadian Bank-Lender Liability', in W. Blair (ed.), *Banks, Liability and Risk* (3rd edn., London, LLP, 2001), 287-9。

〔38〕 英国法下，后合同行为的证据一般不可认同为支持构成合同，但是可以用来证明一个合同是否已经形成：Furmston and Tolhurst (n 31) [1-20]-[1-23]。很多法域采取了更自由的方法来认可后合同行为，因此这种区分可能没必要作出。

〔39〕 *Walford v. Miles* [1992] 2 AC 128 (HL)，如 E. Peel, 'Agreements to Negotiate in Good Faith' in Burrows and Peel (n 26), Ch. 3 中的分析。

〔40〕 善意作出的进一步谈判不会令已经订立的合同失效，但是它本身不可强制执行：参见 Peel, ibid., 43。

〔41〕 尽管在缔约前阶段可能就陈述问题存在侵权责任，并有责任返还在此期间的收益：参见 Furmston and Tolhurst (n 31) [13-39], [13-62]。

合同义务。[42] 在得出结论的过程中,英国法基于的假定是:谈判是内在对抗的,虽然事实上有合作的因素。它还在俯瞰了商业社会现实后认为商人有时对预约合同或预约谈判的合同就很满意,无论如何,商业缔约往往是一个过程,需要在不同阶段相应完成。

四、变更协议

可能不止一个协议存在。例如,是伴有支持函的贷款协议。支持函可能构成对主协议的修改或成为条款不同于主协议的从协议。支持函也可能仅仅是银行行为过程的证据(如违约),合同上并没有约束力。[43]

再如,一个看起来与贷款协议不一致的其后担保条款。在存在不协调的情况下,法院可调和条款,认定原始贷款协议已被修改。调整还款计划协议——是另一个例子——这显然修改了原贷款协议。

第二节 授信及其还款

假定有约束力的贷款协议存在。从商业角度看,其核心是与授信类别和还款相关的条款。何时能提用授信?借款人是否有义务借款,或者银行是否有义务贷款?授信可用于何种目的?何时及如何还款?应付何种利息?能否因延迟付款而主张违约利息? 422

一、提用授信和要求授信

一般而言,一项商业贷款可以在协议签订后的约定时间内提用(取决于满足先决条件的情况),[44]有时叫作承诺期。[45] 如果它可以分次提取,就可能会有约定最小提款额。需要在提款前数天作出通知,以便银行安排资金。承诺期届满其贷款义务消灭。相反,透支或可循环授信可以随时提取。换言之,银行有义务在整个授信期内事先准备资金。这对贷款人转让循环授信有影响(通过合同更新的方式):因为借款人尚未立即提取资金,不太可能同意向新贷款人转让循环授信合同。[46]

透支和循环授信的差异在于透支在本质上是银行可随时要求还款:"以透支借出的资金,没有更多可说,应见索即还,因为这不过是借出的资金,如果没有协议延迟贷款人

---

[42] 参见原著第十章 p. 282, n 80;另参见 Moss (n 25), 147-8; Schwartz and Scott (n 26), 675; Peel (n 39), 39。

[43] *Lloyds Bank plc v. Lampert* [1998] EWCA Civ 1840, [1999] 1 All ER (Comm) 161 (CA). See M. Furmston, T. Norisada, and J. Poole, *Contract Formation and Letters of Intent* (New York, Wiley, 1999).

[44] 参见本章第三节。

[45] 消费者贷款或小额商业贷款可以贷在借款人的活期账户上:llinger (n 5), 753。

[46] 参见本书第十六章第二节"一、(一) 更新"和"一、(二) 债权转让"部分内容;另参见 Wood (n 10), [7-020]。

要求还款的权利，他有权随时收款。”[47] 无承诺期的“即时提用”授信也是如此：一旦一笔贷款授信，基于适当推定认定是应即时还款的，银行要求还款不需要理由——更无须借款人违约。英国法院不太可能认定银行在行使合同权利时负有侵权法上的注意义务。[48] 英国法院也不会认定这样的默示合同条款，即银行拒绝对透支或即时授信融资展期前要予以合理通知。[49] 由此，在英国法下，见索即还授信的借款人原则上面临着未预见的授信融资展期被拒和要求归还已贷出资金的风险。而且，后面会进一步谈到，英国法只给借款人在收到要求后很短时间——实施付款机制的必要时间——来履行，过后银行就有权行使违约救济。[50]

其他法域的法律对使用见索即还授信（demand facility）的借款人更为宽厚。在 *KMC Co. Inc. v. Irving Trust Co.* 案[51] 中，美国第六巡回上诉法院认为需要对贷款人施加默示善意义务，在见索即还的融资协议之下拒绝进一步融资前有义务通知借款人，且可
423 能影响到对已融资款项要求还款的权利。但这一方法并未得到普遍支持，据报道其他州和联邦法院持不同观点。[52] 一个加拿大法院就终止信贷授信适用了合理性测试（存在作出合理通知的默示条款）；[53] 但在其他加拿大的案件中，法院在因借款人未能见索还款而强制执行担保（需要合理通知），[54] 与终止见索即还信用授信（并不意外，也因此无须通知）之间划出了界线。加拿大法院还在构建见索即还义务时适用了合理性测试，其结果是：在对借款人行使违约救济之前必须给其“合理时间”以履行义务。[55] 在德国，银行被要求行使终止借贷合同的权利时要考虑客户的“合法利益”，即要求在终止见索即还授信之前给予合理通知。而且，尽善意和公平交易的要求在此方面也有影响。德国法院这一原则受一定认同的原则是：贷款人已与借款人交涉很深，在借款人有临时性财务困难时银行有忠实义务支持借款人。[56]

---

〔47〕 *Williams & Glyn's Bank Ltd v. Barnes* [1981] Com LR 205. 对该问题的处境会是相反的，如果各方协议的其他方面证明存在相反的意图，因此他们不能被认为已同意可以要求立即还款的，进一步了解，参见 Ellinger (n 5), 760-1。

〔48〕 因为确认该种义务会潜在地与贷款人的商业利益相冲突：*Hall v. Royal Bank of Scotland* [2009] EWHC 3163 (QB)。

〔49〕 参见本书第十章第五节“二、授信管理与终止”部分内容。但在特殊情况下，银行因其对借款人的行为而被禁止在未合理通知的情况下撤回授信，比较 *Bank of Ireland Ltd. v. AMCD (Property Holdings) Ltd.* [2001] 2 All ER (Comm) 894。

〔50〕 参见原著第十章 p. 304, n 206，及 p. 426, n 75。

〔51〕 757 F. 2d 752 (6th Cir., 1985).

〔52〕 E. F. Mannino, *Lender Liability and Banking Litigation* (New York, Law Catalog, 2006) [5.03]; B. Bix, *Contract Law: Rules, Theory and Context* (New York, Cambridge University Press, 2012), 84.

〔53〕 *Whonnock Industries Ltd. v. National Bank of Canada* (1987) 42 DLR 4d 1 (CA).

〔54〕 一项后来规定于《1992 年破产法》(Bankruptcy Act 1992) (s. 244) 的要求：参见 P. Wood, *Principles of International Insolvency*, [2-044]。

〔55〕 Ogilvie (n 37), [10.99] et seq.；参见原著 p. 426, n 78。

〔56〕 Schäfer, 'Lender Liability Towards Financially Troubled Borrowers in German Law', in Blair (ed.) (n 37), 220-34.

二、贷款义务、情势变更和不可抗力，以及救济

一般而言，借款人没有义务提用授信。[57] 一旦给出提款的通知，贷款人是否有义务贷款？假定借款人条件、银行监管或大经济形势突然变化了呢？授信协议可能明确授权银行在特定情况下有权终止授权或调整条款：例如，在事件实质性负面影响到借款人履行义务能力或令借款人履行过分艰难时，协议允许银行终止授信。[58] 在大陆法系，即便当事人没有明示约定它，在这种情况下也可能有终止或调整的权利，比如，在情事变更之下。[59] 英国法下，在情况严重变化以致合同会被认为因不合法或不可行而履行不能时，履行不能原则（狭义的）可提供救济。[60] 但是在银行没有权利终止授信或寻求合同条款调整，合同也没有履行不能的情况下，如果银行因为情况变化而拒绝贷款，普通法能给予借款人什么救济呢？

判例法认为实际履行对借款人一般来说不可行，不能强迫银行贷款。[61] 损害赔偿是一种充分的救济，特别是对无担保贷款：实际履行将创造一种不公平地位，因为借款人 424
将实际得到资金，而贷款人只得到还款的希望。枢密院曾说在"例外的情况下"可以对无担保贷款协议判定实际履行，但未予详述。[62] 有意见认为这种例外是指计量损害和近因性存在困难，或者获得计量损害和近因性会有重大延迟或花费的情况。[63]

违反贷款合同义务的损害赔偿规则很容易陈述。一般原则是仅可获得名义损失，因为借款人被假定为总能在下一刻就获得资金。[64] 如果获得的资金只是利率没有那么优惠，可以就其利差获得损害赔偿。这是相当直接的——就是说贷款配额可按类似条件获得，尽管利率会高一点。但是，还会有一些困难。假定借款人原本可满足所有先决条件是否正确呢，如果在银行撤出时它仍未满足？有意见认为应对其损害赔偿打折扣，因为他在既存授信下也不能获得借款了。即便借款人能证明因违约所致损失，也要求其采取措施减少损失。

显然从别处获得资金的管理成本通常是可作为该过程的间接损失获赔的，但是利润损失呢，因为没有资金，借款人不能进行投资或无法完成其他交易。要可赔偿，在英国法

---

〔57〕 尽管他们在合同上应付违约成本，参见 Wood (n 10)，[3-019]。

〔58〕 进一步了解，参见原著 p. 441，n 155。

〔59〕 H. Rosler, 'Hardship in German Codified Private Law—In Comparative Perspective to English, French and International Contract Law' (2007) 4 *European Review of Private Law* 483.

〔60〕 A. McKnight, *The Law of International Finance* (New York, Oxford University Press, 2008) [1.3]–[1.4].

〔61〕 对比担保债务有关的情况，参见原著第十五章 p. 457，n 89 等，注意《2006 年公司法》(Companies Act 2006) s. 740，和 Ferran and Ho (n 3)，275-6，表明这一条款不适用于贷款。

〔62〕 *Loan Investment Corporation of Australasia v. Bonner* [1970] NZLR 724 (PC).

〔63〕 R. Hooley, 'Material Adverse Change Clauses After 9/11' in S. Worthington, *Commercial Law and Commercial Practice* (Oregon, Hart, 2003), 328.

〔64〕 *South African Territories Ltd. v. Wallington* [1898] AC 309 (HL).

下损失必须是当事人订立合时可以合理预见的范围（否则就太远了）。[65] 当然在商业交易中，当事人必然被认定是理解对方生意的常规操作的，但对非项目贷款，仅仅因为一个一般模糊的目的条款，银行不应被认为知悉借款人的创利目的。

三、目的条款、非法性以及授权

贷款目的塑造着交易。它会影响贷款是否有商业逻辑，是否符合银行政策，需要获取什么文件以保护贷款。授信协议包括目的条款。如果明确违反，借款人将构成违约，并面临由贷款人行使贷款加速权和终止权。更为例外的是，在英国法下，借款人可能被认定为适用 Quistclose 信托而为特定（充分界定）目的持有放款资金，其后果是银行对借款人持有资金享有受益人利益。在借款人不能清偿而破产的情况下，这给银行以便利。[66] 另一个例外是，其他人持有或支付了借款资金但知悉该目的条款的，可能因违背
425 信托或因不诚信地支持违背信托而承担责任。[67]

更为可能的是，实践中的目的条款可能非常模糊以致没法说已违反了它（例如，资金必须"用于借款人的流动资金需求"）。想对借款人使用资金实施控制的银行需要建立其他合同保护机制，例如，每一阶段成功完成后，在下一阶段融资前要求提供项目证书。另外，银行可以谈判就借款人的部分或所有资产设定担保以获得专属保护。

如果一项贷款授信从开始就是违法的——比如它违反了外汇管制、中止或冻结规定——它在英国法下是无效的（要么在成文法下，要么在普通法下，它是一种非法行为的来源）。[68] 如果银行知悉其不法性，英国法会驳回其寻找收回资金等在其他情况下原本可行的措施。协议初始合法嗣后不法的处理则不同。不法的效果可令贷款合同履行不能，结果是银行原则上可收回放款，[69] 虽然在跨境借贷中强制执行该等救济可能因其他法域采用执法措施而受封锁。在国际贷款协议中，银行试图坚持不法性条款，即如果银行继续给予贷款按国内法将成为非法——比如，由于政策对与借款国交易施加了冻结，或监管强制银行减少在此方面的风险敞口——借款人必须立即还款，即便贷款合同本身是受借款人（或另一个）法域的法律调整。[70] 借款人可争取修改该条款，迫使受此影响的银行尽合理努力寻找一家替代银行继续贷款。

银行还必须核实其所放贷机构的授权（*vires*）。在普通法下，超授权（*ultra vires*）

---

〔65〕 参见 Hooley（n 63），328-32 中对判例的详述和尼尔科斯（Lord Nicholls）法官在 *Sempra Metals Ltd v. Inland Revenue Commissioners*［2008］1 AC 561 中的论述。

〔66〕 因为它可以把信托持有的财产要回来，而不是证明无担保债权人按风险共担原则来分配无担保资产。关于 Quistclose 信托，参见原著第十二章 p. 345，n 30。

〔67〕 *Twinsectra Ltd. v. Yardley*［2002］UKHL 12，［2002］2 WLR 802，［2002］2 All ER 377.

〔68〕 更多具体分析，参见 McKnight（n 60），［1.3］。

〔69〕 Ibid.，了解更多对英国法下合同挫折的救济的具体分析，参见 H. Beale，*Chitty on Contracts*（32nd edn.，London，Sweet and Maxwell，2016），Ch. 23，Section 5。

〔70〕 Wood（n 10），［3-035］.

的交易自始（*ab initio*）无效。英国的“互换交易诉讼”将这个尖锐本土问题带到了国际金融市场。英国认定根据相关立法地方授权的互换交易是超授权的。〔71〕 随后其他涉及地方授权的其他案例也证实了这一点，认定其他（非互换）金融交易超越授权。〔72〕 但是，在其后一波诉讼潮中，认定银行可以基于恢复原状原则收回放款。〔73〕 如果借款本身超出了一个商事组织授权，这是非常不同寻常的。英国法下对公司问题的立场是任何对公司目标的限制不再影响公司行为的效力，其后果是某项举动（如借款）不能以此为由被认定为超授权。〔74〕

四、还款

（一）还款的时间

在见索即还授信下，我们已看到在英国法下只要提出还款要求没有合理还款时间这一概念。债务人只被允许违约前必要的实施债务清偿机制的时间（“付款机制”测 426
试）。〔75〕 从现代通信方式和支付系统看，可用的必要时间非常短。少的一般一两小时就已足够，然后银行就可以行使其救济，例如实现其已设定的担保。英国式的正义是对申请强制执行的贷款人提供确定性；更广维度的“合理时间”测试可能考虑贷款人所不知悉的更多情况，由此导致此规则在适用时更难预见。〔76〕

对定期贷款的还款可能在某一指定日或多个指定日。在贷款生命周期内分期付款较之期末一次性还本付息（“子弹”贷款）对银行保障更大。一次性到期还款往往导致重组融资。作为英国法下的一般原则，如果还款是在某个具体日期，没必要予以通知。但协议可能明确要求银行在宣布违约之前先提出还款要求。同样，无须留出合理还款时间。英国法看起来并不要求通知完全准确，或明确任何实际到期的数额（相反可以要求支付“所有到期款项”）。在债务人情况失控时，银行只须提出还款要求，其合理性看起来在于：在该等情况下，速度是行使违约救济的核心，而无论多么程式化，借款人都不可能满足要求——这种情况下要求“债权人花费不菲以精确确认到期数值看起来很傻”。〔77〕 但当向保证人主张时这就不构成强有力的理由，在这种情况下主张应明确主债务人未能支付，及其债务金额。

一些普通法法域如加拿大要求在见索即还授信等情况下贷款人给出合理期限以满

---

〔71〕 *Hazell v. Hammersmith and Fulham LBC* [1992] 2 AC 1 (HL).

〔72〕 参见本书第七章第二节“二、（二）组织体缔约——行为能力”部分内容。

〔73〕 *Westdeutsche Landesbank Girozentrale v. Islington LBC* [1996] AC 669 (HL); *Guiness Mahon and Co. Ltd. v. Kensington and Chelsea LBC* [1999] QB 215 (CA).

〔74〕 See Companies Act 2006, s 39; Ferran and Ho (n 3), 162-3.

〔75〕 *Bank of Baroda v. Panessar* [1987] Ch. 335，和原著第十章 p. 304，n 206。

〔76〕 Ibid.

〔77〕 Ibid.，支持了澳大利亚高等法院在 *Bunbury Foods Pty. Ltd. v. National Bank of Australasia Ltd* (1984) 51 ALR 709 中就这一点所作的判决。

足还款的请求。[78] 也许,其理由在于,如果借款人有合理的时间,有些人可能能缓解这种情况。合理的时间取决于不同情况,但最慷慨的情形可能是涉及借款人再融资的充足时间——这个时间不是英国法下严格的“付款机制测试”的时间。这一方法在很多大陆法系国家也采用了。其正当性在于这是特定情况下的善意和公平交易原则的要求,特别是在银行寻求的与对银行合理期待的出现矛盾时。这一合理期待是银行会给予重要的事先通知。

（二）提前还款

在普通法下没有提前还款的权利,但是合同可以允许提前还款（先还款）且“没有违约或罚金”。银行可能对定期贷款的提前还款很关注,因为如果没有信用问题,这样做会缩短优质资产的生命期。协议中,借款人可能需要为提前还款多作付款。这可能仅仅是为了赔偿银行,有时看起来也是意在不鼓励提前还款。在后一种情况下,只要提前还款行为能被划为一种违约,要求多付违约金的条款在普通法下可能因其惩罚性而受阻。[79]

427 当提前还款仅是针对整个敞口余额的一部分时,银行愿意通过协议将之归为缩短整个贷款的生命周期,而不是仅仅免除借款人还款计划中在先还款义务。为此,协议可以约定任何金额提前还款被认定是按分期还款到期日的倒序还款。

（三）其他还款问题:专款、抵销和包税

在透支和可循环授信的情况下,提款和还款不时发生。当事人都需要确保任一具体提款不会令借款人超出借款限额。否则借款人会有违反授信协议或其他协议要求的财务比例的风险,触发（在后一种情况下,通过交叉违约条款）[80]可能的违约救济。对该等授信的还款安排应解决一个由 *Clayton* 案规则提出的技术难题:在一个流水账户清偿借款人的负债被认为是按负债发生的时间顺序。换言之,最早借的最先还。[81] *Clayton* 案规则建立的法律假定,可以通过合同的明确约定来替代。这是为避免对授信下的物保或人保规则的不利影响所必需的,因为一旦借款人归还了相当于整个授信的限额,这些担保将被解除。[82]

授信协议将列明借款人什么时间以及如何归还本金、利息和其他数额,比如,以清算资金用于归还特定具体时间（如中午 12:00）的到期金额。清算（当日资金）是立即可

---

〔78〕 至于加拿大,参见原著 p. 423, n 55。同样的方法有时也被认为为澳大利亚所采纳,因为高等法院在 *Bunbury Foods* 案(Ibid.)中认定债务人应被给予合理时间来满足要求。但是其他的法院在解释该问题时没有英国的付款测试机制这种宽容:例如,参见 *Parras Holdings Ptd Ltd* v. *Commonwealth Bank of Australia* [1998] FCA 682;另参见 Ellinger (n 5), 796。

〔79〕 进一步了解,参见本章第六节内容。

〔80〕 参见原著 p. 441, n 156 等。

〔81〕 (1816) 1 Mer. 572, 35 ER 781.

〔82〕 进一步了解,参见 Ellinger (n 5), Ch. 17 (2)(iv)。

用的资金。而且,协议会要求免于任何当前或未来的税收、义务、收费、费用或预提税而付款或清算,且免受任何借款人的抵销或反诉。如果表述清晰,无疑借款人的抵销权能被排除。[83]

与这一堆禁止减扣相伴的是借款人的包税义务:如果由法律强制扣减或预提,他必须计算还原出他付的总额是多少,这样银行能收到原本未作扣减或预提时的全额。在一些法域这种转嫁贷款人的税务义务给借款人的做法是违法的。[84] 如果银行能从其他来源获得税务扣减或预提税(比如从税务办公室),有实力的借款人可以谈判修改标准的包税条款。除了包税,借款人还要补偿银行因法律或监管政策变化而产生的成本。在这种条款之下,借款人会发现自身被要求赔偿银行,因为银行监管或货币政策的变化减少了银行在贷款下或在资本金上的有效回报。[85]

五、利息 428

利息是贷款协议上的一个银行利润要素。这是对使用资金而作的付款或对取出资金所作的赔偿。由此,在缺乏合同明确规定的情况下,没有提用的资金或已经归还的资金时无须支付利息。但是银行可能会在协议下有权收取前端安排费和承诺费——理论上尽管没有提用但是有资金可用——并要求对任一成本和花费作出补偿,例如,因谈判、修订以及强制执行协议而产生的成本与费用。

很多商业贷款执行的是可变利率。英国的与众不同之处在于,很多个人贷款(例如房屋按揭)也是可变利率,而不是固定利率的。可变利率是在一定基准利率之上加一定利润率,例如,银行基准(或最优惠)利率或市场利率,例如在银行间市场的资金成本。[86] 前者是不时变动的基础(最优惠)利率。[87] 选择后者需要在授信协议中详细描述如何计算。

当事人可以协商以既存基准利率来计算市场利率(如 LIBOR),[88]但是他们还是需要明确在没有可获取的基准利率时利率是如何计算的(包括具体说明哪些银行将作为参考报价行,以及平均报价利率如何综合,等等)。此外,"市场干扰"条款也需要嵌入协议,以防无法从银行间市场获得任何或现实的报价。这是因为在英国法下缺乏认定利

---

〔83〕 *Coca-Cola Financial Corporation v. Finsat International* [1996] CLC 1564 (CA). 但是如果一方进入破产程序,他们将适用强制的清算抵销规则:*National Westminster Bank v. Halesowen Presswork and Assemblies Ltd* [1972] AC 785。

〔84〕 See *David Securities Pty. Ltd. v. Commonwealth Bank of Australia* (1992) 175 CLR 353.

〔85〕 See further Wood (n 10), [3-060]-[3-068].

〔86〕 参见本书第八章第三节。

〔87〕 *Provincial North West plc v. Bennett* [1999] EWCA Civ 676, The Times, 11 February 1999.

〔88〕 伦敦银行间市场报价利率涉及多期限与多币种的引证并公布。设定 LIBOR 或其他基础利率(及行政性基准)而提供利息自 LIBOR 丑闻后已管制起来,如 The Wheatley Review of LIBOR: Final Report (HM Treasury, September 2012) 所建议。

率的依据，就没有权利收取利息。[89] 市场干扰条款要求各方有义务尽最大努力就设定利率谈判新机制，未能做到时银行有酌定权，同时借款人有还款的权利。由银行决定的利率水平将被协议视为终局性的。在英国法下，还有一个默示条款即银行执行变动利率的酌定权不得为如下不诚信行为，比如为不当目的，反复无常、任意专断，或以没有一个理性贷款人（合理行事）会做的方式。[90] 除这种（极端）情况，很难看到行使这些酌定权能被挑战。

但是，收取利率可能还受其他一般性限制。在一些法域，高利贷法对收取利率设定了最高限制。这种利率限制看起来在消费者贷款上会更普遍，但还是有些法域对商业贷
429 款也设定了最高利率。[91] 伊斯兰银行在收取利息上面临更多基础性禁止，也因此在交易结构的设定上不同。[92]

六、违约利率和反惩罚性规则

利息将在指定付息期结束时支付。如果借款人未能及时支付，协议可能会约定违约利率，换言之，比正常利率高一些的利率。该种规定是否因其惩罚性即基于违约另付金额而不可强制执行？大陆法系和国际重述如《国际统一私法协会国际商事合同通则》没有认定惩罚性条款可提异议，尽管在应付额不当歧高时，它们会规定扣减的权力。[93] 另一方面，普通法有一个完善的惩罚性条款规则，如果适用，它能产生令该惩罚性不可强制执行的效力，这样无过错的一方必须依赖于一般法的损害赔偿权利。至于何时该规则适用，现代测试方法为是否"受质疑条款是第二义务[94]，它在强制执行第一义务时对违约者施加了与无过错方合法利益不成比例的损害赔偿"。[95] 无过错一方不能仅仅因惩罚违约方而有合法利益，不能仅仅因获得违约赔偿而有合法利益——但这一条款不会仅仅由于它没有在缔约时表述真实预估损失就无效，只要无过错当事人可以证明其在条款下

---

〔89〕 尽管在普通法下利率可以在借款人违约后由法院判予，参见 McKnight（n 60），[3.11.6]，其中讨论了上议院在 *Sempra Metals*（n 65）案中的判决。

〔90〕 *Paragon Finance v. Nash* [2002] 1 WLR 685，原著第七章 p. 204，n 78 对此也有讨论；另参见 *Paragon Finance v. Pender* [2005] 1 WLR 3412，*Alexander v. West Bromwich Mortgage Company Ltd.* [2016] EWCA Civ 496，[56]（贷方基于商业对价所作决定不构成违约，像大部分案件一样）。

〔91〕 了解欧盟成员国对利率限制的评文化，参见 *Study on Interest Rate Restrictions in the EU: Final Report for the EU Commission Project* No. ETD/2009/IM/H3/87（Brussels，2010）。

〔92〕 M. Cihák and H. Hesse，'Islamic Banks and Financial Stability: An Empirical Analysis'（2010）*J. Financial Serv. Rev.* 95，97.

〔93〕 G. Treitel，*Remedies for Breach of Contract*（Oxford，Clarendon，1988），220-8；H. Beale，A. Hartkamp，H. Kötz，and D. Tallon（eds.），*Contract Law*（Oxford，Hart，2002），865-72.

〔94〕 即设定为违约的后果。

〔95〕 *Talal El Makdessi* v. *Cavendish Square Holdings BV* [2015] UKSC 67，纽伯格（Lord Neuberger）法官和辛普森（Lord Sumption）法官与伽华斯（Lord Carnwarth）法官的观点一致（[32]）；且参见霍吉（Lord Hodge）法官建议的方式（[255]），图尔森（Lord Toulson）法官也支持（[293]）。

的合法利益。〔96〕

如果对付息期和违约期都要求按较高利率支付（提高利率有了溯及效力）违约利息条款会被认定为惩罚性。但是如果该条款约定在准时支付时减扣利息就不存在惩罚性〔97〕——表明这一领域的法律变得多么技术化。而且如果违约利率适中且仅仅向前适用（自违约日开始），就无异议可言。借款人的应付利率温和增长已被认定是公平的，因为违约时贷款人的信贷风险更糟了。〔98〕 英国法对复利的变化也不反对。〔99〕 尽管借款 430
人总是能通过按期付款来避免违约利率，有复利时，借款人将按剩余贷款利率支付利息。〔100〕

在现代环境下，普通法不再寻求反惩罚性规则的扩张。缔约方被给予了相当宽容度，这符合合同自由原则。而且，如果条款约定因非违约特定事件而付一笔钱——例如，约定损失赔偿——该规则不适用。〔101〕

第三节　先决条件、陈述与保证、限制性条款

一、先决条件

一项授信协议可能包含先决条件。它可以是一些提交给银行的文件，例如，公司章程、董事会审批该授信的决议、以借款人部分或全部资产设立与公示担保利益的文件、监管书面同意文件，以及跨境交易中相关律师就其有效性出具的法律意见。取决于各方的议价能力，银行在决定什么文件是必须提交的这一先决条件时有很广泛的酌定权。〔102〕还有一种先决条件是每次提用授信前要求陈述和保证都是正确的，不存在违约或可能构成违约的其他事件。

与先决条件有几个相关法律问题。第一个问题是先决条件是协议生效的条件，还是银行履行授信的条件。更广为接受的观点是当事人一旦就条款协商一致就是有约束力

---

〔96〕 Ibid.，［32］（纽伯格法官和辛普森法官与伽华斯法官的观点一致）；另参见曼斯法官（［145］）。

〔97〕 *Wallingford v. Mutual Security*（1880）5 App. Cas. 685，702.

〔98〕 *Lordsvale Finance plc v. Bank of Zambia*［1996］QB 752；*Citibank v. Nyland and the Republic of the Philippines*，878 F. 2d 620（2nd Cir.，1989）；*David Securities Pty. Ltd. v. Commonwealth Bank of Australia*（1990）93 ALR 271（Fed. Ct.，Full Ct.）（依据不同的理由上诉：参见 n 84）。对比 *Hong Leong Finance Ltd. v. Tan Gin Huay*［1999］2 SLR 153（CA）。尽管惩罚性规则在 *Talal El Makdessi v. Cavendish Square Holdings BV*（n 95）中重塑了，但没有判决表明这些案件结果会有何不同。

〔99〕 *National Bank of Greece SA v. Pinios Shipping Co.*［1990］1 AC 637（HL）；see also Ellinger（n 5），Ch. 17（2）（iii）.

〔100〕 R. Pennington，*Bank Finance for Companies*（London，Sweet & Maxwell，1987），15－17.

〔101〕 *Export Credits Guarantee Department v. Universal Oil Products Co.*［1983］I WLR 399，［1983］2 All ER 205（HL）.

〔102〕 这取决于银行酌定权的本质，也有默示条款要求该等酌定权不能不诚信的行使，为不正当目的，出尔反尔或任意妄为，或以一种非理性贷方会做的方式行事：参见对 *Mid Essex Hospital Services NHS Trust v. Compass Group UK and Ireland Ltd.*［2013］EWCA Civ 200 中判例的评论。

的合同，但是，直到先决条件满足前，银行无须令资金可提用。这符合哪怕是最简单的授信函的合同语言。它对银行还有个实际好处是银行可以主张协议中列明的费用和花费，因为至少在这方面它已生效。如果没有一个能主张费用的协议，英国法不会认可预期合同存在的信赖利益损失之诉。银行可以对已履行的服务主张按劳取酬（*quantum meruit*），当然它需要展示潜在借款人在某种程度上已受益或获利。[103] 即便银行成功主
431 张了按劳取酬，它也不必然等同于授信文件所列费用和花费额。

第二个问题是银行是否需要配合以便成就先决条件。当然某些先决条件取决于第三方行动（例如，监管人是否审批），还有很多先决条件的满足完全由借款人自己掌控。[104] 但是，偶尔也会有，除非银行有所行动，不然借款人可能无法完成先决条件。如果该等先决条件能被解释为预约合同（agreement to agree），英国法院将不会迫使银行作为。法院也不准备认定认为银行有配合义务的默示条款以使借款人能满足先决条件。[105] 但是，银行需要注意不要因其行为导致被认定就借款人满足先决条件的要求已弃权。而且，如果先决条件被解释为施加于银行的作为义务，银行因为阻止先决条件实现，不但将对违约所致损失承担赔偿责任，还将不得主张先决条件未成就。

二、陈述与保证

在授信协议中先决条件和陈述与保证（如果有的话）之间存在部分重合。关注的都是借款人的状况、缔结协议的合法性以及不存在违约性。除了在这些问题上有陈述，借款人还将在协议中对其他事项作出陈述，比如，其账户准确而且自启用以来未受严重不利变化，且尚无潜在法律程序将产生重大负面影响。协议可能要求每次提用时都须重复这些陈述［所谓的“常青条款”（evergreen provision）］。在银团贷款情况下，还须就发送给潜在银团成员的信息备忘录的准确性作出陈述。这种陈述较之按普通法规则因错误陈述而导致合同撤销或侵权损害赔偿会涉入更深，既涉及意见也包括事实，既包括遗漏也包括备忘录发出后的情况变化。[106] 另一个较之普通法的优势在于错误陈述、遗漏或未能更新情况在授信协议下将构成违约，银行有权行使违约救济，[107] 即便银行方面对此并无依赖。

认为陈述和保证起的是调查作用是正确的。[108] 它们帮助银行获取有助于评估借款人还款能力的信息。该情况可能不仅与借款人自身有关，还包括其关联人。由此授信协议中的承诺可能延及其母公司担保人和子公司。借款人需要考虑能否切实对集团内其

---

〔103〕 参见最近最高法院在 *Benedetti v. Sawiris*［2013］3 WLR 351 的判决。

〔104〕 Cf. *Total Gas Marketing Ltd. v. ARCO British Ltd.*［1998］UKHL 22，［1998］2 Lloyd's Rep 209（HL）.

〔105〕 See further McKnight（n 60），［3.9.5］.

〔106〕 See McKnight（n 60），［3.17.1］–［3.17.5］；Chitty on Contracts（n 69），Ch. 7.

〔107〕 参见本章第五节。如果提用没有发生，对有效的陈述与保证又是银行借贷业务的前提，则银行可以免于放款（参见前文“一、先决条件”部分内容）。

〔108〕 P. Wood，*International Loans，Bonds and Securities Regulation*（London，Sweet & Maxwell，1995），29.

他公司作此陈述，特别是对身处其他法域者。

三、限制性条款 432

陈述与保证主要关注既存事实。事实上，它们是作为提款前对关注问题的核对清单，这些关注点是银行必须了解的关于借款人财务状况和借款协议的法律有效性问题。相反，限制性条款（可能叫法不同）是借款人承诺的在授信期间他将来会做什么或不会做什么。限制性条款要求借款人向银行常规提供指定财务和其他信息，它将减少银行的监控成本。[109] 他们还将用来试图管理借款人生意上某些方面的行为。例如借款人被要求承诺保持一定的财务比例（资产负债比、最小有形资产价值）；他将保有监管同意；他将不会处置资产，不会改变其生意或进入合并、并购或重组。其目标是保存实体及其生息资产（这是银行提供贷款的基础），包括监管企业进一步负债的能力，或者引导其既存资产进入更大风险事业的能力。[110] 其他重要的限制条款是同等顺位（*pari passu*）条款和反面承诺（negative-pledge）条款，旨在为银行请求权取得平等顺位，这一点很快就会谈及。在授信协议中设置哪些限定性条款取决于多种因素，如性质、规模、到期日、借款人地位及其融资需求、贷款的目的，其他既存债务以及和其他银行竞争情况等。[111]

四、借款人违约

违反陈述与保证条款，或违反限制性条款的后果是什么？首先，基于正确解释，这是否违反了合同条款。例如，限制借款人的财务比例条款是否因为其在发新债还旧债之间的短暂时间内超比例就构成违反该条款了呢？[112] 如果不得处置的限制性条款禁止借款人出售、转让、出租等其所有或部分重大资产，那么出售账面价值占整体价值50%的资产时是否会触发违约呢？[113] 不得并购条款是否宽广到可以覆盖借款人股权权属的变化（例如，被恶意收购时借款人是没有最终控制权的）？

其次，借款人违反陈述与保证以及限制性条款有法律后果。广义来说，有两层后果。陈述与保证以及限制性条款都是违约条款的一部分，触发了授信协议下可用的违约救

---

〔109〕 See C. Smith and J. Warner, 'On Financial Contracting: An Analysis of Bond Covenants' (1979) 7 *Journal of Financial Economics* 117, 143-4.

〔110〕 See further L. Gullifer and J. Payne, *Corporate Finance Law: Principles and Policy* (2nd edn., Oxford, Hart, 2015), Sections 6.3.1 and 3.2.2.2.

〔111〕 Ferran and Ho (n 3), 284; J. Day and P. Taylor, 'Evidence on the Practices of UK Bankers in Contracting for Medium-term Debt' [1995] 9 *JIBL* 394; J. Day and P. Taylor, 'Bankers' Perspectives on the Role of Covenants in Debt Contracts' [1996] 5 *JIBL* 201; W. W. Bratton, 'Bond Covenants and Creditor Protection: Economics and Law, Theory and Practice, Substance and Process' (2006) 9 *European Business Organisation Law Review* 39.

〔112〕 *Kelly v. Central Hanover Bank & Trust Co.*, 11 F Supp. 497, 504-5 (SDNY 1935).

〔113〕 *Sharon Steel Corp. v. Chase Manhattan Bank NA*, 691 F. 2d 1039 (2nd Cir., 1982), cert. denied 460 US 1012 (1983).

济。这将令银行有权取消任一有敞口的承诺函并加速还款。此外,违约还产生了一般法
433 下的一定后果。如果是银团而多数银行没准备触发违约条款(也许这是它们愿意重组的情况),作为一个实际的问题,这很重要。尽管个别银行不能宣布违约,但是通常说来它们能行使其对借款人的一般法下的救济。在英国法下,这些救济就是起诉主张对其欠款并要求赔偿损失。如果特定的陈述和保证或者限制性条款涉及合同根本,或者违反它的后果足够严重,则银行有权终止协议并由此从进一步的义务中解脱出来。[114] 未采取行动将构成对违约救济权的放弃,且在一定情况下,构成对协议的修改。

第四节 反面承诺条款和比例平等条款

一、反面承诺

术语"反面承诺条款"是命名不当的。其基本形式,仅仅是由借款人承诺未经银行同意不会向任一第三方提供担保("基础型反面承诺")。其目的是在借款人破产时,通过限定借款人在其资产上为其他债权人设定优先利益(与控制权相关)令可偿付银行债权的资产池最大化。另一种形式的反面承诺条款是借款人承诺在其向第三方提供担保时,他给予该家银行在同一资产上平等的和等比例的担保,或者在其他资产上的相匹配担保("等量担保"型反面承诺)。[115] 有些反面承诺条款走得更远,它约定了借款人违反该条时银行参与任一担保的分享,或是一旦发生违约,担保自动地在同一资产上产生("自动担保"型反面承诺)。

这里集中讨论三个问题:(1) 消极担保条款的范围;(2) 借款人违反该条款时银行可以行使的救济;(3) 借款人违约向第三方提供担保时,银行可以对第三方实施的救济。讨论聚焦于无担保贷款情况下的条款应用,[116] 尽管像英国法这样的法域认同浮动抵押,银行可能在浮动抵押中插入消极担保条款,意在保障其优先权,以防借款人设定了在后的固定抵押。这在实际中是否管用取决于在后的被担保债权人是否注意到了反面承诺条款。[117] 在英国反面承诺条款也属于浮动抵押登记的规定目录,这样检索登记时可以实际注意到该条款。[118] 推定注意(对那些被期待可检索登记但实际未作检索的人

[114] 除非违反的条款是严格意义上的保证,这时银行有主张损害赔偿的诉由,但不能终止合同。参见 Chitty on Contracts (n 69), Ch. 13, Section 2。

[115] 这类反面承诺条款也可以否定的方式制定,以禁止借款人在未给同等利益给该银行时不得授予担保:进一步了解,参见 L. Gullifer, *Goode on Legal Problems of Credit and Security* (5th edn., London, Sweet & Maxwell, 2013), [1-78]。

[116] 关于债券发行中这些条款的使用,参见 M. Hartley, 'Bondholder Protections Revisited' (2010) 4 *JIBFL* 219。

[117] Gullifer (n 115), [5-41].

[118] Companies Act 2006, s. 859D (2)(c).

而言）的地位目前还不是很清楚。[119]

但是在一开始仔细调查无担保的消极担保贷款的原因是有用的。较之限制借款人为他人设定担保的能力，为什么银行不干脆自己设定担保呢？根本上，是因为考虑到谈 434
判实力或借款人及其资产的性质，银行并非总能获得担保。实际上借款人通过仅仅设置反面承诺条款就能获得资金可以增强其在市场上的信用地位。对银行来说设置消极担保条款仅有两个好处：一是事实上不这样借款人会在别处做这笔生意；二是它避免了设担保所要的成本与时间（尽管谈判反面承诺条款也要花钱），[120]而且反面承诺条款是对借款人过度借贷的一个控制，因为第三方拿不到担保就不会给资金。但是消极担保条款的坏处可不只一个。具体而言，很多情况下，借款人发现贷款中存在消极担保条款是其获得新信贷的重大障碍，只能在他们找来新资产上设立担保才能获取新信贷。没有老债权人对消极担保条款弃权，新贷款就封锁了。[121]

二、反面承诺条款的影响范围

这导致第一个法律问题——反面承诺条款的影响范围——的顺利解决。以消极担保条款主张很广的请求并非罕见。即便事关严格限定的担保，这一条款也可以非常宽泛。既存担保不得不解除，价款担保会被锁住——借款人承诺不创设任何担保或不“允许任何担保存在”。在前一种情况下，银行应该问自己在其他银行都没有这么做时，自己是否应做无担保贷款。对价款担保会阻碍新资产的未来融资，当然如果不对它设立担保，银行地位会发生不利影响，因为借款人的无负担资产会由于新获得的有负担资产而贬值。通常对担保利益还有基于法定原因的合理豁免，比如银行的法定优先权。

准担保机制，例如售后回租和买入返售借款人自有资产，尽管其在功能上相当于担保，但是在英国法下却不被视作担保。由此，如果该等协议的解释是适用英国法，[122]消极担保条款就需要明示说明扩展适用于此。但是当这些借款人借钱获得新创利资产时，需要将分期付款或租赁安排包括在内吗？而且，由于这是非常普通的交易，很多借款人为了不违反该条款，将从根本上改变其商业模式从而偏离原行动规范。同理，要在消极担保条款中包括所有抵销的权利，也将引发借款人生意的大灾难。[123]

消极担保条款需要扩展至由借款人子公司提供的担保，这不仅是反规避机制而且由于子公司通过对自己设立负担而过度负债，由此间接影响其母公司的还款能力。这有一

---

[119] See the analysis in Gullifer (n 115), [2-26]-[2-31].

[120] C. S. Bjerre, 'Secured Transactions Inside Out: Negative Pledge Covenants, Property and Perfection' (1999) 84 Cornell Law Review 305, 343.

[121] D. Asiedu-Akrofi, 'Negative Pledge Clauses in International Loan Agreements' (1995) 26 *Law & Policy in Int'l Bus.*, 407, 430-4.

[122] See further Wood (n 10), [5-012].

[123] Ibid., [5-014].

点像小把戏，因为附属公司不是协议的当事人，由此也不受该条款的约束。这实际是要
435 求母公司运用其对子公司的控制权——“促使它们”在标准术语上——不违反该条款。如果发生以下情况怎么办呢，借款人把子公司卖给银行作为立即清偿，银行在其资产上设定担保，然后将子公司回售给借款人，售价延期付款（这在实际上是不是贷款）？这种情况下，担保是在银行拥有子公司期间设定的，而不在借款人拥有时设定，所以不违反该条款。但是，回忆一下，标准的消极担保条款包括的承诺是借款人确保没有子公司会允许任何担保存在（subsist）——它将有效地封锁前述交易。实际上，这样的设计涉及子公司资产的进出变动，可能会被禁止处置条款逮住。[124]

三、违反反面承诺条款的银行 v. 借款人

第二个问题考虑的是银行在借款人违反该条款时的法律救济。像贷款协议中的其他限制条款一样，违反消极担保条款将触发违约条款。如果由于违约产生损失还可以产生损害赔偿诉讼。但是，违约救济在很多情况下是不够的。它可以令银行有权要求提早归还已融资金额，可它无法影响已违约提供给第三方的担保的有效性——结果是银行只能就剩下的未担保资产来清偿，除非有理由攻击第三方的担保。[125] 借款人的未担保资产在其破产时往往不够，且这种情况下在违反反面承诺条款时很可能发生。[126] 同样，提起反面承诺担保条款的损害赔偿诉讼也没什么吸引力，还会产生不利的延迟与成本。银行有三个希望。第一是它能获得阻止违反“基础型反面承诺条款”的禁令，限制借款人提供担保利益；第二是它能获得对“担保等同型反面承诺条款”的实际履行；第三是如果“自动担保型反面承诺条款有效”，它会就任何第三方获得的担保产生优先权。

（一）禁令

在非同寻常的情况下，银行风闻借款人将违反消极担保条款时，可寻求禁令来阻止其发生。获得禁令的通常规则是当事人一方需要表明损害赔偿这种救济不充足。但在英国，但不是所有美国的法域，有判例法表明在违反消极性约定时就可授予禁令，无论损害赔偿是否充足。[127] 它们假定积极性约定和消极性约定是泾渭分明的（这是值得怀疑的）。如果确有必要展示损害赔偿是不充分的救济，它可能要求质疑借款人的清偿能力。如果有清偿力，借款人可以抗辩说银行本可通过违约条款下的加速条款和取消条款，或因违约而终止的条款，或主张损害赔偿而得到充分保护。银行的唯一抗辩将是如果其加速或终止，它会被剥夺长期投资的权利。

436 特殊情况下，还可能抗辩说即便有禁令也会不够——这主要是保存借款人资产等待

〔124〕 参见原著 p. 432，n 113。
〔125〕 关于此参见本章第四节。
〔126〕 Bjerre（n 120），338.
〔127〕 See *Snell's Equity*（33rd edn.，London，Sweet & Maxwell，2016），Ch. 18 Section 2（3）.

最终判决或清算的紧急需求。在这种情况下有些判例中法院会指定一个接管人,依银行申请控制借款人资产。[128]

(二) 违约后的实际履行

以积极的形式,[129]"担保等同型反面承诺条款"提供的是一种借款人的承诺,即在第三方获得担保的资产上给予银行平等且等比的担保,或者在其他资产上提供相应担保。银行是否要求实际履行这种承诺? 在实际已有融资时,有的案件支持对该种承诺判以实际履行以实现担保。为此目的,担保财产是不动产还是动产并不重要。但是借款人的义务必须确定,而现在各种形式的"担保等同型消极担保条款"是否足够确定尚不明确。[130] 尽管实际履行在原则上是可行的,这种救济方式却是酌定的,法院会问损害赔偿是否足以提供违约救济。如果借款人破产则是对损害赔偿不足以救济的直接证明,因为此时主张针对财产的担保利益远比针对个人的损害赔偿有价值得多。然而,授予银行实际履行的法院令也可能是脆弱的,因为在适用破产法时很容易放置一边,[131] 如果这样,这也会是拒绝该种救济的原因。[132] 无论如何,在此情况下存在比具体履行的实际效果更为基础的问题:因为实际履行不能溯及既往,如果已经被设定,银行可能失去在第三方担保利益上的优先权。

(三) 因违约而自动担保

"担保等同型消极担保条款"不支持因违约而产生担保——银行仅有借款人将给予担保等同的合同承诺。自动担保型条款走得更远。其假定是,尽管银行仍然在违约时不受担保,但违约这种或然事件的发生会自动触发有利于银行的担保设定,令银行比第三方获得的担保上有优先权。但是,银行应该对"自动担保型消极担保条款"的可操作性不抱什么希望。

一些评论者对自动担保条款这样运用不持异议。用来设定担保的物是可识别的,因为第三方将就此财产获得担保。这不是争议所在。争议在于这些评论者会问:"如果就未来财产可以约定担保,为什么不能约定以或然事件为条件而形成担保呢? 比如,以违

---

[128] Cf. *National Australia Bank Ltd. v. Bond Brewing Holdings Ltd.* [1991] 1 VR 386, (1990) 169 CLR 271. D. Allan, 'Negative Pledge Lending—Dead or Alive?' in R. Cranston and R. Goode (eds.), *Commercial and Consumer Law* (Oxford, Clarendon, 1993); P. Devonshire, 'Freezing Orders, Disappearing Assets and the Problem of Enjoining Non-parties' (2002) 188 *LQR* 124, 142-4.

[129] 参见本章 n 115。

[130] A. McKnight 'Restrictions on Dealing With Assets in Financing Documents: Their Role, Meaning and Effect' (2002) 17 JBL 193, 202;关于确定性和实际履行,参见 *Snell's Equity* (n 127), [17-022]。

[131] 取决于债务人意图与法律对无效偏好的相关性,这一点在各个普通法域差别很大。

[132] 基于衡平不会徒劳而为的原则:G. Jones and W. Goodhart, *Specific Performance* (2nd edn., London, Butterworths, 1996), 54。

反反面承诺条款为或然条件？”[133] 这里当然有差别。为未来财产的担保协议在本质上是无条件的，也因此创设的某些形式的担保利益自缔约之日起就被认定是有效的（尽管还是初级的一种）——尽管能否有从属性取决于财产是否落入借款人之手。[134] 相反，自动担保协议是有条件的——如果反面承诺条款被遵守了，银行就永远不能获得担保。反对自动担保条款有效性的评论者普遍认为接受或然性本质上就意味着银行不能自始获得担保利益，但是认为一旦或然性事件（违约）发生，也没有理由认定衡平法上的担保利益为什么就不能自动产生。

其他人认为如果说自动担保条款下直到或然性事件发生才创设担保利益，如果这一条款要产生自动效力，就应为担保提供新的对价（例如，银行提供新的融资）。通常情况下，有设定担保利益的协议就足够——不需要借款人的进一步举动——就能创设衡平法上的担保利益，包括对未来财产设定。产生担保利益是因为借款人有现实意图授予它，在衡平法上视作其已为其应为。但是衡平法只有在提供担保的对价已履行（贷款已经放款）时才会这样认定，由此约束借款人的良心。在反面承诺条款的情况下，有观点认为，并没有现实意图在授信协议时就提供担保利益：实际上，双方已同意贷款人是无担保的，而这种状况只是在后来的或然性事件（违约）发生才会改变。由此，或然性事件发生时在衡平法上会认为没有担保利益产生，除非贷款人提供了新对价。[135]

如果接受这一观点，也许可用以抗辩的是：银行在宣布违约方面的容忍能构成新的对价。[136] 但是该等对价是否需要还不明确。法院可能接受取决于或然性的担保协议可以在或然性发生时就有衡平法的效力，对价提供是在事件之前——但明确是为该事件预设。[137] 在新加坡，上诉法院已接受了这种可能，驳回了（尽管只是在原则上）取决于或然性的担保协议只有在提供了新对价才能在或然事件发生时产生衡平法效力的观点。[138] 虽然这方面还没有英国判例，但英国法院也有可能对自动担保条款采用这一方法论。

无论最终哪种观点获胜，自动担保条款确实受到实际缺陷影响——缺乏登记。

438 如果想要公示以有效对抗第三人，许多法域都要求在创设后一定期限内登记担保利益。反面承诺在其原始的反面承诺贷款协议中是无法登记的。如果违反了它，担保据说会自动产生。但是这样的担保如果要有效，必须登记。实践中，银行往往不能迅速了解

---

[133] e. g. P. Gabriel, *Legal Aspects of Syndicated Loans* (London, Butterworths, 1986), 85-9; J. Stone, 'The "Affirmative" Negative Pledge' [1991] NZLJ 364, [1991] 9 JIBL 364; M. Young, 'Floating Charge Restrictive Clauses and Unsecured Negative Pledge Covenants' (1999) 10 *JBFLP* 205, 225.

[134] Gullifer (n 115), [2-13].

[135] 例如，Goode, *Legal Problems of Credit and Security* (London, Sweet & Maxwell, 1988), 19-22; J. Maxton, 'Negative Pledges and Equitable Principles' [1993] *JBL* 458; McKnight (n 130), 202，研讨了 *Tailby v. Official Receiver* (1888) 13 App. Cas. 523; Gullifer (n 115), [1-81]。

[136] 尽管，如格列弗（Gullifer）所强调，很难证明银行是否意识到违约的发生：(n 115), [1-81]。

[137] G. Hill, 'Negative Pledge with Provision for "Automatic Security" on Breach: A Form of Floating Charge?' (2008) 10 *JIBFL* 528.

[138] *Asiatic Enterprises (Pte) Ltd. v. United Overseas Bank Ltd.* [2000] 1 SLR 300; [1999] SGCA 85.

到违约的发生,从而无法在规定时间内办理登记。

四、违反反面承诺条款的银行 v. 第三方

最后一方面是考虑银行对因违反消极担保条款而获得担保的第三方的权利。作为一个实际问题,在借款人破产时,对第三人主张权利是银行能做的一切。至少有三种可能:

(一) *De Matto v. Gibson* 规则

第一种可能是银行能以奈特·布鲁斯(Knight Bruce LJ)在 *De Matto v. Gibson* 案中所述的原则为依据获得禁令。

> 理性与正义看起来至少规定了如下一般原则:当一个人通过受赠或买卖,从另一人处获得财产,知悉其合法且有以价值对价与第三人有在先合同,约定以特定方式使用和运用该财产于特定目的,获取者不应该有悖于合同或与合同不一致,以赠与者或出售者所不被允许的方式使用或应用该财产,从而对第三方产生实质损害。[139]

适用 *De Matto v. Gibson* 原则于"反面承诺条款",有争议的是第三方可能被禁令限制其行使担保权利。结果是,第三方将和银行一样被视作无担保债权人。而银行将处于好像"反面承诺条款"未被违反一样。第三方受该原则约束需要实际知悉"消极担保条款"的存在。

但是, *De Matto* 原则能否这样适用面临严重质疑。英国和美国的法院都倾向于限制其适用。有观点认为该原则只适用于那些银行有所有权利益(proprietary interest)的情形,虽然 *De Matto* 案中的原告没有该种权利。还有观点认为该规则只能适用于船只等非常有限的财产种类,但 *De Matto* 案对此只字未提。该原则的唯一限制看起来是该项合同性权利必须事关特定资产。就"反面承诺条款"而言,可以说,这些是设立了担保的资产。但是,界定该原则的适用范围很困难,由此其真实的限制也不清晰。有观点很有说服力地提出该原则应该限定于如下情况,即一方不仅在知悉在先限制性合同的情况下仍缔约,而且表示其将尊重该等限制。[140] 如此理解,在"反面承诺条款"上适用该原 439
则只有很少空间。[141]

---

〔139〕 (1859) 4 De G & 276, 282, 45 ER 108, 110. See T. Mitchell, 'The Negative Pledge Clause and the Classification of Financing Devices' (1986) 60 *Am. Bankr. LJ* 153, 263; M. Ogilvie, 'Privity of Contract and the Third Party Purchaser' (1987-88) 42 *Can. Bus. LJ* 402; S. Worthington, *Proprietary Interests in Commercial Transactions* (Oxford, Clarendon, 1996), 101-6.

〔140〕 Worthington, Ibid.

〔141〕 As argued by Ferran and Ho (n 3), 289-90.

(二) 引诱违约的侵权责任

有时 *De Matto v. Gibson* 规则与所谓的介入合同关系的侵权联系在一起。实际上 *De Matto* 案本身并无侵权。但是在考虑违反“反面承诺条款”时,侵权可能可以向银行提供针对违反该条款而获得担保的第三方的第二种诉由。[142] 现在上议院已澄清在英国法下不存在独立的侵害债权类侵权。[143] 此案之后,看起来与违反“反面承诺条款”相关的唯一可能侵权就是引诱违约侵权,[144] 这是一种对附随义务的侵权。

该种侵权的关键要素是意图,导致违约的“部分成因”是不够的。[145] 意图要素要假定知悉合同,这意味着它需要表明第三方已经知悉“反面承诺条款”(而不是仅仅知悉存在在先贷款)。[146] 而且仅仅是知悉“反面承诺条款”的证据并不必然证明引诱违约的意图。要战胜第三方,一方看起来还有必要证明违约是意在终止该条款或成为终止该条款的方式——而不仅仅是可预见终止的后果。[147] 正如他人所质疑的,违反“消极担保条款”,对违约获得担保的第三方来说,既不是想以此终止该条款,也不并打算终止该条款:它仅仅是借款人向第三方提供担保的可预见的后果。[148] 总的来说,为违约而烦恼的银行看起来用这种侵权思路只能得到有限范围的追索。

(三) 自始就有担保利益?

最后一个与第三方相关的可能性是讨论银行自始有担保利益,它就任何嗣后给予第三人的担保有优先权。很明显在英国法和其他类似的普通法体系下,对这种可能性必须不予理会。[149] 一个“反面承诺条款”不能支持立即创设担保利益,实际上,这一条款的整体要点是支持被认为是无担保的当事人。如果银行都没从借款人自己那里获得担保,很难说它如何获得对抗第三人。

但是有一些美国判例支持银行获得衡平法上的按揭权(或用美国术语说是衡平法
440 上的留置权)。[150] 一个近期在南纽约联邦法院密切论理的观点,驳斥了这一观点,与英

[142] See, e. g., J. Stone, 'Negative Pledges and the Tort of Interference with Contractual Relations' [1991] 8 *JIBL* 310.

[143] *OBG Ltd v. Allan* [2007] 1 UKHL 21; [2008] 1 AC 1.

[144] As argued by Gullifer and Payne (n 110) 203.

[145] *OBG Ltd v. Allan* (n 143) [191] per Lord Nicholls.

[146] 在 *OBG* v. *Allan* 案第 30 段,霍夫曼法官原则上接受了应知未知的可能性,但是如本著作上一版所讨论,仅仅因为无担保贷款往往有反面承诺条款就认定第三方知悉反面承诺条款,可能还有相当长的路要走。

[147] Ibid., per Lord Hoffmann paras. [42]-[43] (cf. Lord Nicholls, para. 192).

[148] Gullifer and Payne (n 110), [6. 3. 1. 6. 2].

[149] T. Han, 'The Negative Pledge as a "Security" Device' [1996] *Singapore JLS* 415; J. Arkins, 'The Negative Pledge Clause and the "Security" it Provides' [2000] *JIBL* 198; Gullifer (n 115) [1-81]-[1-83]; cf. Hill (n 137).

[150] e. g. *Connecticut Co. v. New York NH & HRR*, 107 A 646 (1919); *Coast Bank v. W. J. Minderhout*, 392 P 2d. 265 (SC Calif., 1964).

国法方法保持了一致，但该判决被上诉法院否决并发回重审但没给出理由。[151] 尽管如此，这个案子看起来影响了美国大部分考虑过"反面承诺条款"的法域，现在看来一致的观点是"反面承诺条款"无论嗣后地位如何，并非自始产生担保利益。

五、同等顺位条款

反面承诺条款关注的是借款人就其资产设定负担所产生的威胁。而同等顺位条款（*pari passu clause*）是借款人承诺确保其贷款债务至少与其现在或将来的无担保债务一样平等排序。在实践中这样的条款没什么市场。即便没有它，借款人也不能随便对银行贷款降序，因为这需要银行的同意（除非主权借款人在其法域变更了法律）。同等顺位条款义务并不意味着所有负债的到期日必须一致。由此借款人可以进一步向第三方发生无担保的负债，而后者能在该银行之前获得清偿。它也不阻止在银行贷款违约后仍对其他债务还款。[152] 但是，这种付款在适用破产法时构成一种优先偿付，由此，是可以逆转的。

第五节　违约

一、违约条款

根据一般法，违反合同令银行有权提起损害赔偿之诉以弥补损失。严重违约意味着它能终止授信。它还可以让法院指定一个接管人。但是一份书面合同一定会包含一个违约条款，其范围比一般法宽泛得多。它可能包括一定范围的事件由贷款人有权视之为违约事件（default），但并非所有的都必然达到借款人违约（breach）的程度。重要的是，违约事件将提供一般法以外的救济。在无担保贷款的情况下，违约事件将给予银行酌定权来加速还款和取消任何未履行义务。在担保贷款下，调整协议的英国法通常赋予银行指定管理人的权力，[153] 管理人有权为债权人利益经营业务或处置资产。

（一）违约事件

违约事件的范围从不支付利息和本金，到违反陈述、限制性条款和其他协议中的义务，到预期违约但不必然到实际违反（breach）授信协议地步的行为，比如显示不能清偿的事件（如提交针对借款人的清算申请）。发生违约事件条款中列明的事件不会自动构 441

---

[151] *Kelly v. Central Hanover Bank & Trust Co.*, 11 F Supp. 497 (1935), 85 F. 2d 61 (1936).

[152] 参见 *White Hawthorne, LLC, et al. v. Republic of Argentina*, No. 16-cv-1042 (SDNY Dec 22, 2016)，判决认为早期关于阿根廷违反了风险共担原则的事实认定将通过援引立法和国家的执行案件来解释，认定其为"独特的不顺从者"。早期判决引发了起草风险共进退条款的变化，释明该条款不应解释为需要按比例付款。

[153] 约定银行对公司所有财产或实际的所有财产设定担保。See Goode (n 135), [11-06] et seq.

成违约事件，因为还需要有对借款人的通知、宽限期、重大性测试和其他合同中约定的限制（比如，事件必须是持续性的）。比如说，一个有实力的借款人可以让条款这样起草：必须过期还款比如30天才构成违约事件。同样，违约事件可以定义为：未发生违约事件除非严重违反协议或对借款人的还款能力有负面影响。[154] 银行会因其不确定性而抵制该条款。实际上，银行会争辩要以它们的观点确定独立的违约事件：如果对借款人财务状况或其运营或其还款能力有重大或负面影响的事件发生。借款人唯一可谈判的修改点是银行观点要合理，不能完全主观。即便没有该等要求，也会认定有合同默示条款要求银行应诚信行使其酌定权是为了正当目的，而不是变化莫测或独断专行地行使，或以一种没有理性贷款人会做的方式去行使。[155] 但对银行没有宽泛到以善意行事这样的义务。

（二）交叉违约

违约条款很重要的一个方面在于如何定义交叉违约。[156] 这个条款可以非同寻常地宽泛。对另一协议的任何违约，比如说，对银行 B 的违约，可以成为和银行 A 协议下的违约事件，即便银行 B 并没有选择宣布违约。实际上，任何事件，经过通知，经过宽限期，认定具有重大性是满足了其他条件，构成在与银行 B 的其他合同下的违约事件时，也将在此合同项下构成违约。交叉违约条款背后的政策在于与银行 B 在其他合同下的违约将是借款人整体不佳的征兆。还有一种担心是银行 B 会在银行 A 之前竞相行使违约救济从而获得优先地位。如果银行 A 坚持一个宽泛的违约条款，借款人的指望就是让银行 B 遵守其保密义务永远不让银行 A 知道其潜在的违约事件，或者让违约事件已得到救济。否则借款人在各种授信下的交叉违约条款将有潜在灾难性。

二、一般法对加速/取消条款有限制吗？

尽管很多其他法律体系在银行酌定权的行使中隐藏着像善意这样的概念，英国法的立场是银行可以宣布违约救济而几乎不受任何限制。[157] 技术性违约不是借款人的理由，超出其控制的环境因素不能履行义务也不是，例如，外管当局锁定支付。英国法的运行基于严格履行合同义务的原则，不因借款人没有过错而减轻。由此借款人不能指望衡
442 平法行使管辖权令其免于被收回财产。有关收回财产的判决清楚表示在不涉及财产占

---

〔154〕 *Pan Foods v. ANZ Banking Group* (2000) 74 *ALJR* 791 (HCA).

〔155〕 Ibid. ,and McKnight (n 60), [3.19.5].

〔156〕 L. Buchheit, *How to Negotiate Eurocurrency Loan Agreements* (2nd edn. ,London,Euromoney,2000),96-100.

〔157〕 如本章 n 155 强调的，就银行要诚信行事这一默示条款的可能性，为正当目的，不能反复无常或任意妄为，或者以非理性贷方的方式行事。

有或所有权的合同中,或者在时间要素至关重要的公平交易中收回措施不适用。[158]

英国法下对银行行使其违约救济的唯一限制是禁止惩罚性规则。一般而言,违约导致清偿所有资金的条款不会被认定为惩罚性条款。[159] 但是,加速的必须限于本金,如果条款约定在任何情况下违约应立即归还本金以及所有预期的利息,如果对对尚未赚到的利息没有打折,将构成惩罚性。[160] 该等条款看起来在因违约而获赔方面超出了银行的合法利益,因为银行被假定为可以立即放出本金并从其他借款人处获得利息。但是,违约条款约定应立即在贷款人处存入资金以覆盖所有贷款相关的汇票敞口中既存和未来债务不具有惩罚性,即便它被解释为覆盖了汇票上的未来利益。其正当性在于当汇票已转让时它能保护贷款人。在英国,贷款协议与开证汇票并行不是业界惯例,虽然在其他地方是这样做的。

三、商业现实

掌握宽泛违约条款的银行较之一般法提供的法律救济拥有更有力的武器。但是这里存在摩擦:违约条款最好的作用是作为警告(*in terrorem*),如果它不得不激活的话,可能就已是败局。激活违约条款的一些现实障碍显然就在条款字面自身。交叉违约条款就是明显的例子,因为它可能也复制在其他贷款协议里。值得注意的是,如果在这笔贷款下违约发生了,违约在其他贷款下也一样会触发。其结果是,借款人将面对许多债权但无法都全部满足。在重整中,哪怕是小贷款也不得不挤在其他贷款之中。可以通过运用正式破产程序与债权人和解,但进入该程序将产生各种直接和间接成本,包括借款人失去商誉。因此,银行并不愿意宣布违约,除非借款人陷入几近无望的境地。即便如此,如果有担保,它还可能选择先行使担保权。[161]

有些的运用违约条款实际障碍在于贷款的本质。正如某一定期贷款标准手册中所述,贷款只能在极端情况下被要求立即归还:

> 因为银行做的是出借资金生意;如果借款人有能力还款,那可能就还值得贷出……而要求还款的请求一旦被满足,也几乎确定地意味着和这家公司关系终结。[162]

由此尽管发生违约事件——且由此违反了协议——银行会对不行使救济认真决策,例如,不向借款人发出违约通知。银行仅仅会放弃主张违约,换言之,选择让合同继续。

---

[158] e. g. *On Demand Information plc v. Michael Gerson (Finance) plc* [2002] UKHL 13, [2002] 2 WLR 919.

[159] *Wallingford v. Mutual Society* (1880) 5 App. Cas. 685.

[160] *The Angelic Star* [1988] 1 Lloyd's Rep. 122, [1988] 1 FTLR 94 (CA).

[161] *The Maule* [1997] 1 WLR 528 (PC).

[162] J. A. Donaldson and T. H. Donaldson, *The Medium Term Loan Market* (London, Macmillan, 1982), 154-5.

443 在严重的情况下，它会威胁采取救济措施并以此办法谈判更有利的重整。注意，不能认为银行已就其救济弃权，除非其知悉能产生宣布违约权利的全面情况。而且，弃权也不能模棱两可。接受这个月的延迟付款可能不构成对下个月延迟付款下救济权利的弃权，但为保护其地位银行须书面表明这一点。尽管在协议中有未行使权利不构成弃权的常用条款，但作为一个事实认定问题，银行可能会被认定放弃了在该条款下的权利。

第十五章　银行和资本市场 444

当银行成为多功能机构，核心银行业务逐步和证券活动联系在一起。混业银行一直存在于德国这样的法域，而在英格兰，清算银行和商人银行一个多世纪以来在机构上一直泾渭分明。[1] 这种情形已不复存在，银行法必须承认现实并在其整体框架中为讨论证券法留出空间。由于在金融系统内银行借贷占比的长期下降，这一问题更为重要，特别是对发达金融市场而言。[2] 作为公司融资之源，银行已经输给了资本市场。中介化的核心银行业务——吸存和放贷——被去中介化所取代，大公司直接从资本市场以股权或债权证券的形式募资。

很多银行通过强化证券业务来弥补传统银行业务的下降。这些证券业务包括传统投资银行的顾问，承销、分销新发行的证券，通过银行自身账户在证券市场和衍生品市场交易——自营交易（proprietary trading）。[3] 在国际金融危机前的几十年中，银行还充当了一个重要的角色，向这些市场引入新的产品，包括资产支持证券和信贷衍生品。大型银行尝试"从发行到经销"的战略，[4] 即提供信贷，（用资产证券化）[5] 予以包装，创设资产支持证券，研发与底层贷款履约挂勾的衍生品，然后分销该产品。[6] 银行还为机构投资人购买这些产品提供贷款。[7] 这些活动导致银行产生了不同于传统的贷款和承销业务的风险暴露。[8] 它们还增进了系统重要性银行之间、银行与非银行金融部门之 445

---

〔1〕 参阅本书上一版第 20 页、第 98 页。

〔2〕 银行仍然在许多新兴经济体中充当主要的企业外部融资来源（参见例如，M. Ayyagari, A. Demirguc-Kunt, and V. Maksimovic, 'Financing of Firms in Developing Countries: Lessons from Research' World Bank Policy Research Working Paper No. 6036, 2012），尽管在这些国家金融版图也在变化。参见 D. Ayala, M. Nedeljkovic, and c. Saborowski, 'What Slice of the Pie? The Corporate Bond Market Boom in Emerging Economies, IMF Working Paper 15/148 July 2015（却将部分繁荣的原因归于周期因素）。

〔3〕 e. g., U. Cherubini, M. Ciampolini, and G. De Feice, 'The Role of Banks as Investors in Securities', in V. Conti And R. Hamaui (eds.), Financial Markets' Liberalization and the Role of Banks (Cambridge, Cambridge University Press, 1993); E. Liikanen Et Al., High-Level Expert Group on reforming the structure of the eu banking sector (Brussels, 2 October 2012) Section 2. 3.

〔4〕 参见第一章第四节"二、证券化与结构性融资"部分内容。

〔5〕 参见本书第十六章内容。

〔6〕 参见 A. E. Wilmarth Jr., 'The Dark Side Of Universal Banking' (2009) 41 (4) *Connecticut Law Review* 963, 969, 981 和 Pt Ⅲ。

〔7〕 Ibid., 1030.

〔8〕 A. W. Boot and l. Batonvski, 'The Banking and Trading' (IMF Working Paper No 238, 2012).

间的相互联动。[9]

如第一章所示，危机的发生引发了对这些活动的强化审查和广泛批评，并导致针对银行从事这些业务的能力问题引入（或提议引入）重大控制。自营业务和从创设到分销的证券化战略尤其成为众矢之的。[10] 那些更为基础的支持公司新证券发行的顾问、承销和分销业务只受到间接影响，只在按（围栏原则，ring-fence）新要求将零售活动从交易活动中作结构性分离的范围内受到影响。[11] 本章对这些更为基础性的业务进行介绍。

第一节 证券的类型、次级和托管

资金可按多种方式予以划分。一种划分是受担保资金和无担保资金。受担保资金是后面章节讨论的主题（第十八章）。无担保资金可能划分为优先级和次级资金。还有一种基础划分是股权性资金和债务性资金。在对这些不同的品种稍作展开后，本节将谈及对证券交易非常基础的机构性问题——托管。在根本上，这涉及表彰资金工具的妥善保管，也会溢及其他各种服务，包括证券交易的结算。

一、证券的类别

（一）股权证券和债权证券

法律上的基本区分是股权资金和债权资金。股权资金代表的，用商业术语来说，是风险资本，因为一般股东在清算时排在受偿顺位的最后，且在公司存续期间无权主张收入（通过利息的方式）。但是，如果进展顺利，可能有相当可观的收益前景：作为公司的所有者，公司净资产价值的增长是为了股东的利益。而仅仅作为债权资金的提供者[12]不享有该种“上行”利益，相反受限于收回贷出本金及其在合同下的利息与费用的权利。由此，这种资金的提供者——贷款人和投资人——一般会希望由充足股权资本提供安全边界。一定比列的权益负债率（资本负债比）可以提供充分的安全垫，这样还款对企业的现金流不会是太重的负担。能获得抵、质押或其他形式对债权人的保护（比如保证，可令债权人有权向债务人以外的企业或个人寻求还款），能令可接受的权益负债率更低。

---

[9] I. Ötker-Robe and C. Pazarbasioglu, 'Impact of Regulatory Reforms on Large and Complex Financial Institutions' in A. Narain, I. Ötker-Robe, and C. Pazarbasioglu, *Building a More Resilient Financial Sector: Reforms in the Wake of the Global Crisis* (IMF, 2012) Ch. 3.

[10] 参见本书第三章第一节“二、美国的结构性改革”、“三、英国的结构改革：《2013 年英国银行业（改革）法》中的围栏隔离”、“四、欧盟的方案”和第一章第四节“二、证券化与结构性融资”部分内容。

[11] 参见本书第三章第一节“三、英国的结构改革：《2013 年英国银行业（改革）法》中的围栏隔离”和“四、（三）分业经营”部分内容。并非本章讨论的所有业务都受到围栏要求的影响：注意，例如，来自提议的欧盟体制的托管安排（原著第三章 p. 80, n 56 等）。

[12] 对此混合证券的地位，参见原著 p. 448, n 30。

谈资本结构（负债与股权的混合）对企业价值影响的理论著述已很丰富，已考虑到负债和股权在税收待遇的差别，破产时的直接和间接成本（产生负债的潜在后果），以及其他因素。[13] 446

除了前一章检视的银行贷款外，负债资金有多种形式。债务资金还可以通过发行债券来获得。这种证券在其可交易性上有别于贷款资金。[14] 这种债券有多种类型——无担保债券、本票、存款凭证、商业票据、有担保债券，等等。这些术语没有固定的法律含义，尽管有其商业特征，例如这种证券有到期日。例如，有担保债券通常是长期证券，但是商业票据是短期的。存款凭证一般情况下是用来描述银行自己发行的债务性证券。债券在品种和期限上尽管多种多样（用以描述它们的术语也同样多种多样），但债券的基础法律特征是稳定的。这一点在特定时期调整特定品种债券发行和分销描述文档的具体陈述中往往遗失了。

就其核心而言，债券在英国法下代表着最简单的义务形式，即债务。义务经缔约性协议经同意而产生。发行债券的当事人自由地在他们之间就债务还款条款达成一致（相反，股权持有人的权利则面临着公司法下的更多监管）。[15] 限制性条款可能与还款的基本合同义务重合，经常出现在债券中的限制性条款是“反面承诺条款”。它可以采用和银行贷款所用一样的形式，如前章所讨论（例如，禁止未经贷款人同意在资产上设定担保）；也可以采用一种更窄的形式，比如，“竞争性票据反面承诺条款”仅限制发行人给其他种类的债券持有人设定担保，而不是针对所有债权人。[16] 当事人还可就违约事件达成一致。这个承诺和违约事件没有在银行贷款时那么烦琐，原因有很多：银行贷款在谈判这些条款时处于更强势的位置；[17] 债券持有人对该类条款的需求没那么多，因为他们享有其他信息并享有退出的权利（通过在受监管市场上的交易）；债券持有人是大量、分散且异质的群体，协同他们回应违约事件可能比在银行贷款人的情况下成本更高。[18] 这些协作的挑战在债券发行文件设计时已有预期并得到改善：例如，当事人就债券持有人对违约或另一类违约事件的回应程序达成一致，例如，通过运用第三方（如受托人）来代表这一类人。[19]

---

〔13〕 相关文献综述，参见 S. Frydenberg, ‘Theory of Capital Structure—A Review’ in G. Arntzen, L. Fallan, and O. Gustafsson (eds.), Rihet Og Mangfold, Festsskrift Til Odd (Tapir Academic Press, 2011), avail-able in English in working paper form at http://papers.ssrn.com/sol3/papers.cfm? abstract_id=556631。

〔14〕 See further G. Fuller, *The Law and Practice of International Capital Markets* (3rd edn., London, Lexis Nexis, 2012) [1.42]-[1.44].

〔15〕 这一点在 L. Gullifer and J. Payne, *Corporate Finance Law: Principles and Policy* (2nd edn., Oxford, Hart, 2015), [2.2.1] 中提出。

〔16〕 See Fuller (n 14), [9.23]-[9.28].

〔17〕 参见本书第十四章第五节内容。

〔18〕 P. Wood, ‘Bondholders and Banks—Why the Difference in Protections?’ 6 (2) (2011) *Capital Markets Law Journal* 188; C. W. Smith and J. B. Warner, ‘On Financial Contracting: An Analysis of Bond Covenants’ (1979) 7 *Journal of Financial Economics* 117, Section 3.

〔19〕 Smith and Warner, ibid., 及参见本章第二节“四、债务发行的受托人”部分内容。

447 (二) 记名证券、无记名证券和无纸化证券

债券发行可以记名证券形式或凭票即付无记名证券形式,但现在英国公司禁止股权证券(股票)以无记名形式发行。[20] 发行的形式很重要,因为它标志着对证券的权属如何证明和移转,虽然现代通过中介持有证券的方式在一定程度上混同了差异。[21] 登记制的证券所有权出现在登记簿上,传统上由发行人以物理形式持有。在英国法下移转该等证券看起来是通过债的更新的方式:受让人取代转让人成为公司的成员,或(在债务性证券的情况下)成为公司债权人,享有相同的权利和义务。[22] 今天一些记名证券只以电子形式发行(去物质化),记载于由证券存管人保管的登记簿。但是,转让的法律机制还是被认为和那些凭证式记名证券一样——即通过债的更新。[23]

相反,无记名证券由交付而转移。这是因为英国法将无记名股票和无记名债券都作为可流通票据。[24] 历史上,在北美就某些债务性证券是否是可流通证券有过相当讨论。例如,有观点认为浮动利率债券就不是,因为它没有包含付"一定金额"的承诺。[25] 在英国法下这不是问题。当然成文法要求本票包括付一定金额的无条件的承诺。[26] 但是可流通性可以作为一种市场实践(商业惯例),在成文法之外的普通法中产生。无记名债券被认定是以该种方式流通,即便是那种"生命"相对短的债券。[27]

但可流通性已不再那么受实际关注,因为很多曾经以单个的不记名票据形式发行的证券现在作为一种全球性的票据发行,在存款人处存放不动。债券普遍以这种形式发行。全球性票据(global note)表彰着整体发行,电子账簿证明着对债券的个人权属。这种票据也可以表达为以不记名方式持有。但是,考虑到该种票据本身不打算用以交易,它能否像以纸质形式发行的不记名证券一样,划作可流通证券值得疑问。[28] 相反,这种票据保留在中介手中,被交易的是以债的更新形式实施的投资者的底层利益,[29] 情况和记名证券一样。个体投资人根据合同有权要求全球性票据签发纸质票据(definitive instrument)。

---

[20] Small Business Enterprise and Employment Act 2015, s. 84, amending Companies Act 2006, s. 779.

[21] J. Benjamin, *Financial Law* (New York, Oxford University Press, 2007) [8.67]-[8.68] and later text to n 28.

[22] J. Benjamin, *Interests in Securities* (New York, Oxford University Press, 2000) [3.05]-[3.07]; cf. G. Fuller, *Corporate Borrowing: Law and Practice* (Jordan, 2016), 281.

[23] Gullifer and Payne (n 15), [9.2.6.3] 中进行文献综述。

[24] Fuller (n 14), [1.113]-[1.115].

[25] e. g. J. Hiller and S. Ferris, 'Variable Interest Rates and Negotiability' (1989) 94 Commercial LJ 48;关于当前的立场,参见 J. H. P. Kravitt (ed.), *Securitization of Financial Assets* (3rd edn., New York, Wolters Kluwer, 2013), [16-146]。

[26] Bills of Exchange Act 1882, s. 83 (1).

[27] W. Blair, 'Negotiability and Estoppel' [1988] 1 *JIBL* 8 评论了判例法。

[28] A. McKnight, *Law of International Finance* (Oxford, Oxford University Press, 2008) [10.4]; Gullifer and Payne (n 15), [9.2.6.2].

[29] 参见 Gullifer and Payne (n 15), [9.2.6.2],其中进行了文献调查。

（三）可转换证券 448

目前为止本章对作为公司融资来源的债务和股权作了清晰的区分。但是得承认实践中有很多种混合型票据，它们既呈示出一些债权的特征又呈示着一些股权的特征。[30] 自国际金融危机以来，银行对发行这种混合性证券有着浓厚的兴趣，特别是以该种证券作为银行重整工具。[31] 当然混合性证券也为一些非银行业务依赖以实现融资。一个示例是可转换债券，它给债券持有人以权利（在特定的时间和特定的价格）将债权转换为特定公司的股票。为保护债券持有人行使其可转换成股权的权利，一些法域要求董事在发行可转换债券之前就（转换时）发行股票获得明示授权；有的法域的另一种方法是，只要最初发行债券获得适当授权，不需要再就发行股票另行授权（如英国）。[32]

可转换债券允许投资人分享股权持有人享有的上行利益，而且这样有助于抑制发行企业的高管老板们过度冒险。[33] 这样对限制性条款（convenant）的需要会减少，不然就得靠限制性条款来抑制这种行为。但是还有其他潜在问题需要通过合同解决。例如，公司会通过对存量资本权益持有者分更多股息、切分存量权益、发行新股权等方法来稀释可转换证券价值。[34] 债类证券持有人没有身份来反对该等措施，因为他们不是公司成员，这种问题一般通过“反稀释条款”解决，它约束着公司，任何证券持有人均可强制执行它。

混合性证券还产生各种法律和监管的问题。例如，一些法域通过法律限制了单一主体对公司持有的股权。例如，适用《欧盟资本要求条例》的银行在非银行业务中不能超过一定的股权。[35] 一些国家对国内企业的外资股权设有限制。一些国家要求一旦对上市公司的股权到达一定水平，要强制性要约收购；对欧盟成员来说，这是《兼并指令》（Takeover Directive）的要求。[36]［在英国这不是通过立法生效，而是通过《兼并规范》（Takeover Code）］。在所有这些情况下，可转换债券的持有人应该意识到一旦违反这

---

〔30〕 R. McCormick and H. Creamer, *Hybrid Corporate Securities: International Legal Aspects* (London, Sweet & Maxwell, 1987).

〔31〕 尤其是使用或有可转换证券（CoCos）：参见 J. de Spiegeleer, W. Schoutens, and C. van Hulle, *The Handbook of Hybrid Securities: Convertible Bonds, CoCo Bonds, and Bail-in* (Hoboken, Wiley, 2014) Chs. 1 and 3。

〔32〕 H. Hirte, 'Convertible Bonds and Option Bonds: A Comparative Study' (2000) 1 (3) *European Business Organisation Law Review* Section 4.2; Fuller (n 14), [5.40] noting Companies Act 2006, s. 549.

〔33〕 M. Kahan and D. Yermack, 'Investment Opportunities and the Design of Debt Securities' (1998) 14 (1) *Journal of Law, Economics & Organisation* 136, 138.

〔34〕 W. Klein, 'The Convertible Bond' (1975) 123 Univ. Penn. LR 547, 565–7; P. Wood, 'International Convertible Bond Issues' [1986] 2 *JIBL* 69; Fuller (n 14), [5.27]–[5.31].

〔35〕 Regulation (EU) No 575/2013 of the European Parliament and of the Council of 26 June 2013 on prudential requirements for credit institutions and investment firms and amending Regulation (EU) No 648/ 2012, Title III.

〔36〕 Directive 2004/25/EC of the European Parliament and of the Council of 21 April 2004, Art. 5；了解其要求的范围和实施证据，参见 P. van Hooghten (ed.), *The European Takeover Directive and its Implementation* (New York, Oxford University Press, 2009) Ch. 1。

些限制其行使转换权的后果。

449 （四）债务性证券和吸收存款

在英国发行债券有个怪僻是受《2000 年金融服务与市场法》影响。该文件对存款和吸收存款作了宽泛的定义。定义得如此宽泛，事实上，普通的商业发行人即使和银行业务没什么关系，也能违反关于在业务中未经授权而接受存款处罚规定。短期债务性证券——商业票据和中期票据——的问题尤其尖锐，发行人定期回到市场以此满足在英国法下的展业测试。需要设定例外以避免这种结果。[37]

二、分级资本

一个企业的次级资本是那种只有在其他资本（优先级）被清偿后才能被清偿的资本。就清偿的顺序而言，次级（或第二）资本介于股权和直接（高级）债务之间。就经济术语而言，次级资本的功能看起来像股权（因为次级资本持有人可能被限制受偿，就像股东被限制要求返还资本），但是它的基本法律属性是债。次级资本可能由企业内部人，或者项目发起方提供资金，以支持从银行等第三方借款。次级资本还可以成为日常经营中的特色，即既存供应商、内部人或其他种类的债权人同意令其债权成为次级以便债务人从银行获取进一步支持。银行自己也发行次级证券，它是以补充资本充足性的第二层资本，或者甚至（在一定情况下，取决于发行条款）作为第一层附加资本。[38] 在并购和管理层收购时，机构投资者或准备离场的股东可能同意持有次级债。发行证券化金融产品（下一章的主题）可能也要用次级，例如分级发行产品令优先份额有权在低级份额之前获得还款。[39]

次级债权人很容易同意公司将他们的债权变成次级。法律问题是如何做交易结构以令分级经得起检验。[40] 当公司可清偿时，人人都会被还款。只有在公司不能清偿时问题才会产生。高级债权人想要确保 分级在破产时也得到尊重，这样次级债权人不能以顺位平等（*pari passu*）为由而破坏顺位安排，主张提升其债权以与高级债权人一视同仁。

有很多办法能达此目标。一种可能是要求次级债权人同意，在破产时他们将所有已

---

〔37〕 Financial Services and Markets Act 2000 (Regulated Activities) Order 2001, 2001 SI No 544, as amended, Arts. 9, 77–8. See Fuller (n 22), 190–1.

〔38〕 Under Basel III (*Basel III: A Global Regulatory Framework for More Resilient Banks and Banking Systems* (December 2010, revised June 2011), as implemented in the EU through the Capital Requirements Regulation 575/2013 and Capital Requirements Directive 2013/36/EU; see also Fuller (n 22), Ch. 8.

〔39〕 See further Gullifer and Payne (n 15), 255.

〔40〕 See P. Wood, *Project Finance, Securitisations and Subordinated Debt* (2nd edn., London, Sweet & Maxwell, 2007), chs. 10–14; P. Wood, *The Law of Subordinated Debt* (London, Sweet & Maxwell, 1990); J. Powell, 'Rethinking Subordination' [1993] *LMCLQ* 357.

付给他们的钱还给高级债权人,直到后者被完全偿付之时。这种反转安排的潜在问题会出现在抵销上。在英国法下一家破产公司的债权人有权与公司对其债权进行抵销。如果公司对次级债权人有可抵销债权,次级债权人将得不到分配(尽管他们已经在行使抵 450
销的过程中得到清偿),其结果是他们手中没有什么可还给高级债权人。另一个问题是如果次级债权人也处于破产程序——它可能是债务人的关联公司而整个集团都倒闭了——则次级债权人收到的任何金额都将落入用以分配给所有债权人的资产池中(或者由担保债权人获得),由此只有很少或没有什么可留下交还高级债权人。高级债权人在这种情况下将承担双重信用风险:债务人破产风险以及次级债权人破产风险。[41] 次级债权人的破产风险可以通过约定次级债权人信托持有所收资金的方式来管理,这样它将不能分配给其他债权人。这一反转次级的方法也可以避免抵销的问题,因为设定信托在一定情况下将破坏行使抵销所必要的债的相互性。[42] 但是需要注意的是这种反转信托会产生另外的法律问题,包括它是否会归为未登记和担保利益,从而是脆弱的。[43]

第二种契约性负债次级是一种或然性的债务安排。这是一种克服抵销和次级债权人破产问题的方法。经次级债权人同意,在债务人进入破产程序时,其债权在高级债权人完全受偿后才发生。在债务人的清算程序中,次级债权人的或然性债权易受证据影响(也因此,原则上易受抵销影响),但在适用任何抵销之前须估值。如果资产不足以满足高级债权人(结果是或然性没有得到满足),则次级债权人的债权价值为零——其结果是无可抵销。[44] 也无须分配次级债权人,由此避免了次级债权人自身破产时这些付款被抓住纠缠的问题。或然性债务安排的不利之处在于,较之反转协议,高级债权人得和普通债权人同一顺位:次级债权人的次级化意味着有更多可供分配给他人,但须与所有有权债权人分享。而在反转协议下,高级债权人可能较之普通债权人获得双倍分配——该分给其自身的和该分给次级债权人的。

第三种也是最简单的次级形式是纯合同性的,即次级债权人仅仅承诺(债务人公司,或高级债权人,或者向两者承诺)在高级债权人完全受偿前不会主张或证明分配利益。[45] 一个顾虑是这种次级是否触犯破产法中的所谓"同一顺位原则"。这一原则"要求破产人的资产以债权比例[或成比例(pro rata)]为基础在债权人之间分配,除非属一般法许可的例外"。[46] 在破产法制对合同性次级约定缺乏明确规定的情况下,它们

---

[41] B. Johnston, 'Contractual Debt Subordination and Legislative Reform' [1991] *JBL* 225, 240, R. P. Wood, 'Stipulation Agreements, Bankruptcy and the PPSA' (2010) 49 *Canadian Business Law Journal* 66, IV (1).

[42] See further Fuller (n 14), [11.106] -[11.107].

[43] 关于此,参见 Gullifer and Payne (n 15), [6.4.4.1.1]。

[44] See further Fuller (n 14), [11.108].

[45] 另一种合同约定的次级是初级债权人在高级债权人之前不参与分配,没有明确的承诺无须证明:参见 Fuller (n 14), [11.69] -[11.75]。

[46] *Revenue and Customs Commissioners v. Football League Ltd* [2012] EWHC 1372 (Ch); [2012] Bus LR1359, per David Richards J, at para. 4.

可能会被认定违反同一顺位原则[47]——因为其效果是阻止那些依据同一顺位本可从债
451 务人资产中分配的人获得受偿。经受一段时间的质疑后，现在看起来在英国法下无论哪种类型的契约性债务次级都不再受同等顺位原则困扰。在几个判决中，法院支持了次级安排，并论理认为该原则不具有强制性，而是授予债权人的私权，可以以约定的方式放弃。[48] 既然所有这些因协议而不利的人都已经同意，它就不会因与同等顺位原则矛盾而被击倒。[49] 而且，这种契约式次级债被认定为并不必然构成以公司资产抵押，未登记的抵押在破产时是无效的。协议仅仅决定公司将如何分配其资产——它不需要给高级债权人以财产利益，而这正是担保的前提。[50] 在其他法域，对契约性次级协议在债务人破产时的有效性问题，通过在破产法立法上对此问题明确规定而部分解决了其不确定性。[51]

至此，我们还只考虑了债务人破产时的次级债协议的有效性。需要注意的是，在次级债权人破产时，次级协议的有效性（在该协议下次级债权人同意放弃他们本可参与分配债务人资产的权利）还应该独立测试。[52] 比如，有可能次级协议在次级债权人的破产程序中脆弱到无效。[53]

三、托管

银行在提供托管服务中发挥着关键作用，且托管是发行和交易资本市场票据的核心。但是写这个主题却充满了困难。[54] 不同法域托管服务的范围是不同的，提供这些

---

[47] 这一问题与推翻次级无关，因为次级债权人获得付款的权利不受影响，在或有次级债务下也不是问题，因为次级债权人有权证明是该次级安排影响了债权估值。(L. Gullifer, *Goode on Legal Problems of Credit and Security* (5th edn. ,London, Sweet and Maxwell, [5-60])

[48] 如 *Re Maxwell Communications Corp.* (*No.* 2) [1993] 1 WLR 1402, [1994] 1 All ER 737 和 *Re SSSL Realisations* (2002) Ltd. [2004] EWHC 1760 (Ch), [2005] 1 BCLC 1 (Lloyd J) 维持了 [2006] EWCA Civ 7, [2006] Ch 610;另参见 *Belmont Park Investments Pty Ltd. v. BNY Corporate Trustee Services Ltd.* [2011] UKSC 38; [2012] 1 AC 383, paras. 10 - 11 柯林斯法官的附带意见。参见 J. Lopes, 'Contractual Subordinations and Bankruptcy' (1980) 97 *Banking LJ* 204; S. Rajani, 'Enforceability of Subordination of Debt in a Liquidation' (2000) 16 *Insolvency L & P* 58。

[49] *In re Lehman Bros International* (*Europe*) (*in administration*) (*No.* 4) [2017] 2 WLR 1497, [65] - [66]，纽伯格法官强调，仍有一些其他公共政策原因不会让位于协议安排。

[50] *United States Trust Co. of New York v. Australia and New Zealand Banking Group Ltd.* (1995) 37 NSW LR 131 (CA); see also E. McKendrick, *Goode on Commercial Law* (4th edn. ,London, Penguin, 2010), 655-7.

[51] See, e. g. , s. 563C (1) of the Australian Corporations Act 2001; s. 313 (3) of the New Zealand Companies Act 1993.

[52] *Re SSSL Realisations* (n 48), per Lloyd J at para. 45.

[53] Gullifer and Payne (n 15), [6. 4. 4. 1. 3].

[54] See R. Goode, 'The Nature and Transfer of Rights in Dematerialised and Immobilised Securities', in F. Oditah (ed.), *The Future for the Global Securities Market* (Oxford, Clarendon, 1996); J. Benjamin, *The Law of Global Custody* (2nd edn., London, Butterworths, 2002); A. Austen-Peters, *Custody of Investments: Law and Practice* (Oxford, Oxford University Press, 2000); M. Yates and G. Montagu, *The Law of Global Custody: Legal Risk Management in Securities Investment and Collateral* (4th edn. ,Bloomsbury Professional, 2013).

服务的体系性安排和调整这一问题的法律也有一样的问题。在提供"全球托管人"的情况下复杂性进一步增加,它就证券发行向客户提供除托管人实际身处地之外的在很多国家的托管服务。托管人可能没有资格持有在其他国家发行的证券,但能为此目的和当地分包托管人作出安排。该等安排的效果不仅取决于托管人和分包托管人之间的协议条款,还取决于适用于当地市场的调整分包人业务的法律和监管体制。[55] 452

托管的初衷是为了妥善保管——以客户的名义持有并控制证券的权属[56]——但是现代托管的涉及面已远超于此。基本的托管服务包括结算、各种资产服务[例如接收支付股息和利息,因公司事件沟通并行事,比如表决权、代理表决权(proxies)]。附加托管服务包括向客户交叉销售金融产品(如融资或融券,或衍生品)、担保品管理(例如,布设托管资产作为融资的担保品),[57]以及基金服务(例如,履约测评、合规监控以及报告——比如为税务目的)。[58]

实践中,托管服务主要由大银行提供。任何情况下托管服务都是受监管的活动,在英国需要根据《2000年金融服务与市场法》获得授权。[59] 在这种机制下,某些托管业务取决于商业自治(conduct of business)规则,例如确保作出充分安排以保护客户所有权。[60] 作出这些要求以及在欧洲等其他地方作出相近要求的催化剂是《投资服务指令》(Investment Services Directive)、[61]其后的《金融工具市场指令》[62](以及相关实施指令[63]和条例)[64],以及最近的《2014年金融工具市场指令》[65]和相关条例[66](2018年1月3日生效)。金融工具市场指令(MiFID)机制为成员设定的核心义务是确保投资公司[67]作出充分安排以妥善保管投资人在投资票据(尤其是在破产时)上的法律权

[55] M. Yates, 'Global Custody' in M. Blair, G. Walker, and S. Willey, *Financial Markets and Exchanges Law* (2nd edn., Oxford, Oxford University Press, 2012) [18.07]-[18.08].

[56] The definition suggested in J. Smethurst and J. Benjamin, 'Restatement of the Law Relating to Client Securities' (2009) 4 (3) *Capital Markets Law Journal* 311, 312.

[57] See further Yates and Montagu (n 54), Ch. 4.

[58] D. Chan, F. Fontan, S. Rosati, and D. Russo, 'The Securities Custody Industry' Technical Report 68, Occasional Paper Series from European Central Bank, August 2007, Table 1.

[59] FSMA 2000, Sch. 2, para. 5; Financial Services and Markets Act 2000 (Regulated Activities) Order 2001, 2001 SI No 544, Art. 40; see further Yates and Montagu (n 54) Ch. 7.

[60] See FCA, *Client Assets Sourcebook* (CASS) Ch. 6; FCA, Principles for Business, Principle 10; Yates and Montagu, ibid.

[61] Directive 93/22/EEC [1993] OJ L141/27.

[62] Markets in Financial Instruments Directive 2004/39/EC [2004] OJ L145/1.

[63] Directive 2006/73/EC implementing Directive 2004/39/EC [2006] OJ L241/26.

[64] Regulation (EC) No 1287/2006 implementing Directive 2004/39/EC [2006] OJ L241/1.

[65] Directive 2014/65/EU on markets in financial instruments and amending Directive 2002/92/EC and Directive 2011/61/EU [2014] OJ L173.

[66] Regulation (EU) No 600/2014 of the European Parliament and of the Council of 15 May 2014 on markets in financial instruments and amending Regulation (EU) No 648/2012.

[67] As to when MiFID applies, see Yates and Montagu (n 54), [7.13]; M. Haentjens and P. D. Gioia-Carabelles, European Banking and Financial Law (Routledge, 2015), 9.2.3.2.

属，除非得到明示同意，投资公司不得为其自身目的使用这些票据。[68]

托管客户的样态和规模大相径庭。他们可能是个人、基金经理或者像保险公司这样的机构。他们也可能是其他银行或同一银行的其他部门（如基金管理部门）。他们经常
453 代表客户持有和处置证券。需要的托管服务取决于所涉客户类型：例如对证券的长期投资人的资产管理服务很重要，而对对冲基金来说这就没有担保品管理服务那么重要。[69]

客户与托管人之间的法律地位将在书面协议中写明。托管人可能就证券如何持有被授予酌定权，尽管为了记录的目的每个客户都有账户，可以根据指示借记或贷记。该等协议还应回答一些明显的问题。托管人准备在存款或清算系统瘫痪时承担什么责任（如果有的话）？比如说，托管人有权将证券用于融券吗（比如之前描述的担保品管理功能）？（如前所释，"融券业务"是个不当命名的术语，因为证券直接转移给了第三方——该第三方往往是证券做市商，要做清算交易——他的义务是返还等量证券。托管人从第三人手中取得证券用作担保品并从其客户那里分享赚得的费用。[70]）托管人在选择和管理分包托管人时有什么义务？当证券发行人在不同法域组建资产池时需要雇佣相应托管分包商吗？在何种程度上托管人要为分包商的过失承担责任？

协议显然不是当事人权利义务的唯一来源。例如，调整特定托管业务的监管机制将就分包托管人使用供应规则（例如，在选择和审查分包商过程中必须尽到"适当的技术、注意与勤勉"）。[71] 有时也需要回溯适用国内法加以认定，比如，托管人破产的后果、非缔约性义务的潜在范围——例如过失、欺诈的责任，再比如说作为基金经理、担保品管理人与其作为托管人的角色利益冲突。[72] 当然，责任的范围会受托管协议本身影响：例如常见的是，当事人在协议中同意排除或限制托管人在某种情况下的责任。但是这种条款的运用可能受到一些限制，这种限制会来自一般法（例如，通过成文法控制国内合同法中的限制或排除责任条款），[73]也会来自调整托管业务的监管体系。还有个问题需要援引适用的国内法，即如何在客户证券之上创设担保，例如，使客户能为外部借款提供担保，或者用来担保客户欠托管人的债务。[74] 对这些问题的回答一般情况下部分取决于相关财产的本质（例如，取决于托管协议），部分取决于相关法律如何归类客户与托管人之间的法律关系。

---

〔68〕 Directive 2014/65/EU Art. 16（8）.

〔69〕 J. Benjamin，'The Law and Regulation of Custody Securities：Cutting the Gordian Knot'（2014）9（3）*Capital Markets Journal* 327，令监管托管服务产生了方法上的分支，即区分为"传统托管"和"客户融券"。

〔70〕 参见本书第十八章第三节"二、准证券——回购和融券业务"部分内容。

〔71〕 CASS（n 60），6.3.1 Rule 1，讨论于 Yates and Montagu（n 54），［7.35］；在英国法背景下，仍见《2000年受托人法》ss. 17 and 23，讨论于 Yates and Montagu（n 54），［6.57］-［6.63］（关于受托人托管的性质，参见原著 p. 455 到 n 79 等）。

〔72〕 参见本著作上一版第21页；另参见 Yates and Montagu（n 54），［4.18］-［4.21］。

〔73〕 例如，由各成员国引入的控制给予欧盟《消费者合同不公平条款93/13/EEC号指令》（OJL95/29）以效力，它将潜在地应用于一些托管安排，进一步了解，参见 Yates and Montagu（n 54），［6.15］。

〔74〕 参见本书第十八章第三节"一、证券担保"部分内容；另参见 Yates and Montagu（n 54），Ch. 4。

例如客户 B 有证券存放于托管人银行 A 处，这些证券产生的收入——例如通过支付股票证券的股息——由银行 A 接收。就收入而言，依据托管协议的适当解释，它仅仅是由银行 A 以银行人员资质而收取。如果这样，客户就此数额仅仅是银行的债权人，没有获得就银行任何资产的利益或担保。由此，如果银行破产，客户所能做的只是在清算程序中证明其是该金额的无担保债权人，或本应贷记给他。[75] 但是，对协议的妥当解释也可以是这些收入是由银行 A 信托持有，由此（假定信托有效）客户在银行破产时就有应受尊重的所有权利益。[76] 而且，相关的监管机制也能产生这种效果——例如，将一定种类的为客户持有现金的托管设定为法定信托。[77] 454

就证券而言，举个最简单的例子，比如已发行的纸质的不记名证券存放于银行 A 处。

在英国法下的方法是将这种法律关系归为保管。客户 B 是保管委托人，而托管人银行 A 是保管受托人。而且，B 没有仅仅因为由银行 A 持有证券并将同样的自有或他人证券混在一起，且不能在证券池中辨析出是谁的证券（比如通过号码辨析）而丧失对证券的权利。银行 A 还是必须交还同样种类、同样数量的不具名证券，尽管已并非初始一样的证券。证券权属仍按各自存入的比例归属可替换证券池中的各方。[78]

将托管法律关系归为保管（bailment），对 B 来说极为有利。在银行 A 破产时，B 将对这些适用保管的资产享有所有权，这意味着这些资产将不会被银行 A 的债权人分走。当这些证券被错误地转换成了其他的形式时，B 还可以追索。重要的是，当 B 出售证券给 C，如果银行承认 C 是新所有权人，保管还能继续运作。这显然很重要，因为证券发行后通常会交易，且往往是频繁的“背靠背”的交易。有观点认为，即便出售的证券是大笔同种证券中的无法区分的一部分，承认所有权（attorment）的方法仍可以运行，托管人在禁反言原则下不得质疑未发生分割和划拨专款。

但是，实践中，将这种关系划为保管往往有很多重大障碍。即便没有返还原物保管也是可能成立的，但是英国法（尽管不是北美法）没有走得那么远，还不能接受受托人可以将保管转化为贷款，代替其他商品，再将贷款转回成保管。但这就是托管人号称其所能做的业务，还不限于融券业务情形。涉及分包托管人时保管的问题将是复合问题，这在实践中司空见惯。当然英国法认同分保管和准保管（当保管义务人从未占有时）。但是如果证券直接从发行人到了分包保管人手中，还能存在保管吗？换言之，如果银行 A 或客户 B 均从未占有过证券，不管银行 A 和客户 B 之间的协议如何，如果银行 A 和分 455
包托管人否认有其他合同性权利以外的权利会怎么样呢？在从 B 转到 C 的情况下，如

---

[75] *Space Investments Ltd. v. Canadian Imperial Bank of Commerce Trust Co.* (*Bahamas*) *Ltd.* [1986] 1 WLR 1072, [1986] 3 All ER 75 (PC).

[76] See Yates and Montagu (n 54), Ch. 3.

[77] 对此的示例，参见 Re *Lehman Brothers International* (*Europe*) (*in administration*) [2012] UKSC 6; [2012] Bus LR 667，对客户资金规则的解释在 Client Assets Sourcebook (n 60) Ch. 7；仍见 Yates and Montagu (n 54), [3.5]-[3.9]，及 [7.85]-[7.108]。

[78] *Mercer v. Craven Grain Storage Ltd.* [1994] CLC 328 (PC).

何认定分包托管人认同了 C 是权利人呢，在他或 C 都不可能知道彼此存在的情况下？而且当分包托管人在另一个法域时，即便银行 A 和客户 B 都在伦敦，法院特别是外国法域的法院可能适用英国的保管法律吗？如果证券是以全球性票据的形式表彰或者是无形的，即便是以英国法调整的最简单的案子，保管也往往被认定为无法归类：因为占有是保管的核心，而这种情况下没什么能在物理上占有。[79]

那么，信托怎么样，能否成为归类托管人地位的一种方法？能不能明示信托意图令托管人成为受托人？如果这样信托标的是否需要有确定性？最简单的情形，按第三方的记录（发行人、证券清算和结算系统的记录）确认托管人银行 A 持有证券，但是是代表 B 持有。英国法会认为这是创设信托的明显意图。如果证券仅记录在银行 A 或其指定的人名下，这个地位就更有迷惑性了。这时托管协议和银行 A 自身的记录，对于表明所需意图就至关重要，因为缺乏信托意图，这一安排将是纯合同安排，在银行 A 破产时 B 将没有任何受益人利益。

就信托标的而言，现在典型的情况是，银行 A 作为托管人，持有 A 自有的证券，与其他人持有的同类证券无法区分地放在一起。证券可以由分包托管人持有。它不会是纸质票据（definite instrument），甚至不是全球性票据，且证券是完全无纸化的。由银行 A 作为托管人持有的各种证券池，包括 B 持有的类别，会不断地在银行 A 的客户买卖证券而转换，在银行 A 自己买卖证券时转换，在银行 A 实施融券业务时转换。英国法对所有这些在认定信托标的上没有困难。长期以来它都认定在可替代的一堆物品上可以存在信托，只要有创设信托的意图。所谓的分配问题，令一些法律评论人感到困惑，并不会像有形货物那样产生问题。信托的标的是无形物，是永不可能区分（或分配的）。在英国法下，B 的受益人利益的本质是不断转变的证券池中特定发行人部分的功能性利益，由银行 A 作为托管人持有。[80] 注意托管安排可以允许由托管人为特定目的使用证券，当行使这一权利而产生向第三方转移证券的后果时，这些资产会从信托资产中取出来（但它们会被其他进来的资产替代，例如，通过融券交易）。[81]

总之，客户与托管人之间法律关系的归类将取决于协议。考虑到现代托管协议（例如托管人要做融券业务，要使用分包托管人）和现代证券（具有代表性的是全球性票据和无纸化）的本质，将保管（bailment）关系置于协议安排之上在实践中必败无疑。在普通法法域认定为信托是显然可能的，且在由第三方记录确认客户时（例如银行 A—账户
456 客户 B）很容易证明。如果登记仅仅识别银行 A 的指定公司为持有人或仅记录了托管人及其分包托管人，在证据上就会有些麻烦。但在原则上认定信托没有障碍，虽然标的物有可代换性，但只要设立信托的意图明确就可以。不同法域对所有权的概念可能不

---

〔79〕 Cf. A. Beaves, 'Global Custody', in N. Palmer and E. McKendrick (eds.), *Interests in Goods* (2nd edn., London, LLP, 1998); see also *Palmer on Bailment* (3rd edn., Sweet and Maxwell, 2009), [30-030]-[30-031].

〔80〕 关于这种分析的示例，参见布里格斯（Briggs）法官在 *Re Lehman Brothers International* (*Europe*) (*in administration*) [2009] EWHC 2545, para. 56 的论述；另参见 Goode n 54 and Yates and Montagu (n 54), Ch. 3。

〔81〕 Smethurst and Benjamin (n 56), 319-20.

同,但最终重要的是适用这些法律概念的结果,即“客户权利的性质是所有权(proprietary),且托管人的一般债权人不能企及担保池里的证券”。[82]

在托管人进入破产或重整程序而客户确实享有应受尊重的所有权益时,产生的第二个问题是在该等程序中将资产发还客户的速度问题。虑及客户因不能流动期拖长而潜藏的重大系统性影响,这是在设计清算和重整机制时的一个重大问题。[83]

第二节　证券分销问题

顾问、安排,然后分销发行的政府证券或公司证券是一项可回溯百年的投资银行业务。仅此理由它就值得关注。而它还是个值得相当法律投入的问题。它的文件虽然相当标准化但庞杂,这得归功于资本市场参与人交易协会的活动,例如,国际资本市场协会(其成员包括银行、证券做市商和经纪人、发行人和资产管理人)。而且,它还有大把法律问题,在发行人倒闭时周期性冒出水面。银行对受损投资人来说,是框架内方便抓住的“唐僧肉”(deep pocket)。

一、分销机制

(一) 经纪、配售、承销和购买

析言之,在不讨论任何特定市场操作时,银行所从事的证券发行,从广义上说涉及四个层级与发行人的协议。第一层可称为和发行人的“经纪协议”。在该协议下银行同意提供的服务有分发招股说明书(prospectus)或募股简章(offering circular)、处理证券申请,如果证券要上市还可能联络证券交易所。但是银行对募集认购(solicit subscription)不负合同义务。

第二层次银行可以和发行人缔约——术语所谓“配售协议”(placement agreement)。同样,根据合同它也没有任何义务买入证券,但它有义务去获取证券认购。它可以发售给专业投资人,往往通过“私募”(private placement)方式[84]——不通过广告销售给选定的投资人(通常是机构投资人)。该协议中的一个法律问题是银行被期待的履行证券配售任务的义务标准。协议可能明确列出该标准,例如(通常如此)要求银行尽“最大努力”“最大可能”。[85] 在没有明确条款约定时,银行需要尽的是合理注意和 457
技能,除非在合同中默示了更高要求,例如基于市场实践(交易惯例)。银行可以雇佣经

[82] Goode (n 54) 120.

[83] As noted in the Bloxham review, P. Bloxham, *Final review of the Investment Bank Special Administration Regulations* 2011, January 2014, 40.

[84] 进一步了解,参见本章第三节“二、证券披露条款”部分内容。

[85] 就在贷款合同中解释“尽最大的努力”条款,参见原著第十四章 p. 417, n 13 等。

纪人帮助配售证券，在其违约并对银行产生损失时可对其提起诉讼。[86]

第三层，如果银行同意包销（underwrite）某一证券发行，它就承诺了在发行认购不足时由其自行买入。[87] 在这个意义上，它明显区别于经纪协议和配售协议。买入证券义务即便在普通法系下也可强制执行实际履行，而获得实际履行该种救济方式一般更严格。在英国法下，英国《2006年公司法》section 740 规定“一份买入并支付公司债券的合同”（看起来包含对债务性证券的包销协议）可以强制执行其实际履行。这一条款看起来是响应判例法后插入的（如第十四章所讨论的）[88]，判例法限制贷款合同下获取实际履行的救济，[89]但对股票买入协议没这么说。在普通法域，后者原则上是易受实际履行法令影响的——特别是考虑到违约时估算损失的潜在困难。[90] 当实际履行包销协议的可行性不确定时，发行人可以用其他机制保护其地位（例如，发行人董事被授权代表包销人来申请包销一定数量的证券）。

包销的好处对发行人很明显，他确知其证券会被付款。且由银行来包销将进一步提高证券的市场营销力。以承担未能售出证券的风险为交换，包销商会被付一大笔费用。[91] 包销人也会和他人分担这种风险（及其费用），例如通过承销团。此时，需要有协议来约定其义务是可分的，还是连带且可分的。包销银行还可以和他人缔结分包协议，据此后者包销一定数量的证券。除非合同约定，否则包销银行就分包商对发行人的承诺不承担义务。[92]

最后，银行可以先同意买入整个证券总额再卖给投资人（“买卖协议”）。如果这么做，会有明显的资本风险。而且由于其作为本人（principal）行事，而不是作为发行人的
458 代理人，会产生多种后果。首先，如果它与买家有直接合同关系，则投资人可以直接对它提起合同主张。（如果它仅仅是代理人，合同主张一般将只能针对发行人。）其次，银行将对募股简章、招股说明书和其他由发行人公布的类似文件承担责任。两者我们会回来谈及。

---

[86] e. g. *County Ltd. v. Girozentrale Securities* [1996] 3 All ER 834 (CA).

[87] 另一个软性承诺的替代方案是，在第三方答应买证券却未能付款时要求银行买入：参见 S. Witty, W. Pearce, and D. Hirschovits, ‘Underwriting Practice and Procedure’ in R. Panasar and P. Boeckman (eds.), *European Securities Law* (2nd edn., Oxford, Oxford University Press, 2014), [8.1.2]。

[88] 参见原著 p.452, n 61；另参见 E. Ferran and L. C. Ho, *Principles of Corporate Finance Law* (2nd edn., Oxford, Oxford University Press, 2014), 274。

[89] 参见《1907年公司法》(Companies Act 1907) s. 16，以及在 F. B. Palmer, *The Companies Act 1907 and the Limited Partnerships Act 1907: with explanatory notes, rules and forms* (London, Stevens and Sons, 1908), 27 中的注释。

[90] 这是一个影响新南威尔士州最高法院作出实际履行买卖产私人公司股权合同的法院令的因素，在 *Georges v. Wieland* [2009] NSW SC 733 中有所体现。

[91] 进一步了解，参见 Office of Fair Trading, ‘Equity underwriting and associated services: An OFT market study’ (OFT, January 2011); Ferran and Ho (n 88), 373。关于发行人对股权发行支付承销费的能力，参见 A. Hudson, *Securities Law* (2nd edn., Sweet & Maxwell, 2013), [5-56]-[5-58]。

[92] *Eagle Trust plc v. SBC Securities Ltd.* [1995] BCC 231. See E. Ferran, *Company Law and Corporate Finance* (Oxford, Oxford University Press, 1999), 630-3.

(二) 获得授权

银行如何通过合同介入独立证券分销显然依情况而异。发行人可能是银行的长期客户,或已在前次发行中雇银行。一项近期的英国调查表明近 3/4 的债务性资本市场服务是委托给与发行人有借贷关系或经纪关系的银行。[93][94] 另一种选择是发行人可以拍卖或要约邀请想参加分销的竞标人。但这种流程更可能导致保密信息泄露,因此对发行人更缺乏吸引力。[95]

在投标(tender)用于证券分销时,其法律性质有必要考虑。在英国法下投票是一种要约。由于银行投标是一种要约,如果银行认为其参与投标不正确或者市场有变化可以在承诺之前撤回。反向而言,发行人也没有义务接受价格最优的竞标。当然两项规则都取决于合同。银行可以作出不可撤销的投标,发行人也可以承诺接受最低报价(upwards)。这取决于市场,市场实践会按一定方式处理不同投标。如果实践做法达到交易惯例的标准,即它是确定的、著名的、合理的,则各方受此默示条款约束。公平起见,英国法不允许参考性报价。换言之,不允许明示比另一方竞标优惠很多基点的投标,除非邀请投标方明示允许。[96]

债务性证券并不总是独立发行。它可能是作为某一项目的一部分而发行,该项目根据标准文件可能还有多项证券发行。这种情况下,发行人将在开始时与银团(或其他金融机构团队)签订合同,授权经选定的银团成员认购项目嗣后发行的证券,或者(根据情况)在证券未能全额认购时要求它们认购。[97]

二、面对发行人时对银行的保护

银行在承销发行时想要获得保护,特别是当它承诺按包销协议或直接购买协议买入证券时。一个基本的关注点是募集说明书是否合理。显然可以要求发行人提供陈述与 459
保证并将其作为银行义务的先决条件——就发行简章和募资说明书的真实性和完整性发表声明,说明发行人未涉及重大诉讼或仲裁,已就发行获得必要的监管批准,其最近陈述是经妥当准备的,且在此后财务状况上无任何实质性变化,[98]等等。确保陈述与保证

---

〔93〕 FCA, Investment and corporate banking market study: interim report, Market Study 15/1.2,关于选择承销商,另参见'Equity underwriting and associated services'(n 91),70-2。

〔94〕 银行和作为客户的发行人之间既存的合同条款可能会约束客户用其他银行办理证券承销服务。See FCA, Investment and corporate banking: prohibition of restrictive contractual clauses, Consultation Paper 16/31 and FCA, Investment and corporate banking market study: final report, Market Study 15/1.3,建议禁止该等限制性合同条款 restrictive contractual clauses.

〔95〕 'Equity underwriting and associated services'(n 91),6.20.

〔96〕 *Harvela Industries Ltd. v. Royal Trust Co. of Canada* [1986] AC 207 (HL).

〔97〕 See Fuller (n 14), [1.105]-[1.107]; [7.03]-[7.15].

〔98〕 Ibid., [7.223].

直到交易结束甚至之后均是准确的、无法律异议。

银行在协议下的承诺可以是有条件的，即未发生令陈述与保证不准确的情况变化。银行义务的附加先决条件可以是发行人获准在证券交易所上市，以及从发行人的董事和审计处获得有利证明和报告。如果银行能从后者获得先决条件，就不必非得证明违反了保证和陈述，这样就更简单、更清晰。如果银行愿意继续履行承诺，它也可以放弃未得到遵守的先决条件。

重要的是，银行可以从发行人那里得到因分销而受损的补偿。它可能是银行的直接损失，也可能是因投资人起诉它而产生的损失。后者的补偿条款避免了普通法上认定这种损失赔偿太远的争论——它被认为不在当事人合理预期的范围内。[99] 在覆盖银行抗辩投资人诉讼的成本方面这也有用。但英国法规定对欺诈责任的补偿合同为非法。如果银行没有意识到募股简章是欺诈性的，银行可以依据赔偿条款求偿。但如果它一旦知道事态真相，或置若罔闻仍继续营销发行，银行就不能对发行人主张补偿。[100] 即便没有欺诈问题，某些法域的证券法也会限制强制执行补偿条款，比如，当认定这么执行与支持银行对投资人法律义务的政策冲突时。[101] 这种情况下，银行会想坚持以合同条款规定的混合过错，因为这为发行人和分销银行的责任比例提供了框架（而不是对分销银行责任的完全补偿）。[102] 在履行承诺和完成交易之间银行的任何延迟都会提高不利于发行事件的发生概率。银行可能受一些不受欢迎的证券拖累。相应地，银行会尝试坚持不可抗力条款或市场中断条款，令其有权根据特定事件避免履行买下证券的承诺。这些事件可以是国内或国际的政治、经济、法律、税收和监管情况。在英国法下，该等不可抗力条款最多视作限定银行履行义务，而不是保护它对未能履行免除违约责任。[103] 自然，银行
460 希望自行认定是否发生了条款所列事件。发行人可谈判的是对银行酌定有所限制，即银行的认定应该是合理的。[104] 另一个问题是银行可能认为这些事件的发生将严重地不利于成功发行。这种严重性测试可能要看该等事件是否影响合理投资人的心态。国际资本市场协会已就债务性证券的“不可抗力”问题形成标准条款。[105]

---

〔99〕 E. Ferran, 'The Benefit of Warranties in Bond Issues' (1990) 11 *Co. Lawyer* 163, 164n.

〔100〕 T. Prime, *International Bonds and Certificates of Deposit* (London, Butterworths, 1990), 77–9; more generally E. Peel, *Treitel on the Law of Contract* (14th edn., London, Sweet & Maxwell, 2015) Ch. 11, Pt. 2 (a)(vi).

〔101〕 这是美国证券交易委员会的立场，并受到美国判例法的支持：参见 L. Loss, J. Seligman, and T. Paredes, *Securities Regulation* (4th edn., Wolters Kluwer, 2013) Vol. X, 333–46；另参见 *Eichenholtz v. Brennan* 52 F. 3d 478 (3d Cir., 1995)。

〔102〕 Fuller (n 14), [7.233].

〔103〕 W. Swadling, 'The Judicial Construction of Force Majeure Clauses', in E. McKendrick (ed.), *Force Majeure and Frustration of Contract* (2nd edn., London, LLP, 1995); G. Treitel, *Frustration and Force Majeure* (3rd edn., London, Sweet & Maxwell, 2014), Ch. 12, Pt. II, esp. [12-022]. 关于合同落空的内存关系，参见 [12-023]。

〔104〕 可能存在产生这一效果的默示条款：参见原著第十四章 p. 441, n 155。

〔105〕 Extracted in Fuller (n 14), [7.253].

三、银行对投资者的责任

（一）银行自身的不当

在分销发行人证券时，银行显然可能因其自身行为引发法律责任。其销售人员可能错误陈述或过失陈述，甚至可能欺诈性陈述。这可能触发银行的民事责任（包括合同责任，如果陈述诱导缔约或形成合同条款，或者侵权责任），还有适用的证券法责任。前一种在本节讨论，而证券法主张在随后一节讨论。两种请求权的共性是金融危机之后有大量的金融不当销售案件由零售投资人和机构投资人提起。

在英国法下由分销银行所作的陈述可能是无过失的但仍会给投资人以救济［赋予其废除合同（set aside）或者撤销合同的选择权］，但陈述必须是对事实（或法律）的积极陈述，[106] 而不仅仅是观点表达。[107] 积极陈述的要求可能[108] 排除了遗漏或未披露，除非它能被认定为说了一半事实[109] 或者达到了默认陈述的地步。[110] 过失错误陈述更宽泛，既包括观点也包括“纯粹的”过失，但是从根上必须要由银行来承担责任。[111] 至于欺诈性陈述，要证明银行知悉欺诈或罔顾欺诈，投资人要负的举证责任很重。成文法还要求某些欺诈性陈述得是书面的才可具有可诉性。[112] 在每个此类案件中——错误陈述、过失陈述和欺诈陈述——投资人还需要因信赖陈述而购买证券。[113]

投资者救济将部分取决于分销的结构。一方面，如果银行是作为经纪人或者代表发行人向投资人配置证券，所有合同都是和发行人签署：银行仅仅是代理人。银行的错误陈述，只要在它实际授权或表见授权范围内作出，都可归责于发行人，即便经纪协议或配置协议禁止这种行为。[114] 撤销合同可能是投资人喜欢的合同救济方式。但是撤销权可能会丧失——投资人可能被认为已确认了合同，例如，通过接受股息或利息支付的方式；其还可能因不能交还证券的方式失去权利，比如已在二级市场出售；或者仅仅是因为诉 461

---

〔106〕 See H. G. Beale, *Chitty on Contracts* (31st edn. , London, Sweet & Maxwell, 2012), [6-016].

〔107〕 尽管这一观点体现在对事实的陈述中（例如，对意识状态的陈述），而这是可诉的：参见 *Smith v. Land & House Property Corp* (1885) LR Ch. D. 7; *Springwell Navigation Corporation v. JP Morgan Chase Bank* [2010] EWCA Civ 1221, [2010] 2 CLC 705 [118] -[122]。

〔108〕 Cf. Hudson (n 91), [24-100].

〔109〕 参见本书第十章第三节“一、（二）设定顾问或解释义务的情况”部分内容。

〔110〕 Hudson (n 91), [24-99].

〔111〕 参见本书第十章第三节“二、（二）过失的顾问意见”部分内容。在过失案件中不能证明尽到注意义务时，还有一种损害赔偿诉求的可能，源自《1967年错误陈述法》s. 2 (1)。但是，这仅是适用于一方在合同中的错误陈述，而在证券发行中的应用将因此取决于发行人、承销人和投资人之间的结构安排。

〔112〕 *UBAF Ltd. v. European American Banking Corporation* [1984] QB 713 (CA) analysing s. 6 of the Statute of Frauds Amendment Act 1828.

〔113〕 就欺诈侵权的情况而言，参见英国最高法院在 *Hayward v. Zurich Insurance Company plc* [2016] UKSC 48, [2016] 3 WLR 637 的判决，明确这不需要原告证明其相信陈述的真实性。

〔114〕 *Bowstead and Reynolds on Agency* (19th edn. , London, Sweet & Maxwell, 2010), [8-176]; [8-180]; [8-182].

讼时效已过而被击败（除非错误陈述是欺诈性的，这在英国法下没有时效限制）。对投资的另一种救济方式是损害赔偿。[115] 当陈述有合同效力时（因为它成为合同的条款或者成为从合同），投资人可以就违约主张损害赔偿。合同损害赔偿的初步证据是证券实际价值与假定陈述真实时的价值之间的差额。在英国法上，衡量侵权的损害赔偿（过失或者欺诈、欺骗的情况）是不同的：投资人受限于其实际损失，计算时是将其置于侵权未发生时的地位（或者好像错误陈述没有发生，而不是假定陈述是真的能获得的收益）。由此他们因证券收到的是其基准损失。如果发行人由此对投资人负有责任，实践中银行将反过来对发行人依据所受损害按赔偿条款予以补偿损失。

另一方面，如果投资人从银行购买证券，银行卖的证券又依次是从发行人处买得（作为包销人或是根据购买协议），投资人的合同救济首先是针对银行的。但是一旦分配完毕，证券将直接产生与发行人的合同。如果投资人撤销合同，撤销会是同时针对与银行的销售合同和与证券发行人的直接合同。当银行作为本人时，几乎没有发生银行因过失陈述或欺诈对投资人直接承担责任。[116]

值得注意的是在所有这些名目下的银行责任可以通过与投资者的协议予以限制或排除。这些条款在欺诈的情况下不太可能有效，但是就减轻民事责任而言原则上是有效的，结果是它们事先排除了投资人主张缔约前错误陈述诱导缔约或者干脆排除投资人就错误陈述提出主张。（比如在普通法法域，通过禁止反言）[117] 但是这样的条款面临着成
462 文法的控制，比如取决于“合理性测试”（如同在英国）。[118] 合理性在涉及机构性投资人时是相当直接明了地认定，[119] 但在涉及零售投资人时就情况不同。

（二）发行人的不当：银行尽职调查的义务

目前为止讨论都是围绕着银行自己在分销发行人证券的陈述、过失陈述和欺诈。如果发行人对该种错误负责，则其对投资人的责任与前述所言并行。对发行人责任的详细讨论超出了本书的范围，本书关心的是银行作为他人证券的经销商的地位。但有个问题值得注意——银行为发行人的不当行为承担责任。

最典型的示例也许是如果招股说明书或募股简章是错的。银行将其分发给潜在投资人，他们其后遭受损失。发行人倒闭。现实问题是，投资人对发行人的救济权一文不值。（因此，银行对发行人的救济也是如此，之前谈过）。由此投资人都转向银行并把它

---

[115] 取决于产生损害赔偿请求的诉由，该请求可以是附加的或二选一的来行使撤销权。该立法还有一种可能是将损害赔偿作为撤销权的替代方式，参见《1967 年错误陈述法》s. 2 (2)（在欺诈案件中不适用）。

[116] *Smith New Court Securities Ltd. v. Scrimgeour Vickers (Asset Management) Ltd.* [1997] AC 254 (HL).

[117] See *Springwell Navigation Corporation v. JP Morgan Chase Bank* [2010] EWCA Civ 1221; [2010] 2 CLC 705, paras. 141–71; *DBS Bank (Hong Kong) Ltd v. San Hot HK Industrial Co Ltd.* [2013] HKCFI 287; [2013] 4 HKC 1; HCA 2279/2008, paras. 192–211.

[118] As under s. 3 of the Misrepresentation Act 1967, discussed in Chitty on Contracts (n 106), Ch. 6 Section 5.

[119] *JP Morgan Bank (formerly Chase Manhattan Bank) v. Springwell Navigation Corp* [2008] EWHC 1186 (Comm), paras. 597–607.

当作“唐僧肉”（deep pocket）以弥补其损失。这不仅仅在理论上可能。1994 年荷兰最高法院认定，原则上，债券发行团的牵头银行在该种情况下可能承担责任。这一判决是基于《荷兰民法典》的一项规定，即任何人在商业或职业过程中以本人名义或代表他人就其提供的服务公布或令人可获取误导信息，属实施侵权。责任不限于募股简章中由银行准备的内容。事实上，如果错误内容曾经独立审计同意，银行也并不必然有权免责。但是法院强调，如果分销文本包括了清晰且无模棱两可的表述称它对特定部分不负责，且不接受对此的责任，那么它可以有效解除责任。[120]

其结果是银行分销发行人的招股说明书或募股简章可能承担责任，除非银行实施了尽职调查。换言之，银行必须对其中陈述作合理问询，银行必须合理相信陈述真实且并无重大遗漏。证券在交易所上市并非对其募股说明书的真实性和完整性的结论：银行必须自行实施调查。银行可以通过和借款人讨论和外部检查来做到。

这在何种程度上代表了英国法的情况呢？当然有时我们根据市场惯例要作尽职调查——去核实发行并通过与其讨论和通过外部核实来确定发行的适当性。即便这是市场惯例，把它翻译成法律义务也不是一个一一对应的流程。在经纪合同和配售协议下，银行是作为代理人，因此对投资人没有直接的合同责任。但是它可以因过失或欺诈而承担责任。例如传递发行人的募股简章，在对投资人所负注意义务范围内，并不必然免除银行过失责任（如上面所强调）。[121] 在这里任何市场惯例可以用来设定法律要求的注意标准。如果银行知道募股简章中的错误陈述或严重遗漏，或者如果银行对其中的过错 463
漠不关心，就可能构成欺诈。在非常特殊的情况下，银行可能会对投资人负有信义义务。[122]

如果银行是作为包销商或者为了出售而买入发行证券，它是作为本人的角色。对投资人所负潜在合同义务是双重的。首先，就募股简章中的错误陈述而言，如果投资者能证明其以此为基础而缔约，其结果是与银行的合同可能可撤销。其次，如果市场惯例是要作尽职调查，可能会在合同中认定存在默示条款要求开展尽职调查。未能做到将构成违约。但是英国法对于将交易惯例作为合同条款设有重大路障。

即便可以据此认定责任，英国普通法也赋予了银行以统驭的自由，通过否认、免责声明和排除条款来否定责任。（正如前面已强调的，一个例外是欺诈，这是公共政策的问题，法院认定试图排除欺诈责任的条款无效。）由此，招股说明书和募股简章包含突出声明表明由发行人对其中信息负责并承担责任，除文件指明的人以外，没有任何人获得授权提供任何不同于该等文件的信息或陈述。由于前面已述原因，排除条款和免责声明一

---

[120] *Association of Bondholders Coopag Finance BV v. ABN Amro Bank NV* [1994] RvdW 263；cf. S. Parijs, *Fairness Opinions and Liability* (Deventer, Kluwer, 2005), 167，建议免责声明影响举证责任，而不是完全免除责任；参见 D. Lemstra, M. J. Jitta and R. Raas, ‘The Netherlands’ in *European Securities Law* (2nd edn., Oxford, Oxford University Press, 2014), [18.05]。

[121] 参见原著 p. 460, n 111 和本书第十章第三节“二、（二）过失性顾问意见”部分内容。

[122] 参见本书第十章第一节“二、信托法”部分内容。

般可以满足成文法对于不公平合同条款的要求,[123] 其结果是银行可以成功保护自己免于民事责任。但是,英国法下的成文法责任是不能为免责声明或排除条款所排除的。由此一个关键问题是,根据适用的证券法,银行要对发行人的错误募股简章承担责任,对此我们还会回来讨论。[124]

四、债务发行的受托人

作为公司成员,股东在理论上有能力保护自身利益,比如,通过股东大会等公司法通常提供的机制（作为公司的所有者）可以采取行动。在一些大陆法法域,公司法对债务性证券有类似规定,规定了集体性决策机制（会议的构成、法定多数约束异议少数的权限等）以及指定代表来代表证券持有人集体行使权力,无论是否经其同意。[125] 当公司法或证券法未作如此规定时,必须建立合同性机制以与持有人对特定事件的反应保持一致（比如违约事件或提议债务重组）,这样谈判就不会因为这样或那样集体行动的停滞而不必要延迟,并可监控该等风险的发生。

安格鲁-撒克逊法域普遍使用的一项机制是指定公司受托人代表债务性证券持有人行动。公司受托人受权比如宣布违约、行使酌定权加速发行人债务和代表这类人开始强制措施。受托人可能受权行使这些权力但未得到证券持有人批准（尽管他们有义务
464 按规定多数人的指示行使权利）。[126] 相反证券持有人已开始的个别强制执行举动将因约定而中止。[127]

一个世纪以来,法律债券信托公司（Law Debenture Trust Corporation plc）一家分散持有的公众公司——在英国和海外都被指定为许多债务发行的受托人。但是,很多有分支机构的外国银行可以也确实作为债务性证券发行的受托人。由此原因,也由于其在很多分销中是重要的角色,有必要对公司受托人这一角色多作讨论。

（一）任命受托人

一些法域要求任命受托人。新加坡上市规则要求指定受托人以代表在新加坡证券交易所上市的债务性证券的持有人,当然也有一些例外。[128] 对指定受托人的更广泛的规则要求存在于美国[129] 和澳大利亚[130],尽管两个体制都豁免了一些发行品种免受约

---

[123] 参见本书第七章第三节“三、不公平合同条款法”部分内容。

[124] 参见原著 p. 473, n 175 等。

[125] See P. Wood, *International Loans*, *Bonds Guarantees*, *Legal Opinions* (2nd edn., London, Sweet & Maxwell, 2007), [16-001], and (setting out examples) [16-050]-[16-058].

[126] Ibid., [16-021]-[16-025].

[127] 参见“（二）投资人的地位”部分内容。

[128] See Singapore Exchange Securities Trading, Singapore Exchange Rulebook, Ch. 3, ‘Debt Securities’, r. 308.

[129] Trust Indenture Act 1939.

[130] Corporations Act 2001, s. 283AA.

束。在那些信托概念不甚清晰的大陆法法域,法律会强制任命代表,其义务类似于普通法系下的信托受托人。[131]

但是,有些法域下不要求公司受托人或其他同类角色。而且,一些欧洲市场的发行人刻意回避了公司受托人。因为这是有成本的,包括增加的文本。主权借款人抱怨这种公司受托人建议,认为它们不会为了投资者的利益行事。相反可以指定财务代理人作为发行人的代理人——负责管理性事务,例如负责登记、公开通知,作为信息渠道,为赎回提取债券等。在普通法法域财务代理人可以被视作为投资人信托持有待付资金。特殊情况下投资人还可能以过失向财务代理人提出主张。纸质不记名证券或记名证券的持有人(直接持有而不是通过中介持有)对发行人有直接请求权。当证券是作为一种全球性票据发行时,情况就会更为复杂,它是由存放人为所有证券持有人利益而持有。这种情况下的一个解决方案是由发行人基于单边契约(deed poll)因其违约而向证券持有人付款。在英国法下,尽管缺乏合同相对性(privity),单边契约下的权利可强制执行。[132]

在理论上,受托人所处地位看起来比证券持有人更有利于及时采取强制行动,因为他们可能更了解发行人信息。[133] 现实中受托人的有效性取决于其为证券持有人利益行事是否有充分激励,这受薪酬结构和个人责任范围的影响。[134] 可能的风险是受托人在 465
一定程度上与发行人利益捆绑而不是那些证券持有人利益,由此不能适当地预见违约风险或作出响应等。[135](当然,对发行人来说,受托人的存在会带来很多便利。受托人可能就发行人部分违约作出弃权并同意就发行人对投资人的责任作一些修改。[136] 发行人会被免于多重诉讼,或者免于那些不驯的对重整不让步的投资者的诉讼。)但是,公司受托人希望在投资者中增进声誉将有助于提升其履职表现(如果大型投资银行除了提供大量投资服务比如包销,还提供公司受托人服务)。[137]

(二)投资人的地位

指定受托人改变了投资人的地位。就债务性证券的条款而言——无担保债券、本票

---

[131] 参见 Wood (n 125) [16-016],注意与普通法信托关系下的区别;另参见 J. A. Allen, 'More Than a Matter of Trust: The German Debt Securities Act 2009 in International Perspective" (2012) 7 (1) *Capital Markets Law Journal* 55 Pt 6,识别德国法下债券投资人代表义务和公司受托人义务的差异。

[132] 关于《1999 年合同(第三方权利)法》[Contract (Rights of Third Parties) Act 1999] 下的其他可用程序,参见 Gullifer and Payne (n 15),390-1 中的分析。

[133] Gullifer and Payne (n 15),380.

[134] S. L. Schwarcz and G. M. Sergi, 'Bond Defaults and the Dilemma of the Indenture Trustee' (2008) 59 (4) *Alabama Law Review* 1037; M. Kahan, 'Rethinking Corporate Bonds: The Trade-off between Individual and Collective Rights' (2002) 77 *NYU Law Review* 1040, 1060;关于个人责任参见"(三)受托人的权利和义务"部分内容。

[135] C. Andres, A. Betzer, and P. Limbach, 'Delegated Monitoring: the Effectiveness and Pricing of Bond Indenture Trustees' (2012 Working Paper) 5-6 进行了文献综述。

[136] See Wood (n 125) [16-049].

[137] Andres et al. (n 135) 报告了与此假定相一致的实证结果。

或有担保债券——发行人有义务向投资人付款，但只有受托人有权强制执行条款并宣布违约。这就是“不起诉”条款。投资人明示放弃了其直接起诉发行人的权利，除非特定数量的投资人指示受托人强制执行证券，而受托人在规定时间内未能执行。

在英国法下投资人将面临这样的限制，结果是有些情况下投资人受限制不能对发行人提起，这取决对“不起诉”条款的适当解释。〔138〕这会包括申请破产清算程序和寻求个别强制执行的救济。〔139〕这一条款是有约束力的，即便投资人没有见到债务性证券（它还保留在托管人手中或者是无纸化的）。这一限制可能列在募股简章和招股说明书和信托文件中，因此认定这样的条款（广泛使用）内嵌于发行人和持有人之间的合同没什么困难。由此，从二级市场买入的投资人也受此约束。长久以来美国法的“不起诉”条款更保护投资人。〔140〕而在另一端，德国在成文法中引入了一些与“不起诉”条款等量齐观的规定（亦即作为强制性规则），这样根本就不需要通过合同来约定。〔141〕

通常，合同条款会赋予多数投资人（“多数”取决于定义）指示受托人强制履行的权利。为此目的或者为其他如重组目的而开会，必须并按债务文件和信托文件召集并推进。投资人有权表决明确授权事项并不对其他事项表决。由于多数可以约束少数，普通
466 法对以多数通过的决议有所限制——但仅限于它是压迫性、歧视性或欺诈性时才有限制。有些法域（如德国）由立法规定通过决议所需的“多数”的范围；〔142〕美国走得更远，规定某些决定（包括很重要的调整剩余本金）只能全体一致作出，〔143〕当然除非是法院批准的重组计划。〔144〕

（三）受托人的权利和义务

发行受托人由信托文件指定。据此发行人对受托人作一系列承诺。首要的问题是付息并最终付本金的义务。还包括以适当方式经营、准备适当账户并经审计，向受托人提供信息和文件的方式（如陈述、通知违约、合规证明）、尽合理努力维持上市等等义务。这些义务与对证券持有人负有的义务并行，但区分两者是有用的，因为这样得以妥当辨别哪些是受托人为证券持有人“信托”持有的财产。〔145〕曾有值得赞赏的观点认为

---

〔138〕 *Elektrim SA v. Vivendi Holdings 1 Corp*［2008］EWCA Civ 1178；［2008］2 CLC 564.

〔139〕 *Highberry Ltd v. Colt Telecom Group plc*（*No.* 2）［2002］EWHC 2815（Ch）；［2003］BPIR 324，paras. 28-77（解释了与开始英国破产程序相关的以纽约法调整的条款）。

〔140〕 R. McClelland and F. Fisher，*The Law of Corporate Mortgage Bond Issues*（1937）（Buffalo，William S. Hein，1983 reprint），684ff.；近期的美国、加拿大和英国判例法的讨论，参见 P. Rawlings，‘Reinforcing Collectivity：The Liability of Trustees and the Power of Investors in Finance Transactions’（2009）*Trust Law International* 14，17-24。

〔141〕 Allen（n 131），analysing ss. 7（2）and 19（3）of the Debt Securities Act 2009.

〔142〕 Ibid.，70-1.

〔143〕 Trust Indenture Act 1939，s. 316（2）；Schwarcz and Sergi（n 134），1045-6. 非核心的付款条款不受此限制影响：参见 *Marblegate Asset Mgmt.*，*LLC v Educ. Mgmt. Fin. Corp*，15-2124-cv（L），US Court of Appeals for the Second Circuit，January 17，2017。

〔144〕 Under Ch. 11 of the US Bankruptcy Code.

〔145〕 为什么这个问题重要，参见 Gullifer and Payne（n 15），383。

这些财产是发行人对受托人所负的承诺，而不是发行人对证券持有人的义务。[146] 但是受托人有权强制执行发行人就证券作出的自我承诺——例如反面承诺条款——如同信托文件有这般约定一样。未能履行其义务可由投资人作为信托受益人提起诉讼。

受托人有权力据授权酌定是否宣布违约，以及事实上在某些情况下是否已发生违约。（违约事件将包括违反证券文件和信托文件下的承诺。）文件授权个人投资人在满足所需多数时有权指示受托人宣布违约，放弃该权利的个人投资人面临补偿受托人所受损失，这一损失来自因受托人宣布违约或加速到期所生责任。[147] 受托人还会被授权就发行人违反承诺作出弃权或批准，并决定不视为违约事件。前提是在受托人看来这些都不会对投资者带来实质性不利。与宣布违约酌定权伴生的是有权作小修改或技术修改，但任何实质性的重整（如减少或取消任何还款金额、展期还款）需要投资人同意。

一般而言，公司受托人与其他受托人在地位上没有什么不同，其行为也适用同样规则。受托人必须尽合理的注意和技能，且服务于受益人/投资者的利益。在这种情况下的注意和技术是要求受托人如同自己是投资人。事实上，公司受托人往往被要求秉持比普通受托人更高的标准，因为它们履行的是信托管理专家职能。[148] 至于为受益人的利 467
益行事，一般法要求受托人不仅在其知悉事实时采取适当行动，而且在其被调查有问题的情况时就应采取行动。如果他没有确保从发行人处获得充分的信息，也是违约。[149] 违约会令受托人冒个人责任的风险，除非由证券持有人或法院豁免。在英国，《1925 年受托人法》（Trustee Act 1925）在受托人诚实合理行事仍违反信托应公平豁免时，赋予了法院酌定权，[150] 但司法上不愿意将之应用于专业受托人。

但实践中，信托文件会从对受托人的通常期待标准中抽去一部分，减少违反信托的范围。除非受托人实际知道或者明确表达已注意到违约，否则他有权认定什么也没有发生（所谓的“鸵鸟条款”）。虽然他要监督发行人的行为，但他可以信赖发行人董事关于一切无恙的证明。如果在证书准备中存在过失，受托人可行使信托的绝对不受限制的酌定权放过发行人及其董事。[151] 除了信托文件中具体约定的内容，受托人也没有义务向投资者披露其获得的发行人的任何信息。只要在选择和审查代理人、被指定人和托管人时尽了合理的注意（这是他们经授权而指定的），受托人将不对他们的过错负责。[152] 尽管存在一般性的严格的利益冲突限制，信托文件可以允许受托人与发行人缔结合同并作融资安排，包括银行合同和金融授信。它还被允许承销、分销或处理发行人及其附属机构的证券并作为其他债务发行的受托人。

---

〔146〕 Ibid.，[7.3.2.3.2].

〔147〕 Gullifer and Payne（n 15），398-400，就英国法下不当加速还款的可能（受限）责任参见 *Concord Trust v. Law Debenture Trust Corporation plc* [2005] UKHL 27; [2005] 1 WLR 1591，paras. 34-45。

〔148〕 *Bartlett v. Barclays Bank Trust Co. Ltd.* [1980] Ch 515. See also Trustee Act 2000，s. 1（1）.

〔149〕 Ibid.，532，534.

〔150〕 S. 61.

〔151〕 *New Zealand Guardian Trust Co. Ltd. v. Brooks* [1995] 1 WLR 96（PC）.

〔152〕 Trustee Act 2000，s. 23（1）.

在一些普通法法域，立法对受托人义务设定了底线。大幅减少受托人的常规义务将违反成文法。美国《1939年信托契约法》（Trust Indenture Act of 1939）就是一例，该法认为义务自动包括在信托契约中，规定了利益冲突下的不适格规则，并限制了当事人摆脱成文法约束的能力。[153] 英国法采用了更宽松的方法。《2000年受托人法》（Trustee Act 2000）即是一例，一方面通过施加合理注意和专业的义务对投资人提供成文法保护，但是另一方面又减少这一责任："如果或者目前看来信托文件没打算适用该义务，那么注意义务就不适用"。[154] 在一起案件中法院未支持信托契约中的条款，该条款令受托人（那是一家银行）可像银行一样行事，包括提供融资以及以此行为能力行事。[155] 但是不支持的司法态度从未明确表达为反对该等利益冲突的立法形态（尽管实践中，英国银行已从债务发行受托人的角色中撤离）。

有时，受托人虽然免于一般法或成文法规定的责任，但必须停止担任受托人，虽然这
468 看起来有相当大的自由空间。[156] 自1948年以来，公司法规定了如下证券信托文件中的条款无效，即这些条款在信托契约授予的权力、委托或酌定权方面，"对未能尽受托人一定注意和勤勉义务而违反信托"约定提前豁免或补偿受托人。[157] 条款约定的开放性语词承诺被否定，代之以限定性语词：信托契约可以在一开始就设定低标准。该等条款可以解释为自始限制受托人的义务，而不是违约了再嗣后排除责任，[158] 其结果是可以避免《1977年不公平合同条款法》对排除性条款的成文法控制，如"合理性"要求的适用。但是该法到底是否适用于这种情况仍不清楚，[159] 即便适用（比如合同条款得是"合理的"），在相关合同涉及公司受托人和商事发行人时，也很难判断降低了的受托人义务标准为什么就未满足"合理性"测试的要求。

从结果上来看，英国信托文件可以去除其常规的公司受托人义务，当然受托人绝不被允许欺诈（对证券持有人利益不计后果的漠视看起来也是欺诈，属恶意的一种）。[160] 除了欺诈，对摘除公司受托人核心义务的控制看来主要取决于自治和法律实务。在

---

〔153〕 15 USC § 77 ooo, jjj, aaa–bbb; P. Rawlings, 'Reinforcing Collectivity: The Liability of Trustees and the Power of Investors in Finance Transactions' (2009) Trust Law International 14, 16; P. Rawlings, 'The Changing Role of the Trustee in International Bond Issues' (2007) *JBL* 43, 63–4.

〔154〕 Trustee Act 2000, Sch. 1, para. 7.

〔155〕 *In re Dorman, Long & Company, Ltd.* [1934] 1 Ch 635, 671.

〔156〕 如 *Citibank NA v. MBIA Assurance SA* [2007] EWCA Civ 11; [2007] 1 CLC 113 判决所示；A. Trukhtanov, 'The Irreducible Core of Trust Obligations' (2007) 123 *LQR* 342 中进行了分析。

〔157〕 参见《2006年公司法》s. 705。

〔158〕 See Gullifer and Payne (n 15), 351–2. 该区别在 *JP Morgan Bank v. Springwell Navigation Corp* [2008] EWHC 1186 (Comm), and on appeal [2010] EWCA Civ 1221; [2010] 2 CLC 705 中进行了探讨。

〔159〕 Ibid., 353.

〔160〕 Law Commission, *Trustee Exemption Clauses* (Law Com. No 301; Cm 6874) 20 June 2006, 讨论了 *Armitage* v. *Nurse* [1998] Ch 241 和后续的案件；另参见 *Citibank NA* v. *MBIA Assurance SA* [2007] EWCA Civ 11; [2007] 1 CLC 113；对比 P. Matthews, 'The Efficacy of Trustee Exemption Clauses in English Law' (1989) 53 *Conv.* 42。在 *Spread Trustee Co Ltd* v. *Hutcheson* [2011] UKPC 13, [2012] 2 AC 194 中，枢密院理事会同意法院在 *Armitage* 中关于 Matthews 提出的争议的裁判方法。

2006年关于受托人豁免条款的报告中，法律委员会表达了对此方法更大立法干预的意愿。[161]

第三节　证券监管

银行运营进入证券法范围后显然同时适用银行监管和证券监管。对银行来说这意味着在基本的银行监管之外增加了一层额外监管。在那些银行业监管和证券业监管机构分离的法域，还存在一个监管协调的问题。显然在英国对不同监管者来说有很好的理由来合作，因为他们近来被扔进对银行适用双重监管机制的焦点之中。首要的是效率，避免监管空白和重叠，实现信息分享。“首要监管者”的概念是达成该等合作的方法，这是新英国监管体系中使用的首要方法。哪一监管者处于首要地位，取决于受监管机构的具体业务。在英国，金融行为监管局根据《2000年金融服务与市场法》以及修正版的《2012年金融服务法》成为证券监管领域的新首要监管者。

本书所构建的银行法是一个帝国，但即便如此它也必须与证券监管划出一道区隔。直至晚近，美国以外的证券法还有待完善。现在在很多法域它都是一个自成体系且有着 469
数不清规则的课题，只有专业证券律师可成大师。[162] 本章的这一部分只能触及证券法的表面，只涉及银行参与的证券发行与分销业务。讨论局限于授权（发牌照）、银行对证券发行人信息披露的责任、对银行相关营销的影响和其他限制。为让主题可控，此处的讨论将集中于英国证券法，虽然它正快速映射着欧洲证券法的统一要求。

一、投资服务的监管

如同银行业监管，证券监管授权（许可）在设计上是预防性的。如我们所见，在英国，银行需要授权才能从事受监管的业务。[163] 就证券而言，受监管的活动主要包括参与一项或多项如下活动：作为本人或代理人从事投资交易、投资经纪或者其他投资安排、投资管理、投资顾问、管理集合投资计划。[164] 投资被定义得很广以覆盖整个证券、衍生品和集合投资计划利益等。[165] 这些问题的细节超出了我们的讨论视野，还要注意其他法域证券体制正在使用的法定“投资”概念与定义与英国的不同。抓住的主流是一样的，边缘问题并不必然相同。

在英国，授权由相关的审慎监管者实施，不是金融行为监管局就是审慎监管局

---

〔161〕 Trustee Exemption Clauses, Ibid.

〔162〕 M. Blair, G. Walker, and R. Purves, *Financial Services Law* (3rd edn., Oxford, Oxford University Press, 2014), Chs. 5, 8.

〔163〕 参见原著 p. 146-7。

〔164〕 FSMA 2000, Sch. 2, Pt. I.

〔165〕 FSMA 2000, Sch. 2, Pt. II.

（PRA）。就银行而言，作为吸收存款人由审慎监管局审慎监管，这些将从审慎监管局获得授权。具体许可机制并不直接关注证券监管情况，但无疑对证券监管的遵从情况是与该等许可决策相关的。而且，我们应注意到许可作为监管工具不能单独存在。它能阻止声名狼藉者从事受监管的证券活动，但是一旦它获得了许可，收回的威胁只能作为警告（*in terrorem*），而不是一种影响日常行为的现实手段。由此，作为一个法律问题，需要可以日常警示和强制的具体规则。依《2000 年金融服务与市场法》适用于证券监管部分所制定的规则如果违反，可给予禁令或没收违规所得或对违规所致投资者损失予以赔偿。[166] 除了监管者采取措施，私人非职业投资人也可就违规损失到法院主张损失赔偿。[167] 适格投诉人也可以选择到“金融监察署”对银行投诉，他必须按照包含在其《争议解决：投诉手册》（DISP）中的金融行为监管局规则予以解决并提供赔偿。

许可体制的法域边界也非常重要，因为证券业务常常有跨境因素。这方面外国银行必须盯着，如果应经许可而未经许可，其协议不可执行。《2000 年金融服务与市场法》管
470 得很宽松。很明确那些在英国没有永久住所的人也可以在英国做投资生意：只要在英国从事任何一种列明的投资活动就足够了。[168] 当然，它需要持续经营或预期是持续经营的，这是在英国法下展业的前提。

尽管如此，外国银行还是可以回避英国的许可体系而在英国从事投资银行活动。《2000 年金融服务与市场法》自己提供了一些豁免。其中之一是如果外国银行以本人或代理人的身份通过一个得到许可的人做证券交易。[169] 也许这不是一种很受欢迎的路径，因为银行通常避免在这个领域假人之手（不仅仅因为手续费跑了）。但是另一个路径是如果外国银行在参与投资活动中——买入、卖出、认购或包销证券或以合同为基础的投资——是由一个身处英国的人的未经申请而营销的方式缔约，或者以一种不违反金融营销体系的方法而缔约。接触职业投资人，而不是个人投资者，是达到这一目的简便易行的方法。[170]

另一个外国银行可以回避英国许可体系的主要渠道是看它能否用得上《金融工具市场指令》创设的市场单一许可通行证，在银行也提供证券服务时，它延伸到了像银行这样的信用机构。[171] 《金融工具市场指令》自 2007 年 11 月生效，代替了原来更为局限的《投资服务指令》（ISD），且在本质上基本占据了所谓的证券相关服务领域。不像只有单一监管活动清单的《2000 年金融服务与市场法》，《金融工具市场指令》把投资活动分为核心服务（投资服务和活动）和非核心服务（从属服务）。如果一家企业在其母国成员被授权提供一些核心服务，它就得适用《金融工具市场指令》对核心服务和非核心服

---

〔166〕 FSMA 2000, ss. 380-2.

〔167〕 FSMA 2000, s. 138D.

〔168〕 FSMA 2000, ss. 19, 418.

〔169〕 Financial Services and Markets Act 2000 (Regulated Activities) Order 2001 (RAO) Art. 72 (1), (2).

〔170〕 RAO Art. 72.

〔171〕 2004/39/EC [2004] OJ L145/1, Art. 1 (2). 这是 MiFID 的第一级指令。它为第二级实施措施所补充，即《委员会指令》（2006/73/EC, [2006] OJ L241/26）和条例（1287/2006, [2006] OJ L241/1）。

务的双项要求（如同按相关国内法实施的要求），且其服务可以“通行”于整个欧洲。如果一家企业只是提供从属性的非核心服务，那么它根本不适用于《金融工具市场指令》，也不会从《金融工具市场指令》通行证中受益，其本国监管者可以自由地施加本国的法律需求。

《金融工具市场指令》中的核心服务（见 Section A：Annex 1）是接收和传送指令，执行指令，以自己的账户交易，对金融票证的资产池管理、咨询服务、包销和配售或操作多边贸易授信。从属服务（Section B：Annex 1）包括保管金融票证，授予信用或安排外汇交易，就资本结构顾问咨询，研究服务。所有这些服务通常都通过参照与“金融票据”（定义于 Section C：Annex 1）相关的服务来运行，金融票据的广义定义包括所有可转让证券、资金市场工具、期权、期货、互换、衍生品、差价合约（contracts for differences）和集合投资计划单位。

在此领域，《金融工具市场指令》施加了许多跨欧洲的“和谐最大化”的需求，例如成员不能实施“镀金”或超平等措施。其结果是，这将令一个协作系统发挥功能，以此按《金融工具市场指令》需求对在另一东道国的分行经营行为，能按东道国（经营业务所在 471
国）规则予以监管，由东道国监管者实施，无须东道国的任何许可程序。金融服务监管局之前曾将这些要求放在《营业行为手册》（COBS）中，它后来为金融行为监管局采用。

这些需求的具体要求已超出了本书范围。但是，关键条款可以总结如下：《金融工具市场指令》要求提供相关金融票据（如可转让证券）投资服务的银行有义务将其客户分类。这决定了对其客户所负的义务层次，有三个层次的客户，对其客户保护随之提高：“适格交易对手”、“专业客户”和“零售客户”。具体到与交易证券相关的投资服务，《金融工具市场指令》要求获取客户一定信息，且即便没有提供顾问意见，证券也必须是“匹配的”（appropriate）。如果提供了顾问意见，会适用更高的标准，银行被认为确保产品对客户的“适当”（suitable）性。

在执行和传导交易时，银行也被要求作“最佳执行”，即在已确认执行要素的基础上采用所有合理措施确保对客户最好。执行要素因客而异，但是，例如，就零售客户而言，监管的期待是总体考虑要成为首要要素（例如，售出净回报最大化或购买成本最小化）（参见 COBS 11.2.7R）。

此外，其他《金融工具市场指令》要求关注的是确保向客户提供充分信息，既包括交易前也包括交易后的；利益冲突得到妥当管理，银行按此要求运营业务应有充足培训、记录保管且系统和内控检查到位。

但是，《金融工具市场指令》自身也开始了重新评估。它发生于 2010—2011 年间，根据金融危机的情况，在认识到国际金融体系的失败之后，由欧盟理事会操作。上述的《金融工具市场指令》结构已经面临在欧盟层次的新《2014 年金融工具市场指令》的改革。这一新体制预计是在 2018 年 1 月 3 日在英国生效实施*，其中，重大变化包括：扩大监管

---

* 本书的版本是 2017 年版。——译者注

范围至有组织的贸易授信和数据报告服务提供商，提高对经营行为要求，以及可能是最重要的的机制，即想通过不适用《金融工具市场指令》的第三国提供经营服务的，只要其在提供服务前达到同等标准，就可以向更有经验的客户提供。

新行为要求显然旨在应对已认知的系统内风险：有了新条款针对“算法交易者”，提高了委托和最佳执行的要求，授予欧洲证券和市场局（在此领域的泛欧洲监管者）更多权力例如在出现危及投资者保护、金融稳定或市场的临时或长期有序功能时介入实施产品市场禁入。这是对金融危机不足为奇的反应，且实际已反映在国内法层面上，英国在《2012年金融服务法》中给了金融行为监管局类似的权利，同样美国联邦政府设立的消费者金融保护局有权禁止产品。对投资服务的介入主义的监管，如果有，近期只会越来越严厉。

472 二、证券披露条款

一个世纪以来，成文法一直要求那些想通过直接向公众发行股票来募集资金的公司在募股说明书和其他文件中披露指定信息。

其政策是以充分信息武装潜在投资者令其评估特定投资风险。实践中这一法律目标只能间接达成——私人投资者一般不能消化提供的信息——通过筛选掉不能达到法律标准的投资营销者的方式，通过向职业分析师提供信息再由其反过来告知大众的方式。除了强制信息披露还伴之以对错误募股文件负有责任者施加的法律责任。英国这方面的方法也在别处采用，著名的是美国的证券法。

英国对募股说明书有一个单一的监管体系部分见诸《募股指令》。[172] 这在《2000年金融服务与市场法》的Part Ⅵ和金融行为监管局根据Part Ⅵ授权所制定的具体规则中。

尽管是单一体制，Part Ⅵ包括两套要求，第一个关注的是任何股票在获得正式官方上市许可之前创设“上市公告”（《2000年金融服务与市场法》ss. 74-82）。正式上市是股票上市发行于受监管的英国市场以实现交易，例如伦敦证券交易所。第二套要求关注的是募股简章在向英国公众要约一定可转让证券前，或者在受监管市场要约交易前获得相关监管者批准（《2000年金融服务与市场法》ss. 84-87Q）。

在第一套要求下的“上市公告”必须包括的不仅是金融行为监管局的《上市规则手册》（LR）中具体要求的信息，还包括投资人合理需要且合理期待赖以作出理性评估的其他信息。[173] 《上市规则手册》4.1.1R所列上市公告要求很宽泛，针对那些寻求正式上市且按《2000年金融服务与市场法》Schedule 11A豁免提供募股说明书的证券或其他不适用于招股说明书要求的专家证券（specialist security）。因此，对上市公告的要求设计

---

[172] 2003/71/EC［2003］OJ L345/64 as amended, in particular by EU Directive 2010/73/EU［2010］OJ L327/1. 注意它已由很多的实施规定修改，包括长期以来的各种修订。

[173] FSMA 2000, s. 80（1）.

旨在补充招股说明书要求,而不是对其额外要求。《上市规则手册》LR 4.2 对上市公告的规定反过来映照了《2000 年金融服务与市场法》和《募股规则手册》(PR) 对募股说明书的要求。当证券交易之前的情况发生实质性变化时有义务公布补充性的上市公告。[174]

就批准的募股说明书而言,《2000 年金融服务与市场法》的 section 85 施加的义务是 (面临刑事处罚) 可转让证券 (除了《2000 年金融服务与市场法》Sch. 11A 豁免的上市证券) 在向公众发行或进入监管市场之前,要求募股说明书经证券发行的母国监管者批准。金融行为监管局的审批由反映《募股指令》要求的《募股规则手册》具体规则调整。

募股说明书要求只在向英国公众要约证券的情况下适用。向有经验投资人的私人配售——基金经理,保险公司,保险基金等不适用该等规则。"向公众要约"在很大程度 473
上是通过不是向公众要约的豁免来定义的,且适用于《2000 年金融服务与市场法》section 86 列出的某种发行和配售,比如,那些只针对"合格"投资者的,每个成员的证券要约对象不超过 150 人的,每个买方的对价或每股股票的价值至少 5 万欧元的,或者整个公开证券要约寻求的对价不超过 10 万欧元。

募股简章条款是复杂的,它的所有细节不在我们的讨论之列。但是有一样要求我们进一步注意——银行分发发行人简章或上市公告时在一定程度上可能因其错误需要承担责任。我们可以回忆一下普通法上的一种潜在责任,尽管在实践中它一般会被作废。[175] 但成文法的情况不一样。

在两套监管要求上,首先都是发行人及其董事对受损失的投资者负有潜在的成文法上的赔偿责任。两套要求还对那些同意承担 (表述为"主动承担") 责任者,和那些批准内容者施加赔偿责任。[176] 理论上,涉及发行的银行可能也适用这些条款,尽管在实践中可能它们会有免责声明。

无论如何,如果像银行这样的人仅就募股简章及其补充的部分内容承担责任或审批内容,他们也仅对该部分负责,且仅限于以实质经同意的形式和内容包含于募股简章的情形。而且,仅仅因专业能力而对内容提出建议,银行也是没有责任的。对此宽松的解释是银行可以以"专业能力"给出建议,与律师和审计师一样。看来没有理由一方面区分银行所作的是对内容的建议,而另一方面是对语词形式。

对募股简章发行人以外的其他人还有一种潜在责任。[177] 这个问题产生是因为这样一种迂回预设规则:银行如果与发行人存在联系作出要约,可能要对募股简章负责 (除非它主要是由发行人或其他以自己名义行事的人作出)。如果银行转售其作为承销商的证券,或购买了发行人证券后再作为本人转售,那么它可能被认定为要约人。为避免潜

---

[174] FSMA 2000, s. 81 (1).

[175] 参见原著 p. 463。

[176] 关于招股说明书,见 Financial Services and Markets Act 2000 (Official Listing of Securities) Regulations 2001 (Listing Regs.), r. 6 (1) (d), (e);关于募股简章,见 PR 5.5.3R, 5.5.4R 和 5.5。

[177] PR 5.5.7R.

在责任，银行需要将自己置于某一项豁免事项之中。

那些作为发行人、要约人等为错误募股简章负责的人需要对因此受损的投资人承担赔偿责任。[178] 根本未能公开募股简章将被采取纪律措施，或者可能面临刑罚。责任范围超过了普通法下不真实或错误陈述的责任。纯属遗漏也同样包括在内——对特定信息的遗漏，和一般义务所要求的投资者合理需要和期待的应披露信息一样。还要回顾一下发布上市公告（listing particular）及实际上补充性的募股说明书的义务：这方面未能做到也会产生赔偿责任。

这一点也与普通法不同，投资人不需要证明信赖。其正当性在于错误的募股简章或上市公告会影响证券市场价值。投资人可以因此主张赔偿，即便其从未见过募股说明。
474 这一损失必须是由于错误募股简章或上市公告所致。仅仅因为投资人是从二级市场获得证券不能排除其赔偿请求权（例如，在首次发行之外）。如果投资者获得证券时知悉某项陈述是错误或误导，或存在遗漏事项，或有情况变化，那么如其所预计，没有赔偿责任。

对这种法律责任有很多成文法上的抗辩。[179] 例如，银行作了自己的尽职调查并合理相信陈述是真实且无误导的，或者导致损失的遗漏事项是恰当省略的。在如下情况不会产生责任，即如果（1）直到证券获得时银行一直持续这样确信；（2）获得证券在银行能切实合理作出引起潜在投资者注意的更正之前；（3）如果在获得证券前银行已采用所有合理措施作出更正以引起投资人注意；或者（4）如果获得证券是在时效经过之后，银行应该被合理免责（只要银行一直坚信直到证券开始在任一交易所开始交易）。另一个抗辩是，在投资人获得证券前，更正已有效公布，或者负责募股简章的人已采取所有合理措施来确保其公布，并合理认为公布已发生。

三、证券的金融营销

上述讨论的证券发行披露监管实质上仅适用于向英国公众要约买入交易或非交易证券机会的文件。但是某些邀请和引诱不是英国法上的要约，因此不会落入该等范围。尽管如此，当银行涉及证券金融营销时，在这种情况下它必须为相关证券法的金融营销限制做好导航。

历史上，股票兜售的限制上溯至《1928年公司法》（Companies Act 1928）section 92。目标是那些一家家沿街兜售股票的人，股票对那些被游说者是完全不适合的投资。欺诈也被认为非常猖獗。在这方面没什么新花招。1994年欧洲法院支持了荷兰1991年对场外大宗商品期货电话营销的禁令。该法由臭名昭著的荷兰“锅炉房”案引发，其在满欧洲兜售可疑证券。这一电话营销禁令从荷兰扩展到欧洲其他成员，正当保存了荷兰金融

---

[178] FSMA 2000, s. 90.

[179] FSMA 2000, Sch. 10.

部门的声誉。[180]《1986 年金融服务法》(Financial Services Act 1986)同时规范证券广告和未经申请的拜访,但是在《2000 年金融服务与市场法》后,所有金融营销就有了统一的体制。

根据《2000 年金融服务与市场法》,任何人就邀请或诱引开展投资进行交流,除非得到授权或者投资沟通内容得到授权人批准,否则构成违反 section 21。由于银行通常在《2000 年金融服务与市场法》之下会得到批准,它们不会落此窠臼。

相反银行会被要求审批发行人的沟通内容。如果银行这样做,银行必须遵循适用的被许可人的商业行为规则行事。[181] 批准一个未获许可者的投资沟通内容也意味着银行对其内容承诺负责。与之相似,如果银行自己发布这些沟通内容,它也必须遵守相关规则。未能遵从这些规则将根据《2000 年金融服务与市场法》产生对私人投资者在司法上 475
的民事责任[182]或根据 DISP 的赔偿责任。广义来说,各种规则都要求银行承担尽职义务以确保沟通内容公平、清晰且无误导还要求了特定的内容和风险警示,特别是直接向零售客户所作沟通。

section 21 对此有重大影响。"沟通"有着广泛的含义——广告、电话、拜访、电邮、网站——且包括作出沟通的原因。仅作为沟通渠道排除在外,但是很难认为从事证券要约的银行会实际落入这一类。"邀请"和"诱引"也是含义宽广的语词,尽管相关测试似乎是看相关资料是否在客观上具有营销意图。section 21 的第三个方面——从事投资业务——仅限于受控制的业务或投资,它意味着跟踪受监管的业务。[183] 我们将对金融营销体系的其他细节一笔带过,除了要注意对更实时的沟通("实时"相对于"非实时"沟通)控制得更紧,理由是投资者如果只有很少时间反应就需要更多保护,尽管前一种情况下被动问询式的沟通*通常是豁免的(实时被动问询式沟通)。[184]

在英国之外实施的金融营销如果在英国产生后果或指向在英国的主体,也落入管理范围。[185] 对非经客户申请而实时沟通(unsolicited real-time communication),控制会更严:豁免适用必须在英国之外且没打算在英国做生意。[186] 但是,自 2007 年 11 月实施《电子商务指令》以来,把源自欧洲并通过互联网发起的金融营销控制留给了母国监管者[187]——这是对单一市场银行业务惯常方法的突破,通常这种监管由东道国实施而不是来源国。最后有相当解脱作用的是,我们注意到金融营销体制完全不适用于与职业投

---

[180] Case C-384/93 *Alpine Investments BV v. Minister van Financien* [1995] ECR I-1141.

[181] FCA Handbook, COBS, Ch. 4.

[182] FSMA 2000, s. 138D.

[183] Financial Services and Markets Act 2000 (Financial Promotion) Order 2005, 2001 SI No 1335 (FPO), Art. 4.

* solicited communication,指基于客户问询要求了解招股说明书而被动提供。——译者注

[184] FPO, Art. 14.

[185] FSMA 2000, s. 21 (3); FPO, Art. 12 (1)(b).

[186] FPO, Art. 12 (2).

[187] 2000/31/EC [2000] OJ L178/1; COBS 5. 2. 1R.

资者的沟通。按其定义，包括了大多数被授权、豁免或者其他涉入受限制的金融活动者，以及任何政府、地方当局或国际组织。[188]

四、合同性销售限制

根据上述相关证券法律，从事发行人证券分销者，例如银行，往往向发行人承诺遵守一定销售限制。例如，陈述并同意在可能变成向公众发行的情况下他们不会要约或销售证券。显然这些旨在符合募股简章条款。与金融营销条款相关，银行还要陈述并同意其将只向职业投资人发出或传递所收到的与发行有关的任何文件。最后银行要表达并同意其将遵守《2000年金融服务与市场法》以及据此作出的其他监管要求。与之类似，美国和日本证券法也规定了在欧洲市场发行的标准化销售限制。

该等销售限制仅以合同发挥作用。银行直接与发行人缔约，或者，如果银行身处分
476 销链下游，就和处于上游的人缔约。在复杂的分销中，链上的每个成员都有义务要求下游的任一主体承诺相同的销售限制。合同不能消灭证券违法；也不能阻止证券违法，但徒以证券法的各种罚则也不能自行达到这两项结果。期望的是像银行这样的机构，专业从事证券分销，会以有序的程度和实践来确保遵从法律。这些规则是源自成文法，还是仅仅是合同要求，对那些从事日常销售的人来说无关紧要。通过指引、程序和培训，他们所需要知道的是不能向某些特定的人或某部分人销售。他们的营销招式是有限的。如果他们偏离了，销售限制合同无法保证不被认定为证券违法。

毫不奇怪，一旦发生违反销售限制或违反证券法，发行人会希望逃避责任。合同可用以否认曾授权分销链上任何人作出违反证券法的陈述或提供信息。如果链上的任何人出格，合同还可用来解脱发行人责任。但是，最终，发行人的责任取决于证券法规定。例如，如果证券是在英国首次公开发行，就必须有募股说明书，不论其目的是否是限于向专业人员提供要约。如果证券发行人就是要约人——换言之，那些在分销链上的人仅是做经纪或证券配售——如果没有募股说明书它就要负责任。[189] 由于发行人将由此为那些在分销链上的银行等人承担责任，他将从他们那里寻求因其未能遵守销售限制而发生损失、成本、赔偿等的补偿。

五、稳定价格

稳定价格是一种在发行期支持证券价格的做法。它是为了减少临时性的证券过度供应对长期证券价格的冲击。曾有讨论认为为保护现有证券持有人，当已有一个现有的证券市场价格时，这么做更具正当性。当新发行时，这被认为有利于缓解波动性。不太

---

[188] FPO, Art. 19.

[189] FSMA 2000, s. 85 (1).

清楚的是定价不当时这一做法的合理尺度问题。价格稳定性受到二级市场包销买入以及配售不足或过度的影响。

稳定价格没什么新鲜的。普通法对此并不赞同,尽管有的典型案例[190]在很大程度上被嗣后判决否定,如果是很差的报告。嗣后判决认定维护价格稳定如果是诚信所为,在一定限度内,如果符合市场价格且事实已披露则无可疑异。[191] 尽管如此,极端看来,它不但构成违反民法,而且可能被认定为欺诈、错误陈述或盗窍的刑事犯罪。[192] 进言之,在监管体系之下,它能构成广义的市场操纵的违法行为,列为《2012 年金融服务法》sections 89 和 90,或是《1993 年刑事司法法》(Criminal Justice Act 1993) section 52 所称的内幕交易。该等活动还会导致金融行为监管局实施或寻求的《2000 年金融服务与市场法》section 123 的处罚和《2000 年金融服务与市场法》section 381 下的禁令。

但是现在有一套共同规定令所有这些监管后果得以避免,它包含在《市场滥用监管 477
条例》Article 5[193] 以及涉及第三国法域时,在金融行为监管局《市场行为手册》的 Article 5 2.5. 的规则中。Article 5 限制了可以稳定价格的证券和发行的类别;施加了行政管理要求并限制了稳定市场(stabilization)的许可期间和方法,包括价格限制。只要这些要求得到遵守,稳定市价者就获得了免于因市场滥用受刑事制裁或监管举措的"安全港"。[194]

---

[190] *Scott v. Brown, Doering, McNab & Co.* [1892] 2 QB 724 (CA).

[191] *Sanderson and Levi v. British Westralian Mines and Share Corp. Ltd.*, *The Times*, 19 July 1899.

[192] *Cf. R. v. Saunders* [1996] 1 Cr. App. R. 463.

[193] Regulation (EU) No 596/2014 of the European Parliament and of the Council of 16 April 2014 on market abuse.

[194] Ss. 89 (3), 90 (9) Financial Services Act 2012; para. 5 (1) of Sch. 1 to the Criminal Justice Act 1993.

478

第十六章　贷款出售与证券化

转移无形资产,无论是绝对转让*还是让与担保(transfer by way of security),在银行实践中都一再发生。前面我们看到可流通票据的特征——单证化的无形财产——是其具备可转让性。锁定在票据上的付款义务由交付而转移,伴之以背书。[1] 第二个例子是生意人有时转移其债务和合同——纯属无形财产——给其银行。这可能由多种原因发生。在有些情况下通过让与担保来获得融资。以债和合同所为的担保(例如,在项目融资中)将在第十八章中谈及。在经营上遇到麻烦的时候,转让债和合同是迫于银行压力可以减少或偿还提用的金融授信。如果这种转让为人所知,它可能对生意的信用损害很大。

整体贴现(block discount)是生意人转让其债和合同给银行的第三个示例,至少是转给银行集团内叙做这种融资的板块。那些根据租赁协议、分期付款或附条件销售供货的生意把货物出售给金融机构,该金融机构在法律上会以自己的名义向第三方做租赁、分期付款或销售。但是,视情况不同,有的生意会反过来将相关合同在金融机构那里整体贴现。会有一个主协议,在主协议之下生意人提供一批其与客户缔结的合同。[2] 银行不太愿意对提供服务而不是提供货物的生意做合同贴现,因为此时该业务未履行义务的空间还很大,第三方可能由此拒付。

保理,与之类似。尽管在其他的法域已有相当长的历史,在英国第一家保理公司建立还才是在1960年。银行成立了子公司从事保理商业债权。这种形式的应收账款融资主要给小生意人提供了机会将其贸易债权折扣卖给保理公司,并以此增加现金流。可追索保理使保理商可从生意人客户账户扣回已融资但成为坏账的资金。而在无追索融资下,保理商承担了坏账损失,或至少是一部分。还有一个区分在于全保理**,即保理人提供账户管理功能(accounting),而生意人的客户会被通知其发票已转让;而秘密发票贴现***这两者(计账和通知)都不发生,而生意人继续从客户处接收付款,但是代表着保理商。作为一个法律问题,这些不同形式的保理——有追索权/无追索权,全保理/秘密
479 发票贴现——取决于保理人与其客户的具体合同安排,他们会就债的转让达成基本的法

---

* 绝对转让,absolute transfer,即转让人不再保留权利,受让人无须与转让人联合即可发起诉讼的转让。——译者注

[1] 参见原著第十六章 p. 482, n 27。付款,当然不涉及转让(原著第十二章 p. 337, n 10)。

[2] R. Goode, *Hire-Purchase Law and Practice* (2nd edn., London, Butterworths, 1970), Ch. 28 (c) 是经典阐述。

** 中国称明保理, full factoring。——译者注

*** 中国称暗保理。——译者注

律原则。保理在其他书籍中有专业论及。[3]

本章检视合同与债转让进一步的内容——由银行和银行附属机构“卖”它们自己的资产，例如其贷款、按揭、信用卡应收账款等。商业上将这划分为贷款出售和证券化。这些交易的动机是不同的——例如减少风险、满足资本要求、允许发放新贷款或利用金融或商业机会。证券化被滥用了，有许多高风险贷款重新打包并作为高评级证券出售。它因导致了 2008 年的国际金融危机而声名狼藉。[4] 但是由于前述原因它仍是重要的融资技术。

在检视贷款出售和证券化之前，让我们首先罗列一下不同的转让债与合同权利的法律技术。

第一节　转让债与合同权利的法律技术

转让债与合同权利的法律技术多种多样。如前所述，它们被广泛应用于不同情形。理解它们是理解一些重要银行交易如何发生的基础，不仅仅是贷款转让和证券化。

一、债的更新

合同的更新涉及用新合同取代既存的合同，须经相关各方当事人同意才能采用。如果 O 和 P 是合同关系，O 获得 P 的同意解除他们的合同并代之以 P 和 Q 之间的合同。严格来说，这不是原始合同的转让，而是合同的消灭并代之以新合同。由于涉及新的合同，英国法要求第三方 Q 付出某些对价（见图 16-1）。

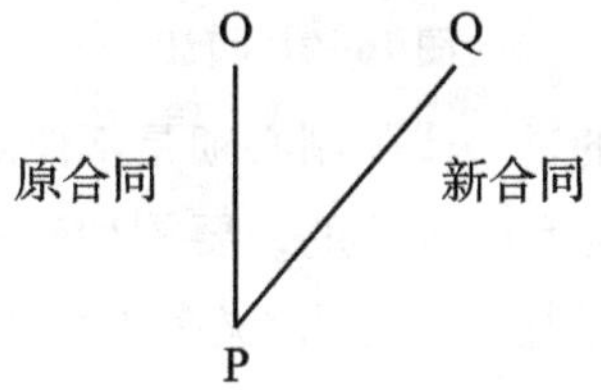

图 16-1　债的更新

债的更新的效果是新的当事人——Q，享有 O 所享有的与 P 的合同项下的权利并承担同样的义务——例如，O 的义务是对 P 提供进一步融资。相反，如我们马上能见到的，债权转让（assignment）不能用以转让义务。相关的，债的更新区别于债权转让在于，在

[3] See E. McKendrick, *Goode on Commercial Law* (5th edn., London, Penguin, 2016), 819-26; F. Oditah, *Legal Aspects of Receivables Financing* (London, Sweet & Maxwell, 1991); S. Mills, N. Ruddy, and N. Davidson, *Salinger on Factoring* (5th edn., London, Sweet & Maxwell, 2017).

[4] e. g. Financial Services Authority, *The Turner Review. A Regulatory Response to the Global Banking Crisis* (London, 2009), 42-3.

债的更新下 P 必须涉及在内：除非经 P 同意，O 不能解除其与 P 的合同下所负义务。但是该等同意可以在 O 与 P 之间的原始合同缔结时作出，而这对嗣后债的更新有效，不需
480 要进一步的同意。[5] 在债权转让下，效果仅仅是转让 O 在其与 P 的合同中所享有的利益，P 不需要同意，甚至也不需要被通知。在任何一种情况下——债的更新或转让——P 都可以继续向 O 付款，O 受正式指定作为代理人为 P 的利益来接收付款。在此情况下，O 是作为 Q 的受托人持有该等付款。

二、债权转让及其限制

债权转让导致直接从转让人向第三方受让人转移对债务人或义务人的权利。由此，如果 O 向 Q 转让其对 P 的债权或另一种合同权利，则 Q 可以起诉 P。债权或权利在转让时是否有争议或者是否提起诉讼强制执行或收款的条件均在所不问。在此意义上，债权转让看起来是合同相对性的一个例外，因为它使非合同当事人能强制执行某些合同条款。[6] 然而，受让人 Q 的权利行使受限于 O 在与 P 的合同下承诺的权利或利益，O 仍是与 P 的合同的当事人，仍有义务履行其义务。可转让的仅仅是 O 所享有的权利或利益[7]（见图 16-2）。

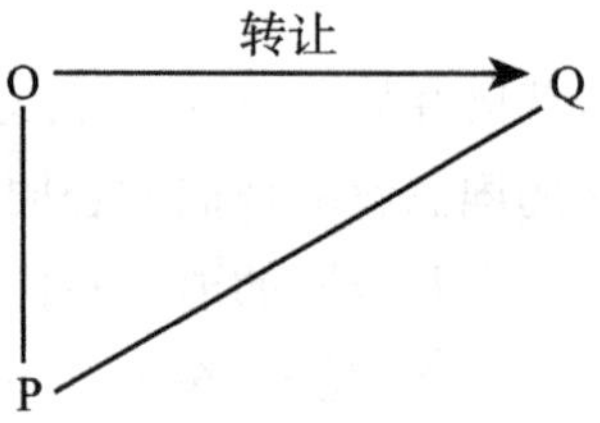

图 16-2 转让

对拟转让的债或合同权利的进一步限制必须是不能对转让人和债务人/义务人有属人性质：这种“属人性”的债权是不可转让的。要构建这一规则的基础确实困难。一个有代表性的评论认为这一规则是基于债务人/义务人是否明确只愿向转让人履行，如果强制要求其向另一个人履行是否不公平。[8] 该意见表明，这一测试至少部分是一个对当事人意图的适当解释问题，即便不是全部。

但是，看起来更可取的是，采用更客观的测试：如果转让会实际性地改变债务人/义

[5] *Leveraged Equities Ltd v. Goodridge* [2011] FCAFC 3, (2011) 191 FCR 71, [299] –[317]（澳大利亚联邦法院判决 Full court 需要有 3 位以上的法官。——译者注）；另参见 *Habibsons Bank Ltd. v. Standard Chartered Bank (Hong Kong) Ltd.* [2010] EWCA Civ 1335; [2011] QB 943 (CA), [22], [216]; *Jamaica Avenue LLC v. S &R Playhouse Realty Co* (2008) 540 F. 3d 433, 437–41，均在杠杆权益中讨论。

[6] But see G. Tolhurst, *The Assignment of Contractual Rights* (2nd edn., Hart, Oxford, 2016), [3.27]，解释了为什么这不是真实的期望。

[7] 关于好处与坏处的分析，参见 M. Smith and N. Leslie, *The Law of Assignment* (2nd edn., Oxford, Oxford University Press, 2013), Ch. 21。

[8] E. Peel, *Treitel on The Law of Contract* (14th edn., London, Sweet & Maxwell, 2015), para. 15–051.

务人的义务，或实际增加其负担或风险，这一债或合同义务应该被划作该规则目的所称的属人性质。[9] 仅仅是受让人比转让人可能更苛求或更缺乏宽容这一理由本身不能阻止转让，除非其结果是债务人或义务人的负担或风险实质性地增加。无论采用哪种方法构设这一规则，欠债还钱的权利（在银行业务中最可能转让的权利）看起来都不可能归为纯属人性质。这不同于贷款合同下尚未放款的借款人权利。

商事背景下可转让性的一个更为重要的限制是原始当事人（O 和 P）可能有禁止一 481
方或双方转让的明示约定。有很多好理由来包括一个禁止转让条款，例如，因为双方从事的是重复交易，由此产生的正式抵销权或其他非正式的便利（例如，一种容忍几天付款延迟的惯例）将会失去，如果一方将其合同权利转让给第三方。[10] 在英国法下，一般性禁止转让是有效的，假如通过适当解释该意向转让落入了禁止范围，可以阻止意向受让人获得直接起诉合同相对方的权利，[11] 由此，在我们的例子中，O 的意向转让可能构成对 P 的合同违约，这取决于所起草的“不转让”条款。而且 Q 不能起诉 P（除非 P 通过其言语或行动对禁止转让弃权，这样转让是有效的，且 Q 能起诉 P）。

然而，违反禁止而转让在转让人和受让人之间并非无效。禁止转让并不排除 O 与 Q 之间就 P 对 Q 的付款达成一致。如上所述，由 O 收到的来自 P 的付款可能为 Q 而信托持有。[12] 尽管有这些保护，Q 还是不能获得直接起诉 P 的权利（比如，由于 O 已花掉已收到的资金，且它们不可追踪，而 O 已破产）。由于该等对未来付款（账款）的限制会增加融资成本，曾有呼吁要求对该情况下的不可转让条款实施成文法限制。[13] 在美国，修改后的《统一商法典》包含了该等限制。[14]

一些合同中的典型条款是：未经债务人或义务人（p）事先同意则禁止转让，但该等同意不得不合理拒绝或延迟。举证责任在转让人（o）身上，由其来证明该等同意被不合理的拒绝或延迟。[15] 如果同意将被不合理地拒绝或延迟，转让人可以不经同意而转
让，当然转让人可以安全地操作，寻求法院宣布其有权这样做。对同意是否合理拒绝或 482
延迟的测试是客观测试。合理的债务人或义务可能会因为潜在受让人的特质而拒绝转让，比如，因为受让人对违约的严苛态度。理性的债务人或义务人通常只需要管理其自身利益，尽管有时转让人利益和债务人/义务人因转让而受损之间不成比例，后者由此而

[9] US Restatement on Contract, Second, § 317 (2)(a).

[10] See further R. Goode, 'Contractual Prohibitions on Assignment' [2009] *LMLQR* 300, 302-3.

[11] *Linden Gardens Trust Ltd. v. Lenesta Sludge Disposals Ltd.* [1994] 1 AC 85 (HL). 这也是纽约洲的普通法：*Allhusen v. Caristo Construction Corp.*, 303 NY 446, 103 NE 2d 891 (1952). See M. Bridge, 'The Nature of Assignment and Non-assignment Clauses' (2016) 132 LQR 47。

[12] L. Gullifer, *Goode on Legal Problems of Credit and Security* (5th edn., London, Sweet & Maxwell, 2013), [3-39]. 至于转让人因信托而为受让人持有未来履行利益的地位，以及交易对手未能履行时的地位，参见 [3-40] 和 *Barbados Trust Co Ltd v. Bank of Zambia* [2007] EWCA Civ 148; [2007] 1 CLC 434 (CA)。

[13] Law Commission, *Company Security Interests*, Law Comm. No 296 (London, 2005), paras. 4. 35-4. 40. See also Art. 9 of the UN Convention on the Assignment of Receivables in International Trade (2004).

[14] § 9-406 (d).

[15] *Hendry v. Chartsearch Ltd.* [1998] CLC 1382 (CA).

拒绝同意是不合理的。

如所强调，转让只能转让所获利益：转让人仍面临合同下的义务。但这并不意味着履行该等义务不能由转让人委托他人，由其代表转让人向相对方履行。在某些合同下，对债务人/义务人来说由谁履行持续合同义务没关系，只要义务得以履行并满足了合同标准。只有当这些义务要求一定个人技能或判断时才能说禁止代理。在该种情况下，英国法下应该对试图代理履行义务认定无效，这样相对方有权坚持由转让人亲自履行。

三、法律和衡平法上的转让

英国法长期认同衡平法上的债和合同权利转让，但是直到《1873 年司法法》（Judicature Act 1873）该种转让才在法律上得到认同。合法转让债或其他合同的前提条件列在现行《1925 年财产法》（Law of Property Act 1925）section 136：（1）必须是书面的；（2）必须是绝对转让，而不是让与抵押（债或合同权利的按揭不是抵押）；（3）必须是寻求债或权利的整体转让；以及（4）必须书面通知债务人（debtor）或债务人（obligor）。通常这些前提条件不会都得到满足（例如，只是转让部分债务，或者没有给出通知），在此情况下它就只能是衡平法上的债的转让。此外，有些权利和利益只可能在衡平法上转让。纯粹的衡平法利益就确属此类（例如，信托下受益人的权利）。另外，转让该等利益必须以书面形式。〔16〕尽管一项债务已经产生但是要在将来付款，这在法律上是可转让的，但未来的债和合同权利在法律上不能转让，只能在衡平法上转让。由此，整体结果是实践中大部分转让是衡平法上的转让，而不是法律上的转让。

法律上转让和衡平法上转让的差别在于，衡平法上的转让，转让人必须要么作为原告要么作为被告参与到由受让人对债务人/义务人提起的诉讼中，除非此时所转让是衡平法下的权利而不是法律的权利。这是用以保护债务人/义务人的——转让人可以随后对衡平法转让提出异议，或披露某些第三方的在先利益——并以此避免多重诉讼。但这是程序性的，如果转让人反对作为原告参与，他可以作为被告参与。另一个差别在于衡平法的转让中，转让人仍保有起诉债务人/义务人的权利，只是是作为受让人的受托人。如果转让人对部分未转让的债提起诉讼，作为对受让人的保护，受让人必须参加诉讼。〔17〕

483 尽管衡平法上的转让不需要通知债务人/义务人，但通常通知还是明智的。第一，如果没有转让通知，债务人/义务人可以因向转让人付款而很好地解除义务。第二，尽管英国法下的通用规则是按利益创设顺序建立优先权，当债或合同权利被两次处分时，按 *Dearle v. Hall* 案〔18〕对债务人/义务人的通知决定了优先顺序。由此嗣后受让人因先发出通知则获得优先权，只要其在受让时或完善交易对价时并不知道第一次交易。还有观

〔16〕 Law of Property Act 1925, s. 53 (1)(c).

〔17〕 有一些失效判决是关于必须提起共同诉讼的：G. Tolhurst, ‘Equitable Assignment of Legal Rights’ (2002) 118 *LQR* 98；但参见 Smith and Leslie, (n 7), [11.19] -[11.35] 对判例的最近分析。

〔18〕 (1828) 3 Russ 1, 38 ER 475.

点认为这一规则不仅适用于嗣后的衡平法转让,更值得质疑的是,还适用于衡平法转让之后又有依法律转让给善意买受人而未通知的情形。[19] 如果第一次转让是法律上转让,则这一规则一般不能适用,因为法律上的转让需要通知。

通知的第三个好处在于受让人切断了后面的"衡平利益"(反诉和抗辩),这是债务人/义务人可用以对抗受让人的。这与可流通票据的情况不同,票据持有人如果是通过正当程序取得票据则免于衡平利益干扰,[20] 而转让时不可能向受让人转让大于转让人自有的利益。换言之,它让受让人面临着债务人/义务人对转让人的反诉和抗辩。但是通知可阻断该种衡平法权益的产生。它对在法律上转让和衡平法的转让上都有此效果,不同之处在于对衡平法上受让人只要未对债务人/义务人通知,可以一直产生反诉和抗辩。

衡平利益取决于受让人获得的是哪一种,包括最著名的抵销权,这种抵销权是债务人/义务人在获得通知前针对转让人的权利。如果债务人/义务人对转让人有清算性的反请求,且产生于转让通知之前,其可以向受让人抵销,尽管与被转让的债或合同不相关。情况就是这样,哪怕它还没有到期且直到转让后才应付。但是其他产生于通知之前的对转让人的其他反请求,如果与受让人请求如此密切联系,本可以允许受让人强制付款而不考虑反请求将不公平,即便在债务人/义务人和转让人之间可能有效抵销,也可以向受让人主张。[21] 有判例法认为如果债务人/义务人因债权人的欺诈或错误陈述而被引诱缔约,债务人/义务人不能以此主张抵销受让人对其提出的请求。[22] 这看起来在原则上是错误的,且歪曲了这一领域的政策考虑。[23] 请注意债务人/义务人可以在基础合同中约定该债或合同可以免于衡平转让。

四、信托

为了讲述的完整性,应该提及:债权人可宣称自己是为第三人利益而作为债的受托人。债权人立即并不可撤销地明确其为受托人的意图就已足够。但是,除非有对价,否 484
则适用于信托的财产必须在宣布信托时就已存在。在常见的商业贷款合同中该条件能满足——债不会仅仅是一种期待。[24]

---

〔19〕 F. Oditah, 'Priorities: Equitable versus Legal Assignments of Book Debts' (1989) 9 *OJLS* 513.

〔20〕 参见第十七章第一节。

〔21〕 As to which see S. Derham, *Derham on the Law of Set-off* (4th edn., London, Sweet & Maxwell, 2010), [4.111]. See also *Bibby Factors Northwest Ltd. v. HFD Ltd.* [2015] EWCA Civ 1908; [2016] 1 Lloyd's Rep 517 (CA).

〔22〕 *Stoddart v. Union Trust* [1912] 1 KB 181 (CA).

〔23〕 See P. Wood, *English and International Set-off* (London, Sweet & Maxwell, 1989), 882-3; F. Oditah, *Legal Aspects of Receivables Financing* (London, Sweet & Maxwell, 1991), 234-5.

〔24〕 R. Meagher, W. Gummow, and J. Lehane, *Equity. Doctrines and Remedies* (4th edn., Sydney, Butterworths, 2002), paras. 6-185, 6-190, and 6-200.

第二节 出售贷款资产

“出售贷款资产”是一个银行业行话。它涉及一家银行（卖方）转移一笔贷款上的部分或全部利益至另一方（买方）。“销售”、“卖方”和“买方”并不是准确的法律描述但是方便速记。贷款，当然是银行的资产，由此使用资产出售的术语。贷款出售的程序可以多种多样，比如可以通过拍卖。[25] 贷款出售往往发生于国际背景之下。以下讨论假定的是在国际私法的规则之下贷款转让适用英国法。[26]

贷款出售发生在很多情况下。第一种是之前讨论过的参与银团，即银行签订双边贷款合同但立即将部分贷款出卖给其他银行。[27] 第二种是很多贷款是由银行将资产移出负债表的需求所趋动。资产池管理、满足资本充足率要求、提高资产回报、募集资金以及减少对某种客户的资产暴露都是这一原因的不同方面。

从公式的另一边看，贷款的买方也可能因多种原因而交易，其可能希望获得对该借款人的风险敞口以期做将来的生意。同样“不良债权”的活跃市场也已存在了一段时间。借款人已违约或处于严重金融窘境，由此债权打折出售；而对买方来说，例如，在任一最终重组债务中可能搏个好前景，或者买方准备实施更严格的清收策略，或者这种购买有利于对借款人获得控制。这种银行贷款市场的发展在某种程度上消除了曾经划定的借贷市场和资本市场的界线：由于贷款更具备可出售性，更可比拟于证券。这对重组具有更重要的影响，也认为债务人受财务困扰时银行贷款比证券更容易重组的老观念提出了疑问。[28]

485 一、贷款出售的技术

“销售”贷款资产在实践中是通过债的更新、债权让与以及市场俗称的“参团”实现的。参团仅仅是“卖方”银行与“买方”银行之间的合同协议，且对基础贷款没有任何影

---

〔25〕 *Stonehill Capital Management LLC v. Bank of the West*, 45 NYS 3d 864 (NY CA, 2016).

〔26〕 See G. Fuller, 'Loan Transfers, Securitisation, and Structured Finance', in S. Paterson and R. Zakrzewski (eds.), *McKnight, Paterson, and Zakrzewski on The Law of International Finance* (2nd edn., Oxford, Oxford University Press, 2017), 696-707.

〔27〕 参见本书第八章第五节。

〔28〕 参见 C. Demiroglu and C. James, 'Bank Loans and Troubled Debt Restructurings' (2015) 118 Journal of Financial Economics 192。有大量文献讨论对冲基金获取新兴市场的不良债权；例如，参见 P. Lopez and C. Nahon, 'The Growth Of Debt and The Debt of Growth: Lessons from the Case of Argentina' (2017) 44 *J Law & Soc* 99; M. Megliani, 'Vultures In Courts: Why The UNCTAD Principles On Responsible Financing Cannot Stop Litigation' (2015) 28 *Leiden J Int' l L* 849; M. Schubert, 'When Vultures Attack: Balancing the Right to Immunity against Reckless Sovereigns' (2013) 78 *Brooklyn LR* 1097; J. Muse-Fisher, 'Starving the Vultures: NML Capital V. Republic of Argentina and Solutions to the Problem of Distressed-Debt Funds' (2014) 102 *Calif LR* 1671; R. Buckley, *Emerging Markets Debt* (London, Kluwer, 1999)。

响。在法律上这些技术里没有一个涉及真实销售,尽管用语出售既方便且广为使用。贷款协议会预设出售是可行的,哪怕它可能需要借款人同意,可能对谁可以买入有所限制(例如,银行或金融业机构),而且可能要求卖方在销售之后保留最小比例且买方从一门槛数量起买。

(一) 更新

如前所述,更新是消灭借款人 B 和出售人银行 X 之间的合同,并代之以本质相同的 B 和买方 Y 之间的合同。所有人都必须同意更新(见图 16-3)。

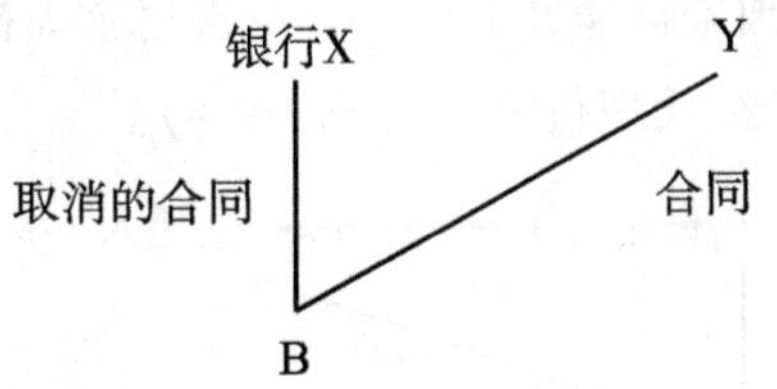

图 16-3 出售贷款的债的更新

在一个真实型银团中,贷款协议会约定代理行代表银团成员同意更新。更新可以是针对承诺履行的一部分,例如,借款人还款义务的一部分。债的更新也同样会让买方面临义务,借款人付款义务产生的利益同样转移于他。当原来的贷款授信在本质上是可循环的,或者在此之下借款人还可以作为提款时,这就分外恰当。由于债的更新消灭了借款人原始的付款义务,也就威胁到出售银行已获得的担保。担保也必须得到更新,或者由担保受托人为贷款买方的利益持有担保。

贷款协议可以在一开始就植入借款人同意原始银行引入任何一方做债的更新的条款。更新凭证的形式可以包括在借款协议之中,这也可以约定债的更新生效于卖方、买方和借款人为此目的指定的代理人三方签署转让凭证时。其结果是借款人在贷款协议更新时不必知悉。更大可能是他可以获悉债的更新的凭证登记——事后知悉。

初初一看,这种技术看起来不同于权威所列出债的更新概念,其要求合同方在债的更新时必须给出同意,哪怕某些情况下同意是以行动默示。但是这种实践已臻于完善,并已得到合理化,理由是英国法认定这种要约是对全世界发出的。[29] 尽管一般而言承诺除已送达要约人外一般无效,但这一问题已由各银行向指定的借款人代表人提交转让凭证而得以克服。

---

〔29〕 *Carlill v. Carbolic Smoke Ball Co.* [1893] 1 QB 256; *Argo Fund Ltd v. Essar Steel Ltd* [2005] EWHC 600 (Comm); [2006] 1 All ER (Comm) 56; on appeal [2006] EWCA Civ 241; [2006] 2 All ER (Comm) 104 (CA); *Habibson's Bank Ltd. v. Standard Chartered Bank (Hong Kong) Ltd.* [2010] EWCA Civ 1335; [2011] QB 943 (CA), [22]; *Standard Chartered Bank (Hong Kong) Ltd v. Independent Power Tanzania Ltd* [2016] EWHC 2908 (Comm). See also *Leveraged Equities Ltd v. Goodridge* [2011] FCAFC 3, (2011) 191 FCR 71, [299]–[317].

（二）债权转让

在英国法下债权转让作为一种出售贷款资产的技术将只是一种衡平法上的转让。首先，贷款转让可能只与部分贷款相关。无论如何，银行出于商业原因有时都不愿意通知借款人贷款已被转让的事实，因为这会被视作一种银行脆弱、轻视借款人或表示对借
486 款人无信心的信号。（当然，后者并无被债务困扰的问题。）通知有明显的法律优势，特别是在保留优先权和切断进一步的反请求和抗辩方面。它还有一些特别的好处，例如减少出售银行被迫提供新资金来重组贷款的风险。但是，在银团贷款的情况下，当代理行被指定后，就不存在借款人因未被通知而向一方错误付款而被解除义务之后适当履行的风险——所有付款都必须付给代理行[30]（见图 16-4）。

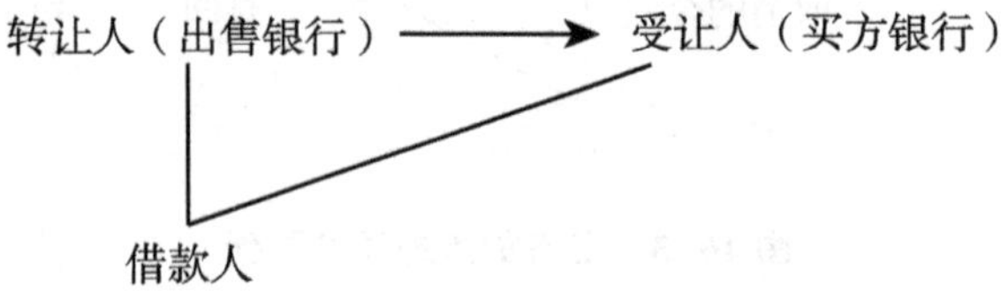

图 16-4 出售贷款的转让

有些借款人足够强势可令债权转让受到限制。他们想知道合作银行是谁并想处于向特定方追踪其敞口的地位。由此他们可能会在贷款协议中坚持需要经其同意的条款，或者须经其同意但它不得不合理地拒绝（经通知并经过特定时间没有回复则视为同意）。[31] 在这些条款下，当向附属机构转让，或者借款人违约时，同意就不是必需的。未经同意的债权转让不能约束借款人。当贷款活跃交易时，如果是针对经特定期间未获得出售同意的贷款，贷款出售协议一般包括松绑条款（unwinding clause）。但是就买方和卖方而言转让协议并非无效。不变的是借款人自己会被明确禁止转让其权利，特别是进一步提款的权利。

对小额国内贷款而言，运用认定实质性增加借款人义务从而转让无效的规则空间很小。借款人都得还钱，付给谁并没有所谓。但是，大额国际化的贷款中有的条款会因该规则而不生效。借款人的包税还款义务，在贷款人面临预提税时可能只会对部分贷款人有效，比如那些贷款人所处法域和那些借款人所处法域没有税收条约时。如果受让人处于没有条约的法域，而转让人不是，那么显然借款人将严重不利。因此，同样，由于增加成本条款，作为贷款参团的结果，它将迫使借款人向贷款人支付"增加成本"（例如，减少
487 有效回报或减少资本回报）；还有非法条款，如果在银行的法域维持其贷款参团变成非法，它令贷款人有权要求借款人还款。[32] 如果转让不需要借款人同意，那么由这些条款

---

〔30〕 P. Wood, *International Loans, Bonds and Securities Regulation* (2nd edn., London, Sweet & Maxwell, 2007), 170.

〔31〕 *Barbados Trust Co Ltd v. Bank of Zambia* [2007] EWCA Civ 148; [2007] 1 CLC 434 (CA).

〔32〕 参见本书第十四章第二节"三、目的条款、非法性、以授权"部分内容。

引发的问题需要通过约定不会因转让而增加借款人义务来直接解决。

如果转让的是已完全提用贷款利益没有问题，尽管仍需要有特定条款来解决贷款人专享的属人利益，例如因贷款所致的资本充足率要求，借款人有义务就增加成本付款。就反对转让增加负担的规则而言，这显然适用于可循环授信，或者借款人有权进一步提用授信的情形。如果在这种情况下买方提供新资金，这就不应该成为借款人的关注点。钱就是钱。但是，这种安排的法律本质是买方对出售银行的贷款再由出售银行转贷给借款人。

（三）次级参团

次级参团和风险参团之间存在根本性差别。在次级参团中，买方/次级参团人向出售银行支付相当于未清偿贷款价值的数额。作为回报，出售银行同意付钱给买方，一般是按借款人在基础贷款下的付款节奏。由于参团人向出售银行提供了资金，这种有时被称为融资型次级参团（funded sub-participation）。在风险参团中，第三方次级参团人向贷款行提供借款人未能还款时的担保，其回报是按借款人还款节奏得到付款。在此对风险参团不再多言[33]（见图 16-5）。

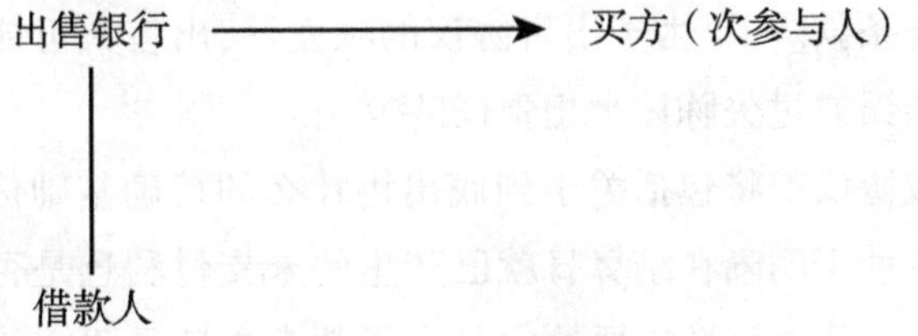

图 16-5　次级参团

从法律上看，次级参团按特征可以有多种划分方法。其特征取决于出售银行与次级参团人之间的协议。基础次级参团涉及次级参团人付一笔相当于未清偿数额的款项给卖出方，卖出方反过来同意将来自借款人的利息和本金按适当比例付给次级参团人。卖方与借款人之间的贷款协议不受参团协议触及。其协议仅涉及借款人和次级参团人。次级参团人对借款人或债上专属利益没有请求权。[34] 如果他违约了，次级参团人不能起诉他。由此次级参团人面临双重信用风险——借款人和出售银行两者的违约。由此，如果出售银行倒闭买方就面临损失，即便借款人自己是健康的。这种模式不需要就协议通知借款人。

如前所述，基础参团仅是出售银行与参团人的合同性安排。对第三方参团行的支付取决于借款人对本金和利息的支付。参团协议将表明的意图是：贷款人收到的资金不应

〔33〕 M. Hughes, *Legal Principles in Banking and Structured Finance* (2nd edn., London, Bloomsbury Professional, 2006).

〔34〕 *Lloyds TSB Bank Plc v. Clarke* (*Liquidator of Socimer International Bank Ltd.*) [2002] UKPC 27; [2002] 2 All ER (Comm) 992 (PC, Bahamas).

是其向参团人支付的来源，而仅仅是支付措施。当然，特定卖出人和参团人之间的参团协议可以走得更远，但仍对底层贷款合同不作触及。协议可以约定在借款人违约时参团人的角色。

488 何种特性取决于文件，而不是先验的推理（*priori*）。[35] 首先，参团协议可以构成一个独立的贷款，以区别于基础贷款。向买方付款是原先付给出售行，但根据出售行从借款人处接收还款的节奏调整的。其次，参团协议下的付款可以以基础贷款或其利息担保。但是这是不切实际的。按揭合同本身就涉及债权转让，而这恰恰是次级参团着意想回避的。而且，担保往往可提出异议，因为它有悖消极担保条款和/或可登记性。最后，出售银行可以明确同意作为买方的受托人信托持有从借款人处收到的金额。[36]

二、出售协议及其影响

出售贷款一般情况下由书面条款调整。这些可以存在于原始贷款协议中，在协议中预计部分贷款会被出售。前面已提及了更新证书。否则就得有单独的协议。标准条款在某些市场被使用，比如，总部在伦敦的贷款市场协会的标准条款或总部在纽约的新兴市场贸易协会的标准条款。[37] 由于出售协议的独立性，出售人可能沿着本书前面讨论过的几条路径对其错误或过失陈述承担责任。[38]

任何出售证书或协议都将包括关于到底出售什么的精确基础信息。在债的更新和转让的情况下它还有助于明晰在结算日就已产生的未支付利息是否入买方账户还是在买卖双方之间分劈。转让协议还需要约定是由贷款卖方还是买方接收借款人应付的提前还贷的额外费用。[39] 协议需要明确由卖方就该贷款及其销售的行为能力或举动作陈述，或就贷款协议有任何责任（有效性、可强制执行性，等等）或借款人在合同下的义务履行情况作陈述。

销售协议还可以约定买方必须自行承担对借款人财务状况的独立调查，不能依赖于
489 出售银行。[40] 但是在有些情况下，市场要求卖方必须作出陈述和保证以确保卖方在出

---

〔35〕 See J. Ziegel, 'Characterization of Loan Participation Agreements' (1988) 14 *Can. Bus. LJ* 336; I. Davidson, 'Trading Loan Assets', in G. Burton (ed.), *Directions in Finance Law* (Sydney, Butterworths, 1990), 155-9.

〔36〕 e. g. *Hibernia National Bank v. FDIC*, 733 F. 2d 1403 (10th Cir., 1984).

〔37〕 Loan Market Association, *Guide to Secondary Loan Market Transactions* (London, LMA, 2016); E. Bilbao, 'Anatomy of an LMA Distressed Trade Transaction and Transfer Mechanisms under English Law', in I. Aldana (ed.), *Investing in Distressed Debt in Europe* (Woking, Surrey, Globe Law and Business, 2016); A. Gelpern and M. Gulati, 'Public Symbol in Private Contract: A Case Study' (2006) *Washington ULR* 1628, 1636.

〔38〕 参见本书第十章内容。

〔39〕 Cf. *Tael One Partners Ltd. v. Morgan Stanley & Co International plc* [2015] UKSC 12; [2015] Bus LR 278.

〔40〕 e. g. *National Westminster Bank v. Utrecht America Finance Company* [2001] EWCA Civ 658; [2001] 3 All ER 733, [10].

售什么。由此,在转让债权的情况下,卖方可能陈述说买方将获得完好的权利,对其不存在担保利益或主张,卖方遵从了其在贷款下的义务;且贷款不会由于出售方的作为或不作为而面临任何抵销、抗辩、反请求。

(一) 保密

潜在买方对贷款资产实施信用评估时,就会产生英国法下卖方对借款人的保密义务问题(但纽约法并不必然如此[41])。这一义务包括授信的存在本身,除非它是公开记录。披露协议副本或对账单,如果可以不披露借款人的名义,可能不会构成违反这一义务。但是如果买方继续向前一步,他就需要知道借款人的身份。这需要后者的同意。

借方明示同意给予信息可以在构设贷款出售时就做出。他可以就信息用途设定严格限制。如果贷款协议构设了贷款出售会怎么样?有贷款出售内容本身不能默认为同意披露信息。但是,也不反对在贷款协议中以明示条款约定允许卖方就贷款向潜在买方披露信息。[42] 这可能不会涵盖卖方作为其他角色所获得的信息,典型的是作为借方的银行,因此买方仍然需要作自己的尽职调查。

(二) 重组

由于贷款出售的可以是问题债权,卖方和买方在重组借款人中的角色非常重要。问题债的最终买方往往希望以此获得其利润。在债的更新的情况下,买方对借款人有直接的合同关系,并由此有权参与到其重组之中。在债权转让的情况下,结果一样,因为无论在法律上还是衡平法上,买方就债享有所有权或控制权。在衡平法上债权转让的情况下,如果还没有通知,需要通知借款人,以便买方可以积极涉入重组。如果不涉及整个贷款,无论是债的更新还是债权转让,卖方在任何重组中都持续有作用。

而次级参团相当不同——买方对借款人没有权利。但是,出售协议可以授予一定权利给参团人,比如就重组方面进行咨询。甚至还可以授予参团人就重组进行投票的权利。违反这些权利会给参团人以诉权,但仅仅是针对出售银行。出售银行,作为贷款协议的当事人,保留其酌定权来决定行使或不行使权利,是否同意修改或者对违约弃权。在这方面它不是参团行的代理人或受托人。

(三) 抵销 490

假如借款人在贷款人处有存款。在理论上借款人可以就此对到期贷款的还款义务行使抵销权,尽管在实践中一般将为贷款协议条款所禁止。但是,如果贷款被出售了会怎么样:借款人可以就存款向买方行使抵销权吗?如果借款人在买方那里有存款时,可

[41] 参见本书第九章第一节“三、普通法义务的范围”部分内容。

[42] *Irish Bank Resolution Corporation Limited (In Special Liquidation) v. Camden Market Holdings Corp* [2017] EWCA Civ 7.

以对他行使抵销权吗？

抵销取决于相互性。能否抵销由此有赖于贷款出售使用的技术如何影响相互性。在债的更新的情况下，答案是相当基础性。如果整个贷款都被更新了，借款人不能抵销任何在卖方的存款。他的贷款合同现在是和买方之间的。他对存款的请求权（对卖方）和他的付款义务（对买方）之间不存在相互性。但是因为他现在与买方存在直接合同关系，他可以抵销他在买方的任一存款，当然要根据合同。

次级参团（暗转让）的结果也很清晰。借款人的还款义务从头到尾仍是对卖方的。如果贷款协议没有禁止，借款人可以继续就在卖方任一存款作抵销，无论是贷款销售之前还是之后。出售协议要求确保参团人被支付全部金额，即便卖方由于借款人的抵销而没有直接收到所有金额。在参团人那儿的存款借款人是够不着的。因为在借款人和参团人之间没有相互性。借款人知悉出售与否并不重要。[43]

债权转让则是有点小名堂的。就存于买方的存款而言，借款人可以自债权转让发生时起立即抵销它。因为自转让时起，他们之间有了相互性。如果借款人在卖方处有存款，借款人可以抵销它——取决于合同——直到借款人收到转让通知。[44] 由此，通过减少存款的方式借款人很好地解除了他在贷款协议下还款义务。由于债权转让总是适用衡平法，借款人可以在通知之后对买方抵销。借款人可能直到一段时间之后才被通知转让事宜。衡平权益持续产生。结果是，买方可能发现借款人对在卖方的存款在如下情况下行使了抵销：(1) 在转让之前；(2) 在转让之后，但在借款人收到转让通知之前。结果是，贷款出售文件如果采用债的转让方式一般都包括卖方的声明与陈述表示买方收到的资产将免于任何抵销。通常情况下，它也会排除借款人对买方的抵销权，以使该问题不会产生。

第三节　资产证券化

资产证券化是一个将贷款入池和重新打包成证券的过程，然后出售给投资者。[45] 通盘讨论的都是假定以银行贷款做资产证券化，尽管没有理由说其他金融中介不能将其贷款证券化。在效果上，银行将其贷款证券化是以其资产比如说贷款作为担保来募集资
491 金。证券向投资者发行，给予其以资产池中产生的利益，被称为是"以资产支持的"证券（ABS），因为向他们的付款是以借款人在基础贷款下的现金流付款为支撑的。如果贷款是以银行对借款人的按揭支持的，这种证券被称为"按揭支持"证券（MBS）。

---

〔43〕 *In the matter of Yale Express System, Inc.*, 245 F Supp 790 (SDNY, 1965).

〔44〕 *Re Pinto Leite and Nephews* [1929] 1 Ch 221; *Business Computers Ltd v. Anglo-African Leasing Ltd.* [1977] 1 WLR 578; [1977] 2 All ER 741; *FDIC v. Mademoiselle of California*, 379 F. 2d 660 (9th Cir., 1967).

〔45〕 项目支持的证券化——非本书所讨论——证券化的是整个项目或项目组产生的现金流。'Project Finance Securitisations: Market Shift or Market Anomaly?' (2011) 2 *Int'l Bus LJ* 167; D. Petkovic, 'Whole Business' securitisations of Project Cash Flows' [2000] *JIBL* 187; Z. Xin, 'The Emergence of Project-backed Securitisation' (2000) 19 *IFLR* 24.

在贷款是标准贷款时很容易证券化。它们较容易估值,也可能比较容易评估违约率。覆盖的贷款数量越多,越容易证券化,因为即便在违约率上有大的波动,收入流都足够强劲以支付持有证券的投资人。证券化可以涉及家庭按揭、商业财产按揭[46]、信用卡应收款、个人贷款,等等。

对银行来说,证券化的动力是资产负债表管理。例如,银行从其资产负债表上移除贷款,由此提高资本回报率,但仍可从开始进入交易时起获得利润。证券化帮助银行拓宽了其资金来源。考虑到证券化利率和基础贷款利率的不一致性,可能会有利润,尽管会有坏账。由于银行监管都已收紧了资本充足率要求,银行也不得不从其账簿上移除一些贷款。一旦这样做了,也意味着他们有更大的自由放新贷款。通过出售贷款,银行将其风险移出了资产负债表。不流动的资产转变成了可交易的证券。[47] 贷款证券化是这样一种工具,它调和了持续放贷需要与满足资本回报需要之间的矛盾,并产生利润。

一、证券化的形式

在英国法下就证券化发行的法律结构而言有多种理论。[48] 此处检视的形式是针对发起银行转让其对借款人的贷款至证券化的特殊目的实体或特殊目的工具(SSPE/SPV),以其向购买的投资人发行证券。典型情况下,证券可以是债权、本票或其他类别的债务工具。(理论上,也可以发行股票,比如与股息一并计算的累计优先股,以反映收到利息和本金的数额。)证券的到期日和评级可以种类不同。[49] SPV 发行人用销售证券所募集的资金向银行支付其所受让的贷款。证券支付利息和本金是用来自底层贷款下的银行借款人的还款资金。

证券发行人——SPV——没有资产甚至没有自己的员工。对受让贷款的管理也外包给服务提供商。SPV 的证券需要信用增信。增信手段包括向投资者提供安全垫来反映潜在损失和不确定性。内部增信可以是将次级贷款给发行人,或者是 SPV 发行一种次级证券。来自银行借款人的资金首先用于偿还投资人,只有在他们被完全清偿之后,才付给次级贷款或次级证券。增信可以由外部独立第三方收费后提供,例如见索即付保函或保险。[50] 证券受托人将为了投资人的利益而持有它[51](见图 16-6)。 492

---

[46] 商业抵押贷款支持证券(CMBS):参见 A. Petersen (ed.), *Commercial Mortgage Loans and CMBS* (3rd edn., London, Sweet & Maxwell, 2016)。

[47] B. Casu and A. Sarkisyan, 'Securitisation', in A. Berger, P. Molyneux, and J. Wilson (eds.), *Oxford Handbook of Banking* (Oxford, Oxford University Press, 2015), 354.

[48] D. Bonsall, *Securitisation* (London, Butterworths, 1990).

[49] See *Credit Suisse Asset Management LLC v. Titan Europe 2006-1 Plc* [2016] EWCA Civ 1293 (CA).

[50] 参见原著第十七章 p. 509, n 87。

[51] 参见原著 p. 494。

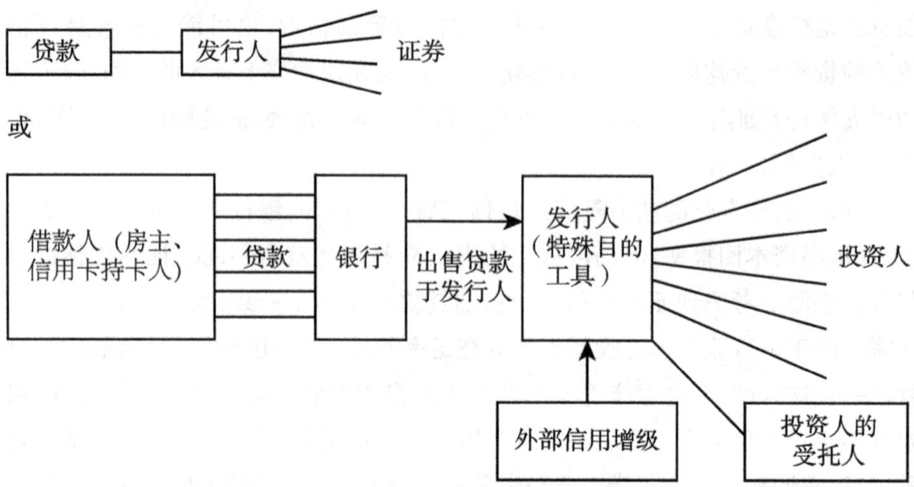

图 16-6 通过 SPV 的资产证券化

证券评级将委托给一到两家评级机构。[52] 评级机构将专注于底层资产和增信措施。它主要不会关心发起银行的情况。底层资产必须能为投资者产生现金流。评级机构将专注于这些流动的潜在风险,包括法律风险。实际上,SPV 发行人的律师需要向评级机构提供风险法律意见。另一个维度的法律风险涉及转让贷款的本质是应收账款还是对发行人的按揭。

二、转移贷款资产

在本章前面的内容中,我们看到在英国法下银行向另一方转让贷款通常没有什么障碍。更新和转让是实现的方法。由于债的更新必须经借款人同意,转让像家庭贷款、信用卡应收款和个人贷款这样不计其数的贷款,这么做不切实际。如果在债权转让之前的原始贷款协议约定转让必须获得借款人特别同意,那也一样不实际。即便在债权转让下给予通知都是很麻烦的事。银行不想联系所有相关借款人,既是因为成本,也因为担心对其声誉的负面影响,如果它被知悉正在出售客户贷款。一般情况下,在资产证券化中,在英国法上贷款转让给 SPV 发行人在技术上被认定为衡平转让。因为没有给出通知,借款人对银行的请求权没有被切断,而在一旦给出之后可以对 SPV 发行人提出,并行使其违约救济。

在理论上,任何担保（security、collateral）或保险条款,凡是借款人在贷款下给予银行的,也可以与贷款一道转让给 SPV 发行人。实践中会遇到很多问题。担保利益可能是和家庭按揭一并登记的。为证券化做整池按揭登记变更的交易成本太高了,由此一般
493 来说典型的方式是,只有转让的协议,而 SPV 发行人（或是投资者的受托人）被授予在

〔52〕 参见 *Deutsche Trustee Co Ltd v. Cheyne Capital (Management) UK (LLP)* [2015] EWHC 2282 (Ch)（该案中有对证券化的很好的描述）。On appeal: [2016] EWCA Civ 743.

必要时可以发起全面转让。由于只有转让协议,SPV 发行人(或受托人)可能需要法院的帮助。实际履行通常会被准许以支持按揭转让,但是这引入了不确定因素,因为实际履行是一种酌定的救济。而且,无论风险多么遥远,SPV 发行人还是面临嗣后处理同一按揭的风险,特别是如果第三人能通过登记获得优先权。[53]

三、风险

风险的范围与分布在资产证券化中至关重要。一方面,银行寻求一旦转让贷款就将风险最小化。另一方面,除非投资者风险最小化,否则证券就不可能广为市场化。这些目标之间可能存在紧张状态。

就银行而言,债的转让不能将银行从其义务中解脱出来,如进一步的放款义务。而且,如前所释,银行仍然面临借款人在被通知债权转让前已发生的请求。其后果是,通过债权转让方式实现的转让贷款、应收账款和按揭意味着银行仍面临一定风险。而且,银行往往继续服务于贷款,例如,托收本金和利息并转交给 SPV 发行人。它由此暴露在操作风险和声誉风险之下。法律上,它可能违反其作为 SPV 发行人的代理人的义务,或者可能因向借款人做的错误陈述而承担责任。出于监管原因,银行会希望远离 SPV 发行人。后者的股票将由受托人这样的人持有,与银行没有关系,银行最多在董事会派一个董事。

SPV 发行人会面临什么风险?一旦贷款转让给 SPV 发行人,其就承担了附着于基础交易之上的信用风险。最基础的信用风险是借款人不付款的风险。另一个可能是在寻求借款人付款时,他们对 SPV 发行人提出反请求或抗辩。例如,如果贷款落入《1974 年消费者信贷法》调整范围,正如对待商品供应商,借款人也可因商品缺陷而对信用提供者银行提出主张。[54] 还有另一种风险,如果利率下降了,借款人会寻求提早还款,但是如果新贷款替代,可能利润率更低。

除了已经提到的信用增信和担保,这些风险可以有多种最小化方法。例如,需要对转让的贷款实施尽职调查。它们的转让可以是打折的,在计算价格时考虑到潜在的风险。另一种可能是对 SPV 发行人"过度担保"。换言之,转让了比对证券付款所需资金更多的贷款,考虑到一定比例后会出问题。发起银行会在转让协议中就转让贷款对 SPV 发行人提供一定的陈述与担保,但它希望把这些降到最低,并会抵制不得不承担的对任何已出售坏账的回购义务。[55]

如果银行倒闭了(比如,破产了),对 SPV 发行人来说,如果贷款转让了,就只有很少的信用风险,无论是通过债的更新还是债权转让。唯一的信用风险看起来是在破产法

---

〔53〕 E. Ferran, *Mortgage Securitisation: Legal Aspects* (London, Butterworths, 1992), 39-57.

〔54〕 Ss. 56, 75. See, e. g., *Durkin v. DSG Retail Ltd.* [2014] UKSC 21; [2014] 1 WLR 1148.

〔55〕 See *Bank of New York Mellon Trust Co., NA v. Morgan Stanley Mortgage Capital, Inc*, 821 F. 3d 297 (2nd Cir., 2016).

494 下这种资产转让处置是否可无效，例如，在破产前的一段可撤销期间发生的转让。[56] 即便银行作为SPV发行人的代理人托收了本金和利息，它也将进入发行人名义的银行账户，而不是发起银行自身。如果是信托持有，它就不会面临银行债权人的请求权。为了尽可能地隔离银行破产风险和银行债权人的请求权风险，SPV发行人被设定为"远离破产的"。如前所述，其股票不是由银行持有，而是由一个区别于银行的中立实体持有，或为了慈善信托目的而持有。于是，它不可能是《2006年公司法》定义的不可能认定其是子公司。[57] 但是，有观点认为在银行倒闭的情况下，借款人会更倾向延期履行或违约，因为他们不再与银行有持续关系。借款人也更可能对其付款义务提出可能的抗辩。在这方面法律能做的很少。

如果SPV发行人倒闭了——对投资人来说的最终风险——其地位取决于证券化的结构。如果他们持有的证券是债务工具，他们的顺位和其他债权人一样。事实上，根据文件，除了严格与证券化相关的，SPV发行人是不允许负债的。SPV发行人可能没有员工，员工在破产时有优先权。正如银行破产的情况一样，SPV发行人破产时，交易也会受到挑战。例如，清算人可能质疑转让给SPV发行人的资产是以低估价格转让的——如果银行把转让价格定得偏高，作为从证券化中更多取利的方法，这就不是完全凭空想象的威胁。信用增信显然与SPV发行人倒闭相关。

另一种可能的风险是底层贷款下借款人的还款现金流与基于证券付给投资人的需要不匹配。一个可能的解决办法是要求银行管理贷款，提高对借款人的利率，来覆盖差额。至少对借款人来说，这种技术实施起来并非不受欢迎。另一个方法是SPV发行人通过承诺授信、保留份额和次级资本等方式建安全垫。发起银行还可以做的是在SPV发起人面临短期证券付款问题时对其提供流动性授信。

四、监管

本书早前检视了对银行的资本要求（"自有资金"）以确保其留出足够的资本以覆盖意想不到的损失，令其在危机中有能力偿付。基本原则是一家银行所需要的资本是以其风险权重资产的一定比例来表示。[58] 如果银行已对其资产进行了证券化，它的资本需求应该减少，因为它已经将附着于资产的风险从资产负债表上移除了。根据《巴赛尔协议Ⅲ》中列出的国际一致同意的银行资本充足率标准，欧盟《资本要求指令》（CRR）和相关的监管标准允许银行将那些证券化资产排除出风险权重资产，如果与其相关重要

---

〔56〕 Insolvency Act 1986, s. 239.

〔57〕 Companies Act 2006, s. 1162.

〔58〕 本书第二章。See also B. Penn, 'Banking Regulation', in S. Paterson and R. Zakrzewski (eds.) (n 26), 90-8.

信用风险已被转移。[59] 硬币的另一面是那些并非发起人的银行必须避免暴露于证券化的信用风险头寸中(例如,通过涉及综合性的证券化,作为证券持有人,作为证券的支持者,作为证券化发行的增信提供者),除非满足了特定风险的回避与披露措施。 495

细节超出了现在讨论的范围,但是对发起人银行来说获得了减少资本需求的好处,就传统证券化而言,除其他要求外,文件必须反映交易经济状态的实质;证券化资产必须置于发起人银行及其债权人不能触达的范围,包括在破产时和接管时(这需要由法律观点支持);发行的证券不得代表发起人银行的付款义务;发起人银行不得通过回购权利或义务对资产保有控制(尽管它也还会服务于这些资产);以及除早期摊销外,银行禁止提高证券化头寸,比如,通过修改底层资产信用敞口或提高对投资者应付收益以应对证券化资产的信用质量恶化。[60]

为鼓励证券化满足在透明度、简单化和标准化(STS 证券化)上的最低标准,《巴塞尔协议Ⅲ》的证券化框架作出修订以减少银行对该等交易相关信用风险资本要求的计算。[61] 银行监管委员会和国际证监会组织(IOSCO)已出版认定 STS 证券化标准。简版化的标准关注的是底层资产的同一性和特性,以及不是过于复杂的交易结构;透明度标准是让投资人更容易用提供的底层资产、交易结构和所涉参与方信息评估风险;而可比性标准是帮助投资人理解并可与同类证券化产品作直接比较。[62]

作为建立欧洲统一资本市场项目的一部分(资本市场联盟),欧盟 2015 年商讨了引入 STS 体制问题。[63] 作为对 STS 框架的贡献,欧洲银行业管理局 2016 年发布了证券化交易隐性支持指引。根据《资本要求条例》Article 245,发起人或支持机构可免于计算通过证券化转移的信用风险权重暴露。但是如果这样做了,其就不得超出其合同义务为减少投资者在证券化中的损失而提供支持,尽管"以公平交易条件实施的交易且考虑了重要风险转移的评估时,这种交易不应被认定为提供了支持"。[64] 指引对什么构成公

---

〔59〕 Regulation (EU) No 575/2013 of the European Parliament and of the Council on prudential require-ments for credit institutions and investment firms.

〔60〕 Art. 243 (4). See also Bank of England, Prudential Regulation Authority, *Securitisation*, Supervisory Statement, SS9/13, 2013.

〔61〕 See also Basel Committee on Banking Supervision, *Basel III Document*, *Revisions to the Securitisation Framework* (Basel, Bank for International Settlements, 2016).

〔62〕 Basel Committee on Banking Supervision and Board of the International Organization of Securities Commissions, *Criteria for Identifying Simple*, *Transparent and Comparable Securitisations*, Bank for International Settlements, 2015.

〔63〕 European Commission, *An EU Framework For Simple*, *Transparent And Standardised Securitisation*, *Consultation Document*, 2015; *Proposal for a Regulation of the European Parliament and of the Council laying down common rules on securitisation and creating a European framework for simple*, *transparent and standard - ised securitisation*, COM (2015) 472 final. See S. Schwarcz, 'Securitisation and Post-Crisis Financial Regulation' (2016) 101 Cornell LR 115.

〔64〕 Capital Requirements Regulation (EU) No. 575/2013, Art. 248.

496 平交易（arm's length）提供了客观标准，并明确了何时交易并非为支持证券化在构架。[65]

就证券化发行而言，通过 SPV 发行人的证券发行将适用一般法律关于发行（如募股说明）和营销问题的要求。《信用评级机构条例（欧盟）第 42/2013 号》就结构性融资票据引入了广范的披露义务，广义上包括了金融票据或其他证券化资产（SFI）。任何设立在欧盟的 SFI 发行人、发起人或支持人，必须通过欧洲证券与市场监管局的公开可访问网站披露信息。[66]

在消费者贷款证券化的情况下——家庭按揭、信用卡应收款、个人贷款等等——如果 SPV 发行人将利率定得比发起人银行定的固定利率高怎么办？如果 SPV 发行人对违约的态度没有发起人银行那么宽容怎么办？如果 SPV 发行人通过实施严厉罚金来不鼓励提前还款怎么办？金融行为监管局的方法是如果银行以证券化方式转让了受监管的按揭，SPV 发行人必须一知道细节就通知客户谁将负责设定利率和收费。[67] 想必其假定要么是声誉风险要求银行保留收利息和费用的权力，要么如果不是，客户会被通知并能在其他地方重新按揭融资。而且，发起人银行会被视作持续负责设定利率和收费，如果发生债权转让或移转，按出售条款，它会被希望继续参考该银行对其他同类合同的利率和收费情况来设定。[68] 即便这些规则意在对借款人提供充足保护，但它们只适用于受监管的按揭且只针对利率和收费。

---

〔65〕 EBA, Final Report. *Guidelines on Implicit Support for Securitisation Transactions*, EBA/GL/2016/08, 2016.

〔66〕 Art. 8b.

〔67〕 Financial Conduct Authority Handbook, Mortgages: Conduct of Business, R7. 6. 2.

〔68〕 Ibid., R7. 6. 3

第十七章　国际支付系统和贸易融资 497

本章讨论两个既相互区别又内在联系的问题。第一部分讨论任意一种消费者合同或商事合同实现国际支付或跨境支付的一般方式。很多方面的分析是基于前面对国内支付系统所作讨论,并限于关注该系统用于发起国际或跨境支付所产生的额外问题。第二部分分析了专门旨在实现贸易融资下付款的专业机制。一些围绕国际报文和划拨的系统,如 SWIFT 和 TARGET2 已讨论过。〔1〕

第一节　国际支付通则

很多国内支付系统已在之前考虑了,〔2〕即有形货币、支票、支付卡和电子资金划拨。除了有形货币,它有地域限制并需要和另一法域的有形货币兑换才能在海外使用,大部分国内形式的支付可以应用于国际(即便资金采用电子或数字形式,也可以以外国法域货币单位的形式提前装载或上载)。在多样的支付机制之中,支付卡可以用于海外或在线向外国供应商采购,且电子资金划拨的无形性令其成为理想的跨境支付方式。在国际上应用这些支付系统在传统上将产生底层支付卡合同矩阵中任一合同的法律选择问题和资金划拨潜在由不同法律调整问题,无论是明示选择适用法〔3〕还是当事人未选择时适用的法。〔4〕不同于依据各个合同关系选择各自的法律,另一种选项是确认交易重心以决定适用于支付交易各方面的单一适用法。〔5〕虽然法律选择的探寻在某些情况下仍 498
是必要的,但现在有三个主流趋势限制其作用发挥。第一个倾向是越来越多的国际支付系统运行适用主协议,它约定了管辖权分配并决定了适用法。最明显的例子是信用卡,Visa、MasterCard 现在约定了统括性框架来调整其国际使用。第二个倾向是越来越多的法律框架用以调整跨境使用国内支付系统。这一发展在英国最明显的例子是《2017 年

---

〔1〕 参见本书第十二章内容。

〔2〕 参见本书第十三章内容。

〔3〕 Regulation No. 593/2008 of the European Parliament and of the Council of 17 June 2008 on the Law Applicable to Contractual Obligations, OJ L177/6, Art. 3 (Rome 1 Regulation).

〔4〕 Ibid., Art. 4.

〔5〕 了解在信用证背景下对这种思路的支持观点,参见 *Bank of Baroda v. Vysya Bank Ltd.* [1994] 2 Lloyd's Rep. 87; *Marconi Communications International Ltd. v. PT Pan Indonesia Bank TBK* [2007] 2 Lloyd's Rep. 72。

支付服务规定》的到来，[6]它旨在协调国内和国际资金划拨义务和执行中的问题。实体法的调和度越高，明确具体法律原则选择的需求就越小。第三个倾向是越来越多数量的强制立法推翻了适用法或者说不顾及选择的适用法而适用。除了反洗钱和反恐融资问题，最明显的例子是消费者保护的立法。实际上 *Office of Fair Trading v. Lloyds TSB Bank plc* 案[7]判决就提供了一个好的示例，在该案中上议院认定《1974 年消费者信贷法》的相关贷款责任规定仍然适用，[8]尽管消费者是在海外用其信用卡购买商品或服务。法律发展的强制性或超法域的立法越多，存在法律冲突的可能性越小。

虽然之前考虑过的与信用卡和资金划拨相关的法律原则也会平等适用于国际情形，支票的国际支付提出了与国际支付托收相关的问题。在跨界交易中使用普通支票的过程在理论上是简单的。在英格兰的 A 在其银行开出支票，出票（付款）银行将它交给或送给在德国的 B。B 将支票交其银行——汇款银行。汇款银行将支票交给一家在英格兰的银行托收，可能就是其代理行。托收银行将通过国内清算系统提示支票付款（假定 A 的银行不是 B 的银行的代理行，如果 A 的银行是 B 的银行的代理行，事情会变得更简单）。[9] 托收银行将获得开证人国家的货币价值（英镑），但随后会换成欧元。尽管在理论上是简单的，但当它们价值很小时，处理外国支票的成本就不经济。事实上，有些银行干脆就拒绝为客户的外币支票作托收（而且事实上如果外汇控制禁止向非居民付款，他们会有义务拒绝）。这是除其他不利之处以外用该种支付方式的另一个坏处——缺乏透明度以及最后支付生效花时间。

在处理支票时，B 的银行自 B 处流转受让支票（换言之，买入支票）然后以自己的名义来托收。B 的账户会很快贷记，如果支票在提交外国银行时未被付款，银行还保留着要回付款的权利。如果 B 不是一个固定客户或风险被认定为过高——由于出票所在的国家、票的价值、有时也因为出票银行，B 的银行不会打算流转受让一张外国支票。那样，支票将会以 B 的名义来托收。一般来说，以客户名义托收受到国际商会发行的《统
499 一托收规则》调整。[10] 现在的统一规则，被很多法域银行遵守且广为适用。这些规则得以应用是因为其以援引的方式具体嵌入。另一种选择是，这些规则将作为 B 与其银行之间行为过程的结果或者作为交易惯例（商业习惯）而适用于托收。[11] 支票按统一规则属于那些可以被托收的“金融单据”。[12] 尽管银行在该等规则下使用其他银行的

---

[6] Payment Services Regulations 2017, 2017 SI No. 752, implementing Directive 2015/2366 of the European Parliament and of the Council of 25 November 2015 on Payment Services in the Internal Market, OJ L337.

[7] *Office of Fair Trading v. Lloyds TSB Bank plc.* [2008] 1 AC 316.

[8] Consumer Credit Act 1974, s. 75.

[9] 此处不讨论个人的情况。

[10] International Chamber of Commerce, Uniform Rules for Collections, 1995 Revision (URC 522). See E. Ellinger, ‘The Uniform Rules for Collection’ [1996] *JBL* 382. 统一规则同时适用于零售和批发托收，但是，由于所涉金额的关系，可能与后者相关度更高。

[11] *Harlow and Jones Ltd. v. American Express Bank Ltd.* [1990] 2 Lloyd’s Rep. 343.

[12] URC 522, Art. 2 (b)(i).

服务必须以善意行事并尽合理注意,例如代理行、汇款银行要为客户利益使用代理行服务但由客户承担风险。[13] 英国法院曾认定托收银行(代理行)有权为其自身利益从汇款银行(B的银行)获得损害赔偿,也同样有权享有汇款银行所作的其客户有权享有支票付入收益的默示保证下的利益。[14]

除了这些国内支付系统可用以实施国际付款,还有一种付款工具特意为国际用途而设计,即旅行支票。旅行者的信用证可以上溯至1201年那些约翰王(King John)交由两个密使带给教皇的信用证。在随后几个世纪的演进中,它们由开证银行发出信件给特定的海外代理人,令旅行者据以融资。[15] 现代的旅行支票签发人有很多不同,但最基本的是签发人(它可能是一家银行)向旅行者出售了支票,可以据以从准备接受该支票的第三方获得现金或作海外付款。旅行支票包括由开证人做出的向第三方付款的承诺,或者按第三方的要求,在支票提示时提供会签签名,与旅行者买支票时已经在上面的签字保持一致。

旅行者必须在其使用之前先为旅行支票付款,正如用电子资金卡,这不同于支票、借记卡以及信用卡。但是,旅行支票的优势据说是如果它们被盗,将由开证人补偿旅行者。值得争议的是,在与客户的合同中是否就此后果存在默示的权利。[16] 还会存在间接合同,例如基于签发人营销资料提出的请求权。但是明示的书面合同可能会对旅行者施加繁重的负担,要求旅行者有义务证明作为获得补偿的前提条件,即证明其在保护每张旅行支票的免遭损失或被盗上无过失。[17]

第二节 贸易融资

如前一节所讨论,为国际货物或服务提供的支付仅仅使用国内支付技术经由线上或跨境办理就实现(最普遍的是信用卡或资金划拨)。[18] 虽然这些支付机制主要用于消 500
费者购买或小规模或一次性的商业并购,如果供应商确信不付款风险很小,当事人间的大规模或持续性的国际贸易交易也需要此类支付。这是当事人同意"赊销贸易"(open-account trading)的情况,即卖方在收到付款前船运货物或服务至买方,而买方按前述某种常规方式付款(通常是30天、60天或90天之后)。[19] 赊销贸易仍然是受欢迎的,因为它代表了最直接的产生付款的方式并为买方提供了有用的信用账期,但是,从卖方角

---

[13] URC 522, Arts. 9, 11 (a).

[14] *Honourable Society of the Middle Temple v. Lloyds Bank plc* [1999] 1 All ER (Comm) 193.

[15] E. P. Ellinger, 'Travellers' Cheques and the Law' (1969) 19 *U Tor. LJ* 132, 132-4.

[16] *El Awadi v. Bank of Credit and Commerce International SA Ltd.* [1990] 1 QB 606.

[17] *Braithwaite v. Thomas Cook Travellers Cheques Ltd.* [1989] QB 553.

[18] 其他非专业金融技术可能也是相关的:国际货物与服务的买卖双方一般需要从他们的银行借钱为业务融资(尽管,在国际贸易的背景下,还款可能是由出口信用机构担保的)且/或融资银行将就客户的业务提供担保。

[19] 参见本章第一节。

度看，它代表着最有风险的付款方式，因此这通常只会在买、卖方之前有过交易、有持续的商业关系，且/或对买方所处的法域没有经济或政治稳定性质疑时才会使用。当卖方对买方的付款意愿或能力不是那么有信心时，当事人会更愿意使用一种或多种为国际贸易而发展出的专业融资技术，这就是本节的焦点。一个选择是卖方请其银行作为中介人来作单据托收，适用的是标准化但可选择的法律框架：[20]出售人通过保留运输单据控制已出售的商品（通常是提单或空运单，这取决于运输的方法）直到买方据单据付款（术语是“付款交单”或“D/P”）或者以承兑汇票方式向卖方付款（术语是“承兑交单”或“D/A”）。

本节的第一部分将聚焦使用汇票来实现 D/A 付款，并考虑涉及该工具的其他融资机制，例如承兑信用证和福费廷。第二部分将聚焦更为专业的跟单信用证形式的融资。[21] 该部分还会简略涉及履约保函、见索即付保函和备用信用证，由于这些都不是国际支付机制，分析它们仅限于辅助跟单信用证的范围内。但是，这一部分并不代表穷尽了与贸易融资相关的法律焦点问题，[22]因为还会有其他法律困难产生，（举例来说）国际保理（卖方向银行转让其在贸易交易下的应收账款来缓解现金流困难），[23]对等贸易
501 （商品和服务有效互换，不用金钱付款），[24]和用来鼓励国际贸易的出口信用机构的角色与其金融支持。相应地，本节聚焦贸易融资的关键法律问题。

一、国际贸易中的汇票

汇票以三种关键方式应用于国际贸易融资：其一，当支付是基于“承兑交单”或者“D/A”时，会用到汇票；其二，汇票可以根据承兑信用证的条款而被使用；其三，汇票可能用于一种叫作福费廷的特殊贸易融资，即票据包买方（forfaiter）同意贴现通常由买方所在国的牵头行支持的汇票。在依次讨论这些场景之前，很重要的是思考汇票较之其他贸易信用的提供方式何以证明这么有优势，并认识其存在的不足。本质上，这源自汇票的可流通票据地位。第一，对汇票的请求权通常与基础交易的请求权相分离。相反，货物供应商以赊销（an open account）交易会面临商品或服务质量的争议，但是如果卖方开出以买方为付款人的票据，后者一般来说不得不在偿付汇票之后单独提出这些问题。第二，买入汇票的人——例如银行从票据市场买入这些票据——通常会通过“善意持票

---

〔20〕 International Chamber of Commerce, *Uniform Rules for Collections*, 1995 Revision (URC 522).

〔21〕 如前所论，跟单信用证没打算弄得很复杂，应参阅更详细的专业文本，例如，参见 A. Malek and D. Quest, *Jack*: *Documentary Credits* (4th edn., London, Tottel Publishing, 2009); E. P. Ellinger and D. Neo, *The Law and Practice of Documentary Letters of Credit* (Oxford, Hart Publishing, 2010)。

〔22〕 就从业人员对一系列问题的观点，参见 H. Palmer, *International Trade and Pre-Export Finance* (2nd edn., London, Euromoney, 1999)。

〔23〕 Consider generally UNIDROIT, Convention on International Factoring (Ottawa, 28 May 1988).

〔24〕 银行在对等贸易中有非常重要的作用，例如管理销售石油而产生的收益付入的信托或托管财户，被认定可以满足机械出口商的诉求。参见 M. Rowe, *Countertrade* (3rd edn., London, Euromoney, 1997)。

人"获得完善的权利,即便受让的是有权利瑕疵或者根本就没有权利。[25] 如所预期,汇票受让人只会在其善意获得汇票且未注意票据权利上的在先瑕疵时,才有资格成为正当程序持有者。[26] 在先权利瑕疵可以从票据上涤除这一事实显然对汇票市场交易有促进作用。相反,未以票据方式体现的债或合同权利受让人不可能比转让人处于更佳地位,因为他们面临转让人的权利瑕疵和债务人的在先衡平权利。第三,体现在汇票上的请求权是通过交付,或者背书加交付的方式转移,[27] 且票据持有人有权以其自身名义起诉。[28] 相反,当权利是以债权转让或合同更新方式转让时,不仅很难区分两者(尽管它们有不同的法律后果),而且有额外要式性要求需要满足(如需要以书面和通知债务人的方式)[29] 而且转让可能受合同限制。[30] 而且,即便叙做的是要式性要求不高的衡平法上的债权转让,衡平受让人一般需要加入转让人强制执行债务人之债的程序当中。[31] 这些因素有时会抑制某些类别请求权的有效市场发展,可流通性的概念在发展汇票市场方面是非常重要的,因为它们可以自由地买卖不需要在此前作广泛的尽职调查。实际上,这就是它们的用处,中央银行用这些票据市场作为一项技术来实施货币政策。

(一) 承兑交单或 D/A 502

当底层国际买卖合同约定承兑交单或者 D/A(Documents Against Acceptance),是各方同意,在船运单据(它一般包括产生货物占有的运输单据)递交给买方之前,后者承兑或安排另一方(通常是银行)承兑汇票,而不是立即为货物付款。尽管卖方可以直接提交货运单据(通过承运人运送单据),但对卖方来说更安全且更节约成本的方法是聘请一个托收银行代表他提交单据并托收汇票及其收益。当该等汇票用来作为实现付款的手段,它可能是见票即付的(payable on demand),或者,更可能的是,见票后定期付款或定日付款。[32] 以此为基础,从买方角度看汇票的明显优势在于其得到了一段时间的信用。实际上,如果买方有谈判权,托收指令会明确其对汇票的承兑将迟于货物送达之时。国际贸易中的汇票整体倾向上有利于买方,与信用证相反,信用证下买方可以在货物一装船后就主张付款。对买方来说汇票的坏处在于,他们对任何经正当程序的票据

---

〔25〕 Bills of Exchange Act 1882, s. 29 (2).

〔26〕 Bills of Exchange Act 1882, s. 29 (1).

〔27〕 Bills of Exchange Act 1882, ss. 31-2.

〔28〕 Bills of Exchange Act 1882, s. 38 (1).

〔29〕 Law of Property Act 1925, s. 136 (1).

〔30〕 *Linden Gardens Trust Ltd. v. Lenesta Sludge Disposals Ltd.* [1994] 1 AC 85, 106-7. 也可能回避不可转让条款,而采用信托基础的论理;参见 *Barbados Trust Co. Ltd. v. Bank of Zambia* [2007] EWCA Civ 148。

〔31〕 *Deposit Protection Board v. Dalia* [1994] 2 AC 367, 380-1.

〔32〕 Bills of Exchange Act 1882, s. 11 (1). 进一步了解,参见 *Hong Kong & Shanghai Banking Corp. Ltd. v. G D Trade Co. Ltd.* [1998] CLC 238. 比较 *Korea Exchange Bank v. Debenhams (Central Buying) Ltd.* [1979] 1 Lloyd's Rep. 548。

持有人都负有义务，无论基础合同履行情况如何。[33] 如果汇票约定买方除了付票据面值外还必须支付银行的任何其他收费，这一不利方面可能会放大。既然汇票看来是有利于买方的，大家可能想知道为什么卖方还愿意参加这种形式的国际贸易。答案在于汇票的可转让性，因为，尽管许可了买方一段时间的信用，卖方能够以贴现的方式将票据转让给第三方并立即收到钱。对卖方来说唯一不利的一面是如果买方未对汇票付款，第三方将保有成文法上的追索权。[34]

就汇票如何使用而言，卖方会以其本人为抬头开出一张汇票，有效令其自己成为收款人，指定买方为付款人。当票据提交给买方时，假定船运文件也准备有序，买方会“承兑”票据，而据此承兑买方成为票据的第一付款人。[35] 买方因此成为票据的承兑人而必须向卖方、收款人或者任何从卖方受让汇票者付款。[36] 指示式汇票（payable to order）通过背书（在票据背面签字生效）和交付而流转；空白背书，即未指明任何被背书人，成为无记名式票据，由此只须交付就可流转。[37] 通常情况下，卖方会首先转让汇票给其自己的银行，银行会贴现票据，给卖方少于票据面值的资金以反映银行将自掏腰包直到汇票到期的事实。相应地，尽管供应商收到的钱可能比从买方那儿收到的少，但差别是他可以立即得到付款。由于议付银行（negotiating bank）显然通过贴现票据提供
503 了价款，它成为“付款持有人”（holder for value）。[38] 而最强的位置是成为“正当持有人”（holder in due course），由此持票人免于任何在先参与人的权利瑕疵抗辩，以及对人的抗辩（personal defence）。[39] 要成为正当持票人，付款持票人必须占有票据，令票据表面完整并合乎常规，在其到期之前，应尽善意而未注意到它之前曾被拒付（如果有这种情况），而且未注意到出让给他的当事人的权利瑕疵。[40] “善意”要求诚信，[41] 而“注意”通常有赖于议价银行是否实际知悉转让人的权利瑕疵或故意对明显问题视而不见。而且汇票不会仅因援引底层交易[42] 或背书不连续而被认为表面不合常规，[43] 哪怕在卖

[33] 相反，由供应商/收款人就汇票发起的一桩诉里，买方/承兑人会提出缺乏对价或没有完全对价，或有清算方面的反诉；例如，参见 *Nova (Jersey) Knit Ltd. v. Kammgarn Spinnerei GmbH* [1977] 1 WLR 713。

[34] Bills of Exchange Act 1882, s. 47 (2).

[35] Bills of Exchange Act 1882, ss. 17, 54 (1).

[36] Bills of Exchange Act 1882, ss. 26 (1), 29 (3).

[37] Bills of Exchange Act 1882, ss. 31, 34.

[38] Bills of Exchange Act 1882, s. 27. 对该效果也有假定：Ibid., s. 30 (20)。除了转让，卖方银行也可能代表卖方利益托收并向卖方作出融资——部分票据面值。据一般法，托收银行对汇票有留置权，并据《1882 年票据法》s. 27 (3)，在融资款范围内成为“持票人”。

[39] Bills of Exchange Act 1882, s. 29 (2).

[40] Bills of Exchange Act 1882, s. 29 (1).

[41] Bills of Exchange Act 1882, s. 90.

[42] 仍须注意以确保付款的指令是无条件的；参见 Bills of Exchange Act 1882, s. 3 (3)(b)。

[43] *Yeoman Credit Ltd. v. Gregory* [1963] 1 WLR 343, [1963] 1 All ER 245; *Lombard Banking Ltd. v. Central Garage and Engineering Co. Ltd.* [1963] QB 220.

方作为出票人和背书人的签名差异会有此效果。[44] 但是汇票的欺诈事件仍然很少，对银行来说最严重的风险是其员工欺诈产生后果归属于银行的效力，由此排除银行成为“正当持票人”；且当汇票假冒出票人签名时，银行不能据票据获得任何权利。[45]

接下来，议付银行成为汇票持有人（holder），它可以接着流转票据（那些后面的银行也就成为“持票人”）或者等待到期并在汇票到期日向买方主张汇票票面价值。作为“正当持票人”，银行“持有票据并免于前手权利瑕疵抗辩，并免于其前手之间的对人抗辩”，[46] 由此银行对买方的请求权不会受买方在基础合同下享有的对卖方请求权的影响。[47] 以此为基础，银行以其自己的账户托收并追求向卖方贴现付款和从买方到期收款之间差额的微小利润。在未受清偿时，议付银行将对卖方即其客户有追索权，如果买方（作为承兑人）拒付，客户（作为出票人）将对票据承担责任。[48] 换言之，卖方成为票据中对第三方票据获得者的第二义务人，第一付款责任仍是买方的。显然，汇票可以流转多次，结果是《1882 年票据法》创造了一个义务链条，因此，在买方不付款的情况下，票据任何一方对其后手都负有责任。[49] 反之，任何一方对汇票上的各个前手都可主张 504
权利，因此最后，卖方（作为出票人）将承担买方违约的损失（尽管卖方在票据上、在买卖合同下都对买方有追索权，但这在买方破产时也是毫无意义的）。提起一系列追索的前提是，当买方拒付汇票时，持票人必须将该等拒付通知出票人和每个在先背书人，否则他们在票据上的义务将解除。[50] 而且，由于国际贸易中的汇票很可能作为“外国票据”，[51] 需要进一步要求对该等汇票必须作出拒付证明。[52] 这是有效的正式程序，是用以证明汇票实际被买方拒付的证据。[53] 再次强调，未能满足该等需求会导致出票人和前手解除票据责任。[54]

（二）承兑信用证

在承兑信用证授信之下，卖方或买方可以募集贸易相关融资，独立于其他授信，对其银行开出票据，由银行承兑，客户能在市场上贴现。由于银行将承兑汇票，这些授信常常

---

〔44〕 See, e. g., *Arab Bank Ltd. v. Ross* [1952] 2 QB 216. 对汇票的实质改动令票据无效并相应地导致其不合规：参见《1882 年票据法》s. 64。

〔45〕 Bills of Exchange Act 1882, s. 24. 而且，如果贴现行已持有了有着卖方假背书的汇票，它不能向买方/承兑人主张，如果它随后转让了票据，银行将自行向其后成为持票人就背书负责：参见 Bills of Exchange Act 1882, ss. 55 (2), 58。

〔46〕 Bills of Exchange Act 1882, s. 38 (2).

〔47〕 *Barclays Bank Ltd. v. Aschaffeburger Zellstoffwerke AG* [1967] Lloyd's Rep. 387.

〔48〕 Bills of Exchange Act 1882, s. 47 (2).

〔49〕 Bills of Exchange Act 1882, s. 55 (2).

〔50〕 Bills of Exchange Act 1882, s. 48。了解具体的拒付通知，参见《1882 年票据法》, s. 49。

〔51〕 Bills of Exchange Act 1882, s. 4.

〔52〕 Bills of Exchange Act 1882, s. 51 (2).

〔53〕 Bills of Exchange Act 1882, s. 51.

〔54〕 Bills of Exchange Act 1882, s. 51 (2).

被称为承兑信用证。[55] 从效率上说，这是相对于直接贷款的另一种选择，对卖方而言，他在承兑信用证下开出了汇票，可通过票据贴现方式立即收到付款。最终，卖方将寻求买方付款以补偿其自己的银行。在一些法域承兑信用证可以用于很多融资目的；而在有些法域，它们倾向于是为贸易相关的买方和卖方提供信用。

由于它是贷款的另一种形式，承兑信用证通常是在授信协议下开证的，它往往包括与其他类别贷款相关的条款，例如与贷款可获取性和收费相关的条款，前提条款，陈述与保证、承诺限制、给予银行宽泛（或没有限制）酌定权来主张任何尚未偿付的开票（以及利息）下的还款，并宣布任何未清偿票据的总计面值应予立即归还。至于可用性，协议会要求客户对使用授信提出申请。如果获得同意，客户将对银行开出以自己为抬头的汇票，含有一致同意的承兑后到期日（一般是1个月、2个月、3个月、6个月或12个月）。承兑之后，汇票将返回卖方，或按其指令交付，或由银行代表卖方贴现将收益（减去收费）偿付给他。在票据到期日，买方一般有义务按授信协议向银行提供等同于票据面额的资金，由此对卖方来说确保买方在该日之前已付款非常重要。[56]

505 （三）福费廷

福费廷是一种专业的业务，通常用于大型交易并涉及对汇票或本票的无追索权的贴现。在本质上，卖方开出以买方为付款人的汇票*，福费廷包买商同意按之前约定的固定价格贴现。[57] 以此为基础，卖方接收了当即支付，尽管贴现折扣的规模反映了包买商对其所承担风险的认知。如果买方承兑了汇票，买方将首先对票据承担责任，通常卖方将承担第二位的义务，如果买方没有付款，就依据成文法上的追索权来向卖方主张权利。[58] 但是，汇票办理了福费廷业务之后有一个特别的特征，即供应商会以出票人与背书人的名义在票据上签上“不得追索”或 sans recours 字样而排除他在汇票上的通常责任。[59]

---

〔55〕 E. P. Ellinger, E. Lomnicka, and C. Hare, *Ellinger's Modern Banking Law* (5th edn., Oxford, Oxford University Press, 2011), Ch. 17.

〔56〕 一个尚无权威定论的法律问题是在承兑信用证下开具的汇票是根据《1882年票据法》s. 28（1）开立的“融通票据”，该条规定了票据的融通方是那些作为开票人、承兑人、背书人开证票据但未收到对价，目的仅是将其名号借与他人使用。根据《1882年票据法》s. 59（3），融通票据的义务解除，如果受融通方——客户——支付了票据。相应地，如果在承兑信用证下的银行不是融通当事人，而客户直接向任意持有人付款，汇票义务按此条款并未解决，客户可以据此票据按此条款不公平地起诉银行。很难把银行看作 s. 28（1）规定的融通当事人，在典型的承兑信用证情况下，银行收取了承兑费用，由此它收取了对价。在不太可能的情况下，客户直接支付了信用证下的票据，并对银行主张，因为汇据尚存，银行依据典型的承兑信用证下的违约条款和客户有义务在到期日将钱放入银行而得到保护。

* 商业承兑汇票。——译者注

〔57〕 尽管本票可能适用福费廷业务，讨论还是聚焦于汇票。

〔58〕 Bills of Exchange Act 1882, ss. 42, 47 (2).

〔59〕 Bills of Exchange Act 1882, s. 16 (1). 较之 League of Nations, Convention Providing a Uniform Law for Bills of Exchange and Promissory Notes, Treaty Series, vol. 143, p. 257 (7 June 1930), Art. 9。由于排除追索并没有应用于本票的制作者（Art. 77），在这些国家的福费廷适用《日内瓦汇票与本票统一法》，可以使用本票，而不是汇票，因为卖方可能对包买商履行的独立的合同义务不满意，而不以汇票起诉。

“不得追索”或 sans recours 的字样必须出现在汇票票面,因为如果这种排除只是以卖方和福费廷包买商之间的独立合同方式存在,它只在当事人之间有效但并不约束第三人。[60] 福费廷的核心在于,发生拒付时,福费廷包买商对买方没有追索权。保护福费廷包买商的重要一点是福费廷服务要求就汇票提供担保（aval）和保证,而这通常由牵头行在买方的国家提供。福费廷提供者可以反过来出售其贴现的汇票或本票,如果汇票已背书,他也相应地因背书承担票据责任。

福费廷活动产生了三个法律困境。第一,关于银行在买方法域提供的在买方未付款时的保证或票据保证（aval）的有效性问题。如前所述,这种保证或票据保证是给福费廷包买商提供的主要形式的担保,且对票据满足市场需要非常重要,因为没有牵头行的支持,福费廷包买商不可能在二级市场出售票据。票据保证（aval）在《日内瓦汇票与本票统一法》下得到承认:它们或者在票据上或者在粘单（allonge）上列出 bon pour aval 或同样作用的字样明示,且经过签章。[61] 票据保证的提供者和担证人一样,受同样方式和同样范围的约束,[62]因此一家为了买方而对汇票作票据保证的银行,买方承兑了票据,票据保证人也同样承担着承兑人的责任。但是从在这些事情的表面看,这一解决方案并不能适用于英国,因为有判决认定“票据保证是为了承兑人承付,即便是记载在票 506
上,在英国法下也不生效。”[63]但是这个问题总的来看是个学术问题,因为《1882 年票据法》确认了其“准”或“类似”背书人的义务:如果像银行这样的人,它并不是汇票的持有人,用签章的方式支持票据,将作为背书人对正当持票人承担责任。[64] 但是不同于票据保证,“准”或“类似”背书人的义务限于对那些在其签章于票据之后而成为票据当事人的人。这也将适用于福费廷的地位,因为福费廷提供商将签章作为汇票的背书人。然而,要对收款人负责,各参与人需要应用一下法律“炼金术”:银行对汇票作票据保证,就要由收款人将票据背书回银行,银行再背书回收款人。据说,票据背书将像普通保证一样成为不可执行的。在任何情况下,福费廷票据往往都会依据那些承认票据保证的国家做好票据保证,在这种情况下英国法也会给票据背书以效力,因为《1882 年票据法》规定了创设的义务取决于票据保证合同作出地的法律。[65]

第二,如果系争票据是指示票据（drawn to order）,它需要背书给福费廷包买商,但是如果出票人以商业秘密为由拒绝交出票据,对福费廷包买商来说就很难以票据起诉,因为交付对于公示出票人和承兑人的合同以及票据流转至关重要。[66] 交付可以以推定

---

〔60〕 它遵循的观点是排除追索权并不影响汇票的可流转性。

〔61〕 League of Nations, Convention Providing a Uniform Law for Bills of Exchange and Promissory Notes, Treaty Series, vol. 143, p. 257 (7 June 1930), Art. 31.

〔62〕 Ibid., Art. 32.

〔63〕 *Steele v. M' Kinlay* (1880) 5 App. Cas. 754, 772.

〔64〕 Bills of Exchange Act 1882, s. 56.

〔65〕 Bills of Exchange Act 1882, s. 72 (2). See further *G. & H. Montage GmbH v. Irvani* [1990] 1 Lloyd's Rep. 14.

〔66〕 Bills of Exchange Act 1882, ss. 21, 31.

交付占有的方式实施，但是这会涉及福费廷包办商的客户把自己构建为福费廷包办商的代理人，并以后者的名义持有票据，而不是以自己的名义。

第三，尽管汇票不可追索的本质对福费廷很重要，还是有一个问题是，即尽管其不可转让，卖方是否仍然负有作为票据"交付转让人"的义务，即转让人（卖方）对直接受让人（福费廷包买商）保证：汇票是真实的；转让人有权利转让；且在转让时转让人没有意识到任何令票据无价值的事实。[67] 这些保证可能包括，例如，汇票上的签字是真实的，以及票据与真实的底层交易有关。据说，很难见到一方在票据上签有"不可追索"还会再提供这些各种各样的承诺保证，因为在一般的票据买卖中，不存在认定票据是真实的或是与真实交易有关的默示条款。[68]

二、跟单信用证

安排 D/A（承兑交单）或 D/P（付款交单）的主要不利之处在于货物的国际卖方完全依赖于买方支付货物价款的意愿和能力（除非卖方保留了权属或设定了其他一些形式的担保），或者在付款未能届至时有在外国法域追究买方的风险（或者基于外国清算的证明责任的风险）。这些问题并不必然能通过使用汇票作为部分的付款流程而解决，因为它只能提供给卖方对买方另一种（跟单）形式的追索权，而且，即便卖方已将汇票流转给了第三方银行，银行仍保留在买方不对其承兑付款时对卖方追索的权利。[69]
507 而且，在有汇票的情况下，在买方承兑时，商品可能已经送达或即将送达目的地，因此，如果买方未能承兑汇票，供应商可能为挽救这种状况将发生相当的花费。即便买方承兑了票据，仍有到期不付款的风险，届时商品可能已经运抵了。相反，通过信用证，供应商从银行获得了实际支付（或是可信赖的支付承诺）只要他提交了相符的单据。

然而，跟单信用证试图通过在买方和卖方之间介入一个或多个银行来解决前述关注的问题，银行给卖方以有约束力的承诺，只要卖方提交了约定形式的单据就支付商品价款：[70] 银行不仅证明可能是更可靠且有偿付能力的金主，由此增加卖方实际收到付款的前景，而且与法域相关的法律冲突问题、选择法的问题，或是判决的强制执行问题很可能显著减少。[71] 在这方面，跟单信用证被定义为"一种安排，无论如何命名或是描述，银行（开证行）按客户（申请人）的要求和指示行事或是以其自己的名义，据约定的文件

---

〔67〕 Bills of Exchange Act 1882, s. 58 (3).

〔68〕 Cf. *Dumont v. Williamson* (1867) 17 LT 71, 72.

〔69〕 Bills of Exchange Act 1882, s. 43 (2).

〔70〕 国际卖家也可以雇请一家银行作为其代理人提交货物买卖合同所需文件并托收价款，但是，尽管使用了该等托收代理机制来提交和托收流程，卖方还是没能解决因为买方破产或身处海外的实操和法律困难。概览性了解，参见 URC 522。

〔71〕 只有一小部分的欧洲交易使用信用证，但是汇兑控制是就位的，一国政府可以坚持以信用证付款来支持该系统。

［付款、承兑和支付汇票或流通汇票］”。[72] 近来，跟单信用证被定义为“一种安排，无论怎么命名或描述，不可撤销也由此构成开证银行对符合约定的提示予以付款的绝对义务。[73] 在结构性术语中，跟单信用证被经典地描述为涉及“自治却互联的合同关系”矩阵，[74] 即基础的买方与卖方间的国际买卖合同，据此前者承担供货义务而后者同意为其付款；买方（申请人）和银行（术语是“开证行”）之间的合同，据此后者同意开出跟单信用证以卖方为抬头（或“受益人”）以换得买方偿付开证行付给卖方/受益人的数额；开证行和代理行在卖方/买方法域签订合同，据此，前者同意因后果对跟单信用证增加保兑而付款，并补偿银行向受益人支付的任何款项；最后，两份几乎一样的合同，一方面是发生在签出行和卖方/受益人之间；另一方面是发生在保兑银行和卖方/受益人之间，据此，每一家银行都产生了对卖方/受益人的独立且相互区别的义务，自卖方/受益人提交与信用证条款一致的单据之后，有义务支付购买货物的款项。[75]

这些责任中的最后一项特别重要且其独特的特征是，它们构成抽象或自治的付款责任，这意味着这些义务的履行是完全独立于基础买卖交易的履行状态，信用证是用来融 508
资的。[76] 相应地，不像买方自己，开证人和保付银行不能以基础买卖合同有瑕疵或未履行而拒绝支付。只要卖方/受益人能向银行提供与跟单信用证中约定的单据，他就有权主张付款，不管其他情况如何，因为银行只关心单据的一致性[77]（尽管银行有权坚持提交单据和信用证条款的“严格一致”）。自主付款和严格一致两大支柱将在下面进一步讨论。

除了自主付款和严格一致两大支柱，信用证还有另一个特点为受益人提供了支付安全，即该等支付工具开证的方式。尽管对跟单信用证没有形式上的要求（因为它被定义为“任何安排”），[78] 它们却在不断地标准化。这在很大程度上是银行开证技术进步的结果。过去，信用证以“经检测的电报”[79] 方式开证，而现在以标准 SWIFT 格式（例如 MT700）为基础开证的越来越多。这些机制受欢迎的一个主要原因是它们有效消除了银行代表开证是否经过授权的问题，因为关联经检测的电报和 SWIFT 信息的安全装备创设了一个法律假定，即信用证是得到授权的。[80] 但是对受益人的保护并非绝对，当受

---

〔72〕 International Chamber of Commerce, *Uniform Customs and Practice for Documentary Credits*, 1993 Revision（UCP 500）, Art. 2.

〔73〕 International Chamber of Commerce, *Uniform Customs and Practice for Documentary Credits*, 2007 Revision（UCP 600）, Art. 2.

〔74〕 *United City Merchants*（*Investments*）*Ltd v. Royal Bank of Canada*［1983］1 AC 168, 182-3.

〔75〕 如后面所讨论，银行要承担的义务不是见到相符的单据提交后就见单付款。

〔76〕 UCP 500, Art. 3; UCP 600, Art. 4.

〔77〕 UCP 500, Art. 4; UCP 600, Art. 5.

〔78〕 UCP 500, Art. 2; UCP 600, Art. 2.

〔79〕 了解“受测试的电讯”系统，参见 *Standard Bank London Ltd. v. The Bank of Tokyo Ltd.*［1995］2 Lloyd's Rep. 169：“受测试的电讯包括代码或测试，其在发送者与接收者之间是秘密的，接收者可以通过意在发送该信息的授权而识别电讯……最简明地描述测试的关键是它是银行发送信息的电子签名。”

〔80〕 *Standard Bank London Ltd. v. The Bank of Tokyo Ltd.*［1995］2 Lloyd's Rep. 169; *Industrial & Commercial Bank Ltd. v. Banco Ambrosiano Veneto SpA*［2003］1 SLR 221.

益人知道[81]信用证未经授权而开证或是当报文由黑客而不是银行代表引入系统时，这些保护不适用。[82] 为受益人提供如此高水平保护的正当性在于支持信用证普遍运行。而且，任何对开证银行的潜在不公平都会被这样一个事实所抵销，即它会自通知行（bank advising the credit）[83]或者买方/申请人处得到补偿，如果它在第一时间披露开立信用证的指示是未经授权的或欺诈的。

在考虑跟单信用证之前，有两个重要的考量要牢记心中。第一个考虑是其他形式的
509 支付工具也具有与跟单信用证的基本特征，即共同的抽象性和自治性义务。但是，它们之间还是有重要区别。跟单信用证构成（像独立付款承诺或普遍应用于石油贸易的IPU）付款承诺[84]，因为它构成履行买方在买卖合同下的另一种首要付款义务（尽管IPU是由买方自己开证以卖方银行为抬头，而不是像跟单信用证那样由买方银行开证）。相反，大部分其他形式的自治性付款义务（例如备用信用证、[85]独立保函或履约保证[86]）构成违约责任（default undertaking），[87]即向该义务的受益人提供一种形式的担保，针对不履行基础合同义务，授权受益人根据违约承诺向相对人主张另一种违反基础合同的损害赔偿请求从而寻求银行付款。相应地，违约责任的运行是履行当事人支付违约赔偿的第二义务，而付款责任（payment undertaking）的运行是解决当事人支付货物价款的第一义务。尽管这样的违约责任常常在建筑行业[88]或保险和再保险语境[89]下使用，它们也可以用于贸易融资的语境来向买方提供对卖方在基础买卖合同下的违约保护，例如违反货物装船或提供约定质量货物的保护。尽管违约责任在本章不会再进一步具体讨论，但很重要的一点是意识到很多跟单信用证相关原则在涉及违约付款承诺的判决中已得到发展。当然如果法院认为一种自治性的支付承诺与其他承诺等量齐观，这

---

[81] 尽管沃勒（Waller J）法官，在 *Standard Bank London Ltd. v. The Bank of Tokyo Ltd.* [1995] 2 Lloyd's Rep. 169 中看起来认为仅仅实际是受益人知悉或缺乏代表的正当性，将排除经测试的电报系统的安全性信赖，新加坡上诉法院在 *Industrial & Commercial Bank Ltd. v. Banco Ambrosiano Veneto SpA* [2003] 1 SLR 221 中表明“知悉或注意到欺诈”已足够。

[82] *Industrial & Commercial Bank Ltd. v. Banco Ambrosiano Veneto SpA* [2003] 1 SLR 221.

[83] 这种赔偿的正当性在于通知行是开证行的代理人（参见 *Bank Melli Iran v. Barclays Bank (DCO)* [1951] 2 Lloyd's Rep. 367）或以 UCP500, Art. 7 或 UCP600 为基础，对通知行施以事实上的认证义务。

[84] See generally *Totsa Total Oil Trading SA v. Bharat* [2005] EWHC 1641 (Comm); *Raiffeisen Zentralbank Österreich AG v. China Marine Bunker (Petrochina) Co Ltd.* [2006] EWHC 212 (Comm). 在银行没有开证 IPUs 的情况下，这意味着交易对手仍冒着巨大的买方破产的风险，但该工具的目的是向银行提供交易融资，方法是从买方直接收到款项而不因违反基础合同作扣除。相应地，尽管 IPU 类似于信用证（在于它构成一种完成付款义务的方式），它也以履行重要担保功能的方式类似于一种违约担保。

[85] *Kotonou v. National Westminster Bank plc* [2010] EWHC 1659 (Ch), [121]–[128].

[86] 不像传统的担保，其涉及的是一种形式的第二责任，履约保函产生的是第一责任：参见 *Marubeni Hong Kong and South China Ltd. v. Government of Mongolia* [2005] EWCA Civ 395; *Wuhan Guoyu Logistics Group Co Ltd. v. Emporiki Bank of Greece SA* [2014] 1 Lloyd's Rep 273。

[87] 承担违约责任的单据要求比那些运用信用证的要求要轻得多（实际上，有时完全没有要求）。

[88] See, e. g., *IE Contractors Ltd. v. Lloyds Bank plc.* [1990] 2 Lloyd's Rep. 496.

[89] See e. g., *Sirius International Insurance Co (Publ) v. FAI General Insurance Ltd.* [2004] 1 WLR 3251.

不会有问题,[90]但还是有日益增多的司法和学术性[91]的观点认识到,由于不同的自治性义务服务于支付功能或者担保功能,它们的法律待遇不应该一样。[92] 特别是,严格相符原则和自治(包括相关例外)原则在适用于违约承诺和跟单信用证时是不一样的。由此现在有必要对过去判决中将两种形式的工具等量齐观的态度保持一定谨慎,避免将 510
来落入同一陷阱,这很重要。

第二个考虑是,由于跟单信用证是以纸质为基础实施支付的工具,它们的用处可能在未来消失,和支票在国内的情况一样(尽管不是同样范围)。[93] 目前为止,有三种传统跟单信用证的电子替代品。首先,国际商会正推广一套在信用证下适用于提交电子单据(而不是文档)的标准条款。[94] 尽管这一提议在简化信用证流程方面取得了一些成功,但是这还不可能触发整个批发业务转向电子信用证除非电子提单得到了大范围的应用,而电子提单至今看来没那么受欢迎。其次,作为一种信用证的替代(无论是文档的还是电子的),销售合同的当事人现在都同意通过"银行支付义务"(或 BPO)来实施支付。[95] 这种支付机制不同于信用证之处在于买卖双方银行互换的是电子数据而不是(纸质或电子的)文档。假定基础买卖合同约定以 BPO 支付,买方发出"买入订单"给卖方并要求其自己的银行以买入指令的条款为基础签发 BPO 给卖方银行,卖方银行依次通知卖方签发了 BPO 并要求卖方确认 BPO 和买方订单匹配。一旦匹配满足,卖方将把货物装船并提供运输和发票数据给其自己的银行。它又通过 SWIFT[96] 接力传送给签发银行,它将调和装船数据和 BPO 中包含的数据,并产生报告列明两者之间的吻合度。在匹配时,卖方由其银行通知他会在到期时被付款;在存在不一致时,买方银行会寻求买方指示是否准备对不一致弃权。由于 BPO 的运行是通过匹配数据,不同于信用证将船运文件本身直接发往买方。最后,贸易融资可能被证明是应用"区块链"或"分布式记账"技术的沃土,这些技术是比特币这样的数字货币的基础,[97]因为不同阶段提交的单据、银行审单以及付款流程可以用安全方式登记记账,同时令具体交易中的所有参与人看到。

(一) UCP 体制的本质、范围和应用

有争议的是,跟单信用证作为贸易融资工具取得成功的一个重要原因是由国际商会

---

[90] *RD Harbottle (Mercantile) Ltd. v. National Westminster Bank Ltd.* [1978] QB 146. Consider *Simic v. New South Wales Land & Housing Corporation* [2016] HCA 47.

[91] C. Debattista, 'Performance Bonds and Letters of Credit: A Cracked Mirror Image' [1997] JBL 289.

[92] *Simic v. New South Wales Land & Housing Corporation* [2016] HCA 47, [5].

[93] 进一步了解,参见本书第十三章内容。

[94] International Chamber of Commerce, *The e-UCP*, 2007 Revision (e-UCP).

[95] International Chamber of Commerce, *Uniform Rules for Bank Payment Obligations*, 2013 Revision (BPO 750).

[96] SWIFT 是环球银行金融电信协会的简称。

[97] 参见本书第十三章内容。

（ICC）自 1931 年以来提供的法律框架，即《跟单信用证的统一惯例》或是 UCP。[98] 这一工具旨在列出并协调调整跟单信用证开证和运行的关键原则（以接受国际银行业实践的核心为基础）。虽然它没有国际或国内法的强制力，UCP 的协调机制已对信用证的
511 发展实践影响深远。尽管较早的原则版本（特别是 UCP500，发布于 1993 年）在某些法域还在被贸易商使用，[99] 最新的（且广泛使用的）版本——UCP600，是 2007 年 7 月 1 日发布的。[100] 它还以“e-UCP 规则”作了补充，意在兼容当事人提交电子信用证下单据的可能，通过“国际标准化银行业务实践”或 ISBP745，[101] 它旨在将银行审查跟单信用证下提交文档的方法标准化。由于 UCP 的体制意在引入高度的统一性，当各国实践出现多样性时，ICC 将表明观点并形成了专长于信用证争议的仲裁服务（DOCDEX）。相应地，UCP 需要适当的目的解释以反映“有经验的市场参与人的最佳实践和合理期待”[102] 和“与反映国际银行和国际贸易商的国际实践与期待的基础目标与目的”一致。[103] 以此为基础，“文义解释和国内解释必须避免”。[104] 而且，考虑到 UCP 的国际本质，英国法院曾明确表示将谨慎以该种工具作为补充默示条款，[105] 但新加坡法院已表明对该种做法不怎么抵制，以收紧形成焦点。[106]

据说，UCP 体制在很多特别重要的领域还留有未被触及的问题，结果是（不是在 UCP 自身找到解决方案）相关争议解决部门得引入经认定的其选择适用的法律规则的整体国内法律原则加以填补。这些领域包括：跟单信用证合同有效性的原则；[107] 信用证条款的解释和默认，自治原则的范围和例外；在跟单信用证的当事人之间跟单和非跟单的追索权；以及信用证适用法。在那些落入 UCP 体制视野的领域，这一工具也从未有法

---

〔98〕 就 UCP 的发展问题，参见 E. P. Ellinger, ‘The Uniform Customs—their Nature and the 1983 Revision’ [1984] *LMCLQ* 578。

〔99〕 当然，近年来很多的信用证的诉讼仍是适用 UCP500。

〔100〕 了解更多的 UCP600 较之 UCP500 的变化，参见 E. P. Ellinger, ‘The Uniform Customs and Practice for Documentary Credits (UCP): their Development and the Current Revisions’ [2007] *LMCLQ* 152; C. Debattista, ‘The New UCP 600—Changes to the Tender of the Seller's Shipping Documents under Letters of Credit’ [2007] *JBL* 329; J. Ulph, ‘The UCP 600: Documentary Credits in the 21st Century’ [2007] *JBL* 355。

〔101〕 International Chamber of Commerce, *International Standard Banking Practice*, 2013 Revision, (ISPB 745).

〔102〕 *Fortis Bank SA v. Indian Overseas Bank* [2010] EWHC 84 (Comm), [43].

〔103〕 *Fortis Bank SA v. Indian Overseas Bank* [2011] EWCA Civ 58, [29].

〔104〕 Ibid.

〔105〕 在 *Fortis Bank SA v. Indian Overseas Bank* [2010] EWHC 84 (Comm), [47] 中，汉布伦（Hamblen J）法官指出“法院在国际规范中嵌入默示条款时应特别小心”，而托马斯（Thomas LJ）法官（[2011] EWCA Civ 58, [55]）提出：“在我看来应用国内法的规则作为默示条款（如果区分于推定条款）来写一项 UCP 的义务，真的很困难”。类似的描述，参见 *Deutsche Bank AG v. CIMB Bank Berhad* [2017] EWHC 1264 (Comm)。

〔106〕 *Grains and Industrial Products Trading Pte Ltd. v. Bank of India* [2016] SGCA 32. 在该案中信用证中的默示条款——指定行应自其收到单据后向开证行“迅速地”提交文件的效力——是非常有限且被认为是满足严格必需性的一般测试。

〔107〕 例如，对信用证的追认由国内法原则调整，而不是由 UCP 体制；参见 *Simic v. New South Wales Land & Housing Corporation* [2016] HCA 47。这就是说 UCP 在一定程度上不愿意调整合同的落空或不可抗力等；参见 UCP 500, Art. 17; UCP 600, Art. 36。

律强制力（尽管 UCP600 称其原则为“规则”），[108]只在各方将其条款嵌入其信用证的范围内时才有效。[109] 尽管明示的嵌入条款一般足以满足这些目的，UCP500 的用语还是留下了开放可能，即它的条款可以嵌入之前交易的信用证条款甚至成为默示条款，因为 UCP 体制构成国际银行惯例。[110] 这种观点在 UCP600 下可能更难成立，因为它只适用于“信用证文本明示其适用这些规则”时。[111] 512

考虑到有效运行 UCP 体制有赖于当事人的同意，当事人可以自由选择适用的信用证的版本（即便它在最后版本 UCP600 之前）并可以排除（挑选）UCP 中那些他们不想适用于信用证（或者不适用于其交易）的部分。[112] 但是，UCP500 和 UCP600 都规定，通过信用证排除这一体制中的任一部分必须明示。[113] 据说，英国和新加坡法院看来都曾小看（或忽略）这一要求，允许部分的 UCP 默示排除，只要在信用证条款和 UCP 特定版本之间存在一些“不可调和的不一致性”。[114] 根据信用证中不一致条款取代 UCP 条款是正当的（至少从英国国内法），理由是任何援引进合同的条款（UCP 条款）必须让位于那些当事人间明示的相反条款（信用证条款）。[115] 但是，在国际上应用这个方法存在困难，[116]且不说 ICC 能否为该司法方法背书这一事实尚不清楚，尤其是当这方法破坏 ICC 在其他方面明确的政策取向时更困难。[117]

这一问题（它仍有待权威解决）进一步衍生的问题是 UCP 体制是否只适用于银行开立的信用证，而不适用于非银行组织。当然，UCP500 和 UCP600 都明确分别界定“跟单信用证”和“信用证”为一种涉及“银行”承诺的安排[118]（但没有提供任何关于该概念的定义），但是还有其他商业和金融机构（如保险公司或非银行金融机构）可能开立这种工具。同时，在违约承诺的上下文中，开证人的非银行属性冲击了具体工具的分类与运行，[119]将 UCP 体制限定于银行开立的信用证不仅会破坏其和谐本质，而且考虑到要

---

[108] UCP 600, Art. 1. Consider *Simic v. New South Wales Land & Housing Corporation* [2016] HCA 47.

[109] UCP 500, Art. 1; UCP 600, Art. 1.

[110] UCP 500, Art. 1: ‘The [UCP 500] shall apply to all Documentary Credits... where they are incorporated into the text of the Credit.’

[111] UCP 600, Art. 1 (emphasis added).

[112] *Taurus Petroleum Ltd. v. State Oil Marketing Company of the Ministry of Oil, Republic of Iraq* [2017] UKSC 64, [61].

[113] UCP 500, Art. 1; UCP 600, Art. 1.

[114] *Forestal Mimosa Ltd. v. Oriental Credit Ltd.* [1986] 1 WLR 631, 639; *Kumagai-Zenecon Construction Pte Ltd. v. Arab Bank plc* [1997] 3 SLR 770, [23]-[29]; *Korea Exchange Bank v Standard Chartered Bank* [2006] 1 SLR 565, [33]-[37].

[115] *Royal Bank of Scotland plc. v. Cassa di Risparmio delle Provincie Lombarde* [1992] 1 Bank LR 251.

[116] A. Malek and D. Quest, *Jack: Documentary Credits* (4th edn., London, Tottel Publishing, 2009), [8.18].

[117] 参考 *Korea Exchange Bank v. Standard Chartered Bank* [2006] 1 SLR 565，该案中 UCP 不可协调的不一致性和具体信用证下支撑 ICC 关于检视银行忽视某一特定的信用证中非单据性情况的清晰政策；参见 International Chamber of Commerce, Position Paper No. 3: Non-documentary Conditions (1 September 1994)。

[118] UCP 500, Art. 2; UCP 600, Art. 2.

[119] *Marubeni Hong Kong and South China Ltd. v. Government of Mongolia* [2005] 1 WLR 2497, [20]-[34].

令人满意地界定“银行”是一项挑战,还会产生范围不确定的问题。[120]

513 (二) 信用证的分类

把之前讨论的电子信用证和跟单信用证的区别放在一边,那主要取决于信用证下提交的单据是电子的还是纸质的,信用证还有多种分类方法(并有相应区分)。采用功能主义的方法,可以区分跟单信用证和备用信用证。如前所述,这两种工具的目的显著不同:备用信用证构成违约责任,它是作为对基础交易履行的一种担保;而跟单信用证是一种支付责任,是作为基础合同的履行支付义务的替代品。之所以叫类似名字,是源自美国银行业机构的喜好,用以规避监管对银行相互担保责任的限制,因为这种限制能不适用于开立“信用证”。这种备用信用证的历史背景也解释了何以开立这种工具可以适用 UCP 体系,[121]尽管其功能与跟单信用证迥异。[122] 据说,两者之间的功能差别日渐被认知,不仅体现在国内法原则适用于两种信用证的方式上,而且事实上 ICC 也发布了一套不同标准术语专用于备用信用证。[123]

和信用证的功能区分一样,还有一种可能是根据开证银行和其他银行承担的支付义务的本质或类别来区分。第一,根据前面所述的 UCP 文字,开立的信用证有可能是可撤销或不可撤销,[124]信用证文字得约定清楚它能否撤销,[125]且在缺乏该等明示时,信用证会被认定是不可撤销的。[126] 普通法对这种情况下的认定方法一致[127]且在近期得到加强,因为适用 UCP600 时看起来不再可能开立可撤销信用证,UCP600 定义“信用证”为“不可撤销的安排”和“绝对的义务”。[128] 这一进步有很大商事意义:可撤销的信用证对受益人提供安全不足,因为它随时会被撤回[129]且没有对其他当事人的事先通知。[130] 相应地,尽管可撤销和不可撤销信用证的区分仍持续至今,但开立可撤销信用证得适用 UCP500 或更早的版本。

第二,跟单信用证可以是保兑或未保兑的。很多信用证涉及开证行聘请在受益人国

---

[120] 了解普通法对此的立场,参见 *United Dominions Trust Ltd. v. Kirkwood* [1966] 2 QB 431。

[121] UCP 500, Art. 1; UCP 600, Art. 1.

[122] *Kotonou v. National Westminster Bank plc.* [2010] EWHC 1659 (Ch), [121]-[128].

[123] International Chamber of Commerce, International Standby Practices, 1998 Revision (ISP 98).

[124] UCP 500, Art. 6 (a).

[125] UCP 500, Art. 6 (b).

[126] UCP 500, Art. 6 (c); UCP 600, Art. 3.

[127] 在普通法上,法院一般在没有相反明确表述时愿意认定信用证有一个默示条款,即银行的付款义务是不可撤回的;参见 *International Banking Corp. v. Barclays Bank Ltd.* [1925] 5 LDAB 1。

[128] UCP 600, Art. 2.

[129] UCP 500, Art. 8 (a).

[130] *Cape Asbestos Co Ltd. v. Lloyds Bank Ltd.* [1921] WN 274. 对开证行自由撤回信用证的唯一限制发生于这样的情况:代理行已经付款、承兑或议付票据,或产生了信用证下的延迟付款义务:参见 UCP 500, Art. 8 (b)。

家的代理行,尽管这样的银行可以作为通知行、[131] 指定行[132] 或是保兑行。在最后一种情况下,开证行(基于申请人的指示)将要求代理行在信用证上加上它的保兑,这等同于由保兑行承诺(独立于、区别于且附加于开证行)根据其条款支付信用证。[133] 相应地,保兑行相对于开证人是作为代理人,相对于受益人是作为本人,相应在其自己法域它对付款无可追索来源。[134] 这一问题的一种变体产生于"不公开保兑"情况下,它涉及受益人(而不是开证银行)要求其法域的银行对信用证保兑。这种情况最可能发生于买方/申请人不愿意同意(并支付)保兑信用证。一项"未公开保兑"是有效的独立承诺,运行于信用证结构之外,[135] 但是只能应用于提供"未公开保兑"银行同时也是信用证下指定银行的情形,[136] 否则就有不受偿付的风险。 514

第三,信用证可能给受益人提供可循环授信或固定授信。根据固定信用证,受益人有权提取指定的金额,而一个可循环的信用证只是设定了一个上限,在此上限内受益人可提取资金为装船货物付款。基础交易当事人需要仔细地约定信用证可循环的基础,是每次货运完成还是每次罹于特定期间。[137]

第四,跟单信用证可以是可转让的、不可转让的或背对背的。如果跟单信用证的条款特别约定了转让,将只会被认定为是可转让的。[138] 在此方面,UCP500 要求信用证实际使用"可转让"(transferable)的术语,并规定同义词[如"可分性"(divisible)、"可分割的"(fractionable)、"债权可转让的(assignable)或"可移交的(transmissible)"]都不足以毫不含糊地令信用证可转让。[139] 尽管 UCP600 在这方面表面看起来没那么刻板,为免疑异,遵从 UCP500 的方法还是明智的。设定可转让信用证的首要好处在于它令卖方/受益人可割让部分信用证给他自己的供应商,并相应地用信用证为他获得的相关商品付款,同时让这些细节对那些买入货物者保密。[140] 转让机制的流程会在后面讨论。[141] 另一种令信用证可转让的方式是跟单信用证的受益人可以安排"背对背"信用证,要求银行(通常是原信用证下的代理行)开立以原来的信用证为担保的、以其自己的供应商为抬头的全新信用证。"背对背"信用证将按原始信用证的同样条款开立,其 515

---

[131] 通知行的角色是通知受益人跟单信用证已为其利益开好,但没有义务去核对受益人提交的文件或向受益人支付,或认定这些文件相符。参见 UCP 500, Art. 7; UCP 600, Art. 10。

[132] 指定银行是作为开证行的代理人行事(see *Grains and Industrial Products Trading Pte Ltd. v. Bank of India* [2016] 3 SLR 1308, [69] -[75])且其有权但没有义务向受益人付单证相符的信用证:参见 UCP 500, Art. 10; UCP 600, Art. 12。

[133] UCP 500, Art. 9; UCP 600, Art. 8.

[134] *Wahbe Tamari & Sons v. Colprogeca* [1969] 2 Lloyd's Rep. 18.

[135] Consider *Dibrell Bros. International SA v. Banca Nazionale de Lavoro*, 38 F. 3d 1571 (11th Cir., 1995).

[136] UCP 500, Art. 10 (b) - (d); UCP 600, Art. 12 (a).

[137] Consider UCP 500, Art. 41; UCP 600, Art. 32.

[138] UCP 500, Art. 48 (b); UCP 600, Art. 38 (b).

[139] UCP 500, Art. 48 (b). 如果是使用了这样的同义词,它们会被忽略,跟单信团证会被认为是不可转让的。

[140] *Jackson v. Royal Bank of Scotland* [2005] 1 Lloyd's Rep. 366.

[141] See generally UCP 500, Art. 48; UCP 600, Art. 38.

不利之处在于,作为一种“背对背”信用证它是完全独立的信用证,而不是原来信用证的切割,融资链条中的各个环节与后面的风险并非紧密联系在一起,其后果是连接的链条可能断裂。[142] 对这一问题的变体是受益人可以用原信用证作为一种对其自己银行的“反担保”（counter）,其自己的银行由此开立新信用证（术语是“反向信用证”）,与原信用证背对背。

第五,信用证可能有“红色条款”或“绿色条款”信用证或根本没有这种条款。“红色条款”信用证的名字源自在该工具表面用红墨水印的条款,它令卖方/受益人在装船之前和卖方有能力向开证行或保兑行或买方/申请人相应提供运输单据担保之前可以提用部分信用证。考虑到潜在的滥用风险,在“红色条款”信用证下的卖方/受益人往往需要提供担保或在银行存入某些代表货物的东西（如仓单）。由于这些安全措施既不能阻止卖方获得货物,也不能阻止其欺诈性地对货物再作指示,当事人更倾向于“绿色条款”信用证,它仍为受益人提供装船前的融资,但条件是相关货物以开证行或保兑行的名义存贮,而不是以受益人自己的名义。不过这一条款的重要性在将来会减弱,因为现在有其他方式（如“银行支付义务”）为受益人提供出口前的融资。

第六,跟单信用证可以是直付信用证或议付信用证。在直付信用证下,开证行和保兑行的承诺仅指向原始受益人,而那些在议付信用证的承诺,也会指向从受益人处“议付”或买入装船单据的第三方（通常是银行）。议付信用证的首要好处在于使卖方/受益人立即收到（打折）的付款,但仍然许可买方/申请人约定的信用期间。由于在模棱两可的情况下法院通常倾向于认定信用证为允许议付的,它们会坚持开证行/保兑行对第三方议付人有明确的义务;[143] 议付信用证一般会包括标准形式的条款,[144] 即开证行和保兑行作出常态的要约将其付款承诺延及任何一个“议付”或买入单据的其他人。[145] 相关第三方通过交出装船单据价值的方式对要约作出承诺。开证或保兑银行的要约可限定于特定第三方银行也可作为向全世界的要约,只要信用证是“可自由议付”[146] 或
516 “可自由使用”[147] 的。但是,强调一点很重要,即信用证是直付的或是允许议付看起来无伤大雅,但在确认提交单据的适当地点,[148] 信用证的适用法,[149] 或者就欺诈后果确认

---

[142] *PT Adaro Indonesia v. Rabobank* [2002] 2 SLR 79.

[143] Cf. , e. g. , *Cruickshank v. Westpac Banking Corp.* [1989] 1 NZLR 114; *Sinotani Pacific Pte Ltd. v. Agricultural Bank of China* [1999] 4 SLR 34.

[144] 信用证通常必然包括如下或其变体条款:“我们就此同意出票人、背书人和善意持票人以符合本信用证条款约定的方式出票并转让票据,并将在柜台提示后得到承兑。”

[145] 单据中是否有汇票并不必然影响到某一信用证的分类;参见 *Credit Agricole Indosuez v. Banque Nationale de Paris* [2001] 2 SLR 1。

[146] UCP 500, Art. 10 (b).

[147] UCP 600, Art. 6 (a).

[148] *European Asian Bank AG v. Punjab and Sind Bank* (*No.* 2) [1983] 1 WLR 642; *Cruickshank v. Westpac Banking Corp.* [1989] 1 NZLR 114.

[149] *Sinotani Pacific Pte Ltd. v. Agricultural Bank of China* [1999] 4 SLR 34.

银行对指示方的补偿权时有重大实际意义。[150] 假如信用证允许议付，议付银行需要在所有意图和目的上都为受益人设身处地，同时保留对其追索权。

最后，也可能是最重要的是，根据开证人或保兑银行的义务本质来划分信用证。根据 UCP500，信用证可能涉及开证行和保兑行的承诺要么是见到装船单据就付款（术语是"即期信用证"），[151] 要么在见到装船单据后经过一段约定时间付款（术语是"延期付款"信用证），[152] 或者对银行签出的汇票或票据承兑（术语是"承兑信用证"）[153] 或者对汇票或以其他人为付款人的票据无追索地付款（术语是"可议付信用证"）。[154] 而 UCP600，采用一个区分开证行义务更精细化的方法（可以是见单即付、发生延期付款义务或承兑票据）[155] 和保兑行的义务（可以是议付单据）。[156] 在具体案件中认定信用证的类别没那么直接：尽管 UCP 长期要求跟单信用证明确约定想要达成的方式，[157] 但这么清晰的票据在实践中并不经常见到，[158] 由此信用证的分类取决于解释的过程。虽然一般更倾向于以更情境化的解释来作合同解释，[159] 还有一种不断得到认同的看法是：标准形式的合同在涉及第三方和市场信赖时更需要文义解释的方法。[160] 跟单信用证就是这样一种合同。[161] 在这方面，传统认为在提交的单据时也提交汇票（或票据）是关于信用证可否承兑或议付的可信赖的指示，[162] 但是现存的司法案源则观点相反。[163] 尽管如此，在真的存在模糊性[164] 或者当语言上确有错误时，法院也可能准备冒险超出跟单信用证的四角原则来解释*。[165]

---

[150] *Credit Agricole Indosuez v. Banque Nationale de Paris* [2001] 2 SLR 1.

[151] UCP 500, Art. 9 (i).

[152] UCP 500, Art. 9 (ii).

[153] 与本章第二节"一、国际贸易中的汇票"比较。承兑的信用证会要求开证行或兑付行有义务接受以另一家银行为付款人的汇票，如果这家银行不承兑该工具。

[154] UCP 500, Art. 9 (iv).

[155] UCP 600, Art. 7.

[156] UCP 600, Art. 8.

[157] UCP 500, Art. 10 (a); UCP 600, Art. 6 (b).

[158] See, e. g., *Credit Agricole Indosuez v. Banque Nationale de Paris* [2001] 2 SLR 1.

[159] Consider *Investors Compensation Scheme Ltd. v. West Bromwich BS* [1998] 1 WLR 896.

[160] Consider *Wood v. Capita Insurance Services Ltd.* [2017] UKSC 24.

[161] Consider *Taurus Petroleum Ltd. v. State Oil Marketing Co of the Ministry of Oil, Republic of Iraq* [2017] UKSC 64; *Simic v. New South Wales Land & Housing Corporation* [2016] HCA 47.

[162] A. Malek and D. Quest, *Jack: Documentary Credits* (4th edn., London, Tottel Publishing, 2009), [2.18]-[2.24].

[163] 参见 *Credit Agricole Indosuez v. Banque Nationale de Paris* [2001] 2 SLR 1，该案中信用证分为直接延迟支付信用工具，尽管系争单据之一是汇票。

[164] *Korea Exchange Bank v. Standard Chartered Bank* [2006] 1 SLR 565.

* 文义解释。——译者注

[165] *Chartbrook Ltd. v. Persimmon Homes Ltd.* [2009] 1 AC 1101.

517　（三）跟单信用证的“合同矩阵”

如前所述，在 *United City Merchants (Investments) Ltd v. Royal Bank of Canada* 案〔166〕中，迪普洛克法官认为跟单信用证的概念是一种“通过内在联系的合同关系自治”的矩阵。由于每一个关系之间相互独立，本节依次逐一审查。

1. 买方/申请人和卖方/受益人之间的关系

第一个合同关系是国际货物买卖的基础合同，发生于买方/申请人和卖方/受益人之间。由于这种关系能产生很多很复杂的问题，本节只聚焦于基础合同下以跟单信用证为支付方式的安排。显然，如果卖方需要用信用证支付，他应该确保在基础合同中作了这样的约定，但是如果在没有这样约定的情况下，付款是用信用证完成的，它也仍然很可能解除付款人的付款义务。〔167〕当基础合同确实约定了以信用证支付时，买方需要向一家银行申请据买卖合同的条款开出信用证以避免违约。但是，当买卖合同对需要的信用证的特定方面未作约定时，法院会推定合同中存在某些要求：尽管英国法院总是愿意认定约定信用证默示不可撤销，〔168〕它不太可能认定默示信用证需要保兑的要求，因为这样的信用证需要支付额外的费用。〔169〕如果当事人在基础合同中就信用证的要求留下了太多未明示的空间，就存在合同因为不完整而被认定无效的风险，〔170〕当然法院无论根据普通法〔171〕还是《联合国国际货物销售公司公约》〔172〕都会努力避免令合同无效的结果。同时
518　英国法院几乎通过对买卖双方施加义务要求合作解决信用证条款的方法给基础合同以必要的完整性，〔173〕英国法院已使用后来开证的信用证条款为基础来补充或修正基础买

---

〔166〕 *United City Merchants (Investments) Ltd. v. Royal Bank of Canada* [1983] 1 AC 168, 182-3.

〔167〕 尽管英国国内法的原则是，在缺乏相反约定的情况下，支付只有以法定货币或现金支付才有效［参见 *Finch v. Brook* (1834) 1 Bing NC 253］，英国和海外的法院已离开这个原则，接受通过任何相当于现金的付款已经足以。参见 *The Brimnes* [1975] QB 929; *Otago Station Estates Ltd. v. Parker* [2005] 2 NZLR 734 (bank cheque); *Rick Dees Ltd. v. Larsen* [2007] NZSC 39 (electronic fund transfer)。信用证可以被视为相当于现金的支付形式。当《联合国国际货物销售公约》，Vienna, 11 April 1980, UN Doc A/CONF. 97/19, 1489 UNTS 3 (CISG) 适用时，这种解决方案可以在公约内找到（CISG, Art. 7），法院将通过援引在具体交易使用的支付工具，包括信用证，来填补其中的规定空白［见 CISG, Art. 9 (2)］。

〔168〕 *Giddens v. Anglo-African Produce Co. Ltd.* (1923) 14 Ll L Rep 230. 该等默示条款将完全与现在的远离可撤销信用证的做法一致，并朝向完全不可撤销信用证：参见 UCP 600, Art. 2。

〔169〕 A. Malek and D. Quest, *Jack: Documentary Credits* (4th edn., London, Tottel Publishing, 2009), [3.8]-[3.10].

〔170〕 *Schijveschuurder v. Canon (Export) Ltd.* [1952] 2 Lloyd's Rep. 196.

〔171〕 考虑一下在不同的情况下，*Scammell & Nephew Ltd. v. Ousten* [1941] *AC* 251，上议院释明：在处理当事人都非常熟悉的交易的商业文件时，法院如果认定当事人认为他们已订立生效合同，非常默示这些条款，特别是在其他合同中也许不可能执行的合同方法下的特定合同条款。

〔172〕 CISG, Art. 55.

〔173〕 *Siporex Trade SA v. Banque Indosuez* [1986] 2 Lloyd's Rep. 146. 考虑到承认了买卖合同当事人善意行事而产生义务，CISG Art. 7(1) 是否必然会导致同样结果还不清楚。

卖合同条款与支付要求相关的条款。[174]

基础合同约定以跟单信用证付款,有三个特别的问题。第一个问题是关于买方/申请人必须确保以卖方/受益人为抬头符合要求的信用证的就位日期。如果买卖合同约定信用证必须开立的特定日期,那么买方/申请人必须遵守这一日期,或者如果买卖合同约定信用证必须"立即"开立,这曾被解释为意味着"买方必须以一个理性谨慎的人需要的时间来获得信用证的开立"。[175] 如果买卖合同在此方面未约定,法院已准备了默示所需时间的框架:考虑到 CIF[176] 和 FOB[177] 两类买卖合同,[178]更为接受的观点是,信用证必须在相关装船日的第一天开立(尽管就 CIF 合同而言,也有相反的法源认为是买方不应延迟到最后一刻才开证,而应在装船第一日之前的合理时间开立)。[179] 这方面,英国法院一般认为开立约定信用证是卖方/受益人装船义务的前提[180](较之现在的买卖合同本身更不同寻常),[181]因此卖方/受益人不需要履行其装船主义务直到先行收到买方/申请人在支付方面的对待履行。而且,买方未能及时开出信用证将令卖方有理由终止底层买卖合同[182]并主张损害赔偿,该赔偿并不仅限于违约"市场价格"原则,[183]还包括卖方主张的相关交易利润损失要素。[184]

第二个问题考虑的是开立的信用证条款与基础合同要求不一致的情况,无论是因信用证开立晚了[185]或者没有保兑。[186] 同时,如上所述,这会构成对买卖合同的违约而产 519
生常规救济。如果卖方没有反对信用证的不符点,而是向前推进继续装船了,产生的问题是一个法律地位问题。在此情况下,看起来卖方/受益人被排除了后续对买方/申请人

---

[174] *Sopproma SpA v. Marine and Animal By-products Corp* [1966] 1 Lloyd's Rep. 367; *Ficom SA v. Sociedad Cadex Ltda* [1980] 2 Lloyd's Rep. 118; *Shamsher Jute Mills Ltd. v. Sethia (London) Ltd.* [1987] 1 Lloyd's Rep. 388. Consider also CISG, Art. 29 (1); cf. CISG, Art. 18 (1).

[175] *Etablissements Chainbaux Sarl v. Harbormaster Ltd.* [1955] 1 Lloyd's Rep. 303. 在该案中,德夫林(Devlin J)法官判断认为买方仍被视为在"合理时间"内行事,只要任何延续是由其可控以外的原因造成,且他既没有过失也没有不合理行事。

[176] *Pavia & Co SpA v. Thurmann-Nielsen* [1952] 2 QB 84.

[177] *Ian Stach Ltd. v. Baker Bosley Ltd.* [1958] 2 QB 130; *Glencore Grain Rotterdam BV v. LORICO* [1997] 2 Lloyd's Rep. 386.

[178] 尽管 CISG 对此的立场还不清楚,但有意见认为同样的规则也应适用,不须顾及买卖合同下的基础条款是如何订立的。

[179] *Plasticmoda SpA v. Davidsons (Manchester) Ltd.* [1952] 1 Lloyd's Rep. 527; *Sinason-Teichner Inter-American Grain Corp. v. Oilcakes and Oilseeds Trading Co. Ltd.* [1954] 2 Lloyd's Rep. 327.

[180] *Trans Trust Sprl v. Danubian Trading Co. Ltd.* [1952] 2 QB 297; *Kronos Worldwide Ltd. v. Sempra Oil Trading Sarl* [2004] EWCA Civ 3.

[181] Consider M. Clarke, 'Bankers' Commercial Credits Among the High Trees' [1974] CLJ 260.

[182] 或者说,未能开出约定的信用证构成 CISG 第 25 条下的买卖合同的根本违约。参见 *Magellan International Corp. v. Salzgitter Handel GmbH* (No. 99 C 5153), US District Court for the Northern District of Illinois, Eastern Division (Dec 7 1999); *Downs Investment Pty Ltd. v. Perwaja Steel Sdn Bhd* [2000] QSC 421。

[183] Sale of Goods Act 1979, s. 51 (3).

[184] *Trans Trust Sprl v. Danubian Trading Co. Ltd.* [1952] 2 QB 297.

[185] *Etablissements Chainbaux Sarl v. Harbormaster Ltd* [1955] 1 Lloyd's Rep. 303.

[186] *Panoutsos v. Raymond Hadley Corp. of New York* [1960] 2 Lloyd's Rep. 340.

的违约主张，无论是依据卖方行为构成修改买卖合同[187]或是放弃其权利（waiver）[188]（尽管现在的英国法院倾向于从禁止反言的视角来看待这个问题，而不是采用以普通法弃权为基础）。[189] 虽然上诉法院在 *WJ Alan & Co Ltd. v. El Nasr Export and Import Co.* 案[190]中看起来想混合合同变更、普通法下的弃权和这种情况下的禁止反言，[191]但现实是每一原则都有不同要求（例如变更需要对价，而禁止反言需要减少信赖）[192]和不同后果（变更的后果是消灭权利，而禁反言一般是令合同权利中止）。[193] 由此，在这些情况下决定适用哪个原则至关重要。

第三个问题是关于信用证相符性对买方在基础合同下付款责任的影响问题（无论是原本如此，还是仅仅是因为变更、弃权或禁反言原则的适用而如此）。虽然信用证下的实际支付解除买方义务没什么疑异（假设支付是经过授权的[194]且以正确方式[195]作出的，付给了对的人，[196]在相关日期之前，并付了正确的数额），[197]但对于开立信用证本身是否构成对卖方/受益人的绝对的还是有条件的付款则从一开始就不那么确定。第一种立场是，开立跟单信用证解除了买方在基础合同下的支付义务，不论信用证实际是否向卖方/受益人付款；第二种立场是，买方付款的义务只在因信用证致卖方/受益人就供货而被实际付款范围内才被解除，除此之外，卖方保留着基础合同下对买方主张货款或赔偿的权利。类似支票付款，英国法院的一致立场是将开立跟单信用证（除非有明确的合同意图的证据），仅仅作为有条件的付款，因此卖方/受益人在信用证未能付款时仍可
520 以继续起诉买方/申请人。[198] 尽管从卖方/受益人角度这肯定是最有利的法律处境，但其正确性却在澳大利亚受到了怀疑：在 *Saffron v. Société Minière Cafrika* 案[199]中，澳大利亚高等法院表明，就不可撤销的保兑信用证而言，“认为保兑行义务代替了买方义务可

---

[187] *WJ Alan & Co Ltd. v. El Nasr Export and Import Co.* [1972] 2 QB 189；*Ficom SA v. Sociedad Cadex Ltda* [1980] 2 Lloyd's Rep. 118.

[188] *Panoutsos v. Raymond Hadley Corp. of New York* [1960] 2 Lloyd's Rep. 340.

[189] *Enrico Furst & Co. v. WE Fischer Ltd.* [1960] 2 Lloyd's Rep. 340. 还不清楚根据 CISG Art. 26，用弃权和禁反言为基础会有什么作用。

[190] *WJ Alan & Co Ltd v. El Nasr Export and Import Co.* [1972] 2 QB 189.

[191] Consider M. Clarke, 'Bankers' Commercial Credits Among the High Trees' [1974] CLJ 260.

[192] Consider *Combe v. Combe* [1951] 2 KB 215.

[193] Consider M. Clarke, 'Bankers' Commercial Credits Among the High Trees' [1974] CLJ 260.

[194] Consider *Crantrave Ltd. v. Lloyds Bank plc.* [2001] BPIR 57.

[195] 一般来说，支付应以法币完成：参见 *Gordon v. Strange* (1847) 1 Exch 477；*Child Maintenance and Enforcement Commission v. Wilson* [2013] CSIH 95, [12]。

[196] 当存在转让时就存在一个收款人的身份识别问题。尽管法律上的转让需要给债务人以书面通知［参见《1925 年财产法》s. 136 (1)］，但这不是衡平转让的必然情况。

[197] 一般原则是，少付了金额不会解释债务［see *Foakes v. Beer* (1884) 9 App Cas 605］，尽管这个结论可能因禁止反言原则而受到影响（See *MWB Business Exchange Centres Ltd. v. Rock Advertising Ltd.* [2016] EWCA Civ 553）。

[198] *Trans Trust Sprl v. Danubian Trading Co. Ltd.* [1952] 2 QB 297；*WJ Alan & Co. Ltd. v. El Nasr Export and Import Co.* [1972] 2 QB 189；*Maran Road Saw Mill v. Austin Taylor & Co. Ltd.* [1975] 1 Lloyd's Rep. 156；*ED & F Man Ltd. v. Nigerian Sweets and Confectionery Co. Ltd.* [1977] 2 Lloyd's Rep. 50.

[199] *Saffron v. Société Minière Cafrika* (1958) 100 CLR 231.

能并非不合理”,虽然就未保兑的、不可撤销信用证而言这个法律处境的讨论仍是开放的。尽管澳大利亚高等法院这一说法因为不正确而被普遍摒弃,还是需要回忆一下英国在认定其他涉及银行中介性的支付系统将构成绝对支付而不是附条件支付前（例如信用卡[200]和 CHAPS 划拨）[201]的坚守立场。实际上,考虑到买方/申请人通常为跟单信用证付费而且最可能的信用证不被付款的原因是受益人提交了欺诈的、伪造的或不一致的单据,那对受益人来说寻求开证行和保兑行付款而不是买方/申请人付款就不会不合理了。事实上,只有真的在银行破产的情况下（仍然不可能）[202]才有必要认定卖方/受益人在买卖合同下是否对买方/申请人有其他的请求权。由此,英国的法律立场将来仍值得再考虑,虽然在司法上目前已有解决方案。

2. 买方/申请人和开证银行的关系

为了开立跟单信用证,买方必须首先向意向的开证行（往往是买方/申请人已经有银行—客户/账户关系的银行）以其为此目的设计的标准化申请表申请。这一申请表将列出买方/申请人—开证银行之间法律关系的明示条款,包括前者需要负责的费用,[203]并需要申请人明确说明银行必须开证的以受益人为抬头的信用证属性和买方/受益人最终必须提交以获得付款的单据。[204] 该等明示条款可以以其他明示安排作补充（例如要求申请人预付或提供担保以备申请人未能提供还款时保护银行）;或以 UCP 作补充（尽管 UCP600 比 UCP500 对调整买方/申请人—开证银行之间的关系采用了较少触及的方法）;以及通过常见事件中银行—客户之间的关系来填补（至少在双方存在既存账户关系时）。[205]

在这方面,通过银行—客户原则的棱镜来观察买方/申请人—开证银行的关系,至少有三个关键性后果。其一,和其他银行—客户关系一样,开证银行有一个核心职责就是 521
开立信用证并通知受益人要严格遵守申请人的授权和指令,[206]且根据信用证条款来付款。有观点认为,银行对申请人审查信用证下提交单据的义务已由 UCP 体系修改,由此该义务不再是严格责任,而是在检验单据中的合理注意义务。[207] 如果开证银行未能遵

---

[200] *Re Charge Card Services Ltd.* [1989] Ch 497.

[201] *Tayeb v. HSBC Bank plc.* [2004] EWHC 1529 (Comm).

[202] 尽管国际金融危机显然强调了银行的不能清偿已远不是遥不可及的,上个十年发展出的监管框架仍然意味着银行的破产清算是非同寻常的。

[203] UCP 500, Art. 18 (c); UCP 600, Art. 37 (c).

[204] UCP 500, Art. 5 (b).

[205] 不幸的是,尽管事实上买方/申请人和开证行会经常在同一个法域并有事先存在的银行关系,英国法院在将这种关系提交给国内银行法的普通原则方面非常缓慢,只要它认为这是一个开证跟单信用证的问题,但是相反曾倾向于认为买方/申请者与开证行之间的关系是独特的,需要一套其自己的调整原则。

[206] 银行法一般原则认为开证行就开证和通知信用证对申请者的义务是严格的,尽管它曾认为开证行在此方面仅需要尽合理努力:参见 A. Malek and D. Quest, *Jack: Documentary Credits* (4th edn., London, Tottel Publishing, 2009), [4.11] - [4.13]。但是,它也认为它并没有原则性的正当性、没有司法案例或 UCP500/UCP600 本身支持其偏离已有的银行法在这方面的立场。

[207] UCP 500, ART. 13 (A). 尽管援引“合理注意”从 UCP600 中的明示条款中去除了,该种位置不可能显著变化,因为 UCP600 的第 2 条要求开证行在检视提交的单证时应按“国际标准银行业实践”来行事。

守这些义务，它要为损失承担责任，或者，更常见的是，失去从申请人处获得补偿的权利。其二，和银行严格遵从客户委托的核心义务一样，一般银行法也对银行施加了完善的强势义务，要求其采用合理注意在知道明显指令意在欺诈其客户时，不遵从该指令。[208] 开证行应该对申请人负有同等（但也不会更宽泛）[209]义务，如果它意识到受益人提交的文件是伪造或欺诈的，事实上这一思路已上升为解释对自治原则实施“欺诈例外”的可能基础。[210] 其三，一般银行法会规定一些指引，规定申请人对开证银行负有何种义务，除 UCP 体制认同的表面义务之外，包括一方对其下达指示者支付费用和收费的义务。[211] 在这方面，在申请人身上有两项很窄的义务可自一般银行法原则类比推论得出。[212] 首先，申请者对开证行就其所知悉的信用证正用于实施欺诈银行负有通知义
522 务，[213]违反该义务将阻止申请人就开证银行借记其账户权利提出争议；其次，有不同观点认为申请人可能对开证行负有义务——对开证指令和起草信用证申请充分注意以防被第三方实施欺诈，[214]尽管还不清楚除了支票付款这种第二类义务还能扩充多远。[215]

据说 UCP 体制对买方/申请人—开证银行的关系有三重影响。第一，除了明示的责任排除条款，UCP500 和 UCP600 为开证银行规定了很多针对买方/申请人的额外标准保护，[216]由此开证行不对“任何单据的形式、充分性、准确性、真实性、虚假性或法律效力”负责；不对这些单据对货物的任何描述、质量负责；不对任何第三方的诚信或作为负责，例如承运人，收货人或保险人；[217]不为任何在传送中延迟或失去的文件、信件或通知负

---

〔208〕 *Barclays Bank plc. v. Quincecare Ltd.* ［1992］4 All ER 363；*Lipkin Gorman（a firm）v. Karpnale & Co. Ltd.* ［1989］1 WLR 1340.

〔209〕 除了涉及明知想欺诈客户的企图，作为银行法的一般问题，一直不情愿对银行施加缔结某一特定交易负担通知商业谨慎或就特定交易通知采用合适形式的义务。参见 *Springwell Navigation Corporation v. JP Morgan Chase Bank*［2010］EWCA Civ 1221。类似的态度在信用证的情况下也很明显。尽管开证行有义务向受益人不提供误导信息，但一般它对申请人也不负有代表其作进一步查询的义务。（see *Midland Bank Ltd. v. Seymour*［1955］2 Lloyd's Rep. 147）也不负有通知申请人关于信用证应包括哪些条款的义务。（See *Commercial Banking Co. of Sydney Ltd. v. Jalsard Pty Ltd.* ［1973］AC 279）. 该种义务只在银行特定同意承担该种建议义务并同意超出其仅仅作为银行的角色时才产生。

〔210〕 *Czarnikow-Rionda Sugar Trading Inc. v. Standard Bank London Ltd.* ［1999］2 Lloyd's Rep. 187.

〔211〕 UCP 500，Art. 18；UCP 600，Art. 37. See further *Melli Bank plc. v. Holbud Ltd.* ［2013］EWHC 1506（Comm）. 尽管有意见认为申请人有义务对开证行提供担保｛参见 *A. Malek and D. Quest，Jack：Documentary Credits*（4th edn.，London，Tottel Publishing，2009），［4. 33］｝但更好的观点是这是一种良好的银行实践，而不是法律义务。

〔212〕 尽管有很多很有说服力的理由要求银行客户承担举证责任，英国法院一直抵制在普通法上作此扩张：参见 *Tai Hing Cotton Mill Ltd. v. Liu Chong Hing Bank*［1986］AC 80。这一立场对那些落人《2017 年支付服务规定》2017 SI No. 752 范围的支付方法已经改变；进一步了解，参见本书第十三章内容。

〔213〕 *Greenwood v. Martins Bank Ltd.* ［1933］AC 51. 欺诈的推定通知看起来对这些目的并不是充分的：参见 *Price Meats Ltd. v. Barclays Bank plc.* ［2000］2 All ER（Comm）346，351。

〔214〕 *London Joint Stock Bank Ltd. v. Macmillan*［1918］AC 777.

〔215〕 *ASB Securities Ltd. v. Geurts*［2005］1 NZLR 484.

〔216〕 在 UCP500 和 UCP600 下的开证行的标准保护并不必然限制于与申请人之间的关系，但还是限制或排除其与信用证其他方的义务。

〔217〕 UCP 500，Art. 15；UCP 600，Art. 34.

责；不为电子通信中的传输失败或翻译或解释错误产生的损失负责任；[218]不为由“不可抗力事件”（force majeure）[219]导致的银行业务“中断”而不能履行付款义务负责；不为代理行的作为或不作为（act or ommision）负责，即便该银行是由开证行选择的。[220] 第二，至少那些适用UCP500的跟单信用证下，申请人的指示必须“完整而精确”，[221]不得含有冗余的细节，[222]不得含有参照由银行代表申请人开证的之前信用证的内容。[223] 尽管在UCP600中并没有同样的条款（考虑到该工具若非绝对必要，也并不是用来调整买方/申请人和开证银行之间的关系），在UCP600下给开证行下达清晰指示的重要性并没有消失，因为英国国内法仍然要求本人给其代理人以精确而非模棱两可的指示。如果申请人低于标准要求向开证行提出了存在不清晰或模棱两可的指示，开证行可以援引*Ireland v. Livingstone*案[224]的原则，该案允许代理人基于对本人指示的合理解释采取行动，并仍可就付出的金额主张补偿，即便这完全超出了授权范围。[225] 但是开证行只能在这些指令中的模糊性是隐性时才能依赖于这一原则。[226] 如果指示模糊性从表面上看是非常明显的，开证银行就需要确信并确认该指示确由申请人发出，执行那些核对的同时， 523
银行向受益人提供临时性通知或信用证预通知。[227] 第三，如上所述，UCP体制已“放水”令开证行的审单义务从那些严格责任降到基于过失标准的责任。[228]

3. 卖方/受益人和开证行与保兑行的关系

如前所述，跟单信用证的核心在于开证行承诺在提示了严格符合信用证条款约定的单据时向受益人付款。当信用证被保兑时，保兑银行也向受益人提供了同样的付款承诺，由此受益人享有向开证行或保兑行提交单据的选择权。[229] 由于这些付款义务的一致性，卖方/受益人相对于开证行和保兑行的地位需要一并考虑。

尽管银行对受益人承担的义务就其本质总是被认为是合同性的，[230]它不像卖方/受

[218] UCP 500, Art. 16; UCP 600, Art. 35.

[219] UCP 500, Art. 17; UCP 600, Art. 36. 不出意外，UCP600把不可抗力扩大到了“恐怖主义行为”。

[220] UCP 500, Art. 18; UCP 600, Art. 37. 尽管这些条款是用绝对条款起草，对于它们在过失行事时是否否认开证行的义务还仍存有不确定性。

[221] UCP 500, Art. 5 (a).

[222] UCP 500, Art. 5 (a)(i).

[223] UCP 500, Art. 5 (a)(ii).

[224] *Ireland v. Livingstone* (1872) LR 5 HL 395.

[225] *Midland Bank Ltd.* v. *Seymour* [1955] 2 Lloyd's Rep. 147; *Commercial Banking Co. of Sydney Ltd.* v. *Jalsard Pty Ltd.* [1973] AC 279. 尽管在*Ireland* v. *Livingstone*案中已适用于开证行和申请人，关于该原则是否适用于开证行和代理行，还有许多译文；参见*European Asian Bank AG* v. *Punjab & Sind Bank* [1983] 1 WLR 642; *Credit Agricole Indosuez* v. *Muslim Commercial Bank Ltd.* [2000] 1 Lloyd's Rep. 275。

[226] *European Asian Bank AG v. Punjab & Sind Bank* [1983] 1 WLR 642; *Credit Agricole Indosuez v. Muslim Commercial Bank Ltd.* [2000] 1 Lloyd's Rep. 275.

[227] UCP 500, Art. 12; UCP 600, Art. 11 (b). 在后一个条款下，开证行应该只能预通知最终准备按那些条款开立的信用证。

[228] UCP 500, Art. 13 (a); UCP 600, Arts. 2, 14 (a).

[229] UCP 500, Art. 9; UCP 600, Arts. 7-8.

[230] *United City Merchants (Investments) Ltd. v. Royal Bank of Canada* [1983] 1 AC 168, 182-3.

益人和买方/申请人之间的买卖合同以及买方/申请人和他的银行之间的银行业务合同，受益人和银行间的关系并不满足英国国内法对有约束力合同的要求——事实上，开证行和保兑行的义务“破坏了调整合同形式的每一项法的原则”。[231] 正如银行承诺问题所产生的法律本质的困惑——它们是否构成单边、[232] 双边[233] 还是某类（*sui generis*）[234] 独特合同——这方面有两项具体挑战。[235]

第一个挑战是关于确认银行合同责任有约束力的时间，因为一般合同需要受要约人作出承诺。[236] 看起来就何时信用证约束开证行（和保兑行）有三种选择：即工具一经开证行发出（或一经保兑行作出保兑）并通知受益人时；受益人收到以其为抬头的信用证开出的通知时；[237] 或者当受益人基于信用证行事或明示正式接受信用证时。[238] 尽管只有最后一个选项是符合英国合同法的（因为它在银行受约束前需要收到承诺），但这在实践中是最不招人喜欢的处理，因为它潜在要求卖方/受益人事先尚未获得开证行或
524 保兑行的有约束力的承诺就开始履行其在买卖合同下的义务。而且，这种方式还与 UCP 体制的条款[239] 不一致并将破坏其成熟立场，[240] 即买方约定有约束力和符合条件的信用证是卖方将相关货物装船的先决条件。相应地，从实际角度看，有观点认为更令人接受的看法是信用证在送达受益人时有约束力，因为仅是从这个时点开始（而非信用证离开银行的更早时点），可以期待卖方/受益人履行其在买卖合同下的义务。[241] 商业上合理处置只能这样在原则上合理化，或者将跟单信用证归于一类特别义务或者是一种不需承诺送达的例外。[242] 这可能也是对第二个挑战的解决方案，即银行的承诺是否由受益人作为被承诺人提供了对价。尽管长年来大量的学术理论发展起来用来解释对价

---

[231] R. Goode, ‘Abstract Payment Undertakings’, in P. Cane and J. Stapleton (eds.), *Essays for Patrick Atiyah* (Oxford, Clarendon Press, 1991).

[232] *Simic v. New South Wales Land & Housing Corporation* [2016] HCA 47, [16].

[233] *Taurus Petroleum Ltd. v. State Oil Co. of the Ministry of Oil, Iraq* [2015] EWCA Civ 835, [11]; [2017] UKSC 64, [12]-[14].

[234] *Simic v. New South Wales Land & Housing Corporation* [2016] HCA 47, [36].

[235] 跟单信用证会受到一般合同的常见生效要件的影响，例如合同的落空（See UCP 500, Art. 16; UCP 600, Art. 35）、合同的追认（See *Simic v. New South Wales Land & Housing Corporation* [2016] HCA 47, [12]-[20], [32]-[52], [102]-[118]）及非法性 [See United City *Merchants* (*Investments*) *Ltd. v. Royal Bank of Canada* [1983] 1 AC 168, 188-91]。

[236] *Felthouse v. Bindley* (1862) 11 CB (NS) 869. 就银行对之前已通知过的信用证作出不可撤销的开证承诺，其正当性是有问题的：参见 UCP 500, Art. 11 (c); UCP 600, Art. 11 (b)。

[237] *Dexters Ltd. v. Schenkers & Co.* (1923) 14 Ll L Rep 586.

[238] *Urquhart, Lindsay & Co Ltd. v. Eastern Bank Ltd.* [1922] 1 KB 318; *Elder Dempster Lines Ltd. v. Ionic Shipping Agency Inc.* [1968] 1 Lloyd's Rep. 529.

[239] UCP 600, Art. 7 (b)：开证行自其开出信用证之时起即不可撤销地应承付该信用证。

[240] *Trans Trust Sprl v. Danubian Trading Co. Ltd.* [1952] 2 QB 297; *Kronos Worldwide Ltd. v. Sempra Oil Trading Sarl* [2004] EWCA Civ 3.

[241] 就 UPC600, Art. 7 (b) 而言，就开证时间是否认定为票据离开开证行的时间或信用证通知受益人的时间更好，是存在争议的。

[242] 还有一些例子表明商业必要性令法院放弃承诺送达的要求正当化，参见，在保险条件下，*Rust v. Abbey Life Assurance Co. Ltd.* [1979] 2 Lloyd's Rep. 334。

的存在及其本质，[243]人们需要回到曼斯菲尔德（Mansfield）法官时代来看对信用证的实证观点，即作为一种商人的工具，不应该要求对价，因为对该工具的商业需要就足以成为对其强制执行的正当理由。[244] 与之近似，更多近期判决已倾向于要么认定对价存在但不审查其精确本质，[245]让认定对价存在相对容易；[246]要么以驳回信用证没有对价支持的诉请告终。[247] 实际上，考虑到提出信用证缺乏对价对银行的声誉损失和对贸易融资系统的损失，银行一般不愿意提出这种争辩。但是银行的清算人可能不会这么沉默不语。

相反，一旦跟单信用证开立后，开证行可以变动或修改其义务（虽然从来不会是单边的或未经受益人同意的），[248]不会存在像信用证开始开证时一样的原则困境。就受益人接受条款修定而言，UCP 体制明确了尽管该等修订自修订"开证"之时起约束开证行，自保兑被通知之时起约束保兑行，[249]它只会在受益人表明接受时才有效约束受益人，[250]它包括提交与已修订的信用证要求相符的单据。跟单信用证还是以其原有的未 525
命名的形式有效存在，直到修改发生。同样，法院在找出必要对价以支持信用证修改上也不可能有重大困难，因为英国法院对信用证近年来持更为宽松的态度，支持合同变动会让承诺方"实际受益"。[251]

和将合同成立的国内原理适用于跟单信用证上的困难一样，这些原理如何适用于合同的内涵和解释也存在不确定性。考虑到信用证一般是以标准的 SWIFT 格式开证且在起草中相当简单而精要，英国法院一般以其字面认定信用证效力。由此，想基于外部环境要求在信用证条款和履约保函中确认默示条款法院也明显不情愿，[252]尽管对以下情况已没那么警惕：即该等默示条款是信用证明示条款有效运行所必需的；[253]该等默示条款是由法律而非事实所默示的；[254]以及这种默示条款是基于充分的著名的银行业惯例

---

[243] 这些包括"要约和承诺"理论、代理理论、第三人权利理论、转让理论、更新理论和信托理论：概览性了解参见 P. Todd，'Sellers and Documentary Credits'［1983］*JBL* 468。

[244] *Pillans v. Van Mierop*（1765）3 Burr 1664.

[245] *Dexters Ltd. v. Schenkers & Co.*（1923）14 Ll L Rep 586.

[246] *Raiffeisen Zentralbank Österreich AG v. China Marine Bunker（Petrochina）Co. Ltd.*［2006］EWHC 212（Comm）.

[247] *Taurus Petroleum Ltd. v. State Oil Co. of the Ministry of Oil，Iraq*［2015］EWCA Civ 835，［11］，［13］，［61］，支持了这一观点：［2017］UKSC 64，［25］，［95］，［100］。

[248] UCP 500，Art. 9（d）（i）；UCP 600，Art. 10（a）.

[249] UCP 500，Art. 9（d）（ii）；UCP 600，Art. 10（b）.

[250] UCP 500，Art. 9（d）（iii）；UCP 600，Art. 10（c）. 了解这种情况下以默示方式拒绝正式拒绝承兑，参见 International Chamber of Commerce，Position Paper No. 1：Amendments（1 September 1994）。

[251] *Williams v. Roffey Bros & Nicholls（Contractors）Ltd.*［1991］1 QB 1；*MWB Business Exchange Centres Ltd. v. Rock Advertising Ltd.*［2016］EWCA Civ 553. See also *Antons Trawling Co. Ltd. v. Smith*［2003］2 NZLR 23.

[252] *Cauxwell Ltd. v. Lloyds Bank Ltd.*，*The Times*，26 December 1995；*Uzinterimpex JSC v. Standard Bank plc.*［2007］2 Lloyd's Rep 187.

[253] *Brooke Line Building Ltd. v. Umma Bank*，Unreported，26 December 1989.

[254] *Jackson v. Royal Bank of Scotland*［2005］1 Lloyd's Rep 366.

而存在的。[255] 事实上，后面这些形式的默示条款（更为限定）并没能像基于外部事实的默示条款那样破坏信用证的商业确定性。就信用证的解释而言，尽管合同解释的一般方法倾向于整体解释（contextualism），[256] 最近得到更多认同的是用更字面化的方式来解释基于市场实践的标准合同更合理，它产生了市场预期，而第三方信赖于此。[257] 本质上，采用整体解释还是文义解释涉及“迭代的过程”（iterative process），有赖于个案具体情况。[258] 在跟单信用证和其他自治支付工具的情况下，英国、[259] 澳大利亚[260] 和新加坡[261] 法院都非常倾向于采用更为文义的方法并将其适用于解释过程，即聚焦于信用证文本的“四角”语言并尽可能地忽略外部环境因素。

无论怎么对开证行和保兑行对受益人义务的本质进行归类，一个重要但 UCP 体系基本保持沉默的问题是受益人对开立行和保兑行的救济与追索的问题（当信用证未能产生付款时）以及其他银行的救济和追索的问题（当它们错误承付信用证时）。就第一
526 个问题而言，如果开立人（以及任何保兑人）未能承付信用证，受益人可以就信用证面额提起债权诉讼（当然假定受益人所处地位是要么提交了相符的单据给银行，要么即将这么做），[262] 或者，另一种方式是终止信用证，并/或向银行主张损害赔偿（在装船单据已被处分的情况下）。[263] 在后一种情况下，开始时法院看起来采用了一种极为限制受益人损害赔偿额的方法，即将信用证面额减去处置货物获得的数额，[264] 看起来支持这种限制观点的判例法源是将赔害赔偿和债权主张合并在一起了。[265] 但是近些时期的认定在支持受益人对开立行和保兑行的损害赔偿主张方面更慷慨，[266] 包括了对现在和将来

---

[255] *Seaconsar Far East Ltd. v. Bank Markarzi Jomhouri Islami Iran* [1999] 1 Lloyd's Rep. 36.

[256] *Investors Compensation Scheme Ltd. v. West Bromwich BS* [1998] 1 WLR 896; *Chartbrook Ltd. v. Persimmon Homes Ltd* [2009] 1 AC 1101; *Rainy Sky SA v. Kookmin Bank* [2011] 1 WLR 2900.

[257] *Re Sigma Finance Corporation* [2010] BCC 40; *Arnold v. Britton* [2015] AC 1619.

[258] *Wood v. Capita Insurance Services Ltd.* [2017] UKSC 24.

[259] *Taurus Petroleum Ltd. v. State Oil Co. of the Ministry of Oil, Iraq* [2015] EWCA Civ 835, [5], [12], [60], off'd on this point: [2017] UKSC 64, [8], [73]。另见 *Petrosaudi Oil Services (Venezuela) Ltd. v. Novo Banco SA* [2017] EWCA Civ 9。

[260] *Simic v. New South Wales Land & Housing Corporation* [2016] HCA 47, [8]-[11], [31], [77]-[101].

[261] *Korea Exchange Bank v. Standard Chartered Bank* [2006] 1 SLR 565，尽管当跟单信用证存在模糊或内部不一致时在一定程度上可以援引外部证据。

[262] *Belgian Grain & Produce Co. v. Cox & Co. (France) Ltd.* (1919) Ll L Rep 256, 257; *Stein v. Hambro's Bank of Northern Commerce* (1921) 9 Ll L Rep 433, 507; *Dexters Ltd. v. Schenkers & Co.* (1923) 14 Ll L Rep. 586, 588; *Standard Chartered Bank v. Dorchester LNG (2) Ltd.* [2016] QB 1, [51].

[263] *Jaks (UK) Ltd. v. Cera Investment Bank SA* [1998] 2 Lloyd's Rep. 89，该案强调，正如银行拒绝履行需要在潜在拒绝前明确说明，受益人也必须以明确语言的方式表达其终止信用证的决定（由此仅仅是未能货运的事实本身不能有效地终止信用证）。

[264] *Belgian Grain & Produce Co. v. Cox & Co. (France) Ltd.* (1919) Ll L Rep 256, 257; *Stein v. Hambro's Bank of Northern Commerce* (1921) 9 Ll L Rep. 433, 507; *Dexters Ltd. v. Schenkers & Co.* (1923) 14 Ll L Rep. 586, 588.

[265] *Standard Chartered Bank v. Dorchester LNG (2) Ltd.* [2016] QB 1, [40]-[52].

[266] *Trans Trust Sprl v. Danubian Trading Co. Ltd.* [1952] 2 QB 297.

买卖交易利润的损害赔偿、[267]货币兑换损失、[268]额外获取过桥融资的借款成本[269]和(不考虑付款是根本没来还是仅仅延迟)自付款应付之日起的信用证下利息损失。[270]

相反情形(开证行已对不符单据或欺诈单据付款并寻求向受益人索回付款)就更复杂了。尽管开证行和保兑行最简单和最常用的追索权就是从指示行寻求补偿,但如果是银行超授权行事或指示银行已破产,这就不可行了。此时,银行相对受益人的地位将变得至关重要。一个选项是银行保留追索受益人的权利,当开证行或保兑行对受益人付款是"保留追索权"(under reserve)或"以备索赔"(against an indemnity)时,这就是UCP500的态度。[271]尽管还不清楚这一选项在UCP600下是否存在。[272]除了此明显规定的情形外,还有两种情况值得比较。

第一种情况考虑的是付款行能否在对不符单据付款后追索卖方/受益人。尽管早期学术观点曾支持开立行和保兑行对卖方/受益人有合同请求权,因为其违反了关于交单 527
相符的默示保证,[273]现在更广为接受的观点却是银行在这种情况下不应有追索权。实际上,英国法院还驳回了关于卖方/受益人对开立行或保兑行在提交单据前负有确保交单相符的注意义务的意见。[274]开立行或保兑行,作为正当持票人在信用证下提交后,对信用证下的受益人,即票据出票人,也没有通常成文法下的追索权,[275]因为这已由UCP明示排除了。[276]而且,在加拿大[277]和新西兰[278],在对不符单据错误付款的情况下,法院看起来驳回了开立行或保兑行对卖方/受益人主张赔偿或不当得利的可能。事实上,这种态度转变有其合理基础,因为银行和卖方/受益人持续存在的合同关系排除了由前者主张任何不当得利;[279]银行有效承担了对不符单据付款的风险,因为UCP体制不偏

---

[267] *Urquhart Lindsay & Co. Ltd. v. Eastern Bank Ltd.* [1922] 1 KB 318.

[268] *Ozalid Group (Exports) Ltd. v. African Continental Bank Ltd.* [1979] 2 Lloyd's Rep. 231. Consider generally *President of India v. Lips Maritime Corp* [1988] AC 395.

[269] *Wadsworth v. Lydall* [1981] 1 WLR 598.

[270] *Sempra Metals Ltd. v. Her Majesty's Commissioners of Inland Revenue* [2007] 3 WLR 354; cf. *London, Chatham and Dover Railway Co. v. South Eastern Railway Co.* [1893] AC 429; *President of India v. La Pintada Compania Navigacion SA* [1985] AC 104.

[271] UCP 500, Art. 14 (f). See also *Banque de l'Indochine et de Suez SA v. JH Rayner (Mincing Lane) Ltd.* [1983] QB 711.

[272] UCP600, Art. 15,虽然这种保留追索或以备索赔的可能性现在已替代为开证行或保兑行有权拒付有待申请人弃权的单据,参见UCP 600, Art. 16 (c)(iii)(b)。

[273] R. Goode, 'Reflections on Letters of Credit III' [1980] JBL 443,按《统一商法典》Art. 5规定的方式背书。但是当《统一商法典》在1995年重新起草时,起草人将关于提示付款的受益人作出一致性默示保证的规定删除了。

[274] *Montrod Ltd. v. Grundkotter Fleischvertriebs GmbH* [2002] 1 WLR 1975.

[275] Bills of Exchange Act 1882, ss. 43 (2), 47 (2).

[276] UCP 500, Arts. 9 (a)(iv), 9 (b)(iv); UCP 600, Art. 8 (a)(ii). 和开证行与保兑行的地位不同仅仅是指定的通知行在信用证下议付了单据的话保留着按《1882年票据法》下的追索权。

[277] *Michael Doyle & Associates Ltd. v. Bank of Montreal* (1982) 140 DLR (3d) 596.

[278] *Aotearoa International Ltd. v. Westpac Banking Corp.* [1984] 2 NZLR 34.

[279] R. Goode, 'Reflections on Letters of Credit III' [1980] *JBL* 443.

不倚地将履行核对责任放在银行肩上；[280]还有开立行和保兑行被排除了提出不符点的权利——因为UCP体系[281]为核对船运单据设定的时间已过。[282] 即便这样的观点是错的，就算开立行和保兑行对卖方/受益人有基于初步证据的返还请求权，后者一般也对这种请求权有常规抗辩权，即返还原物（counter-restitution）是否已不可行（如果银行在同期已处置了装船单据且不能归还受益人）；[283]卖方/受益人依赖于有效信用证下的付款已转为善意的法律地位；[284]或者开立行或保兑行嗣后提出付款有效性异议后被禁止反言。[285] 但是，基于开立行或保兑行不能成功向卖方/受益人主张恢复原状的假设，有个问题产生了，即银行对申请人是否有追索权，尽管事实上它们无权对不符单据付款。虽然本能的答案是否定的，但是还是有这样的风险即买方/申请人可能收到系争货物但未
528 为其付款。由此，可能赋予开立行或保兑行一种对买方/申请人的请求权也是合适的，无论是它通过代位卖方/受益人在买卖合同下的权利[286]（假定买方和卖方之间的付款基础义务已被解除），[287]或是，通过另一种，对买方/申请人直接提起返还请求以防当事人收到货物后不当得利。[288]

第二种情况关注的是付款银行依据与信用证表面相符但事实存在严重错误或伪造的单据付款之后，对卖方/受益人是否有追索权。最明显的主张（至少在受益人本人受欺诈时）是基于欺骗侵权，[289]这种主张的好处在于欺诈受益人不能通过指向开证行或保兑人的混合过错[290]以及指望适用宽松的远因性原则（remoteness）允许获得不可预见的损失来减轻他自己的责任。把欺诈侵权放在一边，与对交单不符的观点不同，法律已认同了因伪造或欺诈性单据付款后开立行或保兑行对卖方/受益人提起不当得利请求的可能，[291]而且没认为在当前背景下反对是个问题（但是在交单不符时会这么认为）。还不清楚的银行返还请求权适用的范围是否符合银行以受益人欺诈为由首先拒绝付款

[280] 付款人承担着一种风险，即他们事实上的错误付款一般会被否决返还请求权或不当得利请求权：参见 *Deutsche Morgan Grenfell Group plc. v. IRC* [2007] 1 AC 558。

[281] UCP 500, Art. 14 (d); UCP 600, Art. 16 (f).

[282] *Miers Pierson NV v. Bay Pacific Pte Ltd.* [2000] 4 SLR 393.

[283] D. Sheehan, 'Rights of Recourse in Documentary (and Other) Credit Transactions' [2005] *JBL* 326.

[284] *Gulf International Bank BSC v. Albaraka Islamic Bank BSC* [2004] EWCA Civ 416.

[285] D. Sheehan, 'Rights of Recourse in Documentary (and Other) Credit Transactions' [2005] *JBL* 326.

[286] A. Ward and G. McCormack, 'Subrogation and Bankers' Autonomous Undertakings' (2000) 116 *LQR* 121.

[287] Consider *Crantrave Ltd. v. Lloyds Bank plc.* [2001] BPIR 57; *Ibrahim v. Barclays Bank plc.* [2013] Ch 400.

[288] 参见 *B Liggett (Liverpool) Ltd. v. Barclays Bank* [1928] 1 KB 48，尽管该判决自 *Crantrave Ltd. v. Lloyds Bank plc.* [2001] BPIR 57 后更有疑义。

[289] *KBC Bank v. Industrial Steels (UK) Ltd.* [2001] 1 Lloyd's Rep. 370; *Komercni Banka AS v. Stone & Rolls Ltd.* [2003] 1 Lloyd's Rep. 383.

[290] *Standard Chartered Bank v. Pakistan National Shipping Corp* (Nos. 2 & 4) [2003] 1 AC 959.

[291] *Bank Russo-Iran v. Gordon, Woodroffe & Co Ltd.*, *The Times*, 4 October 1972; *Edward Owen Engineering Ltd. v. Barclays Bank International Ltd.* [1978] QB 159.

的情况，还是可以允许开立行或保兑行在更广泛的情况下有追索权。[292] 有争议的是，银行的返还请求权不应限定于受益人本人欺诈或对欺诈知情的情形，[293] 因为无过错受益人对抗返还请求权的常规抗辩已足以保护，例如处境变化。[294] 与之类似，托收银行也可以用已偿付抗辩保护自己，对抗返还请求权。[295]

尽管从结论来看银行对受益人只有有限的权利，但是作为最后救济，银行对信用证下的不同第三方还是有可能有追索权，例如对承运人或保险公司。对承运人，银行可以主张保管下权利（claim in bailment），因为在普通法下，提单是一种权利凭证，以此质押等同于货物本身质押。[296] 它还可以对承运人按照《1992年货物海运法》（Goods by Sea Act 1992）主张合同权利，尽管该等主张可能面临很多责任限制。[297] 银行在这方面的首要风险是可能进入一项信托收据的安排，在该安排下允许买方在偿付银行之前获得权利 529
凭证。[298] 尽管信托收据一般而言对银行就提单与提单下货物的质押有持续公示作用，这里还是存在两种潜在的脆弱性。首先，如果银行的担保利益（对产品或收益）将再归为抵押，它可能被清算人以未登记为由遭受质疑和攻击；[299] 其次，即便是起草得最好的信托收据也不可能保护银行免于申请人恶意欺诈。[300]

4. 代理行

由于开立行常在买方/受益人法域雇用一个或多个代理行，最终的法律关系是在两个银行之间的。一个代理行可以履行如下执行一项或多项功能：向卖方/受益人通知信用证，为信用证加保兑/或者作为指定的单据接收行审核其相符度，并可能付款。作为保兑行，它一开始就对卖方/受益人负有有约束力的义务，由此前者有义务在后者提交相符单据后付款，[301] 而指定银行没有这样的义务，只在其选择因接受相符单据而按指定行事时才需要付款。[302] 其结果是指定银行并非信用证的原始当事人，但是，如果银行议付船运单据，会被认为是对开立行或保兑行将信用证承诺延展至第三人的要约予以承诺，由此，此后议付行成为那些银行承诺的受益人。

与指定银行不同，通知行从来没有对卖方/受益人的合同义务，[303] 且在此方面，信用

---

[292] Consider D. Sheehan, 'Rights of Recourse in Documentary (and Other) Credit Transactions' [2005] *JBL* 326.

[293] *United City Merchants (Investments) Ltd. v. Royal Bank of Canada* [1983] 1 AC 168.

[294] 在信用证的背景下，参考 *Niru Battery Manufacturing Co. v. Milestone Trading Ltd.* [2004] 2 WLR 1415。

[295] *Standard Bank London Ltd. v. Canara Bank* [2002] EWHC 1574 (Comm).

[296] *Official Assignee of Madras v. Mercantile Bank of India Ltd.* [1935] AC 53.

[297] *Standard Chartered Bank v. Dorchester LNG (2) Ltd.* [2016] QB 1.

[298] *North Western Bank Ltd. v. John Poynter, Son & Macdonalds* [1895] AC 56. See K. Frederick, 'The Trust Receipt as Security' (1922) 22 *Columbia LR* 395, 546.

[299] Compare *In re David Allester Ltd.* [1922] 2 Ch. 211, 218.

[300] *Lloyds Bank Ltd. v. Bank of America National Trust and Savings Association* [1938] 2 KB 147, 166.

[301] UCP 500, Art. 9 (b); UCP 600 Art. 8 (b).

[302] UCP 500, Art. 10 (c); UCP 600, Art. 12 (a).

[303] UCP 500, Art. 7 (a); UCP 600, Art. 9 (a).

证的通知往往包含对其通知信用证“无责任”或“无参与”的后果声明。[304] 通知行的第一责任是确认信用证的真实性。[305] 无论它执行什么功能，代理行通常被认为是与开立行有合同关系，并在传统上被视为开证行的代理人。[306] 尽管和指定银行的关系也是这种情况，[307] 但开立行和保兑行之间的关系被视为基于代理关系的妥适性[308] 受到越来越多的怀疑，而开立行和通知行之间的地位在很大程度上仍未解决。[309] 将代理行视为代
530 理的重要性在于它将影响英国法院如何解决对代理人模棱两可的指令，[310] 认定开立行或保兑行是否受错误通知的信用证约束，[311] 以及确认通知行对开证行是否负有注意义务。[312]

（四）提交并审查单据

1. 提交单据

由于开证行和保兑行与卖方/受益人之间的关系在本质上是单方的，[313] 受益人没有义务在信用证下做任何事，但是如果他们想在信用证下收到付款，必须满足银行付款义务的三项关键先决条件。首先，受益人必须遵守单据提交地点的要求。除非信用证约定单据只能给开证行，不然需要明示指定行，单据必须（或可以）提交给它。[314] 如果信用证是可自由议付[315] 或可自由使用的，[316] 则任一银行都是指定行。相应地，受益人需要向开证行、保兑人（如有）或指定行提交单据以获取付款。[317] 其次，装船单据必须由卖方/受益人在信用证约定的截止日之前提交[318]（除非截止日由于实际最后一天不是银

---

[304] *Den Danske Bank A/S v. Surinam Shipping Ltd.* [2014] UKPC 10.

[305] UCP 500, Art. 7; UCP 600, Art. 9.

[306] *Bank Melli Iran v. Barclays Bank DCO* [1951] 2 Lloyd's Rep. 367.

[307] UCP 500, Art. 10 (c) – (d); UCP 600, Art. 12. See also *Grains and Industrial Products Trading Pte Ltd. v. Bank of India* [2016] SGCA 32.

[308] *European Asian Bank AG v. Punjab and Sind Bank* [1983] 1 WLR 642; *Credit Agricole Indosuez v. Muslim Commercial Bank Ltd.* [2000] 1 Lloyd's Rep. 275.

[309] 议付行的地位在 *Grains and Industrial Products Trading Pte Ltd. v. Bank of India* [2016] SGCA 32, [71] 中是不确定的。了解拒绝议付行为代理人，参见 R. Wright and A. Ward, 'The Advising Bank in Letter of Credit Transactions and the Assumption of Agency' [1993] *JIBL* 432。

[310] *Ireland v. Livingstone* (1872) LR 5 HL 395.

[311] 在开证行或保兑行由于议付行通知卖方/受益人错误的信用证条款而遭受损失时，前者可以向后者追索：参见 UCP 500, Art. 7 (a); UCP 600, Art. 9。

[312] 了解议付行对开证行负有注意义务的意见，参见 R. Wright and A. Ward, 'The Liability of an Advising Bank in the Letter of Credit Transaction' [1995] *JIBL* 136. See also UCP 500, Art. 7 (a); UCP 600, Art. 9 (b)。了解指定行负有注意义务的意见，参见 *Grains and Industrial Products Trading Pte Ltd. v. Bank of India* [2016] SGCA 32。

[313] *Simic v. New South Wales Land & Housing Corporation* [2016] HCA 47, [16].

[314] UCP 500, Art. 10 (b); UCP 600, Art. 6 (a). 在此方面，认定信用证是直接付款的还是议付的往往很重要：参见 *Cruickshank v. Westpac Banking Corporation* [1989] 1 NZLR 114。

[315] UCP 500, Art. 10 (b).

[316] UCP 600, Art. 6 (a).

[317] UCP 500, Art. 10 (b)(i); UCP 600, Arts. 6 (a), 7 (a), 8 (a), 12 (a).

[318] UCP 500, Arts. 42 (a), (b); UCP 600, Art. 6 (d), (e).

行营业日而延长）[319]并且在货物装船之后的 21 天内。[320] 最后，卖方/受益人必须提交在形式和数量上都符合信用证约定的单据。尽管下一节会列出适用于所有跟单不论其本质差异的一般性要求，UCP 体制还包括对一些特定单据的特别要求，包括提单、[321]海运单、[322]租船方提单、[323]多式联运单、[324]空运单、[325]公路或铁路运输单、[326]承运人或邮政收据、[327]保险单据、[328]和商业发票[329]。提交了不符单据的受益人有权在信用证到期前再次提交单据。

2. 检验单据 531

如前所述，跟单信用证最基本的特征是这样一个事实，即银行对卖方/受益人的义务独立于且自治于其他合同矩阵要素，特别是基础买卖交易。[330] 这一自治原则的重要性很明显，特别是考虑到银行检验受益人提交的装船单据的角色时，因为银行被要求仅依据单据的相符性决定是否付款，并忽略其他的外在材料。[331] 特别是银行在决定是否付款时必须忽略所有声称卖方/受益人已违反基础买卖交易的证据和主张[332]且不得推想特定单据的提交方式[333]以及为什么某一特定文档对申请人必然重要。[334] 也不得预估开证行或保兑行对与基础关易合同相关的商业惯例或贸易术语有特殊知悉，即便它们在某个特定贸易圈很有名气，[335]而且在原则上，银行有权忽略任何信用证所含的与跟单条件不相关的事实因素。[336] 有意见认为，开证行和保兑行在审查提交单据时[337]需要超越船运单据并考虑"国际标准银行实践"。[338]

---

[319] UCP 500, Arts. 44 (a); UCP 600, Art. 29 (a).

[320] UCP 500, Arts. 43 (a); UCP 600, Art. 14 (c).

[321] UCP 500, Art. 23; UCP 600, Art. 20. See further C. Debattista, 'The New UCP 600—Changes to the Tender of the Seller's Shipping Documents under Letters of Credit' [2007] *JBL* 329.

[322] UCP 500, Art. 24; UCP 600, Art. 21.

[323] UCP 500, Art. 25; UCP 600, Art. 22.

[324] UCP 500, Art. 26; UCP 600, Art. 19.

[325] UCP 500, Art. 27; UCP 600, Art. 23.

[326] UCP 500, Art. 28; UCP 600, Art. 24.

[327] UCP 500, Art. 29; UCP 600, Art. 25.

[328] UCP 500, Art. 34; UCP 600, Art. 28.

[329] UCP 500, Art. 37; UCP 600, Art. 18.

[330] UCP 500, Arts. 3 (a), (b); UCP 600, Art. 4 (a).

[331] UCP 500, Arts. 4, 13 (a); UCP 600, Arts. 5, 14 (a).

[332] *United City Merchants (Investments) Ltd. v. Royal Bank of Canada* [1983] 1 AC 168.

[333] *Westpac Banking Corporation v. South Carolina National Bank* [1986] 1 Lloyd's Rep. 311.

[334] *Commercial Banking Co. of Sydney Ltd. v. Jalsard Pty Ltd.* [1973] AC 279; *Kredietbank Antwerp v. Midland Bank plc.* [1999] Lloyd's Rep. Bank 219.

[335] *JH Rayner & Co. Ltd. v. Hambro's Bank Ltd.* [1943] KB 37.

[336] UCP 500, Art. 13 (c); UCP 600, Art. 14 (h). 如前所述，英国和新加坡法院可能破坏了 ICC 关于非跟单条件的明确政策。International Chamber of Commerce, Position Paper No. 3: Non-Documentary Conditions (1 September 1994)。

[337] 了解 ICC 关于什么构成"国际银行业标准实践"的具体指导，参见 ISBP 645 (for UCP 500); ISBP 745 (for UCP 600)。

[338] UCP 500, Art. 13 (a); UCP 600, Art. 2.

提交船运单据时，银行的第一步是解构信用证以确定哪些文件需要提交并审查，[339]因为银行被特别要求“审查信用证中约定的所有文件”[340]并被要求忽略所有信用证中没有约定的文件。[341] 一旦任务的范围确立，就要求银行在审单时“尽合理注意确认它们是否看起来表面符合信用证条款”。[342] 尽管银行一般负有严格遵从客户指示的义务，这一标准已被 UCP500 明示修改为以过失为基础的义务。尽管“合理注意”的语词从 UCP600 的同等条款中消失了，[343]ICC 看起来并没有改变以过失为基础的单据审查标准，而是在认定交单是否符合时，将这种标准从根据银行需要转为参考“国际标准银行实
532 践”。[344] 在尽合理注意义务时，UCP500 和 UCP600 都很明确银行只需要考虑单据表面，而不是其实质，[345]而且这一点在这方面由银行所享有的豁免进一步增强。[346] 但是 UCP 体系对船运单据与跟单信用证之间必须要有的相符度保持沉默。尽管如此，英国法院长期的立场是单与证之间必须严格相符，[347]尽管这一原则适用时得多严格还存在不一致的看法。从一头看，法院已驳回对交单相符度适用“微量许可”（*de minimis*）规则[348]且有时允许银行依赖于极端技术抗辩以避免按信用证付款。[349] 从另一头看，法院强调严格相符原则“必须智慧地适用，而不是机械地适用”，开立行“自行判断就这一工具约定的要求是否满足”且法院一般不允许银行依赖于“微小的或者仅是打字”错误。[350] 相应地，银行被要求忽略一些就买方/申请人名字[351]或传真号码[352]以及指定开证报告的人[353]等微小的不一致，但是这一问题是否适用于信用证下指定受益人还是这事太重要了即便有轻微不同也会导致船运单据不符，英国[354]和新加坡[355]法院存在不同

---

[339] *Donald H Scott & Co. v. Barclays Bank Ltd.* [1923] 2 KB 1；*Credit Industriel et Commercial v. China Merchants Bank* [2002] EWHC 973 (Comm).

[340] UCP 600, Art. 13 (a).

[341] UCP 600, Art. 13 (a), UCP 600, Art. 14 (g).

[342] UCP 600, Art. 13 (a).

[343] UCP 600, Art. 14 (a).

[344] UCP 600, Art. 2.

[345] UCP 500, Art. 13 (a)；UCP 600, Art. 14 (a). 尽管在 UCP500, Art. 13 (a) 和 UCP600, Art. 14 (a)，有“表面看来”这样的语词，银行并不是被要求限制其对文件的检视，除非是运输单据：参见 *The Starsin* [2003] 1 Lloyd's Rep. 571。

[346] UCP 500, Art. 15；UCP 600, Art. 34.

[347] *English, Scottish and Australian Bank Ltd. v. Bank of South Africa* (1922) 13 Ll L Rep. 21；*Equitable Trust Co. of New York v. Dawson Partners Ltd.* (1926) 27 Ll L Rep. 49.

[348] *Moralice (London) Ltd. v. ED & F Man* [1954] 2 Lloyd's Rep. 526.

[349] 例如，像什么达得到“原件”的问题，参见 *Glencore International AG v. Bank of China* [1996] 1 Lloyd's Rep. 135。

[350] *Simic v. New South Wales Land & Housing Corporation* [2016] HCA 47, [99] - [100]. See also *Bulgrains & Co. Ltd. v. Shinhan Bank* [2013] EWHC 2498 (QB), [18].

[351] *Hing Hip Hing Fat. Co Ltd. v. Daiwa Bank Ltd.* [1991] 2 HKLR 35.

[352] *Seaconsar Far East Ltd. v. Bank Markazi Jomhouri Islami Iran* [1993] 1 Lloyd's Rep. 236.

[353] *Kredietbank Antwerp v. Midland Bank plc* [1999] Lloyd's Rep Bank 219.

[354] *Bulgrains & Co. Ltd. v. Shinhan Bank* [2013] EWHC 2498 (QB).

[355] *United Bank Ltd. v. Banque Nationale de Paris* [1992] 2 SLR 64.

认识。此外,在UCP体系中就数量、[356]日期[357]和认定单据开证人[358]存在一定允许和容忍是明示的。相应地,严格相符原则的现代路径是按商业自由心证,且以常识为基础。[359]

船运单据除了要"逐一"符合跟单信用证,单据还不应"表面存在相互不一致"[360]或"和其他约定单据矛盾"。[361] 尽管UCP600下修改后的语词看起来表明只有高层级的内部单据不一致性才可令拒付合理化,但还是要看这样的改动是否重要。而且,还有一些司法创设的额外要求,即就以单据确认货物一致性的方式而言,这些单据之间应有"链接"。[362] 这些要求看起来不同于适用于那些以商业发票和其他单据描述货物方式的要求。[363] 而且,对这些单据还有额外要求,即"表面正常"且"在贸易中现存",[364]以及是"正本"单据。[365] 由于现代单据产出形式的发展,[366]最后一个问题已证明是特别矛盾且困难的,它导致ICC发布政策说明以纠正对什么算UCP500所述"正本"单据的错误认识。[367] UCP600在很大程度上改动了语词表达形式,这个问题看起来被解决了。 533

在执行单据审查时,每家银行都有一个确定的时间限制,在此之内必须完成任务并决定是接受还是拒绝船运单据。根据UCP500,[368]每家银行有一个"合理的时间,不超过7个营业日"。为达到前述目的,"合理时间"的概念包括需要接触买方/申请人以放弃不符点的时间,但是这并不意味着审单银行总是可以占用7天来履行其角色而不考虑手上任务的情况或困难。[369] 为增加银行的确定性,UCP600改变了方法,[370]由此审单

[356] UCP 500, Art. 39; UCP 600, Art. 30.

[357] UCP 500, Art. 47; UCP 600, Art. 3.

[358] UCP 500, Art. 20 (a); UCP 600, Art. 3.

[359] E. P. Ellinger, 'New Problems of Strict Compliance in Letters of Credit' [1988] *JBL* 320; E. P Ellinger, 'The Doctrine of Strict Compliance: its Development and Current Construction', in F. Rose, *Lex Mercatoria* (Oxford, Oxford University Press, 2000).

[360] UCP 500, Art. 13 (a).

[361] UCP 600, Art. 14 (d).

[362] *Banque de l' Indochine et de Suez SA v. JH Rayner (Mincing Lane) Ltd.* [1983] QB 711; *Glencore International AG v. Bank of China* [1996] 1 Lloyd's Rep. 135.

[363] UCP 500, Art. 37 (c); UCP 600, Art. 18 (c).

[364] *Hanson v. Hamel & Horley Ltd.* [1922] 2 AC 36; *M Golodetz & Co Inc. v. Czarnikow-Rionda Co. Inc.* [1980] 1 WLR 495.

[365] 尽管总是要求受益人提供信用证约定的每个单据的正本(参见 *Glencore International AG v. Bank of China* [1996] 1 Lloyd's Rep. 135),但是这还是在近期才在UCP规则中明确表达[参见 UCP 600, Art. 17 (a)],虽然当事人可以决定是否排除这一要求。

[366] UCP 500, Art. 20 (b); UCP 600, Arts. 17 (b), (c). See also *Glencore International AG v. Bank of China* [1996] 1 Lloyd's Rep. 135; *Kredietbank Antwerp v. Midland Bank plc* [1999] Lloyd's Rep. Bank 219; *Credit Industriel et Commercial v. China Merchants Bank* [2002] EWHC 973 (Comm). See further H. Bennett, 'Strict Compliance under UCP 500' [1997] LMCLQ 7; H. Bennett, 'Original Sins under the UCP' [2001] LMCLQ 88.

[367] International Chamber of Commerce, *The Determination of an 'Original' Document in the Context of UCP 500 sub-Article 20 (b)* (12 July 1999).

[368] UCP 500, Art. 13 (b).

[369] *Bankers Trust Co. v. State Bank of India* [1991] 2 Lloyd's Rep. 443.

[370] UCP 600, Art. 14 (b).

银行有一个“最长5个营业日”的“安全港”，意味着银行只要在5天的窗口内行事，就不能被批评。[371]

3. 信用证下的付款和拒付

如果单据严格符合跟单信用证，则指定银行（或保付行或开证行，这取决于提示单据的地点）需要向正确当事人付款以兑付信用证，[372] 而开证行/保兑行需要偿付该行。[373] 这已明示在UCP600中，该文规定开证行、保兑行或指定行必须在受益人作出“相符交单”时“承付”（honour）信用证。[374] 当审单银行对船运单据的符合度存有质疑
534 时，UCP500规定银行可另有选择，即“附追索权”或“以备赔偿”（against indemnity）地付款，[375] 它有效地令付款银行有权在单据不符时从其付款取回或弥补损失，无须依赖于前面讨论过的一般追索权。[376] 这个选项在UCP600不复存在，[377] 看来现在取决于银行是否中止等待买方/申请人对不符点弃权与否的态度，自行决定是否拒付装船单据。

相反，如果指定行、保兑行或开立行得出结论认为提交的装船单据与信用证不符，它可以拒绝付款。[378] 拒付之前，相关银行必须接触买方/申请人询问其是否放弃不符点，[379] 但必须在UCP的时限机制内完成与买方/申请人的商谈并完成审单。[380] 如果获得了弃权，银行可以付款并主张偿付；否则银行必须遵照适当的拒付程序。如果选择拒绝单据，它必须以电讯方式发出产生这种效果的通知；如果不能，就通过其他更快的方式，没有延迟且不晚于交单翌日的7个工作日（UCP500下）[381] 或5个工作日（UCP600下）[382]。拒付通知必须发给交单人那一方；必须说明银行拒绝装船单据的所有不符点；必须说明银行是留存并处理单据还是退还提交人。[383] 在此方面，审单银行有强制性义务按处置声明行事。[384] 尽管UCP500所含有的大部分拒绝程序为UCP600所保留，[385] 还是有一些明显的变化。第一，UCP600澄清了银行必须在一张拒付通知中说明所有不符点，而不是开出数张通知。[386] 第二，在UCP600下，拒付通知可以包含处理单据的四

---

[371] 这个显然是更简单的规则也会产生其自身的难点。参见 C. Debattista, ‘The New UCP 600— Changes to the Tender of the Seller’s Shipping Documents under Letters of Credit’ [2007] *JBL* 329。

[372] 允许转让信用证下收益的一个危险是银行可能最终付错了人而并未解除买方/申请人的基础义务。

[373] UCP 500, Arts. 9 (a), (b), 10 (c), (d), 14 (a).

[374] UCP 600, Arts. 2, 15.

[375] UCP 500, Art. 14 (f).

[376] *Banque de l' Indochine et de Suez SA v. JH Rayner (Mincing Lane) Ltd.* [1983] QB 711.

[377] UCP 600, Art. 15.

[378] UCP 500, Art. 14 (b); UCP 600, Art. 16 (a).

[379] UCP 500, Art. 14 (c); UCP 600, Art. 16 (b).

[380] *Bankers Trust Co. v. State Bank of India* [1991] 2 Lloyd's Rep. 443.

[381] UCP 500, Art. 14 (d).

[382] UCP 600, Art. 16 (d).

[383] UCP 500, Art. 14 (d); UCP 600, Art. 16 (c).

[384] *Fortis Bank SA/NV v. Indian Overseas Bank* [2010] EWHC 84 (Comm), [58], aff' d [2011] EWCA Civ 58.

[385] UCP 600, Arts. 16 (c) - (e).

[386] UCP 600, Art. 16 (c).

种可能表述中的一项，而 UCP500 只向银行提供了一个选项。第三，在 UCP600 下，拒付通知只能在更短的 5 天的时间框架下发出。但是无论适用哪套规则，未能遵守拒付程序的后果都是一样的，即银行“将无权宣称交单不符”。[387] 由此开证行和保兑行严格遵守 UCP 体系中的拒付程序非常重要。

（五）自治原则的例外

信用证下银行义务的自治性产生的一个明显风险是交单相符并主张付款的受益人实际上无权收款。UCP 体系对其熠熠闪光的自治原则是否存在例外保持着绝对的沉默。尽管如此，国内法律体系已发展出它们自己的例外，只是在数量、本质或范围上在不
同的法域间存在差异。自治原则的例外因多种方式形成这一事实将产生管辖权选择问 535
题，因为当事人会寻求并利用最有利的例外的法域。

1.“欺诈例外”

自治原则产生的最明显的风险是受益人寻求提交船运单据，它看起来表面符合信用证，但是实际上要么包含错误陈述，要么不非貌似那样。“欺诈例外”确认了银行必须拒绝信用证付款的情况，理由是提交的单据是欺诈的或实质错误的。[388] 进一步细讲之前，还有一个问题需要特别注意，即很多法源涉及履约保函、备用信用证或反担保。过去法院倾向于将这些工具与跟单信用证等而视之，[389] 现在不断增进的认知是：将适用一种工具的判例法用于另一种工具时应该小心谨慎。[390]

显然法律不应该支持或鼓励把信用证作为欺诈工具，但“欺诈例外”的确切法律基础或概念基础是个有些矛盾的事。有两个不同概念化的意见，即例外要么是基于“非法不产生诉因”（*ex turpi causa non oritur actio*）或“欺诈拆除所有”（fraud unravels all），[391] 要么是基于对指示方委托银行的默示限制。[392] 采用哪一个概念会影响到受益人是否需要知情欺诈或者影响禁止银行对信用证承付的基础。现在接受度更高的观点是“非法不产生诉因”令欺诈例外的正当化，但是，现在看来在银行可以拒绝付款之前需要满足很多要求。

首先，“欺诈”必须得到证明。就此情况下什么构成欺诈存在相当的争议，尽管很显然它所要求的超过了仅仅是违反基础交易合同。[393] 一方面，英国法院采用一个狭义的

---

[387] UCP 500, Art. 14 (e); UCP 600, Art. 16 (f).

[388] *Sztejn v. J Henry Schroder Banking Corp.*, 31 NYS 2d 631 (1941).

[389] *Edward Owen Engineering Ltd. v. Barclays Bank International Ltd.* [1978] QB 159.

[390] C. Debattista, ‘Performance Bonds and Letters of Credit: A Cracked Mirror Image’ [1997] *JBL* 289.

[391] *United City Merchants (Investments) Ltd. v. Royal Bank of Canada* [1983] 1 AC 168; *Montrod Ltd. v. Grundkotter Fleischvertriebs GmbH* [2002] 1 WLR 1975.

[392] *Czarnikow-Rionda Sugar Trading Inc. v. Standard Chartered Bank London Ltd.* [1999] 1 All ER (Comm) 890.

[393] *Hamzeh Malas & Sons v. British Imex Industries Ltd.* [1958] 2 QB 127.

方法，即系争欺诈必须在银行拒付前能影响单据自身的真实性。[394] 在此方面，法院看起来从错误陈述法律规则中引入了重大性要求，[395] 尽管这个要求也不过是银行得有证据说明，如果这些单据反映了事情真相，他们本有权拒收单据。另一方面，美国《统一商法典》第5条和加拿大法院[396] 看起来已接受在基础交易中的欺诈不一定反映在单据自身上面，也可以构成这些“欺诈”目的。但在英国这种更宽泛的发展只得到较少支持，[397]
536 原教旨主义的观点要求得有单据欺诈，近来再次得到确认。[398] 其他法域，例如新加坡[399] 和澳大利亚[400]，曾通过发展更宽泛的显失公平概念走得更远，可以用来令银行的拒付正当化，尽管新加坡法域已将这一发展限缩于违约承诺，而后者还没有。如果这一发展被英国接受，[401] 已有意见主张它应限于滥用履行保函的情况，而跟单信用证则应由更严格限制的欺诈概念调整。其次，在英国[402] 和加拿大[403] 都已有成熟的看法，一家银行要以“欺诈例外”为拒付理由，其正当性在于受益人必须对系争欺诈是知情的。显然，如果受益人对欺诈是知悉的，则“欺诈例外”可以适用，但是还不清楚除了狭义情形，还得证明什么。为此目的，为成功宣称欺诈，受益人需要达到要求的知悉水平，[404] 且在单据提示银行付款时已具备所要求的知悉。[405] 尽管托收行为受益人或其受让人行事，不可能比欺诈受益人本人处于更好的地位，但已议付了包含汇票的船运单据的银行有权主张付款而不管欺诈是否。[406] 最后，开证行或保兑行只有在信用证下付款日欺诈已很明显时才有权拒绝付款，[407] 由此如果受益人在付款到期时还不知悉欺诈银行还得付款。但是，如果银行只在后期获悉了欺诈，[408] 只要银行能证明存在确认欺诈要素的“切实可能”，时间上的要求不能阻止银行拒绝简易判决的诉求，[409] 如果受益人主张付款的事情

---

[394] *United City Merchants (Investments) Ltd. v. Royal Bank of Canada* [1983] 1 AC 168.

[395] *Rafsanjan Pistachio Producers Co-operative v. Bank Leumi (UK) Ltd.* [1992] 1 Lloyd's Rep. 513.

[396] *Bank of Nova Scotia v. Angelica-Whitewear Ltd.* [1987] 1 SCR 59.

[397] *Themehelp Ltd. v. West* [1996] QB 84; *Czarnikow-Rionda Sugar Trading Inc. v. Standard Chartered Bank London Ltd* [1999] 1 All ER (Comm) 890.

[398] *Alternative Power Solution Ltd. v. Central Electricity Board* [2015] 1 WLR 697.

[399] See, e. g., *Dauphin Offshore Engineering & Trading Pte Ltd. v. HRH Sheikh Sultan bin Khalifa bin Zayed Al Hahyan* [2000] 1 SLR 657; *Arab Banking Corporation v. Boustead Singapore Ltd* [2016] 3 SLR 557. See further H. Tang and Q. Loh, 'Injunctions Restraining Calls on Performance Bonds—Is Fraud the Only Ground in Singapore?' [2000] *LMCLQ* 348.

[400] *Hortico (Australia) Pty Ltd. v. Energy Equipment Co (Australia) Pty Ltd.* (1985) 1 NSWLR 545; *The Inflatable Toy Co. Pty Ltd. v. State Bank of New South Wales Ltd.* (1994) 34 NSWLR 243; *Simic v. New South Wales Land & Housing Corporation* [2016] HCA 47.

[401] *Potton Homes Ltd. v. Coleman Contractors (Overseas) Ltd.* (1984) 28 BLR 19.

[402] *United City Merchants (Investments) Ltd. v. Royal Bank of Canada* [1983] 1 AC 168.

[403] *Bank of Nova Scotia v. Angelica-Whitewear Ltd.* [1987] 1 SCR 59.

[404] *Derry v. Peek* (1889) LR 14 App Cas 337.

[405] *Group Josi Re v. Walbrook Insurance Co. Ltd.* [1996] 1 WLR 1152.

[406] *United City Merchants (Investments) Ltd. v. Royal Bank of Canada* [1983] 1 AC 168.

[407] *United Trading Corporation SA v. Allied Arab Bank Ltd.* [1985] 2 Lloyd's Rep. 554.

[408] *Balfour Beatty Civil Engineering v. Technical & General Guarantee Co Ltd.* (1999) 68 Con LR 180.

[409] *National Infrastructure Development Co. Ltd. v. Banco Santander SA* [2017] EWCA Civ 27.

发生在终审法院面前,同样的原则也适用(但不常见)。[410]

实践中,欺诈的问题最常见于买方/申请人以申请中间禁令的方式阻止开证行作信用证下的付款。除了“欺诈例外”的三个要素,获得禁令之前还有三个要求需要满足。第一,欺诈的证据必须在申请人申请禁令时就“清晰”、“完善”或“清晰而明显”[411]还必须有“清晰的证据”表明银行在被要求付款时知悉欺诈,[412]在某种意义上,“从证据看唯 537
一现实推定”是受益人正在实施欺诈。[413] 实际上,枢密院在近来 *Alternative Power Solution Ltd. v. Central Energy Board* 案[414]中强调,申请中间禁令,买方/申请人必须有能力既展示欺诈的存在又证明银行知悉“严重存疑”。第二,有必要展示买方/申请人对银行有有效诉由。[415] 如果欺诈例外的理论基础是开证行的委托付款存在默示限制,那么诉由就仅仅是威胁违约。[416] 但是,如果对“欺诈例外”的正当性在于“非法不产生诉由”,就更难找到禁令的清晰基础。[417] 而且,看起来买方/申请人看来没有理由寻求禁止保兑行而不是开证行。[418] 第三,便利性平衡必须支持授予该种禁令,但是,在此种情况下,买方/申请人证明这一点可能会面临“不可克服的困难”。[419] 事实上,只有很少的案子获得了禁令的许可。[420] 曾有努力尝试规避这些繁重要求,试图通过寻求针对受益人(而不是银行)的禁令以首先阻止他提交信用证下的单据,但是法院不愿意允许买方/申请人间接获取那些他们直接都无法获得的禁令。[421] 看起来最有效地平衡卖方/受益人付款利益和买方/申请人不被欺诈利益是行使冻结令的管辖权,阻止受益人一旦受偿付就处置信用证下的收益。[422]

除了银行以受益人欺诈为由拒绝首先付款,欺诈问题还可能由两方面产生。首先,如前所讨论,这一问题可能产生于付款银行已对欺诈单据付款时,其何时可以拿回付款。[423] 第二个考虑的是欺诈对付款银行从指示方寻求偿付的影响。作为一般规则,如

---

[410] *Turkiye Is Bankasi AS v. Bank of China* [1996] 2 Lloyd's Rep. 611.

[411] *Edward Owen Engineering Ltd. v. Barclays Bank International Ltd.* [1978] QB 159.

[412] *Bolvinter Oil SA v. Chase Manhattan Bank* [1984] 1 Lloyd's Rep. 251.

[413] *United Trading Corporation SA v. Allied Arab Bank Ltd.* [1985] 2 Lloyd's Rep. 554.

[414] *Alternative Power Solution Ltd. v. Central Energy Board* [2015] 1 WLR 697.

[415] *The Siskina* [1979] AC 210.

[416] *Czarnikow-Rionda Sugar Trading Inc. v. Standard Chartered Bank London Ltd.* [1999] 1 All ER (Comm) 890.

[417] *United Trading Corporation SA v. Allied Arab Bank Ltd.* [1985] 2 Lloyd's Rep. 554.

[418] *GKN Contractors Ltd. v. Lloyds Bank plc.* [1985] 30 BLR 48.

[419] *Harbottle (Mercantile) Ltd. v. National Westminster Bank Ltd.* [1978] QB 146; *Czarnikow-Rionda Sugar Trading Inc. v. Standard Chartered Bank London Ltd.* [1999] 1 All ER (Comm) 890.

[420] 一个罕见的成功应用,参见 *Kvaerner John Brown Ltd. v. Midland Bank plc.* [1998] CLC 446。

[421] *Themehelp Ltd. v. West* [1996] QB 84; *Group Josi Re v. Walbrook Insurance Co. Ltd.* [1996] 1 WLR 1152. See further A. Mugasha, 'Enjoining the Beneficiary's Claim on a Letter of Credit or Bank Guarantee' [2004] JBL 515.

[422] *The Bhoja Trader* [1981] 2 Lloyd's Rep. 256.

[423] *Bank Russo-Iran v. Gordon, Woodroffe & Co Ltd.*, *The Times*, 4 October 1972.

果付款行在付款时没有意识到欺诈，它有权得到偿付。[424] 但是，在UCP500下产生的问题是，如指定银行在截止日之前已向出售人/受益人贴现了其已延期的付款义务，如上诉法院在 *Banco Santander SA v. Banque Paribas* 案[425]中所认定的，指定银行无权提前付
538 款，由此承担嗣后欺诈的风险。同样的问题不会出现在承兑或议付信用证的情况下。[426] *Banco Santander* 案创造的对延期支付信用证的难题现在已由UCP600解决，它授权指定银行做贴现付款的法定授权。[427]

2. 是否有其他例外？

除了"欺诈例外"总是被视作一种很完善的例外机制，[428]还有很多近年来司法认定的例外可能。其一，当欺诈或伪造的效果导致系争单据"无效"时，是否存在独立可区分的例外，有一些不确定性。迪普洛克法官在 *United City Merchants (Investments) Ltd. v. Royal Bank of Canada* 案中的"无效例外"还开着口子，[429]而英国法院嗣后又拒绝认同它的存在，理由是什么达到"无效"的程度缺乏清晰定义；该等例外需要银行调查单据表面之外并考虑其本质；而且这种例外可能歧视无辜的嗣后买方，嗣后买方可能发现只剩下无价值单据。[430] 尽管如此，这种处理被强力批评了，因为它鼓励了无价值单据在国际贸易中签发，[431]且在新加坡被驳回了。[432] 其二，如果信用证自身是非法的，很明显法院会拒绝强制执行它。[433] 在英国还有一个增长态势，即以基础交易的非法性作为进一步的例外，理由是它污染了信用证。[434] 法院不应强制执行用于非法武器买卖或毒品交易的融资，这个提议很少有人反对，但"非法例外"的暗含要素仍具有不确定性，[435]当然相关考量可以包括不法行为的严重性、不法行为和信用证的关联度、银行知悉的范围和/或在非法性上的参与度。[436] 其三，如果基础合同就受益人主张付款的资格有明示限制，那就会产生自治原则的例外，哪怕付款承诺条款本身没有类似限制。[437] 尽管例外的范围还

---

[424] *Gian Singh & Co. Ltd. v. Banque de l'Indochine* [1974] 2 All ER 754.

[425] *Banco Santander SA v. Banque Paribas*, Unreported, 25 February 2000.

[426] *European Asian Bank AG v. Punjab and Sind Bank (No. 2)* [1983] 1 Lloyd's Rep. 611.

[427] UCP 600, Art. 12 (b).

[428] *United City Merchants (Investments) Ltd. v. Royal Bank of Canada* [1983] 1 AC 168.

[429] Ibid.

[430] *Montrod Ltd. v. Grundkotter Fleischvertriebs GmbH* [2002] 1 WLR 1975.

[431] R. Hooley, 'Fraud and Letters of Credit: Is there a Nullity Exception?' (2002) 61 *CLJ* 279.

[432] *Beam Technology (Mfg) Pte Ltd. v. Standard Chartered Bank* [2003] 1 SLR 597. See further L. Chin and Y. Wong, 'Autonomy—A Nullity Exception at Last?' [2004] *LMCLQ* 14.

[433] *United City Merchants (Investments) Ltd. v. Royal Bank of Canada* [1983] 1 AC 168.

[434] *Group Josi Re v. Walbrook Insurance Co. Ltd.* [1996] 1 WLR 1152; *Mahonia Ltd. v. JP Morgan Chase Bank* [2003] 2 Lloyd's Rep. 911; *Mahonia Ltd. v. JP Morgan Chase Bank* [2004] EWHC 1938 (Comm).

[435] Consider N. Enonchong, 'The Autonomy Principle of Letters of Credit: an Illegality Exception?' [2006] *LMCLQ* 404.

[436] *Mahonia Ltd. v. JP Morgan Chase Bank* [2003] 2 Lloyd's Rep. 911.

[437] *Sirius International Insurance Corp. v. FAI General Insurance Co. Ltd.* [2004] Lloyd's Rep. IR 47 (appealed on a diffeent point: [2005] Lloyd's Rep. IR 294).

不确定，[438]有意见认为它应该限定于违约责任范围。

（六）信用证转让与收益权转让 539

1.信用证转让

如前讨论，信用证可以是可转让也可以是不可转让的，如果信用证明确表示它是可转让的，它就只会落入第一类。[439] 虽然UCP500拒绝赋予同义词术语以效力，[440] UCP600看起来没那么严格。可转让的信用证承担了与背对背信用证相近的功能，它允许卖方/受益人以自己为受益人的信用证向其供应商付款。其实现方式是由信用证下的原始受益人（“第一受益人”）转让部分信用证给新受益人（“第二受益人”）。该信用证的转让是一种债权转让、债的更新，还是第三人受益合同或仅仅是同类机制（*sui generis*）有很多争论。[441] 这一划分重要的原因在于它会决定在先衡平权利约束受让人的范围，而且它会有助于回答这样的问题：即第二受益人是否受第一受益人欺诈的影响（尽管更为接受的观点是信用证受让人不受影响）。[442]

就转让操作而言，第一受益人只能要求“转让银行”执行这种操作。转让银行是信用证下的指定行，或者，如果信用证是可自由议付或可自由使用的，信用证必须约定具体转让行。[443] 开证行能否被接触以实施转让，虽然这在过去是个矛盾的问题，[444]但这一问题已得到解决，支持开证行作为转让银行。[445] 按第一受益人的请求，转让行有完全的自由来决定是否实际转让该信用证以及转让发生的条款，[446]由此如果转让行拒绝转让它也不承担责任。[447] 如果转让行同意转让，可能会出现一个信用证转让给数个第二受益人，但是第二受益人不能再转让部分或全部信用证给“第三受益人”，[448]当然这一限制未排除信用证再转回第一受益人。尽管一般规则是信用证就应按原始的信用证条款转让，UCP体系还是明确允许改动一定的条款，特别是商品的开票价格。[449] 转让信用证的成本通常由第一受益人承担。[450]

一旦转让完成，信用证由第二受益人向转让银行提交转让条款所要求的单据，以及

---

[438] N. Enonchong, 'The Problem of Abusive Calls on Demand Guarantees' [2007] *LMCLQ* 83.

[439] UCP 500, Art. 48 (b); UCP 600 Art. 38 (b).

[440] UCP 500, Art. 48 (b).

[441] Schmitthoff, 'The Transferable Credit' [1988] *JBL* 49; Smith, 'Transmitting the Benefit of a Letter of Credit' [1991] *JBL* 447.

[442] *Banca del Sempione v. Provident Bank of Maryland*, 160 F. 3d 992 (1998).

[443] UCP 500, Art. 48 (a); UCP 600, Art. 38 (b).

[444] *Bank Negara Indonesia* 1946 *v. Lariza* (*Singapore*) *Pte Ltd.* [1988] AC 583.

[445] UCP 600, Art. 38 (b).

[446] UCP 500, 48 (c); UCP 600, Art. 38 (a).

[447] *Bank Negara Indonesia* 1946 *v. Lariza* (*Singapore*) *Pte Ltd.* [1988] AC 583.

[448] UCP 500, Arts. 48 (e), (g); UCP 600, Art. 38 (d).

[449] UCP 500, Arts. 48 (h), (j); UCP 600, Arts. 38 (g), (j).

[450] UCP 500, Art. 48 (f); UCP 600, Art. 38 (c).

向第一受益人供货的商品发票。[451] 第二受益人将获得其商品发票的面值。由于第一受
540 益人可能就向买方隐藏其自有供应商的身份存在利益，他可以约定“替换权利”，即他能用自己的单据（包括他的显示更高转售价格的商业发票）替换由第二受益人提交的单据。[452] 转让银行有义务询问第一受益人确认其是否愿意行使替换权。[453] 如果受益人未能遵守或响应转让银行对此的“第一询问”，银行可以不替换，将第二受益人的单据提交给开证行/申请人。银行对此必须小心，因为侵犯第一受益人的替代单据的权利可能产生违反保密义务的诉由。[454]

2. 转让信用证收益权

权利转让（assignment）与转让（transfer）的不同在于前者只作用于信用证的收益权转让（在付款后），而后者作用于一些受益人在信用证本身的权利（如主张付款的权利）。虽然一般法下也可能实施权利转让，[455] 但具体到信用证，转让信用证收益的可能性是得到了 UCP 体系的明示认可。[456] 但是怎样算是有效权利转让的要求，是按国内法认定的。由此，权利转让可能会面临在转让人和银行之间的抵销问题[457] 和其他当事人之间的衡平法问题，例如欺诈。[458]

---

[451] UCP 500, Art. 48 (j); UCP 600, Arts. 38 (j), (k).

[452] UCP 500, Art. 48 (i); UCP 600, Art. 38 (h).

[453] UCP 500, Art. 48 (i); UCP 600, Art. 38 (i).

[454] *Jackson v. Royal Bank of Scotland* [2005] 1 Lloyd's Rep. 366. See further C. Hare, 'Transferable Letters of Credit: Responsibility, Remoteness and Loss of a Chance' [2005] *LMCLQ* 350.

[455] Law of Property Act 1925, s. 136.

[456] UCP 500, Art. 49; UCP 600, Art. 39.

[457] *Marathon Electrical Manufacturing Corp. v. Mashreqbank PSC* [1997] 2 BCLC 460.

[458] *United City Merchants (Investments) Ltd. v. Royal Bank of Canada* [1983] 1 AC 168; *Banco Santander SA v. Banque Paribas* (Unreported), 25 February 2000, UKCA. See generally A. Ward and G. McCormack, 'Assignment and Documentary Credits' [2000] *JIBL* 138.

第十八章 担 保 541

贷款有时是无担保的，这可能是借款人的实力使然，银行无法要求其提供担保，也可能是借款人的信用使然，银行认为没必要要求担保。一度国际贷款正是以此为特征，虽然现在很多国际借贷转为定向支持具体项目，且设定了担保。另一个极端是，本地商店或村镇贷款人也会提供无担保信贷，因为基础交易和声誉惩罚能保障还款。但就银行进入的商事借贷而言，无担保的贷款是少数。担保，即便是有限的担保或个人以保证形式作出的担保，往往也是需要的，以便违约时银行能用担保品自救。事实上，就项目融资而言，银行要求的担保本质上可能是综合性的担保，例如固定抵押和浮动抵押、股票担保、账户担保、重要合同的法律转让等。银团贷款的担保是押在受托人名下为银团成员利益持有。在公司集团内，每一成员都可以提供担保，并形成交叉互保。还有其他形式的担保增信，如见索即付保函。[1]

第一节 担保——本质和原理

严格界定的担保是一种对财产的专有权或占有性权利，用以担保义务的履行，就贷款而言通常担保的是还款义务。由此，作为贷款人，银行除了能对还款义务人采取措施，还能对财产主张权利。这在借款人破产时具有明显优势。除了严格界定的担保，还有一种担保称为“人的担保”，即第三方同意对另一个人的债务提供担保或补偿。第三方有时为借款人的还款义务提供严格意义上的担保品。限于篇幅，个人担保不会产生一种对财产的权利（例如保函和补偿），不在本书讨论。[2]

在检视严格意义上的物保时，本章将集中讨论动产。这不是说于不动产担保*不重要或者不存在法律问题。尽管有些国家（例如那些太平洋国家），土地公有不能用来担保，不动产担保几乎是放诸四海而皆准的。事实上，在很多社会，土地作为担保财产被认为是最有价值或主要形式。它对公平性有重要影响，因为没有土地的人很快被否决贷款。但是调整土地担保的法律规则是相当完备的。由于在担保品试图扩展至动产的过 542
程中伴生了法律挑战，这才值得我们关注。

---

〔1〕 参见原著 p. 509。

〔2〕 See J. Phillips and J. O'Donovan, *The Modern Contract of Guarantee* (3rd edn., London, Sweet & Maxwell, 2016); G. Andrews and R. Millett, *Law of Guarantees* (7th edn., London, Sweet & Maxwell, 2015).

* 不动产担保，mortgage，按法律结构严格对应的应是中国的“让与担保”，此处泛指不动产担保。——译者注

担保法提出了一些重要的公共政策问题。一个问题是对金融稳定的影响，它是否使从事金融市场批发业务的金融机构得以管理交易对手的信用风险和流动性风险，并确保该等稳定性能跨境有效运行，这一问题在欧盟层面已得到解决。[3] 另一个问题更为单一，就是担保在诱使银行放贷中的作用，银行本可选择以其他方式投放资金，例如，投资于政府债券，或者投入另一极——衍生市场。在缺乏担保时，一个处于财务困难的商业实体可能铤而走险先归还银行以外的其他欠款，用以确保商品或服务的持续供应。有观点认为担保降低了信贷成本。担保到底在多大程度上产生了这一结果却充满争议。[4] 当一门生意的偿付成为问题时，担保还被认为有助于加强营救努力，因为贷款人感到安全，愿意给出时间，而且由一个或一组贷款人牵头，较之很多债权人争抢企业"残骸"，企业存续或作为经营中企业出售更为可能。事实上，批评者认为强担保有非常强的反作用，因为银行可能倾向于匆忙行事，且早准备好卖出资产以"自我救赎"。

受欢迎的担保法能非常有利于贷款人，但有损于社会中的其他利益。这往往被忽略了，担保法被视为独立于破产法和消费者保护法。比如，英国法对那些获得担保的人非常友好，比如银行。其结果是，当发生破产时，整个资产可能都不落入清算范围，这违反等比例清偿（*pari passu*）原则，并对无担保债权人产生损害。[5] 认为无担保债权人自愿接受风险并可以更高价格的方式要求保险（premium）是罔顾现实。很多无担保债权人没有对所涉风险的准确数据，而且即便有，他们在做生意或承担风险之间也只有很小选择余地。给无担保债权人更大保护的很多尝试都被弃于旁道，尽管在大多数法域立法都会赋予一些特定利益以破产时的优先性。

也许更大的成功显现于解决消费者向银行提供担保时的谈判力量不平等问题。如我们在第十章所见，法院已使用像不当影响等原则以不利于第三方担保。[6] 但是还是可以做得更多：为什么法院不接着读一下银行担保协议中的"所有贷款条款"，很多普通客户并不明白财产是为未来发生的任何债务担保而身居风险中，并不限于现在发生的负债。[7] 成文法对普通客户的某些保护已在行进中。由此《1974 年消费者信贷法》设置了一些限制：例如，以受管制的协议提供担保，无论由债务人还是第三人提供，都必须是
543 书面的。而且，由债务人提供的动产按揭或抵押必须体现在受管制的协议里，且按该法要求应向债务人提供副本。类似的保证或第三方补偿必须采用规定形式且包括规定内

---

[3] See, e. g., Working Group of the Committee on the Global Financial System, *Collateral in Wholesale Financial Markets* (Basle, BIS, 2001); L. C. Ho, *The Financial Collateral Directive's Practice in England* (2011) *JIBLR* Vol. 6, Issue 4, 151.

[4] e. g. R. Scott, 'A Relational Theory of Secured Financing' (1986) 86 *Colum. LR* 901.

[5] See Insolvency Law and Practice. *Report of the Review Committee*, Cmnd. 8558 (London, HMSO, 1982), 32 (the Cork Committee).

[6] 参见原著 p. 295。

[7] *Smith v. ANZ Bank* (1996) NSW Con R 55-774 (CA). 概览性了解，参见 *AIB Group (UK) Ltd. v. Martin* [2001] UKHL 63, [2002] 1 WLR 94 (HL)，在 *Royal Bank of Scotland Plc v Wilson* [2010] UKSC 50, 2011 SC (UKSC) 66 中被引用，并予以认可；参见原著 p. 301。

容,且第三方有权获得保证或补偿协议和受管制协议的副本。[8] 再次《2015 年消费者权利法》[它就提供与之前《1999 年消费者合同中的不公平条款规定》(Unfair Terms in Consumer Contracts Regulations 1999)同样的保护再次立法]针对标准合同条款提供了消费者保护,这些合同条款不符合善意要求,造成了当事人权利义务的严重失衡,有损消费者。

关于担保有汗牛充栋的学术作品长期批评法律的无条理、形式主义且让律师以外的人难以理解,上述还仅仅是持续批评的示例。这些缺陷成为推动简化动产担保法律的动力,凝结成美国著名的《统一商法典》的 Article 9,并于 1962 年首次引进。

Article 9 受到了特别的褒奖,它更理性地界定担保利益,关注实质而非形式,规则普遍适用于所有担保并有综合性的担保登记系统,这决定了其优越性。Article 9 已证明成为其他普通法域改革的灯塔,尽管至目前为止仅有加拿大、新西兰以及最近 2009 年澳大利亚采用了它。把 Article 9 体系推荐给英国——特别是由克劳瑟委员会(Crowther Committee)和戴蒙德(Diamond)教授实施的官方问询——被政府、银行和伦敦城的律师拒绝了,理由是没必要且成本高。[9] 欧洲复兴开发银行于 1994 年发布了《担保示范法》,但没有 Article 9 详尽。[10]

英国担保法还在适用,现在来自欧盟的协调性要求很可能让令其合理化的时机到来:在英国以实施《2003 年金融担保安排(2)号规定》[Financial Collateral Arrangements (No 2) Regulations 2013]的方式落实《金融担保指令》(Financial Collateral Directive)的要求时已能看到创建更同质化机制的端倪。[11] 该指令界定了"担保"并认同了两类担保物上的担保:涉及权利移转的和涉及占有移转的。该指令还提供了各种措施:删除创设和强制执行担保的形式性要求(Arts. 3,4),要求对出售或挪用的普通救济和使用的一般权利(Arts. 4,5),并提供对担保的跨境认同(Arts. 6-9)。

但是这些缺乏《统一商法典》的整套方法,使各国法律下的多样担保未受影响。人们必须先识别其在本国法律上的担保类别,再按《金融担保指令》归类。国内担保法由此没有按该指令合理化,而只是按其分类,且有待于互相认同。而且,现在该指令仅限于以现金或金融工具为担保物的担保。 544

如果担保的实体法可以更合理化,那些术语体系也可以。前面已提及了人的担保概念。它根本不是严格意义的担保,因为它是纯粹对人义务而根本没有就财产给予权利。

---

[8] See R. Goode, *Consumer Credit Law and Practice* (London, Butterworths, looseleaf), paras. 37. 1 et seq.

[9] *Report of the Committee on Consumer Credit*, Cmnd. 4596 (London, HMSO, 1971); *A. L. Diamond*, *A Review of Security Interests in Property* (London, HMSO, 1989) respectively.

[10] J. Simpson and J.-H. Röver, 'An Introduction to the European Bank's Model Law in Secured Transactions', in J. Norton and M. Andenas (eds.), *Emerging Financial Markets and the Role of International Financial Organisations* (London, Kluwer, 1996); J. Simpson and J. Menze, 'Ten Years of Secured Transactions Reform' [2001] JIBLF 54; F. Dahan, 'Secured Transactions Law in Western Advanced Economies' [2001] *JIBFL* 60.

[11] 2002/47/EC [2002] OJ L168/43.

而且，英国术语没有清晰地区分创设担保的协议和用以担保义务的财产。美国《统一商法典》第9条将后者称为担保物（collateral），这里也是用此术语。不幸的是，担保物这一术语并未被英国律师或者那些有相似普通法衣钵者广泛使用（尽管英国法上的《金融担保指令》的影响将既冲击术语变化也影响到对区分重要性的理解）。然后，在处理证券担保（securties over securities）时还有一个用语不当，甚至对新手来说可能迷惑不解的问题——后者说的是证券，与前者大相径庭，是对股权、股票、信用债、有担保债券、本票等的统称。

第二节　重要担保类别：质押、按揭和抵押

《统一商法典》Article 9对动产担保采用的统一框架是与众不同的。与之相对，几乎所有的法律体系，普通法系和大陆法系，都有多种担保类别，每一种都有其自己的创设、执行和优先性的规则。正如为在全欧洲层面减少该种多样性所作的工作所示，它可能成为跨境交易相当程度的不确定性和低效率的来源。根据担保利益的广度，担保能否覆盖未特定化财产和债务人未来财产，或实际是债务人的未来负债；以及无形财产是否能像有形财产一样成为担保物，不同的法域可以作进一步划分。就广义的一般性而言，普通法系在能创设什么担保、担保能覆盖什么、担保如何强制执行方面非常灵活。有些大陆系国家，例如德国和日本，对新形式担保抱有理性的赞同，但另外一些国家，例如法国、意大利、西班牙和很多拉美国家，则对此敌视。[12]

这些法域反对大范围担保的异议之一是债务人仍可以对财富产生影响，哪怕其资产已设有担保。登记体系可以消除该等异议。对未来财产设定担保在这些法域被强烈反对，因为它看起来有利于债权人将担保自动延展至债务人的未来财产。同样，像“买入价款担保”这样的技术——它是在放款购得的财产上设定担保——能减少这种反对力量。但是还有其他的一些社会政策反感大范围担保，例如前面谈过的等比例受偿原则，就不易反驳。

一、概览

质押是所有法域或几乎所有法域中最基础和最久经时间考验的担保方式。它往往被归类于典当（pawn）。它是一种占有型担保，通过协议产生，在英国法下质权人可以在违约时出售担保物，但质权本身不能取消赎回权（foreclose）而获得完整所有权。与质押相似，留置也是一种占有型担保，它因运行法律或协议而生。留置只能设定于交易对手间的交易标的财产上。它使一方保留财产直至另一方清偿与财产相关的债务，或者
545 控制相似交易所用的一般账户。对银行来说，一种重要的留置是针对存入托收的可转让

〔12〕 P. Wood, *Comparative Law of Security Interests and Title Finance* (London, Sweet & Maxwell), 2007.

票据,或扣留直至到期,但在担保融资上这一点并无特别多适用。[13]

除了质押和留置,英国法将动产担保划分为按揭(mortgage)和抵押(charge)。法律上的按揭这样构成:将所有权绝对转让给按揭银行,伴之以权利——衡平法上的回赎权——在还款时将财产转回。如果没有在法律上产生出售权,协议也会一成不变地将其授予按揭权人。因为法律上的按揭要求财产所有权的移转,因此法律上的按揭可以包括未来财产,但一般需要按揭人一方有新行为(*novus actus*)以按合同设定获得财产,并意在实施担保承诺。衡平法上的按揭没有这种需要,它可以由现在和未来的财产担保的有偿协议来构成。就获得财产而言,按揭自协议达成日生效。衡平法上的按揭可以产生于设定法律上按揭的有偿协议中,也可以存在于有衡平利益的按揭之上。作为非占有型担保,按揭人可以保有对财产的占有。

抵押(charge),区别于按揭,只在衡平法上生效。而且,按揭涉及担保物的移转(在法律上或在衡平上),对抵押的传统观点是它仅仅是一种协议,在违约时用来处分担保物以满足抵押权人的要求。它可能会不正当,因为抵押涉及专属利益。但是抵押和按揭之间的共同点在于都是非占有担保,由此抵押人可以保留对担保财产的占有。如果抵押或按揭是由自然人以书面方式授予(相对于法人)于动产之上,它有时被称为"转让契约"(bill of sale),适用《1878 年转让契约法》(Bills of Sale Act 1878)[14],有形式、登记和续展等烦琐要求。因此银行都倾向于不采用这种形式的动产担保。

由此银行主要使用质押、按揭和抵押叙做动产担保。由于质押的前提是转移占有,由此它们只有有限的但是也很重要的使用范围。按揭和抵押也很有特色,但是由于转让契约法律中的前述障碍,它们从未在英国成为主流。事实上质押在某种情况下,转移占有是推定的(而不是实际的),是通过一些书面文件,例如通过承认权利人变更的文件(attornment)(例如声称货物是按指示持有),这也会是一种买卖契约,也需要登记。[15]分期付款和其他形式的权利融资如融资租赁有时也使用。

尽管如此,银行在对无形财产设立担保时会使用按揭和抵押,特别是以应收账款和合同设立担保,实际上针对公司法人用得更普遍。让我们在具体的银行业务语境下检视 546
质押、按揭和抵押。

二、货物和单据质押

银行有时用质押给交易商的存货和国际贸易融资。为满足必需的占有担保物要求,银行并不限于采用实际移转,在大部分情况下这对银行来说并不现实,且从借款人处转

---

〔13〕 银行有时对货物采用"留置函",但在英国法下这不是真的留置,而是按条款作为质押、按揭、抵押或宣称信托而发挥作用。(抵押函也是如此)

〔14〕 由《1878 年票据法》的《1882 年修正案》所修正。参见具体的 s. 17,包括公司或有限责任合伙发行的债券、股权、资本。相反,该等证券适用其根据公司法上制定的登记规则。

〔15〕 See *Re Far East Structural Steelwork Engineering Ltd.* [2006] HKEC 1067 at [30].

移对贸易货物的实际占有会潜在破坏融资目的。

幸运的是，在有些情况下，推定交付就已足够，例如借款人可以和银行约定由其作为银行的保管人来持有货物——而不是作为所有人以自己的名义持有——把仓库、井窖和其他场所的钥匙交给银行。所谓的“仓库服务”（field warehousing）——美国人的主意——就是以此为基础。商品被放置于借款人场所的独立部分，由借款人的员工控制而发生进进出出的移动，这些员工临时性地由独立“仓库服务”公司为银行聘用。一般而言，当货物是由第三方为了借款人的利益而保管时，质押可以通过借款人要求第三方为银行持有而生效，这一权利变动因第三方承认银行为新权利人而完善，即知悉为银行持有。除非存在信托，不然在第三方为借款人持有大宗财产和其他财产时，不可能承认新权利人，因为它不可辨识，例如在仓库中的谷物。〔16〕

除了承认推定占有，英国法还对允许单据质押赋予一定弹性，可以通过交付或背书加交付，转移对货物的控制或合同义务下的利益。由此汇票、本票、存款凭证和其他占有型动产可以且经常质押给银行。那些权利凭证也是如此，著名的有提单。其拟制的是它们的交付即为其所代表货物的推定交付。由此银行通过对提单设定担保而对进口商融资，但随后又以所谓的信托函或信托凭证释放货物，这样借款人是为银行信托持有或作为代理人而持有，也可以出售货物，但是收益是为银行信托持有。〔17〕

这是英国法将商业便利置于教义纯粹性之上的诸多实例之一：这种有争议做法的合理性在于，尽管银行放弃了占有（占有是质押所依赖的），但它这样做只为有限目的，由此质押得以保存。〔18〕 但是，不可转让海运单的使用在增加，它不是权利凭证，在近期一段时间已破坏了这种操作，强迫银行寻求更普适的担保。英国法也支持对不记名证券质押，但它还不承认对其他证券的质押或对其他单据的质押，例如分期付款协议和赊销协议单据，这些都是权利财产（chose in action）而不是因占有而取得的动产（chose in possession）。〔19〕 该等限制对占有这一质押核心是基础性的。

547 三、用担保方式作应收账款融资

账款或应收账款，是经营中客户所欠的债——收益源自买卖和服务（包括租金付款和货运服务）。银行或他们的保理子公司，是账款融资的主要参与人。账款融资的一种方法是直接出售公司的账款，出售会对账款面值打折。公司立即获得付款，但是这一出售可能有追索，公司有义务补偿银行损失（主要是坏账）。另一种账款融资是用账款作

---

〔16〕 Cf. *Maynegrain Pty. Ltd. v. Compafina Bank* ［1982］ 2 NSW LR 141, 146-7. On appeal to the Privy Council this issue was not discussed: ［1984］ 1 NSW LR 258.

〔17〕 *Re David Allester Ltd* ［1922］ 2 Ch 211, 219.

〔18〕 参见原著 p. 528-9。

〔19〕 *Harrold v Plenty* ［1901］ 2 Ch 314, 316. Cf. H. Beale, M. Bridge, L. Gullifer, and E. Lomnicka, *The Law of Personal Property Security* (Oxford, Oxford University Press, 2007) at para. 3. 32.

担保。这样做一方面有一些优点,但是还是有明显不利之处。[20] 明显的是,在不同体系的长期适用中,得将公司账本上的债登记为抵押。按《2006 年公司法》section 859a,现行自愿登记体系在实践中继续的后果是,如果没有自愿登记会产生一定处罚。

直接出售账款和银行以账款担保提供融资之间有清晰的法律界线。后者银行有权得到付款,而公司有权赎回。实践中,两者的界线已混淆了。一个明显的例子是以账款为担保的不可追索的借贷,银行要求清偿的权利仅限于账款本身。而提供的担保贷款,其功能等同于直接出售,因为银行只能寻求从应收账款得到偿付。虽然在表面看来不明显时,英国法院会认定交易的真实属性,它们并不情愿走到交易文件选定的交易形式背后给交易重新定性。[21]

理论上,账款融资担保可以用质押、抵押或按揭。[22] 质押是不实际的,除了特别的业务,因为它只能用于很少的限定范围的单据类无形财产。而对账款的抵押,如所提示,只是一种取得收益的权利,不存在账款的转让,银行也不能对债务人提起诉讼。要强制执行抵押,银行的救济是要求抵押人转让账款。由此在实践中,如果抵押被用于账款融资,会伴之以授权书,让银行能随时将其转化为按揭*,并指定接收人。[23]

按揭在账款融资中涉及转让。一般这是通过法律转让或衡平转让而实现。[24] 账款或账款收益都可以转让。对转让未来产生的账款不存在异议,但是,它应该是现在的约下转让未来账款,而不是约定将来转让账款的合同。这种转让将让银行有权强制执行任何应收账款(尽管在衡平转让的情况下,它必须让公司加入程序中)。但是它没有义务这样做,且协议将约定如果它没这样做也没有责任。任何公司收到的对应收款的付款资 548
金是为银行信托持有。在协议中,公司一般要就被转让的债的性质作一定陈述和保证,例如它们是有效的。转让以单据表彰的债权取决于债务工具:例如,可转让票据如果是不记名的,以交付转让;如果是按指示的,以背书加交付转让。

四、合同担保——项目融资

在特定情况下,银行以公司缔结的合同设定担保。典型的例子是项目融资。据说这种情况下担保是防范性的,特别是当项目位于新兴经济区时:银行可能不能实现太多的

---

〔20〕 *Salinger on Factoring* (5th edn. ,London,Sweet & Maxwell,2016).

〔21〕 *Lloyds and Scottish Finance Ltd. v. Cyril Lord Carpets Sales Ltd.* [1992] BCLC 609 (HL); *Welsh Development Agency v. Export Finance Co. Ltd.* [1992] BCLC 148, [1992] BCC 270 (CA); *Orion Finance v. Crown Financial Management* [1996] BCC 622 (CA). *On Demand Information plc v. Michael Gerson* (Finance) plc [2002] UKHL 13, [2002] 2 WLR 919 (HL). 比较 *Agnew v. Commissioners of Inland Revenue* [2001] 2 AC 710 以及米利特法官的两步法:(1) 认定意定的事实义务; (2) 这些义务的法律效果。

〔22〕 对应收账款可以存在承认新权利人(attorment)是令人生疑的。R. Goff and G. Jones, *The Law of Unjust Enrichment* (9th edn. ,London,Sweet & Maxwell,2016),Ch. 6.

* 按揭,mortgage,按揭的本意是将押品的所有权转移给担保权人,相当于让与担保。——译者注

〔23〕 F. Oditah, *Legal Aspects of Receivables Financing* (London,Sweet & Maxwell,1991),96.

〔24〕 参见原著 p. 479-83。

担保，它最多能获得相对第三方债权人的优先权。当然项目所在法域的政府不会同意强制执行以任何许可证作的担保或其所许可的优惠。获得运营资产可能没什么用（例如钻井、管线），当然如果它们可以移除和出售也不是没用（例如挖掘机、平台）。[25] 但是项目公司缔结的合同——项目合同——能提供有价值的担保物。例如如果所支持的项目是像石油或天然气管线，以产能合同（throughput contract）下接受关税支付的权利设定担保是立竿见影的方式，类似的长期供货合同是特别有价值的担保物，特别是买方即便不能拿到产品仍有义务支付项目公司的合同（照付不议合同 a take or pay contract）。

在英国法下以担保方式转让合同权利有点难度。在项目合同下，转让的权利不限于合同下的付款，还会延及所有的受益和利益，现在的和将来的，即便合同修改了。一个障碍是项目合同是否对转让有限制，因为这意味需要获得另一方——建设公司、产能项目的用户或产品项目的买方的同意。而且，即便取得同意以担保方式转让，也不必然涉及执行担保时以买卖方式转让。实践中，所有当事人都得理解没有以项目合同担保就不可能获得银行融资，这样一开始就能得到概括同意。[26]

有观点认为，项目合同担保还存在的障碍是项目公司的身份对合同其他方具有基础性重大意义。因此，合同权利，而不是付款，具有太强“属人性”因而不能转让。[27] 实践中，如前所示，其他项目合同当事人应在一开始就理解其终究会向银行转让，而合同对此后果的约定将消除所有异议。同意转让将成为提款的不变先决条件并由详尽直接协议约定。

在转让协议中，项目公司一般将就项目合同的可执行性向银行作各种陈述与保证，并保证项目合同未被转让或设有负担。项目公司可能还要陈述它与其他合同方之间不存在损害银行的衡平利益。尽管有权利转让，但项目公司仍有履行项目合同的义务。与
549 此相对，合同其他方也有义务履行，不能因其转让就辩称其赔偿义务掉进了“黑洞”。[28]

典型情况下，项目公司会被要求通知其他各方转让的事实并尽最大努力获取知悉和同意。它还要同意不再约定任何实质修改或义务免除或终止项目合同。银行没有义务在项目合同下采取任何行动。当然，银行有权强制执行其担保。通常在项目融资担保中，银行既可以执行项目合同也可以出售它。前已提及支持这种可能的是出具以银行为抬头的授权书。

五、浮动抵押（整体营业抵押）

很多法律体系回避以公司所有资产整体担保的概念，整体担保是不论其是否特定

---

[25] See P. Wood, *Project Finance, Subordinated Debt and State Loans* (London, Sweet & Maxwell, 1995), App., Pt. 1, § 4, 227.

[26] e. g. G. Vinter, *Project Finance* (2nd edn., London, Sweet & Maxwell, 1998), 94, 103, 149.

[27] J. Lehane, 'Project Securities' [1983] *AMPLA Yearbook* 183, 186.

[28] *Bovis International Inc. v. Circle Limited Partnership* [1995] NPC 128. See D. Petkovic, 'Security over Contracts in Project Financings' (1996) 14 IBFL 81.

化,且无论是现在还是将来的资产。在很多像法国一样的大陆法系国家,对营业资产的担保只在资产可识别时才有效,它倾向于排除贸易中的原材料和存货。这些,以及像应收账款和知识产权这样的无形财产,可以以其他方式成为担保物。像德国这样的国家在要求担保物特定化方面就没有那么烦琐。但没有哪个大陆法系国家有像英国浮动抵押那样有利于银行的工具。在美国,《统一商法典》Article 9 规定了具有类似效果的浮动留置(floating lien),自然人和法人都可以设定,而英国的浮动抵押由于“转让契约”(bill of sale)的立法规定则仅限于公司。

在英国和相当数量的英联邦法域,银行融资的核心是浮动抵押。典型的浮动抵押覆盖公司不时占有的所有资产,尽管尚未特定化。它包括现在和将来的公司资产。浮动抵押下的担保物从货物延及证券、应收账款和其他像知识产权等无形资产。公司可以在正常的经营过程中处分所有这些项目直到抵押结晶化(结晶化可以是自动的或特定事件触发的),这是浮动抵押的标志性特征。[29] 由此它可以创设第二浮动抵押(尽管它排在第一个后面),且公司的其他债权人可以就其欠公司的债务与公司欠他们的相互抵销。这方面,浮动抵押的最佳构想是以相互转化的资产资金设定当下担保,且公司还可以在正常经营中自由管理。2003 年 9 月 15 日前设定浮动抵押的协议,将一成不变地包括的权力是在违约事件(被宽泛定义)时无须诉诸法院而指定管理接收人。但这已被《2002 年企业法》section 250 废除,在《1986 年破产法》中插入了新的 sections 72A-72H,让在此日期后新设的浮动抵押适用资本和金融市场和项目融资交易所享有的例外。由于这样的抵押足够古老或者落入相关例外范围,可以授予接收管理人以酌定权——是以经营生意的方式弥补贷款人,还是无须向法院申请就出售资产。

创设浮动抵押有一些法律限制。按《1986 年破产法》section 245,设定于悬疑期 550
(suspect period)——就大部分银行贷款而言,12 个月——的浮动抵押是无效的,除非是提供对价而创设的抵押。直到 2013 年 4 月 6 日,根据《2006 年公司法》section 874(1)(以及之前的体系),可登记而未登记的抵押相对于清算人、管理人和公司的任何债权人是无效的。这里所称的其他债权人必须作严格解读:只有嗣后以未登记的抵押财产设定担保的债权人可主张其无效并推后其债权顺位。section 874(3)特别规定在 subsection(1)下无效抵押不会歧视还款义务,事实上原本受担保的贷款成为立即应付款。假定的加速到期被认为是合理的,理由是贷款人不会让其现在无担保的资金暴露于整个预设的有担保的期间。另外,如果贷款人不得不这么做,他就会有强大动力来获得登记。

自 2013 年 4 月 6 日,上述登记由一种全英范围的新体制取代,适用于该日之后创设的抵押(之前的体系仍调整之前的抵押)。改变主要在于简化了登记的行政流程。重要的实质性不同在于去除了未能登记抵押的刑事违法性,且除了具体的例外清单外,所有

---

[29] 在 *Illingworth v. Houldsworth* [1904] AC 355, 357, 358; *Re Yorkshire Woolcombers Association Ltd.* [1903] 2 Ch. 284, 295 (CA) 中有详细阐述。See also *Smith* [*Administrator of Cosslett* (*Contractors*) *Ltd.*] *v. Bridgend CC* [2001] UKHL 58, [2001] 3 WLR 1347, [2002] 1 All ER 202 (HL); *Re Spectrum Plus Ltd* [2005] 2 AC 680.

抵押都在可登记之列，区别于之前的列举方法，由此特别是让依靠新型抵押担保的贷款明晰化。但是，上述提及的 section 874 关于可登记抵押未登记就无效的规定以同样的条款复制进了《2006 年公司法》section 859（H）的新体制里。

整个《1986 年破产法》section 9（3）都规定了历史上叙做浮动抵押的银行有权阻止管理人的指定。由此，在过去，尽管银行已以特定的担保充分保护，往往还会设定“次重量级”或“轻量级”以谋求有权这么做的地位。但是这种阻止管理人的权利被去除了，相反按《1986 年破产法》Schedule B1，paragraph 14，抵押权人有权自己指定管理人而无须法院令。而有固定抵押的银行获得了更多其他优势，例如，较之优先级债权人的债权，以及管理或清算费用的优先权，对担保物有更强的控制，这是浮动抵押权人所不享有的权利。

关于银行对赊销金额的抵押属固定抵押还是浮动抵押产生了大量诉讼。有一类判例法源，现在已不被认同了，支持参与人的自由，至少银行以公司承诺不处置赊销账款并将其收益托收进银行账户的方式来设置固定抵押的自由，且不限制账户的使用。[30] 显然这种方法只能由开立了公司活期账户的银行使用。其合理性在于债与其收益可以分离，而固定抵押设立于前者而非后者。尽管这种分离在理论上可行，但第二类判例法源认为这样没有商业意义，因为对赊销账款有权属而没有收益权利毫无价值。[31] 第二类法源，现在是主导性的，认为要成立固定抵押，公司仅仅承诺不向第三方处分赊销账款是
551 不够的。通过为自身利益服务的账户托收，公司有权破坏账款，这被认为与固定抵押不符。这一方法看起来与英国法常见的努力促成商业交易的方式不同，但对于区分不同抵押增强了确定性。[32] 根据第二种法源，对赊销账款的有效固定抵押取决于两个条件——它们不能未经银行同意而处分，且须付入独立的由银行实际控制取款的账户。[33] 由于后者可能是阻碍公司现金流的主要来源，银行一般不可能对赊销账款设定固定抵押。如果会采用某种抵押，得是浮动抵押。

第三节　当前的一些问题

尽管担保法的一般原则很完善，但在应用于特定环境时，还有相当多的热点。英国法上的一个长期的老大难是银行能否对客户存款自己设定抵押，这被称作“扣款”（charge back）。银行怎么能就自己对客户的义务享有适当的利益呢？但是，现在已有明

---

〔30〕 *Siebe Gorman & Co. Ltd. v. Barclay's Bank Ltd.* [1979] 2 Lloyd's Rep. 142. Cf. *Re New Bullas Trading Ltd.* [1994] BCC 36, [1994] BCLC 485 (CA).

〔31〕 *Agnew v. Commissioner of Inland Revenue* [2001] UKPC 28, [2001] 3 WLR 446 and *In re Spectrum Plus Ltd* [2005] UKHL 41, [2005] 3 WLR 58.

〔32〕 R. Gregory and P. Walton, 'Fixed and Floating Charges—A Revelation' [2001] *LMCLQ* 123; cf. D. Capper 'Spectrum Plus in the House of Lords: The Victory of Substance over Form in Personal Property Security Law' [2006] 6 JCLS 447.

〔33〕 *Re Holidair Ltd.* [1994] 1 IR 416 and see *In re Spectrum Plus Ltd.* at para. 54.

确的法源确认银行可以就其欠客户的负债设定担保（如存款、账户）。[34] 其他法域例如中国香港特别行政区、新加坡和开曼群岛通过立法的方式解决了该疑问，允许“扣款”。银行采用合同抵销也有同样的效果，这是令它们对现金存款暂停付款，以确保客户在任何贷款账户上的还款能力，并就贷款账户赤字与存款合并。[35]

本节检视三大类实践中具有高度重要性的担保法领域，它们在近期经历了相当大的变化。以证券担保为例——首先检视——必须面对由技术变动引发的问题，特别是证券的不移动和无形化。准证券——其次检视的领域——有着悠久历史但是相当突然地以“回购”（卖出和返售）形式成为证券市场有效运作的中心。最后，讨论一些跨境交易证券产生的问题，它们是国际融资的常见特色品种。

一、证券担保

银行可以以客户的证券设定担保，例如，就股权和股票（所谓的所有者权益）或就债权型证券，例如无担保债券、有担保债券、存款凭证或其他类似物设定担保。证券可以是无记名证券，以便于权利通过交付证券而移转。其他证券是登记证券，一般而言权利不会转让直到在发行人处作了转移登记。但是，这取决于发行人的规则和其所处法域的法律。由于估值问题和实现担保时的处置问题，银行不愿意以未在交易所交易的股票设 552
定担保。但是，往往作为大担保包的一部分，银行可能就母公司对其附属公司的股票设定担保。如果银行需要执行担保，它可以卖掉整个集团。

在英国可以通过交付凭证而质押不记名证券。登记的记名证券不能质押。以它们为担保是一种按揭或抵押。构设法律上的按揭，通过转让股票至银行或其指定人的账户，有一个不利之处在于银行必须为分红等事务负责，否则会涉入持有证券的管理性工作。客户可以同意创设法律上的按揭，尽管这仅构成衡平法上的按揭并给欺诈打开了大门，因为没有作过交付，银行对其处置无法控制。风险在于按揭人欺诈时（例如，能说服发行人实施另一个按揭或买卖），第三人如果以善意行事且没有注意按揭时，会成为法律上的按揭权人或受让人，获得先于银行的优先权。[36]

更随意性的安排充满着危险。看一下这种情况：A 仅仅同意以其证券池为银行设定担保，这最多构成抵押（charge）。假定证券是特定化的，但是协议给 A 替换其他证券的权利，A 必须向银行提供对被替换证券的描述。A 可能是经纪人或金融机构，有不断变动的证券池。考虑到 A 所享有的以这种方式处理证券的自由，这是浮动抵押的标志，由

〔34〕 *In Re Bank of Credit and Commerce International SA* (*No* 8) [1998] AC 214, [1997] 4 All ER 568 (HL). See generally G. McCormack, 'Security Interests in Deposit Accounts' [2002] Insol. L. 7.

〔35〕 See Financial Law Panel, *Security Over Cash Deposits* (London, FLP, 1994) and *Security Over Cash Deposits. A Supplemental Practice Recommendation* (London, FLP, 1996).

〔36〕 See *MCC Proceeds Inc. v. Lehman Brothers International* (*Europe*) [1998] EWCA Civ 3068, [1998] 4 All ER 675 (CA).

此根据《2006 年公司法》section 859H（以前是 s 874），如果没有登记这是无效的（除非根据《2003 年金融担保安排（2）号规定》作为一种证券金融担保品安排而被豁免了登记）。在 2013 年 4 月 6 日前，仅有的另一个可避免无效结果的办法是表明其意在作固定抵押——一般除了对赊销账款，其他固定抵押不必登记——并用银行实际审查流程约束 A 的酌定替代权；但是在新体制下固定抵押也能登记了。[37]

所有这些是相对直接的。复杂性是由于电子化和去中心的市场操作趋势产生的。特别是，《2001 年无凭证证券规定》允许证券可以成为电子证据，并通常由例如 CREST 这样的电子系统持有和转让。为减少交易成本和风险，证券越来越多地采用中央托管和结算系统。证券为可替代的：在系统中的当事人（A）没有权利要求返还同一证券，只有权要求返还同等证券。转让 A 的证券给 B 由他们开立于系统中的账户变动而实现。证券仍是不可移动且不可辨识的，除非拿到系统外。如果是无形化的，就没有纸质票据（definitive instruments），证券除了在账户中存在和移动永远不可辨识。而且，A 对系统持有证券享有部分受益利益。[38]

如下情况有不同的方法创设担保。例如，A 想给银行以担保，A 和银行都是系统成员。第一，A 可以按系统规则缔约，它规定了可由系统强制执行担保的方法（“规则
553 法”）。第二，作为可诉动产，证券与其对系统的权利之间存在连接，现行证券法规定了进一步解决的平台。规则并不阻碍 A 向银行卖断转让其证券利益以创设按揭（“按揭法”）。按揭会记录在协议中。银行有义务在 A 还款时转回 A 的证券利益。第三，与之相似，A 可以将证券转让进一个以自己名义开立的账户，但账户是意在为银行而持有（“指定账户法”）。银行的担保利益是对股票权利的衡平抵押。A 的利益无条件地与银行担保利益匹配。显然“指定账户法”存在危险，因为 A 可能处分证券而损害银行，而银行对账户没有控制力。

重要的是，所有这些担保方法——规则法、按揭法和指定账户法——创设于在中央托管和结算体系内的证券之上，银行并没有完善在基础证券中的任何担保利益。可以说这也没什么关系，至少是在头两种方法下。如果 A 遵守向银行提供担保的规则（规则法），那么系统将对银行且只对银行负责。系统将允许银行在 A 违约时出售证券。系统、系统成员和发行人毕竟受规则约束。在按揭法下，银行在系统账户中被记录为所有权人，由此如果其出售证券以强制实现其担保利益，系统会认同由其出售。指定账户法是一个大问题，因为最终它涉及申请法院令要求 A 向银行转让证券。

更复杂的是这些证券往往由托管人持有并由基金经理代理所有人管理。是托管人或基金经理与这些托管和结算系统有法律关系。系统会按他们的指令来持有证券，而不是按所有人的指令。即便他们只是代表所有人持有证券，但由于所有人与系统没有直接

---

〔37〕 See *Re Lin Securities Pte. Ltd* [1988] 2 MLJ 137 (Sup. Ct. Singapore); *Dresdner Bank A. G. v. Ho Mun-Tuke Don* [1993] 1 SLR 114 (CA, Singapore).

〔38〕 参见原著 p. 451-6。

法律关系,所有人无法用在系统中持有的股票财产权创设担保利益。

二、准证券——回购和融券业务

有很多机制在功能上虽然等同于证券,但作为法律问题是意在成为某些不同于证券的事物。合同抵销、消极担保条款和次级协议,是本书中已谈及的示例。它不构成担保利益,因为它们一般不涉及约束第三方资产上的权利。英国法院一般尊重当事人在交易上选择的法律形式,不会另行定性。将这些机制归类为非担保产生了很多重要的后果。很重要的是,准担保不需要很完善以保有其在破产上的有效性和优先性。它也不会受限于合同限制性条款,例如消极担保条款。[39] 且就银行而言,某笔交易归入这个类别还是另一个类别,对其资本充足、税收和会计需求有影响。

回购是另一种准担保机制。它们由卖方对财产——一般是证券——的当期卖出和未来买入构成。卖方可以从买方融资,买方在协议期间内以买入证券的形式获得“担保”。由此证券做市商可以以其存货融资,基金经理可以借到短期资金,而不影响底层资 554
产池。回购的价格是卖方必须支付的,要反映其使用了买方资金,即“利息”部分。回购可能发生在一定时间或按一方的需求发生。中央银行用回购作为货币政策的工具相当于贷款。

银行叙做回购交易时,会通过不同的政府或商业电子证券结算系统实现证券在当事人之间移转。那些未接入这些系统的人只限于作托管持有(hold-in custody)或不移转回购(non-deliverable repos),即证券仍在卖方手中。这显然有风险,例如,卖方可能就同一证券作多次回购交易。为克服这一风险,可以由第三方银行代表买方托管证券。

标准的回购在功能上相当于以证券担保的资金借贷,因为贷方(买方)在协议期间拥有证券。有一些英美法系的判例法认为回购构成以证券为担保的借贷,其后果是未能登记则无效。[40]

伦敦、纽约和其他市场使用的标准主协议努力避免这种负面后果,小心地定性他们之间达成的交易。例如全球回购主协议[41]应用于交易的语词是:一方(卖方)同意向另一方(买方)出售证券和金融工具(而非股权证券和净额支付证券 net-paying securities)(证券),按买方向卖方的买入价付款,并同时约定买方向卖方于某个日期或按即时要求出售等量该等证券,以买入价付款。与其一贯对商事交易形式和实质的态度一致,英国法院不应穿透这种特性把它作为一种壳,但这种壳思维方式在最近一些法源中

---

〔39〕 参见原著 p. 433。

〔40〕 e. g. *Chase Manhattan Asia Ltd. v. Official Receiver and Liquidator of First Bangkok City Finance Ltd.* [1990] 1 WLR 1181, [1990] BCC 514 (PC);*RTC v. Aetna Cas & Sur. Co. of Illinois*, 25 F 3d 570 (7th Cir., 1994).

〔41〕 由国际资本市场协会公布。2011 版的全球回购主协议(GMRA)代替了原来的 1992 版和经修订的 1995 版和 2000 版。See R. Nowinski 'Commodity Finance: Is There a Role for Repurchase Transactions?' (2012) 27 (11) BJIB & FL 695-7.

得到了支持。[42] 对卖方来说没有股权的回赎权或其他实际强制履行权以返还证券：协议仅约定了获得等量的该等证券的权利。

标准回购条款还会涉及以下事项，例如追加保证金（call margin）的权利，或在证券下跌时重新定价、宣布替换，宣称违约事件的权利，破产时的平仓（close-out/netting）条款。后者很重要，因为没有证券，守约方仅仅是一个无担保债权人。附件的文档可以考虑特定证券的特征。例如，英格兰银行已为伦敦公布了全球回购主协议（2000 年版）的附件以迎合政府证券（金边证券），令金边证券回购下的平仓义务可用非金边证券履行。[43]

融券是一种回购的变体。它是有效证券市场的内在组成部分，令及时结算和清算可行。基金经理或证券经纪商在其出现短缺或结算延迟时"借入"证券。他们有义务归还
555 同样种类、价值和面值的证券。等式的另一边是那些托管人，他们得到客户的许可贷出证券。使用证券要付费，在托管情况下，要与其客户分享。

证券的卖方在证券交易中会获取其他风险特征类似的证券。在标准股票借贷协议中约定，伴之以盯市（mark to market）义务，如果"担保品"价值有下降，可借此调整。协议还会起草条款确保在一方违约时，守约方享有不受阻碍的权利以平仓和抵销。"借方"有义务支付"贷方"所有现金利益，例如所借证券产生的股息。

一度标准协议约定，尽管绝对权属随证券贷出而移转，但担保品是因担保而移转。[44] 由于担心被认定为浮动抵押而需要登记，这一条款自 20 世纪 90 年代早期作了改变。对"担保品"的绝对权属根据标准文本而转让，在回购的情况下，贷方唯一的权利是获取等量的证券。由此因借方违约的抵销权非常重要，因为贷方对担保品没有担保利益。

三、法律冲突

对与证券相关的商事融资来说，有跨境的元素并不稀奇。借方可能在一个以上的法域有资产，或者债权本身可能就指向海外实体。但是对调整证券的国际私法而言，英国法律规则并不总是很清楚。只有相对很少的案例法源，且相当老旧。评论有时是相互矛盾的。即便是近期案例法源在方法上也缺乏一致性。

很多国家采用物之所在地法（*lex situs*）作为与移转财产的所有权效力的最高影响规则，包括因担保而转移财产。选择担保交易的准据法是不受喜欢的，因为由此当事人自己可以决定对第三方的影响。沿着这一思路，看起来判断证券担保是否完善也取决于

[42] See *Re Lehman Brothers International* (*Europe*) (*In Administration*) [2011] EWCA Civ 1544; [2012] 2 BCLC 151; and *Mills v. Sportsdirect. com Retail Ltd.* [2010] EWHC 1072 (Ch); [2010] 2 BCLC 143 at [88].

[43] See, e. g., Stock Lending and Repo Committee, *Gilt Repo Code of Best Practice* (London, Bank of England, 1997), 7.

[44] T. Herrington, 'The Legal Structure of Stock Lending in the UK', 10 *IFLR*, No 8, August 1991, 22.

物之所在地法。同样的规则应适用于可转让票据。但是什么是物之所在地法？一个思路说证券的物之所在地是发行人所在地。另一个思路说物之所在地是证券所在地。〔45〕在涉及登记证券的情况下，一般是登记之处。在可转让票据的情况下，是以转移时这些代表证券的纸张处于何地来决定。假定是不可移动的证券，也不登记，则证券的所在地是相关的存证/结算系统的所在地。〔46〕无形证券的情况一样，尽管有争议认为物之所在地法的概念适用于无形财产是虚幻的，由此英国冲突法愿意适用存管/结算系统所在地法以体现直接规则。〔47〕

但美国和比利时这样的法域规定的适用法是保有证券账户的相关存管/结算系统的所在地法，它采用的是创设担保权或共有权的方式，即一般采取物之所在地法规则所在。〔48〕保有证券账款的相关存管/结算系统所在地法也是《金融担保指令》对冲突法所采用的解决方案。〔49〕 556

看来外国公司可以根据英国法通过有效缔约产生对其英国资产下的浮动抵押。只要公司按其设立地法有权设定按揭，即便后者不认同浮动抵押制度也无关紧要。〔50〕但由英国公司提供的浮动抵押可能会不被财产所在地的外国法域认同。审慎性要求以英国公司财产设浮动抵押担保应根据所在地国法设定。即便外国法域认同浮动抵押，本地登记显然也是一个理性程序。而谁可以为公司行事的问题在法律体系上是一个典型的住所地法（*lex domicilii*）的问题。如果英国法会认定浮动抵押任命的管理接收人有权力出售，外国法域也会如此。

至于转让——合同担保或其他可诉动产担保的法律基础——《罗马公约》的结论是相关问题依据合同或动产的准据法（proper law）认定，受让人和债务人/义务人之间的法律关系也一样，债务人/义务人的义务是否解除也是如此。〔51〕由此，调整合同、债、其他动产的法律决定了如何向另一方/债务人发出转让通知、通知的效果，禁止转让的较力，以及就同一合同、债或其他动产，无论是因欺诈还是错误，在嗣后转让的情况下，谁有

---

〔45〕 *Macmillan Inc. v. Bishopsgate Investment Trust plc* (*No* 3) [1996] 1 WLR 387,405,424 (CA);*Maher v. Groupama Grand Est* [2009] EWCA Civ 1191; [2010] 1 WLR 1564 (CA).

〔46〕 *Dicey,Morris & Collins on the Conflict of Laws* (15th edn. ,London,2012),22-044.

〔47〕 R. Goode, 'Security Entitlements as Collateral and the Conflict of Laws', *JIBFL* Sept. 1998, Special Supplement,22. Cf. C. Bernasconi,R. Potok,and G. Morton,'General Introduction',in R. Potok (ed.),*Cross-Border Collateral:Legal Risk and Conflict of Laws* (London,Butterworths,2002),27ff.

〔48〕 UCC § § 8-110;9-103 (b)(d). See J. Rogers,'Policy Perspectives on Revised UCC Article 8' (1996) 43 UCLA LR 1431,1449-57. 了解比利时法律：L. De Ghenghi and B. Servaes, 'Collateral Held in the Euroclear System' [1999] JIBFL 83,84-7。

〔49〕 Art. 9,Directive 2002/47/EC of the European Parliament and of the Council of 6 June 2002 on financial collateral arrangements.

〔50〕 L. Collins,*Essays in International Litigation and Conflict of Laws* (Oxford,Clarendon,1994),443.

〔51〕 Rome Convention on the Law Applicable to Contractual Obligations,Art. 12 (2).

优先权。[52] 出让人和受让人之间的相互权利与义务取决于转让的准据法。[53]

第四节 无效的担保

如果担保或担保包的一部分出了问题，对银行的后果是什么？一个层次是担保仅仅失去优先权，银行仍受担保，但劣后于其他人。除此之外，担保还可能无效，但仅限于某些目的无效。在《2006 年公司法》section 859H（以前是 section 874）中对未登记担保的部分无效的处理就是一例。如果担保无效，会产生很多问题。废置担保无效的法院是否会对寻求这一结果的当事人施加一定条款？无效是否会取消还款义务，而银行已放款的债权是交易的一部分？就后者而言，立法会给出一个确定的答案，如《2006 年公司法》明
557 确说明了这并非未登记抵押的后果。在其他案子中，法院努力与严苛的无效后果作斗争。从概念上，其正当性在于，无效担保可以从还款义务中分离出来。即便可分性不可行，返还原物诉讼也可以，至少是对已放款的本金而言。[54]

一、担保形成中的无效因素

那些商业从业者脑中的一个常见问题是担保是否无效，因为公司高管们未能完全解决其令公司有商业益处的问题。当然在公司给自己的融资作担保时这个问题不会产生，但是当公司对其他人的借贷提供人保或物保时问题会出现，比如给其他集团成员作担保。对公司有商业利益的要求源自公司高管应为公司利益诚信行事的义务。整个《2006 年公司法》section 172 都规定，董事，“必须按其认为诚信的最可能促进公司整体成功的方式行事。”他们的自然倾向是看公司集团的整体利益，尽管这不会令公司为支持某一集团成员贷款而提供的担保自动失效，但公司潜在面临这样的抗辩风险。[55]

提供担保的公司必须能显示出直接受益（例如，部分贷款最终会流向它）或间接受益（融资会加强集团，而它是其中一部分）。母公司对子公司的下行担保比子公司的上行担保更容易通过审查，特别是在子公司如果不给母公司担保本可能避免破产的情况下。银行如果知道担保不是为了担保者的利益，不能强制执行它。实践中通过公司股东大会按《2006 年公司法》section 239 规定追认担保，质疑可以被克服，尽管这又产生了另

---

〔52〕 See *Raiffeisen Zentralbank Österreich AG v. Five Star General Trading LLC* [2001] EWCA Civ 68, [2001] QB 825, [2001] 3 All ER 257 (CA).

〔53〕 Art. 12 (1).

〔54〕 See *Goss v. Chilcott* [1996] AC 788 (PC) and *Haugesund Kommune v. Depfa ACS Bank* [2010] EWCA Civ 579; [2012] QB 549.

〔55〕 *Rolled Steel Products (Holdings) Ltd. v. British Steel Corporation* [1986] Ch. 246 (CA); cf. *Charterbridge Corporation Ltd. v. Lloyds Bank Ltd.* [1970] Ch 62; contrast *Westpac Banking Corporation v. Bell Group Ltd. (in liq)(No 3)* (2012) 89 ACSR 1.

外一系列问题,例如如果提供担保的公司破产,追认无效。[56]

如果无过错的一方选择从一开始就令合同无效,欺诈和胁迫显然会让担保在法律上和衡平法上都是可无效的。与此类似,担保合同可能在衡平法上会被废弃,因为无过错的错误陈述,衡平法上的欺诈、不当影响或显失公平(unconscionability)。[57] 在此类情况下,撤销完全解除了担保,而不是仅仅免除各方的未来履行。但是成文法使法院有权在无过错或过失性错误陈述时,也就是有小问题时宣布担保有效:受害人被否决撤销权而只有权获得赔偿。[58] 所有这些都是老生常谈的法律,但是不应忽视的是衡平法上的担保被驳回时,常规衡平法原则会适用。常规衡平法上的抗辩如疏忽(laches)、默认(acquiescence)和确认(confirmation)可以援引。

就救济而言,衡平法会要求为取消担保而移转担保工具。会要求开展清点,并施加 558
条件。如果驳回担保不能让当事人精准地恢复至原有处境,法院会视整体情况作出实际公平正义的判决。在没有欺骗或故意欺诈的情况下(例如无过错的错误陈述),法院没那么想把交易撕得粉碎,但是在蓄意欺诈的情况下,法院会将其管辖权用到极致。[59] 衡平法将其救济置于这样的情况,由更广维度的考量所引导,例如按衡平格言,像那些寻求衡平的人必须公平行事,或者带着"干净的手"。这种格言曾用于那些非法借贷,例如,在借方想寻求担保无效时。如果认为这些广泛的考量仅限于涉及恢复原状(*restitutio in integrum*)的情况,那就错了。恢复原状往往和这类案子无关,例如未获益的保证也就无利益可归位。基于保证已放款的银行,其资金不能从担保中安全收回,其本身(根据恢复原状原则)并不排除撤销。[60]

有点令人惊讶的是,法院在知悉担保已撤销,而银行设定担保是涉及错误陈述、不当影响或其他人的法律错误时不再支持衡平救济。[61] 典型的情况下,如 *O'Brien* 案本身,丈夫引诱妻子,通过错误陈述或不当影响,把她在婚内房产的份额用来担保他与银行间的生意上的债务。上议院在该案中留下的问题是:妻子在已证明银行对丈夫的错误行为有推定注意时,是否可以完全(*in toto*)推翻担保,还是她只能有条件地在特定情况下这样做。(事实上,在该案中奥布赖恩(O'Brien)确实在中间程序向巴克莱银行付了60,000英镑,一审之后法官下达了占有令(order possession),中止按条款要付的金额。这看起来是公平的,在一般意义上,因为奥布赖恩太太的上诉,尽管案子本质上是全担保抵押*,但按她丈夫的错误陈误以及她的理解,是限于60,000英镑的抵押。)随后,上诉法院认定,在 *O'Brien* 案子中不能开由法院来驳回抵押的口子,因为妻子对这些数额的抵

---

[56] 参见 *Street CJ in Kinsela v. Russell Kinsela Pty Ltd.* (*in liq*) (1986) 4 NSWLR 722 at 730 引证于 *West Mercia Safetyware Ltd. v. Dodd* [1988] BCLC 250。

[57] 参见原著 p. 294。

[58] Misrepresentation Act 1967, s. 2 (2).

[59] *Spence v. Crawford* [1939] 3 All ER 271, 283-5 中关于赖特(Lord Wright)法官的部分。

[60] See *Mackenzie v. Royal Bank of Canada* [1934] AC 468 at 476 (HL).

[61] See pages 298ff.

* 全担保抵押, all-money charge, 即用抵押物担保所有债务。——译者注

押是承诺有效且实际代表她。[62] 值得注意的是法院认定要求妻子承担她所提供数额的担保是道德的甚至是正义的。似乎很不幸，法院认定该等条款永不可能给双方都带来实际正义。但是，注意，基于 *O'Brien* 案或 *Etridge* 案的理由，以丈夫生意为由而负债，其担保是无效的，但像家庭按揭这样的其他负债仍能约束妻子，或者以丈夫的财产利益所作的衡平法按揭，担保仍是有效的。[63]

559 **二、未遵守形式要求**

就担保合同而言，有很多种形式。最简单的一种是担保的书面形式。在商事货物质押的情况下，仍有可能用口头的方式设定质押。即便是这种情况，实践中也往往是用书面形式，因为银行不在物理上占有货物。无论是直接还是间接，立法现强制要求很多担保采用书面形式。例如，《1989 年财产法（其他规定）》[Law of Property (Miscellaneous Provisions) Act 1989] section 2 表明，即便以前可以，现在存入权利契据（a deposit of title deeds）本身不能成为有效的衡平按揭或抵押。[64] 立法上的担保登记要求，作为一个操作问题，也要求担保必须采用书面形式，哪怕书面不是一个法律上的要求。

没遵守登记形式要求的后果是什么？登记这个理念是为了完善担保利益，以便担保有效地对抗第三人（而不是借款人）。银行、其他预设担保的人，以及买方可以检查登记看看是不是已经有了担保。作为一个立法政策，第一，未登记可能影响优先性；第二，未登记能导致受担保的贷方不受担保；第三，未登记可以完全令担保无效，而且可能令其他贷方的权利也一并无效。

也许英国最著名的登记要求是公司抵押，它现在规定在《2006 年公司法》sections 859A-H 里。该法并未列出优先权体系，尽管在实践中如果第三方注意到之前的抵押，登记会影响其优先性。相反，该法规定未能登记令抵押在对抗清算人、管理人和公司任一债权人时无效。在该立法下，未登记抵押担保在对抗公司自身时并非无效，也许因为这会对从行使出售权的担保权人处获得担保物的买家不利。只有担保会受未登记的影响，抵押无效对还款义务并无不利影响。

取得买卖契约与未能按公司法抵押登记的后果不同。（如前所述，买卖契约在令货物的商事担保生效上从未有重大实践价值。）根据立法，未用法定形式或未登记的买卖契约，作为担保形式是无效的。[65] 不遵从立法的形式要求意味着，不仅在担保方面是无

---

〔62〕 *TSB Bank plc v. Camfield* [1995] 1 WLR 430, [1995] 1 All ER 951. Cf. *Commercial Bank of Australia Ltd. v. Amadio* (1983) 151 CLR 447, 481 and *UCB Corporate Services Ltd. v. Williams* [2002] EWCA Civ 555, (2003) 1 P & CR 168.

〔63〕 *Barclays Bank plc v. Burgess* [2002] EWCA Civ 291 (CA). See also *Dunbar Bank plc v. Nadeem* [1998] 3 All ER 876 (CA); *Abbey National Bank plc v. Stringer* [2006] EWCA Civ 338; and *First National Bank plc v. Achampong* [2003] EWCA Civ 487.

〔64〕 e.g. *United Bank of Kuwait plc v. Sahib* [1997] Ch. 107 (CA).

〔65〕 Bills of Sale Act 1878 (Amendment) Act 1882, ss. 8, 9.

效的，而且用以支付利息的条款限定也是无效的。为避免严苛的后果，处理这种案子的法院对拥有和收到的资金提供补偿性救济，伴之以支付合理利率的义务——可能有的案子里的资金贷方不乐意，有些法院认定的合理利率是5%，而不是有的协议列出的60%。[66] 分析而言，除了认定有担保，法院仅仅认定借款人对归还本金有属人义务。即便立法令担保无效，也不影响这一义务，尽管它会就担保中的利息条款斗争。仅仅是付5%利率在这些案件中也属于法律上的非原教旨主义——因为在普通法下无约定就无义务付息——由此可能会有争议认为，法院作了一个粗糙的判决。

这种思路是否适用于更常见的由《1974 年消费者信贷法》调整的担保情形，而该法关于担保的各种手续和其他方面未得到满足？尽管在某些情况下未遵守该法仅仅导致 560
只能通过法院令才能强制执行担保，在其他情况下担保"将被视为从未生效"。[67] 如果担保被认为从未生效，且它包括付款义务，那么第一印象是这些付款义务也应该无效。债务人的归还信贷义务保持不受影响，尽管法院对是否拥有和收到的资金施以合理付息义务（如同在买卖契约中）仍然存疑。

三、成文法的弱点

在很多成文法规定面前，担保是脆弱的。资金贷款的立法已被暗指其能让担保不可执行。[68] 在商业实践中，担保总能测试出的弱点是，按《1986 年破产法》值得注意的section 239（优先性）和 section 245（浮动抵押），破产发生于设定担保之后的一段悬疑期内。违反前述条款意味着法院必须作出其认为适宜的法院令，以归位到公司未缔结优先交易前的状态。具体的法院令包括全部或部分释放或解除担保。违反 section 245 意味着浮动抵押是无效的，除非"新贷款"以有对价方式创设抵押。section 238（低价交易）不能用于无效担保既有负债的按揭或抵押，因为并没有资产停止成为公司财产而且其总体资产并未减少。在调查（quaere）是否同样的推理适用于对第三人负债的保证时，需要考虑其无对价或只有名义对价。

商业实践中常常遇到的成文法关于非法性的一个例子是《2006 年公司法》（s. 680）的财务支持条款。该条款和它之前的某些条款规定上市公司（过去的立法还包括非上市公司）或其子公司直接或间接地帮助他人，以获取公司股票为目的而提供财务支持为非法。财务支持现在界定很广，意味着提供人保或物保也是财务支持。该种禁止有其普通法上反对的渊源，即反对公司减少资本以及对资产剥离式收购的立法顾虑。后来更多的直接考虑是确保公司为适当目的使用资金。

英国法从未明确说明违反这一禁止性规定的民事后果，它只是把它与刑事处罚挂

---

〔66〕 e. g. *Davies v. Rees* (1886) 17 QBD 408 (CA).

〔67〕 e. g. s. 106 (a).

〔68〕 e. g. *Orakpo v. Manson Investments Ltd.* [1978] AC 95 (HL).

钩。法院填补了这一空白，认定落入 section 680 及其前身的设定担保为非法合同。典型的情形是银行被要求就某人发动收购某公司而融资。银行想要担保支持。但是由公司自己提供担保违反禁止规定；而在实践中银行没有担保可能不会放款。作为一个政策问题，担保的不可执行“可能延迟潜在贷款人依据可能违法的担保而发放贷款，在政策效果上可能比给公司顶格罚款更为灵验。”〔69〕

前面描述的经典情形下，担保不可强制执行的后果看起来会让银行成为无担保债权
561 人。贷款自身不受非法性影响，不可强制执行的担保可以与贷款分离。对此结果似乎也没有公共政策异议。当然，如果公司买家正处于财务困难这会是非常酷的舒适结果。实践中这一入口条款往往被引用以确认担保有效性。但是对银行来说，这事并非整体利好。交易可能无效的不确定性可能限制其涉足交易融资。加拿大立法规定贷款人要求贷款有偿的权利仅在其恶意或明知违反时才受影响。〔70〕但银行融资几乎总是知道借款用途，如果知道用途，银行甚至就不会落入这样的保护条款。

---

〔69〕 *Heald v. O' Connor* [1971] 1 WLR 497, 502.

〔70〕 See s. 45 (5) of the Business Corporations Act 2000 (Alberta).

索　引

（以下为本书中的术语，术语后面的页码为原著页码，即本书边码）

图书在版编目(CIP)数据

银行法原理 ：第三版 / （英）罗斯·克兰斯顿（Ross Cranston）等著 ；吕琦译. -- 北京 ：法律出版社，2022(2022.12 重印)

书名原文：Principles of Banking Law (3rd edition)

ISBN 978-7-5197-6904-8

Ⅰ. ①银… Ⅱ. ①罗…②吕… Ⅲ. ①银行法－法的理论 Ⅳ. ①D912.280.1

中国版本图书馆 CIP 数据核字(2022)第 126375 号

银行法原理(第三版)
YINHANGFA YUANLI (DI-SAN BAN)

罗斯·克兰斯顿(Ross Cranston)
埃米利奥斯·阿维奇拉斯(Emilios Avgouleas)
克里斯汀·范·兹维坦(Kristin van Zwieten) 著
克里斯托弗·黑尔(Christopher Hare)
西奥多·范·桑特(Theodor van Sante)
吕 琦 译

策划编辑 朱 峰
责任编辑 马秋婧
装帧设计 臧晓飞

出版发行 法律出版社
编辑统筹 辞书·融出版编辑部
责任校对 杨锦华
责任印制 吕亚莉
经　　销 新华书店

开本 710 毫米×1000 毫米 1/16
印张 38.75 **字数** 873 千
版本 2022 年 11 月第 1 版
印次 2022 年 12 月第 2 次印刷
印刷 北京虎彩文化传播有限公司

地址：北京市丰台区莲花池西里 7 号(100073)
网址：www.lawpress.com.cn
投稿邮箱：info@lawpress.com.cn
举报盗版邮箱：jbwq@lawpress.com.cn

销售电话：010-83938349
客服电话：010-83938350
咨询电话：010-63939796

书号：ISBN 978-7-5197-6904-8
定价：199.00 元

凡购买本社图书，如有印装错误，我社负责退换。电话：010-83938349